2012

上街年鉴

SHANGJIE YEARBOOK

郑州市上街区人民政府 主办
郑州市上街区地方史志办公室 承编

中州古籍出版社

图书在版编目（CIP）数据

上街年鉴. 2012 /郑州市上街区地方志办公室编.
—郑州：中州古籍出版社，2013.2
ISBN 978-7-5348-4155-2

Ⅰ.①上… Ⅱ.①郑… Ⅲ.①区（城市）—郑州市—2012—年鉴 Ⅳ. ①Z526.11

中国版本图书馆CIP数据核字（2013）第029240号

Shang Jie Nian Jian 2012
上街年鉴　2012

责任编辑：王小方
责任校对：朱昌伟
出 版 社：中州古籍出版社
（地址：郑州市经五路66号　　邮编：450002）
发行单位：新华书店
承印单位：郑州新海岸电脑彩色制印有限公司
开　　本：889mm×1194mm　　1/16
印　　张：24.75
字　　数：615千字
印　　数：1-1000册
版　　次：2013年3月第1版
印　　次：2013年3月第1次印刷
定　　价：160.00元

《上街年鉴》编纂委员会成员名单

名誉主任 黄　卿

主　　任 宋　洁

副 主 任 杨金军　徐　勇　高自廷　吕现州

委　　员 马松宝　马保龙　马垣威　牛安林　牛志甫　牛林科　王　兢
王文峰　王　宁　王玉洁　王胜利　王健忠　王振宇　王常生
王淑琴　王敬群　邓子阳　冯立新　史瑞娟　田军宝　申建辉
石卫军　刘一江　刘玉贞　刘贺荣　刘晓辉　刘海洋　刘铁强
刘　敏　刘　毅　成江北　朱昌伟　许发成　闫光甫　何乃玲
吴建伟　吴　波　宋继宾　张元立　张元恒　张东奇　张　伟
张光斌　张华雯　张华君　张俊超　张　振　张海涛　张富贵
张富强　张魁伟　时永莲　李长新　李志俊　李　岩　李　超
李群才　李　潮　杨汶勇　杨晓东　苏建华　陈红伟　周伟杰
房玉雯　林　虎　姚德欣　赵振乾　赵　鹏　郝　斌　徐道利
柴俊钊　秦清宇　袁永彬　焦豫安　韩中秋　楚玉钦　薛振杰

《上街年鉴（2012）》工作人员

编　审 杨金军

主　编 朱昌伟

编　辑 何中荼　李永长　周昱宏　张尚武

摄　影 赵东东　朱昌伟

校　审 朱昌伟

校　对 李永长　何中荼　周昱宏　张尚武

上街数字

中国上街

CHINA SHANGJIE

总面积　61.73 平方公里
耕地面积　1761.62 公顷
总人口　11.6 万人
非农业人口　7.2 万人
人口自然增长率　2.2‰
镇　1 个
街道　5 个
行政村　28 个
社区　26 个
城区内地下水总储量　2564.97 立方米
森林覆盖率　23.8%
省级文物保护单位　1 个
市级文物保护单位　11 个
区级文物保护单位　1 个
全区生产总值　91.9 亿元
第一生产总值　0.7 亿元
第二生产总值　70.6 亿元

第三生产总值　20.8 亿元
人均国内生产总值　69044 元
非公有制占经济实现增加值　60.6 亿元
非公有制占经济全区经济的比重　61%
地方财政一般预算收入　7.6 亿元
地方财政一般预算支出　8.9 亿元
工业总产加值　252.8 亿元
全社会固定资产投资额　66.8 亿元
国有及国有控股类型完成投资　10.4 亿元
社会消费品零售总额　29.2 万元
移动电话用户　10.98 万户
全区民用汽车拥有量　6277 辆
投入使用敬老院　1 个
成人高校　2 所
普通中学　5 所
小学　13 所
幼儿园　14 所

文化馆　1 个
公共图书馆　1 个，总储量：13 余万册
档案馆　1 个，馆藏档案：13.7 万卷
农家书屋　9 个
广播电台　1 座
电视台　2 座
有线电视用户　0.6 万户
全区医疗卫生机构　101 个，病床 703 张，
卫生技术人员 885 人
疾病预防控制中心　1 个
全区空气质量二级以上天数　311 天
城镇居民人均可支配收入　25193 元
城镇居民人均消费支出　15718 元
农村居民人均纯收入　12464 元
农民人均生活消费支出　7159 元
城镇人均住房建筑面积　35.2 平方米
农村人均住房面积　41.02 平方米

编辑说明

一、《上街年鉴》是由中共上街区委领导、上街区人民政府主办、上街区地方史志办公室承编的地方综合性年鉴。自2010年起每年出版一部，《上街年鉴（2012）》为第三部。

二、《上街年鉴（2012）》全面系统地记述2011年度上街区政治、经济、文化和社会发展的主要情况。为上街区各机关、企事业单位和社会各界人士以及外来投资者了解上街、研究上街、建设上街提供丰富翔实的地情资料。

三、《上街年鉴》采用分类编辑法，主要内容划分为篇目、类目、条目三个层次。条目是全书的基本单位，其标题用黑体字外加【 】表示。为增加史料性、知识性、可读性，书中插排一定数量的照片和图表。为保持事件的连续性和完整性，有些事件记述时限适当上溯下延。

四、本年鉴中所有“上年”均指“2010年”。“省”均指“河南省”，“市”均指“郑州市”，“区委”均指“中共上街区委”，“区政府”均指“上街区人民政府”。

五、录入资料由各单位搜集提供，经单位领导审阅后编辑入鉴，少数为编者自撰。书中有些数据由于来源和使用角度不同，统计方法和项目的内涵不同，因而不完全一致。在引用书中数据时，应以上街区统计公报资料为准。

六、《上街年鉴（2012）》的编辑出版，得到了全区各镇办、各部门、各单位以及有关人士的大力支持，在此深表谢意！由于编辑水平有限，欢迎社会各界人士批评指正。

2011年6月23日，河南省委常委、郑州市委书记连维良（中）视察区属工业企业

2011年8月18日，郑州市委副书记、代理市长吴天君（中）调研区属工业企业

2011年11月4日，郑州市政协主席李秀奇（前排中）视察区属工业企业

2011年4月8日，区委书记黄卿（前排右二）视察新材料园区工作

2011年12月19日，区委副书记、代理区长宋洁（前排中）调研通用航空实验区工作

2011年7月15日，区人大常委会主任巨宝志（前排右一）视察新型社区进展情况

2011年4月27日，区政协主席邓书安（前排右一）调研河南华泰特种电缆有限公司二期及国电输配电材料产业园项目进展情况

2011年6月17日，中国共产党郑州市上街区第九次代表大会召开

2011年1月10日至13日，郑州市上街区第十一届人民代表大会第五次会议召开

2011年2月25日，上街区人民政府第八次全体（扩大）会议召开

2011年1月9日至12日，中国人民政治协商会议郑州市上街区第七届委员会第五次会议召开

年产30万千瓦电动机制造和配套器控制柜项目签约仪式

中国中部机电产业总部基地项目签约仪式

郑州华兴煤矿机械有限公司液压支架配件项目、中原环保股份有限公司上街区第二污水处理厂项目签约仪式

郑州华祥冶金炉料有限公司年产15万吨高端耐火材料项目开工奠基仪式

郑州市上街区新农贸市场奠基仪式

上街区新型城镇化建设宜居职教城和村并城项目开工启动典礼

上街欧凯龙国际城市广场奠基典礼

郑州铁路技师学院开工仪式

正在建设中的标准化厂房

上街区第二污水处理厂开工建设

工业路升级改造

玉发大道升级改造项目开工建设

文明驾驶，畅通上街启动仪式

法院干警深入社区宣传法律知识

在"五进千家行"活动中，反贪局深入到中铝河南分公司碳素厂宣传法律、征求意见和建议

法制宣传活动送法进工地

走访慰问帮扶困难群众捐款仪式

郑州市“道德模范故事会”基层巡演（上街专场）活动

上街区宣传思想文化工作暨创文工作推进会

创建成省级文明城区

河南省首届动力伞精英邀请赛开幕式

上街区庆祝建党90周年广场文艺晚会

“唯美上街·唯美五云山”油画展

重阳观维修工程开工仪式

组织多家用人单位进行用工招聘

待孕夫妇出生缺陷知识培训

实施中小学校舍安全三年工程。图为异地重建的安阳路小学

高标准农田改造后的连栋温室大棚

创建全国社区中医药工作先进单位。图为医务人员进行健康教育技能培训

开展综合环境治理。空气质量二级以上优良天数超过311天

加大食品安全检测力度。图为节日检查小型超市食品安全工作

组织青少年开展消防演练

郑州宜居职教园区管委会

城市中心设计中轴空间

郑州宜居职教园区管委会成立于2011年10月1日，内设党政办公室、土地规划环保局、职业教育管理局和招商引资局。下设事业单位职业教育实训基地管理中心。

宜居职教园区规划建于上街区南部浅山丘陵地带，北起丹江南路，南至郑上快速通道（中原西路向西延长线），西邻汜水河花卉产业园区，东至上街区界附近，是郑州都市区组团式发展的一个重要组成部分。园区总体规划面积31.93平方公里，其中涉及上街区域内规划面积23.54平方公里，涉及荥阳界内6.24平方公里，涉及巩义市区域内的规划区面积内2.45平方公里。

2011年，郑州宜居职教园区管委会紧紧围绕市委、市政府确定的“组团发展，产城融合”的发展思路，把职教园区融入中原经济区和郑州都市区建设大局，坚持“宜居、宜教、宜企、宜游”的“四宜”原则，按照“一年成名，三年成形，五年成城”的总体目标，开拓创新，真抓实干，坚持快节奏起步、高起点规划、高品质建设、高端化招商、高效率服务，努力打造中原地区建设最快、品位最高的国际化新型宜居职教园区。

河南省委常委、郑州市委书记连维良视察职教城建设

郑州市委副书记、代理市长吴天君调研上街区

郑州职教城总体规划整合方案专家评审会

郑州宜居职教城新闻发布会

郑州宜居职教城建设启动仪式

郑州铁路技师学院开工仪式

上街装备产业集聚区

郑州上街装备产业集聚区起步于2006年，位于上街区城区南部，总体规划4.6平方公里，2008年被列为省级重点产业集聚区。集聚区以装备制造为主导产业，重点发展输配电专用装备、泵阀及成套装备、建筑、矿山机械专用装备等产业，已形成从研制开发、毛坯制造、产品配套、市场营销、售后服务完整的产业链集聚区。是全国大口径蝶阀的重要生产基地，占全国大口径蝶阀市场份额40%以上，先后荣获“河南省省级产业集聚区”“河南省民营科技园区”“河南省特色装备制造产业园区（阀门）”“郑州市新型工业化产业示范基地”“郑州市五快产业集聚区”等多项称号。截至2011年年底，入驻工业企业54家、规模以上企业34家、销售收入超亿元企业13家、高新技术企业2家、建立省级企业技术中心的企业9家，拥有国家承压阀门产品质量监督检验中心。

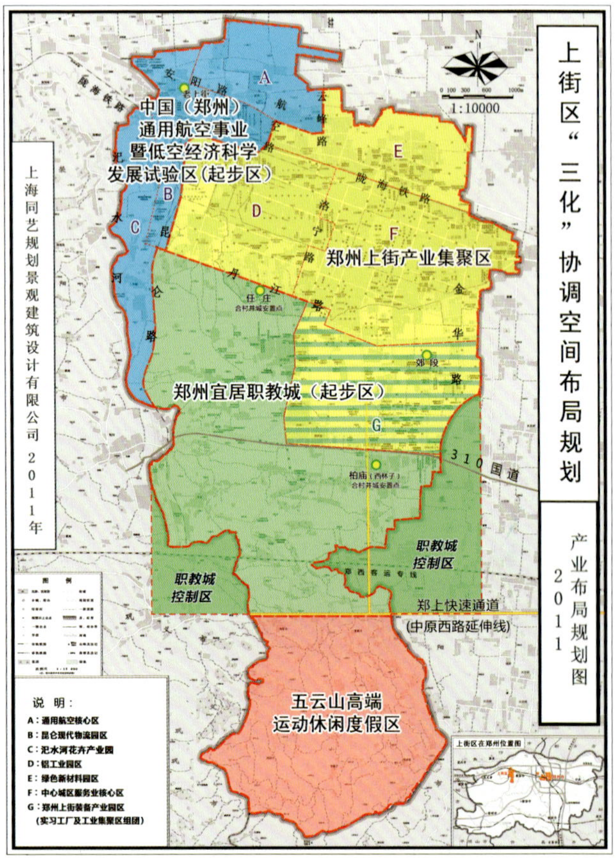

产业布局

郑州天马微粉有限公司

中铝郑州研究院惰性电极项目基地

郑州向日葵新能源科技有限公司

郑州裕丰耐材有限公司

华泰特种电缆有限公司

郑州二缆电工有限公司

恒安重工有限公司

河南省上蝶阀门有限公司

上街区新型城镇化及城乡一元化建设指挥部

雅乐轩酒店

2011 年区新型城镇化及城乡一元化建设指挥部紧紧围绕打造“中原经济区、城乡一元先行区”的目标，坚持抓重点、攻难点、创亮点，圆满地完成了承担的各项工作任务。

政策体系进一步完善。在对全区村庄基本情况和城中村改造、合村并城、农村集体经济体制改革等工作进行全面深入调研的基础上，出台了《上街区推进城乡一元化工作指导意见》《上街区加快推进新型城镇化重点工作实施方案》《上街区城中村改造管理办法》《上街区人民政府关于合村并城工作的指导意见》等一系列规范性文件，为全区的新型城镇化及城乡一元化推进提供了政策支持。

新型社区建设成绩显著。城中村改造方面，总投资 6 亿元的夏侯旧村改造一期工程已于上半年动工，计划总投资 20 亿元的二期改造工程正式签约。旧城改造方面，完成拆迁面积 4.5 万平方米，开工建设

方项效果图

12.57万平方米，两项指标均超额完成全年目标任务，住房保障工作第三季度在全市六区排第一位。合村并城方面：郊段村寨沟村左照村拆迁工作基本结束，安置区建设全面启动；杨家沟村、老寨河村38栋安置楼和上街村15栋安置楼建设全面竣工；完成了武庄村、肖洼村、东柏社村新型社区建设前期方案制定、规划设计等工作，为三村启动搬迁安置奠定了坚实基础。

加快土地流转，花卉产业发展不断壮大。进一步完善了全区土地流转的各项管理和服务措施，建立了土地流转平台，全年完成土地流转1577亩。不断加大政策扶持，培育各类土地规模经营主体，支持顺达、双羽等农业重点龙头企业大力发展以花卉苗木为重点的现代化、规模化、都市型的设施农业，当年全区共建成花卉大棚227座，花卉年销售产值超1000万元，“万亩花海”初具形象。

坚持试点先行，农村集体经济体制改革取得突破。坚持把农村集体经济体制改革作为上街区城乡一体化工作的创新点，将聂寨村、夏侯村作为全区农村集体经济改革试点，于6月份完成两个试点村的合作社社员资格界定、清产核资和合作社组织机构选举等工作，率先实现了集体经济体制改革，走在全市的前列。

通用航空示范区规划图

左照公园

“中央名邸”小区效果图

江南小镇

峡窝镇

峡窝镇是"中国阀门之乡"，首批命名的"乡镇之星"。2011年在郑州市89个乡镇经济社会发展综合评价中位列第8位，在郑州市城区9个乡镇经济社会发展综合评价中位列第2位；在河南省百强乡镇中位列第70位。先后获得"河南省绿化模范乡镇""河南省优秀人民调解委员会""郑州市平安建设先进镇""郑州市人口计划生育工作红旗乡镇"（连续14年）、"郑州市精神文明建设先进单位""郑州市先进基层党组织""郑州市人民满意的公务员集体"等多项省、市荣誉。同时多项工作受到区委、区政府的表彰。

2011年，按照"一城三区"的空间布局，峡窝镇紧扣区委、区政府工作部署和"两加快一维护"战略要求，围绕"打造经济强镇、培育文化名镇、建设生态靓镇、争创平安示范镇"的战略目标，突出基层党组织建设、经济建设、新型社区建设、平安建设等工作任务，抢抓机遇、狠抓落实，破难攻坚，各项工作取得了新成绩、新突破。规模以上工业增加值、全社会固定资产投资年末分别占到全区的38%、22%，地方财政收入增速位居全区第一，"三重"工作成效显著；创先争优取得新成效，镇、村换届顺利完成，平安建设、计划生育、民生社会事业等各项工作得到了长足发展，圆满完成了市定、区定工作目标任务。

区委书记黄卿调研新型社区建设

党员义诊

包粽子喜迎端午节

位于柏庙村的历史古建筑

为村民免费体检

地质灾害应急演练

新型社区建设奠基仪式

济源路街道

正兴翡翠城鸟瞰图

1962年3月，济源路街道成立，辖区总面积4.435平方公里，东接上街区东入区口世纪广场，西到汝南路，北临陇海铁路，南至中心路。济源路、新安路、中心路等主要干道贯穿辖区东西，金屏路、金华路、淮阳路、登封路和汝南路连通辖区南北。下辖夏侯村1个村和新华街、新兴街、中安街、淮北、商业街、三湾街、东方、金华8个社区。2011年规模以上工业总产值完成20.64亿元，同比增长41.4%；工业增加值完成6.22亿元，同比增长39.3%；工业销售收入实现21.91亿元，同比增长57.1%；全社会固定资产投资完成8.77亿元；全社会消费品零售额完成9.76亿元，同比增长17.7%；城镇居民人均可支配收入完成27038元，同比增长14.7%。2011年原郑州电机厂拆迁改造项目，作为全区国有资产拆除第一例，欧凯龙城市广场项目商业部分全面开工，中国中部机电总部基地项目已经正式落地，总投资20亿元的夏侯旧村拆迁项目已启动。

欧凯龙商业中心效果图

夏侯旧村改造项目鸟瞰图

平安建设服务中心

上街汽车站

新安路街道

新安路街道位于上街区中心城区的西部，属工业型城区，南至中心路与中心路街道办事处相邻、北至陇海铁路与工业路街道相望，西部与峡窝镇接壤，东至登封路与济源路街道相连。总面积4.723平方公里，人口1.3万余人，外来流动人口2500余人，有汉族、满族、回族、壮族、白族、锡伯族等6个民族。街道办事处机关内设8个科室，现有工作人员70人。辖朝阳街、昌盛街、香园街、新安西路4个社区和二十里铺村1个行政村。社区工作人员21人。

2002年4月上街区区域调整，新安西路街道更名为新安路街道。管辖区域的调整扩大，给新安路街道带来了良好的发展机遇。近年来，新安路街道党工委、办事处在区委、区政府的正确领导下，抢抓机遇，埋头苦干，开拓进取，获得区级以上荣誉280余项，其中市级荣誉72项，省级荣誉13项，国家级荣誉3项；2006年，荣获全国社区侨务工作示范单位，2009年，荣获省级文明单位称号，荣获全国第二次经济普查先进集体，辖区昌盛社区居委会在全郑州市480个社区中成为唯一一家荣获“全国职工书屋”荣誉称号的单位。

2009年以来，新安路街道紧紧围绕区委、区政府中心工作，确定了“市场群建设”的战略发展定位，坚持“挖掘潜力保增长，培植税源增后劲，完善机制激活力，齐心协力铸精品”的工作思路，群策群力实现了街道经济和社会各项事业的跨越式发展。街道财政收入从2002年的203万元增长至2011年的1525万元。

精彩纷呈的广场文化活动

市委宣传部副部长董建山调研

市妇联主席调研街道妇女之家工作

市政法委副书记综治中心主任李华云
调研街道办事处“千百十”平安建设工作

区政法委书记马少军参与
辖区“平安伴我行”签字仪式

上街区农贸市场升级改造项目签约仪式

中心路街道

河南省委常委、郑州市委书记连维良调研江南小镇社区建设

中心路街道办事处位于中心路以南，金华路以西，马固自然村以东，面积约 3.57 平方公里，辖聂寨、任庄 2 个行政村和吉祥、如意、汇才、康乐、鸿园、盛世、桃源、江南小镇 8 个社区。辖区常住人口 31918 人，其中流动人口 4499 人。党工委下属 19 个支部，党员 643 名。办事处机关下设 7 个科室。

2011 年，中心路街道积极贯彻落实区委、区政府“两加快一维护”战略，立足街道实际，紧紧围绕“西抓工业东抓商，三产二产挑大梁，内创环境外招商，围绕市场培育做文章”的工作思路，坚持以经济建设为中心，以构建和谐社会为主线，以

郑州市大型文化擂台赛走进中心路街道如意社区

增强党的基层组织建设为重点，街道经济社会事业全面发展，入围郑州市“十快”街道办事处，是上街区唯一一个入围的街道办事处。

辖区财政收入完成3500万元；招商引资实际到位资金完成72500万元；规模以上工业企业销售收入完成61936 万元；规模以上工业企业增加值完成16307 万元；规模以上工业企业总产值完成61956万元；固定资产投资完成13.3亿元；城镇居民可支配收入人均累计完成23556元；社会消费品零售总额完成84826万元。

区委书记黄卿慰问辖区群众

党工委书记慰问辖区困难群众

组织消防演练

义务劳动

工业路街道

工业路街道成立于2002年4月，位于上街区北部，工业路中段119号，是上街区绿色新材料园区所在地。辖区总面积4.52平方公里，北邻荥阳王村镇，东邻荥阳城关乡，西邻峡窝镇武庄村，工业路街道辖3个村、1个社区，常住人口6000余人，流动人口4000余人。辖区现有工业企业76家，其中规模以上工业企业20家，是上街区重要的工业聚集区域。

2011年，工业路街道先后荣获省级卫生先进单位、市先进基层党组织、郑州科普先进集体等荣誉称号。同时，顺利通过省级文明单位复审。

目前，辖区肖洼村、东柏社村已完成整体拆迁，朱寨村整体拆迁已开始启动。

裕丰新材料项目投产

郑州市委副书记、代理市长吴天君视察新型城镇化项目建设进展情况

郑州市委常委、组织部部长高建慧调研街道党建工作

10月25日街道召开村两委及村监会换届选举动员大会

聚福德酒楼开业

郑州华祥冶金炉料有限公司年产1.5万吨高端耐火材料项目开工奠基仪式

矿山街道

矿山街道位于上街主城区西22公里，在巩义市小关镇境内，紧邻310国道，交通便利，各项基础设施齐全。目前，辖区面积0.5平方公里，总人口2251人，辖一个社区居委会（工人村社区居委会），辖区单位有中铝矿业有限公司小关矿和小型商业企业20多家。

矿山的基本区情是地域小、人口少，发展经济比较困难，但是街道党政工委千方百计克服地域、环境等客观困难，想方设法争取税源，组织收入，基本保持了财政收入的稳步增长。

矿山街道按照区委、区政府的统一部署和要求，矿山街道党工委提出了围绕一个总目标（精品社区建设），坚持一个中心（经济建设），抓好两项重点工作（招商引资和特色社区建设）的总思路，开拓创新，求真务实，同心同德谋发展，群策群力创收入，群防群治保稳定，关注民生促和谐，取得了较好的成绩。2011年矿山街道被郑州市委、市政府授予平安建设先进街道。

社区服务中心

街道领导走访慰问军烈属

优美的辖区环境

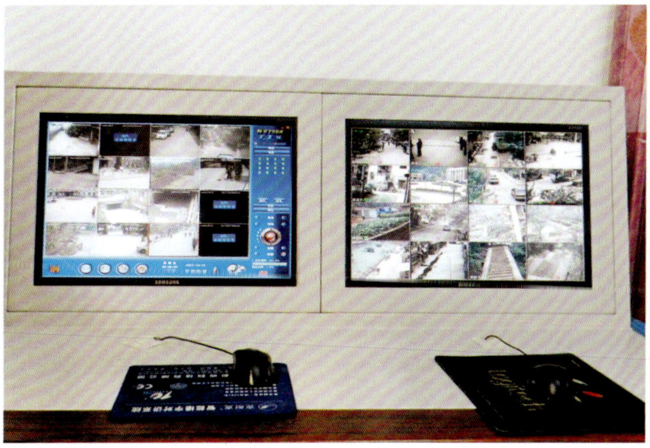

技防监控全覆盖

矿山街道组织开展消防知识学习

辖区居民自发清理小广告

党员义诊

家（摄影/晏　斐）

目　录

特　载

持续求进　奋勇争先

争当郑州都市区建设的排头兵 …… 1

政府工作报告 …… 10

关于上街区 2011 年国民经济和社会发展计划执行情况与 2012 年国民经济和社会发展计划（草案）的报告 …… 19

大事记

1 月 …… 23

2 月 …… 23

3 月 …… 24

4 月 …… 24

5 月 …… 25

6 月 …… 26

7 月 …… 27

8 月 …… 27

9 月 …… 27

10 月 …… 28

11 月 …… 29

12 月 …… 29

区情概览

地理位置 …… 31

位置和面积 …… 31

地理环境 …… 31

地质地貌 …… 31

自然资源 …… 31

土地资源 …… 31

水资源 …… 32

动植物资源 …… 32

气候气象 …… 32

气候特征 …… 32

上街区 2011 年气象要素表 …… 33

上街区 2011 年气象要素初终日 …… 33

历史文化 …… 34

区名由来 …… 34

建制沿革 …… 34

文物古迹 …… 35

历史名人 …… 35

区划人口 …… 36

行政区划 …… 36

上街区行政村分布表 …… 37

上街区社区分布表 …… 37

人口 …… 37

2011 年年末人口基本情况 …… 37

民族 …… 37

概况 …… 37

宗教 …… 38

概况 …… 38

地方特产 …… 38

柏庙黄梨 …… 38

五云山花椒 …… 38

清香米醋 …… 38

芙路特果肉糕 …… 38

国民经济和社会发展 …… 39

概况 …… 39

经济总量与结构 …… 39

农业与农村经济 …… 39
工业和建筑业 …… 39
固定资产投资 …… 40
国内贸易与对外经济 …… 40
交通、邮电和旅游 …… 40
财税金融 …… 40
教育和科技 …… 41
文化卫生和体育 …… 41
城市建设和环境保护 …… 41
劳动就业状况 …… 41
人民生活和社会保障 …… 41

中共郑州市上街区委员会

重要决策 …… 43
概况 …… 43
发展战略 …… 43
城市组团建设 …… 43
产业集聚区建设 …… 44
重点项目建设 …… 45
新型城镇化建设 …… 45
城市建设管理 …… 46
社会事业发展 …… 46
和谐社会建设 …… 46
党务工作 …… 47
重要会议 …… 48
区委八届十三次全体会议 …… 48
区委八届十四次全体会议 …… 48
中共郑州市上街区第九次代表大会 …… 48
“两加快一维护”战略2010年度工作总结表彰暨2011年动员大会 …… 48
产业集聚区、招商引资暨重大项目建设动员会 …… 48
第一季度经济运行分析暨发展大提速动员会 …… 49
上半年经济工作会 …… 49
加快中原经济区建设动员暨第三季度经济形势讲评大会 …… 49
新型城镇化重点工作推进会 …… 49
重要活动 …… 49
党政代表团考察活动 …… 49
领导调研活动 …… 49
组织工作 …… 50
概况 …… 50
做好区、镇党委换届工作 …… 50
大力推进创先争优活动 …… 50
拓展基层党建工作 …… 51
加强领导干部队伍建设 …… 52
深化干部人事制度改革 …… 52
强力推进人才强区战略实施 …… 52
组织部门自身建设 …… 52
宣传工作 …… 53
概况 …… 53
理论武装工作进一步深化 …… 53
舆论导向正确有效 …… 53
舆论掌控力不断提升 …… 54
文化事业发展新优势逐步展现 …… 54
围绕纪念中国共产党成立90周年和辛亥革命100周年，唱响主旋律 …… 55
深入推进社会主义核心价值体系建设 …… 55
掀起创建省级文明城区工作新高潮 …… 55
继续开展“六项文明和谐”创评活动 …… 55
认真开展群众性精神文明建设活动 …… 56
统战工作 …… 56
概况 …… 56
不断拓宽参政议政渠道 …… 56
开展参政议政竞赛活动 …… 56
发挥统战人士民主监督作用 …… 57
开展“重温历史，同心同行”主题活动 …… 57
完成区工商联换届工作 …… 57
深入开展非公经济组织党组织创先争优活动 …… 57

积极服务非公经济科学发展 …… 57
开展"感恩活动"，积极回报社会 …… 57
对台事务 …… 57
完善工作制度 …… 57
台商台企普查 …… 57
开展赴台交流工作 …… 58
对台工作大调研活动 …… 58
老干部工作 …… 58
概况 …… 58
老干部"两项建设"水平进一步提升 …… 58
落实老干部两个待遇 …… 58
创特色老干部大学 …… 59
老干部文体活动 …… 59
举办"庆祝建党90周年"活动 …… 60
扎实推进老干部思想政治教育工作 …… 60
党校工作 …… 60
概况 …… 60
主体班次培训 …… 61
理论宣讲 …… 61
教学科研 …… 61
函授教育 …… 62
队伍建设 …… 62
信访工作 …… 62
概述 …… 62
深化矛盾纠纷排查 …… 63
严格信访案件督查 …… 63
开展重点信访事项评查 …… 63
组织好县处级领导接访 …… 64
结合实际带案下访 …… 64
突出问题提前约访 …… 64
推行结案回访制度 …… 65
坚持信访风险评估 …… 65
创新机制体制，落实信访责任 …… 65
保密工作 …… 66
保密监督检查 …… 66
保密法制宣传 …… 66
保密日常管理 …… 66
督查工作 …… 66
概况 …… 66
政研工作 …… 66
概况 …… 66
机构编制 …… 66
机构改革评估验收工作 …… 66
严格机构编制审批和进人用编审批 …… 67
完善工资逐月联审制度 …… 67
消化机关超编 …… 67
认真做好年度事业单位网上年检工作 …… 67
建立完善事业单位登记各项管理制度 …… 67
认真做好食品监管机构人员和资产划转工作 …… 68
稳步推进医药卫生体制改革工作 …… 68
为郑州宜居职教园区建设提供机构编制保障 …… 68

上街区人民代表大会及常务委员会

综述 …… 69
概况 …… 69
工作监督 …… 69
重要会议 …… 70
区十一届人大五次会议 …… 70
区第十一届人大常委会会议 …… 70
区第十一届人大常委会主任会议 …… 72
监督与视察 …… 73
法律监督 …… 73
代表建议办理 …… 73
人大代表集中视察活动 …… 73
指导镇、街道人大工作 …… 73

上街区人民政府

重要施政 …… 74

概述 …… 74
切实推进和谐社会建设 …… 74
招商引资成效明显 …… 74
新型城镇化建设加快推进 …… 74
组团起步区建设开局良好 …… 75
10件实事工程完成 …… 75
重点项目稳步推进 …… 76
重要会议 …… 76
区政府常务会议 …… 76
区长办公会议 …… 77
政府法制工作 …… 79
概况 …… 79
规范性文件审核与清理 …… 79
行政复议和诉讼 …… 79
开展依法行政考核和行政执法绩效考核 …… 79
领导干部学法 …… 80
政府合同管理 …… 80
行政执法队伍管理与建设 …… 80
行政执法举报投诉处理 …… 80
加大政府法制信息公开工作力度 …… 80
人事工作 …… 80
概况 …… 80
公务员管理 …… 80
专业技术人员管理 …… 81
大中专毕业生就业 …… 81
人才交流服务 …… 81
职称评定 …… 81
工人技术等级考试 …… 81
工资福利制度改革 …… 81
干部离退休服务 …… 81
机关事务管理工作 …… 82
概况 …… 82
节能减排 …… 82
文化建设 …… 82
后勤服务 …… 82
安全保卫 …… 83
行政服务中心 …… 83
概况 …… 83
多举措支持企业发展 …… 83
优化审批流程 …… 84
基层便民服务建设 …… 84
区行政效能电子监察指挥平台投入使用 …… 84
争创“优质服务窗口” …… 84
社区帮扶活动 …… 85
创先争优活动 …… 85
外事 侨务 …… 85
概况 …… 85
外事出访 …… 85
友好接待 …… 85
因公出国（境）管理 …… 85
对外宣传 …… 85
侨眷证办理 …… 86
生活困难归侨侨眷救助 …… 86
接待工作 …… 86
规范运作 …… 86
注重服务 …… 86
传承创新 …… 86
接待总量 …… 86

政协上街区委员会

重要会议 …… 87
政协郑州市上街区七届五次会议 …… 87
政协常委会议 …… 87
政治协商 …… 87
概况 …… 87
民主监督 …… 88
概况 …… 88
参政议政 …… 88
概况 …… 88
政协提案督办 …… 89
概况 …… 89

2011 年优秀提案明细表 …………………… 89
民主和团结 …………………………………… 89
概况 …………………………………………… 89
文史资料工作 ………………………………… 89
概况 …………………………………………… 89

纪检监察

党风廉政建设 ………………………………… 90
概况 …………………………………………… 90
落实党风廉政建设责任制 …………………… 90
农村基层党风廉政建设 ……………………… 91
党风廉政宣传教育工作 ……………………… 92
案件查办 ……………………………………… 92
行政监察……………………………………… 93
执法监察 ……………………………………… 93
纠正行业不正之风 …………………………… 94
监察综合工作 ………………………………… 95
概况 …………………………………………… 95
治理商业贿赂 ………………………………… 95
优化经济发展环境 …………………………… 95
自身建设 ……………………………………… 96

民主党派・群众团体

民主党派 ……………………………………… 97
概况 …………………………………………… 97
政治协商 ……………………………………… 97
参政议政 ……………………………………… 97
民革上街支部 ………………………………… 97
民盟上街总支部 ……………………………… 97
农工上街支部 ………………………………… 97
九三学社上街支部 …………………………… 97
群众团体 ……………………………………… 97
上街区工商业联合会 ………………………… 97
概况 …………………………………………… 97
政治思想工作 ………………………………… 98
参政议政工作 ………………………………… 98
社会公益工作 ………………………………… 98
经济服务工作 ………………………………… 98
上街区总工会 ………………………………… 99
概况 …………………………………………… 99
工会组织建设 ………………………………… 99
工资集体协商工作 …………………………… 99
职工文体活动 ………………………………… 101
困难职工帮扶活动 …………………………… 101
共青团上街区委员会 ………………………… 102
概况 …………………………………………… 102
团组织建设 …………………………………… 102
青少年思想政治教育 ………………………… 103
文明创建活动 ………………………………… 103
服务党政中心工作 …………………………… 103
开展青年志愿者行动 ………………………… 103
服务青少年成长成才 ………………………… 104
暑期教育活动 ………………………………… 104
创新宣传方式 ………………………………… 104
上街区妇女联合会 …………………………… 104
概况 …………………………………………… 104
“巾帼建功”活动 …………………………… 104
巾帼创业行动 ………………………………… 105
特色文明家庭创建活动 ……………………… 105
维护妇女儿童合法权益 ……………………… 105
关爱妇女儿童系列活动 ……………………… 105
妇联组织建设 ………………………………… 106
上街区归国华侨联合会 ……………………… 106
概况 …………………………………………… 106
召开侨联工作会暨迎春茶话会 ……………… 106
关爱归侨侨眷 ………………………………… 107
开展爱国主义教育活动 ……………………… 107
应邀参加河南省第九次归侨侨眷
代表大会 ……………………………………… 107
组织召开郑州市侨联系统干部培训班 ……… 107

区关心下一代工作委员会 ……107
概述 ……107
深入开展建党 90 周年教育实践活动 ……107
开展“小手拉大手，同做文明人”活动 ……108
开展“六一”慰问活动 ……108
深入开展社会文化环境净化工作 ……108
区老区开发建设促进会 ……109
概述 ……109
大力支持老区扶贫搬迁工程 ……109
扶持老区农村产业 ……109
积极落实各项惠农政策 ……109
红十字会 ……110
开展广泛宣传，推动无偿捐献 ……110
开展科普图书捐赠活动 ……110

武装·政法

人民武装 ……111
概况 ……111
思想政治建设 ……111
军事训练 ……111
民兵思想政治教育 ……111
民兵整组工作 ……112
战备工作 ……112
基层建设 ……112
国防教育和双拥共建工作 ……112
动员工作 ……113
人民防空 ……113
概况 ……113
人防工程建设 ……113
人防工程利用 ……113
人防工程维护管理任务 ……114
人民防空宣传教育 ……114
按规定征收人防建设费 ……115
防空警报试鸣 ……115
完成综合信息网络建设 ……115
防汛工作 ……115
政法综治工作 ……115
概况 ……115
平安上街建设 ……115
社会矛盾化解工作 ……116
防控能力建设 ……116
社会管理创新 ……117
政法队伍建设 ……117
公安工作 ……118
概况 ……118
治安管理 ……118
安全保卫 ……118
刑事侦查 ……118
交通安全管理 ……118
消防管理 ……119
基础建设 ……119
队伍建设 ……119
检察工作 ……119
概况 ……119
刑事检察 ……120
查办预防职务犯罪 ……120
法律监督 ……120
队伍建设 ……121
审判工作 ……121
概况 ……121
刑事审判工作 ……121
民事审判工作 ……121
行政审判工作 ……122
执行工作 ……122
立案信访工作 ……122
综合管理工作 ……123
队伍建设 ……123
自觉接受党委领导及人大监督 ……123
司法行政 ……124
概况 ……124
全面启动普法第六个五年规划 ……124

深入开展法制宣传教育 ……125
开展全国法制宣传日活动 ……125
创新“法律六进”形式 ……125
全面启动“法治上街”创建活动 ……125
深入开展“法治上街”创建工作 ……125
全面开展劝阻违法行为活动 ……125
开展依法治理违法行为活动 ……126
认真开展人民调解工作 ……126
加强刑释解教人员安置帮教工作 ……126
扩大法律服务深度与广度 ……126
法律服务行业管理 ……126
推进司法所建设工作 ……127
法律援助工作 ……127
公证工作 ……127
社会管理创新 ……127
典型案例 ……127
破获 2005 年“1·15”交通肇事致人死亡后逃逸案 ……127
侦破特大盗销电动车案 ……128
“11·13”命案 ……128

园区建设

工业集聚区 ……129
概况 ……129
项目建设快速推进 ……129
招商引资亮点纷呈 ……130
平台建设实现突破 ……130
基础设施不断完善 ……130
产城融合不断深化 ……131
经济环境不断优化 ……131
2011 年郑州上街装备产业集聚区已建基础设施一览表 ……132
2011 年郑州上街装备产业集聚区入园企业标准化厂房建设一览表 ……132
城乡一体化推进指挥部 ……133
概况 ……133
健全工作机制 ……133
完善政策支撑 ……133
城中村改造 ……134
合村并城 ……134
旧城改造 ……134
交通道路建设 ……134
生态林业建设 ……134
生态水系建设 ……134
花卉产业发展 ……134
其他重点项目 ……135
服务业集聚区管理委员会 ……135
概况 ……135
中心城区服务业核心区 ……135
五云山中国山地生态公园 ……135
昆仑物流园区 ……135
河南 863 科技产业园 ……136
郑州西部农产品交易中心 ……136
上街·欧凯龙国际家居中心 ……136
三产服务业调研 ……136
支持企业发展 ……136
铝工业园区 ……136
概况 ……136
规划范围 ……137
产业现状 ……137
重大项目建设 ……137
郑州宜居职教园区管委会 ……137
概况 ……137
总体规划 ……138
郑州宜居职教城首批院校奠基 ……138
郑州通用航空试验区 ……138
概况 ……138
机场及辅助设施完备 ……138
工业基础雄厚 ……138
区位优势凸显 ……138
项目引进成果显著 ……138

工 业

综述 ……140
概况 ……140
区属工业经济发展迅速 ……140
工业集聚区建设成效显著 ……140
重大项目带动新的经济增长点 ……140
企业实力不断增强 ……140
工业发展环境不断优化 ……141
铝及相关新材料产业 ……141
铝及铝相关产业 ……141
耐材行业 ……141
建材行业 ……142
装备制造产业 ……142
阀门行业 ……142
专用设备制造行业 ……142
电线电缆行业 ……142
中国铝业股份有限公司河南分公司 ……143
概况 ……143
生产经营 ……143
结构调整 ……143
矿山工作 ……144
基础管理 ……144
营销增利 ……144
改革创新 ……144
创先争优 ……145
领导视察 ……145

农林·水利

农业 ……146
概况 ……146
粮食生产 ……146
严格农村土地承包政策 ……146
特色农产品规模化种植 ……146
农业产业化经营 ……147
农业专业合作社建设 ……147
农产品市场体系建设 ……147
农村财务管理 ……147
林业 ……148
概况 ……148
国家级项目 ……148
省级工程 ……148
市级工程 ……149
区级项目 ……149
森林防火 ……149
病虫害防治 ……149
林政管理 ……149
林业执法 ……149
水利 ……149
外引水资源 ……149
南水北调工程 ……150
汜水河综合治理 ……150
防汛 ……150
农田水利基本建设 ……150
中低产田改造 ……151
水土保持工作 ……151
农村安全饮水 ……151
水资源管理 ……151
农业机械 ……151
概况 ……151
平安农机建设 ……151
农民科技培训 ……151
畜牧管理 ……152
概况 ……152
重大动物疫病防治 ……152
兽药市场整治 ……152
动物卫生监督 ……152
食品安全 ……152
加强畜牧业重点项目投资 ……152
新农村建设 ……153

概况 ……153
村容村貌镇容镇貌综合整治 ……153
扶贫开发 ……153
概况 ……153
南部山区开发 ……154

商贸服务业

商业贸易 ……155
概况 ……155
招商引资 ……155
经贸洽谈 ……155
外贸出口 ……155
对外合作 ……155
商贸流通 ……155
市场运行 ……156
定点屠宰管理 ……156
酒类流通管理 ……156
惠民工程 ……156
成品油市场监管 ……156
再生资源整顿 ……156
粮油贸易 ……156
概况 ……156
粮食购销 ……156
粮库建设与管理 ……156
粮油市场管理 ……157
农副产品贸易 ……157
概况 ……157
烟草专卖 ……157
概况 ……157
加快销售结构转型 ……158
全面推行“135”工作法 ……158
深入开展“打假破网”工作 ……158
加大法律法规宣传力度 ……158
加强安全生产管理 ……158
石油贸易 ……159
概况 ……159
服务“三夏”“三秋” ……159
保证油品油质 ……159
全面展开 QHSE 管理 ……160
个体工商业 ……160
概况 ……160
优化投资环境 ……160
“五项工程”促发展 ……160
物流 ……161
概况 ……161

交通·邮政

铁路运输 ……162
概况 ……162
完善安全卡控措施 ……162
全力打造技能型人才队伍建设 ……162
开展各项安全活动 ……162
落实安全生产责任制 ……162
切实抓好货装安全管理工作 ……163
交通运输 ……163
概况 ……163
全力推进郑上快速通道建设 ……163
Y002 线朱寨—王村道路改造工程 ……164
干线公路建设 ……164
跨陇海铁路桥建设 ……164
完成 G310 线积水点处理和水毁修复工程 ……164
农村公路建设 ……165
加大运输市场整治力度 ……165
开通上街区运政网 ……165
上街区成立机动车修配行业协会 ……165
加大超限超载的治理力度 ……165
安全监管工作 ……165
邮政 ……165
概况 ……165
基础设施建设 ……166

综合服务平台建设 ……166
推进便民服务 ……166
突出精细化管理 ……166
争创和谐企业 ……166

信息化建设

电子政务建设 ……167
政府门户网站建设 ……167
政府网络和信息安全管理 ……167
中国网通上街分公司 ……167
概况 ……167
重点做好节假日营销工作 ……168
加强设备和线路建设维护工作 ……168
中国移动上街分公司 ……168
概况 ……168
业务发展 ……168
网络建设 ……169
客户服务 ……169
信息化应用 ……169
新农村建设 ……169
社会责任 ……169
中国电信上街区分公司 ……169
概况 ……169
优化内部组织架构 ……170
完善内部管理办法 ……170
量化内部工作指标 ……170

财政·税务

财政 ……171
概况 ……171
机构改革 ……171
财政收支情况 ……171
预算管理 ……171
税源建设 ……172
落实支农惠民政策 ……172
国有资产管理 ……172
政府采购 ……172
投资评审 ……173
“一事一议”财政奖补 ……173
区财政筹资500余万元打造上街“万亩花海” ……173
新农合补贴标准再提高 ……173
支持全区开展优生优育“三免检查” ……173
首次设立高中助学金 ……173
加大资金投入改善中小学办学条件 ……174
发放农村义务兵家属优待金落实拥军优属政策 ……174
积极落实进藏兵优抚政策 ……174
城市低保人群最低生活保障标准提高 ……174
全力支持劳动力市场建设和再就业培训 ……174
国家税务 ……174
概况 ……174
所得税汇算清缴工作 ……175
防范、打击增值税专用发票虚开专项行动 ……175
纳税评估工作 ……175
税务宣传 ……175
地方税务 ……175
概况 ……175
税源税种管理 ……176
税收征管 ……176
发票管理 ……176
税务稽查 ……176
税收宣传 ……176

金　融

金融监管 ……177
区政府金融工作办公室 ……177
概况 ……177
优化金融生态环境 ……177

搭建银企合作桥梁 ……177
拓宽融资渠道 ……178
加大金融监管力度 ……178
银行 ……179
中国人民银行郑州市上街区支行 ……179
概况 ……179
加强对辖区经济金融监测分析 ……179
开展调查研究和分析工作 ……179
保障国库资金安全 ……179
支付结算工作 ……180
人民币管理工作 ……180
征信工作 ……180
正式启用反洗钱监管交互平台 ……180
工行上街支行 ……180
概况 ……180
农行上街支行 ……180
概况 ……180
负债业务管理 ……181
资产业务管理 ……181
中间业务 ……181
内控管理 ……181
中行上街支行 ……181
概况 ……181
业务发展持续增长 ……182
合规稳健经营 ……182
建设银行上街区支行 ……182
概况 ……182
存贷款业务稳步增长 ……182
交行郑州上街区支行 ……182
负债业务管理 ……182
资产业务管理 ……182
中间业务 ……183
郑州银行上街支行 ……183
概况 ……183
经营效益 ……183
信贷管理 ……183
结算业务 ……183
内控管理 ……183
市场开拓 ……184
郑州市市区农村信用合作联社上街信用社 ……184
概况 ……184
经营效益 ……185
信贷管理 ……185
结算业务 ……185
内控管理 ……185
业务拓展 ……185
中国邮政储蓄银行郑州市上街区支行 ……186
各项业务稳步发展 ……186
风险把控切实执行 ……186
保险 ……186
人保财险上街分公司 ……186
概况 ……186
业务发展成绩斐然 ……186
营销工作锦上添花 ……187
风险控制效果显著 ……187
基础管理稳步扎实 ……187
依法合规诚信经营 ……187
中国人寿上街支公司 ……187
概况 ……187
诚信合规经营 ……187
客户服务 ……187
服务社会 ……188
证券 ……188
民生证券郑州济源路营业部 ……188
概况 ……188
其他金融机构 ……188
铭泰小额贷款公司 ……188
瑞鑫小额贷款公司 ……188

综合经济管理

发展计划管理 ……189

概况 ……189
规划编制和监测 ……189
“十二五”规划 ……189
改制工作 ……189
调查工作 ……189
概况 ……189
农村社会经济调查 ……190
城镇居民调查 ……190
企业调查 ……190
价格管理 ……190
价格监督检查 ……190
价格监管监测 ……190
工商行政管理 ……190
概况 ……190
加强分局队伍建设 ……191
企业注册登记 ……191
市场监管 ……191
食品安全监管 ……191
百亿送贷 ……192
商标监管 ……192
兴农富民 ……192
消费者权益保护 ……192
法治工商建设 ……192
表彰奖励 ……193
质量技术监督 ……193
概况 ……193
特种设备安全监管 ……193
质量管理 ……193
质量监督 ……193
计量工作 ……193
标准化工作 ……194
食品质量安全管理 ……194
产品和食品安全专项整治 ……194
法规宣传 ……194
行政执法 ……195
全省质监系统工作观摩会在区召开 ……195
国土资源管理 ……195
概况 ……195
基本农田保护 ……195
加强地籍管理 ……195
国土资源市场建设 ……195
土地储备 ……195
保障重点项目用地 ……195
盘活存量建设用地 ……195
地质灾害防治 ……196
土地执法监察 ……196
审计监督 ……196
概况 ……196
预算执行情况审计 ……196
经济责任审计 ……197
行业审计和专项资金审计 ……197
其他临时交办的审计事项 ……197
食品安全监管 ……198
概况 ……198
开展专项整治 ……198
集中开展针对重点食品市场的专项执法检查 ……198
重点品种综合治理 ……199
食品药品监督管理 ……200
概况 ……200
药品、医疗器械质量安全监管 ……200
食品安全综合协调 ……200
餐饮服务食品安全监管 ……200
餐饮服务食品安全监管创新做法 ……200
机关建设和执法队伍建设 ……201
安全生产监管 ……201
概况 ……201
安全责任落实 ……201
综合协调监管 ……201
宣传 ……201
培训 ……201
监管队伍建设 ……201

住房公积金 ………………………………202
概况 ………………………………202
归集住房公积金 ………………………………202
支取公积金 ………………………………202
个贷管理 ………………………………202
内部管理 ………………………………202
精神文明建设 ………………………………202

城乡建设与环境保护

城市建设 ………………………………203
概况 ………………………………203
规划修编 ………………………………203
规划审批 ………………………………203
城区建设 ………………………………203
建筑工程管理 ………………………………203
工程质量监管 ………………………………203
建筑业资质管理 ………………………………203
建筑市场管理 ………………………………204
建筑诜介 ………………………………204
房屋征收 ………………………………204
建筑节能管理 ………………………………204
推广散装水泥和预拌混凝土 ………………………………204
爱国卫生运动 ………………………………204
概况 ………………………………204
城乡环境卫生整洁行动 ………………………………204
市容环境卫生整治 ………………………………205
农村环境卫生综合整治 ………………………………205
爱国卫生宣传及健康教育 ………………………………205
病媒生物防制 ………………………………205
城市管理 ………………………………205
概况 ………………………………205
市政建设管理 ………………………………206
市容环境卫生 ………………………………206
环境卫生管理 ………………………………206
城乡绿化 ………………………………207
公共绿地建设 ………………………………207
道路绿化建设 ………………………………207
单位及居住区绿化 ………………………………207
园林绿化管理 ………………………………207
综合管理 ………………………………208
概况 ………………………………208
污水处理 ………………………………208
异地重建第二污水处理厂 ………………………………208
供水 ………………………………208
概况 ………………………………208
抢修输水管道 ………………………………208
供电 ………………………………208
概况 ………………………………208
调度工作 ………………………………209
开展电网综合治理 ………………………………209
加快电网发展步伐 ………………………………209
坚持“四个服务”宗旨 ………………………………210
抗旱浇麦 ………………………………210
供气 ………………………………210
概况 ………………………………210
房产管理 ………………………………210
概况 ………………………………210
房地产开发 ………………………………210
房地产交易 ………………………………210
房产管理 ………………………………210
住房保障 ………………………………211
住房制度改革 ………………………………211
物业管理 ………………………………211
房屋维修资金管理 ………………………………211
住房信息化建设 ………………………………211
房地产市场监管 ………………………………212
城乡环境保护 ………………………………212
概况 ………………………………212
环境监测 ………………………………212
生态环境保护 ………………………………213
城区扬尘治理 ………………………………213

城区噪声污染治理 ……213
枯河流域综合治理 ……213
"12369"环保热线 ……213
危险废弃物和辐射环境管理 ……213
建设项目环境管理 ……213
清洁生产审核工作 ……213
区域规划环评工作 ……213
环境综合整治 ……213
污染物总量减排 ……214
饮用水源保护 ……214
统计工作 ……214
污染源普查动态更新 ……214
绿色创建工作 ……214
环保宣传教育 ……214
防震减灾 ……214
概况 ……214
召开了上街区防震减灾工作会议 ……214
将防震减灾工作列入区政府目标绩效考评 ……215
成立区地震执法分队（区地震台）……215
震情跟踪 ……215
加强抗震设防监管工程 ……215
对宏观测报站监管 ……215
建设上街地震台 ……215
宣传防震减灾科普知识 ……215
防震减灾科普知识进农村、进社区 ……216
组织开展防震减灾演练 ……216
应急避难场所建设 ……216
配备了地震现场工作队个人装备 ……216
创建防震减灾科普示范学校 ……216

科学技术

科技工作 ……217
概况 ……217
科技成果 ……217
科技宣传 ……217
科技下乡 ……217
科技计划管理 ……218
知识产权工作 ……218
农村信息化建设 ……218
科技服务体系建设 ……218
科学普及 ……218
概况 ……218
社区科普大学工作 ……219
青少年科技教育 ……219
农村科普工作 ……219
组织开展大型科普活动 ……219
反邪教宣传工作 ……220
科技培训 ……220
中国铝业股份有限公司郑州研究院 ……220
概况 ……220
组织机构 ……220
科技创新 ……220
生产经营 ……221
管理改革 ……221
建设与发展 ……221
队伍建设 ……222
党的建设 ……222
企业文化建设 ……222

教育·体育

教育 ……224
概况 ……224
经费投入 ……224
办学条件 ……225
惠民政策 ……225
学前教育 ……226
概况 ……226
扩容升级 ……226
主要工作 ……226

具体活动 ……227
基础教育 ……228
具体活动 ……228
小学教育 ……228
中小学招生 ……229
高招录取 ……229
成人教育 ……229
概况 ……229
成人高招报名 ……229
自学考试 ……229
职业教育 ……230
中等职业教育 ……230
职教城 ……230
民办教育 ……230
概况 ……230
队伍建设 ……230
人事管理 ……230
领导培训 ……231
教师培训 ……231
城乡教师交流 ……231
教学教研 ……231
教育科研 ……231
“道德课堂”建设 ……232
教学模式研究 ……232
编制《课程纲要》……232
创新教学模式 ……233
上街教研 ……233
提升教育质量 ……233
青少年科技创新大赛 ……234
文艺活动 ……234
特色教育 ……234
教育管理 ……234
党组织建设 ……234
创先争优 ……235
教育督导 ……235
学校、幼儿园等级评估 ……236
教育现代化评估 ……236
平安建设 ……236
安全工作 ……237
纪检监察 ……237
信访稳定 ……237
重点工程 ……237
学校卫生 ……237
惠民工程 ……238
农村义务教育经费 ……238
开展三大主题教育系列活动 ……238
老干部工作 ……239
机关建设 ……239
工会工作 ……239
体育 ……239
学校体育 ……239
概况 ……239
社会体育 ……240
概况 ……240
河南省航空运动管理中心 ……240
概况 ……240
政治思想工作 ……240
训练竞赛 ……240
航协、航空俱乐部工作 ……241
经营创收工作 ……241
河南省重竞技运动管理中心 ……242
概况 ……242
2011 年省重竞技运动管理中心国际比赛成绩 ……242
2011 年省重竞技运动管理中心全国锦标赛成绩 ……243
2011 年省重竞技运动管理中心全国冠军赛成绩 ……243
2011 年省重竞技中心全国第七届城运会成绩 ……244
竞技水平提升 ……245
“科、训、医”一体化 ……245

着力增强训练实效 ……245
医务体制改革 ……245
全力以赴做好保障 ……245
基础建设 ……245

文 化

群众文化 ……246
概况 ……246
基层文化建设 ……246
文艺团队 ……247
开展基层文艺骨干培训活动 ……247
文艺活动 ……247
图书阅览 ……248
电影放映工作 ……248
文物工作 ……248
文物保护 ……248
非物质文化遗产保护 ……248
文化市场 ……248
概况 ……248
文化市场管理 ……248
新闻出版（版权）市场管理 ……249
“扫黄打非”集中行动及专项治理 ……249
图书管理 ……249
概况 ……249
积极开展各类活动 ……249
创建文明城区工作 ……249
史志工作 ……250
概况 ……250
参与《郑州名典》丛书编纂工作 ……250
档案工作 ……250
概况 ……250
年度立卷归档工作 ……250
新农村建设档案工作 ……250
机关、企事业单位、社区档案规范化认证工作 ……250
档案执法检查 ……251
档案事业发展“十二五”规划的制定 ……251
馆藏重要档案异地备份工作 ……251
档案利用 ……251
档案宣传和学会工作 ……251
上街时讯 ……251
概况 ……251
突出主题性和系列性宣传 ……252
成功举办创办5周年表彰大会 ……252
广播电视 ……252
新闻宣传 ……252
外宣工作 ……252
节目创优 ……252
有线网络建设 ……252
广电事业管理 ……253
旅游工作 ……253
概况 ……253
提升旅游形象活动 ……253
旅游宣传工作 ……253
旅游行业管理 ……253
旅游重点项目建设 ……254

卫 生

卫生事业 ……255
概况 ……255
医疗卫生机构 ……255
公共卫生机构 ……256
公共卫生 ……256
计划免疫 ……256
结核病防治 ……256
艾滋病防治 ……256
卫生应急 ……256
健康教育 ……257
地方病防治 ……257
“三免”保健工作 ……257

降低孕产妇死亡率与消除初生儿破伤风……257
孕产妇与3岁以下儿童系统管理工作……257
重大公共卫生服务项目妇幼保健工作……257
医政管理……257
概况……257
城市社区卫生服务体系建设……258
农村卫生服务体系建设……258
中医药事业……258
重点（特色）专科建设……258
卫生监督……259
概况……259
打击无证行医……259
开展职业健康监护专项整治行动……259
全面推行公共场所卫生监督量化分级管理制度……259
新型农村合作医疗……259
概况……259

社会民生

人民生活……260
物质生活建设……260
精神文明建设……260
概况……260
开展省级文明城区创建活动……260
全民参与文明城区创建……261
整理文明城区创建档案……261
积极筹备省级文明城区迎检……261
全面打造立体型文明和谐上街……261
开展精神文明细胞工程……262
开展“做一个有道德的人”为主题活动……262
开展社区人居环境改善工作……263
开展社会文明志愿者服务活动……263
社会保障……263
概况……263
做好上年度缴费基数申报和年检工作……264
补缴养老保费审核申报工作……264
企业退休人员待遇审核发放率达到100%……264
事业单位工伤保险工作……264
失业金发放……264
档案管理和归档工作……265
企业职工养老保险……265
居民养老保险……265
机关事业单位养老保险参保……265
医疗保险……265
工伤保险……265
失业保险……266
劳动和就业……266
概况……266
城镇就业再就业……266
农村劳动力转移就业……266
职业技能开发……266
劳动保障监察……266
劳动争议仲裁……267
人口和计划生育……267
概况……267
构建领导保障体系……267
稳定低生育水平……267
健全利益导向机制……268
出生缺陷干预工程……268
人口计划生育服务管理……268
治理出生人口性别比……268
民族宗教工作……268
概况……268
宣传教育培训工作……269
民族工作……269
创建“和谐寺观教堂”活动……269

开展宗教场所走访调研活动 ……269
民政工作 ……270
概况 ……270
城市居民最低生活保障标准提高 ……270
城市低收入家庭保障 ……270
五保供养 ……270
大病救助 ……270
救灾与储备 ……270
临时救济 ……270
社区分类认证管理与帮扶 ……270
村改居与村级组织换届 ……270
各项优抚 ……271
退伍军人档案接收 ……271
社会事务管理 ……271
殡葬改革 ……271
社会福利 ……271
慈善事业 ……271
百岁老人 ……271
2011 年百岁老人情况 ……271
残疾人联合会 ……271
概况 ……271
两个体系建设工作 ……272
康复工作 ……272
技能培训工作 ……272
就业工作 ……272
维权信访工作 ……272
扶残助残工作 ……272
教育扶贫工作 ……273
宣传工作 ……273
文体工作 ……273

镇·街道

峡窝镇 ……274
概况 ……274
表彰奖励 ……274
经济概述 ……274
重点项目 ……274
合村并城 ……274
农业 ……275
土地流转 ……275
村镇建设与管理 ……275
社会事业 ……275
文教卫生 ……275
平安建设 ……275
党建工作 ……275
村（社区）书记、主任名录 ……276
济源路街道 ……277
概况 ……277
街道经济 ……277
项目建设 ……277
平安建设 ……277
城市管理 ……277
计划生育 ……277
民生事业 ……277
安全生产 ……277
创新工作 ……277
精神文明 ……278
村（社区）书记、主任名录 ……278
新安路街道 ……278
概况 ……278
市场群建设初见成效 ……278
物流园区建设蓬勃发展 ……278
铝工业园区集聚效应凸显 ……278
项目建设进展喜人 ……279
积极开展招商引资工作 ……279
完成村级组织换届工作 ……279
创新平安建设工作 ……279
城市管理工作卓有成效 ……279
人口与计划生育工作管理有序 ……280
民政工作落实到位 ……280
党建工作亮点纷呈 ……280

精神文明建设成效显著 ……………………280
村（社区）书记、主任名录 ……………280
中心路街道 ……………………………………280
概况 ……………………………………………280
经济工作 ……………………………………281
项目建设 ……………………………………281
社会保障 ……………………………………281
计划生育 ……………………………………281
信访稳定 ……………………………………281
社会治安 ……………………………………281
安全生产 ……………………………………282
城市管理 ……………………………………282
党建工作 ……………………………………282
精神文明 ……………………………………282
换届工作 ……………………………………282
干部队伍建设 ………………………………282
村（社区）书记、主任名录 ……………283
工业路街道 …………………………………283
概况 ……………………………………………283
街道经济 ……………………………………283
党建亮点 ……………………………………283
项目建设 ……………………………………284
城市管理 ……………………………………284
平安建设 ……………………………………285
民生事业 ……………………………………285
村级换届 ……………………………………285
村（社区）书记、主任名录 ……………285
矿山街道 ……………………………………286
概况 ……………………………………………286
招商引资工作 ………………………………286
平安建设工作 ………………………………286
人口与计划生育工作 ……………………286
民生工作 ……………………………………286
党建工作 ……………………………………286
精神文明建设 ………………………………287
社区书记、主任名录 ……………………287

组织机构

中共上街区委员会 ……………………………288
中共上街区纪律检查委员会 ………………288
中共上街区委工作部门及直属单位 ………288
上街区第十一届人大常委会 ………………290
区人大常委会工作部门 ……………………290
区人民政府 …………………………………291
区人民政府工作部门及直属单位 …………291
政协上街区第七届委员会 …………………297
区政协工作部门 ……………………………297
镇（街道）……………………………………298
园区管委会 …………………………………299
区人民武装部 ………………………………300
区人民法院 …………………………………300
区人民检察院 ………………………………300
区群团工作部门 ……………………………301
郑州市直属部门及主要驻上街单位 ………301

人物・荣誉

人物 ……………………………………………304
新任区领导 …………………………………304
宋洁 ……………………………………………304
崔世英 …………………………………………304
杨金军 …………………………………………305
马少军 …………………………………………305
弓永超 …………………………………………305
上街区专业技术人员 ………………………306
荣誉 ……………………………………………312
上街区市级及市级以上先进集体 …………312
上街区市级及市级以上先进个人 …………313
2011 年度郑州市“五一”劳动奖状、
奖章获得者 ……………………………………314
郑州市“五一”劳动奖状获得者 …………314

郑州市“五一”劳动奖章获得者 ……314

附　录

工作报告 ……315
郑州市上街区人大常委会工作报告 ……315
中国人民政治协商会议郑州市上街区第七届委员会常务委员会工作报告（草案）……320
郑州市上街区人民检察院工作报告 ……325
郑州市上街区人民法院工作报告 ……329
关于上街区 2011 年财政预算执行情况和 2012 年财政预算（草案）的报告 ……334
文件索引 ……340
2011 年中共上街区委重要文件索引 ……340
2011 年中共上街区委办公室重要文件索引 ……342
2011 年上街区人大常委会重要文件索引 ……345
2011 年上街区人民政府重要文件索引 ……346
新闻存目 ……349
市级以上党报有关上街文章存目 ……349
便民信息 ……350
长途客车发车时刻表 ……350
公交线路走向及站点设置 ……350
便民电话 ……352
统计资料 ……353
2011 年上街区主要综合指标 ……353
上街区 2011 年人口及其变动情况 ……356
上街区 2011 年 12 月财政收支月报表 ……356
2011 年上街区地区生产总值计算表 ……359
邮电业务量完成情况 ……361
2011 年上街区批发和零售业、住宿和餐饮业经营情况 ……362
2011 年上街区社会消费品零售总额 ……362

索　引

条目索引 ……364
随文图片索引 ……375

特　　载

持续求进　奋勇争先 争当郑州都市区建设的排头兵

——在中共上街区委九届二次全体（扩大）会议上的讲话

（2012年1月5日，根据录音整理）

中共上街区委书记　黄　卿

同志们：

这次区委全体（扩大）会议的主要任务是，深入学习贯彻中央、省委、市委经济工作会议精神，总结2011年经济工作，安排部署2012年经济工作，审议《区委常委会工作报告（讨论稿）》和《关于建设幸福上街的实施意见（讨论稿）》。这次全会对于动员全区广大党员干部群众进一步统一思想，开拓进取，创新推进“两加快一维护”战略，在郑州都市区建设中挑大梁，走前头，争当排头兵，具有十分重要的意义。下面，我受常委会委托，讲四个方面意见。

一、成绩与经验

2011年，是我区经济社会发展提质增效、加快转型的一年。全区上下紧紧围绕中原经济区和郑州都市区建设大局，乘势而上，借势出击，坚持“抓基层，打基础，以项目建设推动发展”的工作理念，以郑州宜居职教城、郑州通航试验区等城市新组团建设为核心，深入实施“两加快一维护”战略，突出抓好年度100项重点项目和24项重大工程，实现了经济社会的快速、健康、科学发展。初步预计，全年实现地区生产总值100亿元，同增长15.5%左右，继续领跑全市；规模以上工业增加值65亿元，同增长18%左右，连续6个月保持在全市前列；全社会固定资产投资67亿元，同增长30%左右，连续8个月保持在25%以上；社会消费品零售总额27亿元，同增长18%左右；全口径地方财政收入18.8亿元,同增长32%左右;地方财政收入12.3亿元，同增长54%左右；地方财政一般预算收入7.6亿元，同增长29%左右，连续8个月保持30%左右增长；城镇居民人均可支配收入2.55万元，同增长15%左右；农民人均纯收入1.17万元,增长15%左右，经济发展的提速效应日趋明显。一年来,我们主动融入,加快转型,区域综合实力不断增强，经济社会发展保持了好的趋势、好的态势、好的气势。总结起来，2011年主要有以下五个方面的成绩：

（一）发展战略进一步明确。根据郑州都市区建设的形势，我们积极研究上级决策部署，寻找上街区的发展方向和定位。邀请世联、戴德梁行、AECOM等国际知名策划公司和省社科院、省发改委等专家进行了深入研究和充分论证，找准了上街区在中原经济区、郑州都市区建设中的功能定位，就是以产业为基础、以完善城市功能为目标，依托资源禀赋，打造休、教、居、业为一体的RBD——即郑州都市区的生态休闲宜居新城。根据功能定位，确立了以通用航空产业、职教产业为引领，以铝及铝精深加工、绿色新材料、高端装备制造等工业和高端运动休闲、现代物流等服务业为支撑的现代产业体系，形成了明晰的产业发展方向。在此基础上对空间发展布局进行了调整，形成了“一城三区”（即：郑州宜居职教城、郑州通用航空试验区、郑州上街产业集聚区、五云山运动休闲度假区）的空间布局。

（二）**经济发展实力进一步增强。**产业集聚区建设实现大跨越，“一区三园”发展格局进一步优化。华泰电缆、林青电气、天一光电、向日葵新能源等一批龙头企业发展形势良好，输配电材料工业园、新型焊材工业园、新能源材料工业园等一批投资10亿元以上的龙头型、基地型企业园粗具规模。服务业集聚区加速推进，投资12亿元的欧凯龙国际家居中心、投资6亿元的郑州西部农产品物流贸易中心等项目进展顺利，大项目拉动效应日趋明显。

（三）**新型城镇化和组团建设全市领先。**我区新型城镇化建设起步早，规模大，运作规范，2011年已启动的9个村改造工程进展顺利，累计迁移农户约4770户，拆除建筑面积约116万平方米，圆满完成年度任务，走在全市前列。城市新组团建设进展较快，宜居职教城已有2所院校开工建设，郑上快速通道等基础设施建设推进顺利；省民航“十二五”发展规划初步将我区列为河南重要的通航产业发展基地。新型城镇化、宜居职教城这两项工作在市委经济工作会议上均受到市委、市政府的通报表彰。

（四）**民生事业改善成效明显。**平安建设扎实推进，信访结案率和调成率始终保持100%，全年无集体上访、越级上访和群体性事件发生，公众安全感指数位居全省第九。“三民工程”等平安创建活动扎实开展，“夕阳红民生服务队”等载体作用得到有效发挥，社会管理创新进一步深化。社会事业加快发展，全区“零就业家庭”始终保持动态为零，企业退休人员基本养老金、城镇居民医保补助标准进一步提高；公共卫生服务更加完备，成功创建全国社区中医药工作先进单位、全国示范社区卫生服务中心，实现片医负责制城乡全覆盖；建设15个农家书屋，在全市率先实现农家书屋全覆盖；文明程度不断提升，成功创建省级文明城区，总评位居全省各县（市）区第一。

（五）**党建和其他工作全面提升。**基层党组织建设和党员队伍建设全面推进，圆满完成区、镇、村三级党组织换届；党代表联系制度、提议提案制度、党员志愿者服务长效机制等不断深入和完善，区域化党建工作进一步深化拓展。领导班子和干部队伍建设不断加强，选派360余名干部到招商引资、合村并城、土地整合等重点一线进行锻炼，涌现出了一批作风过硬、能力较强的优秀干部。作风建设不断加强，全区上下坚持以发展为己任，心往一处想，劲往一处使，开拓创新，奋力拼搏，为推动全区各项事业发展提供了强有力的保障。人大、政协围绕区委中心工作广泛开展视察调研，积极提出意见和建议，同时，积极向上争取政策和支持，及时帮助协调化解矛盾和危机。新时期爱国统一战线进一步巩固和发展；党管武装工作成绩显著，在民营经济中率先建立民兵组织，受到省委、省政府、省军区的表彰；工会、共青团、妇联、工商联等群团组织的作用得到很好发挥。全面贯彻落实《廉政准则》，进一步加大腐败案件查处力度，全年纪检监察机关共立案10起，结案7起，7名党员干部受到党政纪处分，党风廉政和反腐倡廉建设不断深化推进。

过去一年的成绩，是全区上下共同努力的结果，是广大党员干部加班加点、奋力拼搏换来的。在此，我代表区委，向大家表示衷心的感谢！

一年来的工作，我们充分感受到：一是要坚持发展不放松。解决一切困难和问题，化解一切风险和危机，必须要发展，关键靠发展。没有发展，什么事情都办不成，什么问题都解决不了。二是要坚持和完善“两加快一维护”战略。两年来，我们加快产业集聚区建设，加快城乡一体化进程，维护社会大局和谐稳定，取得了显著成绩。实践证明，“两加快一维护”战略是符合我区实际行之有效的发展路径。三是科学运作是推进工作的方法和本领。去年以来，我们积极争取，把宜居职教城纳入郑州都市区“六城十组团”；科学谋划，把通航试验区纳入郑州都市区总体规划；加强沟通，使惰性电极等重大项目进入省市领导视野；持续努力，使中原西路西延工程、科学大道西延工程列入全市2012年重点建设的10条快速通道，目前，这两条道路已完成放线和地面附属物清查，4月份开工建设；破解瓶颈，争取农发行贷款4.8亿元，并圆满实现资本市场融资市定目标，全年整合土地2722亩，新增建设用地2697亩，争取占补平衡指标2566亩，资金、土地等瓶颈制约得到了有效破解，为全区发展打下了良好基础。四是务实重干是加快发展的重要保证。去年，我们在干部队伍中积极倡导联系实际、注重实效，深入开展“效能大提升，发展大提速”活动，坚持日询问、周例会、月分析等制度，加强了对实际工作的督促、检查、协调，推进了各项工作的顺利开展。同时，切实做到一线锻炼干部、一线提拔干部，树立了正确的用人导向，进一步成就和保障了上街发展的新局面。这些经验都是我们推进工作、加快发展的制胜法宝，必须认真坚持并发扬下去。

二、机遇与挑战

2012年，我们要继续保持经济社会发展的良好态势，就必须认真分析当前形势，认清面临的各种挑战和机遇，沉着应对，顺势而上，积极作为，谋求新的跨越。

（一）面临的挑战

总体来看，经济形势比较严峻。主要是以下几点：

*一是外部危机的传导效应不容忽视。*受欧债危机蔓延、美国经济不振等因素影响，世界经济复苏的不稳定性上升，国际经济环境短期内难以明显好转，外部环境对国内发展的不利影响逐步扩大，加之贸易和投资保护主义进一步抬头，将对我区企业的出口产生直接的影响。截至去年11月份，我区实现出口总值1.89亿美元，同比增速只有1%，在全市排名倒数第一。以中铝河南国贸为例，2011年预计完成出口1.35亿美元，比2010年减少1100万美元，而今年已签订的订单只有4000万美元。

*二是要素供给压力持续增大。*资金方面，金融体系还不完善，我区资金供需矛盾近期难以发生大的改观。去年前三季度贷款增速排名6县（市）1区末位，是唯一负增长的区；同时，职教城、合村并城等重大项目建设存在较大的资金缺口。土地方面，由于区域空间狭小，加上近几年的快速发展，可用于盘活的存量土地十分有限，远远不能满足实际需要。在2012年及未来一段时间，资金、土地等要素供给压力将进一步增大，资源供需矛盾将更加突出。

三是环境制约不断加剧。“十二五”时期，国家对环境保护和污染减排的要求越来越严，在化学需氧量和二氧化硫两项主要污染物的基础上，增加氨氮和氮氧化物两项主要污染物。新增加的氨氮和氮氧化物两项减排指标需大量资金和政策支持，减排难度增大。我区工业主要以高污染、高耗能、高排放的铝工业为主，这对我们加快产业结构特别是工业结构调整提出了迫切要求。另外，我区新兴产业尚处于成长期，起步比较晚，规模不大，实力不强，还不足以支撑地方经济的发展。在环境制约不断加剧的同时，新兴产业发展面临的压力不断增大。

*四是区域之间竞争更加激烈。*各县（市）区之间你追我赶，竞争激烈，都在抢项目、争政策、争资金、争土地、争人才，发展的压力进一步增大。与兄弟县区相比，我区在项目上个头还不够大、数量还不够多、质量还不够好；在政策上，主动向上争取的政策还比较少，自身出台的优惠政策吸引力还不够强；在资金和土地上，不具备先天优势，必须靠后天努力来弥补；在人才上，吸引人才的能力与主城区相比还存在一定的劣势，对人才特别是企业家和各类专业人才的培养引进力度还不够，人才的作用还没

有充分发挥。因此，上街要在全市乃至全省竞争中脱颖而出，存在很大的困难，还需要我们更加努力，克服各种挑战，不断加快发展。

五是服务业发展受到人口规模约束。近年来，我区服务业虽然发展较快，增速较高，但是总量仍然偏小，占GDP比重20%左右，与整体经济发展水平还不够匹配。特别是当前我区人口规模不大，严重影响服务业消费和发展空间。

六是宏观调控对房地产业的冲击较大。受限购、限贷、限制供地等宏观调控政策的影响，房地产市场逐渐降温，土地及房地产交易量日益下降。特别是随着调控政策的深入，房地产企业将面临新一轮洗牌，部分缺乏优势的中小企业将会被大型企业兼并，我区部分房地产企业因为资金链问题已经受到了影响。

当然，事物都是两方面的，有挑战就有机遇。认清挑战有利于我们保持清醒，分析机遇有利于我们提振信心。

（二）面临的机遇

2012年，我们面临着四个方面的大好机遇。

1.国家宏观调控带来的机遇。一是争取上级政策、资金和银行贷款的机遇。2012年国家将继续实施积极的财政政策、稳健的货币政策，将加大对“三农”、保障性住房、社会事业和社会管理等领域的投入，中央预算内将投资4026亿元，比去年净增200亿元；发行地方政府债券2500亿元，比去年净增500亿元，全国信贷投放量不低于8万亿元。第一季度是争取上级政策和银行贷款的关键时期，我们要提前着手，研究政策，包装项目，多方争取上级预算资金和补助资金，千方百计争取信贷资金。二是扩大消费需求的机遇。今年中央政策的一个重点就是扩大消费，我区是一个为消费服务的生产型城区，国内扩大消费对我区来说，就是为企业扩大生产提供了机遇。三是加快中小企业发展的机遇。国务院常务会议研究决定提高小型企业的增值税营业税起征点，将减半征收企业所得税延长至2015年底并扩大范围，适当提高对小型企业贷款不良率的容忍度。去年11月份，财政部、国家发改委联合发文，宣布从2012年到2014年，将对小微企业免征22项行政性收费，这为加快区属中小企业发展提供了良机。四是加快教育事业发展的机遇。2012年，中央、省、市教育支出占公共财政支出的比例都有大幅度增长，这为职教城建设争取上级资金带来了巨大的机遇。五是改善民生的机遇。2012年，中央、省、市财政将进一步加大对民生工程的支出，这为我们加快民生事业发展提供了良好的机遇。

2.市场变化带来的机遇。一是原材料价格的下降，有利于发展房地产业。目前，钢材、线材、玻璃等建材的成本大幅下降，房地产企业应该抓住成本下降的机遇，以较低的成本投入买地建房，待价格回升时再投放市场，就能获得较大的收益。上街区房地产价格在全市最低，说明我们的房地产业是健康的，宏观调控对我区房地产业发展带来的是机遇。二是沿海发达地区受生产要素成本上升压力加大的影响，一些产业加快向外转移，给我们承接这些地区产业转移、拉长产业链条、完善产品结构，带来了机遇。三是市场变化对新兴产业的产品需求加大，有利于我区发展绿色新材料、通用航空等国家倡导的战略性新兴产业。四是省、市一些大型企业（比如富士康、宇通等）的辐射、带动作用日益增强，有利于我区企业搞好对接，搭上大船，快速发展。

3.中原经济区建设带来的机遇。《国务院关于支持河南省加快中原经济区建设的指导意见》正式出台，提出了很多好的政策。一是要支持发展通用航空，适时试点开放低空空域，这为我们建设中国（郑州）通用航空事业暨低空经济科学发展试验区带来了难得的机遇。二是要建设国家职业教育改革试验区，打造全国重要的职业教育基地和职业实训基地，这为宜居职教城建设提供了良好的政策环境。三是要加大“三化”协调发展先行先试力度，采取更加灵活的政策措施，在城乡资源要素配置、土地节约集约利用、农村人口有序转移、行政管理体制改革等方面先行先试。国土部将出台人地挂钩政策，根据农村人口减少、城市人口增加核减耕地，这为我们破解土地等发展瓶颈制约、加快新型城镇化建设、实现城乡一元提供了契机。四是要加快中心城市组团式发展，省委、省政府专门出台《关于促进中心城市组团式发展的指导意见》，对城市组团发展赋予很多优惠政策。这对我区新组团建设带来了难得的机遇，将推动组团享受到省直管的省辖市政策。

4.郑州都市区建设带来的机遇。一是上街区作为“六城十组团”之一，将会享受到省市支持组团建设的关于土地、资金、财税等各种优惠政策。二是随着中原西路、科学大道等快速通道的开工建设，将进一步加快上街融入主城区步伐，区位优势进一步凸显。三是随着郑州都市区建设的推进，主城区的部分产业逐步向外转移，有利于上街区主动承接，提升产业层次和水平。四是职教城建设有利于加速人口的聚集，扩大上街的消费群体，推动服务业快速发展。五是通航试验区建设有利于提升上街形象和品位，提高上街的知名度和美誉度，快速提升对国内外客商的吸引力，进而提升上街的产业层次。通航产业发展前景良好，我们要作为一个品牌去打响。

机遇总是垂青于有准备的人，我们只有抢抓机遇、超前谋划，才能实现上街的大发展。

三、任务与重点

综合以上分析，结合中央、省委、市委经济工作会议精神，2012年我区工作的总体思路是：按照市委提出的“突出一个中心词”（中原经济区郑州都市区建设）、“突出一个关键词”（投资）、“两个围绕一个依靠”（围绕组团上项目，围绕项目增投资，依靠投资促发展）、“做好三篇文章”（做好新型城镇化引领这篇文章、做好房地产发展这篇文章、做好都市区组团建设和产业集聚区建设这篇文章）的要求，围绕打造中原经济区科学发展示范区的目标，以“两加快一维护”战略为路径，以项目建设为抓手，按照“一城三区”（郑州宜居职教城、郑州通用航空试验区、郑州上街产业集聚区、五云山休闲运动度假区）的空间布局，突出重点项目、重点工程、重点工作，千方百计扩大投资，持续不断改善民生，努力发挥城乡一元的引领作用、新组团建设的先行作用和幸福城市建设的示范作用，持续求进，务实发展，奋勇争先，在郑州都市区建设中挑大梁、走前头、争当排头兵。

主要预期目标是：地区生产总值增长13%左右；全社会固定资产投资增长25%左右；地方财政一般预算收入增长15%左右；社会消费品零售总额增长17%左右；城镇居民人均可支配收入增长11%；农民人均纯收入增长11%；人口自然增长率控制在10.15‰以内；单位生产总值能耗完成市定目标；圆满实现幸福上街建设2012年目标。

实现途径是：坚持创新推进“两加快一维护”战略，紧抓“三重”确定的投资450亿元的22个大类100个项目。根据新的形势，为便于与郑州市工作衔接，我们对“两加快一维护”战略进行了丰富和完善，把原来的加快产业集聚区建设调整为加快产业集聚区及新组团建设，加快城乡一体化建设调整为加快城乡一元化及新型城镇化建设，维护社会稳定调整为维护社会和谐稳定及管理创新，最终形成了3大指挥部、12个推进组，具体负责100个项目的推进。其中，产业集聚区及新组团建设指挥部下设4个推进组，分别是产业集聚区建设推进组、中国（郑州）通用航空事业暨低空经济科学发展试验区建设推进组、职教城建设推进组、五云山建设推进组；城乡一元化及新型城镇化建设指挥部下设5个推进组，分别是道南合村并城暨旧城改造工作推进组、道北合村并城工作推进组、新型农村社区建设推进组、汜水河整体开发推进组、快速通道及生态廊道生态水系建设推进组；社会和谐稳定及管理创新工作指挥部下设3个推进组，分别是社会管理创新推进组、信访稳定推进组、幸福上街建设推进组。今年，我们将按照新调整的“两加快一维护”

战略，统筹推进全区各项工作。

围绕以上思路和目标，我们要突出抓好以下六个方面：

（一）**加快新型城镇化建设，发挥城乡一元化的引领作用。**按照“四要”（抓要点，一是要在六城十组团和产业集聚区范围内进行新型农村社区建设，也就是合村并城；二是要以合村并城、合村并镇、城中村改造的方式实施新型农村社区建设；三是要以主导产业和市区关联基础设施外迁、重大基础设施建设、限价房建设为重点带动外围组团起步。抓要务，就是要抓好提速规划和完善基础设施这两个当务之急。抓要件，就是要解决好“钱从哪里来”的问题，要靠规划布局、靠项目、靠谋划运作来带动土地升值。抓要害，重点是要在创新和加强城市管理上下功夫）的要求，加快新型城镇化建设，努力实现城乡一元化（居住环境城市化、公共服务城市化、就业结构城市化、消费方式城市化）。具体到上街来说，重点是做好五项工作：

一是加快农村集体经济体制改革。在完成聂寨、夏侯集体经济体制改革试点的基础上，今年把南部山区5个搬迁村作为第二批试点进行推进。同时,按照“成熟一个，推进一个”的原则，加快推进其他村的集体经济体制改革，尽早实现村改居。二是加快合村并城和新型农村社区建设。推进宜居职教城、通航试验区、产业集聚区等新组团内的合村并城，力争年底前完成16个村的拆迁。加快推进长铝公司旧街坊改造。抓紧谋划旧城改造项目，建设大型城市商业综合体及城市地标性建筑。三是加快基础设施建设。做好中原西路西延工程的相关工作，积极推动施工单位尽早施工，力争2013年底全面完工。配合施工单位加快推进科学大道西延工程，力争早日建成通车。加快推进登封路改造工程、新安西路改造工程、中心路西段改造工程、第二污水处理厂、集中供暖（主干网铺设）等重点工程，力争年底前部分工程建成投入使用。四是加快生态廊道建设。推进南水北调上街支线工程建设,开展汜水河综合治理，完成南部山区、冯沟水库、沙固村等区域共计900亩的造林任务，建成安阳路带状游园，完成工业路、航空路等6条道路的绿化升级。五是推进城市管理数字化、网格化、精细化,进一步提升城市管理水平。

（二）**加快宜居职教城等新组团建设，发挥新组团建设的先行作用。**一是加快推进郑州宜居职教城建设。完成职教城控制性详规和核心区城市设计规划编制，加快郑州铁路技师学院、郑州职业技术学院、郑州市高技能人才培训基地等重点项目建设，加快配套设施建设，完善路、水、电、气等基础设施，加大招商引资力度，吸引更多的院校和项目落户园区。二是强力推进郑州通航试验区建设。高标准完成园区策划规划，加快推进上街机场改造，成功申报河南省首批低空空域开放试点，积极申报中国（郑州）通用航空事业暨低空经济科学发展试验区，加大通航项目招商力度，引进一批通航飞行器制造项目和通航运营企业。三是积极推进五云山高端运动休闲度假区建设。加大五云山生态建设，加强浅山丘陵地区的土地资源开发利用，加快旅游观光农业、山地休闲运动、假日休闲娱乐等项目建设进度，吸引全市居民进行休闲、度假、娱乐消费，打造郑州生态消费新亮点。

（三）**加快民生事业发展，发挥幸福城市建设的示范作用。**建设幸福上街重点是改善民生，这是我区贯彻落实科学发展观的又一探索与实践。目前，我们初步构建了幸福上街涵盖5大类30项综合评价指标体系，并制定了建设幸福上街的实施意见，已提交这次全会讨论，下一步将提交区“两会”审议后实施。我们将通过幸福上街建设,努力实现“家家生活富裕、个个身心健康、人人福利优厚、处处环境优美、天天精神愉悦”，为全市乃至全省幸福城市建设作出示范。一是完善就业和保障措施。千方百计促进就业，全面落实各项创业扶持政策，力争建成2~3家创业孵化基地，发放小额担保贷款2400万元，引导更多的搬迁村民和就业困难人员自主创业，形成以创业带就业的倍增效应，全年新增城镇就业人员2600人，完成职业技能培训2800人，城镇登记失业率保持在3.5%以下，“零就业家庭”动态为零。完善社会保障体系，加大养老、医疗、失业、工伤和生育等保险的扩面征缴工作，高度重视和切实做好被征地农民社会保障工作，全面推进城乡居民养老保险工作，做好城乡最低生活保障和特困救助工作，不断提高社会保障能力和救助水平。二是加快发展社会事业。加大区财政对教育事业的投入，深入推进中小学优质教育资源倍增工程，改善中小学校基础设施，推进区内中小学校与郑州市名校的合作，提高教育教学质量。加强对历史文化遗迹的保护和开发利用，盘活重阳观、方顶村古建筑群等文化资源。开工兴建公共卫生服务中心，鼓励社会力量兴办各类医疗机构，满足群众多样化医疗卫生需求。完善城乡公共文化服务体系，继续实施文化惠民工程和舞台艺术进乡村、进社区活动。三是进一步深化平安建设。完善平安建设工作绩效考评、奖惩激励、平安联创和投入保障等一系列机制，打造一批规格较高的平安小区、平安单位、平安学校、平安社区，营造和谐稳定的社会环境，确保公众安全感指数达到93%以上，群众对政法机关执法满意率达到90%以上，平安建设工作保持在省、市前列。进一步切实加强公共安全和行业监管，加强道路交通、消防和危险品安全监管，落实安全生产工作责任制，确保不发生有影响的安全生产责任事故。四是加强社会管理创新。深入推进“十星社区”创建工作，争取用2~3年的时间，努力把全区80%以上的社区建设成为“十星”级新型标准化社区。强化网格化社会治安防控体系建设，推行“一网四级”的治安防控新模式。推行“一证通”制度、“一站式”服务等经验做法，不断提升流动人口服务管理水平。加强对互联网等新兴媒体的管理，加强“两新组织”中的基层党组织和工青妇组织建设。

（四）加快产业集聚区建设，促进产业提档升级。紧抓“三高”（高成长性区域、高成长性产业、高成长性企业），进一步优化产业布局，促进产业提档升级。一是加快以“一区三园”为重点的高成长性区域发展。抓住郑州上街装备产业集聚区被确定为河南省15个重点扶持的产业集聚区的机遇，积极向上汇报“一区三园”建设推进情况，争取得到省里认可。利用好省、市出台的关于扶持产业集聚区发展的优惠政策，加快“一区三园”建设，争创河南省新型工业化产业示范基地。力争2012年，工业集聚区销售收入突破230亿元，固定资产投资完成30亿元，新开工、续扩建项目达到10个以上。二是加快以通用航空、绿色新材料为重点的高成长性产业发展。抓住我省正在加紧谋划建设郑州航空大都市和国家首个航空经济示范区的机遇，依托通航试验区，大力发展通用航空产业，打造区域发展新的增长极。加快推进中铝郑州研究院高效绿色铝生产技术（惰性电极）产业化、天一光电微粉光电应用材料、裕丰新材料三期等项目，培育做大绿色新材料产业。三是加快华泰电缆、林肯焊材等为重点的高成长性企业发展。加大对华泰电缆、林肯焊材等龙头企业的扶持力度，鼓励和支持其依托品牌、资金、市场等优势进行兼并重组，加快推进输配电材料工业园、新型焊材工业园建设，打造一批产值超10亿元、超50亿元的企业园。

（五）加速服务业发展，提升服务业比重。2011年，我区服务业发展势头很好，增加值增速排名全市第一，创造的税收占区级税收的52%，服务业对地方发展的拉动作用正在逐步显现。市委经济工作会议提出，要把提速服务业发展作为今年全市经济工作的重中之重，这为我区服务业发展带来了难得的机遇。我们要抓住这个机遇，加速服务业发展。一是积极争取上级支持，力争把我区纳入全市三大物流组团中的西部物流区统一规划，并把我区确定为全市二、三产分离试点。二是加大服务业项目建设力度，加快五云山运动休闲度假区、汜水河整体开发、昆仑现代物流园、中国中部机电产业基地、欧凯龙国际家居中心、郑州西部农产品物流贸易中心、郑州泓嘉国际酒店等大项目建设，不断增强服务业的辐射力、影响力、带动力。力争2012年，服务业集聚区实现营业收入50亿元，固定资产投资30亿元。

（六）**加强招商引资和项目建设，主动承接产业转移。**当前，沿海地区一些企业迫于成本上升的压力，正在加快向内地转移，同时，郑州主城区内的一些企业也在考虑外迁，我们应该抓住这些机遇，积极承接产业转移，努力扩大招商成果。一是强化“两种意识”。强化“招优引强”意识，善于抓住各类政策机遇招商，善于利用城市新组团、产业集聚区和现有项目、现有土地、现有标准化厂房招商，争取引进引进一些高层次、成规模的项目；强化“务实招商”意识，落实好重点领域、重大项目、派驻小分队等一系列招商措施，实事求是，讲求实效，切实克服招商工作中的形式主义。二是加强招商力量。各镇办、经济部门主要负责同志必须有足够的精力关注项目建设和招商引资工作，领导班子中必须有足够的力量专职负责项目建设和招商引资工作。要进一步畅通各个岗位干部向项目建设、招商引资岗位流动的渠道，把那些有经验、有办法、有激情、有能力的人员充实到招商引资和项目建设一线，并在招商引资和项目建设一线和关键岗位上锻炼干部、发现干部和使用干部。三是加速项目建设。牢牢把握“签约项目促开工、开工项目促推进、在建项目促竣工、竣工项目促投产”等核心环节，在加快原有项目建设进度的同时，全力推进已谋划的100个项目，促其早日开工。四是加大服务力度。实行重点项目“四个一”（一名分包区领导、一个主要责任单位、一个项目联系人、一个工作方案）、周例会、月汇报、季观摩制度，及时了解项目进展情况，积极协调解决存在的困难和问题，确保项目建设顺利进行。力争全年引进投资超亿元项目不少于10个，超5亿元项目不少于5个，超10亿元项目不少于2个。

这六方面工作是我区2012年工作的重中之重，必须牢牢抓在手中。

四、组织与保障

2012年的战鼓已经擂响，我们要想在郑州都市区建设中脱颖而出、成为排头兵，必须有坚强的组织、优良的作风、科学的运作作为保障。

（一）**加强党的建设，提升党建科学化水平。**一是加强思想建设。以中心组学习、“学习型机关创建”“五强化四争创读书竞赛”等活动为载体，组织开展对党的十七届六中全会、省九次党代会、市十次党代会、区九次党代会精神的学习，坚持不懈地用政治理论武装党员干部头脑，提升党员干部推动科学发展的能力。二是加强组织建设。采取联合组建、挂靠组建或派驻党建工作指导员等方式，加大在非公有制经济组织和社会组织中建立党组织工作力度，实现党组织设置全覆盖；针对新型社区建设实际，加大在新建小区建立党组织力度，做到党组织与社区建制同步调整；健全流动党员联系机制，加大对流动党员的服务管理力度。三是加强干部队伍建设。完善绩效考核办法和干部优先选用条件办法，充分发挥绩效考核的作用，注重在重点项目、重点工程、重点工作中培养和选拔干部，对优秀干部重点培养和使用，最大限度地调动干部积极性。

（二）**加快作风转变，提高工作效能。**作风的好坏关系事业的成败。省委卢书记和市委连书记多次在会议上强调加强作风建设，“三具两基一抓手”、提高“三个效率”、建立“七项机制”、落实“十个不允许”等都是对我们干部队伍作风建设提出的具体要求。对照这些要求，我们的大部分干部表现是比较好的，是务实重干、作风过硬的，但是也有少数干部存在着遇事“踢皮球”、干事讲条件、工作爱拖拉、工作低标准等现象，这些直接影响到我们的工作推进，影响到上街的发展进程。2011年，武汉市重拳治理官员”慵、懒、散”，100多名干部被问责，干部作风发生明显转变，工作效能大大提升。我们也要学习武汉的做法，深入开展作风整治，着力提高工作效能。

一要提高决策效率。建立高频率、高效率的决策机制，领导干部要提高政治敏感性，积极关注国家、省、市会议精神和工作导向，要抓紧时间研究上级部门或领导安排的工作，见文即办，有会必贯彻，不要让文件在手中过夜，不要让工作在手中耽搁；对一些工作中的难点特别是涉及百姓或企业利益的问题，要抓紧时间分析原因，找到对策，研究解决。二要提高协调效率。协调主要是提高工作主动性。市委经济工作会议已经把郑州都市区建设面临的机遇进行了透彻的分析，各县区都在紧盯各项优惠政策，谁先下手去协调、去争取，谁就能获得优先权，我们各个部门都要抓紧与市对口部门的沟通联系，询问2012年的目标制定情况、新出台的优惠政策、给产业发展带来的好处等，及时向主管领导或主要领导汇报，及时向省、市部门汇报，争取上级政策支持。三要提高执行效率。各项工作的推进落实不能仅满足于按时完成，不能只站在上街看自己，要站位郑州都市区、站位中原经济区看排名，勇于争先进位；不能有畏难情绪，对一些难点弱项工作不予重视，放置高阁不予理睬，总是无法落实，要调整思路有所提升；不能因为工作事项多，督查了才行动，要统筹兼顾，明确工作重点，各项工作都要提前部署，层层明确责任人，有序推进各项工作；不能成天只想着应付工作，只想着求稳求省心，不思进取，要敢于创新突破；不能见活就推，持有怕吃亏、能少干就少干的思想，要以身作则勤政为民；不能成天忙于工作以外的事情，忙于交际应酬，不把心思放在工作上，要廉政为民。今年，我们要充分发挥群众的监督作用，建立群众监督机制，把我们的重大项目、为民办的实事和幸福上街指标通过网络、报纸公布于众，让大家来评价我们的工作成绩。

（三）**加强科学运作，提升运作水平**。运作体现水平，运作体现能力。运作能否取得实效，不仅靠激情，更靠智慧、靠方法、靠技巧。把政策研究透，才会有争取支持的主动权；把主要矛盾研究透，才会找到解决问题的路径和办法；把法律法规研究透，才会减少工作的失误和被动；把各种资源优化配置研究透，才会实现运作效果的最大化。我们一定要把不出事、办成事、办成高质量的漂亮事作为运作的评判标准，作为干部能力素质的检验标准，作为每一名领导干部的工作追求。一要善于运作项目和资金。认真研究中央、省、市出台的政策带来的机遇，积极谋划对接新项目，依托职教、通航等特色产业上项目，依托科技成果上项目，依托民营企业上项目，依托中铝郑州企业上项目。项目建设的关键是资金，要积极争取银行贷款；要加快产业集聚区建设发展有限公司和城乡建设发展投资有限公司等政府融资平台建设；要支持企业通过上市融资、债券融资等形式，解决建设资金问题；要鼓励民间投资，引导民间资金更多投向实体经济和项目。二要善于运作规划和土地。要在职教城规划面积31.93平方公里的基础上，加强通航试验区等新组团的规划运作，通过规划来拓展发展空间。要积极破解土地瓶颈，通过重大项目争取上级土地指标，通过合村并城集约化利用土地，通过土地资源整合腾出建设用地，通过异地购买指标解决后备土地资源不足问题。

临近春节，也是到了重要关口，我们大家一定要坚持廉洁从政，当好廉洁自律的表率，让自己身上的包袱轻一些、思想防线牢一些，真正过一个祥和、温馨、廉洁的节日。一要认清反腐形势，杜绝错误思想认识。目前，我区党员干部绝大多数是重视反腐倡廉工作的，是清正廉洁的，出问题的、不廉洁的干部只是极少数。大家要时刻绷紧反腐倡廉这根弦，杜绝麻木心理、侥幸心理、攀比心理、补偿心理等错误思想认识。二要坚持修身正己，常存荣辱不惊理念。拒腐防变是对每个党员干部的基本要求，领导干部要提高拒腐防变能力，必须加强修养。要做到廉洁从政，必须常思权力、金钱、家庭“三个问题”，处理好人与己、义与利、失与得的关系，必须过得了欲望关、人情关、责任关“三个关口”。

三要保持忧患意识，筑牢拒腐防变闸门。要警惕权钱交易、感情投资、政策棚架三种消极腐败现象的侵蚀；要重视节日期间的廉政风险，既能律己又能正人。各级领导干部要正确认识礼尚往来与收送钱物；要正确认识收入水平上升与立案标准相对固定；要正确认识一次性的腐败行为与终身性的腐败后果；要谨记“八个表率”的具体要求，既重大义又重小节；要严格遵守“八不要”“十不准”的规定，争做志存高远的表率、廉洁从政的表率、遵纪守法的表率、艰苦奋斗的表率、务实肯干的表率、接受监督的表率、敢抓善管的表率、感恩为善的表率。

节日是人民群众看党风政风的关键时期，党员领导干部一定要处理好公与私的关系，坚决遏制权权交易、权钱交易、权色交易，特别是春节前后在人情掩盖下的权钱交易；节日也是党员干部服务群众、服务基层、树立良好形象的有利时期，全区党员干部要切实转变工作作风，多访贫问苦，多到基层看一看、转一转，把关心基层、关心群众，特别是确保困难群众过好节日作为工作的重点，努力营造欢乐和谐的节日氛围。

同志们，百舸竞流，只争朝夕。让我们在市委、市政府的正确领导下，全面贯彻落实科学发展观，咬定发展目标不放松，励精图治，持续求进，务实发展，奋勇争先，与13万上街人民一道，赢得新的光荣，实现新的梦想，为郑州都市区建设作出新的更大的贡献！

政府工作报告

——在郑州市上街区第十二届人民代表大会第一次会议上

2012年4月17日

上街区人民政府代区长　宋　洁

各位代表：

现在，我代表区人民政府向大会作工作报告，请予审议，并请各位政协委员和列席会议的同志提出意见。

过去五年政府工作回顾

本届政府任期的五年，是极不寻常的五年，是全区经济社会向全面、协调、可持续发展坚定迈进的五年。五年来，在市委、市政府和区委的正确领导下，在区人大和区政协的监督支持下，区政府团结依靠全区人民，深入贯彻落实科学发展观，强力实施“两加快一维护”战略，积极应对国际金融危机的严重冲击，全力调结构、促转型、谋发展、惠民生，全面完成了区十一届人大会议确定的各项目标任务，实现了“十一五”圆满收官和“十二五”良好开局。

——过去的五年，是我区经济持续快速发展、综合实力显著增强的五年。2011年，地区生产总值达到99.1亿元，是2006年的1.5倍；地方财政一般预算收入达到7.6亿元，是2006年的1.8倍；社会消费品零售总额达到29.2亿元，是2006年的2.7倍；全社会固定资产投资五年累计完成230亿元；城镇居民人均可支配收入突破2.5万元，是2006年的1.8倍；农民人均纯收入达到1.2万元，是2006年的2.1倍；人均GDP在2010年突破1万美元，位居全省前列；2011年地区生产总值、规模以上工业增加值、全社会固定资产投资、财政一般预算收入等6项主要经济指标增速位居全市六区第一。

——过去的五年，是我区产业结构不断优化、发展质量明显提高的五年。产业结构调整提速。三次产业结构由2006年的1：82.4：16.6调整到2011年的0.6：78.2：21.2，第三产业比重提高了4.6个百分点。区属规模以上工业企业由57家增加到72家，对全区工业增长的贡献率达到72.1%，较2006年提高51个百分点。工业发展成效显著。"一区三园"粗具规模，累计引进新项目95个，入驻企业160余家，建成标准化厂房40万平方米，2011年规模以上工业企业销售收入达到219.6亿元，规模以上工业增加值达到58.7亿元，占全区规模以上工业比重达88%。装备产业集聚区被确定为全省首批重点产业集聚区，先后荣获"河南省民营科技园区""河南省特色装备制造产业园区""郑州市新型工业化产业示范基地"等多项殊荣，成为推动全区经济转型升级的重要平台。服务业发展活力显现。总投资50亿元的幸和群岛和10亿元的河南863科技创业园奠基开工，总投资12亿元的欧凯龙国际家居中心和6亿元的郑州西部农产品物流贸易中心等项目稳步推进，雅乐轩四星级酒店落成开业，金融保险、商贸物流行业蓬勃发展，服务业税收占区级税收比重达到43.9%。现代农业粗具规模。新增4家市级农业产业化经营重点龙头企业，发展农民专业合作社18家，汜水河鲜切花远销日本、韩国和俄罗斯。科技创新能力快速提升。成功引进并运营国家承压阀门质检中心，建成21家市级以上企业技术中心、5家市级以上工程技术研究中心，完成50余项科技成果，新增专利授权684件、省级以上著名商标9件，长城特种水泥公司实验室被认定为国家级实验室。节能减排扎实推进。"十一五"节能减排目标顺利实现，与2006年相比，化学需氧量、二氧化硫排放量分别下降72.9%和20.1%。

——过去的五年，是我区城乡一元化加快推进、城乡面貌发生巨变的五年。城乡一元化创新推进。确立了到2015年在全市率先基本实现城乡一元化的目标，编制形成了统筹区域发展的规划体系，敢于突破，先行先试，建立了多元化的资金投入机制，出台了《上街区城乡一体化实施方案（2010—2015）》《上街区推进城乡一元化工作指导意见》等一系列政策文件，为我区统筹城乡发展提供了有力支撑。大胆探索扶贫开发新模式，基本完成南部山区5个贫困村4000多农民的整体搬迁，总投资40亿元的五云山休闲运动度假区项目顺利推进，实现了经济、社会、生态效益的"共赢"，其经验做法在近期《人民日报》头版题为《河南务实发展稳步前行》报道中得到充分肯定。全面启动"四类社区"建设，夏侯村等城中村改造和上街、郊段等合村并城项目进展顺利，建成安置楼150余栋，安置农户2500余户。城乡面貌焕然一新。投资2.6亿元修建昆仑路、金华路南段、淮阳路中段、丹江路西段等13条道路，投资1.8亿元改扩建连霍高速引线、安阳路、新乡路、工业路等7条道路，建设改造农村道路52公里，率先在全市实现村村通。建成左照公园、人民广场、"三馆一中心"等一批公益设施，城市功能更加完善。对中心路、济源路等16条道路和铝城公园等14个游园（公园）进行绿化升级，建成12个林业生态村，人均公共绿地达到12平方米，较五年前增长了4.5平方米。全面开展土地整合利用，集中整治违规、低效、闲置用地，累计整合出可利用建设用地8643亩。积极推行城市精细化管理，切实加强生态环境保护，建成上街污水处理厂，治理淘汰高污染企业32家，环境质量得到明显改善，空气质量二级以上天数年均达到309天。城市组团建设开局良好。郑州宜居职教城纳入全市“六城十组团”城市发展战略，总体规划编制顺利完成，郑州铁路技师学院和郑州职业技术学院开工建设，初步实现了“一年成名”的目标。郑州通航试验区纳入河南省民航产业十年发展规划，河南飞天通用航空等7家公司先后到我区筹备注册，产业发展战略规划正在加紧编制。五年来，建成区面积达到26.7平方公里，扩大了1.5倍；建成区人口达到10.5万人，增长了50%；城镇化率达到89.2%，位居全市前列。

——过去的五年，是我区人民生活明显改善、社会事业全面进步的五年。民生投入逐步加大。五年累计投入12.36亿元，坚持每年为群众办好一批实事，农村安全饮用水、低收入家庭住房、城乡居民社会保障等一大批涉及群众切身利益的民生问题得到有效解决。群众就业更加充分。五年累计新增就业15776人，转移农村劳动力5113人，城镇“零就业家庭”动态始终为零。社会保障体系更加健全。在全市率先实现城乡低保一体化，基本养老金社会化发放率和按时足额发放率均达100%，城镇职工和居民基本医疗保险参保人数达到3.5万人，新型农村合作医疗参合率达到98.57%，廉租房实现了应保尽保。教育事业得到优先发展。累计投资8700万元，先后建成城区寄宿制中学和金华路小学，完成安阳路小学一期和全区中小学校舍安全三年工程。对上街户籍中职生实施免费教育。大力实施“名师名校”工程，实现郑州市第二外国语学校和郑州外国语学校教育集团联合办学，全区教育教学质量不断提高，连续五年被评为郑州市“教育督县”优秀单位。医疗卫生服务水平不断提升。完成紧急救援中心升级改造，启动实施国家基本药物制度，成功创建“全国示范社区卫生服务中心”，荣获“全国社区中医药工作先进单位”称号。新建20个标准化村卫生所，城区医疗片医片护覆盖率达100%。精神文明建设蓬勃发展。成功创建省级文明城区，打造了‘千百十文明和谐家庭’文明创建品牌。公共文化服务体系更加完善，先后建成14个社区文化活动中心，区图书馆、文化馆分别被评为国家二级馆和三级馆，在全市率先实现农家书屋全覆盖。编纂出版首部地方性综合年鉴。平安建设和安全生产形势持续向好。着力推进“四严一创”，在全省首创社会治安志愿者活动，公众安全感指数位居全省前列，连续4年被评为“全省平安建设先进区”，荣获河南平安建设最高奖“中原平安杯”。建立健全食品安全监管机制，集中开展食品、药品安全专项整治。深入开展安全生产专项治理，加大隐患排查治理力度，安全形势总体平稳。国防教育和国防后备力量建设取得新成效。计生、人防、外事侨务、民族宗教、防震减灾等各项社会事业取得新进步，先后获得“全国县级防震减灾先进单位”“全省计划生育优质服务先进区”等荣誉称号。

——过去的五年，是政府自身建设切实加强、改革开放不断深化的五年。政府职能进一步转变。全面完成新一轮政府机构改革，深入开展“两转两提”活动，政府廉政建设和公务员队伍建设进一步加强，办事效率和服务水平显著提高。依法行政扎实推进。切实加强法治政府建设，深入开展集中受理、集中审理行政复议案件试点工作，在全市率先以听证方式审理行政复议案件，政府文明执法水平不断提升。自觉接受区人大法律监督和区政协民主监督，共办理人大代表建议393件、政协委员提案398件，满意率均达99%。建成行政服务中心，实现“一站式”办公，审批项目集中度达95%，符合审批条件的审批事项受理率、按时办结率均达100%。数字政府建设持续加强。建成全省首家涉税信息平台，“中国·上街”门户网站荣获“郑州市十佳网站”，“信息公开”栏目被评为“2011年度中国政府网站信息公开类精品栏目”。投融资体制创新成效明显。积极整合政府投融资平台，成立城市开发建设投资有限公司，设立区政府金融办，进一步深化政、银、企合作，累计为中小企业提供金融担保服务超过12亿元，实现政府融资20.7亿元。加快推进优势企业进入资本市场，郑蝶阀门公司在美国成功上市。积极处理企业改制遗留问题，妥善解决了原郑州电机厂、上街铝厂、热电厂等一批历史老大难问题，盘活资产2.1亿元。对外开放步伐不断加快。累计引进超亿元项目36个、市外资金112.5亿元，完成外贸出口额8.6亿美元、对外经济技术合作营业额6772万美元。

各位代表！五年的历程极不平凡，五年的成就来之不易。五年来，我们直面挑战不畏惧，克难攻坚，妥善应对国际金融危机强烈冲击和外部多重不利因素影响；我们抢抓机遇不放松，主动作为，积极谋划郑州宜居职教城和通航试验区建设，推动中原西路和科学大道西延工程实施；我们狠抓项目不动摇，注重运作，成功引进了一批技术含量高、投资规模大、带动能力强的能够引领上街未来产业发展方向的重大项目，发展后劲不断增强。这五年，最显著的变化是城市面貌日新月异，最可喜的局面是全区上下精神振奋，最宝贵的收获是发展路径更加清晰，最难得的成就是发展基础日趋坚实。这些成绩的取得，是上级党委、政府和区委正确领导的结果，是区人大、区政协和社会各界有效监督、大力支持的结果，是全体代表和委员积极支持、带头努力的结果，更是全区人民在历届区委、区政府打下的良好工作基础上，团结奋斗、顽强拼搏的结果。在这里，我代表区人民政府，向区人大代表、政协委员和全区人民，向所有关心政府工作，为上街建设作出重大贡献的驻上单位、离退休老同志和社会各界人士，表示崇高的敬意和衷心的感谢！

在肯定成绩的同时，我们也深知，上街区的发展还面临不少困难和问题：一是经济结构性矛盾依然突出，战略性支撑项目较弱，战略性新兴产业项目缺乏，结构调整任务艰巨；二是土地、资金、能源、环境的瓶颈制约趋紧，要素供应挑战严峻；三是保障改善民生和基础设施建设的压力巨大，财政收支矛盾日趋突出；四是一些部门和干部仍然存在着开拓创新意识不强、推动工作能力欠缺、干事创业激情不够等问题。对此，我们一定高度重视，采取有力措施，认真加以解决。

新一届政府工作及2012年目标任务

未来五年，是我们全面实施“十二五”规划的关键时期，更是加快建设“一城三区”，率先在全市实现城乡一元化的攻坚阶段。纵观全局，挑战不容忽视，机遇更加难得。从不利因素看，世界经济短期内难以明显好转，国际市场持续低迷；国内投资需求放缓，物价仍处高位，经济下行压力明显；资金、土地、能源、环境容量等要素制约仍然较大，区域间围绕市场、资源、人才、技术等方面的竞争日趋白热化，这些都给我们造成了不可忽视的压力和困难。从有利条件看，我国正处于新型工业化、新型城镇化同步快速推进期，产业结构和消费结构升级蕴藏着巨大的需求潜力，国家继续实行积极的财政政策和稳健的货币政策，有利于我们推动经济增长由政策刺激向自主增长的有序转变；中原经济区建设上升为国家战略，郑州都市区建设驶入快车道，新型城镇化工作全面铺开，有利于我们充分利用各类扶持政策借势借力发展；更为重要的是，近三年来我们深入实施“两加快一维护”战略，进一步确立了以“铝及相关新材料、装备制造、通用航空”为主导的产业方向，优化了“一城三区”的主体功能区布局，锤炼了一批敢于挑战、勇于担当的优秀干部，培育了一批懂经营、会管理的优秀企业家团队，这些都为我区今后五年的跨越发展积累了强大的内在动力。可以说，未来五年，我区将进入一个重要的黄金发展期。只要我们抢抓发展机遇，一定可以乘势而上，大有作为，不断开创上街经济社会发展的新局面。

今后五年政府工作的总体要求是：以科学发展为主题，以加快转变经济发展方式为主线，以新型城镇化引领“三化”协调科学发展为路径，深入实施“两加快一维护”战略，按照“一城三区”的空间布局，抢抓机遇，持续求进，突出提升，务实重做，着力建设“产业高地、职教新城、通航基地、运动之都、幸福上街”，努力打造中原经济区科学发展示范区，在郑州都市区建设中争当排头兵。

未来五年政府工作的奋斗目标和主要任务是：

——综合实力跃上新台阶。经济增长速度和效益高于全省平均水平，地区生产总值和公共财政预算收入实现翻番，分别达到200亿元、15亿元；全社会固定资产投资累计突破600亿元；规模以上工业增加值突破150亿元；社会消费品零售总额实现翻番，达到60亿元；人均主要经济指标保持全省领先地位，支撑郑州都市区发展的地位更加凸显。

——转型升级取得新突破。产业结构调整取得重大进展，传统优势产业基本实现转型升级，战略性支撑产业壮大规模，战略性新兴产业增加值实现翻番，农业现代化水平进一步提高，服务业在国民经济中的比重提高到26%。自主创新能力大为增强，高新技术工业增加值占区属规模以上工业增加值的比重达到35%以上。

——城乡一元化实现新跨越。城中村和旧城改造、合村并城、新型农村社区建设任务全面完成，郑州宜居职教城建设实现"五年成城"的目标，郑州通航试验区建设"粗具形象"，中心城区功能显著提升，基本实现集中供暖，无线网络覆盖全区，建成区面积达到60平方公里，人口达到30万人；城镇化水平继续领跑全市，率先在全市形成空间布局合理、功能分工有序、资源配置优化、公共服务均等、环境优美舒适的城乡一元化发展新格局。

——幸福上街达到新水平。城镇居民人均可支配收入较快增长，突破4万元；农民人均纯收入实现翻番，达到2.5万元；义务教育阶段教育现代化学校覆盖率100%，高中阶段教育毛入学率达到94.7%；每千人拥有卫生技术人员达到7.5人；城乡人均公共体育设施面积达到1.5平方米；城乡养老、城镇医疗、新农合基本实现全覆盖；民主法制和精神文明建设进一步加强，社会管理体系更加健全，社会安定有序，群众幸福指数不断提升。

2012年，既是新一届政府的开局之年，也是实施"十二五"规划承上启下、提速发展的关键之年。做好今年的政府工作，具有十分重要的意义。

综合考虑各方面因素，2012年经济社会发展的主要预期目标是：地区生产总值增长13%；全社会固定资产投资增长25%；地方公共财政预算收入增长16%；社会消费品零售总额增长17%；城镇居民人均可支配收入和农民人均纯收入均增长11%；人口自然增长率控制在6‰以内；单位生产总值能耗实现市定目标。

实现上述目标，我们将重点抓好以下三个方面的工作：

（一）调整优化产业结构，促进经济跨越发展

按照"三次产业协调，突出特色集聚，瞄准行业高端，领先区域发展"的要求，牢牢把握实体经济这一基础，坚持做大总量和优化结构并重，为上街发展提供产业支撑。

全面提升工业发展水平。围绕构建以高端产业为引领、主导产业为支撑、产业集聚区为载体的现代工业体系，建立健全推进新型工业化的奖励扶持政策，加快新型工业化进程。着力改造提升传统优势产业，支持配合中铝郑州企业加快体制机制改革，挖潜增效和运营转型；引导民营涉铝企业积极开拓高、精、尖深加工产品，走差异化发展之路，提升铝工业整体竞争力。着力做大做强战略性支撑产业，推动阀门产业整合升级和壮大产销规模，加快路桥及建筑矿山机械专用装备等产业拓展提升，抓好输配电材料产业园建设，推动装备制造业向规模化、集群化、高端化发展。着力扶持培育战略性新兴产业，大力发展高精陶瓷、超硬材料、光伏材料、新型焊材等新材料产业，加快推进绿色铝电解技术产业化，打造经济发展新的增长极。以华泰电缆、林肯电气等企业为龙头，着力培育销售收入超5亿元企业10家、超10亿元企业5家、超50亿元企业3家、超100亿元企业2家、规模以上工业企业超100家。引导鼓励企

业自主创新，加强中科院郑州绿色化工材料分中心等研发平台建设，继续实施企业创新培育计划，确保3家以上企业列入市级以上科技计划，专利申请量比上年增长10%。

加快推进服务业提档升级。优先发展现代服务业，不断提升服务业对经济增长的贡献率和就业富民的带动力。重点发展现代物流、科研服务等生产性服务业，积极推进昆仑现代物流园建设，构建“物流网络和设施、物流公共信息、物流研发”三大平台，努力将河南863科技创业园建设成为国家级科技园区。改造提升商贸流通、住宿餐饮等传统服务业，支持发展各类城市综合体、星级酒店、特色街区，进一步凝聚人气商气。加快培育健康运动、旅游休闲度假、社区服务等新型业态，稳步推进五云山休闲运动度假区建设，鼓励发展航空休闲运动，积极发掘重阳观、卢医庙、方顶明清古建筑群等历史文化旅游资源，努力打造旅游休闲品牌。力争全年服务业实现营业收入60亿元，固定资产投资超过40亿元，实现区级税收3亿元。

大力实施招商引资战略。围绕郑州宜居职教城和郑州通航试验区建设，鼓励引导境内外资金参与基础设施建设，着力引进一批产业配套项目。围绕我区装备制造、铝工业、新材料等主导产业，以节能环保、新材料、高端装备制造等国家战略性新兴产业为主攻方向，大力引进链条延伸、精深加工、转型升级和产业转移项目。围绕上街影剧院、区政府招待所等片区，重点引进大型城市综合体等旧城改造项目。力争全年引进投资超亿元项目不少于10个，超5亿元项目不少于5个，超10亿元项目不少于2个，实际引进域外资金50.8亿元，实际使用外资6685万美元。

有效破解发展瓶颈制约。坚持集约节约用地，大力开展违法用地专项治理活动，严厉打击囤地、圈地行为，全年完成土地储备2500亩，整合可利用土地1500亩。切实做好项目“五进”工作，积极争取优惠政策、扶持资金和用地指标。加强政府融资平台建设，创新运用BT、债券、信托等融资模式，力争全年资本市场融资突破5亿元。进一步规范担保公司运营，巩固省级“优秀金融生态区”成果。抓好高层次创新型科技人才、新兴产业创业型领军人才、重点领域急需紧缺人才的培养和引进，为经济快速发展提供智力支持。

（二）加快新型城镇化建设，促进城乡一元化发展

按照以新型城镇化引领“三化”协调科学发展的要求，统筹规划建设“一城三区”，着力推进交通道路建设、生态廊道建设、四类社区建设、城市组团起步区建设、中心城区功能提升和产业集聚区建设等6项切入点工作，争取早日实现全区农民居住环境城市化、公共服务城市化、就业结构城市化和消费方式城市化目标。

加快交通道路建设。按照市委、市政府十条快速通道建设工作部署，进一步搞好协调服务，优化施工环境，积极推动中原西路、科学大道西延上街段建设，确保项目顺利实施。优化城市路网结构，完成登封路、工业路升级改造，实施新安西路西段改造工程，开工建设峨眉路，全面启动职教城中心区域市政基础设施建设，进一步夯实发展基础。改善群众出行条件，开通郑上公交。

加快生态廊道建设。围绕打造全省生态建设亮点城区目标，投资3.2亿元，完成中原西路、科学大道西延上街段生态廊道建设，对310国道上街段、工业路、昆仑路、锦江路、丹江路等10条道路实施生态廊道绿化，全年新增绿化面积150万平方米。认真做好林业规划，全年完成造林500亩。加快汜水河花卉产业基地建设，完成土地流转3000亩，新增设施农业100亩、花卉种植面积1000亩。加快生态水系建设，完成《上街区中长期供水和生态水系建设规划》，积极推进南水北调上街综合工程、职教城水系景观工程开工建设，完成汜水河上街段综合治理，努力打造郑州西部生态、宜居、休闲的“新名片”。

加快四类社区建设。坚持“政府主导、市场运作、群众自愿、规划引领、交通先导、双改同步”的原则，大力推进四类社区建设。

强力推进城中村改造。完成夏侯、任庄、二十里铺、肖洼、东柏社等5个村拆迁，开工建设安置楼40余栋。着力推进合村并城。启动武庄、魏岗等7个村拆迁，完成郊段、寨沟、左照村安置区一期主体工程，实施杨家沟、老寨河村整体搬迁。积极推进新型农村社区建设。完成方顶村特色农村社区建设规划，启动方顶村拆迁建设。稳步推进旧城改造。完成12、14、32旧街坊500户拆迁任务，开工建设安置房1388套，竣工705套。

加快城市组团起步区建设。高标准推进郑州宜居职教城建设。完成职教城控制性详规与城市设计编制工作，加快职教城规划区域内商住项目、公益设施及标志性建筑等项目的落地，着力推进郑州铁路技师学院、郑州职业技术学院建设，全年完成投资3亿元。高起点规划推进郑州通航试验区建设。完成通航试验区产业发展战略规划编制，组建机场管理公司，启动上街机场改扩建工程。主动配合省市相关部门，争取郑州低空空域早日开放。加大通航项目招商力度，谋划建设FBO通用航空服务站，力争引进一批通航飞行器制造项目和通航运营企业。

加快中心城区功能提升。按照“完善功能、美化环境、突出特色、创新管理”的原则，努力提升中心城区功能。美化园林街景，对现有游园实施绿化精品化改造；提升城市主干道、建筑物天台、标志性建筑风貌档次，彰显大气、秀气、灵气的城市特色。完善市政基础设施，全面启动中心城区集中供暖工程，完成幸和群岛项目和河南863科技创业园高压线路改迁工程，完成产业园区煤制气管道改线和全区煤制气置换工程，建成上街第二污水处理厂。加强环境卫生基础设施建设，建成3座垃圾中转站，对汝南路等12条中心城区道路设置更换果皮箱。加强空气质量和水环境治理，大力开展“蓝天”行动和“整治违法排污企业，保障群众健康环保”专项行动，积极开展PM2.5监测和治理工作，确保全区空气质量优良天数达到310天以上，城市集中饮用水源地取水水质100%达标。深入实施“数字城管”，健全惩治违法建设长效管理机制，创新城市保洁、交通管理、绿化养护、小区物业管理等新模式，打造“品质之城”。

加快产业集聚区建设。进一步整合园区，扩大规模，提升档次，促进产业集聚发展，力争全年装备产业集聚区、铝工业园区、绿色新材料园区销售收入分别突破100亿元、80亿元、50亿元。全年新上、续扩建重大项目91个，计划总投资395亿元，其中超亿元项目51个，计划总投资301亿元。确保华泰年产40.5万千米特种电缆、欧凯龙国际家居中心、郑州西部农产品物流贸易中心等10个项目完成年度投资计划，力促输配电材料产业园等8个项目早日开工建设。加快产业集聚区供水、供电、供气等相关基础设施建设，开工建设道北变电站，建成标准化厂房10万平方米。加大项目储备力度，做好项目筛选论证，确保年内储备各类项目15个以上，其中超亿元项目10个以上。健全产业集聚区服务平台。以国家承压阀门质检中心等专业机构为基础，着力推进公共技术服务平台建设，以技术扩散带动产业集群发展。充分发挥产业集聚区建设发展有限公司的作用，积极开展融资服务。加快产城融合步伐。实现产业集聚区建设与四类社区、城市组团起步区建设有机结合，同步规划、同步推进，以产业的发展创造更多的就业机会，形成互促共赢、互动发展的良好局面。

（三）着力改善民生，促进社会和谐发展

高度关注和改善民生，认真办好为民“十大实事”，加快推进基本公共服务均等化，让更多改革发展成果惠及广大人民群众，全力打造幸福上街。

多渠道促进富民增收。围绕重点行业大力开展就业技能培训、岗位技能提升等活动，完善与区属企业联动的信息资源共享平台，千方百计增加就业，实现经济增长与就业增长的良性互动。积极发展都市型现代农业，重点扶持花卉、蔬菜、水果等作物设施化生产，着力培育和引进一批特色农业龙头企业，加快推进农业产业化经营，不断拓展农民增收空间。继续改善农村生产生活条件，升级改造100眼农田灌溉机井，解决农村8000人安全饮水问题。以创业带动就业，支持小型、微型企业贷款融资，鼓励大学生、技术人才等各类群体自主创业，全年发放小额担保贷款2400万元，新增城镇就业人员2600人，完成创业、再就业和农村劳动力职业技能培训1100人，城镇登记失业率保持在3.5%以下，城镇“零就业家庭”动态为零。

广覆盖推进社会保障。扎实做好“平安计划”农民工参保工作，继续提升新农合保障水平，积极推进“五险合一”市级统筹，力争城镇职工养老保险、城镇居民医疗保险参保人数分别达到1.2万人、2.1万人，实现城乡居民社会养老保险全覆盖。进一步提高社会保障水平，新农合人均筹资标准提高到327元，大病补偿封顶线提高到15万元。按照“保基本、广覆盖、可持续”的原则，结合新型城镇化建设新形势、新要求，全面落实失地农民保障政策，对符合条件的被征地农民发放征地养老补贴和就业生活补贴，提供基本生活保障。建立特困群众救助长效机制，及时足额发放最低生活保障金，加强对低收入家庭的社会救助、慈善救济和医疗救助。启动敬老院三期工程，加大对独居和空巢老人的关爱力度，鼓励引导社会力量参与养老事业，促进养老服务内容多元化。深入做好廉租住房保障工作，强化动态管理，符合条件的困难家庭实现应保尽保。

优质化推动社会事业发展。持续加大教育投入，开工建设峡窝镇中心幼儿园和安阳路小学二期工程，升级改造实验小学操场，对全区中小学幼儿园实施“冬季取暖、夏季降温”工程。继续加强对全区中小学、幼儿园骨干教师和新增教师培训，实施名师、骨干教师引领工程，切实提升全区教育教学质量。加快发展医疗卫生事业，开工建设区公共卫生服务中心，实现全区社区卫生服务站和村卫生所基本药物零差率销售，为全区残疾人免费进行健康检查，为60岁以上老人免费接种流感疫苗。加快构建公共文化服务体系，创建17个社会科普大学示范点，新建10个社区文化活动中心，力争奥斯卡院线年内实现运营，实现职教城、五云山等区域的有线电视网络全覆盖。积极培育新的文化发展亮点，规划建设民间收藏文化街区，推进文化产业繁荣发展。深化群众性精神文明创建，加强社会公德、职业道德、家庭美德教育，广泛开展各类志愿者活动，巩固提升省级文明城区创建成果。做好人口和计划生育工作，提高出生人口素质，争创国家计划生育优质服务先进区。做好老龄和关心下一代工作，发展妇女儿童事业，加强未成年人保护，促进未成年人健康成长。深入开展双拥共建活动，促进军政军民团结。积极做好防震减灾、民族宗教、外事侨务、地志、人防等工作，促进各项社会事业全面发展。

全方位强化社会管理。建立“坚持依靠群众，推进工作落实”长效机制，推行“三分六定”条块融合网格化管理模式，充分发挥各部门、各镇办群众工作队的作用，深入基层和群众，及时发现问题、解决问题，从体制上保证政府职责全覆盖，实现工作落实无缝隙。健全源头预防的矛盾排查化解体系，有效化解信访重点问题。积极推进法律援助网络全覆盖，确保应援尽援。切实加大社会治安综合治理力度，严厉打击各类违法犯罪活动，确保公共安全感指数保持全省前列。严格落实安全生产责任制，深入开展安全生产专项整治，扎实推进企业安全生产标准化建设，坚决遏制重特大安全生产事故发生。继续加强食品和药品安全监管，争创国家级“药品安全示范区”，创建餐饮服务食品安全示范街、示范店，切实保障群众的生命健康安全。深入推进“十星社区”创建工作，升级、扩建4个社区服务中心，积极开展区直管社区试点工作，健全物业公司信用评价、服务质量评价和末位淘汰机制，全面提升社区建设和服务水平。

政府自身建设

面对新的形势和任务，我们要切实增强不进则退的危机感、时不我待的紧迫感、强区富民的使命感、勇于担当的责任感，全面加强政府自身建设，坚持用领导方式转变加快发展方式转变，履职尽责，务实重做，努力建设服务型政府。

一是提升服务力，科学施政。强化政府在经济调节、市场监管、社会管理和公共服务方面的职能，进一步促进政府职能转变。全面推行服务质量公开承诺制，积极推进网络行政，努力实现政府行政许可事项全流程网上办理。不断深化“两转两提”活动，扎实开展争做“人民满意公务员”活动，下大力气抓好公务员业务培训，着力塑造良好的职业道德。切实加大对损害发展环境行为的查处和问责力度，特别是对不作为、乱作为、变相吃拿卡要等行为和问题，发现一起，查处一起，全面优化和提升我区发展环境。

二是提升执行力，高效从政。健全政府工作运行机制，进一步完善和落实首办负责、限时办结、考核评议等制度，实行重点工作每周一安排、半月一调度、一月一通报，保障各项工作规范有序、高效运转。完善奖优罚劣机制和绩效考评办法，重奖重用工作成绩突出的干部，重罚淘汰完不成目标任务的干部。对每项工作特别是重点项目、重点工程明确责任主体、目标要求、完成时限，确保任务逐项落实。大力改进会风文风，精简会议和文件，把更多心思和精力放在解决改革发展稳定的重大问题上，放在解决群众生产生活的紧迫问题上。

三是提升公信力，从严治政。进一步完善重大问题集体决策制度、专家咨询制度、社会公示和听证制度，提高行政决策的科学性、公信力。自觉接受人大法律监督和政协民主监督，认真办理人大代表议案、建议和政协委员提案。全面落实依法行政各项制度，强化行政问责和行政执法责任追究，积极争创郑州市依法行政示范单位。认真执行《廉政准则》各项规定，全面落实党风廉政建设“一岗双责”责任制。加强对政府投资项目招投标、政府采购、经营性土地使用权出让等工作领域的监督检查。坚持厉行节约，严格控制“三公”经费支出使用。

政之本务，在于为民。我们深知，政府的权力是人民赋予的，我们一定要切实做到为民、务实、清廉，努力建设一个值得人民信赖、赢得人民支持、让人民满意的政府！

各位代表，宏伟的目标鼓舞人心，美好的前景催人奋进！今天的上街，已经站在新的历史起点上。让我们在市委、市政府和区委的正确领导下，紧紧团结和依靠全区人民，始终保持勇创一流的进取精神，始终保持勇攀高峰的豪情壮志，奋勇拼搏，开拓进取，真抓实干，共同谱写上街进位赶超、跨越发展的新篇章，为打造中原经济区科学发展示范区、实现幸福上街的宏伟目标而努力奋斗！

关于上街区2011年国民经济和社会发展计划执行情况与2012年国民经济和社会发展计划（草案）的报告

——2012年4月17日在上街区第十二届人民代表大会第一次会议上

上街区发展和改革委员会主任　林　虎

各位代表：

我受区政府委托，向大会报告全区2011年国民经济和社会发展计划执行情况与2012年国民经济和社会发展计划（草案），请予审议，并请各位政协委员和列席人员提出宝贵意见。

一、2011年全区国民经济和社会发展计划执行情况

2011年是实施“十二五”规划的开局之年。年初以来，全区上下认真落实区十一届人大第五次会议批准的年度发展计划，深入贯彻落实科学发展观，紧紧抓住中原经济区和郑州都市区建设重大机遇，创新推进“两加快一维护”战略，凝心聚力，扎实工作，各主要经济指标都圆满实现了年初计划目标，全区经济社会继续保持了平稳较快发展的良好态势，实现了“十二五”时期良好开局。

初步核算，2011年全区地区生产总值实现99.1亿元，同比增长15.1%（计划增长13%左右），高出计划2.1个百分点；规模以上工业增加值实现66.7亿元，同比增长18.3%，（计划增长17%左右），高出计划1.3个百分点；地方财政一般预算收入完成7.6亿元，同比增长29.2%（计划增长13%左右），高出计划16.2个百分点；全社会固定资产投资完成66.8亿元，同比增长29.4%（计划增长23%左右），高出计划6.4个百分点；社会消费品零售总额实现29.2亿元，同比增长17.5%（计划增长17%左右），高出计划0.5个百分点；城镇居民人均可支配收入达到25460元，同比增长14.6%（计划增长10%左右），高出计划4.6个百分点；农民人均纯收入达到12464元，同比增长22.7%（计划增长11%左右），高出计划11.7个百分点；人口自然增长率3.93‰；新增城镇就业人员2680个（全年目标2600个）。

具体来说，2011年全区国民经济和社会发展主要呈现出以下特点：

（一）经济保持平稳较快增长，主要指标取得新突破

经济总量实现新跨越。全年地区生产总值实现99.1亿元，同比增长15.1%。经济效益持续向好。地方财政一般预算收入完成7.6亿元，同比增长29.2%。投资保持快速增长。全社会固定资产投资实现66.8亿元，同比增长29.4%。招商引资取得新成效。引进市外资金35.7亿元，同比增长29.1%；引进省外资金27.8亿元，同比增长27.6%；实际使用外资6130万美元，同比增长17.7%；合同利用外资7026万美元，同比增长23.1%。消费品市场持续繁荣。社会消费品零售总额实现29.2亿元，同比增长17.5%。人民生活明显改善。城镇居民人均可支配收入实现25460元，同比增长14.6%，农民人均纯收入实现12464元，同比增长22.7%。

（二）现代产业体系建设步伐加快，产业结构实现新跃升

新型工业方面。全年规模以上工业增加值实现66.7亿元，同比增长18.3%。区属工业保持快速发展势头，完成增加值48亿元，同比增长30.4%。产业集聚效应显著，3个工业园区全年销售收入完成219.6亿元，同比增长

26.8%；工业增加值完成58.7亿元，同比增长19.3%。创新能力进一步提升，华泰电缆和中力泵阀成功申报省级企业技术中心，恒安机械与河南工大建立产学研基地；省级企业技术中心3家，市级技术研发中心5家。服务业方面。全年完成投资35.8亿元，同比增长54%；实现增加值21亿元，同比增长10.5%。欧凯龙国际家居中心、郑州西部农产品物流贸易中心等项目有序推进，建业四星级酒店正式运营。现代农业方面。完成土地流转1577亩；发展农民专业合作社18家；新培育市级示范合作社1家；河南双羽实业有限公司等3家企业成功申报市级农业产业化经营重点龙头企业，农业产业化经营水平进一步提高。

（三）重大项目建设进展顺利，发展后劲得到新增强

省、市重点项目。全年承担省重点项目2项、市重点项目4项，总投资17.6亿元，年度计划投资5.4亿元，完成投资5.9亿元。其中，向日葵、裕丰、少林特玻3个项目已经竣工，玉发多品种氧化铝和陶瓷制品项目回转窑生产线土建工程已基本完工。区重点项目和重点工程。全年新开工、续扩建项目35个，其中超亿元项目10个，新投产见效项目12个。总投资10亿元的河南863科技创业园奠基开工；总投资12亿元的欧凯龙国际家居中心、总投资6亿元的郑州西部农产品物流贸易中心等项目有序推进；标准化厂房建成11万平方米，建设规模全市领先。项目备案。全年共计备案75个项目，总投资141亿元，备案个数是2010年的1.9倍，备案投资总额是2010年的7.4倍。

（四）郑州宜居职教城和郑州通航试验区建设成效显著，组团建设开启新篇章

郑州宜居职教城起步良好。总体规划编制顺利完成；郑州铁路技师学院和郑州职业技术学院开工建设，河南正道商学院等4所院校正式签订投资意向书。郑州通航试验区推进有力。郑州通航试验区纳入河南省民航产业10年发展规划；成功举办2011河南省首届动力伞精英邀请赛及河南省首届大陆公务机展；与国际知名的德勤公司签约，正式启动规划编制；积极开展项目引进，共有7家通用航空公司在我区申请注册，总注册资金约1.4亿元人民币。

（五）新型城镇化加速推进，城乡一元化实现新跨越

合村并城。基本完成了郊段、寨沟、左照3村合村并城的拆迁任务和南部山区整体扶贫搬迁；上街村15栋安置楼主体建设已全部完工；道北新型社区建设工作加速推进。城中村改造。夏侯旧村改造一期工程进展顺利，二期改造工程拆迁工作正式启动；城中村改造共建成安置房50万平方米；肖洼、东柏社改造工作已正式启动。旧城改造。共完成拆迁面积4.5万平方米，开工建设12.57万平方米，两项指标均超额完成全年目标任务，在全市6区名列前茅。水利、生态林业建设。完成300亩生态林和200亩水保林，建成3个林业生态村；南水北调上街支线综合工程已完成沿线附属物的全面清查及提水管线工程初步设计；汜水河上街段治理工程完成规划设计，资金全部到位。

（六）基础设施建设力度加大，城市品位实现新提升

加快与主城区通道建设。中原西路和科学大道西延工程列入全市2012年重点建设的10条快速通道，中原西路已完成地面附属物登记清理，正在签订拆迁补偿协议；科学大道西延工程已完成规划调整等前期工作。加快区内路网升级改造。玉发大道、工业路和登封路改造项目进展顺利；昆仑路已达到通车条件。提升精细化管理水平。全力做好城区排水管网、道路、路灯设施、公共绿地养护；全年垃圾集中处理率和生活污水集中处理率分别达到100%和85%。加紧实施全域绿化。全面完成上街区全域绿化工程，共新建公共绿地15.9万平方米。加强社区管理服务。出台了社区分类管理办法，加强社区分类认证管理工作。

（七）民生事业全面进步，和谐社会呈现新局面

劳动就业和社会保障体系不断完善。全力做好就业工作，新增城镇就业2680人，“零就业家

庭”保持动态为零；企业退休人员基本养老金、城镇居民医保补助标准进一步提高。教育资源不断优化。基本完成校舍安全三年工程；启动了学前教育三年行动计划，升级达标幼儿园6所。公共卫生服务体系更加完备。积极推进医药卫生体制改革，在政府办基层医疗卫生机构及村卫生室全面实施国家基本药物制度，为群众让利约109万元；加快提升社区卫生服务队伍的中医药应用水平和服务能力，成功创建全国社区中医药工作先进单位；济源路社区卫生服务中心在全市率先推行社区卫生服务中心—社区卫生服务站一体化管理模式，被评为全国示范社区卫生服务中心；启动“农村片医负责制”，实现片医负责制城乡全覆盖；新型农村合作医疗参合率达98.57%。住房保障工作稳步推进。已纳入廉租住房保障家庭316户，实现了对申请并符合廉租住房保障条件的低收入家庭“应保尽保”。文化事业持续繁荣。建成15个农家书屋，在全市率先实现农家书屋全覆盖；成功创建省级文明城区，总评位居全省各县（市）区第一。平安建设扎实推进。切实做好综合治理、信访稳定、安全生产等工作，社会大局保持和谐稳定。

总体上看，2011年全区经济和社会发展保持了良好的发展态势，但在经济运行中也存在一些不容忽视的矛盾和问题，主要是经济增长的质量和效益、经济发展的内生动力和统筹城乡发展能力还需进一步提高。这都要求我们在今后的工作中采取有效措施，认真加以解决。

二、2012年国民经济和社会发展预期目标和主要任务

2012年是实施“十二五”规划承上启下的重要一年，全区将以科学发展为主题，以加快转变经济发展方式为主线，以新型城镇化引领“三化”协调科学发展为路径，深入实施“两加快一维护”战略，按照“一城三区”的空间布局，抢抓机遇，持续求进，突出提升，务实重做，着力建设“产业高地、职教新城、通航基地、运动之都、幸福上街”，努力打造中原经济区科学发展示范区，在郑州都市区建设中争当排头兵。

综合考虑各种因素，初步安排2012年全区国民经济和社会发展的主要预期目标是：地区生产总值增长13%；全社会固定资产投资增长25%；规模以上工业增加值增长17%；地方公共财政预算收入增长16%；社会消费品零售总额增长17%；城镇居民人均可支配收入增长11%；农民人均纯收入增长11%；新增城镇就业人员2600人；人口自然增长率控制在6‰以内；单位生产总值能耗实现市定目标。

要实现上述预期目标，应切实做好以下六个方面的工作：

（一）抓整合促优化，提升产业集聚水平

提升工业集聚区整体实力。按照“四规合一、四集一转、产城互动”的要求，抓紧“一区三园”整合，加大科技创新和信息化建设，积极发挥投融资平台作用，充分利用和落实好省、市出台的关于扶持集聚区发展的各项政策，加快新型工业化进程。加快服务业提档升级。加快五云山运动休闲度假区、昆仑现代物流园等建设，推进高端运动休闲、现代物流、大型商业综合体等产业的发展；加快江南小镇三期等建设，推进房地产业平稳健康发展；加快丹尼斯扩建、欧凯龙国际家居中心等建设，提升消费档次，不断增强服务业的辐射力、影响力、带动力。加大农业结构调整力度。整合南部山区农业资源，加快推进都市休闲观光农业的发展；充分整合利用汜水河水系资源，大力发展鲜切花基地、高端养老等业态，打造高端养老中心和水上乐园。

（二）抓规划强运作，全力推进新组团建设

加快推进郑州宜居职教城建设。高质量完成职教城控制性详规和城市设计规划编制；加快郑州铁路技师学院、郑州职业技术学院等重点项目建设；加快配套设施建设，完善路、水、电、气等基础设施，吸引更多的院校和项目落户园区。强力推进郑州通航试验区建设。高标准完成通航试验区产业发展战略规划编制；加快推进上街机场改造，积极申

报河南省首批低空空域开放试点和郑州通航试验区，争取试验区早日授牌；围绕通航产业发展，凸显优势和特色，加大通航项目招商力度，积极引进通航飞行器制造项目和通航运营企业。

（三）抓部署找突破，加快新型城镇化步伐

加快基础设施建设。做好中原西路和科学大道西延工程的相关工作，积极推动施工单位尽早施工，力争早日建成通车；加快推进登封路等改造工程和第二污水处理厂等重点工程，力争早日建成投入使用。加快生态廊道建设。完成中原西路、科学大道西延上街段拆迁及生态廊道建设和工业路等10条区定道路生态廊道建设。加快四类社区建设。城中村改造，启动任庄村、二十里铺村、肖洼村、东柏社村改造工作。旧城改造，加紧推动长铝公司旧街坊改造，完成500户拆迁任务；加紧谋划区政府招待所附近的旧城改造项目。合村并城，加快郊段、寨沟、左照等12个村合村并城工作。新型农村社区，深入挖掘方顶村明清一条街的历史文化内涵，打造融入地方文化并具有时代特色的新型社区。提升中心城区功能和品位。以成功创建省级文明城区为契机，进一步做好园林绿化、环境卫生、市政基础设施和城市精细化管理工作，不断提升城市服务功能。

（四）抓重点扩投资，扎实推进项目建设

顺应政策导向谋划项目。围绕组团上项目，围绕项目增投资，依靠投资促发展，积极开展重大项目进入国家、部委、省、市工作，全力抓好8个省、市重点项目推进工作，确保完成年度投资计划。深化产业规划做大项目。围绕特色产业集群培育、产业招商目录等重点领域深化研究，抓好输配电材料产业园等项目建设。立足成果转化做强项目。加速推进我区郑州轻研院惰性电极等高新技术项目的产业化，加快河南863科技创业园建设，建成集研发、生产、销售为一体的产业基地。创新工作方式服务项目。坚持重点项目领导联系责任制，完善重点项目联席会议制度和首席服务官制度，确保项目建设顺利进行。

（五）抓招商重提升，主动承接产业转移

强化“招商引强”的意识。把承接产业转移与调整结构、构建现代产业体系和引才引智相结合，善于利用城市新组团、产业集聚区和现有标准化厂房招商，争取引进一些高层次、成规模的项目。强化“以商招商”意识。围绕我区装备制造、铝工业、新材料等主导产业和华泰电缆、林肯电气等龙头企业，着力引进一批科技含量高、环境污染少、投资效益好的项目。强化“精干招商”意识。进一步畅通岗位干部向项目建设、招商引资岗位流动的渠道，把有经验、有办法、有激情、有能力的人员充实到招商引资和项目建设一线，提高招商引资的质量和水平。

（六）抓民生促和谐，努力打造幸福上街

继续加大教育投入。科学规划公办幼儿园布局，新建峡窝镇中心幼儿园；升级改造实验小学运动操场；实施教师培养提高工程。全力做好就业、社会保障等工作。建立完善就业服务新体系，确保“零就业家庭”动态为零；加快完善社会保障体系，扩大社会保障覆盖面，积极推进“五险合一”市级统筹；健全社会救助体系，加强对特困、特殊人群的救助。完善医疗卫生服务体系。继续深化医药卫生体制改革，巩固扩大基本医疗保障和基本药物制度覆盖面，健全基层医疗卫生服务体系，促进基本公共卫生服务均等化。加强社会管理创新。深入推进“十星社区”创建工作，强化网格化社会治安防控体系建设，推行“一证通”制度、“一站式”服务等经验做法，不断提升流动人口服务管理水平。确保安全生产和社会稳定。深入推进平安建设，加强社会治安综合治理，加强食品、药品、生产安全监管，有效化解各种矛盾，促进社会和谐稳定。

各位代表，新的一年，我们将在区委的坚强领导下，在区人大、区政协的支持监督下，认真贯彻落实区委九届二次全会精神，抢抓机遇，干事创业，同心同德，奋发图强，为圆满完成预定的各项目标任务而努力奋斗！

大事记

1月

9日　国家轻金属质量监督检验中心（郑州轻金属研究院检测实验室）通过了中国合格评定国家认可委员会（CNAS）专家的实验室监督现场评审。

9日至12日　政协郑州市上街区第七届委员会第五次会议在区会议中心隆重召开。大会选举邓书安为政协上街区第七届委员会主席。

10日至13日　区第十一届人民代表大会第五次会议隆重召开。区长戴春枝向大会作《政府工作报告》。会议表决通过了政府、计划、财政、第十二个五年规划纲要、区人大常委会、人民法院、人民检察院等7个工作报告的决议。

17日　省文明办创建处处长张德伟、副处长巴宏田和市文明办副主任邓智柏等领导到区检查指导全区文明城区创建工作。

18日　全市（县、区组）行政办事大厅年度工作总结考评会在上街区召开。

22日上午　由中美联手打造的中国农村“沃尔玛”——百全连锁超市上街店开业。百全超市上街店从业人员30余人，主要经营家电、食品、洗化、生鲜、果蔬类等五六千种商品。百全超市的开业进一步方便了市民购物，丰富了本区服务业经营业态。

24日　市委常委、统战部长王林贺走访慰问区归侨钟顺娇。

同日　区领导黄卿、戴春枝、巨宝志、邓书安、钱世哲、乔德宁慰问郑州警备区官兵。

28日　2011年区迎新春音乐会和表彰2010年度十大文明和谐家庭在长铝艺术宫隆重举行。

同月　郑州市第二外国语中学获得中国法制教育协会颁布的“河南法制教育工作先进单位”荣誉称号。

2月

1日　区公务卡试点工作开始。参与试点的单位有：区委党校、区财政局、区审计局、区妇联、区铝城小学。公务卡是指预算单位工作人员持有的，具有一定透支额度与透支免息期，主要用于日常公务支出和财务报销业务的银行信用卡。

同日　河南省地震局监测预报处处长刘建华、减灾中心主任王文旭、高级工程师付建华和郑州市地震局副局长侯清卫、监测预报处处长张梅元、减灾中心主任安永新等一行7人到区检查指导地震台建设工作。

21日　中共郑州市上街区第八届纪律检查委员会第六次全体会议暨区委党务工作会议在区会议中心召开。会议传达学习了中央、省、市有关党的建设工作会议精神，全面安排部署上街区党的建设工作。会议要求鼓足干劲，振奋精神，以党建促发展，切实为全年工作开好局。

同日　中铝河南分公司总经理乔桂玲会见了来访的瑞士信贷（香港）有限公司证券研究公司董事、总经理陈群一行。双方就共同关心的铝行业未来发展问题交换了看法。

22日“两加快一维护战略”

实施年度工作总结表彰暨2011年动员大会在区会议中心隆重召开。会议总结2010年工作，表彰在“两加快一维护战略”实施过程中涌现出的先进单位和先进个人，安排部署2011年度“两加快一维护”战略工作任务，动员全区干部群众进一步认清形势，坚定信心，开拓进取，扎实工作，全力打造中原经济区科学发展示范区，实现经济社会又好又快发展。

24日　青岛市城阳区行政服务中心考察团来区行政服务中心进行考察学习。

同日　长城铝集装箱办理站首批承运的30个集装箱顺利发运，标志该项目正式投入运营。

25日　区政府第八次全体（扩大）会议召开。

28日　区运政执法网正式开通。该网是全省县（区）级运管部门开通的首家交通执法网站。

3月

3日　省信访局副局长谢海洋带领的省信访考核组来区督查信访工作。

7日　郑州研究院作为冶金行业唯一被邀请单位，参加在北京加拿大大使馆召开的中国——加拿大政府间气候变化工作会议，并作了专题报告。

14日至16日　中国有色金属工业协会在郑州研究院召开了PFC（功率因数校正）测量培训暨排放基准确定研讨会。郑州研究院院长李旺兴作了专题报告。

15日　2011年产业集聚区、招商引资暨重大项目建设动员会召开。会议表彰了2010年度争取上级经济发展资金工作的先进单位和2010年度招商引资工作先进单位、先进个人和服务招商引资工作先进单位、招商引资引荐人，下发了《奖励上街区2010年度优秀企业家》的决定。

同日　郑州市委常委、荥阳市委书记舒庆，上街区委书记黄卿、区长戴春枝，市环保局领导齐聚上街共商枯河环境专项治理工作。

16日至17日　郑州市宜居职业教育园区建设领导小组组团赴重庆永川区、成都温江区进行职教园区规划建设学习考察活动。

21日　市畜牧局“瘦肉精”专项整治督导组来区检查督导整治情况。实地查看郑州豫兴牧业有限公司、邢氏养殖中心，并现场抽取育肥生猪尿样进行检测，结果全部合格。

24日　原郑州电机厂拆迁改造工程启动。

26日　区公安局破获特大撬盗保险柜流窜犯罪团伙，抓获犯罪嫌疑人5人。该犯罪团伙流窜至洛阳、巩义、上街等地，作案19起。

28日　郑州沪通电机有限公司年产30万千瓦电动机制造和配套电器控制柜项目落户上街区。

同日　区委、区政府下发《关于禁止工作日午餐饮酒的规定》，并于当日开始实施。

30日　平安建设暨信访稳定工作会议召开，会议贯彻全国、省、市平安建设工作会议和区委八届十二次全会精神，总结工作，表彰先进，分析形势，安排部署2011年平安建设和信访稳定工作。

同日　市人大常委会副主任周长松带领市人大、市环保局相关领导和工作人员到上街区与荥阳市交界河道（桑园桥）视察枯河治理工作。

同月　区会计核算中心被全国妇联巾帼建功领导小组授予“巾帼文明岗”荣誉称号。

同月　郑州长城特种水泥有限公司通过中国合格评定国家认可委员会（CNAS）的严格审核，正式成为国内首家铝酸盐水泥国家级实验室。同时又被中国混凝土与水泥制品协会特种水泥与工程材料分会授予了国内唯一的中心实验室资格。

4月

6日　省农办常务副主任余学友带队的省农村工作办公室调研组来调研上街区新型城镇化带动“三化”协调发展工作情况。调研组实地察看了上街村新型社区建设、郊段村拆迁和西林子安置小区建设等情况。

8日　区委书记黄卿带领区发改委、区住建局等局委负责同志到部分重点项目施工现场察看重点项目进展情况。

同日　河南省轻工业学校校长樊安新、党委书记常江，郑州市职业和成人教育处处长赵遂欣一行5人调研郑州宜居职教园区。

16日　优乐自动餐饮连锁店落户上街区亚星盛世广场北钟楼三楼，成为本区第一家模式新颖的自动化餐厅。

19日　区2011年度武装会议召开。

20日　市领导乔新国在市教体局负责人的陪同下来上街区调研郑州宜居职教城项目进展情况。实地察看了郊段、寨沟、左照村新型社区建设进度。

21日　国家科技部社会发展科技司在郑州研究院召开了由中国铝业股份有限公司为主承担，中南大学、北京矿冶研究总院及中铝国际参加的国家科技支撑计划课题“高效低耗氧化铝选冶技术研究”验收会。专家组一致同意该课题全面通过验收。

22日　区农贸市场升级改造项目在区会议中心签约。

25日　区委书记黄卿、区长戴春枝召集区城乡一体化指挥部、峡窝镇和住建、国土等部门举行会议。听取郊段、寨沟、左照新型社区建设工作汇报，了解项目进展情况和存在的问题，对工作提出了要求。

同日　中央直属机关事务管理局局长助理王洪和中央办公厅机关工会副主席、中央直属机关事务管理局机关工会主席宋明一行18人，到中铝郑州企业考察工会工作。

26日　在全国男子拳击锦标赛上，位于上街区的河南省重竞技中心拳击队员张志磊夺得91公斤以上冠军。

同日　副市长王哲带领市发改委、市林业局、市财政局等委局负责人到上街区视察鲜切花培育工作。

27日　上海华联超市上街店正式开业。标志着北市场新商圈迈出重要一步。

28日　鄢陵县委统战部考察团来上街区参观考察。

同月　郑州长城特种水泥有限公司、中国长城铝业公司水泥厂的污染物排放提标限期治理通过市环保局专家组验收。

同月　区国家保密局荣获“河南省‘五五’保密法制宣传教育先进集体”称号。

同月　中心路街道盛世社区被中华全国妇女联合会授予“全国妇联组织建设示范区”荣誉称号。

同月　中国铝业公司首席工程师、郑州研究院院长李旺兴博士作为中国唯一一名被邀请的代表参加在美国迈阿密举行的由《英国金属导报》主办的第十七届国际铝土矿与氧化铝市场技术论坛，并在大会上就中国铝土矿与氧化铝需求状况、中国氧化铝工业技术进展及其发展对全球的启示等内容作了报告。

5月

3日　区图书馆图书实现免费借阅。该项工作在全市各县区图书馆中走在前列。

5日　国家安监总局统计司副司长徐国强到上街区调研安全生产工作。

同日　中共中国长城铝业公司第三次代表大会在长城铝艺术宫隆重召开。大会选举产生了公司新一届党委会和纪律检查委员会。中共中国长城铝业公司第三届委员会召开了第一次全体会议，选举产生了中国长城铝业公司第三届委员会常委。王立建当选为公司党委书记，崔平当选为公司党委副书记。

7日　中铝国际工程有限责任公司总经理贺志辉一行3人到长城铝业公司建设公司考察。

12日　省委老干部局教育处副处长董世栓、市委老干部局纪检书记赵华带领督查组到上街区调研老干部教育工作。

13日　郑州市文物局局长阎铁成一行6人对上街区重阳观、卢医庙、王氏宗祠等重点文物保护单位和方顶村古建筑群、石咀大庙等具有文物价值的古建筑进行了实地调研。

18日　河南分公司氧化铝厂工艺优化技术改造项目正式破土动工。

同日　越南越煤集团公司客人一行访问郑州研究院。双方均表示，要进一步加强联系，加快合作工作进度，推动双方尽快开展实质性工作，促进双方企业互惠共赢发展。

19日　上街区举行庆祝首个“中国旅游日”宣传活动启动仪式。

20日　中共郑州市上街区委八届十三次全体会议召开。会议通过《关于召开中国共产党郑州市上街区第九次代表大会的决议（草案）》。会议决定2011年6月召开中国共产党郑州市上街区第九次代表大会。

25日　河南省证监局局长王明伟和上市二处处长楚天慧、市政府副秘书长郑灏东、市政府金融办主任张予红等省、市领导到上街区河南华泰特种电缆有限公司考察指导企业上市工作。

27日　市教育局党委书记、局长翟幸福调研上街区高中教育工作。郑州外国语学校校长毛杰陪同实地察看了郑州市第二外国语学校。

29日　国家中医药检查评估组来上街区考核“全国社区中医药工作先进单位”创建工作。检查评估组查看了新兴、鸿元、淮北社区卫生服务站的各项工作并对服务站的创建工作给予了高度评价。

30日　310国道区域玉发大道至金华路段电力线路单改双工程按期完工。

6月

2日　省、市政研室领导就“党政领导班子推进科技进步和创新、推动经济发展方式转变工作”来上街区检查指导工作。

9日　区委书记黄卿、郑州市教育局局长翟幸福为“郑州外国语学校教育集团二外校区”揭牌。二外校区揭牌标志着郑州市第二外国语学校步入了市优质教育资源倍增工程学校行列。

同日　市委政法委系统主题教育实践活动先进事迹宣讲团来上街区巡回演讲作报告。

10日　郑州市副市长扎吐·沙衣热木和市环保局领导莅临上街区，视察秸秆禁烧和综合利用工作。

14日　市领导乔新国调研了郑州宜居职教城的建设情况，实地察看了职教城选址，听取了相关情况汇报。

15日至17日　中国共产党郑州市上街区第九次代表大会在区会议中心隆重举行。会议全面回顾总结区第八次党代会以来的工作，研究部署今后5年的奋斗目标和任务；选举产生中国共产党郑州市上街区第九届委员会；选举产生中国共产党郑州市上街区纪律检查委员会、选举出席中国共产党郑州市第十次代表大会代表。

17日　区委九届一次会议召开，选举黄卿、戴春枝、李建伟、钱世哲、魏建民、崔世英、宋双兴、乔德宁、杨金军、徐勇、马少军为中共产党郑州市上街区第九届委员会常务委员；选举黄卿为中共郑州市上街区委书记，戴春枝、李建伟为中共郑州市上街区委副书记；

16日　“唯美上街，唯美五云山”油画展在区青少年活动中心一楼大厅隆重举行。展出作品60多幅。新华社河南分社社长罗辉参观了油画展。

同日　郑州华兴煤矿机械有限公司液压支架配件项目、中原环保股份有限公司上街区第二污水处理厂项目签约。

23日　省委常委、市委书记连维良带领市财政局、民政局、教育局、发改委、国土局等委局负责人冒雨走访上街区企业，深入社区，视察郑州宜居职教城、产业集聚区、合村并城安置小区和五云山·中国山地生态公园等建设情况，对经济社会发展情况进行全面调研。

30日　纪念中国共产党成立90周年暨“七一”总结表彰大会在区会议中心隆重召开。会议总结安排党的建设工作并表彰了先进单位和个人。区委书记黄卿作重要讲话。

同日　郑州研究院绿色冶金研发中心、特种氧化铝及高技术陶瓷制品产业化厂房工程开工仪式举行。

同月　在中央文明办主办的“我推荐、我评议身边好人”活动中，上街区安桂亭、赵双喜荣登“中国好人榜”，分别被评为“诚实守信好人”“敬业奉献好人”。

7月

1日　郑州宜居职教城总体规划征集方案评审会在郑州市召开。郑州市委副书记、代市长吴天君，市领导乔新国，副市长刘东、张建慧，区领导黄卿、戴春枝、黄钫、朱选伟、赵敏以及区相关单位负责人参加了会议。

6日　计划总投资10亿元的中国中部机电产业（销售）总部基地项目签约仪式在区会议中心举行。

14日　区委书记黄卿听取了由西南交通大学建筑勘测设计研究院设计的郑州宜居职教城总体规划汇报。

15日　市领导乔新国调研郑州宜居职教城建设情况。

20日　河南省体育局等单位联合主办，河南省航空运动管理中心、上街区政府、河南大宇国际飞行俱乐部承办的“2011河南省首届动力伞精英邀请赛暨2011河南省首届飞翔天使选拔赛”启动仪式在郑州举行。

21日　区人大常委会组织代表集中开展劝阻不文明交通行为活动，制止和纠正不文明交通行为。

24日　在河南体育“世纪十佳”评选活动中，河南省航空运动管理中心主任牛安林、河南省航空模型队分别获得“十佳”男运动员、“十佳”荣誉团队光荣称号。

29日晚　上街区庆祝建军84周年军民文艺晚会在亚星盛世广场隆重举行。

同月　郑州至上街快速通道新建工程环境影响报告通过市环保局批复。

同月　在省军区开展专武干部集训与考核比武中，中国长城铝业公司武装部干事赵洋，在射击“四会”示范教学中荣获个人单项第一名，被省军区评为优秀学员。

8月

5日　郑州宜居职教城总体规划整合方案评审会在郑州召开。会议邀请北京大学、清华大学、北京市城市规划设计研究院、上海市城市规划设计研究院、深圳大学建筑与城市规划学院等知名学府、单位的8位省内外专家组成评审委员会，对郑州宜居职教城总体规划整合方案进行评审。

9日至10日　区党政考察团赴卫辉市、新乡县、舞钢市等兄弟县市就新型城镇化和项目建设进行考察。

14日　财政部检查组对上街区2009年国债沼气项目进行了抽查检查。

18日　市委副书记、代市长吴天君带领市直部门负责人调研了区经济社会发展情况。首先听取了上街区工作汇报，随后实地察看了项目推进、低空经济发展、贫困村庄搬迁、装备产业集聚区建设情况，并对郑州研究院绿色铝电解技术研发中心进行了实地调研。

19日　由省委组织部一处处长、省创先争优活动办副主任李寒林带领的省创先争优活动调研组来上街区调研党员志愿服务活动。实地察看了中安街社区“同心家园”，调研了优秀特长党员工作室运行及作用发挥情况，详细了解了新兴街社区在职党员星级评定活动开展情况。

20日　中国长城铝业公司铁路集装箱运输与山东信发集团签订了每月3万吨的铁路集装箱运输合同。长铝公司每3天为山东发氧化铝专列50车皮100集装箱，重达2700吨。

23日　郑州市职业教育工作会议、中部地区职教发展专家讲坛、郑州宜居职教城新闻发布会、郑州宜居职教城首家入驻院校建设启动仪式、《对话上街》——郑州都市区“上街组团”发展报告会，5会同时在上街区雅乐轩酒店召开。

同月　第二污水处理厂工程顺利通过市环保局环评审查。项目总投资7221.06万元，设计规模3.5万吨/日。

同月　国道310上街区段长4.5公里道路路灯安装完毕。共安装184盏LED高杆路灯，2台变压器，铺设电缆4800米，有效改善了该路段的通行环境。

9月

1日　《中原经济区郑州都市区建设纲要（2011～2012年）》

通过。上街区纳入郑州市中心城区建设。

2日　中信国际招标公司总经理纪卫忠、中信中原公司副总经理邵向东在区领导黄卿、钱世哲、徐勇的陪同下考察了郑州航空通用产业园项目。

3日　河南省电线行业第八次高层论坛在上街区举行，全省电线电缆行业百余企业家参加。

6日　区长戴春枝冒雨到敬老院，问候这里的老人，为他们送上了区委、区政府的关怀和节日的祝福。

7日　郑州大学管理科学与工程学院院长王金燕调研了上街区经济发展和产业结构调整情况。师生们参观了区规划展览馆、通用航空产业园、中铝河南分公司和林肯电气合力焊材有限公司。

同日　市侨联主席赵思群等一行5人来区调研上街区侨联工作。

8日　上街区庆祝第27个“教师节”颁奖典礼隆重举行。大会为获得“优秀教师”“优秀教育工作者”“城乡教师交流先进个人”“优秀班主任”“师德先进个人”“民办学校先进单位”“中招、高招突出贡献奖”等称号和荣誉的集体和个人颁了奖。

14日　区委书记黄卿视察沙固村，走农户，看地形，详细了解村民住房情况，要求立即启动搬迁安置工作。

同日　国家环保部在郑州研究院召开了“电解铝PFC（功率因数校正）减排会议”。国家环保部气候变化工作组项目官员崔永丽女士、李奕杰博士参加了会议。

19日至24日　国家铝冶炼工程技术研究中心自组建以来第二次通过科技部科技评估中心组织的验收，并蝉联“优秀国家工程中心”称号，成为国家2011年验收的冶金材料领域唯一的优秀工程中心。

21日　豫商集团董事长、上海市河南商会会长韩宏伟带领考察组到上街区考察投资项目。

27日　为了确保国庆期间社会治安平稳，全区拉开了“十万警民”集中清理清查行动的序幕。市委政法委政治处主任马晓霞和区领导马少军、杜惠斌等相关单位负责人指导清理清查工作。

29日　欧凯龙国际城市广场举行隆重的奠基仪式，标志上街区将拥有一个集家居、布艺、厨艺等多项功能为一体的大型一站式购物区。

同月　区人大代表视察了向日葵新能源有限公司、华泰特种电缆有限公司、凯普达安全玻璃有限公司的建设情况和聂寨商务中心及示范性标准化厂房建设情况，听取了工业集聚区、服务业集聚区相关负责人的情况汇报。

10月

3日　由河南省体育局、上街区政府主办的“2011河南省体彩杯首届动力伞精英邀请赛在区省航空运动管理中心开幕，国家体育总局航电中心二部副部长韩兆方、河南省体育局局长彭德胜、郑州市副市长马建参加。

13日　新郑市党政考察团参观考察上街区郑州宜居教职城、新农村建设。

14日　市文明办评测组到上街区，采取暗访暗查的方式对主干道、网吧、社区进行了文明评测检查，并在反馈会上通报了检查结果。

17日　市委常委、常务副市长胡荃和中信通用航空公司领导李江南、刘铁雄等参观考察了位于上街机场的郑州通用航空产业基地。

18日　新农贸市场奠基仪式在汝南路新乡路西北角隆重举行。新农贸市场项目由原来的就地改造修正为异地迁建、综合开发，项目分两期、两部分实施，总占地面积120多亩，总投资6亿元。预计整个项目将实现税收5200万元左右，新增就业岗位1300个左右。

同日　区政协七届二十次常委会召开，会议听取了公安工作和提案办理情况汇报。

同日　村级组织换届选举工作开始。

20日　区集体林权制度改革工作全面通过了省级验收。

24日　加快中原经济区建设动员会暨全区第三季度经济形势

讲评会召开。郑州市副市长刘东应邀出席并讲话。

25日　重阳观保护维修工程开工。市文物局局长阎铁成、市文物考古研究院院长顾万发参加了开工仪式。

27日　上街区首届职工自行车比赛举行。全区各单位的286名选手参加了比赛。

28日　中铝公司党组织成员、中国铝业副总裁刘祥民带领调研组一行4人到中铝郑州企业和郑州研究院进行调研。

11月

2日　郑州市领导乔新国带领相关部门负责人深入区属企业、中铝河南分公司视察经济发展情况，并到江南小镇社区服务中心调研社会管理工作。

3日　区政协主席邓书安和副主席武家寅、王金河、李新廷、吕现州、岳斌及部分政协委员视察区重点经济项目。实地察看了向日葵新能源有限公司、华泰特种电缆有限公司、聂寨商务中心、农贸市场升级改造和区示范性标准化厂房区建设情况，听取了工业集聚区、服务业集聚区负责人的情况汇报。

4日　市政协主席李秀奇在市粮食局、河南金梨风险投资公司等负责人陪同下检查指导上街区工作。

7日　区委中心组（扩大）学习会议召开，传达学习贯彻省九次党代会精神和《国务院关于支持河南省加快建设中原经济区的指导意见》，安排部署贯彻落实省九次党代会精神的具体措施。区委书记黄卿作重要讲话。

同日　环保部华北督查中心检查组对区化学品管理和危险废物专项执法情况进行检查。检查组听取了区化学品环境管理和危险废物专项执法情况汇报，实地察看了梦蝶涂料有限公司危险废物处置情况和污染防治设施运行情况。

14日　市政法委副书记、综治中心主任李华云带领调研组莅临上街区，调研指导上街区平安建设工作。

17日　中国邮政银行上街许昌路支行投入运营。

18日　郑州市妇联在上街区召开村（社区）“妇女之家”建设推进会。与会人员现场观摩了江南小镇社区、聂寨村委会、朝阳社区和东方社区“妇女之家”的建设工作。市妇联党组书记、主席徐慧俐出席会议。

同日　郑州市上街区工商联合会（商会）第四次会员大表大会召开，选举产生了上街区工商联第四届执委会。

18日　郑州市社科院副院长刘长松一行到区调研郑州宜居职教城建设情况。

21日　区长戴春枝带领区发改、住建、国土、市政等委局负责人察看了第二污水处理厂、南水北调上街支线工程、科学大道西延和郑上快速通道等重点项目。

29日　区委书记黄卿冒雪到新安路街道办事处调研指导工作，听取年度工作汇报、下年工作打算及对区委、区政府工作建议。

同月　汜水河上街段综合治理工程批复。汜水河上街段综合治理工程是2011年郑州市确定的重点项目。工程的防洪治理标准为20年一遇，除涝为5年一遇，提放、涵闸等主要建筑等级为4级。核定项目概算投资1682.59万元，由中央、省、市、区共同投资；工程全长8.7公里，任务包括：8.7公里河道的清淤疏挖，13.3公里左右岸堤防的新建，3座跨河生产桥的重建和新建8座排水涵闸。

同月　峡窝镇再次荣获省百强乡镇桂冠。

同月　上街区机动车修配行业协会成立。

12月

12日　郑州市教育局局长翟幸福、副局长葛飞和郑州职业技术学院院长崔振兴到区调研郑州职业技术学院建设事宜。

3日　全区领导干部会议在区会议中心举行，市委副书记、纪委书记王璋到会并讲话。会上，市委组织部副部长张亮宣读了省委、市委对上街区领导干部调整的决定：宋洁任中共郑州市上街区委委员、常委、副书记，提名为上街区人民政府区长候选人；

免去戴春枝中共郑州市上街区委副书记、常委、委员职务；免去黄钫中共郑州市上街区委副书记、常委、委员职务。

5日　上街区首座高档五星级影院——奥斯卡长铝五星影城开始建设。五星影城是与河南省文化影视集团合作经营的加盟签约型院线影院，计划投资2500万元，在长铝艺术宫原有建筑的基础上向东延伸建设一座二层影城，建筑面积3375平方米。

7日　郑州市领导乔新国来上街区调研郑州宜居职教城工作进展情况。察看了中心路街道办事处平安建设服务中心及盛世社区。

8日　市慈善总会会长武国瑞调研区敬老院硬件设施和二期建设情况。

同日　由中国健康促进与教育协会主办、深圳市金士吉康复用品科技有限公司独家赞助的第六届“健晨杯”中国中老年剑拳操公益大赛总决赛，在河南电视台8号演播厅举行。上街红枫叶艺术团荣获全国总决赛冠军 。

同日　由国家安监总局应急救援指挥中心司长李斌带队的国务院安委会第五督查组到中铝河南分公司检查指导安全生产工作。中国铝业公司副总裁、河南分公司总经理乔桂玲和中铝郑州企业其他领导王立建、崔平、张际强及各单位负责人参加了汇报会。

10日　郑州宜居职教城首所入驻院校——郑州铁路技师学院举行了新校区建设开工仪式。郑州铁路技师学院新校区位于职教园区中部，310国道沿线，占地600亩，学生总规模为1万人，建筑总面积约20万平方米，总投资4亿元，预计2013年建成投入使用。

15日　区十一届人大常委会召开第37次会议，通过了人事任免事项，接受戴春枝辞去郑州市上街区人民政府区长职务，任命宋洁为郑州市上街区人民政府副区长、代理区长。

16日　2011年度市侨联干部培训在上街区开班。郑州各县市区侨联主席、侨联干部参加培训。

18日　郑州职业技术学院新校区举行开工奠基仪式。

19日　代区长宋洁调研道北新型社区建设工作。实地察看了朱寨村、武庄村、上街村、东柏社村、肖洼村新型社区建设情况并听取有关汇报。

23日　中铝郑州企业召开了干部大会，传达中国铝业公司党组决定：中铝郑州企业合署办公，一体化管理。乔桂玲任中国长城铝业公司总经理；纪行任公司党委副书记、纪委书记；免去曾庆猛长城铝经理职务，调出另行安排工作；免去霍本龙副经理职务，调出另行安排工作；免去崔平党委副书记、纪委书记职务，改任巡视员；聘任董光辉、芦东为河南分公司副总经理。

24日　郑州华祥耐材有限公司15万吨冶金炉料高端耐火材料项目正式开工建设。项目计划投资2亿元。建成投产后，预计新增产值5亿元，新增利税4000万元，新增就业岗位100个。

27日　新型城镇化建设宜居职教城合村并城项目在郊段村举行开工仪式。项目作为郑州宜居职教城的起步区，涉及3个行政村的11个村民组1151户村民。安置区楼房规划设计为小高层，总建筑面积50万平方米，分两期进行，一期项目建设预计2013年6月完工。

28日　省外事侨务国内处处长张胜谦和市外事侨务副主任黄改玲来到中心路街道办事处如意社区，走访慰问了归侨钟顺娇老人。

同日　代区长宋洁带领区财政局负责人走访了区地税局、国税局及人民银行上街支行。

同月　区环境监测站经河南省计量认证环保评审组现场评审考核，顺利通过了计量认证复查评审。

（张浩冉）

区情概览

地理位置

【位置和面积】 上街区位于郑州市西38公里，是郑州市一座具有一定独立性的远郊型工业城区。地理坐标为东经113° 14′ ~ 113° 19′，北纬34° 43′ ~ 34° 48′。东西最大距离7.5公里，南北最大距离14.4公里。总面积61.73平方公里，其中陆地61.2平方公里，水域（河道）0.5平方公里。上街区东、东南、东北与荥阳市城关乡相邻，南与荥阳市刘河镇接壤，西南与巩义市米河镇毗邻，西与荥阳市高山镇紧挨，西北与荥阳市汜水镇相连，北与荥阳市王村镇紧邻。陇海铁路、郑西高铁、310国道东西贯穿全区，南水北调线路、连霍高速公路擦区而过。

（刘元生）

地理环境

【地质地貌】 上街区属黄土丘陵地，地处华北平原黄河冲积平原扇轴部，为豫东平原和豫西丘陵交接地带，大部分位于古黄河一、二、三级阶地上。原区内发育有较多冲沟，地面被冲沟割裂成块，冲沟多为南北和东西向。随着城镇化建设进程加快，城区地貌发生变化，南部为丘陵山地，北部为平原。平均海拔110 ~ 210米。上街区整体是西南高、东北低，呈自然倾斜之势。西南部承接丘陵山地，自南向北依次为风成黄土岗地、冲积倾斜平原和冲积平原3种地貌类型。境内五云山，海拔525.6米。区西北部沙固村为最低点，海拔108.2米。

山脉 五云山位于上街区南部，是中岳嵩山余脉，最高峰海拔589.2米，属黄土地貌，山体落差大，植被丰富，景色优美。山上有清凉观、古寨墙等景观。因山上常有五彩云霞，故名。“塔观游云”为旧县志记载的胜景之首。

水系 上街区主要河流有两条，分别是汜水河和枯河。汜水河发源于新密市尖山乡田中湾村，流经巩义市新中镇、巩义市米河镇、荥阳市高山镇、上街区峡窝镇、荥阳市汜水镇进入黄河，是季节性河流，流域面积373.28平方公里。在上街区段约9.5公里，属过境河流，年过境水量13538万吨，其中地表水8199万吨、地下水5399万吨。枯水年份最小流量0.53立方米/秒，最大流量无记录，常年平均流量2.6立方米/秒，水深0.3米。枯河发源于上街区二十里铺村，流经荥阳市、惠济区进入黄河，是季节性河流。上街区段系最上游2公里，只有下雨时有来水，且均为城区排水。辖区原有的冯沟水库，因干涸被中铝河南分公司作为2号灰渣库。此灰渣库2006年批复报废。

（刘元生　龚晨　雷婷婷）

自然资源

【土地资源】 上街区总面积61.727平方公里（含小关矿区0.527平方公里），其中，耕地1761.62公顷、园地53.83公顷、林地426.45公顷、草地260.55公顷、交通运输用地423.05公顷、水域及水利设施用地36.48公顷、城镇村庄及工矿用地3001.49公顷、其他土地152.4公顷。

上街区农田面积2.62万亩。2011年全区小麦收获面积2.6万亩，其中水浇地小麦2.08万亩，旱地小麦0.52万亩。实施优质小麦良种推广和统一供种面积2.6万亩，品种主要是温麦6号、矮抗58。秋作物收获面积2.6万亩，其中玉米2.5万亩，谷子、豆类、红薯等其他作物0.1万亩。特色农产品果品规模化种植项目有：柏庙黄梨，产于峡窝镇柏庙、魏岗等村，占地700亩；冯沟薄皮核桃，产于峡窝镇冯沟村，占地1000亩。

2011年，全区已有林地23164亩。峡窝镇的23个行政村；1/3地处南部山区，以农林为主；2/3地处北部平原，农业、工业较为发达。全区林地主要分布在310国道以南的西林子、东林子、营坡顶老寨河、杨家沟、冯沟、方顶、柏庙、魏岗和汜水河沿线的观沟、大坡顶、石咀、沙固等13个行政村。森林覆盖率约为23.8%，比2007年二类森林资源清查时的17.99%增加5.8个百分点；林木覆盖率约为27.2%，比2007年二类森林资源清查时的23.96%增加4.2个百分点。

（刘元生　龚晨　雷婷婷）

【水资源】　上街区没有长年地表河流湖泊，地下水是唯一的水资源。由于全区分布有较厚的第四系松散层，故蕴藏有较丰富的地下水，富水性自南而北增强。地下水分布以陇海铁路为界。铁路以北为浅层水，静水位5～10米，井深40～65米，单井出水量10～30立方米/小时，是农业灌溉的主要水资源；铁路以南为深层水，静水位35～55米，井深100～160米，主要含水段在60米以内，单井出水量除黄土岗地区小于30立方米/小时，其他地区多在30～70立方米/小时，富水程度为每小时20～50吨。全区浅层水主要受降水补给，其次为北部地表水补给，中深层水则为南部侧向径流补给和浅层越流补给。地下水自西南、南向东北、北径流。城区内地下水总储量为2564.97万立方米，补给量中深层为617.26万立方米/年，浅层为66.67万立方米/年。允许开采量中深层为617.26万立方米/年，浅层为102.67万立方米/年。统计实际开采量中深层为800.4万立方米/年，浅层为216.99万立方米/年。每年动用储存量中深层为183.4万立方米，浅层为114.32万立方米。峡窝镇地下水储量约为1500万立方米。

【动植物资源】　上街区地处中纬度暖温带地区，各类野生植物和栽培植物种类繁多。绝大多数具有耐旱、耐瘠、适应性强等特点。粮油作物有小麦、玉米、谷子、黄豆、红薯、芝麻、花生。瓜果类有柿、石榴、苹果、桃、杏、梨、花椒。花木类植物有：月季、菊花、红掌、凤梨、合欢、法国梧桐、垂柳、女贞、黄杨、中国槐等。蔬菜类有白菜、萝卜、茄子、番茄、菠菜、辣椒、南瓜、黄瓜等。食用菌有香菇、蘑菇（平菇）等。中草药有枸杞、蒲公英、金银花、柏仁等。

辖区动物品种繁多。家畜、家禽、昆虫、爬虫、两栖、野兽、鸟类以及各种水生动物均有生存。家畜有猪、羊、狗、猫、兔等。家禽有鸡、鸭、鹅。野兽有野兔、松鼠、黄鼠狼、刺猬、蝙蝠等。鸟类有喜鹊、乌鸦、麻雀、猫头鹰、山鸡等。两栖动物有青蛙、蟾蜍等。爬虫类有蛇、蜈蚣、蛐蜒、千千爪(节节虫)、壁虎、蚯蚓等。昆虫类有蝗虫、蚱蜢、蝈蝈（蛐子）、蟋蟀、螳螂、地老虎、蜻蜓、蚂蚁、蜘蛛。水生动物有鲤鱼、鲫鱼、草鱼等。

（龚晨　雷婷婷）

气候气象

【气候特征】　上街属暖温带大陆性季风气候，四季分明并各具特色。春季风多干燥；夏季炎热多雨，水热同期；秋季天高气爽，光照充足，间有连阴雨天气出现；冬季寒冷干燥，风多雪少。2011年气候变化特点是：降水、气温均正常，日照异常偏少。明显特征为1月～7月降水明显偏少，8月～12月降水明显偏多。

光照 全年总日照数1560.0小时，比常年偏少559.3小时。日照时数最多的月份是3月，为226.2小时；日照时数最少的月份是11月，为45.3小时。

气温 2011年平均气温14.9℃，与常年相比偏高0.5℃。全年气温起伏变化较大。最热月份（7月）平均气温28.7℃，较常年偏高1.8℃；最冷月份（1月）平均气温–1.1℃，较常年偏低1.2℃。年极端最高气温42.3℃，出现在6月8日；年极端最低气温–8.7℃，出现在1月16日。

降水 年降雨日数88天，总降水量722.8毫米，比常年偏多122.2毫米。降水最多的月份是9月，为258.8毫米；降水最少的月份是1月，无降水。

灾害性天气 2011年全年出现寒潮过程1次，无8级以上大风。全年共出现4次干旱，其中2010年9月26日至2011年2月25日，连续153天基本无有效降水，累计降水量为5.6毫米；2010年11月3日至2011年2月8日连续98天无降水，突破历史极值，出现严重冬旱。全年日最高气温≥38℃，日数5天，主要时间集中在6月～7月。秋季出现两次连阴雨天气，时间为9月4日～19日连续16天和11月3日～8日连续6天。9月的连阴雨天气对大秋作物后期生长极为不利，但11月的连阴雨天气对冬小麦冬前墒情积累非常有利。

上街区2011年气象要素表

要素名称	平均气温（℃）	降水量（毫米）	雨日（天）	日照（小时）	雷暴（天）
1月	–1.1			99.3	
2月	3.4	28.9	2	57.8	
3月	10.0	4.6	3	226.2	
4月	17.2	15.6	6	247.2	1
5月	21.6	33.3	4	196.4	
6月	27.8	2.8	6	160.9	2
7月	28.7	48.8	12	138.4	6
8月	25.0	156.8	14	70.8	3
9月	18.9	258.8	18	79.6	
10月	16.1	48.0	6	136.8	
11月	9.4	118.9	13	45.3	1
12月	2.2	6.3	4	101.3	
全年合计		722.8	88	1560.0	13
全年平均	14.9				

上街区2011年气象要素初终日

项目名称		上年度			本年度
		初日	终日	初终日数	初日
霜		11月15日	3月7日	113	12月1日
雪		2月9日	4月2日	53	11月29日
积雪		2月9日	3月1日	21	11月29日
结冰		11月28日	3月7日	100	12月1日
当年	雷暴	4月21日	11月28日	222	——
	无霜期日数	268			

（王玉岗）

历史文化

【区名由来】 上街区沿自“上街火车站”名，而“上街火车站”名，又源于“上街村”村名。上街村距今汜水镇东5公里，位于上街区西北2公里处，是汜水镇虎牢关的唇齿。据《汜水县志》记载：“今治城创自隋开皇二年（582），始命为汜水县，定其址于锦阳川东畔。后为唐人变置，至宋又复其地，仍其名。金、元因之。武宗至大元年（1308），大水淹没，城郭宫室一空，乃迁置于锦阳川之东十里，古制邑之墟（今上街村）。”因汜水县城地处沟洼低下，明武宗时县治三次被水淹没，故曾三迁于地势较高的卢医庙街市上，时间长了，约定俗成，便习惯地称卢医庙热闹的街市为上街，即现在的上街村。1956年在上街村东南设上街火车站。1957年11月，周恩来总理依据河南铝矿资源丰富和优越的地理位置，亲自批准我国最大的铝工业基地——河南铝业公司建址在上街区火车站南边，遂沿上街火车站名，建上街区。

（地志办）

【建制沿革】 上街区上古为高辛氏祝融和有熊氏黄帝管辖之地。尧、舜、夏朝时属豫州。商代时为嚣（áo通敖）地。西周时属东虢。春秋时属郑国。战国时属韩之成皋。秦时设郡县，属三川郡成皋县。汉高帝二年（前205）改三川为河南郡，仍属成皋县。三国时期属魏司州部河南郡成皋县。北魏时属北豫州部荥阳郡。东魏时属北豫州部广武郡。北齐时属成皋郡。北周时属北豫州部荥州、郑州。隋时属荥阳郡汜水县。隋大业三年（607）属孟州汜水县，唐、五代、宋时仍之。金时属南京路郑州汜水县。元时属河南江北中书省汴梁路郑州汜水县。明、清时属河南布政使司开封府郑州汜水县。中华民国时初属豫东道汜水县，民国16年（1927）废豫东道设行政督察专员区，直至解放前归汜水县管辖。1948年秋至1954年秋属成皋县（汜水、广武合并为成皋县）。1954年，成皋县、荥阳县合并后，属荥阳县第五区。

1958年8月5日，经河南省人民委员会豫民字140号文件批准，从荥阳县划出周村乡的郎中沟、任庄、左照沟、西郊段、聂寨、东马固和史村乡的夏侯、白马寺、左照及白杨乡的二十里铺、大园11个自然村成立郑州市上街区。当时全区人口为27550人，其中非农业人口19657人。土地面积11.425平方公里。同年8月20日，上街区所辖的11个自然村的10个农业合作社合并，建立上街人民公社。

同年12月，荥阳的西马固村划归上街区，上街人民公社辖12个自然村。

1959年1月，荥阳县的上街、东柏社、西柏社、武庄、肖洼、朱寨、沙固、南峡窝、北峡窝、西涧沟、石咀、胡寨、四所楼、方顶、冯沟、观沟、何寨、魏岗、大坡顶、东郊段、南郊段等自然村，土地面积30.462平方公里划归上街区，与上街人民公社合并更名为马固人民公社。巩县的新中、小关、米河等公社的320个自然村，土地70.954平方公里，人口82822人划归上街区，建立新中人民公社。

1961年6月，经郑州市人民委员会批准，将马固人民公社分为马固、峡窝两个人民公社，将新中人民公社分为新中、小关、米河、茶店、小里河5个人民公社。当时区辖7个人民公社。

1962年1月，将荥阳县刘河公社的东沟、河东、柴寨沟、官顶、冯庄、岗寨、徐沟、庵上、后窑、孟沟、申庄、桑树坡、泉沟、任湾、张青岗、东反坡、西反坡、龙潭、煤窑沟、李庄、徐庄、毛沟、南毛沟、申家岭、黄永岭等26个自然村，土地面积11.8平方公里划归上街区，建立上街区肖寨人民公社。

1962年2月，接收巩县大峪沟公社的大队的雪庄、黑龙潭生产队和磨岭大队的阎庄生产队，土地4.127平方公里，人口5970人，建立上街区大峪沟人民公社。至此，区辖9个人民公社。是年3月设立上街区中心路街道办事处、上街区矿山街道办事处。全区人口13万人，土地面积达127.84平方公里。

1963年6月，将马固公社并入峡窝公社，撤销马固公社建制。将茶店公社并入新中公社，当年区辖7个人民公社、2个街道办事处。

1964年6月，经河南省人民委员会批准，将大峪沟、小关、新中、米河、小里河5个公社59个大队571个生产队680个自然村划归巩县管辖，将肖寨公社全部及峡窝公社大部共23个大队95个自然村划归荥阳县管辖，至此区辖范围固定下来。保留7个大队12个自然村，成立上街区农业公社。区辖1个公社、2个街道办事处，总人口近5万人，土地17.85平方公里。1971年2月中心路街道办事处分为济源路街道办事处和反修路街道办事处（1980年9月更名为新安西路街道办事处）。

1984年1月，农业公社更名聂寨乡。

2001年3月，撤销聂寨乡，增设中心路街道、工业路街道，并对原有济源路、新安西路两个街道的管辖范围作了调整。调整后新安西路街道办事处更名为新安路街道，原聂寨乡管辖的7个行政村就近分别划入各街道。全区共有5个街道办事处，常住人口7.6万人。

2004年7月，荥阳市峡窝镇整建制划归上街区。上街区人口由调整前的8.6万人增加到12万人。2011年，上街区辖峡窝镇和中心路街道、济源路街道、新安路街道、工业路街道、矿山街道。

（张永礼）

【文物古迹】 2011年，上街区经省、市、区公布各级文物保护单位13处。省级文物保护单位1处：西柏社遗址；市级文物保护单位11处：沙固遗址、南峡窝遗址、寨沟遗址、观沟遗址、魏岗遗址、石咀遗址、沙固曹彬墓、北峡窝四所楼村王博文墓、观沟重阳观、马固王氏宗祠、上街村卢医庙；县级文物保护单位1处：上街村汉寿亭侯画像碑。

（冯新超　李印）

【历史名人】 王博文，祖籍山东济阴（曹县），父王谏在宋太宗时官给事中，迁居汴梁。王博文又迁荥阳西马固村。

王博文16岁中进士，曾写回文诗百篇，人称王回文，官给事中。天禧年间，朱能、王先等在长安伪制《乾祐天书》，企图混乱朝政。真宗命王博文处理此案。博文根据案情只问朱能、王先死罪，其他胁从7人均减罪不死。朝廷认为他处事公允，升开封府判官。

仁宗天圣七年(1029)，玉清昭应宫大火，守卫人员全部入狱，准备严惩。王博文上书说："天心以仁爱为主，只宜严惩肇事人员，其他应宽恕，不能滥杀无辜。"当时，仁宗年幼，庄献太后垂帘听政，仁宗已看出王博文守正不阿，办事公道。到仁宗亲政，特命王博文和陈执中同知枢密院事（职同宰相，专管全国军事），但只一个多月时间王博文就死了。仁宗亲临致祭，赠封为太师、中书令兼尚书令、郑国公，埋葬在峡窝四所楼东原（新中国成立后，大雨冲开墓地，尚有墓志）。

魏联奎(1849——1924)，又名星五，字文垣，号爕余，峡窝魏岗村人。幼年家贫，爱读书而无钱上学，常倚学校窗外旁听。塾师王调元为之感动，不收学费让其入学读书。后考入大梁书院。光绪八年(1882)，中壬午科举人。光绪十二年(1886)，中丙戌科进士。在京任刑部主事和左丞20多年。

民国建立后，联奎寓居郑州。为发展生产，他倡导在郑州北郊开挖水渠。民国2年(1913)，他联合在河南省当政的几个老友，集资创办"郑州贾鲁河水利公司"。联奎年逾花甲，终日徒步田野，参与勘测渠道、征购土地等事务。有人劝他坐车,他说:"我若乘车骑马，百姓以我为官，避而远之，岂不影响公事？"对不愿卖地的百姓，联奎千方百计劝导，要财者给高价，慕名者授以水利委员或股东称号，都逐步得以解决。历时3年，修拦河坝高12米多，占地约8亩，能蓄水10余万立方米，两岸修渠，可浇地10余万亩。亩产由以前的60公斤，增至200公斤；沿河又安水磨数盘，植树、栽藕、养鱼、喂鸭、插蒲、种苇，民众衣食渐丰。百姓饮水思源,命此渠为“魏公渠”。

明清时期，南方各省向北京输粮，称为漕运。后离运河远的州县因运粮困难，且易误期，经私下协商，委托邻近运河的54县代办漕运。距运河远的州县每年按代办数付给54县银两。后几经战乱，文卷遗失，54县漕运成为定额，而距远运河的州县渐不付补贴，54县白白代人向京输粮。清朝以后，潜数折为银子，多次增加，每年百姓完粮时，每担漕费竟达银子7两左右。后来，银子折为银元，银1两折银元2.2元，近河54县百姓，负担畸重。民国7年（1918)，联奎联络54县代表呼吁减漕，在北京、开封成立“糟粮商榷会”领导此事。联奎以百姓利益为重，呼吁奔走，多次咨请省府、财政部核实漕数，稽查旧案。同时，联奎利用 与大总统徐世昌科举同年之谊，多方联络，历时3年，减漕一案，终于成功。计为河南省每年 减漕折银元236282.539元，汜水县每年减漕折银元2745.014元。

事成后，在开封刷绒街“糟粮商榷会”址刻石立碑，记减漕始末。汜水民众在汜水县城为联奎建生祠一座，刻石纪其功德。联奎写《减漕录》2册(现存北京图书馆)，记述减漕经过。

民国13年7月9日，魏联奎病逝于山西平陆岳家庄别墅。生前著《豯余诗集》《知行辨》。

赵东阶（1853——1931)，字跻堂，乳名金牛。峡窝方顶村人。光绪十四年（1888）中举。光绪二十四年（1898）中进士，入翰林院为编修，曾充侍讲学士。在京候缺多年，未能出仕。辛亥革命后，东阶返回赋闲，时而设教授徒。民国17年（1928)，他和张云、赵国光等纂修《重修汜水县志》，并写序言。

赵东阶长于书法，书作遒劲有力、质朴雄浑，荥阳、汜水一带请书者甚多。得其字者，均视若珍宝。赵书写石碑匾额颇多。

何其所（1866—1946)，峡窝何寨村人。14岁随父学医，16岁即在竹川“延寿永”药铺坐堂。他对伤寒、妇科尤为贯通，诊治伤寒病，每诊必愈。经常行医于荥阳、汜水、河阴、荥泽、巩县、郑州等地。

他的方剂一般不过六味，花钱不多，效果显著。南峡窝东街一妇女产后久病，已抬上“草铺”（初死时停尸的地方)，唯体温不降，何其所赶集路过其门，详审病状后说：“没死，可救。”第一方剂服后，约一个时辰病人有微弱呻吟。又开一方，嘱托“连服五剂，不愈再看”。药未服完，病妇能出门走动。南峡窝西街三盛恒毛笔铺掌柜周中方患痨病(即肺结核)多年，势已不济。其所诊后说：“少则十六剂，多则二十剂药,可愈。愈后继续摄养。”周依嘱行事，终生未复发，活到70多岁。佛姑垌一翁,腹痛如绞，滚转呻吟。其所在隔壁听到哼声就说：“是肝胃痛，可以治好。”服四剂药即愈。不少病者谈起何其所时都说：“没有何老先生，我早已泡烂啦。”

何其所医道高明，品质高尚，他每次出诊，不坐车，不骑马，远途也只骑小毛驴。他自己研制妇科神药“月间疾丸”，专治妇女产褥期病症，凡有来取者，分文不收。如此舍药达60余年。慕名来索者甚多，远至西安、太原、洛阳等地。他尤关注贫苦人疾病，常将病人姓名、病情、住址记下，每天上午在家应诊，下午按路线到病人家看病，且不收费用。邻里赠一匾额，上书“杏林独步”。民国35年6月病逝，享年80岁。

（地志办）

区划人口

【行政区划】 2011年末，上街区辖峡窝镇和济源路、新安路、中心路、工业路、矿山5个街道办事处,26个社区,28个行政村。

上街区行政村分布表

镇、街道名称	行政村名称
峡窝镇	西林子村、营坡顶村、东林子村、老寨河村、杨家沟村、冯沟村、方顶村、柏庙村、魏岗村、南峡窝村、西街村、观沟村、大坡顶村、西涧沟村、北峡窝村、寨沟村、郊段村、左照村、马固村、石咀村、沙固村、上街村、武庄村
新安路街道	二十里铺村
中心路街道	任庄村
工业路街道	朱寨村、肖洼村、东柏社村

上街区社区分布表

镇、街道名称	社区名称
峡窝镇	晨光社区、振兴社区
济源路街道	淮北社区、三湾街社区、中安街社区、新华街社区、商业街社区、东方社区、金华社区、新兴街社区、夏侯社区
新安路街道	香园街社区、昌盛街社区、朝阳街社区、新安西路社区
中心路街道	吉祥街社区、如意街社区、汇才街社区、康乐社区、鸿元社区、桃园社区、江南小镇社区、盛世社区、聂寨社区
工业路街道	工业路社区
矿山街道	工人村社区

（张永礼　李强）

【人口】　2011年年末，辖区总人口14.58万人，其中城镇常住人口11.91万人，城镇化率89.2%。另有流动人口1.40万人。总人口中，男性6.64万人，占49.7%；女性6.72万人，占50.3%。根据第六次全国人口普查（2010年），总人口13.15万人：18岁以下2.58万人，占19.6%；19～35岁3.24万人，占24.7%；36～59岁5.44万人，占41.4%；60岁以上1.89万人，占14.4%。总人口中，以汉族为主，达13.33万人，占99.98%；回族、满族、壮族、蒙古族等17个少数民族，共2375人，占0.02%。超过20人的少数民族有回族、满族、壮族、蒙古族4个民族，其中：回族1640人，占少数民族人口的69.3%；满族622人，壮族、蒙古族各28人。2011年人口出生率7.1‰，人口死亡率4.9‰，人口自然增长率2.2‰。

2011年年末人口基本情况

总人口			出生人数	出生率	死亡人数	死亡率	自然增长率
合计	农业人口	非农业人口					
145881	60066	85815	1029	7.1‰	458	4.9‰	2.2‰

数据来源：人口和计划生育统计报表

（雷萌）

民族

【概况】　上街区有回族、满族、壮族、蒙古族、锡伯族、土家族、维吾尔族、彝族、白族、俄罗斯族、苗族、侗族、黎族、傣族、瑶族、朝鲜族、鄂温克族17个少数民族。少数民族人口3000多人，其中常住少数民族人口2375人。回族最多，1640人。全区有少数民族聚居村1个，即峡窝镇沙固村，该村六、七组为滹沱回族村，回族人口610人。

（虎 君）

宗教

【概况】 上街区经批准开放的宗教活动场所有12个，其中基督教活动场所9个、天主教活动场所1个、伊斯兰教清真寺2坊。全区共有信教群众5960人，其中基督教3000人、伊斯兰教2200人、天主教120人、佛教310人、道教330人。

（虎 君）

地方特产

【柏庙黄梨】 柏庙村历来有“黄梨之乡”的美誉。柏庙黄梨种植的历史可以追溯到秦汉时期，经过长期不断改良，形成了独具风味的柏庙黄梨。柏庙黄梨曾为汜水县供奉朝廷的四大特产之一，因此也被誉为柏庙“皇”梨。柏庙村独特的土质和气候条件造就了黄梨的品质。生产全程进行“绿色”管理，施肥用的是鸡粪、油饼等有机农肥，为防治病虫害还实行套袋生产，2009年获得无公害产品认证。黄梨成熟之后，果色金黄，甘甜酥脆，质多肉细，体圆个大，甜中带香，伴有浓郁的南方风味。柏庙黄梨营养丰富，含多种人体必需的氨基酸、维生素、矿物质，有止渴、生津、祛热消暑、化痰润肺、止咳平喘、滋阴降火、凉心解毒等功效，深受广大消费者青睐。

【五云山花椒】 五云山花椒产于五云山区，种植历史悠久，因籽粒饱满，色泽深紫，味辛肉厚，被视为烹饪佳品，故有“五云山大红袍”之称。五云山独特的地理位置和地质条件，加上栽培与生长全部出于自然生态，从而保持了花椒的生态原味。五云山花椒含有多种营养成分，且有调体养胃、滋阴补阳、凉心解毒之功效，同时不但是调味佳品，而且也可作为驱虫避蚊和储存食品、衣物的防虫剂因而被广泛应用，深受广大消费者的青睐与推崇。

【清香米醋】 郑州市嵩山食品有限公司生产的“嵩山”牌清香米醋源于郑州百年老字号“有恒酱园”。有恒酱园始建于1912年，生产酱菜已有100年的历史，在酱菜行业享有较高声誉。“嵩山”牌清香米醋发掘整理传统的酿造技术，集各家之长，改造创新生产工艺，生产出有别于传统的清香米醋精品。通过在实验室培养活性微生物，然后分阶段对原料进行固体发酵，倒缸回流，日晒圈养，陈酿过滤，最后消毒等工艺，制作出的米醋色泽棕红，酸味醇厚柔和，浓度适中，具有独特的清香味，深受广大消费者喜爱。1982年被评为省优质食品，在全省蔬菜行业评比中一举夺冠，获得第一名。2004年郑州市嵩山食品有限公司获得中国质检局颁发的全国食品工业生产许可证，获得QS市场准入证。2005年获得全国食品行业“质量放心、国家标准合格产品”称号。其产品远销豫、陕、鄂、苏、浙等地。

【芙路特果肉糕】 郑州市芙路特食品有限公司是以科技型、产业化型、创汇型为一体的浓缩果肉制造和销售为主的农产品精深加工和生物制品研发生产企业。公司创建于2004年。2007年开始研究浓缩果肉项目，并且上市推广获得国家专利3项，曾获得“国际创新食品奖”、“全国十佳创新产品奖”、“河南名优质保产品”称号、“消费者放心产品奖”、“上海市最受消费者欢迎产品”称号、“中华医学会重点推广产品”称号。公司注册商标为“芙路特”，主要加工西瓜、草莓、菠萝、苹果、柑橘、梨、南瓜、胡萝卜、莲菜、猕猴桃等数十个品种的农产品。芙路特浓缩果肉系列产品是采用无污染的优质水果蔬菜，经全新的生产工艺及设备浓缩精制而成。该产品采用了世界上尖端的护色保鲜技术，使各种蔬菜水果保持了天然的色泽和特有的鲜活营养品质。使用先进的果蔬精华浓缩技术，使该产品营养比新鲜蔬菜水果含量高而成分全，内含蔬菜水果所特有的天然维生素A、B、C、D、E、P以及人体必需的各种氨基酸和微量元素，内含果酸、果糖、胡萝卜素等多种营养成分。添加海洋红藻提取物，取代了传统食用胶，使其营养更全面、更贴近自然。

膳食纤维含量高、热量低，是纯天然的蔬果类营养休闲佳品。

（地志办）

国民经济和社会发展

【概况】 2011年，面对国内外复杂形势和经济转型的挑战，在区委区政府的领导下，全区上下齐心协力，克难攻坚，抢抓机遇，开拓进取，国民经济保持了积极增长的良好态势，各项社会事业持续进步，人民生活持续改善。

【经济总量与结构】 2011年，上街区生产总值实现91.9亿元，同比增长15%。其中第一产业实现增加值0.6亿元，同比增长3.1%；第二产业实现增加值70.5亿元，同比增长16.4%；第三产业实现增加值20.8亿元，同比增长10%。三次产业比重分别为0.7 ：76.7 ：22.6，人均生产总值达69044元。规模以上工业增加值59.6亿元，同比增长18.3%。实现主营业务收入250.5亿元，同比增长30.1%；实现利税总额6.6亿元，同比增长130.0%；利润总额—1.8亿元，同比减亏2.9亿元。全社会固定资产投资完成66.8亿元，同比增长29.4%。其中：固定资产完成65.8亿元，同比增长27.7%；社会消费品零售总额完成29.2亿元，同比增长17.5%；地方财政一般预算收入7.6亿元，同比增长29.2%；城镇居民人均可支配收入实现25193元，同比增长13.4%；农民人均纯收入实现12464元，同比增长22.7%。年末全区城镇化率达到89.2%，比上年提高0.1个百分点。

【农业与农村经济】 2011年全区完成农林牧渔业增加值0.6亿元，同比增长3.1%。全年粮食总产量15403吨，同比下降0.6%。其中：夏粮总产量7155吨，同比下降1.4 %；秋粮总产量8248吨，同比增长0.1 %。油料总产量258吨，同比下降3.7%；水果总产量2239吨，同比增长5.3%；蔬菜总产量4599吨，同比增长1.1%。全区肉、蛋、奶产量分别为344吨、2215吨、331吨，分别比上年下降59.1%、47.3%、47%。农林牧渔业总产值1.1亿元，同比增长12.7%。

2011年农作物种植面积3275公顷，同比增长8.8 %。全年粮食作物总播种面积2982公顷，同比减少9.7%。

2011年全区生猪存栏10698头，同比增长166.9%；生猪出栏3102头，同比下降42.1%；牛存栏356头，同比增长242.3%；牛出栏143头，同比下降53.9%；羊存栏315头，比去年增长238.7%；羊出栏139头，同比下降26.8%；家禽存栏316136只，同比增长5.3%；家禽出栏55603只，同比下降65.9%。

【工业和建筑业】 2011年，全区规模以上工业企业达到76家。其中，区属规模以上工业企业达到72家，比2009年减少15家，占全区规模以上工业企业的94.7%。全部工业企业实现增加值62.4亿元，同比增长17.8%。其中规模以上企业实现增加值59.6亿元，同比增长18.3%；高技术产业实现增加值0.27亿元，同比增长34.1%。非公有制工业完成增加值43.1亿元，同比增长24.9%；工业新产品产值0.9亿元，同比下降8.8%。区属企业累计完成产值172.4亿元，同比增长32.3%；实现增加值43亿元，同比增长30.4%，占全区工业增加值比重的72.1%。实现主营业务收入174.5亿元，同比增长44.5%；实现利润2.8亿元，同比增长52.6%；实现利税7.5亿元，同比增长37.4%。中铝郑州企业完成增加值16.6亿元，同比增长2.0%；完成总产值69.1亿元，同比增长2.0%。实现主营业务收入76.1亿元，同比增长5.9%；利润总额-4.6亿元，同比减亏1.9亿元；利税总额-0.9亿元，同比减亏1.7亿元。

从经济类型看，国有企业完成增加值1.5亿元，同比增长2.3%；集体企业完成增加值1.3亿元，同比增长26%；股份制企业完成增加值54.6亿元，同比增长18.8%；外商及港澳台商投资企业完成增加值2.3亿元，同比增长13.7%。从轻重工业看，轻工业完成增加值0.9亿元，同比增长9.8%；重工业完成增加值58.7亿元，同比增长18.5%。主要行业完成情况为：有色金属冶炼及压延加工业完成增加值13.9亿元，同比增长16.1%；非金属矿物制品业完成增加值9.2亿元，同比增长19.8%；通用设备制造业完成增加值14.8亿元，同比增长24.6%；专用设备制造业完成增加值1.7亿元，同比增长69.7%；电气机械及器材制造业完成增加值3.5亿元，同比增长94.5%。

主要工业产品产量多数快速增长。氧化铝201.5万吨，同比增长12.4%；阀门产量21.3万吨，同比增长39.8%；石墨及碳素制品18.7万吨，同比增长13.8%；水泥产量86.0万吨，同比增长9%；工业用电量达到12.9亿千瓦时，同比增长14.2%。

全年规模以上工业企业完成主营业务收入250.5亿元，同比增长30.1%；实现利税总额6.6亿元，同比增长130.0%；实现利润-1.8亿元，同比减亏2.9亿元；产销率达到99.9%，与上年持平。

2011年，全区建筑业完成增加值8.1亿元，同比增长2.9%。资质以上建筑业的独立核算建筑业企业共完成总产值26.0亿元，同比增长28.1%。

【固定资产投资】 2011年，全社会固定资产投资完成66.8亿元，同比增长29.4%。其中区属投资完成62.9亿元，同比增长33.2%。工业投资29.7亿元，同比增长5.4%。国有及国有控股类型完成投资10.4亿元，同比增长2.3%；民间投资实现51.1亿元，同比增长30%；房地产投资实现19.4亿元，同比增长62.6%。固定资产投资中，国有及国有控股单位完成投资10.4亿元，同比增长2.3%;民间投资完成51.1亿元，同比增长30%。第一产业完成投资0.4亿元，同比增长122.9%；第二产业完成投资29.7亿元，同比增长5.4%。工业投资完成29.7亿元，同比增长5.4%。其中制造业投资完成27.6亿元，同比增长11.3%。第三产业完成投资35.8亿元，同比增长54%。

全年固定资产施工项目109个，计划总投资92.2亿元，同比增长28.7%；新开工项目86个，计划总投资59亿元，同比增长76.9%。

2011年房地产开发完成投资19.4亿元，同比增长62.6%，其中住宅投资14.4亿元，同比增长90.2%。商品房屋施工面积105.5万平方米，同比增长28.2%，其中住宅施工93.7万平方米，同比增长35%。商品房销售面积41.3万平方米，同比增长25.4%；销售额11.7亿元，同比增长41.1%。

【国内贸易与对外经济】 2011年上街区社会消费品零售额累计实现29.2亿元，同比增长17.5%。其中：批发零售贸易业完成23.9亿元，同比增长17.5%；餐饮业完成5.3亿元，同比增长17.4%。

2011年全区直接出口总值23612万美元，占目标任务的100.1%，同比增长13.4%；对外经济技术合作合同额完成2250万美元，占目标任务的125%；营业额完成2200万美元，占目标任务的122.2%；境外投资额完成550万美元，占目标任务的110%。

【交通、邮电和旅游】 2011年，全区完成货运周转量33864万吨公里，同比增长18%；完成客运周转量6386万人公里，同比增长44.9%。全区民用汽车拥有量达到6114辆，其中载客汽车565辆、载货汽车5549辆。

邮政业务总量1867万元，同比增长7.6%；电信业务总量10068万元，同比增长15.6%。移动电话用户年末达到10.98万户。

全年实现旅游总收入2355万元，同比增长16.2%；接待游客11.5万人次，同比增长13.4%。至年末，上街区共有旅行社11家、星级宾馆1个。

【财税金融】 2011年上街区地方财政收入完成11.8亿元，同比增长47.7%。其中：地方财政一般预算收入实现7.6亿元，同比增长29.2%；全部税收实现6.7亿元，同比增长27.7%。在一般预算收入中，个人所得税1982万元，同比增长2.1%；企业所得税8819万元，同比增长71%；增值税9820万元，同比下降6.6%；营业税16573万元，同比增长37.3%。地方财政一般预算支出8.9亿元，同比增长26.9%。其中：教育支出16888万元，同比增长36.7%；农林水事务支出2336万元，同比下降62.4%；医疗卫生支出3746万元，同比增长24.8%；一般公共服务支出18377万元，同比增长18.6%；社会保障与就业支出7877万元，同比增长29%；公共安全支出5384万元，同比增长14.9%。

金融机构各项存款余额73.5亿元，较年初增长5.8%。其中：城乡居民储蓄存款50.3亿元，较年初增长4.8%；贷款余额14.1亿元，较年初下降4.6%。

【教育和科技】 2011年全区拥有各类学校42所，其中普通中学5所、普通小学14所、幼儿园23所。中小学、幼儿园专任教师1348人，中小学、幼儿园在校生19866人。小学学龄儿童净入学率100%，初中阶段毛入学率99.61%，高中阶段毛入学率93.98%。

2011年全区开展科技活动的企业81家，其中有R&D（研究与发展）活动企业的16家，有科技机构的16家；全区共有R&D人员965人；全年工业企业全部R&D项目79项，其中工业企业限额以上R&D项目72项；全年R&D经费内部支出2.29亿元，R&D经费外部支出0.01亿元；专利申请数144件，其中发明专利55件、有效发明专利369件。

【文化卫生和体育】 2011年，全区共有文化馆1个、公共图书馆2个、广播电台1座、电视台1座，有线电视用户5600户；档案馆1个，馆藏档案13.7万卷，已开放各类档案8100卷，全年利用资料437人次。

2011年，全区共有卫生机构101个，床位732张，卫生技术人员885人，注册护士276人。全区27个行政村全部实行合作医疗或医疗保险。

体育事业蓬勃发展。2011年共获得世界冠军4人（女子举重3人、女子跆拳道1人）、亚军4人、季军1人。

【城市建设和环境保护】 中原西路和科学大道西延工程列入全市2012年重点建设的10条快速通道。中原西路已完成地面附属物登记清理，正在签订拆迁补偿协议；科学大道西延工程已完成规划调整等前期工作。加快区内路网升级改造。玉发大道、工业路和登封路改造项目进展顺利，昆仑路已达到通车条件。提升精细化管理水平。全力做好城区排水管网、道路、路灯设施、公共绿地养护，全年垃圾集中处理率和生活污水集中处理率分别达到100%和85%。加紧实施全域绿化。全面完成全域绿化工程，共新建公共绿地15.9万平方米。加强社区管理服务。出台了社区分类管理办法，加强社区分类认证管理工作。

节能减排工作扎实有效。坚持实行节能减排调控预警制度，对部分高能耗、高污染企业实施强制性清洁生产，全年万元GDP能耗同比下降9.27%。积极开展高效照明产品推广工作，全年共推广节能灯8.1万只，超额完成市定目标任务。二氧化硫和化学需氧量排放量分别下降5.2%和20%。全年市区环境空气质量达到一（优）、二（良）级天数为318天，占全年总天数的87.1%。

【劳动就业状况】 2011年全区年末从业人员平均人数34095人，同比增长12.9%；年末在岗职工平均人数33385人，同比增长10.7%。年末从业人员人均劳动报酬34273元，同比增长10.8%；年末在岗职工人均工资34351元，同比增长11%。

大力促进就业，全年城镇新增就业2709人，农村劳动力转移就业521人，城镇登记失业率控制在2.41%以内。

【人民生活和社会保障】 2011年全区常住人口133563人，年平均人口133077人。人口出生率为7.09‰，死亡率为4.88‰，自然增长率为2.21‰。

2011年城镇居民人均可支配收入25193元，同比增长

13.4%；人均消费性支出15716元，同比增长11.5%。农村居民人均纯收入12464元，同比增长22.7%；人均消费性支出7159.4元，同比增长23.1%。城镇居民家庭、农村居民家庭恩格尔系数分别为31.7%、26.6%。城市居民人均住房建筑面积35.2平方米，农村居民人均住房面积41.02平方米。

劳动就业和社会保障体系不断完善。全力做好就业工作，新增城镇就业2680人，“零就业家庭”保持动态为零；企业退休人员基本养老金、城镇居民医保补助标准进一步提高。教育资源不断优化。基本完成校舍安全三年工程；启动了学前教育三年行动计划，升级达标幼儿园6所。公共卫生服务体系更加完备。积极推进医药卫生体制改革，在政府办基层医疗卫生机构及村卫生室全面实施国家基本药物制度，为群众让利约109万元；加快提升社区卫生服务队伍的中医药应用水平和服务能力，成功创建全国社区中医药工作先进单位；济源路社区卫生服务中心在全市率先推行社区卫生服务中心——社区卫生服务站一体化管理模式，被评为全国示范社区卫生服务中心；启动“农村片医负责制”，实现片医负责制城乡全覆盖；新型农村合作医疗参合率达98.57%。住房保障工作稳步推进。已纳入廉租住房保障家庭316户，实现了对申请并符合廉租住房保障条件的低收入家庭“应保尽保”。文化事业持续繁荣。建成15个农家书屋，在全市率先实现农家书屋全覆盖；成功创建省级文明城区，总评位居全省各县（市）区第一。平安建设扎实推进。切实做好综合治理、信访稳定、安全生产等工作，社会大局保持和谐稳定。

注：地区生产总值、各产业增加值绝对数按现行价格计算，增长速度按可比价格计算。

（宋建军）

中共郑州市上街区委员会

重要决策

【概况】 年内区委召开常委会28次，各类专题会议25次。决策内容涉及发展战略、城市组团建设、产业集聚区建设、重点项目建设、新型城镇化建设、城市建设管理、社会事业发展、和谐社会建设、党务工作等多个方面。

【发展战略】 1月6日，区委召开八届第135次常委会议，研究了“两加快一维护”战略2011年度重点项目、重点工程，明确要求区委、区政府领导和区人大、区政协等相关领导分包项目，依据职务分工、特点特长、工作连续性等，统筹考虑完成时限、年度任务，并将2011年为民办理好的实事项目，增加到“两加快一维护”战略2011年度重点项目、重点工程中。

2月18日，区委召开八届第136次常委会议，研究“两加快一维护”战略2010年度工作总结表彰暨2011年动员大会事宜。

5月4日，区委召开八届第141次常委会议，研究了“十二五”规划纲要部分指标、内容调整情况，对建成区面积、城区人口及规划纲要中部分内容表述等问题进行了研究讨论，提出上街区“十二五”规划纲要调整要注重“四个衔接”：同郑州市的“十二五”规划纲要、郑州都市区建设规划纲要相衔接；同郑州都市区上街组团战略发展规划修编相衔接，部分指导思想、发展思路、奋斗目标要进行调整；同上街区板块经济调整相衔接，融入郑州宜居职教城、郑州通用航空产业园等内容；同上街区党代会工作报告相衔接。

6月23日，区委召开九届第1次常委会议，学习传达贯彻时任省委常委、郑州市委书记连维良来上街区调研时的指示精神。会议通过全面、深入的学习，认为：全区上下要以学习传达贯彻连书记调研时的指示精神为契机，在中原经济区、郑州都市区建设的新形势下，结合上街区“十二五”规划纲要、上街区九次党代会工作部署和全区当前工作重点，进一步加快推进“两加快一维护”战略，全面打造中原经济区科学发展示范区。

12月30日，区委召开九届第15次常委会议，对区委九届二次全体（扩大）会议与全区经济工作会议合并召开事宜进行了研究讨论，明确区委九届二次全体（扩大）会议要传达贯彻落实中央、省、市经济工作会议精神。突出经济工作，兼顾其他工作；突出2012年工作，兼顾未来5年发展。会议要重点分析2012年全区经济社会发展面临的机遇和挑战，进一步明确定位，突出重点，统一思想，振奋精神。

【城市组团建设】 7月20日，区委召开九届第3次常委会议。会议研究了郑州宜居职教城建设事宜，对郑州宜居职教城建设涉及的村庄搬迁安置补偿标准、职教城建设资金、搬迁安置点选择、搬迁安置方式、开发商的确定及“四会合一”有关活动筹备等具体问题进行了认真讨论研究，要求严格按照搬迁安置补偿有关政策标准执行，加快推进职教城搬迁安置及项目建设进度。

10月10日，区委召开九届第10次常委会议。会议指出，在国务院和中央军委出台低空空域管理改革政策、国务院关于支持河南省加快中原经济区建设指导意见支持通用航空产业发展、河南省“十二五”民航发展规划明确提出支持上街发展通用航空产业、郑州市主要领导高度关注通用航空产业发展的大环境下，上街区发展通用航空产业恰逢其时。要求紧抓大好时机，不断充实、完善、调整相关内容，形成一套完整的通用航空产业发展工作方案，逐项解决发展空间、土地权属等问题，全力打造“中国（郑州）通用航空事业暨低空经济科学发展试验区”。

11月22日，区委召开九届第12次常委会议。会议研究围绕中国（郑州）通用航空事业暨低空经济科学发展试验区和郑州宜居职教城建设调整上街区空间布局的建议事宜。会议要求，调整上街区空间布局要遵循“尊重事实，适应形势，面向未来”的原则,产业发展定位应着眼于“以工业经济为主导，以职教产业和低空经济为引领，以三产服务业为支撑”。明确调整后的上街区空间布局分为四部分：通用航空暨低空经济科学发展试验区、产城融合中心区、郑州宜居职教新城、五云山高端运动休闲度假区。

7月6日、8月26日、11月3日，区委分别召开专题会议，研究部署郑州宜居职教城建设有关的总体规划、土地情况、院校招商、拟入驻院校选址、群众搬迁、安置区建设等问题。

11月29日，区委书记黄卿专题调研郑州宜居职教城建设，黄卿围绕时任省委常委、市委书记连维良对郑州宜居职教城建设的指示精神，对郑州宜居职教城建设提出了明确要求：（1）确保年底前4所院校签约，开工建设。（2）尽快解决郑州宜居职教城建设中涉及的土地规划调整、新增建设用地指标、土地成本测算、村庄企业搬迁和土地征收储备等问题。

12月21日，区委召开九届第14次常委（扩大）会议，会议研究郑州宜居职教城建设事宜，要求重点做好土地利用、项目建设、郑州职业技术学院建设、投资平台和开发主体、宣传推介等有关问题，进一步修改完善郑州宜居职教城建设有关方案，科学确定郑州宜居职教城建设2012年度工作计划，确保郑州市、上街区按照工作计划同步推进工作，协调解决有关问题。

【产业集聚区建设】 3月14日，区委召开八届第137次常委会议，研究上街区2011年产业集聚区、招商引资暨重大项目建设动员会事宜，明确产业集聚区的发展格局统一表述为“一区三园”（一区：郑州市上街区产业区集聚区；三园：装备制造产业园、铝工业园、绿色新材料园）。要求产业集聚区建设要以项目建设为中心，统筹解决好基础设施、配套服务、指标统计等问题，切实做到“软硬两手抓”。

12月13日，区委召开九届第13次常委会议，研究项目“五进”工作进展情况、输配电材料产业园项目、新型焊材产业园项目推进情况和昆仑现代物流园区建设情况。要求输配电材料产业园、新型焊材产业园、昆仑现代物流园区等专业园区发展定位要着眼于高端、集聚性的产业集聚区（体现行业先进性、产业关联性），高起点、高标准制定空间布局规划，积极引进规模大、层次高的龙头型企业，切实增强园区的生命力，提升竞争力。

12月21日，区委召开九届第14次常委（扩大）会议，研究加快推进绿色铝电解技术产业化、探索建立与央企合作长效机制、建设国家新型工业化示范基地事宜。会议要求全力做好绿色电解工业化项目列入省重点项目，并积极争取上级政策、资金扶持，加快推进绿色铝电解技术产业化；做好与中铝郑州企业联系对接工作，探索建立与央企合作长效机制，推进企地实现双赢；制定建设国家新型工业化示范基地工作方案，强力推进国家新型工业化示范基地和上街区生态区建设，有效推动上街区产业转型升级。

【重点项目建设】 6月3日，上街区召开金融工作座谈会。会议决定：（1）调查了解全区企业融资难的基本情况，分类汇总相关原因和问题，逐项研究解决。（2）积极谋划项目，并争取列入省、市重点项目范围；同时，要及时与金融机构对接，最大限度地争取信贷资金投放。（3）研究制定上街区金融发展规划。

7月5日，区委专题召开重大招商项目推进联席会。会议听取了夏侯新型社区（金华路以东）建设改造等8个已签约项目、在谈的中国中部机电产业总部基地等10个在谈项目、中铝郑州研究院惰性电极风险投资等10个意向项目进展情况，并对项目推进中存在的问题和下阶段工作进行了安排部署。会议要求，各责任领导、责任单位要按照签约项目促开工、在谈项目促落地、意向项目促签约的原则，加快推进项目建设进度。

12月8日，区委召开当前未开工和急需开工项目推进会。会议重点研究了中国中部机电产业总部基地项目、夏侯新型社区（金华路以东）建设项目、郑州宜居职教城院校引进项目等涉及的土地、资金、政策等问题。

12月22日，区委召开需加快推进项目联席会议。会议重点研究解决了汜水河整体开发项目、郊段寨沟左照新型社区建设项目、五云山整体开发项目涉及的招商、土地、绿化、高压线移位等事宜，有效推动了全区项目建设。

【新型城镇化建设】 1月7日、2月16日、3月30日、4月25日，区委分别召开会议，专题研究郊段、寨沟、左照新型社区建设的工作机制、工作方案、发展定位、规划设计、企业搬迁、群众安置、遗留问题解决等相关事宜。会议要求各级领导、各单位、各镇（街道）以及全区广大干部群众，要把郊段、寨沟、左照新型社区工作作为全区上下阶段性的“一号工程”，以高度的政治责任感和使命感，助推上街区加快发展，再上新台阶。

8月19日，区委召开九届第6次常委会议，会议传达学习了时任郑州市委副书记、代市长吴天君在上街区调研时的指示精神。要求组织区委政研室、区城乡一体化办公室、区农业农村工作委员会等单位，认真研究上街区如何围绕“居住环境的城市化、公共服务的城市化、就业结构的城市化、消费方式的城市化”等四个城市化，逐步实现由“城乡一体”过渡到“城乡一元”；同时，在学习借鉴外地先进经验的基础上，进一步研究、细化上街区实现“城乡一元”的目标任务和步骤，采取得力举措，强力推进。

9月9日，区委召开会议，专题研究上街区新型城镇化建设3年（2011—2013）计划。会议要求：（1）要围绕2013年实现新型城镇化建设的目标，积极稳妥做好搬迁等工作。（2）进一步建立、完善工作机制和机构，各镇（街道）要分别设立规划建设管理委员会。（3）新型城镇化建设要达到城市总体规划、产业集聚区规划、村庄布局规划、土地利用规划、现代农业规划的五规合一。

郊段、寨沟、左照村新型社区建设指挥部工作人员动员培训会

12月21日，区委召开九届第14次常委（扩大）会议，研究肖洼村新型社区建设搬迁补偿安置办法事宜。会议指出，按照郑州市“建设大型社区，完善提升配套设施”的有关要求，道北合村并城安置点由5个变为3个，腾出土地大力发展通用航空、惰性电极等项目。新型社区建设项目以区政府为主导，按照集约节约用地的原则建设多层楼房设施，高标准、严格把关道北新型社区安置房的规划设计方案，力争把道北新型社区建设成为全区新型城镇化建设的示范点。

【城市建设管理】 4月29日，区委召开八届第140次常委会议，研究高层建筑消防安全问题。要求按照郑州市关于高层建筑消防安全的相关规定，严格实行县处级领导分包高层建筑消防安全制度；区人武部的民兵消防应急分队要参与高层建筑消防安全工作，各成员单位制定具体措施，确保全区高层建筑消防安全。

5月19日，区委召开八届第143次常委会议，研究全区制止和查处违法建设工作事宜。要求以制止和查处郑州宜居职教城区域内的违法建设为重点，学习借鉴中牟县的经验，实行“一户一档”，集中精力进行整治，并逐步扩大至全区范围。同时，确定违规占地、违法建设的典型案件，集中力量实行强制执法，为制止和查处违法建设工作营造良好的氛围。

【社会事业发展】 1月6日，区委召开八届第135次常委会议，研究2011年度为民办理的“实事”项目。要求增加推进集中供暖工程、新建1所公立幼儿园、公交刷卡与郑州市标准一致3个项目，并指出要以完成“实事”为目标，可不拘泥于“10件”的数量，依据实际情况对提交区委常委会议研究的“实事”项目进行适当合并，突出为民办实事实效。

5月19日，区委召开八届第143次常委会议，研究省级文明城区创建事宜。要求按照郑州市的有关要求和全区工作部署，结合区委宣传部提出的建议，切实做好各项创建工作，确保省级文明城区创建成功，为打造“幸福上街”提供支撑。

11月16日，区委召开九届第11次常委会议，研究“幸福上街”指标体系构建事宜。会议要求“幸福上街”指标体系构建注重将“幸福上街”指标与社会管理创新指标相互融合，要充分广泛征求各个层面的意见和建议，进一步修改完善“幸福上街”指标体系，并在“幸福上街”指标体系运行过程中逐步调整完善。

12月30日，区委召开九届第15次常委会议，研究2012年为民办理实事项目事宜。明确指出安全饮水工程要积极争取中央、省、市配套资金，并妥善处理好与合村并城工作的关系；加大招商引资力度，推进文化一条街项目建设。

【和谐社会建设】 3月24日，区委召开八届第138次常委会议，研究上街区平安建设暨信访稳定工作事宜。传达了全国、全省政法工作会议和全市平安建设工作会议精神，安排部署上街区平安建设暨信访稳定工作会议有关事宜。会议认为上街区政法工作连续在省、市获得荣誉，为省、市政法工作作出了积极贡献，更为上街区经济社会发展创造了良好的环境；平安上街建设纲要（2011—2015），紧紧围绕区委、区政府中心工作和全区平安建设工作实际，既贯彻落实了上级的要求，也体现了以人为本的理念。

7月20日，区委召开九届第3次常委会议，研究信访稳定工作事宜。会议要求高度重视信访稳定工作，在继续保持省、市信访稳定工作先进县（市）区荣誉的同时，提高警惕，警钟长鸣，发现苗头，及时化解；政法、信访部门要围绕继续在省、市保持信访稳定工作前列，中央、省、市党委换届期间社会大局稳定，在郑州市6区中争创信访稳定国家级先进单位的目标，切实做到信访稳定工作早安排、早部署、早处置；区四大班子领导要严格按照上级要求，贯彻好、落实好领导干部接访和下访有关规定，并注重将日常工作同下访、接访相结合，切实做到“两不误”。

8月25日，区委召开解决信访突出问题党政联席会议。会议研究部署了郑州铝城水泥有限公司（原951水泥厂）遗留问题、中州机械厂拍卖问题、郑州电机厂部分职工反映医药费报销问题、上街区特塑厂职工要求安置问题等5项影响全区社会稳定的突出问题。会议要求：（1）及时调整、完善有关工作机构，尤其要尽快将区改制工作领导工作小组调整到位。（2）进一步明确信访稳定问题逐级化解机制，解决信访稳定问题要按照责任单位依法依规解决，逐级提交区分管领导、区主要领导、区政府常务会议、区党政联席会议、区委常委会议研究解决的程序进行。（3）要及时交办排查出的矛盾纠纷和不稳定因素，各责任单位要切实履行职责，认真研究解决；本级确实解决不了的，要及时提交上一级研究解决。（4）建立领导签批机制，有效推动信访稳定问题的解决。

9月29日，区委召开九届第9次常委会议，安排部署国庆节前后安全生产、信访稳定等重点工作。要求认真贯彻落实好全国加强和创新社会管理工作电视电话会议有关精神，切实做好节假日期间的值班、信访稳定、安全生产等工作，采取得力措施，确保全区社会大局和谐稳定。

12月30日，区委召开九届第15次常委会议,研究信访稳定、安全生产等事宜。要求区四大班子领导要高度重视接访、下访工作，务必坚持接访日在岗；做好全区安全生产、信访稳定工作的全面排查，对排查出的问题进行副县级领导分包交办，责任领导对分包的事项亲自督办，亲自过问,确保及时解决到位,不出问题。

【党务工作】 2月18日，区委召开八届第136次常委会议，研究召开中共郑州市上街区第八届纪律检查委员会第六次全体会议暨区委党务工作会议事宜。

3月14日，区委召开八届第137次常委会议，研究上街区纪检监察系统“队伍建设年”活动事宜。要求按照省、市要求扎实做好纪检监察系统“队伍建设年”活动有关工作，积极出经验、出典型，在抓好案件查办力度的同时，抓好队伍建设和优化经济环境，全力为经济发展保驾护航。

4月29日，区委召开八届第140次常委会议，研究绩效目标考核问题。要求将全市当前重点工作、全区当前重点工作纳入绩效考核目标，将分解后的目标任务作为长期、全年度的工作进行跟踪督办，发现问题要及时报告，把绩效考核作为及时、全面掌握信息，有效推进工作的重要手段。

5月4日，区委召开八届第141次常委会议，研究贯彻落实省、市纪检监察系统重要会议精神。会议要求严格按照省、市纪检监察系统的安排部署，切实做好各项工作；部分单项工作要树典型，争先进。优化经济发展环境方面，体现出“评优评差”的原则，公开惩处违法乱纪典型，为全区经济社会发展提供优良的环境。

5月19日，区委召开八届第143次常委会议，研究区委换届事宜。会议要求依据全区党员人数大幅增加的实际，适当增加全区党代表人数和区委委员人数，并按照具体到工作岗位的原则，合理分配新增加的区委委员名额，严格按照郑州市有关文件要求做好区委换届工作。

6月2日，区委召开八届第147次常委会议，研究上街区九次党代会报告事宜。明确党代会报告的主题要体现“两加快一维护”战略和郑州市的工作要求，进一步统一思想，将“两大转型”作为发展目标和方向，加快实施，强力推进，努力实现打造“中原经济区科学发展示范区”的奋斗目标。

6月28日，区委召开九届第2次常委会议，研究纪念建党90周年暨“七一”总结表彰大会事宜，对上街区纪念中国共产党成立90周年暨“七一”总结表彰大会召开时间、表彰名单等进行了安排部署。

10月10日，区委召开九届第10次常委会议，研究全区村级组织换届选举事宜。会议指出，适时召开全区村级组织换届选举工作会议；各分包领导要围绕市委常委、组织部部长高建慧关于上街区要为郑州市村级组织换届选举工作作表率的要求，各负其责，全力以赴做好所分包村级组织的换届选举。

11月22日，区委召开九届第12次常委会议，研究《抽调人员参加区委、区政府中心工作激励办法（试行）》修改事宜。会议指出《抽调人员参加区委、区政府中心工作激励办法（试行）》要以可行性、激励性为原则，适当降低激励内容和条件的相关要求，广泛征求意见，进一步修改完善后运行，激励广大干部积极参与到全区中心工作中，努力推动区委、区政府中心工作顺利进展。

（张伟锋）

重要会议

【区委八届十三次全体会议】 5月20日，区委八届十三次全体会议在区会议中心四楼视频会议室召开。会议通过了《关于召开中国共产党郑州市上街区第九次代表大会的决议（草案）》。

【区委八届十四次全体会议】 6月13日，区委八届十四次全体会议在区会议中心四楼视频会议室召开。会议讨论审议了《中国共产党郑州市上街区第八届委员会工作报告（草案）》和《中国共产党郑州市上街区纪律检查委员会工作报告（草案）》，酝酿了第九届党的委员会、纪律检查委员会候选人预备人选，圈选上街区出席郑州市第十次党代会代表候选人预备人选。

【中共郑州市上街区第九次代表大会】 中共郑州市上街区第九次代表大会于6月15日～17日，在会议中心召开。6月16日，九次党代会在区会议中心五楼会议室隆重开幕，269名党代表、75名特邀和列席人员参加了开幕式。会议由区委副书记、区长戴春枝主持。区委书记黄卿代表中国共产党郑州市上街区第八届委员会向大会作了《融入郑州都市区，建设宜居职教城，为全面打造中原经济区科学发展示范区而努力奋斗》的报告。区委常委、纪委书记钱世哲代表区纪委作了《深入推进反腐倡廉建设，为融入郑州都市区和全面打造中原经济区科学发展示范区提供坚强保障》的报告。同时，大会秘书处向大会提交了党费收缴、使用和管理情况的书面报告。黄卿在报告中分别从经济建设、产业集聚、统筹城乡、城市形象、改革开放、民生事业、和谐社会和党建八个方面总结了区八次党代会以来取得的成绩，提出了“紧紧围绕加快转变经济发展方式这一主线，主动融入郑州都市区建设，以郑州宜居职教城为龙头，以‘重大项目、重点企业、重要组团’为抓手，坚持和发展‘两加快一维护’战略,强力推动‘两个转型’，着力建设‘产业高地、职教新城、运动之都、幸福上街’，为全面打造中原经济区科学发展示范区而努力奋斗”的奋斗目标。会议选举产生了九届区委委员和九届纪委委员，成功召开了区委九届一次全会和区纪委九届一次全会。

【“两加快一维护”战略2010年度工作总结表彰暨2011年动员大会】 2月22日，召开上街区“两加快一维护”战略2010年度工作总结表彰暨2011年动员大会。区委书记黄卿作《立足新起点，抢抓新机遇，实现新跨越，努力开创上街经济社会发展的新局面》的讲话，客观分析中原经济区、郑州都市区建设的大好机遇，强调要坚定不移地推进“两加快一维护”战略，抓谋划，抓项目，抓作风，全力推进上街经济社会跨越式发展。

【产业集聚区、招商引资暨重大项目建设动员会】 3月15日，召开全区产业集聚区、招商引资暨重大项目建设动员会。会上，区委书记黄卿作重要讲话，强调要站在中原经济区、郑州都市区建设的高度，抓好招商引资、项目建设、龙头企业培育、服务配套提升等关键环节，强化工作推进措施，真抓实干，真正使集聚区成为上街区打造中原经济区科学发展示范区的重要载体,为“加快融入郑州都市区，实现全区经济社会的跨越式发展”作出新的更大的贡献。会上印发《关于深入推进产业集聚区发展的实施意见》。

【第一季度经济运行分析暨发展大提速动员会】 5月5日，召开一季度经济运行分析暨发展大提速动员会。时任区长戴春枝通报一季度全区经济运行情况，安排部署下一步工作。区委书记黄卿作重要讲话，强调要突出项目、产业集聚区和合村并城建设，狠抓落实，全面深入开展发展大提速活动，推动工作提速进位。会上印发《关于开展发展大提速活动的通知》。

【上半年经济工作会】 8月10日，召开全区2011年上半年经济工作会议。与会同志观摩了郊段等3个村新型社区建设，华泰电缆、欧凯龙等重点工程和重点项目。区委书记黄卿作讲话，强调要做好经济运行、项目建设、招商引资、新型城镇化建设、宜居职教城建设、难题破解、民生事业、基础建设八个方面工作，切实转变作风，确保各项工作落到实处。

【加快中原经济区建设动员暨第三季度经济形势讲评大会】 10月24日，召开加快中原经济区建设动员暨第三季度经济形势讲评大会。区委副书记李建伟传达郑州市会议精神，区委常委、常务副区长杨金军分析总结第三季度经济指标。最后，区委书记黄卿作重要讲话，要求深化发展大提速活动，抓好招商引资、产业集聚区建设、新组团建设、新型城镇化、经济运行调控、民生事业、社会稳定、工作谋划八个方面的工作，圆满完成全年目标任务。副市长刘东应邀参加会议。

【新型城镇化重点工作推进会】 11月11日，召开全区新型城镇化重点工作推进会。区委副书记李建伟、副区长赵敏、副区长袁春明分别就城中村改造、旧城改造、合村并城、新型社区建设以及道路、水利、林业建设七项工作进行安排部署。区委书记黄卿作重要讲话，指出要把新型城镇化建设当做当前和今后一个时期的重要任务，准确把握新型城镇化集约、绿色、个性、和谐的内涵，抓好城镇规划、基础设施建设、城镇管理、公共服务四个方面工作，坚定加快发展的信心，切实增强工作的责任感和使命感，加快推进新型城镇化建设。

（李 霞）

重要活动

【党政代表团考察活动】 3月9日～10日，区委书记黄卿、区长戴春枝带领党政考察团一行40余人，赴伊川、漯河、柘城、开封等地，主要就产业集聚区建设、项目建设、招商引资等方面进行了学习考察。在座谈会上，大家学经验，找不足，谋发展，进一步增强了加快发展的紧迫感和责任感，坚定了把学习成果转化为发展实效的决心和信心。

8月9日～10日，区委书记黄卿、区长戴春枝带领党政考察团一行100余人，分赴卫辉市、新乡县、舞钢市等兄弟县市进行考察。同时，对富士康科技园、郑州东区枢纽站、格力电器产业园等在郑的省重点项目进行观摩，就新型城镇化和项目建设找差距，学经验，谋发展。

【领导调研活动】 6月23日，省委常委、市委书记连维良，市委常委、秘书长孙金献带领市直有关部门负责人到上街调研，实地察看了中原西路西延工程、华泰二期及国电输配电材料产业园项目、郑州向日葵新能源材料及产业园项目、郑州通用航空产业园项目、江南小镇社区服务中心、郑州宜居职教城起步区建设项目、南部山区扶贫搬迁开发项目、五云山·中国山地生态公园建设项目。区领导黄卿、徐勇陪同调研。

8月18日，市长吴天君，市政府秘书长张学军带领市直有关委局负责人到上街调研。市领导现场察看了上街区规划展览馆、中铝郑州研究院惰性电极项目、郑州通用航空产业园、郑州宜居职教城、南部山区扶贫搬迁建设、河南华泰特种电缆有限公司和河南黎明西芝重工等项目建设情况。区领导黄卿、戴春枝、徐勇陪同调研。

11月3日，市政协主席李秀奇一行7人到上街调研，在实地察看了天一光电科技材料有限公司项目、郑州通用航空产业基地项目、郑州宜居职教城建设项目、河南黎明西芝重工有限公司、林肯电气合力（郑州）焊材有限公司、郑州向日葵新能源材料及产业园项目、河南华泰特种电缆有限公司、南部山区扶贫搬迁开发项目、五云山·中国山地生态公园建设项目，并听取了上街区工作汇报。区领导黄卿、戴春枝、李建伟、巨宝志、邓书安、张福祥、徐勇陪同调研。

4月11日，原济南军区副政委黄学禄，郑州市委常委、警备区政委刘贵新到上街调研。实地察看了规划展览馆、左照公园、亚星江南小镇、林肯电气合力（郑州）焊材有限公司、五云山·中国山地生态公园等项目。区领导黄卿、戴春枝、李建伟、邓书安、乔德宁、徐勇陪同了调研。

8月2日，二七区委书记朱是西、区长王鹏一行62人到上街考察。考察团一行考察了上街区人民广场、规划展览馆、左照公园。区领导黄卿、戴春枝、李建伟、巨宝志、邓书安、徐勇陪同考察。

10月13日，新郑市委书记吴忠华、市长王广国和新郑市人大常委会主任高林华一行到上街考察宜居职教城、五云山·中国山地生态公园、左照公园等城市建设项目。区领导黄卿、戴春枝、李建伟、巨宝志、徐勇、马少军、朱选伟陪同考察。

（吴永杰）

组织工作

【概况】 2011年，全区组织工作在市委组织部的精心指导和区委的正确领导下，紧扣中心，服务大局，更加注重实际，注重创新，注重持续，注重统筹，创先争优氛围空前高涨，区域化党建聚合效应日益显现，干部作风、能力建设在推进区委“两加快一维护”战略中大幅提升，使广大干群对干部选任的满意度越来越高，有力地推动了全区经济和社会各项事业的发展。

上街区辖14个基层党（工）委，23个党组，212个总支、支部，现有党员6478名。其中，社区党组织25个，农村党组织28个，机关、事业单位党组织93个，“两新”组织党组织66个。

【做好区、镇党委换届工作】 做到组织领导、安排部署、协调配合、严明纪律四到位。成立了以区委书记任组长的领导小组，制定了详细的实施方案，实现选举一次成功。接受广大党员群众监督，没有发生一起违纪行为。进一步完善党代表联系制度、党代表提议提案制度、党代表调研制度等，认真组织党代表开展活动，充分发挥党代表在经济社会各项工作中的积极作用。同时，及时组织指导村级组织换届工作，圆满完成村级换届选举工作任务。

组织工作暨人才工作推进会

【大力推进创先争优活动】 强化党组织书记的领导点评责任，坚持每季度开展一次领导点评，将履诺践诺情况作为重要点评内容。全区累计召开党内民主生活会376场次，群众和服务对象代表座谈会241场次，发放调查问卷7896份，征求意见建议1716条，向基层党组织和党员提出整改建议15896条，指导制定整改措施5942项，党员群众对创先争优和公开承诺活动满意率达95%以上。逐级建立领导点评整改事项台账，通过召开情况通报会、群众座谈评议会等方式，公开“对账”，强化督诺促整改。以群众满意为导向，在全区窗口单位和服务行业深入开展“三亮三比三评”活动，全面整合全区服务资源，延伸服务终端，在镇、街道建成便民服务中心6个，在村、社区建成便民服务代办站53个，确定109名兼职代办员，累计为群众全程代办服务事项32468项。广泛推行“一站式”服务，建立健全服务承诺制、首问负责制、一次性告知制、限时办结制等制度，切实解决了群众办事“多头跑”“反复跑”的问题。投资近百万元启用了行政效能电子监察系统，对各窗口单位和服务行业的服务情况实行全程实时监控，定期对发现的问题进行点评评议，督促整改，确保服务质量和效能不断提升。精心选树典型，组织召开了规模宏大、感人至深的先进事迹报告会，在全区各基层党组织和广大党员中引起强烈反响，掀起了“学习先进，赶超先进，争当先进”的热潮，并得到市委创先争优活动领导小组的认可。

济源路街道商业街社区党支部庆祝建党90周年暨庆“六一”活动

【拓展基层党建工作】 一是实施基层党组织分类升级活动。统一制定各类基层党建示范点创建标准，采取倒排的办法，明确要求一类党组织数量不超过所辖党组织总数的30%，三类党组织不低于所辖党组织总数的10%。引导一类党组织拔高坐标，集中人力、物力和财力创建党建示范点，充分利用学习交流、现场观摩等形式发挥好示范带动作用；督促二类党组织对照一类党组织标准，不断加强软硬件建设，努力提档升级；对存在问题较多的三类党组织派驻专人，制定整改方案，限定时间，集中力量根治存在的突出问题，促其规范运行，实现后进向先进的转变。已创建命名党建示范点10个。《郑州日报》头版头条对上街区基层党组织分类升级活动进行了报道。二是大力开展“党建实践活动月”活动。认真谋划组织“民主评议党员”“选树表彰先进典型”“献爱心，送温暖”等18项纪念活动，引导全区广大党员干部以昂扬的斗志、优异的成绩向建党90周年献礼。各基层党组织充分利用“夏季文化广场”举办红色歌舞晚会36场次，宣传了一大批来自基层一线、事迹生动感人的先进典型。切实增强广大党员干部着力建设“产业高地、职教新城、运动之都、幸福上街”的责任感和使命感。三是深化拓展区域化党建工作。深入探索绿色新材料产业联合党总支和鲜切花基地联合党总支发挥作用的途径和方法，不断加大以党建资源整合促产业资源整合的力度。深化党员志愿服务活动，大胆探索建立党员志愿者服务长效机制，建立“同心家园”。创设优秀特长党员个人工作室121个，积极组织引导有能力、有特长的党员参与各种形式的志愿服务活动。成立党员志愿者服务队244支，参与党员2544名，长期无偿为群众提供咨询、教育等各类服务，实现了党员志愿服务的常态化、品牌化，树立了党员良好形象。省创先争优活动办公室进行了专题调研，《河南日报》、河南电视台一套、河南广播电台予以报道。全面开展社区帮扶工作，组织全区56个机关事业单位以契约化联建、项目化帮扶、绩效化考评的方式与23个社区结对联建。四是充分发挥远程教育作用。对全区远程教育终端站点进行了一次全面排查，并建立台账，整改问题站点12个，维修故障机顶盒、遥控器近30套，确保了网络畅通，运行正常。组建了由30名农业生产、法律知识、医疗卫生、商业经济专业人士参加的专家服务团，采取站点轮训、专家辅导、学议互动、农企对接等形式，集中为农民群众出点子，谋出路，提供政策咨询，帮助农民解决生产生活问题126个。利用远程教育平台成立劳务输出公司，建立农民培训学校，有效地解决了剩余劳动力转移问题。

【加强领导干部队伍建设】　一是深化干部教育培训。制定了《2011—2020年上街区干部教育培训规划》，增强了干部教育培训工作的统筹性、针对性、时效性。大力推进“五强化四争创”读书竞赛活动，积极着手实施“科学发展主题培训行动计划”，举办峡窝镇党委领导班子成员换届任职培训班、上街区第三期青年干部培训班，累计培训干部2300余人次，及时将党的最新理论成果、中原经济区建设成功经验通过形式多样的学习载体转化为广大干部职工积极进取的动力。二是注重实践锻炼。先后选派优秀年轻干部赴中科院、省直机关挂职锻炼，同时，选派360余名优秀干部参与到上街区新型社区建设、土地整合等重点工作中。三是强化干部监督。对13名符合任中经济责任审计及2名符合任期经济责任审计的干部进行了进点审计，对部分存在问题的领导干部下发了审计决定，限期进行整改落实。通过坚持开展领导干部经济责任审计，完善谈心谈话制度，严格领导干部出国审批，开展领导干部有关事项报告等措施，切实加强干部日常监督。制定并出台《上街区领导干部初始人选提名办法》，加强干部选任工作的监督，提高选人用人公信度。

【深化干部人事制度改革】　一是构建绩效考核体系。按照市委要求，高标准组建区绩效考核工作领导小组及区目标绩效考核办公室，制定出台了《上街区绩效考核暂行办法（2011年）》，创新设定区级业绩、区级过错，并建立监测、预警、日常督查三位一体的平时考核常态机制。二是制定干部优先选用条件。明确干部优先选用的内涵，科学设置符合实际的优先选用条件，规范优先选用条件的认定程序，强化优先选用条件的应用，为树立正确的选任导向提供了政策依据。三是以换届为契机深入推进干部人事制度改革。通过对候选人预备人实施“公推海选”，抓住代表推选、候选人酝酿推荐、大会选举三个关键环节，真正把肯干事、能干事、干成事的优秀干部选拔充实到党委班子中，进一步优化了干部队伍结构。

【强力推进人才强区战略实施】　一是完善人才工作项目化管理制度。年初，确定了2011年度人才工作重点项目35项，并通过文件的形式予以立项，每月进行督查，半年进行检查。二是推动人才重点工程。根据“十二五”发展目标对人才的要求，提出了优质教育资源倍增、高层次人才培养引进等重点工程，以人才工程为抓手，加强全区各类人才队伍的引进培养。2011年，通过开展“上街区杰出教师”评选、成立名师工作室等形式，已基本形成了杰出教师、名教师、学校首席教师等优秀教师梯队；通过抓住上街区产业集聚区建设的有利时机，将招商与引智、引资与引才相结合，仅在机械装备制造业、铝工业、绿色新材料产业、现代服务业、生态农业产业五大领域引进技术骨干和专业人才1000余名。三是对大学生村干部进行全面的考试考核，进行评优评差。

【组织部门自身建设】　通过用

好“组工书屋”、搭建组工练兵场等五种途径，认真落实“四大两解”各项任务要求。积极开展以“争当模范部门，争当组工先锋”为主题的创先争优活动，切实加强实践锻炼、问计基层、破解难题力度，着力培养思考型、落实型组工干部，打造善于创新、充满活力、能打硬仗的组工团队。信息宣传工作取得新进展，在市级以上媒体刊发党建工作稿件86篇，编发《上街组工动态》6期。

（安笑言）

宣传思想文化工作暨创文工作推进会

宣传工作

【概况】 2011年，在区委的正确领导和市委宣传部的具体指导下，全区宣传思想文化战线按照“高举旗帜、围绕大局、服务人民、改革创新”的总要求，认真贯彻落实年初确定的目标任务，坚决贯彻区委、区政府决策部署，抓具体，抓创新，抓实效，较好地服务了全区中心工作和改革发展稳定大局，为全面落实“十二五”规划开局之年各项目标任务，为打造中原经济区科学发展示范区，提供了强大的思想保证、舆论支持、精神动力和文化条件。

【理论武装工作进一步深化】 以建设学习型党组织为主线，深入推进理论武装工作，全区人民团结奋斗的共同思想基础进一步巩固。运用讲坛、读书会、知识竞赛、论文征集等多种手段，深入开展“争创学习型党组织，争当学习型党员”活动，广大党员干部理论水平进一步提升，党性修养进一步加强，工作本领进一步增强。积极运用报刊、广播、电视、网络等多种途径，报告会、宣讲团等多种方式广泛开展中国特色社会主义理论体系宣传普及活动。全年区委中心组组织学习党的十七届六中全会、省委书记卢展工理论文章、何平九论、中原经济区建设、省九次党代会等内容为主题集中学习12次。2011年面向全区所有基层党校发放《用领导方式转变加快发展方式转变》《中共党史简明读本》《中原经济区论势》等书籍1000余册。在上街区网上党校开辟《何平九论》《十八谈》等6个专栏，坚持不懈地用中国特色社会主义理论体系武装党员，教育群众。召开庆祝建党90周年理论研讨会，在全区组织开展“加强党性修养，提高执行能力分析，推进科学发展示范区建设”主题党校活动，分析解读了上街区在中原经济区以及郑州都市区中的地位和作用，提出了有价值的意见和建议，为区委、区政府确定中原经济区科学发展示范区发展战略提供了坚实的理论支撑。

【舆论导向正确有效】 坚持正面宣传为主，唱响主旋律，打好主动仗，营造了加快发展的良好舆论氛围。新闻宣传紧扣中心，主题鲜明，跟进及时，服务有力，在促进全区经济社会平稳较快发展中发挥了重要作用。2月份邀请香港文汇报记者来上街区采访，于3月5日刊发了《凝心聚力促发展，争创科学发展示范区》整版报道，扩大了上街区的影响力和美誉度；全国两会期间，邀请中国改革报记者对上街区扶贫搬迁工作进行综合性采访，于

3月11日，在《中国改革报》整版刊发；做好郑州宜居职教城三次评审会及“五会合一”的宣传报道工作，16家主流媒体集中进行了采访报道。开展画家眼中的上街采风活动——“唯美上街，唯美五云山”油画展受到新华社等多家新闻媒体的广泛关注，并形成画册。继续完善新闻发布制度建设，提高新闻发布水平，精心组织策划“宜居职教城”启动等主题性新闻发布活动，提高政府新闻发布工作的权威性、主导性和影响力。全年在市级以上媒体发表稿件768篇。香港《文汇报》《中国改革报》《河南日报》、河南电视台、郑州电视台、《郑州日报》等20多家中央、省市媒体多次到上街区采访报道，有力地宣传了上街区乃至郑州市的各项事业发展，树立了上街区乃至郑州市的良好形象，提高了知名度、美誉度，增强了影响力。

【舆论掌控力不断提升】 围绕区委、区政府中心工作，策划组织网上主题宣传和重大活动宣传，及时在网上发布权威信息，宣传上街区取得的显著成绩，全年共在新华网、新浪网等网站发表原创新闻480多条。做好网络舆情监控工作，建立每天24小时值班制度，做到及时发现，及时报告，全年共为区委、区政府主要领导报送网络舆情信息摘报24期90余条。起草下发《上街区网络舆情监测和处理暂行办法》《上街区网络舆情联席会议制度》，建立起网络新闻发言人和网络评论员队伍，积极引导社会舆论，化解多起舆论热点。牵头组织召开区网络舆情处置联席会议，峡窝镇、各街道、区直各单位和相关部门参加，根据互联网舆情处置工作的需要，建立集互联网舆情会商、责任、报送、分析、培训、调研、考评、奖惩于一体的分层分类的联席会议制度。建立每周小会商、每月中会商、网络热点和突发事件应急临时会商、主要领导适时大会商制度。针对舆论热点和突发事件，制定应急方案，采取应急措施，进行协调布置。开展集中清理违规互联网视听节目服务和打击淫秽色情网站等专项治理活动，及时封堵删除网上有害和不良信息，净化网络环境。

【文化事业发展新优势逐步展现】 通过紧密结合区委区政府的中心工作，认真策划，积极筹备，加强文化宣传工作，在全区营造和谐发展良好氛围。通过举办上街区2011年新春音乐会、“迎新春·闹元宵”——上街区2011年群众文艺会演等多种形式文艺活动，丰富群众的文化生活。在郑州市绿城广场正月十五舞龙表演和民间曲艺展演等活动中，上街区选送的两支队伍，分别荣获二等奖和三等奖。全区1镇5办35支群众表演队伍以秧歌、锣鼓、军乐队、舞狮子等多种形式进行表演，观看群众达3万多人次。组织区文学界、书画界等参加了郑州市第十六届精神文明建设“五个一工程”暨第十三届文学艺术优秀成果奖评选，选送的散文集《心灵驿站》、书法《古柏行》获得优秀成果奖。在2011年度全省“欢乐中原”群众活动中，上街区被省委宣传部授予省

第21个全国土地日文化广场活动

级群众文化活动先进单位称号。全年开展以“欢乐中原，魅力上街”为主题的群众性广场文化活动30余场，观看群众8万多人次。

【围绕纪念中国共产党成立90周年和辛亥革命100周年，唱响主旋律】 认真贯彻落实中央、省委、市委、区委关于庆祝中国共产党成立90周年纪念活动的有关精神，精心做好宣传报道工作。在上街电视台、上街广播电台、《上街时讯》开辟了专题专栏，刊发全区广大群众热爱党、热爱社会主义系列文章及相关活动。先后组织开展了庆祝建党90周年党史知识竞赛、纪念建党90周年征文、学习《中国共产党历史》第二卷等系列红色教育活动，开展了“颂歌献给党，红歌大家唱”为主题的广场文化活动和征集“书画郑州、书画上街”书画作品等丰富多彩的群众文化活动，以及主题党课、党史知识竞赛、征文比赛、合唱比赛等活动。

【深入推进社会主义核心价值体系建设】 继续深入开展《社会主义核心价值体系建设实施纲要》学习宣传贯彻活动。一是举办上街区第三届邻居节活动，不断提升市民道德素养，为大力推进社会主义核心价值体系建设，努力营造和谐温馨的新型邻里关系，不断提升市民对城市的满意度。二是从6月至12月，开展“新市民·新生活”主题教育活动。通过“融入郑州都市区，争做文明新市民”“市民看郑州看上街”“道德礼仪进社区”等活动，进一步培育高素质新市民群体，提升城市文明形象，推动省级文明城区创建工作。三是开展“感受上街新变化，建设科学发展示范区”主题教育活动。组织开展形势政策集中宣讲活动，引导广大干部群众正确认识形势，统一思想，鼓舞士气，加快推进上街区中原经济区科学发展示范区建设。四是开展学习雷锋精神宣传月活动。大力弘扬雷锋精神，引导干部群众树立和践行社会主义核心价值体系，提高市民思想道德素质和公民责任意识。

【掀起创建省级文明城区工作新高潮】 大力推进创建省级文明城区工作，切实提升城区文明程度。强化职能，以创建促全局发展。把“创文迎检”工作作为“一把手工程”“民心工程”和“实事工程”来抓，把创建省级文明城区作为推动全区各项工作的有力抓手，对照文明城市测评体系，制定下发《创建省级文明城区目标任务分解表》《未成年人思想道德建设目标任务分解表》等一系列文件，将创建任务分解到区领导、各责任单位，把创建要求融入城市基础设施建设、市民文明素质、机关服务效能、社会公共秩序、城市管理等各项工作中。加大督查暗访力度，建立并逐步完善督查报告制度，突出解决重点难点问题。全面排查绿地游园、窗口单位、出入市口等重点部位，对存在的问题以督查报告形式逐一上报，及时下发限期整改通知书，并对落实结果评优评差，有效促进了市容市貌改善。把交通违章和文明单位创建、文明奖发放相结合，建立公车交通违法处理台账等活动，在全社会大力倡树“文明交通我参与”意识。办好实事，服务民生。从广大群众最为关心的实事、好事做起，重点解决群众生产生活中遇到的实际困难。深入开展改善人居环境工作，进一步加大破产企业楼院、无主管楼院的整治力度。深入开展农村“清洁家园行动”，农村“五好”和“十大新型农民标兵”创评活动，坚持文化科技卫生“三下乡”，受惠群众达数万人次。探索创新，打造特色创建品牌。成立市民文明寻访团，动员热心市民积极参与文明宣传、寻访监督、志愿服务等活动。组织开展“关爱空巢老人”等志愿服务活动，引导人们以志愿服务形式普及文明新风。通过一系列卓有成效的工作，全区市民文明素质和城乡文明程度得到进一步提高。在2011年河南省文明城市创评活动中郑州市上街区以总分第一的成绩荣获河南省文明城区称号。

【继续开展“六项文明和谐”创评活动】 继续以全面打造立体型文明和谐上街为目标，以

"千百十"文明和谐家庭、文明和谐社区、文明和谐村、文明和谐楼院、文明和谐单位、文明和谐镇办"六项文明和谐"创评活动，全方位构筑立体型文明和谐上街框架结构，加快推进文明城区建设。继续抓好文明和谐评选这一载体，并将始终以构建文明和谐社会为目标，使文明和谐创建的内涵和外延不断深化、扩大，不断产生良好的社会效益，最终形成全社会"崇尚文明，营造和谐"的新风尚。工作中，继续坚持做好各级文明单位、文明社区、文明村的评比推荐工作。2011年，上街区有3人荣登中国好人榜，受到中央文明办表彰，1人获郑州市首届十大道德模范奖，1人获郑州市首届十大道德模范提名奖，6人获郑州市文明市民荣誉称号。

【认真开展群众性精神文明建设活动】 一是通过在全区开展社会主义荣辱观教育学习实践活动、"三礼六进"宣传实践活动和"道德评议""敬老孝亲""扶贫济困"等道德实践活动，不断提高广大群众的思想道德素质。二是开展未成年人系列教育活动。通过开展"做一个有道德的人""缅怀祭奠革命先烈，做一个有道德的人"、优秀童谣传唱、"童心向党齐欢畅，道德礼仪花绽放"主题教育、"庆祝建党90周年——光辉的旗帜，红领巾心向党"演讲比赛等活动，引导未成年人树立正确的世界观、人生观、价值观。同时，认真贯彻落实《全国未成年人思想道德建设工作测评体系》，投资45万元建设上街区乡村学校少年宫，以及区属的市级未成年人心理健康辅导站，大力推进未成年人活动阵地建设。三是开展了小广告整治活动。通过组织相关单位开展联合执法，全面安排部署，加强督查，形成了整治小广告良好氛围。通过各种活动的有效开展，全区市民的文明素质以及城区文明程度得到明显提升。

（房婉春　赵东东）

统战工作

【概况】 统战工作以建设中原经济区科学发展示范区为中心，以"团结和谐保稳定，招商引资促发展"为重点，着力围绕主题主线主动服务发展，着力围绕"构建五大和谐"积极凝聚人心，着力围绕改善民生努力献计出力，着力围绕自身建设继续开拓创新，着力在实施"两加快一维护"战略中找准位置，发挥优势，寻求突破，激发活力，为上街区经济社会跨越式发展作出新贡献。

【不断拓宽参政议政渠道】 组织统一战线各界人士就区"十二五"规划纲要、区九次党代会报告等重大事项进行协商、座谈，通报情况，征求意见，形成了涉及城市定位、经济发展、改善民生、教育投入等方面的意见建议20多条，受到了区委、区政府的重视。

【开展参政议政竞赛活动】 围绕中原经济区科学发展示范区建设，在各民主党派和党外代表人士中开展以调查研究和社会实践活动为主要形式的参政议政竞赛活动。民盟总支、九三支部等通过调查研究，以书面形式提出了

统一战线工作例会

加快郑上新区和职教园区建设的意见建议，上报区委。

【发挥统战人士民主监督作用】 协调区纪委、监察局向各民主党派、工商联和无党派人士通报党风廉政建设情况，扩大统一战线各界人士的知情权。利用人大、政协两会和各种座谈会积极向各方面提出意见和建议，邀请民主党派代表人士列席参加区委全会、区九次党代会等重要会议，进一步拓宽了参政议政和民主监督的渠道。

【开展“重温历史，同心同行”主题活动】 组织开展纪念中国共产党成立90周年、辛亥革命100周年系列活动。在活动中，上街区涌现出一批先进个人和优秀作品。开展各民主党派、工商联负责人暑期恳谈活动。大家共同回顾了中国共产党与各民主党派等各界合作共事的光辉历程，并围绕全区经济建设工作重点，积极建言献策，提出意见和建议。

【完成区工商联换届工作】 按照市委统战部安排部署，完成了区工商联换届工作。11月18日，召开了区工商联第四次代表大会，选举产生了新一届执委领导班子，为工商联工作的可持续发展奠定了坚实基础。

【深入开展非公经济组织党组织创先争优活动】 全区非公经济组织把创先争优活动与生产经营任务相结合，与开展向优秀中国特色社会主义事业建设者学习活动相结合，取得了良好效果。郑碟阀门有限公司将20多名党员分成技术骨干小组和技术攻关小组，在开展党员点评创先争优活动中，重点解决生产中的技术难题，为公司创利100多万元。

【积极服务非公经济科学发展】 积极参与招商引资活动。积极协调服务，协助引进亚星江南小镇、科能冶金设备公司、欧凯龙家具市场、华祥耐材公司等项目。坚持工商联领导担任企业首席服务官制度，帮助区重点项目向日葵新能源公司、华泰电缆有限公司、玉发特种材料有限公司等企业解决建设和生产经营中的困难。支持非公企业科技创新，邀请区科技局为非公企业科技发明专利申报等问题进行了专题讲座，欧亚空气炮、长城科工贸、盛源粉体3家企业项目获得了国家中小企业技术创新基金290万元。

【开展“感恩活动”，积极回报社会】 引导非公企业积极开展“百企帮百村”活动。欧亚空气炮、郑蝶阀门等非公企业与沙固村、任庄村结对帮扶，帮扶资金达到500多万元，安排就业近100人。举办了“区服务业人才招聘会”和“区民营企业招聘周”活动，100多家非公企业提供就业岗位2390个。引导非公经济人士积极投身光彩事业，在捐资助学、扶贫济困、参与新农村建设、“郑州慈善日”等社会活动中，累计捐款捐物达200多万元。

（王 磊）

对台事务

【完善工作制度】 3月初，召开了全区对台工作会议，安排部署全年对台工作，表彰了全区对台工作先进集体和先进个人，交流了经验，下发了《2011年度全区对台工作要点》。

6月份区委、区政府领导班子调整后，区委常委、统战部长、副区长崔世英召开两次会议，对对台工作提出具体要求，并带队走访了台资企业。7月初，针对区委换届后领导干部人事变动情况，及时调整了区对台工作领导小组成员，确保了对台工作的连续性。

【台商台企普查】 按市台办要求，将台商台企普查及对台招商引资工作量化分解，责任到镇（街道）到岗。于3月17日开始对上街区内的所有的企业、商店进行了普查，其中走访调查企业100余家、商店门面1000余家，随后对有关台商独资企业、台商与他方合资（含资金、技术、项目）企业、台湾人士经营的企业进行筛选。至5月30日共普查出3家台商台企。

7月中旬，结合台资企业普查情况，与区商务部门对接，核实台商台企有关情况，各镇（街道）核准普查资料。至8月初台商台企普查工作圆满结束。

【开展赴台交流工作】 7月中旬，按照市台办统一部署，区台办开始负责本区公务赴台交流项目的审核、申报和管理工作，及时下发《关于加强我区赴台交流管理工作的通知》。全区各单位凡个人或团体因经贸、文化、教育、学术、科技、卫生、体育、新闻等赴台交流以及参观、访问、考察、采访等需要进入台湾的，均需按规定程序报批。至年底，办理随团赴台交流手续2批3人次，上报赴台交流规划3个团组。

【对台工作大调研活动】 8月中旬，围绕中原经济区科学发展示范区建设及对台工作突出问题，由区委常委、统战部长、副区长崔世英带队在台资企业及区台胞台属中开展大走访大调研活动。其中《关于加强二代三代台胞台属联系的思考》获2011年全市统战调研文章三等奖。

（王 磊）

老干部工作

【概况】 区老干部工作按照中央和省市委关于做好老干部工作的部署要求，围绕区委、区政府的中心工作，坚持为区委“两加快一维护”发展战略保驾护航。认真落实老干部政治生活待遇，创新工作方式，转变工作作风，充分发挥老干部政治优势，有效地促进老干部工作健康发展。老干部局共管理离退休干部328人，其中：离休干部67人、退休干部261人，地专级3人、县处级56人、科级以下269人。离休干部全部属于解放战争年代参加工作的老干部，平均年龄81.6岁，退休干部平均年龄68.3岁。

【老干部“两项建设”水平进一步提升】 按照市、区的统一部署，将创先争优活动和“五好支部”创建活动紧密结合，以“学先进创‘五好’，健身心乐晚年”为主题，开展老同志喜闻乐见的活动，做到离退休干部党支部全参与、全覆盖。通过形势报告会、理论辅导讲座、支部书记培训班和实地参观考察等形式，组织离退休干部深入学习党的十七大和十七届五中、六中全会精神，全面了解党的路线、方针和国际、国内形势，自觉与党中央保持一致。同时，通过《郑州老干部工作》、郑州老干部局网站、《老干部活动阅报》、上街电视台及《上街时讯》等媒介，加大宣传力度，积极引导老同志在自愿量力的基础上充分发挥自身优势。

【落实老干部两个待遇】 坚持离退休干部例会和党支部例会制度。全年共召开老干部工作例会9次，组织学习中共中央十七届五中、六中全会精神和庆祝建党90周年胡锦涛重要讲话精神。坚持一年两次工作情况通报制度。9月6日，区委、区政府组织召开上半年工作通报暨“双节”座谈会。坚持重大节日走访看望制度。6月27日～30日组织开展走访慰问，全局干部职工按照各自分包的8～10名离退休干部，逐家逐户登门走访，认真听取他们的意见和建议，更准确地

第九届老年门球邀请赛

老干部大学成果展暨老干部迎新春文艺会演

了解和掌握了离退休干部政治、生活待遇的落实情况。7月29日，局长张魁伟带领班子成员专程前往马鞍山走访慰问异地安置的离休干部吴兆明。坚持老干部生病、住院看望制度。全年共看望慰问离退休干部60多人次，慰问品和慰问金1.05万元。坚持离休干部健康检查制度。5月21日，组织全区实职县处级离退休干部在河南省医学院第二附属医院进行健康检查。10月13日，组织全区67名离休老干部在人民医院体检。坚持离退休干部参观工农业生产制度。6月23日，组织全区实职县处级离退休干部参观了区属重点建设项目——河南华泰特种电缆有限公司。11月10日，组织区实职县处级离退休干部重点参观了南部山区居民搬迁安置项目、五云山生态游工程、万亩菊花种植基地和职教城项目建设。

【创特色老干部大学】 老年教育工作中抓住“四个关键”，即教师、教材、教法、教学四个关键。一是精心选聘教师。先后聘请时事政治讲座、老年舞蹈、声乐、太极拳剑、柔力球、抖空竹等专业教师、教练13人。二是精心安排内容。设置课程上，注重“五统一”：区情实际与老干部工作特点相统一，时代发展与老年人需求相统一，现实需要与个人志趣相统一，求知与求乐相统一，老有所学与老有所为相统一。组建电脑应用、养生保健、太极拳、花卉养殖、饮食保健、时事政治研讨等课程，设置7个班，开设10个专业培训班。开设老年绘画、计算机、太极扇（剑）等专业，共收集教学内容约30万字，全年培训老干部大学学员1506人次。三是创新教学方式。按专业和学期确定内容实施教学，努力做到“四结合”：教师讲解与学员讨论结合，课堂教学与外出参观结合，讲座与辅导结合，“听”与“练”结合。教师讲解之后，组织学习讨论，写出学习体会，注意平时的练习。紧紧围绕国内外形势的发展和全区工作大局适时安排。四是安排特色教学。先后邀请中国人民解放军信息工程大学杨德钦教授讲授航天知识，邀请中国老年保健协会专家委员会委员汪成教授进行“健康管理，健康促进”知识讲座，邀请中华医学会河南省分会心血管专业委员会委员屈虎教授主题为“饮食与健康”的健康知识讲座。

【老干部文体活动】 为让老同志走起来，动起来，乐起来，引导老同志强身健体，娱乐身心，以老干部活动中心为阵地，坚持从老干部特点出发，本着“健康向上”的要求，科学筹划，合理安排，把提高老干部的活动质量同丰富老干部的活动内容结合起来，组织老干部开展健康有益、寓教于乐的文化、健身活动，充实老干部的精神文化生活，使他们始终保持健康向上、乐观进取的精神状态和生活方式，使文娱活动成为“理顺老干部情绪，化解老干部怨气，实现老有所乐、老有所教、老有所学”的有效载体。全年活动计划和活动安排科学、实际，活动中心室内外器材配套齐全。现有标准门球场4个、麻将室1间、棋牌室1间、综合健身室1间，卡拉OK多功能厅室1间、阅览室1间、阅文室1间、会议室4间及户内外综合健身设备20件（套）等。积极参加市局组织的各项活动，并根据老同志身体条件，积极开展适合老年人特点、有益于老同志身心健康的文化娱乐活动。老年门球、麻将、象棋、扑克、乒乓球、健身操、太极拳、剑等活动开展得扎扎实实，有声有色；每天早晨的老干部晨练队伍日趋扩大；多类适合老干部参与的书画、文体培训班适时举行。举办了百名老干部"重阳节"集体祝寿仪式，为老干部送上节日的祝福和祝寿蛋糕；联合长铝总医院举办了大型义诊活动，为老干部防病治病送去问候；开展了"重阳节趣味运动会"，创新增设了"赶蛋黄"游戏。每年年初，区委老干部局都向全体老干部发放征求意见表，征求他们的活动意向、兴趣爱好等等。区委老干部局对收集起来的意见进行了认真的梳理，并建立了信息档案。开办的电脑班，在教会老干部基本操作知识之后，重点教会老干部浏览新闻、进行网络交流、收发邮件等需求内容。

【举办"庆祝建党90周年"活动】 组织老干部唱红歌，诵红诗，重温入党誓词，激发老党员发挥先锋模范作用；表彰在"与党同呼吸、共命运、心连心"征文活动中表现优秀的9名老干部；集中发放了《中国共产党历史简明读本》，并针对年龄大、身体差、行动不便的离退休老干部，亲自"送书上门，送学到家"；邀请了原区委党校校长孙荣先为老干部们讲授了一堂既生动又极富教育意义的党的光荣传统课。

【扎实推进老干部思想政治教育工作】 根据老干部思想状况和实际需要，创新开办老干部大学思想政治大讲堂，确立"老干部办自己的大学"的教学宗旨。召开座谈会，向广大离退休老干部征求意见，征求他们对大讲堂"讲什么，怎么讲，谁来讲"的意见建议。结合老干部的实际情况，以提升老干部的精神状态为出发点，以改变老干部的文化素养为落脚点，强化"增长知识，丰富生活，陶冶情操，促进健康，服务社会"的理念，确定了"老人管，老人教，老人学"的管理模式。这些努力促成老干部"走进家庭当好示范员，走进社区当好讲解员，走进单位当好督导员，走进学校当好辅导员，走进门店当好宣传员"，因而取得了良好成效。

（胡慧清）

党校工作

【概况】 2011年，区委党校坚持以十七大和十七届四中、五中、六中全会精神为指导，深入贯彻落实科学发展观，继续围绕"两加快一维护"战略，以干部教育培训工作为核心，立足"培训立校、科研兴校、人才强校、从严治校"的办学理念，积极推进教科研改革，深入开展政策理论宣讲和区情调查研究，求真务实，开拓创新，为上街区经济社会全

为全区入党积极分子授课

面发展，为“两加快一维护”战略的顺利实施，为把上街区打造成为中原经济区科学发展示范区，全力提供理论支持和思想保证。

【主体班次培训】　紧紧围绕区委、区政府“两加快一维护”战略实施，共举办7期主体班次培训班。一是与区委办、区政府办、团区委、区商务局联合举办了大型会务活动志愿者专题培训班。从全区各单位选出的15名形象气质佳、综合能力强的志愿者参加了此次培训。二是与区委组织部联合举办了要求入党积极分子培训班。来自全区12个党（工）委的250名要求入党积极分子参加了培训。三是与区残联联合举办了残疾人农村实用技术培训班。来自全区的80余名残疾人参加了培训。四是与区委组织部联合举办了上街区第3期青年干部培训班。来自全区以副科级后备干部为主的47名青年干部参加了培训。五是与区安监局联合举办了一般生产经营单位和社会教育培训机构安全生产管理人员培训班。来自全区的600余名一般生产经营单位和社会教育培训机构的主要负责人和安全生产管理人员，参加了培训。六是与区工会联合举办了工会干部培训班。来自全区的120余名基层工会干部和企业工会干部参加了培训。七是与区委组织部共同举办中原经济区建设暨省九次党代会精神专题报告会。全区在职科级以上领导干部500余人聆听了报告。

【理论宣讲】　充分发挥党校在政治理论教育上的优势，深入基层开展各类宣讲活动。一是组织党校教师开展讲党课活动，为上街区党员干部和要求入党积极分子学习新党章提供良好的服务。二是成立“十七届五中全会精神”宣讲团，结合区委八届十二次全会精神开展了形势政策宣讲活动。经过集体备课、试讲，确定了6个专题，先后到区发改委、区人大办公室、区政协办公室、区服务业集聚区管委会、区司法局、区商务局、区总工会、区编办等13家单位进行宣讲服务，受教育人数400余人。三是及时主动在全区各基层党组织中宣讲十七届六中全会精神和中原经济区建设暨省九次党代会精神。确定宣讲专题18个，并与组织部联合下发宣讲工作通知，为全区“十二五”时期经济社会又好又快发展提供理论指导。

【教学科研】　组织教师深入学习了“何平九论”，要求全体教师以“何平九论”为指导深入思考全区发展形势，撰写理论文章。在全区“何平九论”学习征文活动中，区委党校报送了《抓机遇，重实干，善创新——读“何平九论”有感》《以工作方式转变推动中原经济区科学发展示范区建设》《求真务实应贯穿在我们工作的始终》《解放思想是干好事业的根本》4篇文章。这4篇文章分别在《上街时讯》《上街组工动态》上发表。2011年3月，区委党校以“服务全区工作大局，推广宣传工作经验，反映民生热点难点问题”为办刊宗旨，举全校之力，创办了《区情研究》专刊，分别以产业集聚区发展、宜居职教城建设、运动休闲城市发展研究和幸福上街为主题出版4期，受到了区委、区政府主要领导和各职能部门的高度评价。为纪念中国共产党成立90周年，2011年6月份，在全市党校系统纪念建党90周年征文活动中，区委党校报送的5篇理论文章有4篇获奖，其中一等奖1名、二等奖2名、三等奖1名，单位荣获优秀组织奖。10月份，报送的《郑州市上街区以网格化管理推动区域党建创新》被评为河南省党校系统第八届优秀科研成果二等奖。9月～11月，在市委党校举办的郑州市党校系统第六届教学技能大赛中，两位教师经过教案比赛、课件制作比赛、教学比赛三轮激烈的角逐，分别取得了县区党校第三名和第六名的好成绩。

2011年，共发表各类教科研文章19篇，其中理论文章15篇、调研报告4篇。在国家级刊物上发表理论文章3篇，在国家级重要媒体人民网理论频道发表理论文章2篇，在省级刊物上发表理论文章5篇，在区级媒体上发表理论文章7篇、调研报告1篇。

全年共发表各类信息37条,其中,在市委党校网站和《工作通讯》上发表信息13条,在《上街时讯》、《上街信息》、《上街组工动态》、上街区政府网站上发表信息24条。区委党校在本系统的信息宣传有较大突破。

【函授教育】 继续开展函授精细化管理活动，完善档案管理，加强督促检查，被市委党校评为函授教育考务工作先进单位和函授教育学员管理工作先进单位。完成了2011年河南省委党校函授本科班经管专业的招生工作，共招收学员102名；各函授班次教学和班级管理工作按要求有条不紊地进行。此外，以纪念建党90周年和辛亥革命100周年为契机，在各函授班次中开展了社会主义核心价值体系教育，在传授科学知识的同时加强了学员的党性修养。

【队伍建设】 抓实学习载体，提高学习质量，积极创建学习型党组织。继续在全校范围内实行科室领学制度，每月一领域，每周一专题，结合省、市、区情和党校工作精心安排了“何平九论”、政府工作报告、国家十二五规划纲要、区第九次党代会精神、十七届六中全会精神、省第九次党代会报告、国务院关于中原经济区建设指导意见等内容。在学习过程中要求各科室努力实现讲授式领学，同时穿插走出去进行高端学习观摩活动，建设党校教师政策理论和业务系统学习和日常锻炼的特色平台。2011年，区委党校已组织集中学习20余次，外出进行高端学习10余次。以“五多五善”（即多学习、研政策、善结合;多思考、研前沿、善总结;多动笔、研方向、善宣传;多创新、研专长、善突破;多交流、惜缘分、善合作）为要求，积极培育机关文化，使教职工的思想更加开放，思维更加活跃，作风更加务实，团结合作氛围更加浓厚，创造性履职能力进一步增强。

（实 征）

信访工作

【概述】 2011年，上街区信访工作调整思路，转变作风，坚持落实“事要解决”这一工作核心，以“服务发展和为民”为主题，以群众工作统揽信访工作为主线，完善三项机制，紧紧围绕全区“两加快一维护”战略实施，通过抓好源头预防、畅通信访渠道、化解信访积案、创新体制机制等重点工作，着力维护社会大局稳定。年内，在全区开展“抓接访、解民忧、降访量”活动，做到有访必接、有接必解，切实推动“事要解决”，排查调解了大量矛盾纠纷，解决了一大批历史遗留疑难信访积案和不稳定因素。信访渠道得以畅通和拓宽，体制机制创新成效显著，信访秩序持续好转，整体工作全面提升。为促进经济平稳较快发展创造了和谐稳定的社会环境。与2010年比，上街区赴京到省集体访保持低发生，未发生在京、省、市影响较大的恶性上访事件。领导接访、积案化解等多项工作获得省市委表彰。上街区被省委信访工作领导小组表彰为“2011年度信访工作优秀县（市）区”，被

平安建设暨信访稳定工作会议

市委、市政府授予“2011年度信访工作红旗单位”称号。

2011年，区信访局共接待群众来访235批次1470人次，其中集体上访91批次1226人次、个访144起244人。共发生“上三级”群众信访41批次115人次：群众赴京上访3起3人；到省上访36批次66人次，其中集访5批次31人次、个访31起35人；到市上访2起46人，其中集访1批45人、个访1起1人。“上三级”交办案件2起，结案2件，按期结案率达到100%。区本级交办29件，已结案23件，正在办理6件，按期结案率100%。

2011年，共收到群众向中央、省、市三级来信41案73件（其中有效信件25案39件），普通转送29案60件，直转12案13件，结案34案55件，按期结案率100%。书记区长信箱收到群众来信14件，其中，建议类11件、申诉类3件。

2011年，网上信访共收到20件，已结案18件，其中：市转17件，正在办理1件；区转3件，正在办理1件。按期结案率100%。

2011年，群众来信来访反映问题集中以下几个方面：一是土地征用和拆迁安置问题，二是企业改制遗留问题，三是涉法涉诉问题，四是劳动社会保障问题，五是农村村民福利待遇问题。

【深化矛盾纠纷排查】 2011年，信访局充分发挥镇（街道）、村（社区）、组三级信息员的作用，全面排查可能引发的不稳定因素和矛盾纠纷。对排查出的不稳定因素和矛盾纠纷逐个建立台账，集中交办，由县处级领导分包，落实责任单位和责任人，要求分包领导、分包责任单位和责任人列出时间表，将群众反映的问题处理到位。在重大节日、重要活动期间启动“日报告”和领导带班制度，同时通过编发《信访日报》《信访周报》等对交办的信访案件实施督办。通过开展不稳定因素大排查、大化解活动，全区共排查各类矛盾纠纷和不稳定因素22起。针对每起不稳定因素，按照“属地管理，分级负责”和“一岗双责”的要求，逐案建立工作台账，逐案落实到责任人。通过落实县处级领导大接访、领导下访、一岗双责、责任查究等制度，促使全区各信访责任单位认真排查矛盾，有效地推动了不稳定因素的化解。

【严格信访案件督查】 2011年，信访局通过电话、发函、召开会议、实地督办等形式实行里外结合、上下结合开展多项督查，一方面促进了“事要解决”实现维护群众合法权益的目标，一方面促进了各部门更好地贯彻和落实党和国家的方针政策和法律法规，实现了为党委、政府综合服务的职能作用。区委政法委、区信访局抽调人员组成联合督查组，对信访重点单位进行督查，对已经进入信访程序的案件，督促责任单位抓紧时间办理，按期结案，并进行定期或不定期督查，及时提出改进工作、给予处分的建议。对没有或无法进入信访程序的，要求责任单位综合利用人民调解、行政调解、司法调解等手段化解矛盾。年内，联合督查组督查6次，下发督查单10个。对夏侯村五组村民魏西伯多次上访济源路拓宽搬迁户安置问题，进行了领导包案解决，达到了上访人的满意。通过集中督查、重点督办、工作组现场检查等形式，有效督促办理疑难信访案件28起，提高了全区信访案件办理效率。

【开展重点信访事项评查】 2011年，区信访工作领导小组对摸排清理出来的重点信访案件进行全面清积评查。对区委、区政府、区委政法委以及区信访局等有关接访部门受理的、镇和街道矛盾排查调处小组掌握的、人民群众和社会各界反映的案件统一归口摸排，并将积案全部录入信访信息管理系统。区信访工作领导小组针对一些群众对处理结果不满意而重复上访、难以解决的疑难信访案件，通过核查证据，召开协调会、座谈会，划拨救助资金等形式，重点评查，集中化解一批重大信访事项，维护群众的合法权益。通过评查，郑州电机厂拆迁户时某某等人反映搬迁户安置楼设计图纸不合理问题得到纠正。历史遗留问题石咀村三组村民李某某与李某某宅基地多年的纠纷案件，区信访局协调峡窝镇政府给予圆满解决。

【组织好县处级领导接访】 建章立制，完善领导接访制度。2011年，区委、区政府出台《领导干部大接访活动实施方案》，制定了《县处级领导信访接待日制度》，将领导干部接待群众固化为一种制度，上升为一种常态。在区一级，由区信访局排班，每个工作日有一名区委、区人大、区政府、区政协四大班子在职县处级领导到群众来访接待中心坐班接待上访群众，并在政府网站、《上街时讯》上公示当天接访领导的姓名、职务。所有参与接访的县处级领导均实行签到制，其参加接访的出勤情况，由区信访局每月一汇总，直接报市委信访工作领导小组。在镇（街道）一级，由镇（街道）信访办排班，每个工作日也有一名党政班子成员坐班接访，畅通群众的诉求渠道。高层楼盘“江南小镇”售楼过程中，因暖气配套设施费的收取问题，业主与开发商产生纠纷，多次协商无果。业主拿不到新房钥匙，情绪激动，多次围堵开发商售楼部，并不断到区政府上访。区领导接待了业主，详细了解情况，召集信访局、法制局、物价局、市政局、住建局、中心路街道办事处、开发商和业主代表进行协调。包案领导要求中心路街道办事处挨家逐户做业主的思想工作，确保不发生越级上访事件。同时，邀请律师共同参与，引导业主通过诉讼解决，并指出具体解决的方法，使业主清楚解决问题的途径。该事件得到圆满化解，避免了盲目、重复、越级上访。

2011年，区党政领导共接访53批次268人次，接访案件53起，化解48起。区信访局共安排区领导下访9次。其中区委书记接访7批123人次，区长接访7批171人次，共处理案件29起，结案29起，案结率100%。

【结合实际带案下访】 区信访局实行主动走出去的工作方法，带着群众反映的问题，有计划地组织信访干部到群众中去走访，深入开展调查研究，重点听取群众的意见、建议，提出制定、完善相关政策的意见和建议。每月15日，组织区政府四大班子领导到辖区峡窝镇、济源路、中心路、工业路、矿山、新安路等5个街道和区工信局座谈走访，真正下沉到基层，融入群众中间，架起一座为民服务的连心桥，直接协调处理一批涉及群众切身利益的问题，使一些可能引发集体访、越级访的信访问题及时得到解决。2011年3月，上街区汇泽国际城的温馨物业公司启用新系统，车辆凭智能卡出入，要求有车的业主缴纳地下停车位租金，无卡业主的车辆不能进入小区和地下停车场。此事引起业主强烈不满，小区原存的有异议问题也随之爆发出来，业主组织人员围堵了小区大门及汇泽国际售房部。接访领导召集区信访局、住建局、房管中心、中心路街道办事处、物业公司和业主代表举行协调会，对业主反映的问题进行了专题研究。经过区领导组织协调，业主提出的停车位收费、暖气初装费、装修押金等问题，物业公司给予了妥善解决。

【突出问题提前约访】 为有效解决信访的积案难案，区信访局实行约访制度。区信访局对上访者反映的情况进行详细的调查后，提前主动约访2～3起重点难点信访案件的上访群众，约定见面时间，召集相关部门负责人参加约访，倾听群众呼声。对疑难问题，及时召开信访联席专题会议，区信访领导小组和相关部门进行“集体会诊”，形成处理意见答复群众，最大程度让群众满意。对特殊情况，研究制定解决方案，进行交办并分级分类督查落实，每周向区信访领导小组反馈处理进度。提前约访为解决难案、积案奠定了基础。上街区园艺场退休职工罗某某等人反映欠发职工的取暖费、过年福利、生活补贴、统筹外工资等问题，区领导召集信访、农委、财政局、人社等有关职能部门了解情况，成立联合工作组进驻园艺场展开调查，数次约访，和上访职工面对面交流，妥善解决了拖欠资金问题，职工息诉罢访。

2011年，约访处理复杂信访情况11起，其中现场解决7起，交办成立工作组处理4起，限时办结率达100%，做到了事事有回音、件件有着落，群众满意率达90%。

【推行结案回访制度】 为避免信访问题“回潮”，防止出现重复上访和缠访，区信访局实行结案回访制度。对已经答复的重点、难点信访案件，在信访案件结案后一个月内，采取现场访、电话访、书面访、网络访等方式回访，倾听信访人的意见，及时了解信访人的思想动态和出现的新情况、新问题，切实为信访人解决实际困难，进一步增进了信访干部与信访人的感情，有效地巩固了信访结案效果。根据办理情况，接访中心对需要回访的案件进行整理、归类和汇总，按照案件性质和当事人住址，制定回访方案。回访时坚持做到走进门、访到人，对回访当事人提出的诉求，能当场答复的就当场答复，不能当场答复的做好解释工作。对群众来电、上门投诉以及反映的问题处理的结果实行100%回访，并与辖区街道、相关部门紧密配合，有效预防了重复访、越级访。步行街商户杨某某等人因工业品市场步行街承包人权利不明，多头乱收房租，致使商户无法正常营业，多次到区委、区政府上访。区信访局下到街道办事处组成工作组，专案专人，对此问题进行认真调查。经过工作组不懈的努力，各方通过法律途径解决了纠纷，维护了商户的合法权益，取得了较好的社会效果。

【坚持信访风险评估】 只要涉及多数群众的利益，决策制定前，信访工作坚持进行信访稳定风险评估。对有可能诱发群体性上访的重大建设或改革项目，信访局敢于“刹车”，从而在源头上减少信访初访。区信访领导小组要求镇、街道以及各部门对重大改革、重大决策、重点项目以及涉及群众切身利益的重要事项和影响社会稳定的重大问题，全面开展社会稳定风险评估。各有关部门结合实际全面开展工作，努力从源头上减少和化解不稳定因素，减少信访问题的产生。在作出重大决策或出台重要文件前，区信访评估小组都组织相关单位，深入到基层和群众中征求意见，评估风险，把好风险评估的“三个关口”。一是把好事前静态评估关口。项目上不上，群众来把关。凡群众满意率达到80%以上的项目方可进入下一道程序。二是把好事中动态评估关口。在决策实施和项目建设中，实行“阳光作业”，接受群众监督。在充分把握民意的基础上，形成信访评估报告，送区委常委会议和区政府常务会议研究决定。2011年，针对区政府的重大决策，联合建设、规划、国土等部门严格审验把关，对“锦绣花园项目拆迁改造”“鹏程花园项目拆迁改造”等6个项目，启动了信访评估程序，形成了科学翔实的评估意见，对评估出的不稳定隐患进行了超前分析处置，为区委、区政府科学决策提供了依据。

【创新机制体制，落实信访责任】 贯彻落实全国用群众工作统揽信访工作经验交流会议精神，加强对新形势下群众工作的深入研究。抓住用群众工作统揽信访工作这个大题目，紧密结合实际，在全区建立了信访稳定“日碰头”工作机制。制定《上街区信访稳定“日碰头”制度》，通过对信访问题的日议、日督、日决，推动解决疑难信访事项。充分发挥各职能部门作用，形成了以信访评估促源头治理、以每日碰头促隐患排查、以带案下访促问题解决、以奖优罚差促责任落实、以人盯人促稳控到位的信访工作体系。出台了《关于进一步做好新时期信访工作的意见》《上街区各镇（街道）和区直单位主要领导信访工作考核办法》和《上街区赴京到省去市来区集体上访处置办法》，明确日常工作和突发情况的领导责任，压实各级领导干部的信访工作担子，抓领导促落实的工作机制日臻完善。各镇（街道）、区直单位也采取有力措施强化信访责任，全力推动辖区和系统内信访问题的解决，有效遏制了赴京到省去市来区集体上访的势头，确保了全区社会大局和谐稳定。

（陈东铭）

保密工作

【保密监督检查】 开展了专项保密检查，召开了动员培训会，组织全区重点单位进行了认真自查整改，并配合市保密局进行了实地检查和复查。开展涉密载体印制情况专项检查。做好国家和省级各类统一考试期间的保密工作，先后对高招、中招、高中生学业水平考试等进行了督查。考前配合市保密局对区教体局试卷保密室和各考点进行检查，消除泄密隐患。

【保密法制宣传】 深入开展新修订《保密法》学习宣传活动。一是发好一条短信。春节、“五一”“十一”、区“两会”、区九次党代会等重要活动和节假日期间，精心编写保密提醒短信，发至全区领导干部，提醒其遵守保密纪律。二是抓好一次培训。把《保密法》的学习纳入区委党校培训，在2011年全区青年干部培训班上，区保密局局长田军宝作了保密知识讲座。三是观好一次展览。组织涉密人员参观了全国窃密泄密案例警示教育展。四是组织一次征文活动。组织全区涉密人员围绕保密法制建设，结合学习新法体会，认真撰写保密论文。

【保密日常管理】 2011年销毁涉密硬盘4个、涉密U盘1个、涉密文件资料91份350件。加强涉密计算机管理。认真开展计算机信息系统分级保护工作，对涉密计算机进行了一次全面普查，进一步完善了涉密设备、涉密计算机、涉密移动存储介质台账，确保做到账实相符。2011年，针对基层单位工作情况的变化，区保密局在征求市保密局和有关局委的意见后，把原区畜牧局、区住房和城乡规划建设局使用的两台涉密计算机调整了密级，硬盘交市保密局销毁。加强机要文件、邮件管理。全年办理92批次文件570份5000余件，办理邮件250余件，没有出现差错。

（柴慧平）

督查工作

【概况】 紧紧围绕区委重大决策和工作部署，创新督查方法，完善督查机制，强力推动了区委决策快速落实。指导建立了红、橙、黄预警机制，在新闻媒体开辟了《督查之声》专栏，创新实施了二、三、四督查工作法。全年共下发“督查交办单”350份，编发简报42期，向市委督查室报送《督查专报》11期，办理领导批示事项600余件，办理《市委工作部署》56期185项，承办市委督查室转给上街区网民留言17份，办结率均达到100%。同时，做好区领导临时交办事项的督查督办工作，办结率达100%以上。2011年1月17日，中共河南省委常委、郑州市委书记连维良对上街督查工作作出重要批示：请全市新闻媒体宣传。

（曹敏）

政研工作

【概况】 2011年，在区委的正确领导下，坚持以科学发展观为指导，紧紧围绕区委“两加快一维护”战略部署及中心工作开展服务，不断研究新情况，探索新方法，适应新要求，认真履行参谋助手工作职责，全年共印发《上街政研》12期，撰写了《上街区南部山区搬迁扶贫开发调查报告》《关于提高南部山区搬迁群众生活水平的对策与建议》《幸福上街综合评价指标体系》等调研报告。

（陈仓）

机构编制

【机构改革评估验收工作】 2011年，区编办重点抓好政府机构改革评估工作，力求改革无遗漏，切实巩固改革成果。截至2011年3月，区政府工作部门“三定”规定除公安局外，已全部印发实施，各部门均已按新的“三定”规定入轨运行，内设机构调整、人员定岗等工作也已完成。3月31日，区政府机构改革工作由市机构改革评估验收领导小组进行了评估验收，并顺利通过评估。

通过改革，区政府工作机构由原来的35个（组成部门20个、议事协调机构的常设办事机构1个、直属事业单位14个）精简到27个（政府工作部门23个、直属事业单位4个），减少8个，精简23%。撤销部门管理事业单位8个。转变职能98项，其中部门之间划转35项、加强或强化44项、新增14项、取消5项。

【严格机构编制审批和进人用编审批】 严格执行“三个一”审批制度，严把机构编制审批关。凡涉及机构编制的事项全部由编制部门一家受理、一家承办、一家行文。对机关事业单位机构设立、升格、更名、加挂牌子、撤销以及机构性质、机构规格、隶属关系和职能配置、调整等事项，严格按照上级政策规定、文件精神，结合单位职责、性质、工作任务、工作量等要素核定。在具体工作中，机构编制管理紧紧围绕区委、区政府中心工作，根据社会经济发展需要，在总量控制的前提下，对重点部门给予适当倾斜。2011年共召开编委会4次，研究事项12个，批准成立事业机构10个，事业单位更名5个。同时，根据市委市政府、区委区政府战略部署，重点加强了产业集聚区、职教园区、“两加快一维护”指挥部等部门的组织机构建设和人员配备，有效推进了中心工作的开展。切实落实《市委、市政府关于印发郑州市机关事业单位进人履行编制审核程序的规定的通知》（郑文〔2010〕141号）文件规定，坚持“总量控制、编制空缺、结构合理”的原则，严格按照岗位要求和工作需要进人，真正建立“用人单位申请，编办审核，组织、人事部门办理手续，财政局核拨经费”的相互分工合作、相互协调配合、相互监督制约的科学规范的进人用编工作机制。始终坚持严把“进口”，疏通“出口”，坚持“凡进必考”等措施，加强人员管理。在两办、组织部、政法委等单位招录工作人员工作中，都成立了由纪委和组织、编制、人事、财政等部门参加的招录领导小组，通过笔试、面试、组织考察等程序，公开、公平、公正地招录工作人员。

【完善工资逐月联审制度】 为了更好地推进实名制管理，实行工资逐月联审制度，每月发放工资前，全区各机关事业单位必须持工资表到机构编制、人社和财政部门核对在编人数、实有人数、工资标准及工资额，区财政局根据工资联审情况核拨工资。在公务用车改革补贴发放过程中，当改革单位人员发生变化时，需要到纪委和编制部门审核，然后财政局核拨公务车补贴，已逐步形成机构编制管理与财政预算相结合的约束制约机制。

【消化机关超编】 由于历史原因，区行政编制较少。以政府部门为例，22个工作部门，编制最多的是9个，最少的是3个，平均不足6个。因此，党政机关超编现象较为普遍，混编使用较为突出。采取严把“进口”，疏通“出口”，严格离退休审批制度，向事业单位分流人员等措施，积极消化机关超编人员。截至2011年底，区党政群机关共消化超编人员129人。

【认真做好年度事业单位网上年检工作】 通过年检，全区应参加年度检验的事业单位103家，已年检事业单位103家，年检率达100%。同时督促机构改革后涉及法人设立、变更、注销的事业单位办理相关手续。至年底，全区现有事业单位189家，已登记158家（其中初始登记55家），登记率达84%，另办理变更手续11家，注销登记8家。

【建立完善事业单位登记各项管理制度】 一是建立事业单位登记管理专办员制度。要求全区已登记的158家事业单位明确1名熟悉本单位情况的人员担任专办员，并为每位专办员建立个人档案。二是加大登记档案的整理工作力度，建立专门档案室，并确定专人管理。对已登记的158家事业单位的档案统一更换了档案盒，并对法人登记证号重新进行了排序、编号、归档。三是根据现代办公网络化、信息化的特点，通过建立 QQ 群，利用网络信息工具，在传输文件的过程中，与有关事业单位专办员在线互相交流讨论工作中的做法和经验，提高了登记管理效率和水平。

【认真做好食品监管机构人员和资产划转工作】 根据郑政办〔2010〕85 号文件要求，区编办高度重视，积极与相关部门配合，做好食品监管机构人员划转和资产划转工作。2011 年，区卫生局与区药监局已完成食品监管机构交接工作。原由卫生部门承担的保健食品、化妆品和餐饮服务环节食品监管职能已经划转到药监局，人员也划转到位，并正式投入工作。

【稳步推进医药卫生体制改革工作】 区编办根据医药卫生体制改革的要求，积极做好基层医疗卫生单位的机构编制日常监督管理工作；配合卫生部门，积极对《上街区峡窝镇卫生院人员分流安置工作实施方案》提出合理化建议，并积极推动上街区社区中医药工作先进单位的创建。

【为郑州宜居职教园区建设提供机构编制保障】 按照郑州市“两核六城十组团”的有关要求，上街区积极筹建郑州宜居职教园区。为加快推进建设郑州宜居职教园区，区编办多次与周边县（市）区编办交流探讨，了解和比较周边县（市）区园区建设及机构设置情况，并就上街区职教园区管委会设置意见与市编办领导进行汇报说明，争取市编办对上街区职教园区建设的支持。经过反复酝酿和修改，提出《关于设立郑州市宜居职业教育园区管委会的请示》上报市编办。10 月 1 日，市编委下文批复：同意成立郑州宜居职教园区管理委员会，为上街区政府派出机构，规格副县级。内设党政办公室、土地规划环保局、职业教育管理局和招商引资局，下设事业单位职业教育实训基地管理中心，规格相当于正科级。

（莫俊玲）

上街区人民代表大会及常务委员会

综 述

【概况】 2011年，区人大常委会坚持党的领导、人民当家做主和依法治国的有机统一，紧紧围绕区委“两加快一维护”战略部署，认真履行宪法和法律赋予的各项职责，依法实施监督，为推动全区经济、政治、文化建设和社会各项事业的协调发展，发挥了地方国家权力机关的职能作用。2011年，常委会共实施集中视察和调研18次，开展执法检查2次，常委会会议听取和审议“一府两院”专项工作报告9项，主任会议听取工作汇报8项，有力支持和促进了全区各项工作的幵展。

【工作监督】 坚持把推动经济发展作为监督的重点，在计划与财政预算执行、园区建设、招商引资等方面加大监督力度。听取和审议了半年国民经济和社会发展计划执行情况的报告，支持和督促区政府加大招商引资力度，加快产业升级步伐，实施科技创新工程，把为企业服务落到实处，确保区十一届人大五次会议确定的年度计划顺利执行。听取和审议了半年财政预算和上年度财政决算报告，督促政府严格支出管理，严格审批程序，确保了财政的稳定运行。主任会议听取了财税收入情况报告，建议区政府积极开展招商引资，扶持壮大中小企业，加大力度培植税源，达到增收增效的最终目的。听取和审议了审计工作报告及审计查出问题整改落实情况报告，较好地促进了相关问题的解决，规范了预算执行和财经秩序。听取了区政府关于三产服务业发展情况的报告，并进行了集中调研。建议区政府吸引外来投资，填补空白项目，优化产业结构，加快传统服务业提档升级，重塑上街区服务业的区域中心地位。大力发展科研、信息、金融等生产性服务业，促进产业融合发展。坚持把促进工业经济发展作为推动上街经济发展的重要抓手，全力以赴开展工作。听取了区政府关于工业经济发展、工业经济结构调整、工业集聚区建设等专项工作报告，多次深入经济部门、工业园区、镇办和企业生产经营一线调研，帮助解决实际问题。建议区政府重新规划工业园区的土地利用，积极探索土地整合的新路子，根据投资规模和发展潜力等要素，综合确定项目占地情况。要求区政府进一步树立为企业服务的意识，强化服务措施，解决实际问题，帮助企业做大做强。常委会充分发挥人大工作特点，和区政府携起手来大力优化经济发展环境，打击破坏经济发展环境的行为，真正为经济发展保驾护航。努力把上街打造成为郑州西部地区最适宜投资兴业的地区。高度重视民牛问题，把教育、食品安全、交通安全、维护司法公正、十件实事的落实五个方面工作作为“保民生”的监督重点。对全区教育工作进行了视察，通过走访、座谈、实地察看，全面了解教育事业发展情况。听取了区政府关于义务教育发展五年规划暨高校引进情况的报告，要求区政府进一步加大教育投入，严格抓好教育规划落实，不断提高教育质量。建议区政府继续转变思想观念，做好教育产业化的文章，积极承接郑州市的教育产业转移，吸引高等教育来上街安家落户，将高校引进作为“增加人口数量，提高人口质量，完善城市功能，调整产业结构，带动第三产业发展”的重要举措。同时，对校园安全保卫工作进行了视察，督促区政府尽快完成校园技防设施建设，配备安保人员，确保学校和学生安全。听取和审议了区政府关于公安交通管理工作的报告，并进行了实地视察，充分肯定了公安交通管理部门的工作，要求区政府进一步加强管理，确保道路通畅。听取和审议了区政府关于2011年十大实事办理情况的报告，充分肯定了政府为落实和办理十件实事所作的努力，要求区政府广泛征求群众意见，合理确定实事项目，为群众办更多的实事。

（曹锐）

重要会议

【区十一届人大五次会议】 2011年1月10日～1月13日，上街区第十一届人民代表大会第五次会议召开。区直机关、峡窝镇、街道一、街道二、街道三、街道四、中铝郑州企业系统7个代表团，138名区人大代表出席会议，另有112人列席会议。

1月10日下午，上街区第十一届人民代表大会第五次会议预备会议在区会议中心五楼会议室举行。会议表决通过了大会议程，选举产生了大会主席团和大会秘书长，表决通过了计划、财政预算审查委员会名单和议案审查委员会名单。在主席团第一次会议上，推选了主席团常务主席和大会执行主席，决定了大会日程和大会副秘书长，通过了代表议案审理规定、代表提议案的截止时间。

1月11日上午8时30分，大会在区会议中心五楼会议室举行开幕式和第一次全体会议。会议听取了区政府区长戴春枝所作的《政府工作报告》。1月11日下午和1月12日上午，各代表团分别审议了政府、计划、财政预算报告和上街区第十二个五年规划纲要。

1月12日下午2时，大会在区会议中心五楼会议室举行第二次全体会议。会议听取了区人大常委会主任巨宝志所作的区人大常委会工作报告、区人民法院院长彭连城所作的区人民法院工作报告、区人民检察院检察长程振胜所作的区人民检察院工作报告，表彰了2010年度优秀代表、优秀代表建议和建议办理先进单位。全体会议结束后和1月13日上午，各代表团审议了人大和两院工作报告。

1月13日上午10时，大会在区会议中心五楼会议室举行第三次全体会议，以举手表决的形式，通过了7项决议：关于政府工作报告的决议、关于郑州市上街区2010年国民经济和社会发展计划执行情况及2011年国民经济和社会发展计划报告的决议、关于郑州市上街区2010年财政预算执行情况和2011年财政预算报告的决议、关于郑州市上街区国民经济和社会发展第十二个五年规划纲要的决议、关于郑州市上街区人大常委会工作报告的决议、关于郑州市上街区人民法院工作报告的决议、关于郑州市上街区人民检察院工作报告的决议。区委书记黄卿在会议结束时发表了讲话。第三次全体会议后，大会举行了闭幕式。

【区第十一届人大常委会会议】 2011年，区人大共举行常委会议9次。

第30次会议。1月5日，上街区第十一届人大常委会第30次会议在区会议中心四楼第二会议室举行。区人大常委会主任巨宝志主持会议，副主任张振威、张旭华，党组副书记冯文生、高自廷，副主任钟明、邢艳丽、李华道、王家伦，党组成员袁家伟和委员共20人出席会议。

会议以无记名投票的方式，接受了袁春明申请辞去区人大常委会副主任职务的辞呈。会议以举手表决的方式，作出了《关于召开区十一届人大四次会议的决定》，通过了区十一届人大五次会议的议程（草案）、日程（草案）、工作报告（草案）和各项人员名单（草案）。

第31次会议。3月23日，区第十一届人大常委会第31次会议在区会议中心四楼第二会议室举行。区人大常委会主任巨宝志主持会议，副主任张振威、张旭华，党组副书记冯文生、高自廷，副主任钟明、邢艳丽、李华道、陈炜、王家伦，党组成员袁家伟和委员共23人出席会议。

会议以无记名投票的方式，决定任命杜惠斌为上街区人民政府副区长，决定免去徐勇上街区人民政府副区长职务。会议以举手表决的方式，通过区人大常委会2011年工作要点。

第32次会议。5月26日，上街区第十一届人大常委会第32次会议在区会议中心四楼第二会议室举行。区人大常委会主任巨宝志主持会议，副主任张振威、张旭华，党组副书记冯文生、高自廷，副主任钟明、邢艳丽、李华道、陈炜、王家伦，党组成员袁家伟和委员共23人出席会议。

会议以无记名投票的方式，决定任命范红丽为区人民检察院检察员，王天超为区人民法院副院长。

会议听取和审议了区公安局消防大队教导员沈继元受区人民政府委托所作的《关于公安消防工作情况的报告》。

第33次会议。6月14日，区十一届人大常委会第33次会议在会议中心四楼第二会议室举行。区人大常委会主任巨宝志主持会议，副主任张振威、张旭华，党组副书记高自廷，副主任钟明、邢艳丽、李华道、陈炜、王家伦，委员王振宇、郭秀萍、郝斌、赵文瑛、边金銮、马丽平、魏志强、苏建华、赵紫光出席会议。

会议以无记名投票的方式决定任命杨金军、崔世英为区人民政府副区长，决定免去黄钫、王素梅区人民政府副区长职务。

第34次会议。6月15日，区十一届人大常委会第34次会议在区会议中心四楼第二会议室举行。区人大常委会主任巨宝志主持会议，副主任张振威、张旭华，党组副书记高自廷，副主任钟明、邢艳丽、李华道、王家伦，委员袁家伟、王振宇、马丽平、郝斌、马淑云、赵文瑛、苏建华、魏志强、赵紫光、郭秀萍出席会议。

会议以无记名投票的方式，决定任命王继正、弓永超为区人民政府副区长，决定免去赵风军、朱选伟区人民政府副区长职务。

第35次会议。7月25日，区十一届人大常委会第35次会议在区会议中心四楼第二会议室举行。区人大常委会主任巨宝志主持会议，副主任张旭华，党组副书记高自廷，副主任钟明、邢艳丽、李华道、陈炜、王家伦，党组成员袁家伟和委员共21人出席会议。

会议决定免去马波区人民法院民一庭庭长职务，周锐锋区人民法院民二庭副庭长职务，韦鹏区人民法院审判监督庭庭长职务，彭勃区人民法院民二庭庭长职务，王天超区人民法院立案庭庭长职务，尹天剑区人民法院审判委员会委员、民二庭庭长职务。

会议决定任命马波为区人民法院审判监督庭庭长，周锐锋为区人民法院立案庭庭长，韦鹏为区人民法院民一庭庭长，彭勃为区人民法院审判委员会委员、民二庭庭长，杨红香为区人民法院刑事审判庭副庭长，王宁为区人民法院民一庭副庭长。

会议听取和审议了区住建局局长张振受区人民政府委托所作的《关于孟津路防护绿地规划调整的议案》，经无记名投票，决定批准这个议案。

会议听取和审议了区发改委主任林虎受区人民政府委托所作的《关于2011年上半年国民经济和社会发展计划执行情况的报告》和财经工委主任郭秀萍所作的有关调查报告。

会议听取和审议了区财政局局长牛志甫受区人民政府委托所作的《关于2010年度财政决算和2011年上半年财政预算执行情况的报告》和财经工委主任郭秀萍所作的有关调查报告。

会议听取和审议了区审计局局长杜爱功受区人民政府委托所作的《关于2010年度区本级财政预算执行情况和其他财政收支的审计工作情况的报告》和财经工委主任郭秀萍所作的有关调查报告。

人大领导视察三产服务业经营情况

第36次会议。10月27日，区第十一届人大常委会第36次会议在区会议中心四楼第二会议室举行。区人大常委会主任巨宝志主持会议，副主任张振威、张旭华，党组副书记高自廷，副主任钟明、邢艳丽、李华道、王家伦，党组成员袁家伟和委员共21人出席会议。

会议以无记名投票的方式，任命禹春晓为区人民检察院检察员，范俊社为区人民检察院检察员，赵莎莎为区人民检察院检察员，赵志波为区人民检察院检察员，张丽为区人民检察院检察员，陈智永为区人民检察院检察员。

会议听取和审议了区人民政府常务副区长杨金军代表区人民政府所作的《关于区十一届人大五次会议以来代表建议办理情况的报告》和代表联络信访工委主任张松茂所作的有关调查报告。

第37次会议。12月15日，区十一届人大常委会第37次会议在区会议中心四楼第二会议室举行，区人大常委会主任巨宝志主持会议，副主任张振威、张旭华，党组副书记高自廷，副主任钟明、邢艳丽、李华道、陈炜、王家伦，党组成员袁家伟和委员共23人出席会议。

会议以无记名投票的方式，决定接受戴春枝辞去区人民政府区长职务的辞呈，决定任命宋洁为区人民政府副区长、代理区长。

会议听取和审议了区审计局局长杜爱功受区人民政府委托所作的《关于2011年审计工作报告查出问题整改落实情况的报告》和财经工委主任郭秀萍所作的调查报告。

第38次会议。12月31日，区十一届人大常委会第38次会议在区会议中心四楼第二会议室举行。区人大常委会主任巨宝志主持会议，副主任张振威、张旭华，党组副书记高自廷，副主任钟明、邢艳丽、李华道、陈炜、王家伦，党组成员袁家伟和委员共23人出席会议。

会议以举手表决的方式，审议批准了《关于区、镇两级人民代表大会换届选举的决定》；以举手表决的方式，审议批准了《上街区、镇选举委员会名单》；以举手表决的方式，审议批准了《关于峡窝镇人大代表名额的决定》；以举手表决的方式，审议批准了区人民政府《关于财政预算预计超收部分支出的议案》。

【区第十一届人大常委会主任会议】 2011年1月4日举行第42次主任会议，研究人事任免事项和区十一届人大五次会议相关事项。

3月22日举行第43次主任会议，研究人事任免事项和区人大常委会2011年工作要点。

6月13日举行第44次主任会议，通报区委“两加快一维护”工作，研究人大常委会领导分工。

7月25日举行第45次主任会议，研究人事任免事项，研究区政府《关于孟津路绿化带规划调整的议案》。

8月30日举行第46次主任会议，听取人民检察院检察长程振胜《关于法律监督工作情况的报告》，听取区交通局局长王胜利《关于贯彻执行〈中华人民共和国公路法〉情况的报告》，研究承办全国部分县（市）区人大工作研讨会第21次会议相关事宜。

10月27日举行第47次主任会议，研究人事任免事项。

12月15日举行第48次主任会议，研究人事任免事项。

12月23日举行第49次主任会议，研究区、镇两级人大换届选举工作。

（曹 锐）

监督与视察

【法律监督】 开展了《郑州市城乡规划条例》执法检查，进一步促进了规划的落实。

【代表建议办理】 区十一届人大五次会议期间，代表们共提出代表建议58件，全部转交区政府组织办理。代表对建议的办理答复情况表示满意和基本满意的58件，占100%。

【人大代表集中视察活动】 8月31日，视察新型社区建设，实地视察了幸和皇家群岛和上街区项目现场。听取了相关指挥部的情况介绍。

9月9日，视察产业集聚区建设，实地视察了向日葵新能源、华泰特缆、郑州泓嘉国际酒店、上街示范性标准化厂房区、凯普达安全玻璃有限公司、欧凯龙国际家居中心等项目，听取了工业集聚区和服务业集聚区管委会相关情况汇报。

【指导镇、街道人大工作】 密切镇、街道人大联系，指导依法开好人代会，组织代表活动。邀请镇、街道人大干部列席人大常委会会议，参加常委会组织的活动和培训，促进基层人大干部增强能力和素质，发挥主动性和创造性，提高全区人大工作的整体水平。

（曹 锐）

因松柏庙宇取名的柏庙村

柏庙村是柏庙行政村所在地，为该村第三、四、五、六、七村民组，1150多口人。

早在商周时期这里即有人居住。1973年平整土地时在第七村民组发现了人居灰坑，考古人员对出土器物进行了研究，证实其属商周时期人类生活遗址。该村村名的由来与古时该村的寺院和松柏有关。村东头有一古庙名曰“晴烟寺”，始建于汉，兴盛于唐，占地36.9亩，建筑非常雄伟。那时寺中就有和尚专门料理事务，寺内外松柏参天。

晴烟寺南有一河沟叫青烟沟（因满沟杨树也有人叫杨树沟）。明洪武五年（公元1372年）有孙氏、肖氏从山西洪洞迁来，居于沟中。二十年后，孙氏之子孙旺从沟中搬至岭上，在晴烟寺西起房造屋。随着人口增多，渐形成村落。因村中有柏树有庙，就取名柏庙村。

另据说，在晴烟寺北有一日交易棉花上万担的万花集。元末明初的战乱中，该集被毁，若干年后万花集幸存者外逃回来，在晴烟寺西另辟新居，也因柏树和寺庙把村子取名柏庙村。

新中国成立初期，柏庙村约有600人，孙姓占全村人口的90%以上。2007年，上街区政府在柏庙村西为整体搬迁的西林子村村民建设居民安置楼。

上街区人民政府

重要施政

【概述】 全区紧紧围绕中原经济区郑州都市区建设，坚持以新型城镇化建设为引领，深入实施“两加快一维护”战略，求真务实，扎实工作，有力地推动了全区经济社会的快速发展。全年实现地区生产总值99.1亿元，同比增长15.1%；地方财政一般预算收入7.6亿元，同比增长29.2%；规模以上工业增加值66.7亿元，同比增长18.3%；全社会固定资产投资66.8亿元，同比增长29.4%；社会消费品零售总额29.2亿元，同比增长17.5%；城镇居民人均可支配收入和农民人均纯收入分别达到25460元、12464元，同比分别增长14.6%、22.7%。主要经济指标中地区生产总值、规模以上工业增加值、全社会固定资产投资、财政一般预算收入、二产增加值、三产增加值等6项经济指标增速位居6区第一。

【切实推进和谐社会建设】 区政府进一步加大教育投入，启动投资837.5万元的峡窝镇中心幼儿园建设，对中小学、幼儿园实施“冬季取暖，夏季降温”工程。进一步完善社会保障体系，启动了总投资850万元的区敬老院三期工程建设；新农合筹资标准由274元提升到327元，大病补偿封顶线由10万元提高至15万元；1月～2月份，共发放保障金92.9万元，累计保障低保对象739户2810人次。开展了“十星社区”创建活动。制定了加强社区物业管理工作的实施意见，完善了物业服务评优评差制度，并积极推进物业服务向新型农村社区延伸，力求为辖区居民营造安全、和谐、有序的社会氛围。

【招商引资成效明显】 按照“围绕组团上项目，围绕项目增投资，依靠投资促发展”的要求，多措并举，强力推进招商引资，以项目支撑产业集聚区发展：总投资10亿元的中国中部机电基地项目正式签约，汜水河开发城市综合体项目、上海四通输配电产业园项目、中国煤炭城市联合会健康产业园项目和汽车站、影剧院区域旧城改造5个项目初步达成合作意向。成功组建上街区产业集聚区建设发展有限公司，注册成立上街区城市建设发展投资有限公司，首期注资1.3亿元。

【新型城镇化建设加快推进】 交通道路基础性工作快速推进。中原西路西延工程道路红线内附属物全部清理完毕；科学大道西延工程道路两侧绿廊规划设计已完成，进入招标程序；生态廊道建设取得初步成果。制定了汜水河花卉产业基地建设实施方案，完成了200亩造林地块的确定和造林作业设计工作，启动了2个林业生态村创建工作；总投资1682万元的汜水河上街段治理工程前期工作进行完毕；南水北调上街支线综合工程已完成沿线附属物的清查及提水管线工程的初步设计；“四类”社区建设全面推进。夏侯城中村改造已签订正式协议，正在实施集中拆迁。郊段、寨沟、左照3村拆迁接近尾声，安置区规划设计和物探、地探工作已经完成。道北4村合村并城已成立推进工作组，制定了安置补偿方案。杨家沟、老寨河扶贫搬迁工作已进入分房阶段。方顶新型特色农村社区建设历史文化普查准备工作已经完成。

【组团起步区建设开局良好】 郑州宜居职教城已完成总体规划，起步区749公顷控制性详规、核心区300公顷城市设计正在编制；郑州铁路技师学院完成投资2630万元，已开工建设。郑州通航试验区纳入省民航“十二五”发展规划，已引进河南大陆公务航空等7家公司，并与德勤公司正式签约。

【10件实事工程完成】 年末10件实事工程全部完成。（1）新增城镇就业人员2709人，完成目标的104.2%。“零就业”家庭动态为零。完成农村劳动力转移就业前技能培训655人，完成目标的163.4%；转移就业521人，完成目标的104.2%。（2）为全区2192名目标人群做了优生筛查，其中按国家标准检查450名，孕前优生康检率达到92%；为4400名新婚夫妇进行免费孕前优生培训，为1594名育龄群众进行优生咨询，为2217名目标人群免费发放福格森叶酸营养素软胶囊，为2907名育龄群众做孕前风险评估，发放出生缺陷干预宣传资料2.26万份，使待孕夫妇出生缺陷知识培训率、孕产妇出生缺陷常识普及率、高风险孕妇叶酸营养素增补率达到99%。（3）继续实施粮食直补、农资综合直补和农机具购置补贴。其中粮食直补519831.63元，每亩19.84元；农资综合直补2053910.77元，每亩78.39元。做到应补尽补，实现了主要粮食作物直补全覆盖。全区玉米良种补贴面积为26106.4849亩，每亩补贴10元，补贴资金为261064.849元，资金已转到各镇、街道。全区小麦良种补贴面积为26058.585亩，每亩补贴10元，补贴资金为260586.15元，资金已转到各镇街道。全区农机具购置已发放补贴资金749682元，受益农户22户。解决农村9200人安全饮水问题。其中任庄村1237人、西街村1455人、北峡窝村2100人、南峡窝村1520人、冯沟村964人、西林子村424人，上街村1500人。改造中低产田2000亩。（4）异地重建安阳路小学工程完工。中小学校舍安全三年工程：中心路小学工程地基槽完成，矿山小学南教学楼和北教学楼加固工程完工。（5）实施中医中药进基层工程。利用中医药适宜技术推广基地（区中医院）对基层卫生人员进行了中医药适宜技术相关培训，并强化了社区中医药工作的建设，为基层医疗机构配备了中医诊疗设备。10月13日～14日再次对农村卫生人员进行了新一轮的中医药相关知识培训，共培训30人次。村级医疗机构均能为农村居民提供中医药服务。为峡窝镇卫生院配备电视机、VCD、电动车、急救箱、笔记本电脑等健康教育与体检设备，完成中医科达标建设。（6）为全区行政村每月免费放映1场电影，全年放映360场。（7）成功创建夏侯村、营坡顶村、东林子村3个林业生态村。全年检测办理合格机动车黄绿标志

新型城镇化重点工作推进会

4649辆，尾气排放超标不合格治理600辆，机动车尾气排放达标率为87%。对建城区内的各类建筑施工噪声、工业企业的机械加工、生产设备噪声等进行了检查整治，出动472人次、119车次，检查建筑施工单位、工业企业175家次。同时，畅通12369环保热线，加强现场检查，及时处理群众反映的超标噪声污染问题。全年接噪声污染举报70件，噪声污染查处率100%。全年监测天数365天，其中二级以上优良天数311天，其余天数54天。优良率达85%。（8）区食安办组织区工商、药监等部门完成第四季度食品安全抽查检验工作，抽查的食品主要是食用油、卤肉、生肉、面粉、速冻面米制品、纯牛奶，共抽取食品样品143批次。检查全区涉药单位185家次，查处违法案件12起，抽验药品18批次，检验结果全部合格。（9）加强全区技防监控体系建设。一期6个出入区口道路卡口系统完成安装调试。二期道路监控（55套）及电子警察系统（66套）前端设备安装完成。（10）消防大队、各派出所共组织消防主题宣传教育2次，深入社区企事业单位消防安全检查宣讲7次。区农委在年初开展了森林防火演练；5月12日在亚星盛世广场及江南小镇进行了森林防火宣传活动，发放宣传资料2000余份。辖区未发生重大火灾、重特大森林火灾事故。消防栓已全部安装。

【重点项目稳步推进】 工业经济方面，华泰电缆、林肯电气、向日葵新能源等一批龙头企业发展形势良好，输配电材料工业园、新型焊材工业园、新能源材料工业园等一批投资10亿元以上的龙头型、基地型企业园粗具规模。三产服务业方面，投资12亿元的欧凯龙国际家居中心、投资6亿元的郑州西部农产品物流贸易中心等项目进展顺利。

（梅　馨）

重要会议

【区政府常务会议】 2月24日，区长戴春枝主持召开第80次区政府常务会议，会议研究讨论了区政府第八次全体（扩大）会议筹备方案、区长戴春枝在区政府第八次全体（扩大）会议上的讲话稿、2011年政府主要目标任务分解和拟在近期下发的表彰文件四个问题。

5月11日，区长戴春枝主持召开第81次区政府常务会议。会议学习了《国有土地上房屋征收与补偿条例》（国务院第590号令），研究讨论了《当前的食品安全形势暨对我区食品安全问题的报告和对策》《上街区人民政府关于推进企业上市工作的意见》《上街区招商引资优惠办法》《郑州市上街区人民政府办公室关于加强和规范政府投资项目BT融资建设管理的通知》《郑州市上街区投资建设项目评审管理办法》《上街区基准地价更新工作汇报》等6个议题和关于中原西路向西延伸至上街区的问题。关于郑州宜居职教城机构、地价、经费问题。关于铁路技师学院建设问题。

5月17日，区长戴春枝主持召开第82次区政府常务会议。会议就近期区政府主要工作进行了安排，研究讨论了《上街区金融机构支持地方经济发展考核办法》《上街区招商引资优惠办法》《上街区招商引资项目推进工作流程》《上街区招商引资考核奖惩办法》。

10月13日～14日，区长戴春枝主持召开第83次区政府常务会议，会议重点讨论研究了部分规范性文件清理结果的报告、成立聂寨和夏侯社区的建议、区委确定的6个重点项目推进情况、2011年区政府为民办理“十大实事”和区政府投资项目进展情况、谋划2012年区政府投资项目和企业投资项目以及拟申报列入省、市重点建设项目8项议题。

10月25日，区政府召开了第84次常务会议，会议传达了郑州市土地审计和用地计划专题会议精神，讨论研究了行政执法监督事项、2012年区政府投资项目和拟申报列入省、市、区重点建设项目情况，对2012年区政府为民办理“十大实事”工作作了安排。

11月9日，区长戴春枝主持召开区政府第85次常务会议，安排了区新型城镇化重点工作推进会议筹备，传达、学习了郑州都市区新型城镇化重点工作推进会议精神，部署了区四大班子领导碰头会议确定事项。

11月23日，区长戴春枝主持召开区政府第86次常务会议。会议学习了《吴天君同志在郑州都市区新型城镇化建设工作月例会上的讲话》《郑州市人民政府办公厅关于建立郑州都市区新型城镇化重点工作推进机制有关问题的通知》、讨论研究了《郑州市上街区关于合村并城工作的指导意见》《郑州市上街区城中村改造管理办法》等6项议题。

12月15日，代区长宋洁主持召开区政府第87次常务会议。会议研究了上街区2012年政府投资建设项目申报和上街区政府2012年为民办实事项目征集情况。

12月27日，代区长宋洁主持召开区政府第88次常务会议。会议研究讨论了2012年政府投资项目征集情况、上街区加快推进新型城镇化重点工作实施方案、2012年为民办实事项目征集情况3项议题。

【区长办公会议】 2月21日，区长戴春枝主持召开区长办公会议，会议传达了四大班子领导碰头会议精神，对上街区职教园区、铁路技师学院等重点项目建设和迎接市委组织部长姚待献到上街区调研、“郑上新区”务虚会议等重点工作进行了安排部署，并就各位副区长分管工作提出明确要求。

2月25日，区长戴春枝主持召开上街区重点项目推进工作会议，会议听取了区服务业集聚区管委会、工业集聚区管委会、投资促进服务中心、工业和信息化局负责人关于重点项目进展情况和存在问题的汇报，并对下阶段工作作出了安排部署。

2月25日，副区长赵敏在区政府三楼会议室主持召开关于原郑州电机厂拆迁改造项目有关问题的区长办公会议。区住房和城乡规划建设局、国土资源局等相关单位负责人参加了会议。会议就有关问题达成了一致意见。

2月28日，区长戴春枝主持召开区长办公会议，会议听取了各位副区长本周工作安排的汇报，并就本周区政府重点工作进行了安排部署。会议要求：(1)区政府办公室要以“精简会议”为原则，通过召开部门联合会议的形式，对本周各位副区长分管部门的工作会议统筹安排，以减少会议次数，提高效率。(2)各位副区长对安排的工作事项，要各司其职，周密部署，确保完成。

3月7日，区长戴春枝主持召开区长办公会议，会议对区政府领导同志分工进行了调整，并就本周区政府工作进行了安排部署。会议要求：各位副区长要树立“顾全大局、团结协作、勇于争先、不甘人后”意识，按照年初区政府工作部署和本周区委工作安排，明确职责定位，紧抓项目建设，争取项目早启动、早开工，确保各项工作取得实效。

3月14日，区长戴春枝主持召开区长办公会议，会议听取了各位副区长本周工作安排的汇报，传达了四大班子碰头会议精神，就产业集聚区、招商引资工作及重大项目建设动员会的表彰方案进行了研究。

3月22日，副区长赵敏主持召开关于解决郑州市黑狮子游乐机械有限公司搬迁建设土地转换问题的区长办公会议，区住房与城乡规划建设局、国土资源局等单位负责人参加了会议。会议就相关问题达成一致意见。

3月25日，副区长赵敏在区政府三楼会议室主持召开关于原郑州电机厂拆迁改造项目有关问题的区长办公会议。区财政局、住房和城乡规划建设局、国土资源局等相关单位负责人参加了会议。会议就有关问题达成了一致意见。

4月6日，区长戴春枝主持召开区长办公会议，会议听取了各位副区长近期工作中存在的问题和困难的汇报，传达了四大班子领导碰头会议精神，就需提交区政府常务会议研究的议题进行了讨论。

4月7日，副区长赵敏在区政府三楼会议室主持召开关于协调解决综合商务楼等重点项目开发有关问题的区长办公会议，区住房和城乡规划建设局、国土资源局、土地储备中心、中心路街道办事处等相关单位负责人参加了会议。会议就综合商务楼、锦绣花园、鹏程花园项目开发有关问题达成一致意见。

5月31日，区长戴春枝主持召开区长办公会议，会议对郊段、寨沟、左照新型社区建设，中铝郑州企业医院合并、体育场升级改造等近期区政府重点工作进行了安排部署，并对各位副区长提出明确要求。

6月2日，副区长赵敏在区政府三楼会议室主持召开关于协调丹尼斯上街店扩建项目有关问题的区长办公会议。会议听取了丹尼斯上街店和区商务局、城市管理执法局负责人关于丹尼斯上街店扩建项目总体构想及有关情况的汇报，并就有关问题进行研究讨论，达成了一致意见。

6月3日，副区长赵敏主持召开关于研究河南省郑发置业有限公司申请退回一宗国有土地使用权有关问题的区长办公会议。区政府法制办公室、财政局、住房与城乡规划建设局、国土资源局等单位负责人参加了会议。会议就相关问题达成一致意见。

6月7日，区长戴春枝主持召开区长办公会议，会议对区政府领导工作分工进行了调整，安排部署了近期区政府重点工作，并就《河南上街物流项目投资谅解备忘录》有关问题进行了研究。

6月8日，副区长赵敏主持召开关于协调河南志强置业有限公司理想名家项目门面房回购问题的区长办公会议。区财政局、住房和城乡规划建设局、土地储备中心等单位负责人参加了会议。会议就相关问题进行了研究，达成了一致意见。

6月13日，区长戴春枝主持召开区长办公会议，会议对区四大班子领导碰头会议确定事项和区政府本周主要工作进行了安排部署。

6月16日，区长戴春枝主持召开区长办公会议，会议对区政府领导班子成员提出明确要求，对区政府领导分工进行了调整，安排部署了近期区政府主要工作。

7月4日，区长戴春枝主持召开区长办公会议，会议对上街区南部山区开发和郑州宜居职教城建设提出明确要求，听取了各位副区长近期工作汇报，对区政府近期工作和区四大班子领导碰头会议确定事项进行了安排部署。

7月8日，区长戴春枝主持召开区长办公（扩大）会议，会议传达了中央水利工作会议及省、市会议精神，安排部署了全区水利防汛工作，研究了2011年全区“两加快一维护”战略100项重点工程和项目上半年进展缓慢的项目及原因、工作推进中存在的问题和不足。

7月18日，区长戴春枝主持召开区长办公会议，会议传达了市稳定工作紧急会议精神及具体要求，安排部署了区四大班子领导碰头会议确定事项，并在听取副区长工作汇报后对需协调解决的问题进行了研究安排。

7月25日，区长戴春枝主持召开区长办公会议，会议安排部署了区四大班子领导碰头会议确定事项，听取副区长工作汇报后对需协调解决的问题进行了研究安排，分析确定了上半年排名落后市定经济指标的原因及整改要求。

8月22日，区长戴春枝主持召开区长办公会议，会议传达了市委书记连维良、代市长吴天君在市党政考察团赴新乡市学习新型农村社区规划建设和新型城镇化工作时的讲话精神，安排部署了区四大班子领导碰头会议确定事项。

9月6日，区长戴春枝主持召开区长办公会议，会议研究了各位副区长工作中需协调解决事项，安排部署了区四大班子领导碰头会议确定事项及区政府近期工作。

9月14日，区长戴春枝主持召开区长办公会议，会议研究了各位副区长工作中需协调解决事项，安排部署了区政府本周重点工作。

9月19日，区长戴春枝主持召开区长办公会议，会议听取了各位副区长本周工作安排的汇报，安排部署了区政府本周重点工作。

10月8日，区长戴春枝主持召开区长办公会议，会议通报了国庆假期期间工作及区四大班子领导碰头会议议定事项，传达了10月6日郑州市县（市）区书记、区长座谈会议精神，安排部署了区政府本周重点工作。

10月24日，区长戴春枝主持召开区长办公会议，安排部署了区政府第84次常务会议准备工作和区四大班子领导碰头会议确定事项。

11月14日，区长戴春枝主持召开区长办公会议，学习了《教育部、总政治部关于印发军人子女教育优待办法的通知》，安排部署了区四大班子领导碰头会议确定事项、区政府本周重点工作、副区长提交需协调解决事项。

11月21日，区长戴春枝主持召开区长办公会议，安排部署了区四大班子领导碰头会议确定事项、“两加快一维护”综合协调办公室会议、区政府第86次常务会议等会议筹备，传达了郑州都市区新型城镇化建设相关会议精神。

11月25日，区委常委、常务副区长杨金军主持召开区中小企业信用担保机构规范整顿工作区长办公会议。会议听取了区金融、工信、工商等部门前期规范整顿工作的情况汇报，明确了各责任单位具体分工和下阶段工作。

11月29日，区长戴春枝主持召开关于研究解决南部山区开发建设及河南光辉伟业房地产开发有限公司五云山山地生态公园项目开发建设中相关问题的区长办公会议。区委副书记李建伟，区委常委、常务副区长杨金军，副区长赵敏、袁春明及区政府相关单位负责人参加了会议。会议经认真讨论，就相关问题达成一致意见。

（梅　馨）

政府法制工作

【概况】 2010年1月1日，原上街区政府法制局更名为上街区政府法制办公室。区政府法制办公室属区政府挂牌行政单位，是政府的法制工作机构，负责全区法制工作的规划、协调、监督和服务。区政府法制办公室主要负责对区政府、区政府办公室拟发布的规范性文件和以区政府名义作出的具体行政行为的合法性进行审核；负责对区政府各部门的行政执法行为进行监督检查，受理和处理公民、法人和其他组织对违法行政行为的投诉；受理、审查向区政府提出的行政复议申请，拟定行政复议决定；受区长委托，代理应诉区政府的行政、经济、民事诉讼；承办区政府决定受理的行政赔偿案件；对区政府各部门上报区政府备案的规范性文件进行审核；对区政府发布的规范性文件上报市政府法制办备案；组织清理区政府发布的规范性文件；对以区政府名义签订的政府合同进行法制审核；组织法制宣传、培训及承办区政府领导交办的其他事宜。

【规范性文件审核与清理】 2011年，区政府法制办审查区政府及区政府办公室印发的规范性文件33件，下发33件，并实现全部及时备案；办结市政府法规、规章征求意见函23件。开展规范性文件定期清理工作，严格按照规范性文件定期清理规定，由专门工作人员负责，从规范性文件的制定主体、文件内容、制定依据等方面进行清理审核，截至2011年12月31日，全区共废止规范性文件275件，并及时将结果通过区政府门户网站、《上街区人民政府公报》、上街区人民政府法制信息网等渠道予以公开，确保了国家政令的完整统一，促进了依法行政工作水平的有效提升。

【行政复议和诉讼】 2011年，共办理行政复议案件3件，维持1件，不予受理2件；区政府共参加行政诉讼案件8件，无败诉案件发生。自2010年1月1日，区政府行政复议委员会及其办公室正式挂牌成立后，对全区行政复议案件集中受理、集中审理，方便群众申请行政复议，提高了复议案件审理的质量和效率。

【开展依法行政考核和行政执法绩效考核】 根据《上街区依法行政工作责任目标考核方案》，制定了《2011年度全区依法行政工作责任目标考核实施方案》，将依法行政内容具体量化到岗到人，考核结果与年终考评相衔接，对依法行政考核后三名的单位，取消其评优评先资格。开展全区执法机构执法绩效考核，制定了《上街区行政执法机构执法绩效考核办法（试行）》和《上街区行政执法机构2010年行政执法绩效考核实施方案》，各被考核单位也完善了行政执法巡查、年度任务目标等相关制度，有力地促进了各单位依法行政工作的开展和行政执法水平的提升。

【领导干部学法】 制定了《郑州市上街区2011年学法计划》，按照要求，定期组织领导干部学法，全年共邀请法制专家、学者举办《侵权责任法》等相关法律知识讲座6次，使得全区领导干部学法、用法的能力和水平显著提高。

【政府合同管理】 根据《郑州市行政机关合同管理办法》规定，严格政府合同起草、签署及备案等环节。全年共签订政府合同46份，并全部实行备案管理，为全区相关项目的顺利进行提供了法律保障。

【行政执法队伍管理与建设】 2011年，强化了对行政执法人员在专业知识上的学习培训力度。区政府法制办邀请专家集中授课，举办法治讲座2次。完善了上街区行政执法件管理信息系统，全区302名执法人员和33名执法监督管理人员信息全部录入完毕，实现了动态化管理。开展全区行政执法人员文明执法培训和文明执法教育活动。向全区行政执法人员统一发放了《上街区行政执法文书实用手册》，44个行政执法单位（含二级执法机构）和302名执法人员均与区政府签订了《上街区行政执法队伍不作为慢作为乱作为滥作为和不文明执法行为整治承诺书》，并进行公开。及时修订完善了《郑州市上街区行政执法机关执法依据汇编》，使其成为全区执法机关开展日常执法工作的有力工具，促进了全区执法人员的执法能力和执法水平得到有效提升。

【行政执法举报投诉处理】 根据《郑州市行政执法举报投诉受理办法》（市政府令192号）规定，严格行政执法投诉案件的受理、处理和监督各个环节。2011年全年共受理行政执法投诉案件1起，并已经按时处理完毕。

【加大政府法制信息公开工作力度】 在全市率先开通"上街区政府法制信息网"，为上街区依法行政工作深入开展搭建了良好平台。结合机构改革，公布了全区行政执法主体，开展了行政执法依据梳理工作，并将梳理结果在网上进行了公开，便于群众查询，接受社会监督。

（何　颂）

人事工作

【概况】 2011年，区人社局以服务宜居职教城建设和上街区跨越式发展为主线，积极落实"民生为本、人才优先"两项根本要求，以坚持"重在持续、重在提升、重在统筹、重在为民"为实践要领，全面推进人力资源和社会保障事业新发展，各项工作取得明显成效。区人社局先后被评为河南省劳动保障监察工作先进单位，郑州市先进基层党组织、学习型组织先进单位、人力资源和社会保障局工作先进单位、创业工作先进单位、城乡就业工作先进单位、小额担保贷款工作先进单位、社会保险工作先进单位、公务员岗位练兵活动先进单位、职称工作先进单位、机关事业单位技术工人技能竞赛优秀组织奖，上街区民族团结进步先进单位、消防工作先进单位、档案工作先进单位、法制宣传教育和依法治理工作先进单位、人大代表建议和政协委员提案办理工作先进单位、依法行政工作先进单位、环境保护工作先进单位、平安建设工作先进单位、信访工作红旗单位、优化和效能监察工作先进集体、绩效目标管理先进单位、反腐倡廉建设工作先进单位、民政工作先进单位、工会工作先进集体、新闻外宣工作先进单位、机关党建示范点等。

【公务员管理】 加强公务员队伍建设。制定了《上街区公务员绩效考核暂行办法（2011年）（征求意见稿）》，向全区机关和参照公务员管理的事业单位广泛征求意见，积极谋划公务员绩效考核工作。继续深入开展公务员业务提升活动，组织全区55家单位，制定业务培训计划，建立业务考试题库，按要求选拔公务员参加全市竞赛，促进上街区公务员素质提升。结合“人民满意公务员”创建活动，组织开展了“人民满意的公务员”评选推荐工作，按规定程序向市推荐“人民满意的公务员集体”3个，“人民满意的公务员”6名（其中科级公务员2名，一般公务员4名）参加全市统一评选，激励广大干部职工努力提升自我，更好地为人民群众服务。对112家区直机关（含峡窝镇、各街道）、事业单位3047人（其中一般干部740名、专业技术人员1521名、工勤人员786名）进行考核，按程序确定优秀等次454人，称职（合格）等次2593人，并按规定向市局备案年度考核结果。

【专业技术人员管理】 建立并完善上街区专业技术人员信息库，整理已获得专业技术资格人员资料并录入数据库，专业技术人员信息库已录入1800人左右，其中企业250余人。

【大中专毕业生就业】 积极主动做好2011年高校毕业生的接收及信息登记工作，并采取有效措施及时落实“进社区，服务农村”大学生的生活补贴发放、社会保险缴纳等工作。做好2009年、2010年度38名大学生年度考核及2009年度17名高校毕业生服务期满后续相关工作，健全服务管理机制，加强与“进社区，服务农村”及“三支一扶”大学生的双向沟通，及时帮助解决工作、生活中的困难。

【人才交流服务】 深入90多家区属重点企业，开展政策宣传和人才需求调查，主动征求企业对人事人才工作的意见和建议。通过座谈和调查等形式，企业对区人社局的工作职责有了进一步的了解，区人社局也及时掌握了企业的需求状况，为以后更好地为用人单位和各类求职者提供人事人才服务打下了基础。组织了经济、审计、统计、社会工作者职业水平、执业药师专业技术资格考试报名工作。其中经济专业31人、审计专业5人、统计专业5人、社会工作者职业水平考试7人、执业药师资格4人。同时，为2010年度经济、统计、审计专业资格考试合格人员6人办理了资格证书手续。全年续签人事代理合同114人，新增人事代理人员77人，人事代理人员累计962人。为69名代理人员办理人事调动手续，调整代理人员档案工资263人次。全年接收档案51份，出具各类证明材料、调档函、接收函69份。目前，中心存放档案共1499份，签订人事代理协议的企业20家。

【职称评定】 加强职称业务学习和政策宣传，严格事业单位专业技术职务结构比例审批。完成2010年度职称证书发放和待遇兑现的同时，认真组织完成2011年度职称申报、评定工作，共审核申报中、高级职称40人，其中高级教育系列9人、高级卫生系列4人、中级教育系列27人。

【工人技术等级考试】 扎实做好机关、事业单位技术工人等级考核工作。发放机关、事业单位技术等级岗位证书111份（其中技师34名、高级工27名、中级工21名、初级工11名）。积极与市工考办沟通交流，严格审核、培训程序，保障上街区2011年机关、事业单位技术工人等级考核工作圆满完成。2011年上街区参加机关事业单位技工等级考试人员共78人，考核合格人员61人（其中技师14人、高级工23人、中级工15人、初级工9人）。

【工资福利制度改革】 稳步推进收入分配制度改革。完成2010年度机关、事业单位考核奖的审批工作，共审批194家单位2381人。完成机关及参照单位滚动晋级、晋档及事业单位晋升薪级工作。审批机关及参照单位103家，审批滚动晋级327人，正常晋档182人，事业单位50家，办理晋升薪级1967人，办理其他各类工资审批手续360人。

【干部离退休服务】 继续做好机关事业单位离退休工作。完成退休审批35人，退休人员护理费鉴定审批4人，优秀教师提高退休费计发比例申报获批11人，整理离退休人员档案956份。

（王二奎）

机关事务管理工作

党员志愿者服务

【概况】 上街区机关事务管理局在全局干部职工中大力倡导忠诚敬业、务实创新、高效协作的工作作风，不断提高服务保障的制度化、规范化和标准化水平。通过开展“制度建设年”“三优一满意”等活动加强作风建设。连续两年获得“省级文明单位”荣誉称号。2011年全年撰写各类文件200余篇，收发各类报刊读物3000多份；承办全区机关单位工作会议及全区领导干部大会等400多场；修补破损水泥地面40多平方米，并整修绿色植被50余平方米；对旧有线路以及供热管道进行了改造。

【节能减排】 区机关事务管理局从宣传工作入手，提高机关干部职工节能意识，认真学习贯彻《公共机构节能条例》，重点落实安全用电、用水、用气规定，抓好节电、节水和节约办公耗材等工作。开展了以“绿色办公，低碳生活”为主题的节能体验日活动和“能源短缺体验日”“地球一小时”“夏至关灯”等活动，并在大院内张贴节能宣传画。推广使用节能灯具、节能型洁具，提高水、电设施设备的节能效率。实施技术改造，采取空调温度控制、自己动手修理管道线路、旧空调再利用等举措，为创建“绿色机关”，促进废旧资源循环利用发挥积极作用，在水、电上的各项开支节省6万多元。按照节能办法，对全区的55个公共机构进行了摸底、登记、建档，并对能源消耗情况进行了统计造册和督查指导，顺利迎接了市公共机构节能检查组的考评。2010年、2011年连续两年，被郑州市机关事务管理局评为节能减排先进单位。

【文化建设】 通过开展创先争优、三优一满意、三讲三提升等活动及领导干部作风建设活动，打造学习型机关，致力于学用结合，以学促用，以学习促进全局工作人员整体素质的提高，促进领导干部执政能力的提升。建立周五下午学习例会制度，采取集体学与自学相结合、定期学与平时学相结合、专题讨论与主题辅导相结合，激发员工的学习热情。通过制定学习计划、保障学习时间、检查学习心得等措施，各科室内部学理论、学业务蔚然成风，工作人员整体素质不断提高。坚持用党的基本理论武装头脑，从党的理论创新成果中汲取智慧和力量。在加强政治理论学习的同时，注重加强专业基础知识、法律知识等基本知识的学习。

【后勤服务】 准确把握服务工作的科学内涵，突出抓好综合服务和会议服务。设立服务热线电话，坚持“电话就是命令”理念。建立快速反应机制，对领导及各单位反映的问题，按照职责分工，快速反应处理，每个问题都坚持做到有记录有反馈。建立设备管理规范化、标准化操作机制，坚持计划维修与零星维修相结合，对达到使用年限，特别是超期服役的设施设备，拟定大修或更新计划，及时进行更换、大修。办公区绿化实施补栽与更新。引入市场招标机制，对花卉服务集中采购，降低采购成本。建立卫生保洁绿化机制，卫生保洁工作坚持清扫及保洁标准，做到"一日两扫、全日保洁、管理到位、日产日清"。严格按照会议服务程序，加强会议预约登记，会前各项准备充分，服务严格标准规范，确保无纰漏发生。建立会议服务管理机制，尤其是在会议设备设施的管理上，及时消除各种不良隐患，做到把问题解决在开会之前。

【安全保卫】 围绕创建平安机关办公区，区机关事务管理局狠抓安全责任制的落实，不断加强员工技能培训，进一步确保了办公区的安全。办公区严把关口，印制发放了车辆通行证。工作中实行领导带班制度，严格出入程序。同时更新升级消防监控设施，加大巡逻力度，人防、物防、技防相结合，实现了安全无责任事故的目标。贯彻"防消结合，以防为主"方针，重点抓好安全隐患排查。落实消防责任制，对统管区消防状况全面排查。在"三馆一中心"设立消防值班岗，预防火灾事故的发生，并建立消防月查制度、隐患通报制度。治安工作突出抓好重点区域、重点对象、重点阶段的治安防范，提高机关各单位自我防范意识。抓住车辆停放这一难关和突破点，划定停车区域，从源头控制车辆乱停乱放。

（袁宇月）

行政服务中心

【概况】 区行政服务中心始终以《行政许可法》为依据，贯彻落实国家、省、市、区行政审批制度改革的方针、政策。对入驻大厅的各行政管理部门、服务机构进行工作协调，为公民、法人和其他社会组织提供行政许可、非行政许可、行政收费、便民等"一站式"服务。同时广开沟通平台，利用意见箱、网络平台、行政效能电子监察系统进行监督，最大限度做到依法公开、规范开展行政审批、行政服务、便民服务等业务。2011 年，区行政服务中心共受理各类行政审批服务事项件 163725 件，办结 163725 件，办结率 100%。其中即办件 150363 件，占 91.84%；承诺件 13171 件，占 8.04%；联办件 191 件，占 0.12%。

【多举措支持企业发展】 一是推进重大项目快速审批。对落户上街的重点企业、重点项目，凡符合条件且材料齐全的，职能窗口一律优先受理。除法律规定的事项外，其余审批时限至少压缩 60% 以上。二是推行投资项目无偿代办。降低代理门槛，扩大服务范围，免费为各种规模企业提供政策咨询、注册登记和行政许可事项代理服务。三是建立高效便捷的服务机制。为服务上街区招商引资和重点项目建设，先后建立了项目推进联席办公会议制度、并联审批制度、外来投资项目无偿代办制度、信息沟通制度、投诉处理制度等 5 个工作机制，有效解决企业在筹办、设立过程中遇到的各种手续办理问题。四是积极开展"中心领导下企业"活动。深入企业、项目现场实地调研，并会同发改、环保、国土、税务、工商等部门召开企业座谈

效能电子监察指挥平台投入使用

会14次，协调解决各类问题75个。五是开展项目联合踏勘。对需要多部门勘查审批的事项，统一由行政服务中心协调相应部门集中组织实施，以减少行政成本，加速项目审批。六是建立网上审批平台。通过短信息、电子邮件等实现审批部门及当事人之间的信息沟通，推动行政审批电子化、网络化进程，提高办事效率；同时加强与电子监察系统的对接，确保审批行为公开、公正。七是完善电话预约、延时下班、绿色通道、上门服务等便民措施。解决人民群众因节假日等特殊原因造成的请办事项无人受理、办理等问题。为服务对象提供零距离、无障碍和全天候的便民服务。

2011年，区服务中心利用各项服务机制，先后为恒亿电气、玉发陶瓷、凯普达等26家重点企业提供了全程代办服务，共代企业办理各种证照、手续91个。

【优化审批流程】 为进一步提高行政审批效率，方便群众办事，2011年，区行政服务中心严格按照市行政效能电子监察系统表格配置的有关要求，对照国务院、省、市人民政府下令逐批取消或下放的审批项目目录，对各单位上报的事项及流程进行了严格把关。对法律法规明确规定予以取消、下放的事项或因政策法规变动需减少申报要件、缩短审批时限的事项，责令有关单位进行了取消、下放或申报材料等内容的修改。2011年，中心已完成28家进驻单位的项目梳理、表格配置及网上录入工作。在整个项目梳理过程中，共规范审批流程梳理表232项，累计压缩审批时限255个工作日。

【基层便民服务建设】 为进一步规范基层便民服务中心和代办站的服务行为，提高工作效率和服务质量，2011年，区行政服务中心根据对区基层便民服务中心、代办站、便民服务大厅等场所的调研情况，起草了《关于进一步规范我区镇（街道）便民服务中心和村（社区）便民服务代办站建设工作的意见（草稿）》。同时，就进一步加强镇（街道）便民服务中心及代办站的业务监管和运行规范开展了以下工作。一是制定行政服务工作考核细则，将目标实现情况纳入镇街道年度考核，量化细化目标，强化责任落实。二是联合区效能办、区电子政务办公室为各镇街道便民中心安装25个监控摄像头，完善了三级电子监控平台建设。三是强化督查指导工作。联合区效能办，定期或不定期地对镇街道便民服务中心、村（社区）便民服务代办站的工作作风和服务质量进行明察暗访，发现问题及时纠正。2011年，各级便民服务机构共为辖区企业、群众办理各类行政审批服务事项24893件。

【区行政效能电子监察指挥平台投入使用】 2011年，区行政服务中心与峡窝镇、工业办、中心办、济源办、新安办便民服务中心及车管所已全部完成视频监控系统的安装、使用并实现联网对接。共安装78台摄像头、66台拾音器、1个监控平台和两个监控大屏幕，电子监控平台设在中心。监控系统以视频、音频相结合的方式，对各办事大厅的审批行为进行全过程的监督管理。为进一步提高办事效率，提升服务水平，区行政服务中心根据省、市、区的要求，依托行政效能电子监察平台，更换使用了全省统一网上审批系统,并于6月邀请专家讲师，组织了由各行政审批职能部门及便民服务中心共117人参加的网上审批系统应用的培训。

【争创“优质服务窗口”】 区行政服务中心通过开展“优质服务窗口”“优秀标兵”等创先争优活动，激励工作人员紧贴群众需求，提高服务能力，争先攀登服务新高；同时以书面形式通报考核结果，点评违规行为，树立先进典型，有力地规范了服务行为，提升了服务质量。2011年，在此项活动中涌现出了优质服务窗口共60个次、优秀标兵180人次。同时区行政服务中心根据《郑州市上街区绩效考核暂行办法（2011）》的要求，对镇（办）、区直单位、垂直单位的行政审批服务进行细化考核，制定考核标准，进一步提高服务水平，实现标准化服务。

【社区帮扶活动】 根据区委组织部《关于进一步做好社区帮扶工作的通知》的要求，区行政服务中心走访了解淮北社区的情况，在6项帮扶任务的基础上，了解社区工作中其他需求和问题。2011年，共走访社区12次，发现并解决实际问题4件，参与社区公益活动3次。通过深入社区帮扶，密切了中心人员与社区群众之间的关系，让老百姓体会到了党和政府对基层的关心。

【创先争优活动】 根据区行政服务中心党总支及各支部实际情况，成立了由中心党总支书记任组长、各支部书记任副组长的创先争优活动领导小组，结合各窗口工作情况，紧紧围绕创先争优活动主题，先后组织"党员公开承诺""共产党员示范岗""领导点评""三亮三创三评""双百夺旗争星""党员志愿者服务"等活动，结合"'五强化四争创'领导干部读书活动竞赛"，全面开展创先争优活动。活动开展期间，共展出公开承诺书32份，设立"共产党员示范岗"6个。

（赵 磊）

外事 侨务

【概况】 2011年，全区归侨、侨眷、港澳同胞和华人、华侨共有1000余人，侨属企业1家。办理因公出国（境）组团3批，15人次。在中秋节、春节等传统节日期间，走访慰问华侨华人、困难归侨侨眷10户，并送上慰问金和慰问品、慰问信。9月份，组织区5名归侨到市中医院参加省外侨办开展的侨爱工程义诊活动。2011年，区外侨办被评为郑州市外事侨务工作先进单位。

【外事出访】 2011年11月，上街区领导组团出访，区委副书记李建伟带队，根据区委、区政府的总体工作部署，严格按照《出国境管理制度》要求，赴法国凯诺斯铝酸盐技术有限公司（前身拉法基铝酸盐技术有限公司），就本区投资兴建第二条生产线合作计划进行详细洽谈，并达成了初步共识；并组织本区招商团组，抓住河南、港澳经贸交流的契机，随市商务局赴香港、澳门特别行政区进行投资宣传，扩大与港澳地区的经贸交流合作。

【友好接待】 2011年，为进一步推动上街区对外开放工作，通过与省市外侨部门的紧密联系，安排区长戴春枝与日本三重县访豫团队进行座谈，商讨与三重县下属行政区域建立友好交流城市，并负责与日方联络工作。

【因公出国（境）管理】 2011年，上街区严格执行郑州市制定的《关于进一步加强因公出国（境）管理实施意见》，进一步规范了因公出国（境）审批制度。全年共办理因公出国（境）团组3批，15人次。

【对外宣传】 2011年1月，向港澳同胞、海外华人华侨寄慰问信，介绍上街区的概况和基本政策，以及取得的成绩，并通过电视、报纸等新闻媒体向全区归侨、侨眷表达节日祝福。组团出访时，注重与当地的华人华侨社团的联系，拜访华人社区，与他们建立联系，并努力调动和发挥海外华人华侨的积极性和优势，为对外

慰问侨眷家属

交流与合作搭建桥梁。

【侨眷证办理】 2011年为曾敬安、罗琼丽、罗杰希等11人办理侨眷证明，为李淑靖等两名初三中招考生开具加分证明，为侨眷身份杨香婷开具侨眷身份证明。

【生活困难归侨侨眷救助】 2011年9月，组织本区5名归侨，到市中医院参加省外侨办开展的侨爱工程义诊活动，并参加省外侨办组织的侨务干部培训，进一步提升侨务业务知识，提高为归侨侨眷服务的能力。12月20日，外侨办组织开展医疗器械捐赠仪式，为归侨侨眷免费送上仪器，更好地为归侨侨眷服务。

（曹　丹）

接待工作

【规范运作】 在公务接待工作中，坚持以科学发展观为指导，积极探索新形势下接待工作的特点，初步形成了“区委、政府统一领导，接待部门牵头协调，相关部门密切配合，上下左右协作联动”的接待工作新机制，将公务接待逐步纳入了规范化、程序化、科学化的轨道。在重大接待任务中，接待办根据区委区政府领导审定的接待方案，加强与有关部门的沟通联系，全面掌握相关情况。合理调配接待资源，具体安排接待工作的运行。每项重大任务完成后及时进行工作总结，建立了一整套包括拟制接待预案、搞好筹备勘查、会场布置、宴会安排、会见组织等接待工作流程，增强了接待工作的预见性、主动性，有效提高了工作效率。

【注重服务】 接待办作为“搭平台，谋合作，促发展”的载体机构，在市场经济条件下，最重要的职能就是打好“经济牌”、亮好“服务剑”，着力抓好日常服务各个环节，力求“全面、细致、体贴、周到”。在接待流程方面，进一步优化工作流程，细化每一项工作环节，抓好迎送、会议、膳食、住宿、行车、安全等服务。每一次接待，都要详细了解来宾情况，制定接待方案，进行周密安排，做到热情简洁，善始善终。在膳食服务上，接待办提前了解来宾的饮食习惯、宗教信仰、特别嗜好，预订菜谱，细化餐饮。在住宿方面，根据来宾级别，安排住宿地点，抓好住宿卫生。在行车安全方面，及时协调有关部门，安排调动车辆，做到准时、畅通、安全。突出保密、消防和治安三个关键，注意消除一切不安全因素，保证客人及其物品、信息资料的安全。在严格控制公务接待费用支出的同时，积极宣传上街特色产业。参观活动主题鲜明，努力让宾客在参观中能对上街有所理解，留下印象。

【传承创新】 不断提升接待工作水准。在继承公务接待好做法、好经验的基础上，根据形势任务的需要，大胆实践，积极探索，锐意创新，不断改进公务接待工作的思路、内容和方法，进一步增强接待工作的活力。坚持以人为本，推进个性化服务。注重从细节点滴入手。在公务接待活动中精心制定接待方案，科学设计内容，将区经济发展成就、风土人情、历史文化、风景名胜纳入考察日程、食宿安排中。

【接待总量】 2011年，接待办完成了郑州市委书记连维良、郑州市政协主席李秀奇、郑州市委统战部部长王林贺、郑州市领导乔新国、郑州市副市长刘东、国家安监总局统计司副司长徐国强、郑州市人大常委会副主任周长松到上街调研，完成了郑州市企联系统会长联系会第二次会议、省委农村工作办公室新型城镇化“三化”协调发展工作、郑州市跨越式发展工作组上街考核、郑州市职业教育工作会议、中部地区职教发展专家论坛、六新城十一组团和产业集聚区建设考核、宁波客商考察团、恒大地产考察团、东风日产公司考察团等省、市领导检查、调研、考察活动及大型会议的接待工作，受到了各级领导的好评。2011年共安排81项重要活动和146次日常接待，3000余人次。

（杨　丽）

政协上街区委员会

重要会议

【政协郑州市上街区七届五次会议】 2011年1月9日～12日召开。2011年1月9日下午由区政协常务副主席武家寅主持召开政协郑州市上街区第七届委员会第五次会议预备会议，并表彰了优秀提案和提案办理先进单位。

2011年1月10日，区政协七届五次会议开幕。会议由区政协常务副主席武家寅主持，区政协主席张福祥代表政协郑州市上街区第七届委员会常务委员会作工作报告，区政协副主席吕现州代表政协郑州市上街区第七届委员会常务委员会作关于区政协七届四次会议以来提案工作情况的报告，区委书记黄卿讲话。

2011年1月11日，区政协全体委员列席区人大十一届五次会议第一次大会，协商讨论《政府工作报告》及其他报告。

同日，召开区政协七届十八次常委会议，协商通过了选举办法（草案）、总监票人、监票人名单，并交由委员小组会议审议。

2011年1月12日，区政协七届五次会议召开第二次大会。会议由区政协常务副主席武家寅主持，通过选举办法、总监票人、监票人名单，宣布总计票人、计票人名单。通过投票，选举邓书安为政协郑州市上街区第七届委员会主席。

同日，召开了中国人民政治协商会议郑州市上街区第七届委员会第五次会议第三次大会。会议由区政协副主席卢裕华主持，审议通过了区政协七届五次会议提案审查情况的报告，通过了区政协七届五次会议政治决议，通过了区政协七届委员会常务委员会工作报告的决议，通过了区政协七届委员会常务委员会关于七届四次会议以来提案工作情况的报告的决议。区政协主席邓书安最后作了重要讲话。

【政协常委会议】 2011年，区七届政协共举行常委会议3次

第18次会议。1月11日召开。会议由政协主席张福祥主持。审议通过了区政协七届五次会议政治决议（草案），审议通过了区政协七届委员会常务委员会工作报告的决议（草案），审议通过了区政协七届委员会常务委员会关于七届四次会议以来提案工作情况的报告的决议（草案），审议了提案审查情况报告（草案）。协商了有关选举事项。

第19次常委会议。7月19日上午召开。会议由政协主席邓书安主持。会议听取了区政府关于上街区上半年经济运行情况的通报；协商了委员变动事宜，根据政协章程，协商终止了吴留柱的委员资格。

第20次常委会议。10月18日上午召开。会议由政协主席邓书安主持。会议听取了区公安局工作情况的汇报和区政府关于政协提案办理情况的汇报。

（代振岭　路坦坦）

政治协商

【概况】 2011年，紧紧围绕全区中心工作，认真组织多层次政

治协商，不断延伸政治协商的深度和广度，为上街区的社会进步起到了重要作用。

七届五次全会期间，认真组织委员对《政府工作报告》等事关经济社会发展的工作部署进行广泛的协商讨论。年中适时召开常委会听取经济发展、社会稳定、城市建设等重点工作开展的情况通报，对工作中存在的问题及时提出意见和建议。对“两加快一维护”战略和“十二五”规划的编制，高度重视，积极通过协商沟通、座谈讨论等多种形式帮助相关部门修订。如在“十二五”规划编制中提出的“规划要突出刚性，为发展留足空间”“目标制定要有压力，必须体现高速发展”“规划编制要广泛听取各阶层的意见”，以及“建设金融平台，发展金融市场”“加强文化建设”和“信息化建设”等都得到了相关部门和领导的高度重视，对规划编制的完善起到了积极的促进作用。

听取了区政府上半年经济运行情况通报后，第19次常委会从“全力推进重点项目建设”“积极破解发展难题”“大力提高经济质量”“进一步提高对三产服务业的支持力度”等方面进行了深入探讨，提出了很好的意见和建议。第20次常委会听取了区公安工作情况汇报，并就提高干警素质、提升人民安全感等问题与区公安局进行了深入沟通。

及时召开主席会议，专题听取服务业集聚区建设、财税等工作汇报，与相关部门共同分析，查找问题，提出合理化建议。按照区委安排，政协各镇、街工委在广泛听取和收集各界群众意见基础上，及时召集委员就关于上街区划调整问题进行深入的协商讨论，形成意见上报，为上级科学决策提供参考。

（代振岭　路坦坦）

民主监督

【概况】　加大视察监督力度，先后组织委员开展“城市建设重点工程”“经济建设重点项目”“文化教育重点项目”“社区医疗服务工作”等一系列专项视察，有力促进全区经济发展和民生改善等工作的落实。

丰富评议监督形式。一是通过听取部门工作汇报进行民主监督。10月份，政协常委会专门听取了区公安局工作情况汇报。委员针对区公安局工作中存在的问题，提出中肯的意见和建议，对区公安工作的改善起到促进作用。二是拓宽社情民意反映渠道。依托“委员之家”建设，充分发挥政协委员社区联络点的作用，进一步密切政协委员同群众的联系；完善政协网站，进一步拓宽社情民意反映渠道。三是通过行风评议进行民主监督。组织部分委员积极参与对政府职能部门的行风评议活动，督促其不断提高工作效率，转变工作作风。四是通过委员受聘特邀监督员进行民主监督。政协委员受聘担任监督员是对政府部门开展监督的有效途径。20多名政协委员应邀担任司法机关和政府有关部门的特邀监督员、廉政监督员。

（代振岭　路坦坦）

参政议政

【概况】　各专委会紧紧围绕发展大计和民生改善等重大课题，深入开展视察、调研，积极建言献策，认真履行参政议政职能。经济委员会联合区财政局、国税局、地税局、统计局对上街区“十一五”期间财政收入来源情况进行了调研。对“十一五”期间上街区经济的各产业以及产业内各行业的财政收入贡献比重结构和走势进行深入分析，客观地总结分析全区近年来经济发展的实际情况，并据此提出建议，为区委、区政府科学决策和“十二五”规划的顺利实施提供参考。

教科文卫体委员会组织部分市、区委员对在建的夏侯小学、安阳路小学建设情况进行专项视察。委员们针对安阳路小学“规划面积过小，不能满足学校教育教学需要”等问题提出了批评建议，区政协教科文卫体委员会据此提出了《关于扩大安阳路小学规划用地的建议》，经区政协七届三十次主席会议审议定为建议案，提交区政府落实。

坚持政协领导联系企业，深入企业进行调研，听取企业意见，及时反映企业的困难和诉求，帮助企业解决实际问题；牵头召开银企座谈会，搭建银企合作平台，协助企业解决融资难问题。

政协提案督办

【概况】 七届五次会议期间，共收到提案76件，其中集体提案2件。提案中，经济方面的8件，城市建设及管理方面的40件，科教文卫体方面的23件，劳动和人事方面的3件，其他方面的2件。从各类提案中挑选7件质量高、具有代表性的提案，作为当年的重点跟踪办理提案，提交主席会议作为主席、副主席的跟踪办理提案。

2011年优秀提案明细表

序号	提案名称	提案人
01	关于完善我区水系建设的建议	王玉洁
02	关于留住长铝职工医院精干医护人员，为我区整合医疗资源奠定人才基础的建议	马　丽　何乃玲　刘春玲
03	关于落实教育优先发展战略，切实加大教育财政投入的建议	民盟上街总支部
04	关于加大支持中小企业力度的建议	周根生　虎青安　蔡　军
05	关于发展商标战略在低碳经济建设中的引领作用的建议	安红志
06	关于成立专门机构协调上街与荥阳经济发展战略融合的建议	倪建中　王雯倩
07	关于城市道路十字路口及重点部位应配置大量监控设备的建议	杨建华　杨延宾　张广申

（代振岭　路坦坦）

民主和团结

【概况】 坚持政协领导与民主党派、工商联的联系制度，主动维护民主党派、工商联的民主权益。积极为民主党派履行职能创造条件，在全体会议、常委会议、主席会议及其他各项活动中，邀请民主党派人士参加，努力营造民主、和谐、合作共事的政治氛围，认真倾听他们的意见和建议，为民主党派和无党派人士表达主张和意见、发挥作用创造条件。积极组织委员中的民主党派成员和无党派人士参加政协的视察、专题调研等活动，把合作共事的精神贯彻到政协工作的各个领域各个环节。

6月份，联系省内知名画家来上街区五云山开展写生活动，认真筹办了“唯美上街，唯美五云山”油画展，引起新华社的关注和报道。

（代振岭　路坦坦）

文史资料工作

【概况】 经过认真校对、审核，出版了《上街文史资料》第二辑（征求意见稿）；配合市政协文史委出版《市政协文史资料》第三十二辑《中州名镇》，积极报送上街区的相关资料。

（代振岭　路坦坦）

纪检监察

党风廉政建设

【概况】 区纪委、监察局全面贯彻中央、省、市、区关于反腐倡廉建设的决策部署，深入推进惩治和预防腐败各项工作，联系实际，突出重点，强化措施，着眼预防，深化改革，开拓创新，党风廉政建设和反腐败工作取得了明显成效。对党员领导干部的教育和监督进一步加强，损害群众利益的突出问题得到了进一步治理，查办案件工作力度进一步加大，从源头上治理腐败工作进一步深入，行政监察职能作用进一步发挥，纪检干部队伍建设进一步加强。

【落实党风廉政建设责任制】 坚持把维护党的政治纪律放在首位，加强对党的政治纪律执行情况的监督检查。年初，全区党风廉政建设责任制领导小组围绕落实中纪委十七届六次全会、省纪委八届六次全会、市纪委九届六次全会和区纪委八届六次全会部署的各项工作任务，研究制定了《2011年党风廉政建设责任制工作意见》。明确要求各级党委主要负责人要认真履行第一责任人职责，把党风廉政建设责任制工作与各项工作同谋划、同部署、同落实、同检查、同考核；明确了区四大班子领导岗位职责以及年度党风廉政建设和反腐败工作任务，并把69项反腐败重点工作细化量化成具体目标，分解落实到17个牵头单位和74个配合单位。区委常委会多次专题研究全区党风廉政建设和反腐败工作。

切实抓好贯彻实施《中国共产党党员领导干部廉洁从政若干准则》情况的监督检查。制定检查方案，全面开展《廉政准则》贯彻执行情况自查自纠工作。党员领导干部要围绕遵守“8个严禁”“52个不准”逐条进行对照检查。全区各单位各部门以及党员领导干部围绕检查内容逐级认真开展自查自纠，通过“自己找、大家提、组织点、群众评”等形式，全面检查自身在廉洁自律方面存在的突出问题和薄弱环节，深入剖析问题产生的根源，结合实际提出具体有效的整改措施，为集中解决问题打下了坚实的基础。全区共有47个单位（部门）、370余名科级干部上交了领导班子和个人关于《廉政准则》贯彻执行情况的自查自纠报告。

继续落实厉行节约有关规定，确保“公款出国（境）、公务用车、公务接待”三项费用与2010年相比实现零增长。继续治理“节日病”，加强监督检查；落实“四会一课”廉政教育办法，在领导干部职务变动时及时开展廉政谈话，重大节日前组织廉政谈话会。认真落实公务用车备案制度。继续实行厉行节约指标台账管理制度，采取明察暗访、不定期巡查、公布举报电话、受理群众举报等措施，强化监督检查。建立健全各项节约制度，出台禁酒规定，严控会议数量和规模，加强用水用电管理。对保留车辆和未车改单位的车辆运行经费全面压缩，严格审核各项支出预算。做好“节日病”的防治工作。在重大节假日前，坚持对全区领导干部开展廉政谈话，打招呼，敲警钟，重申廉洁自律各项规定。同时联合相关部门组成检查组，对区内多家娱乐购物场所进行明察暗访，查纠各种假日不廉洁行为。抓好公务用车专项治理。根据《省市〈关于开展党政机关公务用车问题专项治理工作的实施办法〉的通知》有关精神，制定了区党政机关公务用车问题专项治理工作实施办法。成立了领导小组，认真抓好登记自查、审查核实等各个环节，确保治理工作不走过场，不留死角；严格按照政策对违规超编车辆进行了认定。

加强对党内监督条例和党员权利保障条例执行情况的监督检查。认真贯彻执行廉洁从政各项规定。2011年，全区460余名在职领导干部就廉洁从政行为进行了公开承诺，500余名领导干部进行了述职述廉，36个单位组织开展了公开述廉，开展任前廉政谈话70人，对16名领导干部进行了党风廉政谈话。认真落实民主集中制、党内重要情况通报和报告、情况反映等制度和规定，切实履行好“一岗双责”，积极推进党务公开等。

【农村基层党风廉政建设】 强化组织领导，确保党风廉政建设责任制各项工作落到实处。制定了《2011年农村基层党风廉政建设工作意见》和《2011年农村基层党风廉政建设任务分工和责任目标》，明确了年度农村基层党风廉政建设工作任务，并把12项重点工作细化量化成具体目标，分解落实到联席会议成员单位和各镇(街道)。各镇(街道)、各有关单位按照“谁主管，谁负责”的原则，把农村基层党风廉政建设纳入本部门的整体工作，制定工作意见和实施方案，层层签订农村基层党风廉政建设工作目标管理责任书，明确具体工作任务、措施和要求，形成了“一级抓一级，层层抓落实”的责任体系。各部门之间加强协作，上下联动，协同配合，确保了农村基层党风廉政建设各项工作任务的顺利开展，初步形成了农村基层党风廉政建设工作合力。全面落实《村情民意》小报，扎实搞好村务公开和党务公开。严格督查考核，把全面落实《村情民意》小报制度作为加强农村基层党风廉政建设的重要内容抓紧抓好。全区各村《村情民意》小报编发率达到了100%，有效促进了村务公开工作。加强民主监督，深化便民服务。自开展“三资”委托代理服务以来,农村财务“三资”委托代理服务社会效果逐步显现，全区农村大局稳定，干群关系进一步和谐融洽。各镇（街道）的12名“三资”业务骨干参加了市纪委市财政局组织的三资业务培训。认真落实省纪委《关于进一步做好农村基层便民服务工作的意见》（豫纪发〔2011〕8号）。全区各镇（街道）全部建立了便民服务中心，30个行政村建立了便民服务站。上街区聂寨村便民服务大厅面积达200平方米，配备了工作人员8名，购置了电子显示屏和触摸屏，服务项目不断增加，服务质量不断提高。转变工作作风，深入开展“进农户问党风”活动。结合纪检监察机关开展的“队伍建设年”活动，

中共郑州市上街区第八届纪律检查委员会第六次全体会议暨区委党务工作会议

在全区农村基层党风廉政建设系统开展了“进农户问党风”活动。区纪委分管领导，农村党风室和乡镇纪委、街道纪工委14名干部确定了70户农民家庭联系户，为每个联系户建立民情档案，与联系户建立定期热线联系。

严肃选举纪律，为村级组织换届提供保障。区纪委组织召开全区换届纪律大会，要求各镇(街道)党(工)委书记担负起第一责任人的职责，并将工作责任层层分解落实到每个工作人员。设立举报电话，对举报案件做到件件核实、件件查处。开展以“十个严禁”为主要内容的逐级承诺活动，进一步完善了以承诺制为抓手的责任追究制，通过逐级承诺推动村级组织换届选举工作纪律的落实。全区已有300余名候选人向党组织签订了承诺书。至年底，没有出现一起因违反拉票贿选等换届纪律而引发的群访或越级访事件。区峡窝镇是区换届选举的重点镇，该镇选举任务占全区的90%。该镇建立三项机制，以确保选举工作顺利。

【党风廉政宣传教育工作】 为全面落实科学发展观，按照“标本兼治，综合治理，惩防并举，注重预防”的方针，结合上街区反腐倡廉建设实际，研究制定了《关于在全区开展“四会一课”廉政教育提升年活动的实施意见》(上纪〔2011〕7号)，进一步营造风清气正的社会氛围。继续组织《钟声鸣响正当时》同名书籍和纪录片以及其他廉政教材的学习。继续深入开展领导干部讲廉政课活动。按照《郑州市领导干部“四会一课”廉政教育暂行办法》的要求，各镇(街道)党(工)委书记、镇长(主任)和纪(工)委书记为本辖区党员干部上廉政课，区直各单位党委(党组)、纪委(纪检组)主要负责同志要为本单位本部门领导干部上廉政课。开展丰富多彩的廉政文化活动。围绕上街区反腐倡廉建设，组织开展了第二届“廉洁绿城，和谐郑州”廉政公益广告(影视类)作品征集活动。创作排演了反腐倡廉豫剧小品《虚惊》，在全区进行了公开演出，收到了较好效果。组织区党员干部集中观看了大型现代豫剧《清风茶社》。积极参与市纪委“廉政建设郑州行——庆祝中国共产党成立90周年”集中宣传报道工作，充分利用媒介平台，突出反映区纪检监察工作经验和成效。组织全区50余名县(处)级领导干部到河南省艺术中心美术馆集中观看了由省纪委主办的“光辉历程·浩然正气——河南省纪念中国共产党建党90周年反腐倡廉建设展览”。

以廉政文化“六进”为载体，努力营造反腐倡廉浓厚氛围。区纪委研究制定了《创新创优廉政文化“六进”活动工作方案》(上纪〔2011〕17号)，推动廉政文化“六进”活动不断深入。把廉政文化“六进”活动作为推进廉政文化建设的重要载体和抓手，积极协调宣传、文化、民政等部门，及时研究解决廉政文化“六进”活动中遇到的困难和问题。各牵头单位切实负起责任，明确职责分工，积极组织实施，突出特色活动。区纪委命名了一批区级廉政文化示范点(上纪〔2011〕30号)，确保“六进”活动取得实实在在的效果。

围绕落实《实施办法》，做好反腐倡廉检查考核工作。区纪委研究制定了《郑州市上街区惩治和预防腐败体系建设2011年工作要点》(上办〔2011〕31号)和《郑州市上街区2011年反腐倡廉建设工作任务分工》(上纪〔2011〕6号)，定期对上街区反腐倡廉建设工作和领导干部反腐倡廉建设工作进行自查。坚持以平时检查考核为主，以针对具体内容具体方式为主，以突出服务区委区政府中心工作为主，充分发挥检查考核对上街区反腐倡廉建设的导向、促进和保证作用。

【案件查办】 树立政治意识，提升审理工作水平。始终把案件审理工作放在改革发展稳定的大局中考虑，从政治和全局的高度去分析问题和解决问题。把握好政策界限，既维护党纪政纪的严肃性，依纪依法办案，又使案件的处理符合实际，合情、合理、合法，真正做到惩治腐败者，教育失误者，保护改革者，真正体现服从服务于党和政府的中心工作的主导思想。为案件审理部门正确履行职能营造良好的氛围。案件审理部门在审理过程中提出不同于案件移送单位或部门的意见，是其履行职责的重要表现之一。为此，每一位常委都能充分发扬民主，带头理解、支持、鼓励案件审理人员坚持实事求是的原则，善于发现问题，敢于提出问题，努力探求解决问题的方法，为审理部门正确履行审核把关和内部监督职责营造良好的氛围。扎实做好案件审理执行工作，每起案件都能做到执行到位。主要是严把“两关”：一是管理关。案件结果出来后，及时填入处分决定执行登记表，做到了心中有数，管理有序。二是落实关。处分决定作出后，同时填写处分决定执行情况跟踪监督卡，针对处分决定的宣布、存入个人人事和组织档案、年度考核档次确定备案、工资变动执行等情况，要求承办单位专人负责领取，登记备查，并对基层案件加大检查力度，实行责任追究制，以保证纪律处分决定执行落实到位，从根本上维护了党纪政纪处分的严肃性。

2011年，全区纪检监察机关共立案10起，结案10起，10名党员干部受到党政纪处分，其中6名党员受到党内警告处分，1名党员受到党内严重警告处分，1名党员受到行政警告处分，2名科级领导干部受到行政记过处分，维护了党纪政纪的严肃性。

（梁庆超　石　琪）

行政监察

【执法监察】　一是加强监管，全面做好工程建设领域各项工作。下发了《关于开展工程治理重点领域集中检查的通知》，明确了目标任务、工作进度和工作要求；成立了专项治理工作领导小组，区直各有关部门依据职能，结合实际，认真开展了各项工作。下半年，经区治理工程建设领域突出问题工作领导小组同意，在全区范围内下发了《关于在全区开展工程建设领域突出问题专项检查工作安排的通知》，由区纪委监察局牵头，抽调区发展和改革委员会、财政局、国土资源局、住房和城乡规划建设局、环境保护局、安全生产监督管理局、审计局等7家单位的业务人员组成检查组，对全区重点政府投资和使用国有资金且投资额在500万元以上的工程建设项目再次进行了为期一周的专项检查。检查组在检查过程中，看现场、查资料，与承建单位面对面查找问题，针对发现的项目问题，列出问题清单，及时与承建单位进行沟通，从专业角度提出建议和解决方法，切实帮助项目单位解决问题。区执法监察室通过网络和报刊及时向社会公布了区专项治理举报电话，成立了案件查办专项工作组，认真受理群众举报、投诉和收集案件线索，共处理涉及工程建设领域违法违纪人员4名。二是加强对节能减排和环境保护政策措施落实情况的监督检查。认真督促区政府各有关部门认真履行职责，及时调整了上街区节能减排工作领导小组成员，明确了2011年度节能减排工作目标责任，加强对节约能源和环境保护工作的监督检查，加大环境保护执法监察力度，维护人民群众的合法权益。下半年，上街区组成督查组分别对全区涉及节能减排和环境环保的企事业单位进行督查，重点检查高耗能、高污染企业在开展环保专项行动的进展和主要污染物减排等方面工作的落实情况，通过采取限产、停产，加快淘汰落后产能，压缩限制类和产能过剩行业的企业供电量，启动总量排放预警机制，加大责任追究力度等措施，促进了节能减排工作责任制的落实，调动了做好节能减排和环保工作的主动性和积极性，促使节能减排专项行动深入开展。三是加强对规范和节约用地政策措施落实情况的监督检查。成立了上街区国土资源领域腐败问题治理工作协调小组和办公室，明确了全区国土资源系统在开展工程建设领域突出问题和国土资源领域腐败问题专项治理工作的主要任务和具体要求。严格土地审批程序，坚持实行土地会审制度。以“全员执法，全程监管，全面覆盖”的执法监察工作思路，在全区开展国家土地使用权出让合同专项清理及查处违法占地活动。全年组织动态巡查71次，发现并当场制止违法用地8起，立案查处案件1起。四是加强对市场价格调控政策落实情况的监督检查。面对物价总水平不断上涨的严峻形势，2011年物价所将稳定物价总水平放在首要任务来抓，对盐业价格、日化洗涤用品价格、油价、医疗机构基本药物价格、12家民办幼儿园收费价格、商品房明码标价执行情况进行了检查，对不法价格行为进行了查处。五是开展违法建设查处情况专项督查工作。贯彻执行好上级部署和督办事项。配合市执法监察室，完成对群众反映南部山区开发建设项目及搬迁农民生活现状等问题的调查工作。六是加强对征兵、招生、招录公务员等社会热点工作的监督检查。

【纠正行业不正之风】 以落实强农惠农政策为重点，切实解决损害农民利益的突出问题。上街区出台并落实了2011年一事一议筹资筹劳财政奖补方案，围绕新农村建设和村级公益事业，以农民自愿出资出力出劳为基础，以财政奖补机制为平台，集中力量建设农民急盼解决的村级公益事业，对全区农村经公示后无异议的项目由各成员单位集体初审、复审，从源头上落实强农惠农政策。继续深入治理教育乱收费。在全区教育系统部署开展2011年春季涉教收费检查工作。联合区教育部门组成专项检查组。通过自查和专项检查，区各级各类学校都能严格执行教育收费政策，没有违规收费和不规范的办学行为。加强对社保基金、住房公积金、扶贫救灾以及政府专项资金的管理使用情况的监督检查。加大力度深入开展食品药品安全专项治理工作。根据市政府对食品安全工作的重要指示，积极参与全区严厉打击食品非法添加剂专项行动。督促质监局、工商局、药监局、卫生局、农委、商务局等安委会成员单位迅速展开拉网式排查，对于通报的问题食品，同批次的立即下架收缴，同厂家的立即控制备案。对于食品及添加剂生产厂家加大监督检查和抽检力度，严厉打击各种无证生产、违法添加和滥用食品添加剂行为，工作效果显著。对全区唯一一家面粉厂——航天面粉有限公司进行实地监督检查，没有发现违规使用添加剂等现象。认真开展基层站所评议工作。全面落实《郑州市2011年民主评议基层站所工作实施方案》，通过召开政风行风评议活动工作培训会和研讨会等形式，明确工作要求和组织程序，充分调动和提升各基层单位和站所的工作积极性及重视程度。全区共有46家政府部门基层站所和48家公共服务部门基层站所参加了评议活动，在全区范围内共组织召开7场公开述职评议大会，累计参加群众1000余人。经过动员部署、查找问题、公开评议、落实整改、民主测评、综合考核和总结6个阶段，发放征求意见单600份，梳理问题35个，制定整改措施40条，100%进行了反馈，基本落实到位。继续办好政风行风热线，及时通过政府网和《上街时讯》公布变更后的热线电话，严格执行《来电登记制度》《首问负责制度》《限时办结制度》和《来电来访反馈制度》等，确保群众来电来访问题都能得到及时解决。全年，共接收来电来访7件，全部处理完毕。不断巩固三级纠风网络建设。上街区自2009年下半年以来，在全区积极组织，认真部署，打基础，建机制，促运行，全力推进三级纠风网络建设工作，将纠风网络建设与“保增长、保民生、保稳定”的工作思路相结合，提出了“抓歪风助增长、纠歪风重民生、查歪风促稳定”的工作目标，形成了“沟通左右、联系上下、协调内外”的纠风工作新格局，实现了“纵向到底、横向到边”的纠风工作区域全覆盖，快速、有效地解决了多项损害群众利益的问题，进一步提升了上街区纠风工作的综合能力。认真受理群众投诉，严肃查处纠风案件。重视群众投诉，向社会公布区纠风办和各镇办纠风组投诉电话，通过网络和报刊广泛向社会征集意见和建议。2011年，根据群众举报，查处区文化执法案件1起，现已结案，相关责任人的处分决定已经执行完毕。

（梁庆超　石　琪）

监察综合工作

【概况】 进一步加大领导干部经济责任审计工作力度。按照上街区审计联席会议制度的要求，由区纪委、监察局、区委组织部和区审计局组成联合审计工作组，对开展的每项审计工作，都要前往被审计单位召开审计项目进点会，并对被审计单位中层以上工作人员进行个别谈话，确保每项审计工作的严肃性；同时还定期听取经济责任审计开展情况汇报，分析审计中发现的违法违纪问题及干部队伍中存在的苗头性、倾向性问题，通报审计结果的利用情况，研究部署下步工作等。2011年，对13名符合任中经济责任审计及2名符合任期经济责任审计的干部进行了进点审计，查处管理不规范资金447.83万元，对部分存在问题的领导干部下发了审计决定，限期进行整改落实。

在财税管理体制改革工作中，推行零基预算，扩大部门预算编制范围，在完善基本支出预算定额体系的基础上，进一步明确预算编制的重点。建立规范国库集中支付运行机制，理顺了财政财务管理关系，将会计集中核算向国库集中支付转轨。同时积极推行了公务卡制度，逐步减少预算单位的现金支付，保证资金结算的安全性和准确性，从源头上预防了腐败现象的发生。全面落实“收支两条线”制度，加强银行代收，逐步减少现场执收，防止资金游离于财政管理之外，确保了资金安全。

【治理商业贿赂】 区纪委监察局进一步加强与司法机关协调配合，继续把查办商业贿赂大案要案作为深入推进治理商业贿赂工作的重点来抓，加大了对商业贿赂行为的打击力度，始终保持查办商业贿赂案件的高压态势，巩固和深化治理成果。至年底，已查结商业贿赂案件7件，涉案金额35.23万元，涉案人员7人；正在查处商业贿赂案件7件，涉案金额146.45万元，涉案人员8人。

【优化经济发展环境】 深入开展企业周边环境治理工作。探索推行了政法部门领导联系企业责任制，开展了企业周边环境综合治理联动活动，缓解了企业与群众的紧张关系。在企业周边地区进行法制宣传，及时处理企地矛盾纠纷，严厉打击盗窃企业资产、危害企业生产经营秩序和侵害企业利益的各种违法犯罪活动。充分发挥治安巡逻、民调、治保等组织作用，及时化解各类矛盾纠纷，消除各种不稳定因素，防止了违法犯罪行为的发生，使企业周边环境得到了进一步优化。

进一步加强行政审批服务工作。一是按照“凡批必进”和“应进必进”原则要求，优化办事流程，提升服务质量。全区行政许可审批事项累计进驻303项，共受理各类审批事项175212件，办结175212件，办结率达到100%。二是在区行政服务中心安装摄像头45个，监控范围覆盖中心窗口每一个角落，有效提高了窗口服务质量和办事效率。

深入开展为企业服务活动。一是对全区规模以上企业进行了分批走访和调查，针对企业提出的问题、意见和建议进行梳理分类并反馈到各相关职能部门，并督促协调相关职能部门尽快解决。二是建立服务企业各项运行机制，优化了为企业服务流程。建立了并联审批制度、代理服务制度和投资项目联席办公会议制度，对投资项目实施全程免费代办服务。至年底，已为全区27家规模以上企业实施了全程免费代办服务79家次。

2011年，认真落实《郑州市上街区优化经济发展环境暂行办法》，进一步畅通投诉举报渠道，按照“有报必查，违规必究”的工作原则，认真受理“经济110”投诉，不断完善案件查办快速反应机制，坚持把查办案件作为优化环境和效能监察的重要手段，强化执纪办案，提高办案效率和质量，为各项工作的顺利开展提供纪律保证。上半年共受理举报、投诉1起，已协调解决。

进一步开展行政效能电子监察系统建设工作。自2010年下半年以来，根据郑州市纪委要求在全区开展行政效能电子监察系统建设工作。2011年系统硬件建设已经全部完成并与郑州市系统进行了对接。6月份安排人员参加市纪委组织系统管理培训，之后在全区组织各单位业务人员共117人进行了行政效能电子监察系统业务培训。

【自身建设】 认真开展“队伍建设年”活动，全区纪检监察队伍的党性观念不断增强，政治敏锐性和鉴别力不断提高，以更加振奋的精神、更加务实的作风、更加规范的行为、更加优质的服务、更加严明的纪律，扎实推进了全区反腐倡廉工作。进一步深化领导干部读书竞赛活动，提高了机关全体干部的理论水平、业务能力和党性修养，积极营造了自觉学习、终身学习的良好氛围。抓好纪检监察干部的教育与培训，提高纪检监察干部的综合素质。借助中纪委方正出版社与区政府共同投资8万元建成纪检监察图书资料阅览室，大力创建学习型机关，定期组织单位全体人员进行专项业务集中学习。加大了教育培训力度。根据工作需要，结合纪检监察工作的业务特点和领导干部岗位性质，上街区纪委专门召开了全区纪检监察系统培训工作会议，提升了新进纪检监察干部的业务素质，并组织1名纪检监察干部参加9月份中纪委组织的综合业务培训班。14名纪检监察干部参加4月份全市纪检监察第一期综合业务培训班，着力提高了领导干部的政治素养和业务水平。推动在职教育，鼓励机关干部积极参加各类社会培训、在职教育。

（梁庆超　石　琪）

卢医庙

卢医庙又名扁鹊祠，位于上街区峡窝镇老上街村。据传初建于西汉鸿嘉三年（前18年），宋、明、清历代皆有重修。其主要供祀“敕（音:chì）封神应王”扁鹊，而后历代名医也依次左右列内受祀。

卢医庙坐北朝南，原有规模5000平方米。围绕中轴线，由南到北依次有山门、钟鼓楼、长桑阁、卷棚、老君殿等建筑。

庙内现存建筑只剩山门、长桑阁、卷棚、大殿等。大殿面阔5间，东西长16.20米，南北宽10.85米，硬山灰瓦，正脊和垂脊尚存部分脊饰。卷棚长6.20米，宽10米。长桑阁，面阔3间，高为2层，东西长8.98米，宽5.68米，两面坡灰瓦顶，两山墙封山等处嵌有较精美砖雕，另存部分明清重修碑碣。

传说当年虢太子因病尸厥（昏厥假死），被称之为扁鹊的神医秦越人和弟子子阳、子豹打此路过，闻听此事，遂上门为其诊治，太子一针复苏，起死回生，虢太子为报恩德在此建卢医庙。从此，这里开始有每年农历四月、十月为期半个月的药材交流大会。久而久之，卢医庙周围逐渐形成了热闹的街市，成为闻名全国的药材市场。药商来自东北的黑龙江、吉林、辽宁，西南的云南、贵州、四川，北部宁夏、甘肃等地，上街村成为全国名贵药材的集散地。此会沿至1949年新中国成立以后仍很盛大。1952年，商界公私合营，私营取消，药业衰败，药会才逐渐消失。

民主党派·群众团体

民主党派

【概况】 2011年，上街区各民主党派支部（总支）紧紧围绕区委、区政府中心工作，以建设中原经济区科学发展示范区为中心，牢牢把握大团结、大联合两大主题，着力围绕主题主线主动服务发展，着力围绕改善民生努力献计出力，为推动上街区经济社会又好又快发展作出贡献。

【政治协商】 上街区各民主党派支部（总支）就区“十二五”规划纲要、区九次党代会报告等重大事项进行协商、座谈，通报情况，征求意见，形成了涉及城市定位、经济发展、改善民生、教育投入等方面的意见建议10多条，受到了区委、区政府的重视。

【参政议政】 围绕中原经济区科学发展示范区建设，各民主党派开展以调查研究和社会实践活动为主要形式的参政议政竞赛活动。民盟总支、九三支部等通过调查研究，以书面形式提出了加快郑上新区和职教园区建设的意见建议，上报区委。

【民革上街支部】 组织骨干成员进行座谈、交流，讨论中铝郑州企业及职（员）工状况，支部以组织的力量凝聚人心，树立克服困难的信心。成员闫贵勤将家中电脑及图书120册捐给刘河乡文化站，上街民革及社区工作人员参加了捐赠仪式。成员刘国华不仅多次组织成员义写春联，同时1副作品收录到《郑州市统战系统庆祝中国共产党成立90周年和纪念辛亥革命100周年书画作品集》。成员赵文瑛被市总工会授予“巾帼女标兵”称号。

【民盟上街总支部】 组织盟员围绕上街区未来发展趋势展开讨论，并从“郑西新区”开发建设目标任务、规划范围、基础条件、重大意义、保障措施等方面撰写了《浅谈“郑西新区”》。成员李新廷当选民盟郑州市委委员。

【农工上街支部】 为纪念辛亥革命100周年和中国农工民主党建党80周年，组织成员收看了由农工民主党中央摄制的故事影片《铁血丹心邓演达》。

【九三学社上街支部】 组织社员对宜居职教城发展进行了调查研究，并从加快融入郑州都市区的建设步伐、优越的基础、以创新人才和高新技术引领三个方面对宜居职教城的发展前景进行了分析，写出了《以创新人才、高新技术引领上街职教宜居城发展》。9月，组织社员参加上街区科协与九三学社郑州市委联合开展的第23届中国“国际科学与和平周”暨送科技下乡活动。

（王　磊）

群众团体

上街区工商业联合会

【概况】 2011年11月18日，郑州市上街区工商业联合会（商会）召开第四次会员代表大会，选举产生了第四届执行委员会委

端午节上街区女企业家慰问区敬老院老人

员52名。其中主席1名、副主席21名、秘书长1名。区工商联现有6个镇办基层分会和上街区工业集聚区分会、6个行业商会（阀门行业商会、粉体行业商会、餐饮行业商会、建筑机械行业商会、糕点面包同业公会、女企业家商会），会员368个，其中企业会员309个、团体会员7个、个人会员52个。

【政治思想工作】　一是高度重视，迅速行动，严格程序，明确主体，落实职责，突出实效。扎实开展非公有制经济组织党组织负责人点评创先争优工作。二是贯彻落实河南省工商联《关于开展"上党课，唱党歌，报党恩，促党建"系列活动的通知》要求，组织上街区非公有制企业开展了丰富多彩的庆祝建党90周年主题教育活动。引导广大非公经济人士重温中华民族在中国共产党领导下的光荣历程，坚定"听党话，跟党走，走中国特色社会主义道路"的决心和信心，以实际行动报答党恩。6月6日，区工商联举办了非公企业庆祝建党90周年唱响红歌主题演唱会。三是做好非公经济代表人士培训工作。对非公企业中高成长性的行业重点骨干企业的新生代企业家、企业接班人及高层管理人员定期培训，带领16名企业负责人参加市"企业文化建设"专题讲座，选派3名非公经济人士到市委党校参加新的社会阶层人士培训班。

【参政议政工作】　工商联会员中区人大代表24人、市人大代表5人、省人大代表1人、全国人大代表1人，区政协委员25人、市政协委员4人。代表委员针对民营经济发展存在的问题，围绕人民群众关心的热点、难点问题，深入实际，广泛开展调研，撰写《加强非公企业人才建设促进经济社会发展》《关于解决部分中小民营企业融资难的报告》《上街区中小企业发展环境调查报告》《非公经济人士思想政治工作的实践与思考》4篇调研报告，提出有针对性、可操作性的意见和建议8条，为党委、政府决策提供了参考依据。

【社会公益工作】　引导非公企业积极开展"百企帮百村"活动。欧亚空气炮、郑蝶阀门等非公企业与沙固村、任庄村结对帮扶，帮扶资金达到500多万元，安排就业近100人。引导非公经济人士积极投身社会公益和光彩事业，在捐资助学、扶贫济困等公益慈善活动中，累计捐款捐物达300多万元。区工商联主席薛景霞慈善教育基金注资100万元。区工商联女企业家商会会长吴月香在"六一"儿童节为上街区任庄小学捐赠价值5000元的体育活动用品，端午节女企业家商会为区敬老院送去40多件价值6000多元礼品看望老人。

【经济服务工作】　积极向会员宣传经济政策、法律法规。全年召开两次工商联执委会，为金融部门、担保公司、会计、资产评估、法律服务等中介机构，搭建合作交流平台。组织专业商会会员企业分别与环保局、执法局、安监局、商务局、工信局等职能部门进行6次座谈交流，就有关法律法规认识、执法程序、政府服务承诺、企业依法诚信经营等议题达成共识。邀请区科技局、区劳动人事和社会保障局负责人为会员企业就高新科技企业申报、科技三项经费使用、科技发明专利申报、企业社会统筹、劳动合同等问题进行宣讲，并对会员提出的各类问题进行解答。

坚持领导带队走访企业制度。领导带队走访企业60多家80多次，及时了解企业发展情况，掌握企业动态，协助解决企业扩建征地、环评、工商执照年审等问题12件。帮助会员企业及时解决生产经营中的困难和问题。为荣达磨料有限公司解决供电问题，避免出口合同违约挽回经济损失500多万元。帮助会员企业调解劳资矛盾，挽回经济损失100多万元。帮助企业解决融资难题。主动与区金融办及有关银行沟通联系，与银行领导一起到企业调研，为7家会员企业放贷1000万余元。帮助会员企业解决用工难问题。4月份，工商联举办“餐饮服务业专场用工招聘会”。5月份，工商联举办“上街区民营企业招聘周”活动。郑蝶阀门公司、玉发磨料、辉龙铝业、裕丰耐火材料等134家会员企业共提供30余个工种2390个岗位，现场签订就业合同332人。

继续担任企业首席服务官。帮助本区重点项目华泰电缆有限公司、郑州玉发特种材料有限公司等企业解决筹建困难，为企业减免费用20余万元。

积极开展招商引资，引导会员以商招商。接待鄢陵县、巩义市工商联企业家考察团，为企业间交流合作搭桥铺路。主动参与上街区投资创业恳谈会，与相关部门领导组成招商小分队，赴广州等地走访知名企业，收集投资信息，开展招商活动。全年工商联系统招商引资实际到位资金3亿多元。

（高慧英）

上街区总工会

【概况】 2011年，上街区总工会紧紧围绕区委“两加快一维护”战略部署和“十二五”时期的奋斗目标，全力推进“两个普遍”，以推进企业工资集体协商和企业民主管理工作为主线，广泛开展社会主义劳动竞赛，大力发展和谐劳动关系，以形式多样的活动丰富广大职工群众的生活，帮扶救困，切实维护职工合法权益，在促进“郑上新区”建设发展中更好地发挥了工会组织的作用。

【工会组织建设】 区总工会认真落实“组织起来，切实维权”的工作方针，解放思想，创新模式，采取“建会、建家、建制”并举，开展以“建会、建制、增活力”为主要内容的强基建制活动，大力推进组建工会和发展会员工作。全年全区新建工会129家，发展正式会员2777人。目前累计全区共有各类工会组织443家，会员19486人。信息录入情况应录尽录。

【工资集体协商工作】 企业工资集体协商是2011年的重点工作。郑州市企业工资集体协商工

工资集体协商现场观摩会暨要约集中行动月启动仪式

作推进会召开之后，上街区总工会结合区情，创新思路，克难攻坚，统筹安排，多措并举，强力推进这项工作，提出了“围绕一个目标，抓住四个环节，澄清两个底数，采取五项措施，突出四个联动”的工作思路和步骤。即围绕全区企业工资集体协商签订率达到95%以上这一总体目标，抓住“职工权益得到维护，工资合理增长，协议签约落实，企业和谐发展”四个环节，进一步澄清辖区企业数和建会数，采取领导督查、列入绩效、评先挂钩、媒体曝光、重奖先进五项措施，通过“与建会联动，夯实组织基础；与推动企业民主管理联动，规范各项制度；与职工之家建设联动，为和谐发展聚人心；与建功联动促发展，以发展成果惠民生”四项联动，从而实现以点带面全面推进整体工作。

“我运动，我健康”活动启动仪式

与建会联动夯实基础，促工资协商扎实推进。上街区总工会按照“两个普遍”的要求，坚持抓建会，促建制，带建家，谋发展，着力为工资协商奠定基础，创造条件，搭建平台，提供工会组织强有力的保证。2011年，全区新建工会组织129家，发展会员2777人。区总工会依托工会组织向企业发出协商要约，组织职工代表学习培训，主动与行政协调沟通，使集体协商得以顺利进行。不少企业在较短的时间内，实现了建会、建制和建家的“三级跳”。

与建制联动促规范，认真落实职工的知情权、参与权、监督权。上街区总工会在全区370多家企业中普遍推行建立以职代会或职工大会为基本形式的职工民主管理制度，着力为职工参与工资协商和行使经济民主、政治民主、管理民主权利搭建平台，推动了工资协商规范有序地向前发展。

与建家联动促和谐，为和谐发展聚人心。上街区总工会在推动工资集体协商、促进职工共享发展成果的同时，还把致力解决职工的精神文化需求和实现职工全面发展作为一项重要工作来抓。通过单位自建、企业合建、社会联建等形式，为职工学习求知创造条件，休闲娱乐提供场所，强身健体搭建平台，切实按照“六有”“六好”规范化建设要求，努力使工会成为家，把企业建成家。2011年，全区80%以上的企业工会已成为“合格职工之家”或“模范职工之家”。

与建功联动促发展，以发展成果惠民生。上街区总工会和全区各级工会不失时机地把通过工资集体协商在职工中焕发出的积极性组织引导到为经济社会发展建功立业上来，大力开展劳动竞赛，鼓励职工创先争优，使“企业发展我发展，我为发展作贡献”成为广大职工的自觉行动，一个和谐共进、互利双赢的局面在广大企业进一步形成，有力地推动了区域经济社会协调发展。2011年一季度上街区GDP和财政收入较上年同期相比增幅分别达到7.2%和18%。

区总工会通过抓重点，突出联动，实现了工资集体协商工作和工会全局工作的同步推进，达到了事半功倍的效果。全区共有22家企业单独签订工资集体协议，覆盖职工3964人，签订区域性工资集体协议26份，涵盖368家企业，覆盖职工8278人，总计390家企业完成工资集体协商签订工作，达到了所有企业的全覆盖，突破了建会企业全覆盖的目标要求，协议签订率和审查备案率均达到100%，职工工资平均增幅10%以上。

【职工文体活动】 为了让广大职工以强健的体魄、饱满的精神状态投入到上街区经济建设中去，上街区总工会通过积极组织多种形式寓教于乐的活动，广泛动员职工群众参与到活动中来，通过活动提高职工的综合素质，进一步增强工会组织的凝聚力和号召力。3月31日，区总工会在亚星盛世广场举办了2011年春季职工长跑比赛暨“我运动，我健康”系列活动启动仪式。全年每一季度都有一项全区性的体育竞赛，分别是健康跑、乒乓球赛、羽毛球赛、自行车环城赛等。5月25日，举办了上街区职工乒乓球比赛，10月27日举办了首届职工自行车比赛。这一系列的活动，共吸引了来自全区各机关、各行业969名职工参与。

区总工会广泛开展劳动竞赛、职工技能比武等主题活动，引导广大职工立足本职岗位创先争优，积极为企业发展建功立业，全区各条战线上涌现出了一大批立足岗位、默默奉献的优秀职工和推动经济社会发展成效卓著的先进单位。“五一”期间，区总工会通过基层推荐、民主评选、公开公示、群众投票（网络投票和印发纸质选票）、组织审定等五个环节，评选出了12家先进集体和12名优秀职工，分别为他们颁发了上街区“五一”劳动奖状和上街区“五一”劳动奖章。

为推动相关法律法规的贯彻实施，尤其是2011年7月1日《社会保险法》的正式实施，按照市总工会工作安排，区总工会结合区情对《社会保险法》及劳动法律知识的宣传进行了总体的安排部署。6月3日组织全区工会系统在亚星盛世广场开展了集中宣传活动，25个单位参加，悬挂横幅52条，摆放展板28块，设立咨询台3个，发放宣传资料400多份。6月22日举办了上街区劳动法律知识竞赛。此次竞赛分为初赛和决赛，初赛中共有21个代表队参加，选出6个代表队参加决赛。区电视台等新闻媒体进行了宣传报道。

在往年的基础上继续开展职工技术竞赛活动，积极推动全区职工技能素质整体提升。此次竞赛共涉及10个工种（项目），参赛职工达到1500多人，通过层层选拔共有108位选手参加了决赛。

【困难职工帮扶活动】 为充分发挥工会组织在推动保障和改善民生中的重要作用，积极协助配合党和政府落实关注民生的各项政策措施，推动各级党政部门切实解决职工群众最关心、最直接、最现实的利益问题，切实加大对困难职工和农民工的帮扶力度，2011年春节期间，区总工会及早行动，将“心系职工情，温暖进万家”定为送温暖系列活动的主

受助学生代表向企业负责人献花

题，将“总动员、全覆盖、不遗漏、保重点”定为双节送温暖活动的总体工作思路。

入户送温暖活动。结合上街区开展的“机关公务人员走访慰问帮扶困难群众”活动，最终确定的141名困难职工分配至全区党政领导干部进行对口帮扶，为每位困难职工准备了米、面、油、干菜、肉等慰问物品，并根据困难程度的不同分发相应数额的现金。发放慰问物品和现金共计9.1万元。

送健康献爱心。区总工会于1月20日，在区困难职工帮扶中心举办了春节送健康活动。一是为困难职工进行现场免费诊疗咨询，二是为全区困难职工送上了100元的职工团体意外伤害保险。送温暖下工地。1月20日，区总工会主席袁家伟携区总工会班子全体成员到郑州市少林特种玻璃有限公司和河南黎明西芝重工有限公司的车间和施工现场，看望慰问奋战在生产一线的农民工，为他们送上了米、面、油、肉和棉袄等慰问物品。

爱心助学座谈。1月21日，在区困难职工帮扶中心二楼，召开了2010年“金秋爱心助学”受助学生座谈会。与会学生谈学校学习生活，交流学习经验，并成立了“上街区总工会爱心传递志愿队”。他们均表示将以奉献爱心、传递爱心为宗旨，利用寒暑假奉献个人力量，回报社会。为帮助困难职工子女学习，提高

举办“在灿烂阳光下”大型文艺晚会

他们的学习成绩，区总工会为每位受助学生准备了一份丰厚的新年礼物——快译通电子词典。

金秋爱心助学。2011年爱心助学共筹集了企业冠名基金88万元，用于“金秋助学”专项资金。经过各级工会的推荐，按照金秋助学活动标准最终为21名困难职工子女发放了助学金。

农民工、困难职工培训班。为进一步提高全区农民工、返乡农民工的就业技能，帮助困难职工家庭尽早脱贫，通过前期广泛摸底调查，并征求困难职工和农民工的意见，在长铝技校举办了农民工、困难职工技能培训班。培训项目为计算机的普及和应用、家庭理财。共为近100名学员进行了技能培训。

（曹　璐）

共青团上街区委员会

【概况】 上街区有青年约5.3万人，团员约1.4万人，区属团委28个，团支部175个。2011年共青团上街区委被授予“2010年郑州市先进团委”和“上街区2010年度信访工作‘四无’先进单位”“平安建设工作先进单位”“精神文明建设先进单位”“党员示范岗”等多项荣誉称号。

【团组织建设】 坚持以党建带团建，团建促党建，党团共发展，努力强化自身建设，加强非公团建，全面推动“两新”组织团建和乡镇、街道团的组织格局创新工作，在创新组织载体、优化活动载体、健全机制载体、强化干部载体，探索团建实现路径方面取得了积极进展。2011年全

年，累计新建“两新”团组织40家。切实做好团费收缴、团刊征订等工作，从财力、物力上支持团的基础性工作。广泛宣传，扎实推进全区共青团系统创先争优活动。引导青年积极投身区“两加快一维护”战略，加强自身建设，努力促进团建。

2011年，上街团区委与苏州科技学院实施“校地共建”工程，实现地方团委与高校团委的深度合作与共同发展。从苏州科技学院引进挂职团干部，为上街区的基层团组织注入了新鲜血液。

【青少年思想政治教育】 2011年为了庆祝建党90周年，带领全区各级少先队员开展“红领巾 心向党”和“在光荣的旗帜下—党团队员话成长”主题队日活动。通过举办“在灿烂阳光下”大型广场文艺晚会，开展未成年人思想道德建设主题教育“感恩在心,感谢在行”“怀念先烈,扫革命烈士墓”等活动，有力地提高了广大青少年的思想政治素质。

青少年活动中心小兰花艺术团受省舞蹈家协会的邀请参加了河南电视台“童贺六一”大型晚会节目录制。寒暑假期间，青少年活动中心免费放映爱国电影，丰富了青少年假期生活，引导他们从小坚定“永远跟党走”的理想信念。10月，上街区18岁成人教育活动在郑州市上街区第二外国语学校启动，并以班为单位召开主题班会。激励青少年朋友要以此为新的起点，努力成为有理想、有道德、有文化、有纪律的社会主义公民。

【文明创建活动】 2011年，为了做好创建省级文明城区宣传工作，上街区团委成立了创建文明城区档案整理小组，并在4月到6月完成了档案整理工作。10月，迎来了省文明办领导对上街区青少年活动中心、爱国主义教育基地的检查指导。实施青年文明号“五个一工程”，规范青年文明号创建、申报评比、表彰和监督程序，开展“青年文明号优质服务”评比活动。

召开上街区青年工作会暨青年联合会一届一次会议

【服务党政中心工作】 2011年,团区委以举办培训班、学习班、座谈会等形式，组织发动团员青年，开展了一系列有声势、有影响、有实效的活动。组织学习《武汉不容庸懒散》和《胡锦涛总书记在纪念辛亥革命100周年大会上的重要讲话》。参加争创“平安单位”动员会、“创先争优，永跟党走”主题活动。同时，团区委积极做好与西部计划项目志愿者的对接及志愿者的组织工作。

以纪念“五四”运动92周年为契机，成立了上街区青年联合会。召开了青年工作会暨青年联合会一届一次会议，选举各界青联委员共123名，其中公共管理界别委员42名、文教卫界别委员19名、财税金融界别委员11名、农业界别委员6名、工交商贸界别委员35名、共青团界别委员10名。

【开展青年志愿者行动】 1月，在亚星盛世广场集中开展声势浩大的劝阻违法行为宣传活动。2

月，号召各基层团组织成立“青年抗旱突击队”，动员全区团员青年积极投身抗旱救灾一线，结合旱情实际，帮助广大农民群众科学浇麦。3月，组织开展“弘扬雷锋精神，文明驾驶，畅通上街”雷锋精神宣传日活动，以实际行动大力弘扬和培育新时代雷锋精神，进一步推动学雷锋活动深入开展。同时，为深化“保护母亲河行动”，组织青年志愿者参加植树活动。4月，组织青年志愿者到区敬老院开展“敬老，爱老，我为老人献爱心”活动。5月，开展“防震减灾”自救宣传活动，从预防地震的必要准备、震时避震应注意的事项、震后如何进行自救呼救等几个方面介绍了社会公众防震避震常识。6月，在高考期间，积极号召各界青联委员开展“爱心助考”活动，帮助更多有困难的考生顺利到达考场。7月，组织青年志愿者沿淮阳路向北，对道路两旁的墙壁、灯箱广告、变电箱、公交站牌、宣传栏、楼院大门、楼栋内墙上、楼梯上、黑板报上的各类小广告进行了清理。10月，为庆祝重阳节，组织青年志愿者到区敬老院为老人带去节日的美好祝愿，真诚祝愿老人节日快乐，生活安康。同时，指导各基层团组织联合有关部门积极开展关爱农民工子女工作，定期开展摸底调查与结对帮扶。全面落实好学业辅导、亲情陪伴、感受城市、自护教育和爱心捐赠5项内容。

【服务青少年成长成才】 2011年，广泛组织企业、乡村、社区青年深入开展“青年文明号”“青年岗位能手”“青年突击队”“青少年维权岗”等共青团品牌活动，开展“共青团与人大代表、政协委员面对面议题讨论会”，开展“2011年度十佳少先队员、十佳少先队辅导员”评选表彰活动。新增7家市级就业创业见习基地，提供见习岗位数百个。与郑州团市委联合开展“阳光培训”工程，共开设培训班7期，培训农村青年100余人。2008年～2011年，经上街团区委推荐，共计9名贫困大学新生，得到希望工程“圆梦行动”资助。经团区委协商，全国首家县区级共青团青年服务大厅（青年创业投融资中心）设立于上街区亚星SOHO写字楼内。中心把共青团工作与新时期青年需求紧密结合起来，以市场化运作的方式服务于创业青年，解决广大青年在创业和发展过程中遇到的资金问题。

【暑期教育活动】 团区委举办了暑期教育活动开幕式，组织开展了“法律知识宣讲”、观看“消防演练”、学习“纸花制作手工艺技术”、带领少先队员“制作心意卡”“参观南水北调工程”“红色”电影大放送、“快乐假期，开心游戏”“践行文明，快乐暑假”和“小手拉大手，永远跟党走”图片巡回展等形式多样的暑期教育活动。全面提高了青少年学生的素质，促进了青少年学生学校教育、家庭教育和社会教育的有机衔接。

【创新宣传方式】 率先在新浪开通官方微博，加强与青年的交流与沟通，为广大青年提供快速、灵活、丰富、有效的信息服务，让青年真正感受到微博给予的方便快捷。借助网络平台，集中开展优势宣传，扩大影响，树立上街区形象。2011年，上街团区委向市级以上网络媒体发表文章近100篇，其中团中央网站16篇、团省委网站30篇。

（刘筱亭　齐洋）

上街区妇女联合会

【概况】 2011年是“十二五”的开局之年，也是制定“十二五”妇女儿童发展规划，推动上街区妇女儿童事业实现新发展的起步之年。上街区妇联按照“强组织基础，重工作实效，塑服务品牌，坚持服务大局、服务妇女、服务基层”的宗旨，认真开展创先争优活动，以党群共建为动力，紧紧围绕党政中心，不断调整工作思路，改进工作方法，充分发挥基层妇联组织的作用，创造性地开展工作，为“富民强区，社会和谐”作出了应有的贡献。

【“巾帼建功”活动】 进一步完善“巾帼文明岗”管理机制，规范创建，不断拓展“巾帼文明岗”的创建领域，向企业、服务业等一线行业推进，吸引各个领域的在岗女工踊跃参与创建活动，全年共创建区级“巾帼文明岗”3个。扎实推进“岗村联动，姐妹牵手”活动开展。国家级“巾帼文明岗”区会计核算中心和峡窝镇东街村结为友好单位，帮扶活动成效显著,进一步丰富了“巾帼文明岗”创建内容，提升了服务水平。

【巾帼创业行动】 积极开展“迎春风送岗位”活动,2月16日，区妇联与区劳动和社会保障局联合在区人力资源市场举办了“迎春风送岗位”女性专场招聘会。共组织16家企业为上街区有求职意愿的女性朋友提供了交流互动的平台。组织7名老区妇女参加了郑州市老区妇女创业就业培训班，对种植业、养殖业、加工业等各类新型实用技术进行了培训。10月份，联合区人劳社保局共同举办了妇女就业创业培训班，300余名妇女参加了免费培训。通过1个月的学习培训，80余名妇女经过考核取得了结业证书，20多名妇女考取了初级、中级资格证书。全年共培树创业就业典型5名。扎实推进妇女创业小额担保贷款财政贴息工作，全区有75名创业妇女享受到了贴息贷款,累计发放贷款1020万元，其中农村妇女47人，发放贷款金额338万元。

【特色文明家庭创建活动】 区妇联立足家庭，依托社区，在全区广大家庭开展“五好文明家庭”“平安家庭”“廉政文化进家庭”等特色家庭创建活动，引领广大妇女和家庭以德治家，文明立家，平安保家，节约持家，积极参与和谐社会建设。全年共表彰“五好文明家庭”“好婆婆、好媳妇”40名，魏秀莲等4人被评为郑州市“优秀母亲”，房玉雯等2人被评为河南省“好女儿”，获表彰市级“平安家庭示范户”1户。

【维护妇女儿童合法权益】 结合“五五”普法，以“三八”节、法制宣传月等活动为契机，教育广大妇女远离“法轮功”邪教组织，远离黄赌毒，提高广大妇女群众对社会治安综合治理重要性和必要性的认识，增强她们自觉遵守社会秩序、维护社会稳定的意识。认真做好群众来信来访工作。2011年，区妇联接待和办结来信来访妇女60余人，对影响社会、家庭稳定的问题及时处理解决，把矛盾化解在萌芽状态。

【关爱妇女儿童系列活动】 一是开展巾帼助困活动。利用春节、“三八”妇女节等机会，在全区范围内开展了慰问、救助贫困母亲和为贫困妇女献爱心活动，全年慰问、帮扶贫困家庭近100户，送慰问金和慰问品4万余元。二是开展关爱儿童活动。“六一”期间，组织区四大班子领导到马固小学进行慰问，为孩子们送去了电热水器、篮球、排球、羽毛球拍和图书等节日礼物。在全区中小学校开展十佳百优评选活动，申家宁等4名儿童和2名家长被评为郑州市优秀儿童和优秀

举办家政服务技能培训班

家长；区二十里铺小学被评为郑州市优秀家长学校。三是开展"关爱女性"——两癌普查、慈善救助活动。配合区卫生局、区财政局在全区 35 ~ 59 周岁农村妇女中免费开展"两癌"检查。分别完成乳腺癌检查 5024 人，其中 B 超检查 1021 人、钼耙检查 368 人，3635 人正常；完成宫颈癌检查 5012 人，其中异常人数 1643 人。开展了"两癌"慈善救助活动。通过在上街电视台发布"两癌"救助信息、公布咨询电话等方式广泛宣传，对符合救助条件的贫困家庭和人员进行登记建册，为符合条件的贫困妇女办理了救助手续。四是完成"巾帼志愿者"招募活动。建立健全了上街区"巾帼志愿者"队伍，建立了长效服务机制。全区共建立志愿者队伍 6 支，招募巾帼志愿者 275 名。服务内容涉及家庭教育、卫生保健、便民服务、法律援助、文体活动等多个方面。五是着力推进"留守流动儿童之家"建设。在夏侯小学新建 1 所"留守流动儿童之家"。11 月中旬，价值 8 万元的电脑、投影仪、电视机、空调、照相机、桌椅和 2500 余册图书已经全部到位并投入使用。截至 2011 年，已在区内建成"留守流动儿童之家" 4 家。六是积极开展社区帮扶活动。明确 1 名副主席到对口帮扶新华街社区，针对社区急需解决的社区物业、房地产纠纷、脏乱差等问题，想办法，出点子，对社区的发展、便民措施的设置、社会治安综合治理、社区基层组织建设及社区居民反映的其他突出问题，进行深入了解，尽妇联所能帮助社区解决实际问题。七是认真开展"春蕾女童""利海基金春雨助学行动""我的第一个书包"等活动。为二外高中、实验高中等 11 名品学兼优的高中女生提供了每人每年 1000 元的资助，为任庄小学争取到"凯德商用中国 2011 年'我的第一个书包'"大型公益项目的 50 套书包及学习用品，发放到任庄小学 2011 年新入学的 50 个优秀学生手中。

走访慰问侨眷侨属

【妇联组织建设】 坚持党建带妇建、妇建服务党建，以党群共建创先争优活动为契机，集中开展妇联基层组织规范化建设。按照组织覆盖、工作覆盖和服务覆盖的要求，上街区实现了"3 个 100%"（基层妇联组织组建率达 100%、村妇委会主任进入"两委" 100%、村社区"妇女之家" 100% 挂牌），从活动制度、人员到活动场所、内容等方面都进一步得到了保障，真正使基层妇女组织成为了妇女温暖的家。

（王 岩 侯青悦）

上街区归国华侨联合会

【概况】 2011 年，侨联按照区委、区政府提出的"两加快一维护"目标，结合本部门的实际，维护归侨侨眷的合法权益，引导归侨侨眷参加社会活动，注重归侨侨眷的爱国主义教育，扎实推进侨法宣传，在年终被河南省人力资源和社会保障厅与河南省侨联评为"全省侨联系统先进集体"。

【召开侨联工作会暨迎春茶话会】 1 月 6 日，区侨联在区会议中心召开侨联工作会暨迎春茶话会。会上宣布了《关于表彰侨法宣传活动先进集体暨先进个人的决定》。区归侨侨眷代表纷纷发言，表示要尽自己的力量为上街的社会经济发展作出贡献。

【关爱归侨侨眷】　在2011年新春佳节来临之际，区侨联对上街区重点归侨、侨眷开展慰问活动。逐一给困难归侨、侨眷送去了米、面、粮、油等生活必需品，并向他们介绍了上街区在经济增长、环境优化、民生保障等方面取得的成绩，让区归侨侨眷体会到党和政府对他们的关心和重视。2011年9月至11月，侨联在全区组织开展了形式多样的侨法宣传活动。各镇、办在活动开展期间累计组织宣传活动25次，发放侨法宣传材料4000份，悬挂条幅20幅，展出黑板报15期，现场培训《保护法》300余人。广大归侨侨眷进一步明确了法律地位，增强了依法维权、依法尽社会义务的自觉性，也增强了民主意识和监督意识。

【开展爱国主义教育活动】　2011年是中国共产党成立90周年，区侨联以此为契机，在全区开展爱国主义教育活动。形式多样的爱国主义教育活动使归侨侨眷更深刻地认识到，没有中国共产党就没有新中国，就没有祖国的繁荣昌盛和全国人民的幸福生活，更加坚定了永远跟党走的思想信念。

【应邀参加河南省第九次归侨侨眷代表大会】　2011年11月28日，河南省第九次归侨侨眷代表大会在郑州黄河迎宾馆隆重召开。区侨联作为与会代表应邀参加了此次会议，并被省人力资源和社会保障厅与省侨联评为“全省侨联系统先进集体”。

【组织召开郑州市侨联系统干部培训班】　2011年12月16日，郑州市侨联系统干部培训班在上街区会议中心举行。为期一天的培训班，为广大侨联干部提供了一个集思广益、群策群力的好机会。大家在培训中交流了学习，碰撞了思想，启发了思路，收获了成就。郑州市侨联机关、各县（市）区侨联的干部和上街区各街道、各社区的侨联系统干部80余人参加了培训。

（杨悦丹）

区关心下一代工作委员会

【概述】　上街区关心下一代工作委员会是以离退休老同志为主体，党政有关部门和群团组织负责人参加的，以关心、教育、培养上街区青少年健康成长为目的的群众性工作组织。任务是组织和动员老干部、老战士、老专家、老教师、老模范等“五老”对青少年进行思想道德、爱国主义、民族精神、时代精神和社会主义荣辱观的教育，引导青少年树立正确的世界观、人生观、价值观，养成高尚的思想品质和良好的道德情操。全区建立健全关工委组织70个（其中：学校13个，成员89人；镇、街道6个，成员32人；社区22个，成员72人；农村29个，成员80人）。全区关心下一代工作成员达273人。

【深入开展建党90周年教育实践

“小手拉大手，同做文明人”活动总结暨表彰大会

活动】 一是在青少年中开展红色图片巡回展。上街区关工委利用“五老”人员制作的图片，在区中小学和社区开展喜迎建党90周年图片巡回展。图片展激发了广大青少年知党、爱党、颂党、跟党走的爱国热情，他们立志成为中国特色社会主义合格的建设者和接班人。图片展共展出图片376幅，有2000余名学生观看了图片展。二是组织社区的青少年参观南水北调中线穿黄工程。南水北调工程是国家重点工程，其中在孤柏咀附近施工的穿黄工程是中线工程施工难度最大的一项工程。区关工委的老同志经过多方奔走，组织18个社区的430多个孩子赴施工地点孤柏咀实地参观施工现场和规划蓝图，使孩子们了解南水北调中线工程的规划、进展和意义。通过实地参观，孩子们不仅开阔了眼界，增长了知识，也更加热爱祖国，努力学习。他们决心掌握科技文化知识，长大后使家乡更加山清水秀，天蓝水碧，为促进南水北调中线工程的生态环境保护作出积极的贡献。

【开展“小手拉大手，同做文明人”活动】 为了积极参与文明城区创建和畅通郑州建设，区关工委联合教体局关工委举办了“小手拉大手，同做文明人”活动启动仪式。要求各个学校结合实际，倡导全体师生、学生家长要从我做起，从身边的小事做起，从点滴小事做起，以文明公民的标准来要求自己，积极参与健康教育活动，提倡文明、健康、有序、科学的生活方式。启动仪式之后，在教育局关工委的指导下，各基层学校纷纷以宣传栏、黑板报、中队角、校园广播站等为阵地，宣传以“十做到”为内容的文明行为。区新建小学、外国语小学以“组织召开主题队会，创编文明歌谣”的形式开展宣传教育活动，成效显著。为更好地开展“小手拉大手，同做文明人”活动，教体局关工委积极动员各校开展“小手拉大手，红领巾参与文明交通”活动。各校成立红领巾小分队40个，认真组织红领巾志愿者参加少先大队成立的特色小队，并成立家长志愿者队伍，统一志愿者标志。特色小分队队员同家长志愿者，小手拉大手，共同维护校门口交通秩序。年底，区关工委对在“小手拉大手，同做文明人”活动中表现突出的40名“文明之星”青少年进行了表彰，为全区的青少年树立了文明榜样。“小手拉大手，同做文明人”活动进一步夯实了未成年人思想道德建设基础，学生的道德观念、道德准则、道德规范和礼仪、礼貌、礼节等素养都得到了强化，让他们把文明习惯与自己的生活学习紧紧地联系在一起。

【开展“六一”慰问活动】 “六一”期间，区关工委联合教体局、妇联、团委到区夏侯小学、区幼儿园、峡窝镇幼儿园看望慰问少年儿童，为孩子们送上学习用品和益智玩具，并对付出辛勤劳动的教师表示慰问。上街区夏侯小学突出特色教育，其中水粉画小有名气。但是由于经费不足，学校的水粉画工具不能满足孩子们学画的需求。区关工委“六一”前夕为夏侯小学购买了价值2000余元的水粉笔、颜料、调色盘等绘画工具，满足了孩子们画画的需求，受到了孩子们的欢迎。

【深入开展社会文化环境净化工作】 一是召开网吧监督员培训会。协调有关部门对网吧义务监督员进行培训，让网吧业主与网吧监督员见面。同时根据网吧的分布情况，按照老同志居住的片区把网吧义务监督员分成若干小组，方便老同志一对一地就近就地监督网吧。二是组织开展集中检查工作。在区文管办的配合下，组织38名“五老”网吧义务监督员对23家网吧进行了监督检查。经过检查，发现上街区网吧整体运营环境况是好的，但是也存在极个别网吧有未成年人上网的现象。针对这种情况，网吧义务监督员一方面对上网的青少年进行劝阻和教育，规劝他们好好学习，不要沉迷网络，另一方面对网吧业主提出建议，要依法经营，把拒绝接纳未成年人作为守法经营的重点，为上街区未成年人健康成长创造文明健康和谐的成长环境。

（蔡舒全）

区老区开发建设促进会

【概述】 2011年，上街区老区开发建设促进会在区委、区政府的正确领导下和市老促会的支持下，认真贯彻落实省、市关于加快老区发展的实施意见，牢固树立科学发展观，紧紧围绕上街区“两加快一维护”战略，加强老区农业基础，提高产业扶贫效能，坚持以“农业增效、农民增收、农村发展”为目标，以加快城乡一体化进程为中心任务，紧密结合产业集聚区建设，大力发展现代农业，扎实开展社会主义新农村建设，全力推进城乡统筹发展。

【大力支持老区扶贫搬迁工程】 一是积极协调农开办加快安置小区建设进度。全年底，杨家沟、老寨河38栋安置楼（老寨河19栋、杨家沟18栋、幼儿园1栋），其中7栋主体完工并完成内外墙体粉刷、9栋4层完工、6栋3层完工、6栋2层完工、10栋1层完工。东林子、营坡顶村整体搬迁工作已于2011年5月完成，小区内绿化、亮化等配套设施也已全部到位。二是完成脱贫任务和雨露计划。雨露计划培训任务为90人，其中引导性培训50人、职业技能培训40人。2011年，全年引导性培训完成60人，职业技能培训完成46人，超额完成了全年工作任务。三是争取上级扶贫搬迁资金支持。老促会积极与市扶贫办对接，及时跟踪项目审批情况。上街区上报的杨家沟村搬迁扶贫安置工程项目，已经获得市扶贫办批准，争取资金992万元，极大地减轻了搬迁群众的负担，缓解了区财政压力。

【扶持老区农村产业】 区老促会按照年初确定的计划，协调组织有关人员组成评估检查组对申报的大中型沼气工程建设项目进行了评估。郑州市顶鑫种植专业合作社1200立方米沼气工程项目（大坡顶村）、郑州宏丰农业科技有限公司1200立方米沼气工程项目（观沟村），已通过了评估，正在建设之中。以沼气建设为核心，推动了农村产业调整和清洁能源推广。

新引进2家花卉企业，新增设施农业建设200亩，新建各类标准日光温室、钢骨架塑料大棚110座，种植苗木510亩，完成道路硬化6300平方米，建设完成保鲜冷库800立方米、包装车间600平方米、管理房1760平方米。河南双羽实业有限公司1万平方米的智能连栋温室正在建设之中。汜水河花卉产业园已初步形成以峡窝镇北峡窝、石咀、观沟、大坡顶、沙固等村为中心的花卉苗木基地。2011年全区花卉设施农业企业达到6家，花卉种植面积达1100亩，建成花卉大棚260座，产值达4000万元，花卉销售形势良好。同时营坡顶村在实现了异地扶贫搬迁，土地按照政策流转后，全村剩余劳动力的就业、群众的发家致富成了村委的难题。经过老促会提议，村两委适时成立了郑州市营坡顶劳务服务有限公司。经过村民大会同意，公司与郑州慧蕾花卉专业合作社合作发展花卉种植项目。该项目计划投资120万元，建设日光温室10座，种植红掌、凤梨、滴水观音等各类花卉。区老促会积极为该项目争取市老促会扶持资金10万元。区老促会还积极与区交通局等部门联系，帮助大坡顶项目基地修水泥公路1000米，解决了出行难问题，有力地支持了“万亩花海”工程的实施。

【积极落实各项惠农政策】 2011年，继续实施粮食直补、农资综合直补、良种补贴，实现了主要粮食作物直补全覆盖。2011全区粮食直补、农资综合直补补贴面积2.62万亩，补贴标准为每亩98.23元，补贴资金257.37万元，已于2月28日全部发放到位。2011年全区玉米良种补贴2.61万亩，补贴金额26.11万元；小麦良种补贴2.61万亩，补贴金额26.06万元。这些补贴已全部发放到位，做到了应补尽补，覆盖率达到100%。在粮食直补、综合直补、良种补贴发放中，核准基数，严格程序，以存折发放到位，未出现上访告状事件。

大力推动农村土地流转。以政策和资金切实推动土地流转，以项目带动土地流转。区革命老区完成土地流转1577亩，超额完成年度目标任务。其中，郑州盛景园林工程有限公司流转沙固村土地360亩，用于观赏苗木建设；开心农场在北峡窝村流转土地40亩，用于体验农业、休闲农业示范试验；郑州楚丰农业技术有限公司在观沟村流转土地50亩，用于花卉设施农业建设；郑州雾云山森林公园开发建设有限公司流转峡窝镇东林子村土地1127亩，用于南部山区综合开发。这些土地流转加快了农业结构调整步伐，促进了老区农民再就业和老区农民增收。

加强农田水利基本建设，逐步实现农田旱涝保收。一是通过两年的努力，完成了汜水河上街段治理工程的所有前期工作。汜水河上街段治理工程在2011年10月已获省水利厅批复，总投资1682.59万元。主要建设工程为：河道清淤8.7公里，新建堤防13.3公里，重建跨河桥梁3座，新建排水涵闸8座。二是南水北调配套水厂（上街水厂）已列入郑州市“十二五”发展规划。

（蔡舒全）

红十字会

【开展广泛宣传，推动无偿捐献】 2011年上街区红会十字会利用“12•1”世界艾滋病宣传日、“5•8”红十字博爱周、“无偿献血日”“全国爱牙日”等宣传日，先后开展以发放宣传资料、播放红十字知识录像、义诊、培训等为内容的宣传工作。顺利完成了30份造血干细胞捐献志愿者招募任务并有1名造血干细胞捐献志愿者成功向患者捐献了造血干细胞。另有5名遗体（器官）捐献者签订捐献协议。

【开展科普图书捐赠活动】 按照市委、市政府提出的学校安全教育有关指示精神和“安全工作常抓不懈，安全宣传进校园”的工作要求，自2011年9月份起开展向全区中小学生捐赠科普图书活动。截至2011年底募捐到购书款27221.9元，用此款购买《未成年人安全预防与自救》科普图书1987册，全部赠予上街区中小学校。

（张元龙）

武装·政法

人民武装

【概况】 2011年，是国家和军队建设全面落实“十二五”规划的开局之年，是军区新一轮军事斗争准备和基层建设两个《五年规划》的起始之年。全区武装系统紧贴形势任务，围绕建设全面过硬战略预备力量这个主题，着眼提高遂行多样化军事任务能力，围绕中心，服务大局，突出重点，务实创新。人武部坚持以邓小平理论和“三个代表”重要思想为指导，以科学发展为主题，以加快转变战斗力生成模式为主线，着眼建设全面过硬战略预备力量，突出抓好新形势下思想政治建设、应急应战能力建设、国防动员体制建设、基层规范化建设和安全稳定工作，坚持务实创新求突破，持续用力抓落实，大力提高民兵预备役队伍遂行多样化军事任务能力，确保圆满完成年度各项任务，以优异成绩迎接建党90周年。

【思想政治建设】 扎实开展“坚定理想信念，忠诚履行使命”主题教育，持续深化当代革命军人核心价值观培育。深入学习胡锦涛同志“七一”重要讲话和十七届六中全会精神，努力把学习成果转化为推进全区后备力量建设的动力，不断激发人武、专武干部和民兵预备役人员“高举旗帜，听党指挥，履行使命”的政治热忱。充分利用每月专武干部例会，对专武干部进行党的路线、方针、政策及时事政治教育，使广大专武干部提高了思想政治觉悟，增强了爱岗敬业精神。在民兵训练中，对参训人员积极进行民兵性质、任务的学习及国际国内形势教育，深入进行形势战备教育。广大人武、专武干部和民兵预备役人员，进一步增强了军魂意识和使命意识，确保了队伍的高度稳定和集中统一。

【军事训练】 以省军区“五支队伍”比武竞赛为契机，广泛开展现役干部、职工、专武干部和民兵干部的岗位练兵活动，各类人员的综合素质和专业技能得到提高。区人武部政委乔德宁代表警备区参加省军区人武部主官比武取得单位综合成绩第一名、手枪射击单位综合成绩第三名，政工科副营职干事苏建波参加省军区参谋骨干集训比武获单位综合成绩第三名，专武干部赵洋在全省专武干部比武竞赛活动中获得“四会”教学法第一名，民兵应急连参加警备区应急队伍干部骨干考核比武获得基础理论团体第三名、组织指挥个人第四名。2011年区人武部共训练基干民兵382人,其中民兵应急队伍233人、勤务保障队伍132人、防卫作战队伍17人，所训科目经考核总评成绩均达良好以上。人武部机关应训5人，实训5人，经考核总评成绩达到优秀。

【民兵思想政治教育】 坚持以“三个确保”时代课题为统揽，围绕建设全面过硬战略预备力量，努力抓好中国特色社会主义理论武装，进一步巩固民兵“高举旗帜，听党指挥，履行使命”的思想政治基础。主要突出三个

新兵输送

方面内容教育：一是持续抓好当代革命军队核心价值观培育，4月～6月份集中开展以“坚定理想信念，忠诚履行使命”为主要内容的主题教育活动；二是结合纪念建党90周年，广泛开展“学党史，增党性”活动，大力弘扬时代主旋律；三是抓好经常性思想教育，上好基层“每月四堂课”，着力打牢广大民兵预备役人员的思想政治基础。

【民兵整组工作】 按照“优化布局，突出重点，合理编组，强化素质”的工作思路，积极调整全区民兵组织布局与结构，逐步实现基干民兵队伍由储备、后备、动员为主向成建制遂行任务转变，由人力密集支前向科技密集支前转变，由执行单一任务向遂行多样化军事任务能力转变，努力实现民兵组织建设的跨越发展。在2010年郑蝶、上蝶两家规模以上建有党组织的民营企业中建立民兵组织先行试点的基础上，继续推广和普及在其他21家建有党组织的民营企业中建立民兵组织，巩固提升已建企业民兵组织建设标准，进一步扩大民营企业编组范围，不断优化全区后备力量建设布局。区基干民兵数由原来的4707人调整为4737人，其中普通民兵3526人、基干民兵1211人。

【战备工作】 加强战备教育，严格落实战备制度规定，始终保持常备不懈的战备状态。尤其是要做好重大节日期间的战备值班、分队值勤工作，确保有效应对各类突发事件。6月份，区人武部组织对各单位防汛分队的人员、装备落实情况进行一次全面检查。7月份，组织防汛分队进行了抢险演练。加强民兵信息员队伍建设，切实提高了社情研判与报知能力。

【基层建设】 以提高应急应战能力为核心，按照“突出重点抓应急，持续用力抓基层，积极稳妥抓改革，依法从严抓管理，探索创新谋发展”的工作思路，狠抓省军区两个《规范》的贯彻落实，不断提高基层民兵工作质量。按照“精干实备、双应一体、综合多能、反应快速”的目标，突出应急队伍建设，联合区委、区政府，出台了《关于贯彻落实〈河南省民兵预备役部队应急队伍建设规范〉实施意见》，规范了民兵应急分队的建设标准、使用管理，完善了相关预案，明确了组织领导、指挥程序、装备配备及保障办法，促进了民兵基层建设的巩固、发展和提高。4月下旬，结合民兵整组检查验收，组织民兵应急连进行了全员全装拉动演练和应急维稳课目训练，在拉动中提高了民兵队伍战时应战和平时应急能力。2011年，济源路街道武装部被省政府、省军区联合表彰为先进基层武装部，中心路街道武装部部长黄玉鹏被警备区表彰为先进专武干部。

【国防教育和双拥共建工作】 一是努力提高“上街区国防信息网”建设水平，围绕中心工作和重大任务宣扬典型经验和先进事迹，及时展示全区各项建设成果。二是结合第十一个全民国防教育日，开展国防教育系列宣传活动。三是重点落实围绕省军区《关于在全区大力实施助推中原经济区建设“五项行动”的意见》和市委书记连维良关于“积极组织基层武装部和广大民兵预备役人员投身‘郑州都市区’建设，为‘六个郑州（畅通郑州、平安郑州、法制郑州、安全郑州、和谐郑州、生态郑州）’建设做好六件实事”的指示精神，结合上街区经济社会发展的实际情况，号召全区民兵预备役人员主要办好了以下“六件实事”（六个有所作为）：(1) 在维护上街安全稳定工作中有所作为。深入推进“平安上街”建设，以民兵应急连队规范化建设为抓手，不断提升应急分队“维护社会稳定，处置突发事件”的能力。完善社会防控体系，积极组织广大民兵预备役人员开展护厂、护村、护路行动，为上街发展创造和谐稳定的社会环境。(2) 在促进企业转型和发展中有所作为。不断探索民营企业建立民兵组织的路子方法，贴近企业实际开展教育训练，引导企业民兵预备役人员积极为企业生产出主意解难题，增强企业民兵的组织纪律观念和主人翁意识，实现民兵工作和企业发展的双赢。(3) 在促进城乡一体化建设中有所作为。组织全区广大民兵预备役人员在推进合村并城工作中积极行动，主动参与，勇于作为，配合所在辖区做好涉及拆迁改造的疏导工作。(4) 在帮建农村一线堡垒行动中有所作为。围绕中央和省委提出的争创“五好”村党支部的目标要求，区人武部定点联系峡窝镇石咀村村委会，帮助村委班子提高管理农村事务的能力，带领群众致富发展。(5) 在建设“绿色上街”行动中有所作为。围绕河南省构建“四区两带”区域生态网络目标和“生态郑州”建设，由区人武部牵头在峡窝镇五云山开辟了国防动员林，造林 100 亩，植树 1.3 万棵。(6) 在打造上街“红色文化”行动中有所作为。结合上街区军事志年度编纂，汇编整理上街区红色故事和国防教育资料。依托区“三个光荣”活动室和“上街区国防信息网”，广泛开展“追忆红色历史，发扬红色传统，争当红色传人”主题宣传教育活动。结合“八一”“十一”和第十一个国防教育日，开展群众性“唱红歌”活动，引导民兵预备役人员和广大群众知荣辱、讲正气、尽义务，助推上街区社会主义核心价值体系建设。

【动员工作】 不断加大全区退伍军人、基干民兵、为现役部队预编预备役人员和地方与军事专业对口技术人员“四位一体”的人民武装动员数据库建设力度。全区有关部门密切配合，认真开展士官招收和高中以上各类院校应届毕业生调查摸底工作，针对“当兵冷”“征兵难”情况的出现，联合区委、区政府制定了《上街区委、上街区人民政府、上街区人民武装部关于进一步做好新形势下征兵工作的实施意见》，顺利完成征兵任务。

（孙松舟）

人民防空

【概况】 2011 年，区人防办始终坚持平战结合的原则，牢牢把握经济建设中心，强化措施，自我加压，保持昂扬精神状态，不断解放思想，深化人防改革，重点工作实现突破，整体工作有序推进，全区人防事业实现跨越式发展，圆满完成了省、市、区的人防工程建设任务，被河南省人防办评为“全省人防系统先进集体”。

【人防工程建设】 区人防办充分发挥人防工程节约城市用地、缓解城市交通、改善城市环境、完善城市功能等方面的独特作用，深入基层，广泛宣传，始终坚持“以建为主、应建尽建、能建不收、能收不漏”的原则，要求各建筑单位严格按照人防规划建设各类人防工程。2011 年新审批的人防工程共 6 处。

【人防工程利用】 区人防办在纳凉期间将上街区内 7 处人防工程作为群众纳凉场地。然后做好思想动员工作，争取各有关人防工程管理方支持，同时立即着手

市人防办领导检查上街区防汛工作

更换部分老化线路，平整墙面。各纳凉点在2010年的基础上又添置桌椅50套、报刊200套、纸杯1000个、扑克牌30箱（每箱100副），以达到适合群众纳凉的开放条件，并制定纳凉管理制度，指定专职工作人员，加强安全管理，负责在纳凉期间做好安全和服务工作。

【人防工程维护管理任务】 区人防办建立长效的工程管理机制，完善安全管理制度，建立设备设施维护管理责任制度和定期检查制度。把公用维护管理任务、单位维护管理任务和新建人防工程任务落实到人头，分片包干，实施规范化管理。严格按照每周、每组按片普查的制度，及时登记、汇总。对已建人防工程要求通风、给排水、供用电设施满足使用要求。对全市人防工程挂牌工作。区人防办明确分管科室，指定专人负责，克服了工程管理单位不配合、悬挂有难度、工程地址和数据需要时间核对等问题。建立挂牌工作周报告制度，要求每周由平战科将已制作标牌数、悬挂数上报主管领导。全年共做出并安装到位工程标牌70块，做到了人防工程出入口标示规范，标志明显，进入口道路畅通。从根本上消除隐患，既达到安全使用的目的，又确保了地道维护管理任务的全面完成。

【人民防空宣传教育】 区人防办通过多形式、多渠道、多层次的宣传；全面、深入开展人防教育“五进”工作，做到了宣传活动的“五进五面向”。即：进学校，面向师生；进党校，面向干部；进社区，面向居民；进企业，面向法人；进网络，面向大众。一是以上街区初级中学一年级新生为教育重点，通过教育帮助学生掌握人民防空基本知识和防护技能，提高学生应对空袭灾害和处理各种突发事故的能力。二是在区委党校干部培训班开设人防教育课，利用党员培训班、要求入党积极分子培训班、青年干部培训班等各种机会宣讲人防法律法规，并聘请解放军信息工程大学知名教授宣讲当前的国际国内形势及周边安全形势，使全区领导干部了解国际形势，正确认识和把握国家安全与经济建设、社会发展的辩证关系，增强国防观念和人防意识，增强做好人民防空准备的责任感，取得显著效果。三是在每个社区设置了人防宣教室，配备了宣传专用的电视机、VCD等音像设备，并在社区阅览室摆放了人防教育书籍，在每个社区显著位置开辟了人防宣传橱窗，满足了居民群众学习防空知识的愿望和要求，形成了街道、社区防空教育宣传网络。通过防空警报鸣响日，在盛世广场和盛世、新兴、金华、鸿元等社区举行了隆重的以“关注人防，关爱生命”为主题的国防、人防教育宣传活动。设置法律咨询服务台6处、人防知识问答点4处，展出人防知识图片展板20块，悬挂人防宣传横幅36条、人防宣传彩旗10面，发放宣传手册2700册、宣传扑克牌1500副，使上街居民更直观地了解人防，支持人防。四是要求人防示范企业建立管理机制，确定领导主抓人防教育工作，配备专兼职人防工作人员，定时出宣传橱窗、板报，并建立人防宣教室，方便职工查阅人防宣传资料。定期召开开发商座谈会，向其宣传国家的形势和政策、人防的职能和作用及加强人防建设的战略意义，使其真正了解人防，支持人防，增强依法办事的自觉性。五是依托区政府门户网站，将人防法规、机构职能、人防知识等及时向社会公开，真正实现全方位宣传、"无缝隙"覆盖、长效化教育的格局。11月11日上午，河南省人防办副主任王乐新带领省人防宣传教育"五进"工作检查验收组到上街区检查验收人防宣传教育"五进"工作建设情况。先后实地查看了郑州市第二外国语中学、一〇〇中学、盛世社区、新兴社区等6家申报人防教育省级示范单位。

【按规定征收人防建设费】 区人防办不断加大执法工作力度，坚持依法行政，细化责任，细化进度，细化监督。2011年依法收取人防易地建设费6524742.3元、社会负担人防建设费86630元。

【防空警报试鸣】 区人防办加强警报管理培训，规范警报操作行为，2011年警报试鸣率为100%。同时根据城区规模的不断扩大，现场勘查，科学规划，在上街区又新增了2台电声警报，满足了新建城区战时防空音响警报需要，提高了全区防空袭保障能力。

【完成综合信息网络建设】 区人防办以先进的科学技术为支撑，以整体性、实用性、兼容性为标准，以实现各级各类系统互连、信息互通、资源共享、安全保密为原则，以不断提高人防机关的办公效率及动态条件下的指挥效能为目标，加强组织领导，更新思想观念，把综合信息网络建设放在优先位置，弄清哪些是上级解决的，哪些是本级突破的，哪些是要落实的，从最需要、最关键项目入手，明确职责，加强协调配合。至年底，圆满完成综合信息网络建设工作和超短波通信系统建设任务，实现与省市指挥所互联互通。

【防汛工作】 上街区人防办严格落实防汛值班制度，加强领导，制定防汛工作方案及险情处置预案。汛前及时制定切实可行的防汛工作方案及险情处置预案。汛期每天24小时有人值班，不缺岗，不脱岗，电话畅通。严格按防汛方案执行，做到对人防工程平时每月检查，汛前每周检查，汛期定期检查，确保能及时处理险、危工程。同时还加大了对防汛物资和器材投资的力度，充分做好防汛物资器材的准备。组成10人的抢险突击队、10人的抢险预备队和10人的抢险救护队，做到随叫随到，能迅速地投入到抢险中，使人防工程安全无重大责任事故发生，安全达标率100%。

（席　旭）

政法综治工作

【概况】 2011年，上街区委、区政府紧紧围绕"两加快一维护"战略和构建平安和谐上街的总体目标，深入推进矛盾纠纷化解、社会管理创新和公正廉洁执法3项重点工作，着力解决影响社会和谐稳定的源头性、根本性、基础性问题，最大限度激发社会活力、最大限度增加和谐因素、最大限度减少不和谐因素，为建设中原经济区科学发展示范区和"十二五"发展良好开局营造了和谐稳定的社会环境、公平正义的法治环境、优质高效的服务环境。全年共发刑事案件327起，破获240起（含积案），查处各类违法犯罪嫌疑人共计243人。

【平安上街建设】 与全区46家责任单位签订了"平安建设目标责任保证书"，签订率达100%。开展全区平安建设调研活动，对发现的22个问题和涉及的10个责任单位，下发领导督办通知书并全部督促整改到位。

加强基层综治中心建设。全区一镇五街道综治工作中心全部达到规范化建设标准，着力强化综治中心职能，细化台账，进一步整合资源，完善工作机制，落实工作职责，加强考核奖惩，构

区领导陪同市政法委领导参加清查活动

建综合性便民工作平台。

营造平安建设舆论氛围。全区各综治成员单位共发放各种平安建设宣传资料18万余份，设置固定宣传展板560余块，悬挂平安温馨提示牌780余块，累计发送平安建设宣传信息3.3万余条，悬挂横幅330余条，接待群众咨询760余人次，受教育群众达9000余人次。

全力开展清理清查。共出动公安干警、检法司政法干警、巡防队员、协管人员、治安志愿者、保安队员等累计4.2万人次，对私房租赁户1300户、五小场所487个进行了清理清查。盘查可疑人员6519名，清查三无人员785名，清查废品收购人员、拾荒人员、社会盲流255名，盘查可疑车辆1312辆。

【社会矛盾化解工作】 2011年，上街区坚持实行各单位每月开展两次摸底排查，对排查出的苗头和问题，做到有领导负责，有专人处理，有调处方案，有解决时限。全区共排查出矛盾隐患40起，已化解35起。对解决难度较大的5起重大不稳定问题提交全区党政联席会议专项讨论研究，以确保案结事了，停访息诉。

将人民调解、行政调解、司法调解有机结合，综合运用法律、政策、经济、行政等手段和教育、协商、疏导等方法，把矛盾化解在基层，解决在萌芽状态。全年，民调员共排查调处各类民间纠纷980起，调解成功976起，调成率达99%。

妥善处理历史遗留问题和信访积案。召开党政联席会议，形成"三明确"决议：一是明确责任，逐案指定包案领导，确定牵头单位和责任单位，划清管辖范围和主办责任。二是明确期限，严肃追究逾期不结单位的领导责任。三是明确措施，联合跟踪督办。共督查重点案件办理情况26次，沟通协调具体办案人员50余次，发现并提出具体问题4处，形成专项督查报告2份。针对中央、省、市三级交办的5起涉法涉诉信访案件，已在规定时间内予以结案。

2011年，全区没有发生一起在省市有重大影响的危害国家安全和政治稳定案事件，没有发生一起影响较大的赴京恶性上访事件，没有发生一起在省市有严重影响的群体性事件。防范和处理邪教工作实现"三零"目标。庆祝中国共产党成立90周年大会和纪念辛亥革命100周年大会等重要敏感时期，首都北京没有发生来自上街的干扰。

【防控能力建设】 全区一镇五街道均建立了专职巡防队，经费全部列入财政预算，实行军事化管理，建立打击防范目标责任制，配备专用巡逻器械和交通工具，实行每天24小时不间断巡逻。全年区巡防大队共抓获犯罪嫌疑人44人，协助公安机关破案2起；制止打架斗殴44人103次，调解纠纷486件，扑灭火灾9起，为群众办好事1682件。

推进社会管理治安防控网格化体系建设。完善区、公安局、镇（街道）、社区（村）为中心的四级防控网格，建立涵盖所有单位、大型企业、水电油气等重点部位及公共复杂场所、商贸点的治安防控基础网点。成立社会管理治安防控网络化总队1个、支队1个、大队6个、中队54个、分队335个，重点承担排查管理、信息收集、政策宣传、综合服务等职能，完善定格、定点、定人、定责长效管理机制。同时，因地制宜，分别在社区推广“十户联防、百户联网、千户筑墙”（千百十）工作模式，在农村推广义务巡逻队工作模式，强化社区（村）治安人防机制建设。

强化技防体系建设。2011年，全区共投入资金1400余万元，完成覆盖全区所有交通路口、重点部位的智能监控系统建设项目和46条背街小巷、46个无主管楼院、3个广场游园监控设施项目，实现全区所有学校、社区、镇办技防监控平台与区级监控平台的联网，率先在全市实现技防全覆盖。上街区技防建设累计总投资3700余万元，共建成一级监控平台1个（区公安局110监控平台），二级监控平台6个（镇、街道监控平台），社区三级监控平台23个，农村监控平台16个，其他各类监控平台308个，共安装各类监控探头4804个。

政法系统建党90周年红歌大赛

【社会管理创新】 率先在全市成立社会管理创新工作领导小组和办公室，出台了《上街区社会管理创新工作实施意见》及任务分解方案，并将目标责任纳入绩效考核和社会治安综合治理年度目标考评范畴，形成了社会协同、全面参与的工作格局。

培育创新亮点。以重点项目为抓手，通过建立“三分六定”网格化管理机制、构筑“三民工程”、推行“一站两员三维护”战略、创建“六好平安校园”“夕阳红民生服务队”等，积极有效探索社会管理创新。

强化流动人口服务管理。加大流动人口登记工作力度，共登记流动人口25402人，录入重点人口292人，出租房屋1902家。加强暂住人口信息库建设，强力推进流动人口信息系统与旅馆业系统电话端的安装。加强流动人口的劳动保护。积极推进流动人口社会保险参保工作，建立健全流动人口劳动纠纷处理协调机制，畅通流动人口利益诉求渠道。

强化特殊人群管理。健全安置帮教工作机制，全区61个帮教组织把刑释解教人员分成稳定型、不稳定型、重点型三类进行分类帮教，对贫困、疾病人员及时给予救济，对人户分离和下落不明人员及时排查，努力减少脱管漏管。全年接收省内外监狱、劳教所刑释解教人员24名，刑满释放22人、解教2人，全部落实责任人，实行一帮一和多帮一措施，重新犯罪率控制在3%。

【政法队伍建设】 2011年，上街区政法系统积极开展“发扬传统，坚定信念，执法为民”主题教育实践活动、“三红两树一促进”活动和创先争优活动等，采取多种形式加强政法干警政治理论和业务知识学习。印发“三红两树一促进”教育活动学习读本；举办唱响红色歌曲大型歌咏比赛；组织政法干警看望革命老前辈李桂棠；承办全市政法系统“发扬传统，坚定信念，执法为民”先进事迹演讲团巡回报告；在全区政法系统组织开展向“全国政法系统优秀党员干警”王运宏同志学习的活动、庆祝建党90周年教育培训活动；开展“政法林”

义务植树活动；摸底调查辖区群众对政法部门的执法满意度，明确整改措施。除此之外，还在公安系统组织开展以“警民携手，共创和谐”为主题的警营开放日活动，邀请社区100余名群众代表全方位了解、近距离感受人民警察的工作情况。组织区公安局46名民警参加郑州市公安民警执法资格等级考试，近200名民警开展“全警业务培训”。

（史玉晓）

公安工作

【概况】　2011年，区公安局以“四严一创”活动为载体，以实现“四个满意”为工作目标，全警动员，全力以赴，有效维护了辖区政治治安大局持续平稳，为上街区“两加快一维护”发展战略发挥了积极作用，辖区群众“安全感”和对公安工作“满意度”继续得到巩固提升。全年共破获各类刑事案件232起，打掉重特大违法犯罪团伙35个，抓获违法犯罪成员531名。其中，刑事拘留212人、逮捕139人、起诉220人、劳动教养8人、强戒9人、取保132人、监视居住2人、行政拘留276人、抓获网上逃犯36人（外省命案逃犯3人，破外省命案2起）。现行命案“发一破一”，破获“两抢一盗”串案5串，摸排涉黑犯罪线索1条，追缴现金、笔记本电脑、摩托车、电动自行车、电瓶、手机等赃物价值近300万元。

【治安管理】　2011年，上街区公安局督促上街区所有金融珠宝行完成与110联网的红外线和视频联动报警装置，组织9家金融机构及区保安公司进行金融安全防范上岗证考试，为196人办理金融安全防范上岗证，将保安从业人员全部录入保安服务监督管理系统，加强了金融单位安全管理防范工作。

积极向区委、区政府汇报辖区技防建设情况和技防体系发展方向，争取主要领导和有关部门大力支持，已申请并获批专项经费900余万元，在辖区分3个单元（卡口系统、电子警察系统、技防监控系统）建设技防体系。

根据全市统一部署和辖区治安实际，上街区公安局坚持集中清理清查行动制度化、经常化，将集中清理清查行动作为一项基础工作来抓，相继有针对性制定专项方案9套，累计开展清理清查、专项整治等集中行动29次，最大限度压缩违法犯罪活动空间。

积极开展爱民助民、户口整顿及重错号清理纠正工作，全面清理、准确登记辖区常住人口的基本情况和数据资料。全年共制作临时身份证件3200余份，迁发准迁证790份，发放身份证件2300个。此外，上街区公安局积极协助人口普查办开展全国第六次人口普查工作，为其提供最有效的户籍人口数据及信息，做好人口数据桥梁工作。

【安全保卫】　圆满完成2011年“两会”、春节、黄帝故里拜祖大典、党代会、圣诞节、元旦等期间安全保卫工作，为全区群众营造了平安、祥和的氛围。

4月5日，辛卯年黄帝故里拜祖大典在河南新郑举行，根据市局安全保卫工作领导小组需要，决定抽调区公安局120名民警对新郑段高速引线、市区炎黄大道等重要目标实施警戒。接任务后，区公安局领导立即召开研究部署会，多次实地勘查，不断完善安保方案，认真参加模拟演练，集全警之力完成了此次安全保卫任务,用实际行动展示了“上街公安”的良好形象。

【刑事侦查】　2011年，上街区公安局按照“小案必查、小赃必追、小线索必跟”的工作思路，密切关注群众反映的小案件，相继打掉特大盗窃电动车电犯罪团伙2个，侦破系列案件150起，带破盗窃电动车案件25起。

2011年5月中旬，辖区中心路派出所在办理一起寻衅滋事案件中，当场控制涉嫌黑恶势力的犯罪嫌疑人12名。经过艰苦侦查，该团伙21名成员全部落网。

2011年11月13日，上街区公安局全警动员，快速反应，整体作战，仅用2小时就将涉嫌故意杀人的犯罪嫌疑人赵某某抓获。

【交通安全管理】　2011年，上

举行警营开放日活动，邀请100余名群众代表走进警营，全方位了解公安工作

街区公安局共查处交通违法行为24875起，暂扣违法机动车459辆，行政拘留无证驾驶人员64人、醉酒驾驶16人、交通肇事逃逸9人。

为认真落实公安部、省厅预防重特大交通事故会议精神，认真吸取甘肃省校车特大交通事故的惨痛教训，上街区公安局交巡警大队通过开展交通设施排查整治、组织民警上学校高峰岗、加强校车管理、进学校宣传等措施，全面开展校园交通安全管理工作，有效地维护了学生的生命安全。

为迎接省级文明城区的检查验收，区公安局及时向区政府递交了关于完善城区道路标线的报告，组织专业施工人员加班加点对中心路、淮阳路、许昌路、新安路等主干道标线进行刷新，保证了在创建检查验收之前全部完工。该工程共施画热熔标线1.98万平方米、冷漆标线3138平方米，清除旧标线380平方米。全年共维修交通标志280余次，维修交通信号灯故障90余次，确保了上街区交通安全标志标牌的清晰、完整以及交通信号灯的运行正常。

为加强交通管理，解决银行周边停车难的问题，区公安局组织施工人员，对具有设置条件且符合停车泊位设置要求的交通银行、建设银行门前路段和人行道进行了车位施画，共增加汽车停车泊位17个，对缓解路口“停车难”的问题起到了积极的作用。

【消防管理】 2011年，上街区公安局继续推行“网格精细化”管理，大力创建“零火灾社区”“零火灾村镇”。以“护航中原”专项行动为契机，严格落实“双九条”等消防安全规定，共检查单位786家，整改火灾隐患3202处，下发《责令改正通知书》256份、《公安行政处罚决定书》58份，责令停业2家，拘留8人。

【基础建设】 2011年，上街区公安局“基础信息采集”成效明显。社区民警对辖区七类重点人员、公共（娱乐）场所、特种行业、危管单位、内保单位、重点人口、监管对象等7项基础信息进行采集录入，确保信息及时、准确、完整，共录入各类基础信息5393条，录入流动人口3215人，注销493人。

【队伍建设】 2011年，区公安局始终把“反对自由主义”确定为开展工作的前提和队伍建设的主导思想，队伍整体面貌焕然一新。坚持“凭政绩，用干部”原则，根据“四严一创”活动等中心工作实绩和现实需要，对中层领导干部进行优化调整，一批政绩突出、群众认可的同志得到了提拔重用。3名中层干部被提拔到局领导岗位，3人荣立二等功，17人受到各级各部门表彰奖励，队伍继续保持“团结、和谐、稳定”局面。

（牛喜敏）

检察工作

【概况】 2011年，区人民检察院以深入推进社会矛盾化解、社会管理创新、公正廉洁执法三项重点工作为载体，以理性执法、刚性管理、绩考督导、强力推进为工作思路，紧紧围绕区委“两加快一维护”战略，立足于“强化法律监督，维护公平正义”检察工作主题，忠实履行宪法和法律赋予的职责，为推进上街区经济社会又好又快发展作出了积极贡献。2011年，区检察院再次蝉联“省级文明单位”，被团市委授予“青年文明号”荣誉称号，并被评为郑州市政法系统先进基层党组织、区政法工作先进单位。区检察院反渎局被市检察院评为“全市检察系统优秀团队”，多名干警在郑州市检察系统综合考试中名列前茅，有的干警被命名为全市优秀干警。区人民检察院开展检察工作的做法、经验和成效分别被《法制日报》《检察日报》《河南日报》《河南法制报》《郑州日报》《上街时讯》等媒体报道。

组织预防职务犯罪成员单位参观“全国检察机关惩治和预防渎职侵权犯罪河南巡展”

【刑事检察】 2011年共依法批准逮捕各类刑事犯罪嫌疑人137人，依法提起公诉99件183人。对黑恶势力犯罪、严重暴力犯罪和盗窃、抢夺等多发性侵财犯罪，坚持依法“从重从快”方针，及时批捕起诉，震慑了犯罪，维护了稳定。贯彻宽严相济刑事司法政策，严把审查批捕和审查起诉关。坚持区别对待：对严重刑事犯罪严厉打击，做到该严则严；对未成年犯、初犯、偶犯、从犯、过失犯等主观恶性较小的案件以及由家庭、邻里矛盾和经济纠纷引发的轻微刑事案件，慎重逮捕和起诉，做到当宽则宽。坚持“教育、感化、挽救”方针，化消极因素为积极因素，最大限度减少社会对抗。2011年，依法对50名涉嫌犯罪但无逮捕必要的人员决定不批准逮捕，对14名涉嫌犯罪但情节轻微、社会危害较小的人员决定不起诉。无一起案件当事人提出异议，取得了良好的社会效果。创新化解社会矛盾工作，切实解决群众诉求。推行点名接访、预约下访工作机制和“首办责任制”、领导包案责任制，实行全天候检察长接待制，开展了“涉检赴省进京零上访年”和“五进千家行”大走访活动。开通了控申举报“绿色通道”，全年共接待群众来信来访56人次，受理各类控告申诉22余件，实现涉法上访案件审查处理率、息诉率100%，实现了连续9年涉检赴省进京零上访。区检察院在信访工作中的做法和经验，被省检察院《工作通报》转发。

【查办预防职务犯罪】 2011年共立案查处职务犯罪案件7件9人，其中贪污贿赂案件5件6人、渎职侵权案件2件3人。通过办案，为国家挽回经济损失50余万元。立案准确率、有罪判决率均为100%。另外，对安全监察、工商税务、电力通信等系统多条举报线索进行了初查，发出《检察建议》，督促整改。

【法律监督】 把人民群众的关注点作为诉讼监督工作的着力点，依法维护公民的合法权益。充分发挥审查批捕和审查起诉职能，突出对有案不立、违法不究、以罚代刑等司法不公问题进行监督。对认为确有错误的刑事判决、裁定依法提起抗诉。

2011年，共受理公民、法人和其他组织不服法院民事、行政判决、裁定的申诉案件2件，经审查向市检察院提请抗诉2件，被市检察院采纳2件。对判决正确、当事人不理解而提出申诉的当事人，耐心做好息诉工作，切实维护了审判权威。

【队伍建设】 区检察院坚持"从严治检，科技强检"的方针，加强高素质队伍建设和规范化机关建设。(1)组织学习了《中国共产党领导干部廉洁从政若干准则》，开展了"发扬传统，坚定信念，执法为民"为主题的实践活动，开展了"三红两树一促进"主题教育等专项活动。按照"严格要求，严格教育，严格管理，严格监督"的方针，大力加强检察职业道德建设和自身反腐倡廉建设。(2)加强检察信息化建设，提高机关工作效能。对所办案件全部实行办案网上流转；实现了职务犯罪侦查指挥系统科技化，受理群众举报自动化；建成了全程监控办案工作区，检察工作科技手段明显提升。

（王 哲）

审判工作

【概况】 2011年，上街法院全面落实"三个至上"的理念，积极推进三项重点工作，不断加强思想政治建设，改进司法作风，提升司法能力，充分发挥审判职能，全力维护社会公平正义，为上街区"融入郑州都市区，建设宜居职教城，全面打造中原经济区科学发展示范区"的发展目标，提供了有力司法保障。

多年来各部门紧密团结，密切配合，以求真务实、勇争一流的精神，努力践行司法为民的理念，以创建司法文明为切入点，抓班子促队伍，抓审判促公正，抓管理促规范，努力打造公正廉明、勤勉高效的法官队伍。2011年，区法院共受理各类纠纷1476件（含旧存31件），较上年增加33件，审执结1421件，审判执行一线10名法官人均结案142件，结案率96.3%。2011年，区法院被最高人民法院评为无执行积案先进法院，被河南省高院评为全省法院党建先进工作单位，受到郑州市中院集体嘉奖。执行局荣立集体三等功。全院荣立二等功1人，荣立三等功1人，受到国家级表彰8人，受到省级表彰8人，受到市级表彰15人，受到区级表彰8人。

【刑事审判工作】 全年共受理各类刑事案件94件，较上年176件减少82件；审结92件167人，结案率97.8%；附带民事诉讼13件，调解撤诉12件，调撤率92.3%。一是严厉打击盗窃、抢夺等严重危害社会治安的多发性犯罪，开展"打黑除恶"和"铁拳"行动，全年共判处5年以上有期徒刑犯罪分子11人，有力地震慑了犯罪分子，维护了社会稳定。坚决打击贪污、贿赂和渎职犯罪分子，全年共判处13件14人。二是继续深化宽严相济的刑事政策，对犯罪情节轻微、社会危害不大的案件，被告人主动认罪且有法定从轻处罚情节的案件，未成年人初次犯罪情节轻微的案件，依法从轻或减轻处罚。全年共判处未成年人犯罪案件8件10人。三是认真贯彻执行最高法院量刑规范化指导意见，对明确的15种多发性犯罪和14种常见情节，庭审中单独就量刑意见组织控辩双方进行辩论，依法保障对犯罪嫌疑人量刑幅度的统一，保证严肃执法。2011年，"发挥刑事审判职能，严厉打击危害食品安全犯罪"以及"人大代表政协委员监督刑事审判工作"的情况被《法制日报》报道后，河南省高级人民法院院长张立勇作出重要批示。

【民事审判工作】 大力加强民事审判工作，为维护公民、企业合法权益，实现经济社会持续快速健康发展提供司法保障。全年共受理各类民商事案件1065件，较上年增加215件，审结1014件，结案率95.2%。一是创新审判工作方法。根据民事案多、人少的情况，将传统民事和商事统一立案分配，院领导带头参与民商事案件审理，既调动干警工作积极性，又充实了一线审判力量，减轻一线审判员的工作压力。二是认真贯彻“调解优先、调判结合”的原则，坚持以调解为主，把调解贯穿于案件审理的全过程，力争案结事了。经过审判人员的积极努力，全年民商事案件共调解、撤诉830件，调撤率81.9%，最大限度化解了社会矛盾。三是深入开展第二次“拖欠农民工工资案件集中办理”活动。在办理拖欠农民工工资案件中坚持优先立案，快速审理，立即执行，对排查出涉农民工工资的22起案件，全部审理终结，依法及时保护农民工合法权益。

普法宣传

【行政审判工作】　依法保护当事人合法权益，探索行政案件协调新途径，坚持维权与监督并重，有效化解行政纠纷，全年共受理各类行政纠纷21件。其中诉前协调化解12件，立案受理诉讼案件9件，审结9件，结案率100%。一是高度重视行政审判工作,充分认识行政审判对“维护社会管理秩序，推进国家法治进程”的重要作用。二是着眼社会和谐，积极探索化解行政争议的有效机制，经过协调和解，促进行政相对人与行政机关相互理解，彼此沟通。全年共协调化解行政纠纷18件，协调化解率85.7%。三是积极能动司法，对在审判工作中发现行政执法存在的共性问题，积极向行政机关提出司法建议，规范执法行为，预防违法行为发生。全年向行政机关提出司法建议10余次。

【执行工作】　依法加大执行工作力度，创新执行方法，注重制度建设，有效破解执行难题。全年共受理各类执行案件308件，比上年391件减少83件，执结306件（含终结本次执行程序案件），结案率99.3%。一是深刻认识解决“执行难”问题对“维护司法权威，切实保护当事人合法权益”的重要意义。党组专题研究执行工作，认真解决执行工作遇到的困难和问题。二是进一步加强执行制度建设，规范执行行为，提高执行效率，建立执行联动机制，积极开展“执行攻坚”活动，建立统一的财产查询制度，及时发现并控制被执行人财产，努力提高有效执行率。三是积极推行执行和解，把“和谐司法”引入执行工作，增强执行和解意识，提高执行和解率，全年共执行和解案件223件，执行和解率72.8%。四是积极开展反规避执行专项活动，加大对规避执行行为的打击力度，共清理出规避执行案件28件，执结28件。

【立案信访工作】　一是积极推行诉讼引导，印发诉讼指南、风险提示和诉讼须知等指导资料，不断提高服务水平。对符合条件的当事人减、免、缓交诉讼费，为生活困难的当事人申请司法救助。专门设立残疾人立案信访窗口，提供方便服务，体现人文关怀。设立信息查询系统，为当事人提供便捷服务。二是党组高度重视，院长承担第一责任，切实把信访稳定作为大事来抓。经常研究信访工作和信访问题，把矛盾和问题化解在基层。坚持“院长接待日”制度，变被动应访为主动接访，发现信访苗头，及时进行化解。全年共接待来访群众432人次。三是认真贯彻上级法院关于“信访风险评估”“信访情况通报”“来访接访”“信访责任查究”和“信访案件终结”等五项工作制度，加强涉诉信访的源头治理，在“两会”和重大节庆活动等敏感时期，全方位大排查，早发现早化解。按要求对各类案件进行信访风险评估共673件，接受上级法院、政法委、人大等相关部门交办转办各类信访案件38件，全部按期办理终结。四是深入开展“全市集中处理进京访重复访”和“清理信访积案”活动，加强组织领导，责任落实到人。认真办理市委交办的信访案件，6件案件全部在规定期限内办结，办结率100%，并接受政法委督查组的督查和回访，保证省九次和市十次党代会的顺利召开。五是主动向党委政法委汇报信访工作，积极取得政府财政部门支持，争取对信访当事人进行司法救助，妥善解决涉诉信访问题，维护和谐稳定。全年共使用司法救助资金60余万元，并深入细致地开展工作，化解了2起近10年的信访案件。

【综合管理工作】 一是开展“除骄横、除冷漠、除懈怠、除私情、除贪腐”（五除）专项活动，重点清除个别法官官僚主义的作风，使广大干警切实受到教育。成立审判管理办公室，对各项审判、执行数据实行跟踪管理，综合评估。实行督促催办和警示制度，对临近审限案件重点督办，确保按期结案。二是严格工作纪律，制定《关于进一步加强工作人员纪律作风管理的规定》，从着装纪律、考勤纪律、庭审纪律、会议纪律等四个方面分别细化相关内容。实行院领导带班值周制度，每周由一位院领导带领检查组进行明察暗访，周一例会将明察暗访情况进行通报。三是扩大司法公开，全年实现裁判文书上网220份。大力推进审判过程公开，共对47起案件实行网络直播，扩大办案的法律和社会效果。四是全面提升安全保卫工作水平，进一步加强制度建设。研究制定《审判办公区域分离进一步加强安全保卫工作的意见》，明确制度要求，落实安全责任。建设人防和技防相结合的安全防范体系，积极开展“司法警察岗位大练兵”活动，锻炼队伍素质，增强业务能力。全年司法警察共庭审押解犯罪嫌疑人120人，出动警力300余人次，无一安全事故发生。

【队伍建设】 一是加强队伍建设，积极开展“群众观点大讨论”活动，深化全体法官对群众观点的认识，提高做群众工作的能力和水平。为优化内部结构，选拔优秀人才，7月份召开了中层干部竞争上岗演讲会。二是扎实开展“发扬传统，坚定信念，执法为民”主题教育实践活动，以“三个至上”指导思想教育广大干警，自觉做到紧紧依靠区委的领导，依靠人大、政协的监督和帮助。在“七一”前夕向全体干警上主题党课，加强党的优良传统教育，不断改善司法形象和作风，进一步树立和培养司法为民意识。三是始终把党风廉政建设作为法院生命线工程来抓，切实落实党风廉政建设规定的领导应承担的各项责任，向区委政法委、区纪委递交廉洁承诺书。强化廉政监督，投入资金建设“廉政文化长廊”，营造风清气正的工作氛围。推广廉政亲情寄语，每一名法院工作人员均由家属书写亲情寄语，进行装裱放大后，悬挂在办公室显著位置，提醒干警恪尽职守，遵纪守法。设立“清风茶社”，借助茶社平台，通过廉政谈话的方式，对有信访反映和轻微违纪问题的同志进行沟通交流，对反映出的一些苗头性问题，积极采取措施加以解决。四是加大宣传、调研、信息工作力度，借助新闻载体，大力宣传区法院的工作开展情况，树立法院的良好形象。共通过各级媒体发表文章1105篇，参加《法官说法》栏目2次，《法官说案》栏目3次，信息被上级法院采用65篇，被河南省委政法委采用3篇。区法院法官所撰写的文章，参加全国“调解司法与调解技能”征文大赛，被最高人民法院评为三等奖。

【自觉接受党委领导及人大监

督】　一是按照区委政法委部署，为庆祝建党90周年，积极组织开展“三红二树一促进”活动，以“增强感情，改进作风，提高能力”为重点，以争当“人民满意的好法官”为载体，认真组织学习讨论。在全区政法队伍红歌比赛中，获得第一名的好成绩。组织干警利用双休日时间到革命圣地延安接受红色教育，面对党旗庄严宣誓。二是加强与人大代表、政协委员的联系和沟通，发挥人大代表、政协委员“联络之家”的作用。认真听取代表、委员的意见，建立短信联络平台，向人大代表、政协委员通报法院工作情况。积极推进人民陪审员工作的发展，提高人民陪审员的参审率，全年人民陪审员参与审理案件278件。重视代表、委员关注案件的办理，安排专人对案件实行统一登记、催办与报告，共受理上级法院、政法委、人大、政协各方面督办案件13件，全部按期办结。三是积极接受社会监督，邀请区直机关、律师和基层群众代表召开座谈会3次，向参会人员通报法院工作情况。组织开展人大代表、政协委员旁听庭审活动，对庭审规范和庭审效果进行监督评定，共邀请150人次代表、委员旁听庭审，审理案件30件。积极开展巡回审判，走进田间地头、街道社区，现场调处纠纷，方便群众诉讼，全年共巡回审判民商事案件374件，巡回审判率36.9%。四是密切与人民群众的联系，开展“司法便民联系点”活动。以领导班子为主体，在全区49个村委会、居委会设立司法便民联系点，为基层群众提供法律咨询服务，收集、整理、分析群众关注的问题和反映的意见，掌握社情民意，增进人民群众与人民法院、人民法官之间的沟通理解，树立人民法院的良好形象。

（严振东）

法制宣传活动送法进工地

司法行政

【概况】　区司法局充分发挥法制宣传、法律服务、法制保障的积极作用，着力建设法治上街，着力打造平安上街，为上街区经济社会又好又快发展作出了应有贡献。2011年，上街区全年启动第六个五年普法规划，依法治理各类违法行为，建立健全“三调联动”机制，落实特殊人群安置帮教，着力提升司法行政基层建设。全年共开展法制宣讲100场次，群众受教育面达到85%以上；调解各类民间纠纷1003起，调成率100%，无一起民事转刑案件；接收刑释解教人员24名；办理各类公证案件744件；受理法律援助案件196件，同比增长54.3%，为申请人挽回或取得经济利益49.5647万元。上街区法律援助中心被评为“河南省维护妇女儿童权益示范岗”。

【全面启动普法第六个五年规划】　2011年，根据郑州市委关于法制宣传和依法治市第六个五年规划的总体要求，由上街区委、区政府下发了《关于印发〈区委宣传部、区司法局、区依法治区工作领导小组办公室关于法制宣传教育和依法治区工作第六个五年规划（2011—2015年）〉的通知》，召开了2011年“六五”普法依法治理工作暨依法治理违法行为专项活动动员大会，表彰了“五五”期间上街区普法依法治理先进单位和先进个人，明确了“六五”普法总体目标、工作原则以及主要任务。同时，做好本年度普法依法治理考核各项工作，推进法制宣传教育和依法治理各项工作落到实处，切实为“六五”普法工作开好局，为上街区“十二五”规划顺利实施保驾护航。

【深入开展法制宣传教育】 以“弘扬法治精神，倡树文明新风”为主题，以创新法制宣传形式，增强法制宣传实效为目的。利用各种节假日、宣传日，以展板、图片、横幅、宣传页、咨询台等形式开展宣传教育活动。全年共发放各类宣传资料10万余份，设立法制宣传栏87块，定期发送普法短信共计2万余条，印制法制扑克牌1万副。同时开展书画作品展，营造法治文化氛围。参加由省委宣传部等5部门联合举办的首届全省法治书画摄影作品展，面向全区开展法治书画摄影作品征集活动，共征集到法治书画作品36幅、摄影作品25幅，最后确定17幅作品代表上街区参加评选。

【开展全国法制宣传日活动】 区司法局与19家依法治理违法行为成员单位，在亚星盛世广场开展“12•4”全国法制宣传日暨依法治理违法行为大型广场宣传活动，宣传主题是“深入学习宣传宪法，大力弘扬法治精神”，并结合近期开展的依法治理违法行为活动，通过文艺表演、现场宣传、面对面解答等方式，集中展示“五五”普法工作成果和“六五”工作规划，深入宣传宪法和与群众生产生活密切相关的法律法规知识，有效地将法治理念和法治实践相结合。活动期间，共展出宣传条幅、展板40余幅，设立咨询台20余处，出动法律宣传员30余人次。

【创新“法律六进”形式】 建立“送法六进”与“邀请宣讲”双向互动模式，制定详细的授课实施计划。在主动送法“六进”的同时，积极接受各单位团体的邀请进行法律宣讲，并对宣讲成效进行即时回访。7月4日开展了“送法进社区”活动，7月8日开展了“我为党旗添光彩——送法进工地”大型宣传活动，11月3日组织了“送法进教堂”主题宣传活动。全年法制宣讲授课达到100场次，群众受教育面达到85%以上。

【全面启动“法治上街”创建活动】 在全区各单位、镇（街道）、企业、学校中开展法治创建活动，制定了《关于在全区深化法治镇（办）、民主法治村（社区）创建活动的实施意见》和《法治上街创建工作考核细则》，规范了工作制度，明确了考核细则和考核办法，将创建工作细化、量化，做到法治创建有目标、有检查、有实效。

【深入开展“法治上街”创建工作】 根据《省依法治省办公室、省民政厅 司法厅开展全省“民主法治村（社区）”和首届全省“十佳民主法治村（社区）”评选表彰工作的通知》(豫治省办〔2011〕4号文件)的要求，推荐任庄村、商业街社区作为上街区典型参加评选。开展了“依法换届选举，促进社会和谐”主题宣传活动，服务农村法治建设。一是开展主题宣传活动，以《宪法》《选举法》为主，进行入户宣传。二是利用法制宣传阵地，张贴、悬挂“依法换届选举，促进社会和谐”主题宣传挂图62套。三是发动驻村民调员进行不稳定因素排查，及时化解民间矛盾。

【全面开展劝阻违法行为活动】 一是加强机制保障，形成镇（街道）、村（社区）双向互动，健全三级工作网络，确保劝阻违法行为活动顺利开展。二是开展宣传活动，出动宣传车5辆、宣传人员160余人，发放各类宣传材料8000多份，制作公益宣传广告10余条，在全区重点场所和流动人口密集区域悬挂横幅29条，有效起到警示提醒作用。三是开展专项治理，共发现违法建筑、违法经营、违法广告、违法占道等各类违法行为170处，劝阻各类违法行为133起。

【开展依法治理违法行为活动】 按照市委办公厅、市政府办公厅《关于在全市集中开展法制宣传教育和依法治理违法行为专项活动工作方案》的要求，召开上街区集中开展法制宣传教育和依法治理违法行为专项活动联席会议，成立了治理违法建设工作组、治理违法广告工作组等11个工作组，分5个阶段对违法建设、违法广告、食品违法生产、违法用工、违法征用土地、违法网吧、违法排污、违法交通、违法破路、违法行政等违法行为进行深入宣传和科学治理。

普法讲师团进社区

【认真开展人民调解工作】 以强化人民调解质量活动为契机，切实维护社会和谐稳定。一是加强机制建设，进一步探索“三调联动”机制，在区法院、交警队和各镇（街道）派出所设立人民调解室，共调解各类治安案件、交通事故38起。二是提高民调员素质，组织开展“争当人民调解能手”和人民调解员调解技能竞赛，全区109名人民调解员参与竞赛。三是确保案件卷宗质量，开展人民调解卷宗质量评查活动，班子成员带头对调解案件进行入户回访。四是发挥典型示范带动作用，开展精品案件评选，评选4件精品案件，推荐1件市级十佳精品案件，制作精品案件样本，提高办案水平。专职民调员共调解各类民间纠纷1003起，调解成功1003起，调解率达100%，无一起民转刑案件。

【加强刑释解教人员安置帮教工作】 强化安置帮教工作衔接制度、谈话制度和服刑在教人员网络信息管理制度，对刑释解教人员开展经常性的、全方面的排摸、走访，做到衔接到位、管理到位、帮教到位，减少脱管失控现象。全年共接收省内外监狱、劳教所刑释解教人员24名，重新犯罪率控制在3%。

【扩大法律服务深度与广度】 制定了2011年《关于进一步加强“两加快一维护”法律服务顾问团工作的方案》，组织法律服务顾问团与30个村组和9家企业签订了免费服务协议。建立了与村调委会的联调机制、与企业的纠纷调解机制等，定期对村组、企业进行“法律体检”，广泛听取村组、企业对法律服务工作的需求和建议，查找存在的法律问题，有针对性地开展法律服务活动。共为17家村组、企业开展专项法律服务29场，化解矛盾纠纷19起，提供法律建议130条，免费提供法律咨询400余人次，办理了一批有影响的法律案件，为新农村建设、产业集聚区建设、宜居职教城建设等重点工作提供了优质高效的法律服务。

【法律服务行业管理】 不断加强律师和法律服务行业纪律和行风建设，进一步扩大案源，带动行业发展。上街区现有律师事务所2家，执业律师12人，担任法律顾问19家，代理民事、刑事、法律援助案件共计134起，接待咨询1000余人次，业务收费24万元。注册法律服务所3家，注册法律服务工作者16人，担任区法律服务顾问12家，代理民事诉讼案件、自诉案件253起，受理法律援助案件54起，接待法律咨询3200余人次，挽回经济损失320万元，业务收费18万元。

【推进司法所建设工作】 结合实际，多措并举，推动区司法所建设跨跃式发展。一是宣传法律，排查化解矛盾，积极指导辖区调委会配合开展工作，全力以赴保稳定。二是做好司法所目标考评，健全工作规范和执法工作流程，实现司法所队伍年轻化和专业化。三是提出了一年打基础、两年上台阶的建设目标，全区6个司法所中的济源路司法所、中心路司法所、工业路司法所被评为市级规范化司法所。10月，济源路司法所接受了省级规范化司法所督查考核组的检查验收。

【法律援助工作】 降低援助门槛，不断扩大法律援助受援面，通过建立特殊情况免于经济审查制度、畅通12348法律援助热线电话、启动援助点与援助中心相结合办案模式，对残疾人、老年人、农民工、特困户提供“三优先一主动”服务（优先接待、优先解答、优先受理，主动上门），全力打造法律援助“畅通工程”。同时加大宣传力度，努力提高法律援助知晓率。依托镇（街道）司法所、法律援助工作点（站），把宣传工作深入基层。既做好各部门之间横向宣传，又做好向镇（街道）、社区（村）的纵向宣传，全年共开展法律讲座8场，现场解答群众法律咨询40余次。

【公证工作】 严格按照《公证法》等相关法律法规的规定，建立健全区公证处内部管理制度，进一步促进公证业务的健康发展。以拓展经济类公证案源为重点，围绕上街区经济建设中心任务，为产业集聚区建设、土地征收征用、土地承包经营、城市建设拆迁、环境治理保护等方面问题提供公证服务，办理各类经济类公证60件，涉及“三农”问题的公证案件30余件，涉及土地转让、继承、委托和农业承包合同等近10种公证事项。同时开辟公证绿色通道，畅通公证服务热线电话，实现便民服务制度上墙，投诉有门，监督到位。落实对社会公开承诺，对老弱病残实行登门办证，对军烈属、伤残军人、孤寡老人、社会救助人员、特困企业进行减免公证费用等优惠政策。

【社会管理创新】 根据区委2011年重点工程安排，社会管理创新工作包括法治上街创建、流动人口管理、刑释解教人员安置帮教、治安重点地区整治、网络虚拟社会管理、预防和打击处理邪教六个方面的工作。2011年制定了《上街区社会管理创新工作实施方案》，各相关单位按照方案要求，积极开展工作。一是加强流动人口信息化管理，入户登记排查，实行服务化管理；二是有针对性地开展刑释解教人员的安置帮教，实行分类管理，强化社区帮教作用，完善安置基地建设；三是强化治安重点地区排查整治，多部门协作，开展专项治理；四是加大对网络虚拟社会管理力度，做好网络监控，坚持正确舆论导向；五是明确责任，防控结合，宽严并举，做好防范和处理邪教工作。进一步将维稳阵线向前推进，做好矛盾纠纷预防，减少矛盾纠纷发生，维护社会大局稳定。

（倪源君）

典型案例

【破获2005年“1·15”交通肇事致人死亡后逃逸案】 2011年8月23日，上街区公安局专案组在浙江省北仑区警方配合下，冒雨对500户可疑租房区域展开“地毯式”排查，终于抓获交通肇事致人死亡后潜逃6年的犯罪嫌疑人赵某。经连夜讯问，赵某终于交代了6年前在上街区峡窝镇交通肇事致人死亡的过程以及潜逃经历。据供述，其为逃避公安机关抓捕，连续几年隐姓埋名先后逃至山东、新疆、北京、唐山、宁波等地打零工维持生计。

在此期间，其姘夫梁某通过非法手段变更赵某的户籍信息、身份证信息，并将其迁至自己户籍名下，客观上为其长期潜逃提供了掩护。

上街警方为抓捕其归案，专案组6赴周口，7次跨省侦查，行程近6000公里。最终通过敏锐观察、警务综合应用平台核实和分析固话记录等方式，发现了其行踪，并将其抓捕归案。

【侦破特大盗销电动车案】 2011年10月中旬以来，上街区公安局中心路派出所所长王戈针对辖区电动车被盗案件有所反弹的特点，制定详细巡逻布控计划，亲自带领民警围绕案件“三高”规律展开街面便衣防控。11月2日中午，所长王戈、副所长李国英在对辖区中心路沿线易发案区域进行便衣巡逻过程中，发现一男子行迹可疑，又立即指派一组民警对其进行交替跟踪。当天14时许，犯罪嫌疑人史某在中心路“国美家电大卖场”门口踩点后，非常娴熟地用T型锥撬开一辆电动自行车。正当其准备骑车逃离现场时，被在一旁守候的民警一拥而上抓获。讯问调查过程中，民警意外发现其竟是金水警方通缉的涉嫌盗窃的网上逃犯。

面对强大讯问攻势和民警平时采集的案发现场视频证据，犯罪嫌疑人史某陆续交代了自2011年7月份以来，先后在上街区思达超市、国美家电大卖场等10余个场所门口，连续盗窃电动自行车近60辆。作案得手后即通过骑行等方式将赃车以300～600元低价倒卖给郑州北环旧货市场及若干电动车维修点。根据掌握线索，所长王戈带领副所长周海、杨勇赶赴郑州，将涉嫌购赃的犯罪嫌疑人吴某抓获，当场查获尚未出手的被盗电动自行车28辆。

【“11·13”命案】 2011年11月13日，区公安局110指挥中心接“120”报称，孟津路与新乡路交叉口西侧路边一男子腹部被刺伤，经现场抢救无效死亡。接报后，区公安局长杜惠斌与班子成员迅速带领侦技民警赶到现场开展工作。

通过调查“120”接报记录，迅速找到了求助人李某。经反复询问，其最终承认其男友赵某刚刚持刀刺中一起喝酒的受害人侯某腹部后逃跑。鉴于案发时间短、案发地段偏僻，以及犯罪嫌疑人对受害人伤势不确定等因素，专案组判断嫌犯应没有逃离上街区。根据案发地区周边交通特点，专案组最大限度部署卡点，组织各派出所力量分段巡查，最大限度压缩嫌犯空间。0时5分，东躲西藏、四面受伏、极度紧张的犯罪嫌疑人赵某，刚刚在济源路与汝南路交叉口露面，就被巡逻民警发现，民警当场从其身上搜出作案用折叠水果刀一把。经讯问，犯罪嫌疑人赵某交代其与同院几名租房人喝酒，其间因受害人侯某用手揽其女友李某，怀恨在心，遂在离开饭店的路上，掏出随身携带的水果刀对侯某腹部猛刺后逃跑。作案后，犯罪嫌疑人赵某发现街面、路口到处有警车巡逻、民警盘查，多次企图沿小路外逃均未得逞，最终走投无路被追捕民警抓获。

（牛喜敏）

园区建设

工业集聚区

【概况】按照“三规合一、四集一转、产城互动”的要求，以开展“集聚区建设提升年”为主线，不断完善产业发展规划，强化基础设施建设，拉长产业链条，强力推进产业集聚区建设，实现经济社会又好又快发展。装备产业集聚区荣获河南省节约集约用地示范产业集聚区、郑州市新型工业化产业示范基地、郑州市五快产业集聚区、郑州市先进产业集聚区、郑州市劳动关系和谐模范工业园区、郑州市职业道德建设十佳单位称号，得到省市财政奖补资金313.3万元，还被区委、区政府授予“两加快一维护”战略实施先进单位和招商引资、环境保护等工作先进单位称号。产业集聚区规模和效益实现大幅提升。全年销售收入完成219.5亿元，同比增长26.8%；固定资产投资完成31.57亿元，同比增长25.4%，其中基础设施投资1.8亿元；工业增加值完成58.7亿元，同比增长39.7%；税收完成6.7亿元。装备产业集聚区全年销售收入完成98亿元，同比增长39.9%；固定资产投资完成17.8亿元，同比增长48.5%，其中基础设施投资1.01亿元；工业增加值完成27.6亿元，同比增长29.2%；税收完成1.17亿元。主导产业占全部销售收入比重为82%。全年规模和效益较上年接近翻一番。铝工业园区全年销售收入完成80亿元，同比增长6.4%；固定资产投资完成3.9亿元，同比增长—63%；工业增加值完成19.8亿元,同比增长2.3%；税收完成4.88亿元。绿色新材料园区全年销售收入完成41.4亿元，同比增长51.6%；固定资产投资完成9.8亿元，同比增长41.7%，其中基础设施投资1.6亿元；工业增加值完成11.26亿元，同比增长31.4%；税收完成6479万元。主导产业占全部销售收入比重为73%。初步形成了以绿色冶金材料、耐火超硬材料等为主导产业，产业特色日益凸显。

【项目建设快速推进】项目是产业集聚区建设的核心，在加快推进项目建设上，积极协调化解矛盾，实行项目分包制，严格项目建设监管。全年新开工、续扩建项目35个，其中超亿元项目10个、新投产见效项目12个，进一步增强了集聚区支撑力。一是投资亿元以上重点项目建设顺利。华泰电缆一期已正常运营，2011年实现销售收入11.5亿元，纳税2700万元，二期已开工建设；林肯电气完成研发楼建设，4条焊剂生产线正常运行；投资1.2亿元的向日葵新能源项目已建设并投产；博大盛塬、广源铝业、废旧电子回收等项目建设均取得重大突破。二是谋划项目建设顺利推进。输配电产业园项目成立了工作推进机构，完善了工作措施。林肯焊材产业园发展规划初稿已形成。三是通用航空产业园项目取得实质性进展。成立了一个机构，洽谈了一批项目，举办了首届动力伞精英邀请赛、首届大陆公务机展等活动。四是标准化厂房建设实现历史性突破。2011年，工业集聚区共建标准化厂房11.11

万平方米，超额完成任务。在郑州市第三季度绩效考核中，区标准化厂房建设位列第一名。劝业标准化厂房区项目一期6栋2万平方米标准化厂房正在建设，二期4.5万平方米的多层厂房正在启动。

河南省上蝶阀门有限公司

【招商引资亮点纷呈】 全年完成招商引资任务6.5亿元，其中外资300万美元，引进省外资金1亿元，承接招商引资考察活动50多次，跟踪联系中石油海洋装备、江苏华翔汽车零部件、北京贯辰万基集团、彩源制版等意向性项目7个，促成了华兴煤机、恒亿电气、博茨曼液压支架、玉发精瓷和天一光电5个项目的签约，完成企业备案12项，总投资达13.5亿元。一是完善招商项目库。集中力量谋划论证储备包装推介大项目好项目，始终保持项目库动态投资100亿元以上。二是通过各种展会活动平台招商。认真组织参加第六届河南省承接产业转移和技术对接洽谈会、江浙地区汽车零部件产业转移洽谈会、北京2011AOPA—China年会暨中国低空经济论坛和2011中国国际航空体育节暨航空运动器材装备展，并且有针对性到江苏宜兴地区电缆产业集聚区进行招商洽谈，不断增强集聚区与客商之间的了解。三是通过行业协会招商。与河南省电线电缆行业协会一起主办"河南省电线电缆行业第八次高层论坛暨行业发展基金启动及中国中部输配电材料产业园说明会"，帮助河南省电线电缆行业协会成立行业发展基金，瞄准电缆行业龙头企业，大力开展以商招商、亲情招商。

【平台建设实现突破】 一是创新平台实现突破。鼓励和引导企业建立研发和技术中心，逐步发挥国家阀门质检中心的作用。2011年，河南华泰和中力泵阀成功申报省级企业技术中心，恒安机械与河南工大建立产学研基地。至此产业集聚区国家级技术研发、检测中心已达到4家，国家级水泵试验平台1家，省级企业技术中心3家，市级技术研发中心5家。积极实施品牌带动战略，积极扶持重点企业申报"中国名牌"和"中国驰名商标"，河南华泰成功申报"河南省民营优秀企业"。不断加强与中科院等科研院所的联系合作，引进高科技项目入园，形成了一批科技创新成果；长城特水申报成为了国家级实验室。二是投融资平台实现突破。组建郑州市上街产业集聚区建设发展有限公司，为产业集聚区扩宽融资渠道，扩大融资规模，最大限度利用金融资本，为产业集聚区发展提供资金保障。三是信息化平台实现突破。进一步加快"两化"融合的建设，依托河南西芝黎明公司打造的"世界泵阀网"和"世界工厂网"电子商务平台，为产业集聚区企业提供采购、销售、信息发布、在线交易支付等电商服务，实现产业集聚区信息流、资金流、物流的融合，提升产业集聚区综合竞争实力。

【基础设施不断完善】 按照"畅通、配套、绿化、亮化"的整体建设思路，全年启动基础设施建设项目8个，完成基础设施投资1.8亿元。道路方面：装备产业集聚区登封路进行升级改造，总投资4850万元，总长度2.8公里；

绿色新材料园区总长度1.7公里工业路进行升级改造；对安阳路进行了绿化，进一步提升了集聚区品位。供水方面：完善产业集聚区供水管网建设，全年铺设供水管网3.2公里，进一步满足项目建设的需要。同时，上街区第二污水处理厂开工建设，为今后企业入驻打下了坚实基础。供电方面：制定有序供电机制，加快推进变电站建设，投资4620万元的金屏变电站试运行成功，届时将完全解决集聚区用电不足的问题；科学谋划新材料园区变电站建设，已完成了前期的科研论证。供气方面：加快完善产业集聚区燃气管网的建设，全年铺设供气管网1.7公里。同时对斜穿装备产业集聚区煤制气管道进行了改造。改线管道全长2.5公里，投资概算985万元。该工程12月20日开工建设，2012年春节前完工。

【产城融合不断深化】一是积极推进产业集聚区建设，与实施城乡建设结合起来，推动城市功能与产业集聚区连片开发，依托城区发展基础，推动医疗、学校、娱乐、社区服务中心等公共服务功能为集聚区提供服务，满足集聚区职工的生活需要。二是按照“群众满意、集中安置、转换身份、稳定生活”的原则，加快推进集聚区内村庄迁村并点和城乡一体化改造。2011年集聚区对郊段、寨沟、左照等3个村迁村并点建立新型社区，总人口达到3851人，已完成补偿拆迁，安置区已开工建设。三是积极吸纳集聚区村庄及部分中心城区人口在集聚区内企业就业，实现集聚区村庄向城镇社区转化和农民就地转移就业，初步形成了以产业集聚区建设带动城乡良性互动发展格局。新增就业人数2000人。

【经济环境不断优化】一是实行领导分包企业制和项目全程跟踪制。深入实施“一对一”服务制度，对入驻企业实行“全方位、保姆式、亲情式、一站式”服务，及时掌握企业建设情况，协调化解问题和矛盾，为企业发展当好助手做好参谋。全年共协调供电、供水、迁坟各类问题达200多项，通过联审联批集中办理各项手续50批次，深得企业广泛认同。二是开展送政策到企业，每周深入企业调研一次，进一步完善了扶持政策。积极组织企业家赴外地学习先进经验，开拓视野，增长经验。同时围绕园区整合、标准化厂房建设、集约土地、考核晋升、新型工业化示范基地创建、创新平台建设和投融资平台建设等方面开展了一系列有针对性的研究，积极争取出台扶持企业发展政策，为企业的发展提供了强有力的保障。三是制定了《产业集聚区科学招商选商的意见》《关于深入推进产业集聚区科学发展的实施意见》《产业集聚区建设工作方案》《上街区工业集聚区企业（项目）管理办法》等一系列文件，为产业集聚区发展提供了政策依据。四是围绕上级政策帮助华泰、劝业标准化厂房区项目争取上级扶持资金。

林肯电气合力（焊材）有限公司

2011年郑州上街装备产业集聚区已建基础设施一览表

序号	名 称	长度（米）	已完成投资（万元）	具 体 内 容
1	道路改造	2782.16	2751	登封路
2	110千伏安配电站1座		3550	
3	61297平方米标准化厂房		6290	
4	管网改造	2782.16	80	登封路
合计：			12671	

2011年郑州上街装备产业集聚区入园企业标准化厂房建设一览表

序号	企业名称	位 置	厂房面积（平方米）
1	河南上蝶阀门股份有限公司	310国道北、玉发大道东	30000
2	郑州昌煜实业有限公司	310国道北、淮阳路西	26430
3	郑州市上街建化铸钢厂	龙江路北、金屏路西	8560
4	郑州荣兴实业有限公司	龙江路北、金屏路西	5810
5	郑州市特种阀门有限公司	漓江路南、金屏路西	14000
6	河南康泰橡胶制品有限公司	龙江路南、金屏路西	14020
7	郑州祺洋阀门有限公司	锦江路南、金华路西	10200
8	郑州新生印务有限公司	淮阳路东、龙江路南	30646
9	郑州市上街铝都蝶阀有限公司	310国道北、金屏路西	27750
10	郑州市宇宙阀门制造有限公司	龙江路北、金屏路西	13600
11	郑州神舟重型设备有限公司	310国道北、金华路西	16990
12	昶达汽车部件有限公司	310国道北、淮阳路东	14780
13	郑州宝昌机械有限公司	龙江路北、淮阳路东	20000
14	江融（郑州）实业公司	锦江路南、淮阳路西	6080
15	郑州恒安建机设备有限公司	锦江路南、淮阳路东	18900
16	九龙工贸有限公司	龙江路南、登封路东	4760
17	郑州西芝路桥重工有限公司	锦江路南、登封路东	58920
18	郑州二缆电工有限公司	龙江路北、登封路东	46440
19	河南信杰重工有限公司	310国道北、金华路西	11760
20	郑州欧亚空气炮有限公司	龙江路北、淮阳路东	19970
21	郑州广源铝业有限公司	锦江路南、淮阳路西	15501
22	郑州金龙钢铝门窗有限公司	锦江路南、金屏路西	12200
23	郑州金盛实业有限公司	锦江路南、淮阳路西	16790
24	郑州中力泵阀制造有限公司	龙江路北、淮阳路西	10400
25	河南博奥泵业有限公司	锦江路南、淮阳路东	21430
26	国家阀门监督检验中心	310国道北、淮阳路东	1200
27	林肯电气合力有限公司	登封路西侧	49070
28	郑州中特阀门有限公司	金华路西、锦江路南	13460

续表

序号	企业名称	位　置	厂房面积（平方米）
29	郑州海富机电设备有限公司	玉发大道东、310国道北	5600
30	河南华泰特种电缆有限公司	金屏路东、310国道北	41530
31	郑州世邦重工机械有限公司	龙江路西段	12500
32	郑州九冶化工设备有限公司	金屏路西、龙江路南	11280
33	郑州金翔印刷有限公司	龙江路北、淮阳路西	9170
34	河南郑州蝶阀厂股份有限公司	漓江路南	24000
35	郑州丰源白刚玉厂	锦江路南、玉发大道西	2600
36	郑州市商都建设有限公司	锦江路南、金华路西	4070
37	郑州向日葵新能源科技有限公司	金华路中段	12331.4
38	河南博大盛源铝制品有限公司	金屏路东	13065.34
39	郑州华兴煤矿机械有限公司	310国道北、金屏路西	2772
合计			678585.74

（石贤福　申　鹏）

城乡一体化推进指挥部

【概况】　城乡一体化推进指挥部成立于2010年3月，2011年12月更名为新型城镇化及城乡一元化建设指挥部（城乡一体化办公室承担着指挥部办公室职能，下设综合协调部、城乡统筹部、体制改革部和产业发展部）。2011年，指挥部主动适应“以新型城镇化为引领，加快郑州都市区建设”的新形势新要求，紧紧围绕区委、区政府“两加快一维护”战略部署，以全域城市化为导向，以“城乡一体，融城发展”为主题，坚持抓重点，攻难点，创亮点，圆满完成了所承担的27项“两加快一维护”年度重点项目和重大工程，有力促进了区城市品位提升和城乡面貌持续改善。与此同时，城乡一元化的发展方向和推进思路更加明确，发展理念和推进机制更加科学，城乡一元化进程正在以加速度向前推进。

【健全工作机制】　坚持以项目为核心抓手，结合绩效考核工作、“发展大提速”活动等，对重点项目、重点工程进行细化分解，坚持并完善重点项目分包、指挥长会议、工作督查、工作例会、现场办公、统计报告、信息周报、解决问题台账等工作制度，强化督促检查，以工作的规范化、科学化、精细化实现了对重点项目和重点工程的动态管理，有效发挥了对全区城乡一体化工作的组织实施、谋划指导、统筹协调、调度指挥、检查督办的职能，尽到了应尽的责任，有力促进了各项工作部署的落实。

【完善政策支撑】　按照时任郑州市委副书记、代市长吴天君在上街调研时提出要逐步由“城乡一体”过渡到“城乡一元”的要求，结合省、市关于加快推进新型城镇化的决策部署，根据实际，研究制定了《上街区推进城乡一元化工作指导意见》《上街区加快推进新型城镇化重点工作实施方案》，并出台了《上街区城中村改造管理办法》《上街区人民政府关于合村并城工作的指导意见》等一系列规范性文件。同时，城乡一体化办公室组织力量对区各村基本情况和城中村改造、合村并城、农村集体经济体制改革等工作进行了全面深入调研，并专题汇编了《郑州市上街区新型城镇化及城乡一元化建设工作手册》。

上街区新型城镇化建设宜居职教城合村并城项目举行开工仪式

【城中村改造】　以市场化运作模式，启动了总投资2.5亿元的夏侯旧村改造一期工程（金华路以东，济源路以南，德宝国际花园以北，金三角以西），至年底首批安置楼主体已完工；计划总投资10亿元的二期改造工程（金华路以西，金屏路以东，济源路以南，新建街以北）与和昌地产集团签订了框架协议，并确定了搬迁安置方案。以政府主导模式进行改造的肖洼、东柏社两村，于9月份先后成立区、街道两级指挥部，有序开展了摸底调查、宣传发动、制定搬迁补偿方案等前期工作。同时，中心路街道聂寨村和济源路街道夏侯村率先完成农村集体经济体制改革。改革后的经济合作社运行顺利，为全区农村体制改革作出了示范。

【合村并城】　全年共启动（续建）9个村的合村并城，涉及2918户10679人。其中，3月份以来全面启动了自建区以来一次性拆迁面积最大、涉及群众最多的郊段、寨沟、左照合村并城项目，共涉及11个村民组1151户3851人。采取政策化支持、自治化拆迁、市场化运作方式，至8月中旬群众动迁基本结束。12月27日，该项目隆重举行了开工仪式，计划总建筑面积约50万平方米，分两期完成，总投资50亿元。南部山区杨家沟、老寨河两个村38栋安置楼和新型社区试点上街村15栋安置楼全面完工。道北的武庄村及魏岗村、东街村均成立新型社区建设指挥部，制定搬迁补偿安置方案、规划设计等前期工作全面展开。

【旧城改造】　长铝旧街坊改造共拆除住宅楼16栋，拆迁面积4.5万平方米，开工建设12.57万平方米，两项指标均超额完成全年目标任务。

【交通道路建设】　备受全区人民关注的中原西路西延工程正式获批，并和科学大道西延工程一起列入全市2012年重点建设的10条快速通道。2011年，这两条道路已完成放线和地面附属物清查。此外，投资近1亿元，完成了工业路和玉发大道的升级改造，城乡路网更加便捷完善。

【生态林业建设】　完成了林业生态省建设总任务300亩和水保林种植200亩，南部山区西林子区域已形成良好的生态环境，正在申报省级示范项目。圆满完成了3个林业生态村绿化任务。采用工程造林的方式对郑西铁路上街段两侧适宜绿化的路段进行了绿化，于6月份通过上级部门验收。

【生态水系建设】　总投资1682万元的汜水河上街段治理工程，已完成所有前期工作并于10月份获省水利厅批复。南水北调上街支线综合工程已确定管网线路和配套水厂选址，完成了沿线（从口门到水厂）附属物的全面清查及从蒋头出水口门至水厂的提水管线工程初步设计。

【花卉产业发展】　支持顺达、双羽等农业重点龙头企业扩大生产规模，提高技术含量。大力发展以花卉苗木为重点的现代化、规模化、都市型的设施农业。新建花卉大棚100座，累计已建成投入使用的花卉大棚227座。完成苗木基地360亩。汜水河花卉产业开发粗具规模，有效带动了上街区生态农业的发展。

【其他重点项目】 成功创建省级文明城区，总评位居全省各县（市）区第一。全域生态绿化工作进展顺利，新建310国道、五云山景区入口2个游园，全区人均公共绿地已达12平方米。第二污水处理厂建设完成前期手续，目前正在进行土建招标，中心城区功能进一步提升。全年完成土地流转1577亩，超额完成年度目标任务。

（臧 彬 牛大林）

服务业集聚区管理委员会

【概况】 区服务业集聚区管委会根据产业集聚区建设工程指挥部的安排部署，以项目建设为抓手，重点发展生产型服务业，改造提升传统服务业，大力发展现代服务业，强力推进服务业集聚区建设。至年底，新注册服务业经营单位1013家，全区服务业经营单位共计8197家。全区服务业集聚区完成营业收入45亿元，占年度目标任务的112.5%；完成固定资产投资35.8亿元，同比增长54.3%，占年度目标任务的123.4%；完成区级税收2.85亿元，占全部区级税收的52.14%。

【中心城区服务业核心区】 建业雅乐轩酒店已于8月6日正式营业。该酒店总投资1.8亿元，客房173间，是上街区第一家四星级酒店。建业娱乐中心项目主体已经完工。建业小哈佛幼儿园9月份已迎接第一批新生入园。丹尼斯扩建项目已全面铺开，建成后营业面积将由现在的地上两层增加到四层，并开建了相当于现占地面积4倍的地下停车场，2011年已完成投资4500万元。今水尚假日酒店于11月11日开业。著名餐饮连锁企业百年老妈、味道名家等相继落户上街区，进一步繁荣了上街区的餐饮市场。森林半岛二期、理想名城、嘉盛•溪畔美域、乐福国际、明珠公馆（东区）等一批房地产项目施工顺利，前景良好。

【五云山中国山地生态公园】 住宅建设目前已开工88套，其中38套已经结顶。卢卡酒店项目目前正在设计施工图；商业街项目设计方案已经确定，正在招投标；观光农业150亩苗圃建设，已经完成120亩，其余正在平整土地。

【昆仑物流园区】 中国长城铝业公司铁路集装箱物流港项目，2011年成功发出集装箱188个，累计发运货物1.3万余吨；煤炭物流中心项目，位于原厂西水泥厂盘活的105亩土地上，现已入驻6家煤炭物流企业；昆仑物流信息中心项目，主要为入驻的物流企业提供信息交易平台；2011年交易中心大楼已开始运营，经有效的招商宣传，达成意向的30余家企业正陆续入驻；亿顺化工物流项目，计划总投资2640万元，基础设施及罐体施工已全部

上街区新农贸市场奠基仪式

完成，即将投入使用。

【河南863科技产业园】　该项目计划总投资10亿元。建成后可容纳科技研发企业200余家，成为集科技研发、企业孵化、创业培训、贸易服务为一体的综合性产业基地、国家级科技园区。预计最终可达到每年30亿～50亿元的销售收入、1亿～2亿元的税收、5000～15000个就业岗位，对周边机电产业发展起到引领和支撑作用，推动上街区成为周边地区乃至河南省机电产业科研设计实验和销售总部基地。7月6日签订了投资意向书，项目用地成本测算、地上附属物拆迁和高压线改造工作正在进行。

【郑州西部农产品交易中心】　该项目计划总投资6亿元，位于汝南路与新乡路交叉口西，总建筑面积6万多平方米，设计有综合商场、沿街商店、零售商铺、管理用房及冷库、公厕、垃圾中转站等，功能齐全。该市场建成并全部投入运营后，预计每年可实现税收5200万元，增加就业岗位1300个左右，将成为郑州以西、洛阳以东最大的农产品交易、物流中心。项目方已在上街区注册了公司，举行了奠基仪式，取得了土地使用权，用地规划许可证已办好，施工用房已建成。

【上街·欧凯龙国际家居中心】　该项目计划总投资12亿元，商业体分家具馆、建材馆、综合展馆3个主力店，总建筑面积10万平方米，可容纳商户500余家。衍生并带动上下游相关产业链的入驻发展，将形成郑洛之间重要的家具、建材批发零售集散地和购房后时代一站式综合购物区。2011年，西入口样板房主体封顶，正在进行室内装修，已实现投资1亿元。

【三产服务业调研】　在深入调研的基础上，经相关专家指导，分别编制了《上街区服务业发展规划》《上街区中心城区服务业核心区发展规划》《上街区昆仑现代物流园发展规划》。

【支持企业发展】　一是举办“发展论坛”。7月份，特意邀请了河南科技大学经济学院院长刘溢海教授等专家学者到上街区实地调研，对区昆仑现代物流园建设和全区现代物流业发展，提出了非常科学的指导意见。成功举办了“上街区现代物流业知识讲座”“上街区现代物流业发展论坛”。区领导杨金军、陈炜、岳斌，区相关部门领导，中国长城铝业公司及相关物流企业负责人聆听讲座并参加论坛，给予较高评价。二是分行业召开座谈会，发现并解决实际问题。先后组织召开了“餐饮业座谈会”“物流业座谈会”。针对餐饮企业提出的“用工难”的问题，联合相关部门于4月16日举办了“上街区餐饮业专场招聘会”。当日前来求职的人员多达500余人，初步达成用工意向200多个。

（冯迎周　王艺凡）

铝工业园区

【概况】　2011年，上街铝工业

上街·欧凯龙国际城市广场奠基典礼

园区按照区委“两加快一维护”战略要求，完善机制，突出重点，积极协调，多措并举，狠抓落实，确保了园区的各项重点项目和重点工作的顺利推进。2011年，铝工业园区累计实现销售收入80.04亿元，完成工业增加值24.01亿元。全年固定资产投资完成5.3亿元。其中：工业项目投资完成4.5亿元（亿元以上工业项目投资完成3.5亿元），基础设施投资完成1.6亿元。全年引进利用省外资金项目2个，实际到位资金3亿元。全年税收收入完成4.5亿元。通过投融资平台全年融资0.3亿元。年末从业人员达到2万人。全年铝工业园区累计生产氧化铝201.5万吨，同比增长12.4%；石墨及碳素制品完成18.7万吨，同比增长13.8%；水泥产量达到86万吨，同比增长9%。园区主要有中国铝业股份有限公司河南分公司、中国长城铝业公司、中国铝业股份有限公司郑州研究院等3家企业支撑，还包括一部分民营涉铝企业在内共有企业11家。

郑州职业技术学院新校区开工奠基仪式

【规划范围】 铝工业园区位于上街中心城区的西部，北临陇海铁路，南到丹江路，东至洛宁路，西到昆仑路，规划区总用地面积约5.86平方公里。

【产业现状】 园区内主要以中铝郑州企业为核心，聚集着一批铝及与铝相关的民营企业，主要产品为氧化铝、特种氧化铝及铝型材等。经过40多年的发展，已形成矿石开采、氧化铝生产、微粉加工的产业链条，生产技术、生产规模国内领先。从统计口径来讲，园区形成了以中铝河南分公司、中国长城铝业公司、中国铝业股份有限公司郑州研究院为核心企业，全区规模以上涉铝企业共11家围绕发展的产业格局。

【重大项目建设】 对老系统低温拜耳法及老系统沉降、叶滤系统进行技术改造，总投资2.3亿元氧化铝新增30万吨年产能项目已建成投入使用。新建30万吨离子膜烧碱项目可研报告编制工作基本完成。该项目由于烧碱价格波动，中铝公司总部重新审批该项目可研报告，项目暂时搁置。中铝郑州研究院惰性电极中试项目于2011年6月完成了20kA绿色铝电解槽工业试验，为绿色铝电解技术实现工业化生产奠定基础。第五赤泥库项目已完成投资7.4亿元，上、中、下库区已建成投入使用。新开工总投资7453万元热电厂节能技术改造项目，已完成高、低压配电室安装。

（韦朝晖　杨 倩）

郑州宜居职教园区管委会

【概况】 2011年，郑州宜居职教园区规划建设工作，紧紧围绕市委、市政府确定的“组团发展，产城融合”的发展思路，把职教园区融入中原经济区和郑州都市区建设大局，坚持“宜居、宜教、宜企、宜游”的“四宜”原则，按照“一年成名、三年成形、五年成城”的总体目标，开拓创新，真抓实干，坚持快节奏起步、高起点规划、高品质建设、高端化招商、高效率服务。职教园区内设党政办公室、土地规划环保局、职业教育管理局和招商引资局。下设事业单位职业教育实训基地管理中心。

【总体规划】 郑州宜居职教园区总体规划于2011年9月已经完成。已将郑州宜居职教园区总体规划纳入峡窝镇总体规划，完成了峡窝镇总体规划的修编，待峡窝镇人大会议通过后，即可向区政府进行报批。郑州宜居职教园区规划区位于上街区老城区与五云山休闲运动度假区之间，北起丹江南路，南至中原西路延长线，西至昆仑路（紧邻汜水河），东至上街区界，总面积约31.93平方公里。规划建设两轴：南北向的空间发展轴、东西向的高压走廊防护景观绿袖。两带：自然生态培育带、沿冲沟地带的职教休闲功能带。一中心：新建城市中心。五组团：南郊组团、峡窝组团、北周组团、西冯沟组团和龙江组团。

【郑州宜居职教城首批院校奠基】 2011年郑州宜居职教园区正式入驻院校2个：郑州铁路技师学院计划投资5.2亿元，占地600亩，总建筑面积20万平方米，建成后在校师生达1万人。2011年12月10日开工建设，2013年投入使用。郑州职业技术学院计划投资10亿元，占地1015亩，建筑面积50万平方米，设置33个专业，建成后达到教职工979人、学生2万人的办学规模。已于12月18日举行开工奠基仪式。

（张文晓）

郑州通用航空试验区

【概况】 郑州通用航空试验区是河南省民航办支持设立的河南首家通航专业示范园区，成立于2011年3月，位于郑州市上街区城区西北部，拟规划面积120平方公里，其中核心区13.2平方公里，由机场核心区、商务商业集中区、研发制造区、竞技培训区、航空物流区等区域组成。郑州通航试验区将以航空服务业为主，带动发展高端制造业，辐射发展商业地产、度假休闲等行业；将以建设全国领先的经济示范区为目标，努力打造成国际公务机网络中国重要服务平台、全国商务人士首选通航服务中心、全国通航经济发展领军城市、中原经济区紧急救援中心、中原经济区重要的通航空中门户、郑州通用航空国际生态商务区、郑州西部城市副中心。将郑州上街机场建设成为全国重要的通用航空枢纽场站，与郑州新郑机场错位规划发展，共同构建综合航空枢，形成“一市两场，一城两翼，互为补充，共生共赢”的格局。

【机场及辅助设施完备】 试验区核心区域上街机场占地1780亩，全封闭运行，属二级永备机场，有着重要的战略位置。机场目前拥有主跑道、塔台、指挥系统、导航系统等基础设施，拥有储油量达100吨的储油设施2套。有半径5公里独立的专享空域，可随时为入驻企业提供各种服务。

【工业基础雄厚】 试验区所在区域上街区是因厂（长城铝业公司）设区的工业型城区，工业整体起步较早，基础较好，特色鲜明。阀门装备制造、焊剂焊材、电线电缆等产业逐步成为新兴主导产业。全年工业增加值实现46.3亿元，占全区比重的74.2%。

【区位优势凸显】 郑州通航试验区地处中原，距郑州主城区约30公里，郑州机场约64公里，郑州、洛阳、开封、焦作、新乡等中心城市均位于1小时经济圈内。310国道、陇海铁路、郑西高铁、连霍高速等交通干线穿区而过，规划中的中原西路、科学大道、轨道交通等快速干道与主城区相连。上街机场所在地域地形平坦，周围无超高障碍物，便于空中交通管理，与本省周边14个军、民用机场均可实现一站到达，能更好地承担东引西进、承南启北的作用。

【项目引进成果显著】 郑州通航试验区自规划建设以来先后接待了北京郑州商会、北京航空航天大学、武汉直升机通用航空有限公司、中国航空器材集团公司、德国飞行设计公司中国区首席代表、台湾华夏航空顾问服务股份有限公司、中电科27所、中信集团等机构或其负责人，洽谈投资合作事宜。截至2011年年底，郑州通航试验区依托上街机场和河南蓝翔通用航空公司引进7家通航企业筹备注册。

河南蓝翔通用航空公司是经河南省政府、国家民航局批准的首家通用航空公司，成立于1997年，拥有运五飞机7架，拥有商用飞行员执照的有8人、持照机务人员12人，拥有三角翼飞行执照的有3人，公司成立至今安全飞行时间共计1.5万小时。河南大宇国际飞行俱乐部拥有三角翼2架、动力伞4具、滑翔伞15具、热气球1具、持照人员20人。河南飞天通用航空公司取得筹建许可证，完成工商注册，改建两座可容纳50架轻型飞行器的机库，并签订购机合同一份。河南豫途通用航空公司、河南大陆公务航空公司均已取得筹建许可证。河南中州通航、河南钟鹏通航公司已经向河南省民航监管局提请申报资料。郑州大宇通航地面服务有限公司已注册成立。

（季　钢）

喊叫出的上街村

上街村原名十里铺，是个古老的集市，明清时期成为汜水县十大集镇之一，所以又被称为上街镇。上街村名的由来和其所处的位置和地势有关。该村是古官道必经之地。古官道从汜水县东界的三十里铺（又称界石铺）向西，一直是深浅不等的沟壑，直到十里铺才走出沟壑。过往者豁然开朗，常常脱口而出："上街了，上街了。"同时，上街村西和汜水名镇相望，地势比汜水高，汜水人到十里铺赶集，由低处往高处走，习惯性地叫上街。又由于汜水地势低洼，历史上常常遭受洪涝灾害，灾害来临时，人们在慌乱中也呼喊着"上街了，上街了"，纷纷跑向十里铺避难。久而久之十里铺就演变成了"上街"。至于十里铺何时正式叫上街村，依据现有资料还无法作出定论。

1956年，陇海铁路在上街村东南两公里处设立车站，即以上街冠名，叫上街火车站。1958年，中铝河南分公司、长铝公司的前身河南铝业公司在陇海铁路以南兴建，并随之在这里建区，也以"上街"为名，这便是上街区了。

上街村历史悠久。据传春秋时为东虢国（公元前827年设置）故城，郑灭虢称制，为共叔段（郑武公次子）封地；战国时韩灭郑归韩；秦始皇统一六国，全国设三十六郡，位居三川郡；汉代属成皋，隋代属汜水。元朝至大元年（公元1308年）到明洪武六年（公元1373年）为汜水县城所在，前后共66年。但历经朝代更迭，历史变迁，留下的有关村落发展的文字资料却不多。现村落的形成约始于明景太（1450—1456）到天顺年间（公元1457—1464）。当时，郑氏三兄弟从河南新野县迁来定居，清代到民国年间，苗、倪、王姓人家相继迁入，村落逐渐扩大。郑、苗、倪、王为现村中四大姓氏。

另据传，在郑氏三兄弟迁来之前，曾有姓侯的、姓金（传为金兀术后人）的在此居住。但姓侯的一直人脉不旺，认为是姓金的克了他们，于是全部迁往别处。到了清末，姓金的也全部迁到了现在的聂寨村。

工 业

综 述

【概况】 2011年，全区共有规模以上工业企业76家，主要分布在有色金属冶炼、阀门制造、铝土矿开采、氧化铝深加工、焊材、水泥、碳素、汽车配件、橡胶、专用设备制造等15个行业。2011年，全区规模以上工业企业完成产值241.5亿元，较上年增长22%；实现增加值66.7亿元，较上年增长18.3%，增速在郑州市6区中排名第一、12个县（市）区中排名第五。完成销售收入250.5亿元，较上年增长30.1%；实现利税6.6亿元，较上年增长130%。

【区属工业经济发展迅速】 区属规模以上工业企业由2006年的57家增加到72家，区属企业实现工业总产值159.1亿元，同比增长33.7%；实现增加值43.6亿元，较上年增长30.1%；实现销售收入162亿元，较上年增长43.8%；对全区工业增长的贡献率达72.1%，较2006年提高51个百分点。

【工业集聚区建设成效显著】 按照“装备产业整合提升、铝工业民营渗透、新材料产业培育壮大”的理念，初步形成了以装备产业园区、铝工业园区、绿色新材料园区为主体的“一区三园”发展格局，全年累计引进新项目95个，入驻企业160余家，其中规模以上企业60家。2011年规模以上企业销售收入达到219.6亿元，规模以上企业工业增加值达到58.7亿元，占全区规模以上工业比重达88%。装备产业园区被确定为全省首批重点产业集聚区，先后荣获河南省民营科技园区、郑州市新型工业化产业示范基地等多项称号，成为推动全区经济转型升级的重要平台。

【重大项目带动新的经济增长点】 全区工业投资完成29.7亿元，同比增长5.4%。投资7.2亿元的中铝河南分公司新建第五赤泥堆场项目（省、市重点），完成投资6.5亿元，上、中库区已建成投入使用。新建项目中，向日葵科技有限公司锂离子电池正极项目、郑州天一光电科技应用材料有限公司微粉光电应用材料生产线项目和郑州广源铝业有限公司年产10万吨高精度铝板、箔项目等一批项目已建成投产；续建项目中，林肯电气合力有限公司10万吨焊机焊丝项目、郑州凯普达安全玻璃80万辆轿车用玻璃项目、郑州裕丰耐火材料有限公司5万吨冶金辅料等项目也已投入试运行。

【企业实力不断增强】 4家企业成功申报郑州市企业技术中心。至年底，上街区拥有国家级企业技术中心1家、省级企业技术中心9家、市级企业技术中心11家，全区企业技术中心总数达21家。11家民营企业荣获市级百强民营企业、市成长型民营企业、50家重点科技民营企业称号；5家企业荣获2011年～2012年度郑州市诚信民营企业称号；裕丰、郑蝶获得“郑州市优秀民营企业”荣誉称号，分别获得郑州市委、市政府奖励的御轩商务轿车1辆。

【工业发展环境不断优化】 通过领导分包、部门结对、干部联企等方法，对76家规模以上企业实行“贴身服务”，2011年累计调研企业120余次，帮助企业解决一批涉及资金、土地、技术等方面的问题68个。建立与中铝郑州企业协调长效机制，2011年召开2次高层协调会，及时解决发展中存在的问题。搭建银企合作平台，共组织银担企见面会5次，邀请豫商担保公司、力恒投资、民生银行等区外投资担保机构和金融机构来上街区深入企业进行了十几次零距离的对接。共促成区中小企业与豫商担保公司和民生银行达成融资意向共4亿元，银行、担保公司、小额贷款公司为区企业融资总计3.3亿元。新增3家煤炭经营企业，分别是中铝矿业有限公司、河南鑫深贸易有限公司、中铝国贸。对5家煤炭经营资格证到期企业经营资格进行了延续。至年底，上街区共有煤炭经营企业20家。多次组织企业家赴台湾、欧洲及区内外先进地区考察，开拓企业家视野。对改制企业郑州铝城水泥有限公司的职工进行全面安置，累计安置在职职工280人、退休职工168人，安置职工占总职工人数的92.2%；累计兑付股金人数达103人，占股金总人数的67.3%。

（李宗正）

铝及相关新材料产业

【铝及铝相关产业】 上街区铝及铝相关行业主要由中铝河南分公司、中国长城铝业公司、中国铝业郑州研究院等大型国有企业及一批铝及铝相关的民营企业组成，经过50多年的发展，具有鲜明的铝工业产业特色。全行业企业50余家，其中规模以上企业21家，占全区规模以上企业的27.6%，具体分布在氧化铝及氧化铝深加工、氢氧化铝、铝型材加工、铝矿石加工、铝板带箔等行业。主要产品有氧化铝、氢氧化铝、氧化铝制品、铝型材、铝板带箔、铝合金门窗等。2011年，铝及铝相关行业实现产值73.1亿元，完成销售收入80.1亿元，实现工业增加值19.9亿元。上街区铝及铝相关行业企业龙头中铝河南分公司形势逐渐好转，年内氧化铝价格2800元/吨，2011年全年生产氧化铝201.5万吨，较上年增长12.4%。其他民营氧化铝企业如正大铝业、长城众鑫由于生产成本低，形势更加乐观。尤其是正大铝业有限公司，2011年实现产值2亿元，完成销售收入1.8亿元。随着氧化铝价格高位徘徊，氧化铝企业生产经营趋于良好。

上街区氢氧化铝产业仅有1家规模以上企业，即河南晶鑫实业有限公司，2011年生产氢氧化铝14.3万吨，实现总产值2.5亿元，实现销售收入2亿元。随着新建10万吨氢氧化铝生产线的正常生产，同时氢氧化铝价格也达到了1800元/吨。

【耐材行业】 至年底，上街区有裕丰、华祥等耐火材料生产企业2家。郑州市裕丰耐火材料有限公司成立于2001年，主要供应商有太钢、包钢等大型国有企

郑州向日葵新能源科技有限公司

业。2011年投资0.8亿元建设冶金辅料项目，年产5万吨冶金辅料。

【建材行业】 2011年，所有原材料行业中效益最好的属水泥行业。原因是水泥需求增速虽然逐月回落，但全年仍然保持增长；虽然水泥生产成本大幅上涨，但价格却实现了理性回升；企业间重组联合步伐加快，大企业发展态势良好，规模和效益双提高。上街区水泥行业规模以上企业有中国长城铝业公司水泥厂、郑州长城特种水泥和铝都耐材有限公司3家企业。中国长城铝业公司水泥厂销售收入2.03亿元，主要产品有普通硅酸盐水泥42.5级、32.5级，全年水泥产量共70万吨。郑州长城特种水泥有限公司销售收入2.64亿元，主要产品产量特种水泥13万吨、阿尔法氧化铝1万吨，全部产品产量近15万吨。

（李宗正）

华泰特种电缆有限公司生产车间

装备制造产业

【阀门行业】 上街区素有“中国阀门之乡”之称，全区规模以上阀门生产企业9家，重点企业有河南上蝶阀门股份有限公司、郑州市郑蝶阀门有限公司、河南黑马实业有限公司等。在这些龙头企业的带领下，阀门行业整体呈现出蓬勃向上的发展态势，企业产值及利润均保持增长势头。2011年实现产值15.8亿元，同比增长29.3%，占全区规模以上工业的6.5%。

河南上碟阀门股份有限公司主要生产阀门系列产品及配套产品，2011年完成产值8500万元，销售收入9000万元。河南黑马实业2011年生产2万台双偏心半球阀、8台套水轮机进水球阀，已新上大型水轮机进水球阀项目，总体经营状况良好。郑州市郑碟阀门有限公司2011年实现销售收入3.9亿元。

【专用设备制造行业】 上街区专用设备行业规模以上企业有黎明西芝重工、华中建机、豫中轻金属机械、华中路桥、力威管道等13家企业。受国家宏观政策的影响，随着国家加大基础设施建设等利好因素影响，专用设备制造业发展前景良好。2011年实现产值19.6亿元，同比增长28%，占全区规模以上工业的8.1%。

2011年郑州市宇超机械制造有限公司经营状况良好，投资300多万元建成年产1.5万吨铸件“3吨中频熔炼炉”。郑州市华中建机有限公司由于受宏观调控的影响，新接的合同不多，增速缓慢，但在2011年公司积极拓展新领域，发展外贸和电子商务。

【电线电缆行业】 2011年，全区电线电缆行业规模以上企业3家。分别是华力电缆、华泰特种电缆和二缆电工有限公司。从整个行业的发展水平来看，我国电线电缆行业存在行业需求巨大、市场前景广阔等特点。但是普遍存在行业集中度低、技术力量分散、产品科技含量不高的问题，加上铝价格上涨幅度较大，多数种类的线缆产品严重供过于求，众多企业保本或微利经营。区华力电缆和二缆电工也普遍存在上述问题。2011年华力电缆有限公司架空电缆、交联电缆产销量有较大幅度的增长，但是由于原材料价格上涨厉害，该企业处于亏损状态。二缆电工2011年建设铝连铸连轧生产线，主要生产钢芯铝绞线、ABC架空电缆等产品，全年产值3800万元。华泰电缆二期工程正在施工，已建成的一期两条生产线生产经营正常，效益较好。

（李宗正）

中国铝业股份有限公司河南分公司

【概况】 中国铝业股份有限公司河南分公司前身是我国第二个五年计划时期建设的郑州铝厂；1992年组建为中国长城铝业公司；2002年1月上市成立中国铝业河南分公司，存续企业仍称中国长城铝业公司；2011年12月，中国长城铝业公司、中国铝业河南分公司实行合署办公，一体化管理。

至2011年年底，中国铝业河南分公司设职能部室8个、二级单位13个，拥有小关矿、洛阳矿、渑池矿3座矿山，员工人数11828人，资产总值109亿元，具备年供矿石能力400万吨，年产氧化铝200万吨、碳素制品12万吨、金属镓40吨，年铁路综合运输量1000万吨，自发电10亿千瓦时的规模。

公司先后荣获全国文明单位、全国“五一”劳动奖状、全国法制宣传教育先进单位、全国设备管理优秀单位、全国企业安全文化建设先进单位、全国名优产品售后服务先进单位、河南省首批工业突出贡献企业、河南省高新技术企业等荣誉称号。

中国铝业河南分公司新建氧化铝厂四沉降三叶滤项目

【生产经营】 面对主要原燃材料价格的大幅上涨和铝行业的激烈竞争，2011年，公司积极转变思想观念，全面推进管理改革和结构调整，强化资源保障，夯实基础管理，产量连续大幅攀升。全年生产氧化铝201万吨，较上年增产7万吨，增幅3.6%；生产金属镓32吨，较上年增长137%；生产碳阳极11.4万吨，较上年减少6.3%；自发电8.8亿千瓦时，较上年减少6.5%。吨氧化铝综合能耗579.7公斤标煤，较上年降低8.18%，2011年公司节能9.6万吨标煤。

全年实现营业收入65亿元，较上年增长2.3%；出口创汇7191万美元，较上年减少8.0%；上缴税费4.27亿元，较上年增长81.7%。在原燃材料大幅涨价的情况下，由于氧化铝和金属镓产量大幅提升，同时通过全面强化管理，亏损得到明显改善，全年同比减亏1.7亿元，连续两年经营性净现金流超过2亿元。

【结构调整】 明确结构调整方案，确定实施氧化铝生产新系统后增浓项目建设、工艺优化技术改造、低温磨机建设、新建10万吨烧碱生产线和热电厂节能技术改造等项目，总投资6.6亿元。

集中全力加快氧化铝生产新系统后增浓项目建设，精心组织，

中国铝业河南分公司氧化铝工艺技术优化改造项目

加强协作，倒排工期，严控质量，5月7日带料试车，比预定工期提前近1个月，节省投资约400万元，全年增产11.5万吨；氧化铝生产工艺优化技术改造项目5月18日破土动工，9月30日带水试车，10月31日叶滤子项投用，创造了当年立项、当年批复、当年施工、当年见效的纪录。全年实际完成投资2.48亿元。

积极探索矿山自建自采。洛阳矿、渑池矿分别办理了贾沟、七里沟等矿区临时用地手续；魏寨、冯庄—白寨两个新采场全面启动，冯庄—白寨矿区三采区剥采施工全部由公司自行组织。

【矿山工作】 公司针对矿石流失顽症，统筹部署，多方协调，调集各方力量，争取政府支持，在矿山秩序维护方面取得了突破性进展，矿区秩序实现了从“管不住”到“管得住”的大转变。积极加大资源获取力度，获得登封市报庄俊峰、西马窑探矿权，资源量863万吨。争取国家资源节约和环境治理财政支持1700万元，地方财政补贴300万元。

在2011年各地政府大力度加强矿山整顿，矿山4个月停产，加之多年未遇的秋季连绵阴雨的情况下，各矿山克服困难，实现了矿山全年供矿石273万吨，较上年增加18万吨。由于自采比例的提高，公司矿石成本明显低于省内民营企业，两者全年相差达每吨80元以上，成为公司降本控亏的重要基石，也大幅缩小了公司与省内民营企业的盈亏差距。

【基础管理】 公司开展了以“生产流程整理、生产设备整理、生产现场整理和工艺纪律整顿”为主要内容的整理整顿专项活动，累计整改现场问题495项、隐患1933项，56项重点控制指标29项得到优化，制定基础标准73项，现场管理明显改善。2011年8月，从运营系统、管理架构、理念能力三个方面入手，按照五步工作法强力推进运营转型，23个速赢项目完成15项，692项改善活动实施完成了657项，形成了一批高质量的成果和亮点。公司夯实基础，精益求精，为实现脱胎换骨变革提供了强大动力。

【营销增利】 公司积极利用央企优势，和中石油建立战略合作关系，争取中石油的支持，天然气基本替代重油，年降本4930万元；推行絮凝剂、钢球价值量承包，坚持各种材料公开招标，降本3800万元；争取电煤直供9.96万吨，降本584万元；把握销售时机，氧化铝平均售价比期货平均价格高5元/吨，增利913万元；销售金属镓产品27.2吨，仅镓产品一项全年赢利4352万元，同比增利3647万元；销售氢氧化铝7.2万吨，比销售氧化铝增利636万元。

【改革创新】 在2010年大力压缩管理机构的基础上，增加了巩义矿和登封矿两个矿山，设置了小关新矿区建设指挥部，以加强矿山力量，加大矿山工作力度，通过矿山支撑氧化铝生产。

深化机制改革，河南华慧托管后，建立了市场化的收入分配体系，稳定了队伍，激发了活力，承接外部工程项目59项；机械制造公司以利润考核为主线，拉大收入分配差距，提高全员积极性，全年控亏122万元，减幅88%。

【创先争优】 围绕资源保全、指标攻关等重点工作，深入开展“三保一创”活动,深化创先争优，带头转变作风，营造了“干部带头，党员争优，全员奋进”的浓厚氛围。加强思想宣传，深化形势任务教育，面向基层，聚焦矿山，引导广大干部员工进一步凝心聚力，降本增效。

围绕生产中的重点、难点，全方位、多层次开展劳动竞赛和合理化建议征集活动，举办庆祝中国共产党成立90周年文艺晚会，企业凝聚力不断增强。坚持以人为本，共享控亏增盈成果，员工收入较2010年同比提高17%，其中矿山员工同比提高19%，实现恢复性增长。坚持关爱员工，全年帮扶困难员工656人次25万元，爱心救助55人139万元；组织90名劳模进行荣誉疗养；完成2轮全员健康体检，建立了员工健康电子档案。合理解决员工诉求，倾听员工心声，确保了和谐稳定大局。

【领导视察】 全国“安全生产万里行”活动组委会办公室主任、国家安监总局宣教中心主任裴文田，环保部科技标准司副处长张化天，国家安监总局应急救援指挥中心司长李斌先后到河南分公司考察调研，对公司的生态环保工作给予了认真评价，充分肯定了河南分公司在安全生产工作上所作的努力和取得的成绩。

（叶　军）

青烟寺

青烟寺位于柏庙村东坐北向南一高台上，始建于东汉，兴盛于唐。当时就有和尚在寺中照料烟火，已是周围较大的寺院，有诗为证：僧栽松，松稳僧，你我相度如同生，松也僧，僧也松，皈依佛门论弟兄。

青烟寺的建筑非常雄伟，占地36.9亩。建筑模式也为古时三、六、九吉利数字，门为三进二出，中间有大门两边各有边门，房舍殿堂共九十九间。

进山门，沿鹅卵石大道进入大殿。殿中玉仙圣母像高五尺许，盘脚端坐，两手盖膝，两眼微闭向下观看，形态自然端庄，精态慈祥，栩栩如生。圣母两边站着金童玉女，形态美妙大方。大殿东侧有龙王殿，供奉着龙王爷；西侧是中王殿，供奉着中王爷。大殿后有一院，院中有一井，名为青烟井。井深九丈，井底有一卧石，大如牛犊。晴日伏井口向下看，水中似玉女睡卧，妙趣横生，十分可观。据说每当初日东升或雨后天晴，有青烟缕缕从井中升空，青烟寺也由此得名。

再往后有一空院,为和尚活动生活之用。院中间耸立着一座高楼,是藏经阁。两边各有厢房三间,是和尚居住的场所。

六十年代文革期间，该寺院拆大殿时，发现一块本寺重修砖刻。上世纪七十年代平整土地时，在青烟寺东约二里，占地27亩的“和尚坟”处（为青烟寺圆寂和尚长眠之处）曾发现一钱坑，挖出历代铜钱约千余公斤。可见该寺建筑年代之久远。

青烟寺山门内外据原汜水县志记载长有周秦古柏百余棵。到民国初年，尚剩24棵。这些古柏大者需六人合围，小者直径也有三尺。其中戏楼南北有两棵古柏高十余丈，盘根高出地面丈余，其上可供四人盘坐对饮。戏楼前两棵古柏的盘根上是孩童看戏的好去处，每当演出，盘根上都坐满孩童。树冠高大，枝叶繁密，为看客遮日挡雨，使戏楼前形如大厅，十分壮观。许多古柏都是中岳庙中的将军柏所难媲美的。到“文革”前古柏还剩19棵，后又毁掉17棵，原寺中的东龙西凤两棵幸免遭劫难保留至今，现仍枝叶繁茂，四季长青，记述着历史苍桑。

农林·水利

农业

【概况】 全区耕地面积3万亩，粮田面积2.62万亩。全区各类林地面积23164亩，其中退耕还林面积2927亩，嵩山山脉水源涵养林面积3269亩，环山绿化面积1100亩，林地中的经济林面积2200亩，森林覆盖率为23.8%，林木覆盖率为27.2%。全区有规模养殖户61户，出栏生猪2.1万头，出栏肉牛350头，出栏羊460只，出栏家禽22万羽；建设农村安全饮水工程8个，解决和改善农村饮水条件1万人，铺设地埋管道10万米。

2011年，农民人均纯收入1.24万元；全年肉类总产量完成960吨、蛋类4430吨、奶类730吨；全年共争取上级资金3567万元；全区粮食直补、农资综合直接补贴面积2.62万亩，下发补贴资金257.37万元；发放玉米良种补贴资金26.11万元、小麦良种补贴资金26.06万元；发放农业机械购置补贴资金74.9682万元，受益农户22户。新造林300亩，完成土地流转1577亩，新引进2家花卉企业，新增设施农业建设200亩，新建各类标准日光温室、钢骨架塑料大棚110座。

【粮食生产】 2011年夏粮播种面积2.6万亩,其中水浇地小麦2.08万亩、旱地小麦0.52万亩，平均亩产371.96公斤，总产967.1万公斤。秋作物收获面积2.6万亩，其中玉米2.5万亩，谷子、豆类、红薯等其他作物0.1万亩。玉米平均亩产270公斤，总产702.9万公斤。

2011年，全区粮食直补、农资综合直补补贴面积2.62万亩，补贴标准为每亩98.23元，补贴资金257.37万元，已于2月28日全部发放到位。2011年全区玉米良种补贴26106.4849亩，补贴金额261064.849元；小麦良种补贴26058.585亩，补贴金额260585.85元。这些补贴已全部发放到位。做到了应补尽补，覆盖率达到100%。

【严格农村土地承包政策】 加强对土地承包经营权流转情况的监督检查，确保土地流转不得改变土地集体所有性质，已完成土地流转1577亩，超额完成年度目标任务。其中，郑州盛景园林工程有限公司流转沙固村土地360亩，用于观赏苗木建设；开心农场在北峡窝村流转土地40亩，用于体验农业、休闲农业示范试验；郑州楚丰农业技术有限公司在观沟村流转土地50亩，用于花卉设施农业建设；郑州雾云山森林公园开发建设有限公司流转峡窝镇东林子村土地1127亩，用于南部山区综合开发。

【特色农产品规模化种植】 2011年，上街区特色农产品果品规模化种植项目有柏庙黄梨、冯沟薄皮核桃。上街区柏庙黄梨标准化生产基地位于峡窝镇柏庙村、魏岗村等村，占地700亩，由柏庙农牧专业合作社为承担单位，采取种苗统一供应、统一技术培训栽培的方式管理。上街区冯沟薄皮核桃标准化生产基地位于峡窝镇冯沟村，占地1000亩，由冯沟村村委统一管理。基地都依据国家无公害生产标准

市农技站专家到上街区开展麦田管理培训活动

进行生产管理，严格按照标准化要求进行建设，严格对黄梨生产管理、加工流通进行全过程规范，实现基地建设规模化、产地环境无害化。

在花卉产业方面，上街区已初步形成以峡窝镇北峡窝、石咀、观沟、大坡顶、沙固等村为中心的花卉苗木基地。花卉种植面积达1100亩，入驻花卉企业6家，建成花卉大棚260座，产值达5000万元。

【农业产业化经营】 至年底，全区共发展市级龙头企业4家，包括2010年通过审批的郑州顺达高新农业技术有限公司和2011年通过审批的3家企业。2011年在市农委的支持、区农委及相关单位的努力下，组织河南双羽实业有限公司、郑州豫兴牧业有限公司、郑州市芙路特食品有限公司3家企业申报市级农业产业化经营重点龙头企业。3家企业全部通过专家组评审和实地检查验收，郑州市农业产业化经营领导小组已正式对其命名，并在3月份的郑州农业工作会上进行了表彰。

【农业专业合作社建设】 上街区共成立农民专业合作社18家，其中：养殖类合作社6家，合作社成员234人；种植类专业合作社6家，合作社成员129人；农产品加工类合作社4家，成员189人；农机合作社1家，成员54人；沼气合作社1家，成员5人。18家合作社全部进行了工商注册，注册率达到100%，其中省级示范合作社2家、市级示范合作社1家。

2011年度新培育市级示范社1家——郑州市众基红薯专业合作社。该合作社位于上街区峡窝镇方顶村，成立于2006年，是专门种植红薯和红薯产品深加工的专业合作社。该合作社按照建社要求成立了理事会、监事会，办公条件齐全。合作社现有红薯基地600余亩，定期聘请专家讲课指导，统一技术、统一管理、统一加工和销售，有力地提高了经济效益，为农民增收树立了典范。

【农产品市场体系建设】 根据农产品质量检测技术规范要求，结合上市蔬菜总量和品种分布特点，上街区制定了严格的检测方案，对全区农贸市场和大型超市的蔬菜进行检测，严把上市农产品质量安全关。据统计，全年累计抽样32262个，蔬菜总体合格率达到99%以上。区农委由专人按时向市农委报送周、月、季检测和政务信息，坚决保质保量完成各项市定任务。圆满完成郑州市农产品质量检测检验站对上街区安排的定期蔬菜质量抽检任务，共配合市检测中心抽检4批次，品种达50多类，未发现农产品质量安全问题。共组织25人次参加上级举办的检测技术培训班5次，通过培训提高了检测能力和业务水平。

【农村财务管理】 紧抓农村集体财务管理工作。一是加大对农村会计人员的培训，不断提高业务技术水平和创新工作能力。在上级领导的重视与安排下积极组织本辖区的人员参加新业务知识培训班2期，提高业务素质和

蔬菜抽样

创新思维能力，不断更新知识，以适应新时期农村工作的需要。二是开展“三资”检查，通过检查及时发现问题并提出改进意见，规范手续，健全制度，规范账目管理。同时，加强财务公开监督力度，确保村组财务公开透明，接受群众监督，取得了良好的效果。

认真落实一事一议项目建设。结合上街区实际，下发《郑州市上街区人民政府关于转发〈郑州市人民政府关于印发《郑州市村民一事一议筹资筹劳工作实施方案》的通知〉的通知》（上政〔2011〕9号）。上街区符合一事一议申报条件的行政村共20个，均已严格按照工作流程申报并通过评审。项目总投资433.844万元，筹资筹劳262.762万元，申请财政奖补131.381万元，申报率达100%。上报项目主要涉及村容村貌整治、小型农田水利、农村饮水工程、新建文化大院、文化大院整修、小区绿化、修建道路等。

（何　苗　雷婷婷）

林　业

【概况】　全区各类林地面积23164亩，其中退耕还林面积2927亩，嵩山山脉水源涵养林面积3269亩，环山绿化面积1100亩，林地中的经济林面积2200亩，其他林地面积13668亩。森林覆盖率为23.8%，比2007年二类森林资源清查时的17.99%增加5.8%；林木覆盖率为27.2%，比2007年二类森林资源清查时的23.96%增加4.2%。完成省级营造林303亩，其中上街村62亩、冯沟村241亩。在南部山区和汜水河沿线实施退耕还林、嵩山山脉水源涵养林、区级造林、封山育林等工程。规范林政审批和实施采伐限额管理，抓好对木材运输管理、经营加工管理，从整体上加强林政资源管理工作，有效保护森林资源。加强对无证乱砍滥伐林木、无证运输木材、乱捕野生动物和违法收购、加工、销售、运输野生动物等违法行为打击力度。

【国家级项目】　退耕还林工程2927亩（退耕地造林1468亩，还荒地造林1459亩）。中央对退耕地进行补助，期限8年（到期再延续8年），主要实施区域在峡窝镇的西林子村、东林子村、营坡顶村、杨家沟村、老寨河村、魏岗村、冯沟村7个行政村。其中：2002年退耕还林工程760亩（退耕地造林604亩，荒地造林156亩），主要分布在峡窝镇的西林子村、东林子村、营坡顶村、杨家沟村、老寨河村5个行政村；2003年退耕还林工程2167亩（退耕地造林864亩，荒地造林1303亩），主要分布在峡窝镇的西林子村、东林子村、营坡顶村、老寨河村、冯沟村、魏岗村6个行政村。

【省级工程】　村镇绿化工程700亩，主要实施区域在峡窝镇的冯沟村、方顶村、魏岗村、西街村、郊段村、东街村、大坡顶村、马固村8个行政村；山区生态体系修复（水源涵养林）工程600亩，主要实施区域在峡窝镇的西林子村、冯沟村2个行政村；

生态廊道网络建设工程500亩，主要实施区域在上街村、武庄村、郊段村、左照村、朱寨村、肖洼村、东柏社村、冯沟村8个行政村；环城防护林工程1500亩，主要实施区域在峡窝镇的西林子村、冯沟村、柏庙村、西街村、方顶村、沙固村、大坡顶村、西涧沟村8个行政村；森林抚育工程1008亩，主要实施区域在峡窝镇的石咀村、观沟村、大坡顶村、西街村、魏岗村、方顶村、冯沟村7个行政村。

【市级工程】 嵩山山脉水源涵养林工程3269亩，期限8年，主要实施区域在峡窝镇西林子村、东林子村、杨家沟村、老寨河村、冯沟村、魏岗村、石咀村、方顶村、大坡顶村、观沟村、沙固村、柏庙村、马固村、西涧沟村、西街村15个行政村。其中：2005年嵩山山脉水源涵养林工程1000亩，主要分布在峡窝镇的西林子村、东林子村、杨家沟村、老寨河村4个行政村；2008年嵩山山脉水源涵养林工程1269亩，主要分布在峡窝镇的冯沟村、魏岗村、石咀村、方顶村、大坡顶村、观沟村6个行政村；2009年嵩山山脉水源涵养林工程1000亩，主要分布在峡窝镇的冯沟村、石咀村、方顶村、大坡顶村、观沟村、沙固村、柏庙村、马固村、西涧沟村、西街村10个行政村。

封山育林工程8000亩，主要实施区域在峡窝镇的西林子村、东林子村、营坡顶村、杨家沟村、老寨河村5个行政村。其中：2006年封山育林工程6000亩，实施区域在峡窝镇的西林子村、东林子村、营坡顶村3个行政村，期限4年；2007年封山育林工程2000亩，实施区域在峡窝镇的老寨河村、杨家沟村2个行政村，期限4年。

林业生态村创建工作。东林子村、营坡顶村、夏侯村3个林业生态村创建成功。

【区级项目】 荒山绿化工程1100亩，主要实施区域在峡窝镇西林子村、东林子村、营坡顶村3个行政村。其中：2005年荒山绿化一期工程300亩，主要实施区域在峡窝镇东林子村、营坡顶村2个行政村；2006年荒山绿化二期工程300亩，主要实施区域在峡窝镇东林子村、营坡顶村2个行政村；2007年荒山绿化三期工程500亩，主要实施区域在峡窝镇东林子村、西林子村2个行政村。

在310国道以南和汜水河沿线连续实施水源涵养林、环城防护林、生态廊道建设、村镇绿化、林业生态村建设及农田林网间作、四荒四旁植树等，使林地面积大幅度增加。据统计全区有林地23164亩，森林覆盖率为23.8%，林木覆盖率约为27.2%。

【森林防火】 加强扑火突击队和护林员培训与演练，分级签订“护林防火目标责任书”。在防火期实行每天24小时值班巡逻制度，节假日组织人员上山值班。确保全年无重大森林火灾，受害率低于1‰。

【病虫害防治】 森林病虫害防治工作坚持“预防为主，中和治理”方针，强化组织领导和目标管理，加强体系建设和工程治理，全面完成测报、防治、检疫等工作任务。全年未发生重大的森林病虫害，成灾率控制在5‰以下。

【林政管理】 2011年的林政管理工作主要开展了以规范林政审批和实施采伐限额管理为重点，同时抓好了对木材运输管理、经营和加工的管理工作，从整体上加强了林政资源管理工作，有效地保护了森林资源。

【林业执法】 2011年林业执法工作主要开展了对无证乱砍滥伐林木、无证运输木材、乱捕野生动物和违法收购、加工、销售、运输野生动物等违法行为的打击力度。

（安　静）

水　利

【外引水资源】 中铝河南分公司引水：一是从黄河孤柏嘴处向上街区引水。引水能力12万吨/日，实际引水8万吨/日，年引水2920万吨（此数据不准确）。

安全饮水工程

二是从巩义市新中煤矿引水，引水能力3万吨/日，实际引水1万吨/日，年引水365万吨。总计约3285万吨。南水北调上街支线工程引水：规划修建南水北调上街支线工程，于2013年完工，2014年汛后通水。引水量4.1万吨/日，年引水1500万吨。

【南水北调工程】　配套水厂重新选址。新的水厂选址位于汝南路与漓江路交叉口东南（峡窝镇实验初中西侧），占地面积约91亩；蓄水池选址位于汝南路与黔江路交叉口西南（四所楼变电站南围墙外高压线下），占地面积约88亩。

提水管线重新优化。王村镇段提水管线优化后方案为沿上街区洛宁路向北延伸直线到达总干渠蒋头出水口门。上街区域内提水管线方案在洛宁路、丹江路、孟津路三路交叉的三角地带也进行了优化，优化后方案为沿洛宁路斜穿丹江路，再沿规划中的洛宁路向东南直接与孟津路交会。两处优化方案已得到了省、市南水北调办和管线设计单位的认可。

水厂及输水管网的可研和环评初稿已完成。选择了在郑州地区水平最高的郑州市市政工程勘测设计研究院给水分院和河南佳昱环境科技有限公司来做可研工作。先后4次组织召开了由编制单位和上街区10多家单位参加的专题协调、研讨会议。2011年，可研和环评初稿已经完成，正在进一步征求意见之中。

完成了提水管线沿途的附属物调查工作。就提水管线沿途穿越位置与17家产权单位进行了协商，这17家单位对管线穿越位置处的道路、线路情况进行了填表和图纸标绘。南水北调配套水厂（上街水厂）已列入郑州市“十二五”发展规划。

【汜水河综合治理】　通过两年的努力，完成了汜水河上街段治理工程的所有前期工作。汜水河上街段治理工程在2011年10月已获省水利厅批复，总投资1682.59万元。主要建设工程为：河道清淤8.7公里，新建堤防13.3公里，重建跨河桥梁3座，新建排水涵闸8座。

【防汛】　2011年防汛工作确定了防汛重点区域，明确了重点任务，并按照轻重缓急的原则，分类排队，在往年防汛工作方案和往年防汛工作取得的经验的基础上，完善了工作方案。6月22日召开了全区防汛工作会议，督促各防汛指挥部成员单位加强值班，做好防汛应急准备工作。汛期组织对全区隐患进行了排查，对相关责任部门下达了整改通知。2011年全区未发生重大汛情和灾情。

【农田水利基本建设】　按照“农田标准化”5年改造目标，2011年安排对3000亩农田进行改造，建设的工程有：马固1000亩、石咀400亩、方顶400亩旱涝保收田工程，北峡窝300亩、大坡顶200亩、西街300亩节水增效工程，100眼旧机井升级改造工程。

【中低产田改造】 建设石咀提灌站工程，可改造中低产田1500亩；已完成500亩高标准农田改造任务，其中，大坡顶村200亩、石咀村双羽实业150亩、北峡窝村顺达高新农业技术有限公司150亩。

【水土保持工作】 对南部山区西林子区域作出水土保持详细规划，并全力实施。2011年已完成水土保持林种植200亩，淤地坝建设2座，加上以前的水土保持工程，西林子区域已形成良好的生态环境，正在申报省级示范项目。东林子区域年末也开始建设水土保持工程。

【农村安全饮水】 解决农村安全饮水问题是区委、区政府为民办的实事之一。对符合市级解决标准的行政村，积极向市政府争取解决指标。2011年列入市级指标1万人，总投资540万元，其中市、区财政投资460万元，群众自筹80万元，将解决西街、南峡窝、北峡窝、上街、观沟、冯沟、西林子、任庄8个村庄的农村饮水安全“村村通”问题。2011年，有2个村庄的工程已完成，6个村庄的工程正在建设。工程主要建设项目为：打深井及配套6处，管网铺设2处。

【水资源管理】 地下水开采情况：2011年度节水办正常管理全区自备井17眼，开采地下水96万吨，征收水资源费670万元。

节水型社会建设：2011年度创建市级节水型灌区1个（峡窝镇魏岗灌区），市级节水型企业1个（中国铝业股份有限公司郑州研究院）。

（侯晓萌　马子明　莉　霞）

农业机械

【概况】 贯彻农业机械购置补贴方法，2011年省、市共拨付的75万元农机购置补贴资金已全部落实到位，进一步提高了上街区农机装备水平和能力。共计入户大中型拖拉机11台、小型拖拉机3台、挖掘机2台、免耕机1台、玉米播种机5台、微耕机16台、起垄机2台、卷帘机80台、各种农具10套。受益农户32户，其中合作社占6户。

【平安农机建设】 以创建“平安农机”为主线，紧紧围绕“降事故，保安全，保畅通”的工作目标，完善管理措施，加大宣传力度，强化源头管理，严格农机执法，认真开展农机安全生产工作。全年检验各种农机50台套、大中型拖拉机37台、联合收割机20台。保证了年检率保持较高的水平。

【农民科技培训】 围绕全区农业产业结构调整，认真开展农机科技培训、阳光工程培训、实用技术培训、机手职业培训等，共举办培训班12期，培训100多人（其中：阳光工程20人、保

市场检疫

护性耕作 10 人、农机驾驶技术 30 人、农机安全教育 50 多人）。

（孙超鹏　雷婷婷）

畜牧管理

【概况】　2011 年，区畜牧科完成重大动物疫病防治、畜产品质量安全监管任务，完成各级政府下达的年度目标任务。全区肉类总产量完成 960 吨、蛋类 4430 吨、奶类 730 吨。全年出栏生猪 2.1 万头，出栏肉牛 350 头，出栏羊 460 只，出栏家禽 22 万羽；重大动物疫病防治工作扎实开展，继续保持全年无重大动物疫情，形势稳定。全年无重大畜产品质量安全事件，规模养殖场出栏畜禽的产地检疫率达到 100%，生猪屠宰检疫率达 100%，上市动物产品持证率达 100%，病害动物及其产品无害化处理率达 100%。

【重大动物疫病防治】　年内，针对重大动物疫情的严峻形势，上街区完善应急预案，组织强制免疫，进一步强化春秋两季集中免疫。经上级检查验收，应免猪、牛、羊的免疫密度全面达到了要求，猪瘟、鸡新城疫、布病（人畜共患病）等疫病防治也都取得明显成效。除对禽流感、口蹄疫、新城疫、猪瘟、高致病性猪蓝耳病等重大动物疫病开展免疫效果和疫情监测外，还对布病、牛结核、狂犬病等主要动物疫病开展免疫效果和疫情监测工作。加强基层防疫队伍建设，切实解决基层防疫员的劳务报酬。以村为单位建立动物防疫明白制度，加强基层防疫员的专业知识、操作技能培训，规范建立完整的防疫档案，加强动物防疫信息报告网络的监管，完善应急预案，加强应急核查，规范处置疫情，做好应急物资储备和管理。在 4 月、10 月春秋两季集中免疫工作当中分别获得全市重大动物免疫先进单位荣誉称号。

【兽药市场整治】　2011 年进一步规范兽药经营行为。完善管理台账，加大兽药市场整治，严厉打击非法企业、非法产品。开展“瘦肉精”清缴活动，加大“瘦肉精”监测力度，确保上街区 2011 年没发生一起“瘦肉精”事件。加大兽药抽检力度，及时发布兽药质量通报。组织开展兽用生物制品专项检查活动，加强兽药使用环节监管，监督指导养殖场区建立兽药使用和追溯制度，组织实施动物性产品兽药残留监控计划，降低兽药残留超标率，保证畜产品质量安全。

【动物卫生监督】　动物检疫监督是防止动物疫病传播，保障动物源性产品安全的有效措施。2011 年重点完善检疫监督工作机制，做好辖区养殖场、屠宰场、市场、畜产品经营单位的监督和建档管理。依法落实检疫申报制度，对产地、运输和出售的动物严格按规定实施现场检疫，对屠宰的动物切实做到全流程同步检疫，保证出场动物产品的检疫率、合格率、持证率均达 100%，保证屠宰生猪“瘦肉精”监测率达 100%。切实加强上市畜禽及其产品的检疫监管，确保上市检疫持证率达 100%。狠抓元旦、“五一”、中秋节、国庆节、春节等重大节日期间的检疫监督检查，重点抓养殖场、屠宰场、市场、肉品专卖店等场所，落实查证验章监管制度，健全台账管理制度，严格按规定无害化处理不合格畜产品。积极开展打击经营病害肉专项整治活动，联合商务等部门开展联合执法打击私屠滥宰，捣毁私宰窝点。严格动物防疫条件审核管理，对动物饲养场所、隔离场所、屠宰加工场所的动物防疫条件严格审核，严把发证关。加强外埠肉监管，建立外埠肉供应商“畜产品质量承诺制”，建立经销商“畜产品经营承诺制”。

【食品安全】　2011 年重点加强畜产品质量安全监管，从源头抓起，把好养殖场饲养管理。注重休药期，严把瘦肉精检测关，把好产地检疫关。认真把好屠宰检疫出证关。抓好流通环节监管，确保外埠肉质量。区农委获得 2011 年度全市畜产品质量安全管理工作先进单位称号。

【加强畜牧业重点项目投资】　2011 年完成郑州市沿黄

现代畜牧业建设项目两个，分别是：1. 上街区金凤养鸡场畜牧业环境治污。该场位于峡窝镇魏岗村3组，建设内容为新建1000立方米沼气池1个，总投资95万元。其中自有资金80万元、申请市财政资金15万元。2. 郑州豫兴牧业有限公司畜牧业环境治污。该公司位于峡窝镇上街村北，建设内容为新建500立方米沼气池1个，总投资50万元。其中自有资金35万元、申请市财政资金15万元。

（马文标）

新农村建设

【概况】 按照郑州市新农村建设工程指挥部2011年年初下达的上街区新农村建设任务——新建安置楼房1341套和相关的基础设施配套建设，经过近一年的努力，2011年11月份顺利通过了郑州市新农村建设工程指挥部组成的联合检查验收组的检查验收。实际完成新建安置楼房2804套，超计划1463套，完成比例达209%，并对任庄、夏侯和沙固中心村的新建小区相继进行了道路铺设、绿化、亮化和监控安装等基础设施配套建设。全年争取市拨新农村建设资金670万元、省拨新农村建设资金80万元。

对寨沟村、郊段村、左照村3个旧村进行了拆除，拆除面积357668平方米（宅基地），拆迁户数1096户，人数3851人。2011年年底前寨沟村、郊段村、左照村3个旧村完成拆迁面积36万平方米，完成拆迁户数1121户4000余人。

启动道北新型社区建设工作，涉及峡窝镇的上街村、武装村和工业路办事处的东柏社村、肖洼村和朱寨村。5个村共有拆迁户2157户，需总拆迁面积50.94万平方米。道北新型社区建设工作于4月份开始以来，农委和工业路办事处组织抽调32名工作人员分组对肖洼、东柏社两个村进行了入户摸底调查，就《道北新型社区拆迁补偿方案（草案）》等广泛征求了群众的意见和建议，收集意见和建议20条。

【村容村貌镇容镇貌综合整治】 圆满完成2011年村容村貌镇容镇貌综合整治行动任务。根据郑州市村容村貌镇容镇貌管理办公室的指示和要求，新农办积极行动，先后制定了《郑州市上街区农村村容村貌镇容镇貌综合整治分类达标工作方案》和《郑州市上街区农村村容村貌镇容镇貌综合整治分类达标工作安排》，上报简报12期，并每周按时上报工作统计表。

（陈　超）

扶贫开发

【概况】 南部山区有西林子、东林子、营坡顶、杨家沟、老寨河5个行政村，面积1.7万亩，其中建设用地3676亩、其他土地13324亩。人口约1200户4200人。其中西林子、东林子、营坡顶、杨家沟村为省级贫困村。南部山区自然条件较差，信息闭塞，位置偏僻，长期存在出行难、上学难、就医难、增收难、经济

新型社区建设——亚星 · 江南小镇新型社区

社会发展缓慢等突出问题。因此，对南部山区贫困村实施整体搬迁有着十分重要的意义。西林子村作为南部山区贫困村整体搬迁扶贫开发工作试点村于2006年启动了搬迁工作。经过近两年努力，西林子168户434人已于2007年10月喜迁新居，2007年年底又全面启动了其余4个贫困村的整体搬迁工作。2011年，杨家沟、老寨河38栋安置楼已完工。

区扶贫办承担的省十项民生工程任务为雨露计划，培训任务为90人，其中引导性培训50人、职业技能培训40人。2011年，引导性培训完成60人，职业技能培训完成46人。

2011年，区扶贫办积极与市扶贫办对接，及时跟踪项目审批情况。上报的老寨河扶贫搬迁安置工程项目、老寨河农产品加工项目以及任庄打井项目，已获得市扶贫办批准，共争取资金1020万元。其中扶贫搬迁安置工程项目990万元，老寨河农产品加工以及任庄打井项目各15万元。

【南部山区开发】 至年底，住宅建设已开工91套，建设观光农业苗圃120亩。

（张　辉）

重阳观

重阳观位于上街区峡窝镇观沟村西部，310国道北500米。修建于明代。原有建筑包括山门、三清宫、老君洞、祖师殿以及戏楼、道院等。在重阳观建成后800多年的历史中三次被毁，两次大规模迁建和重修，原有十几间建筑至今只剩三清殿和两座道士房。

三清殿大殿面阔三间，进深一间，单檐歇山顶，券拱式无梁殿建筑。灰筒板瓦覆盖，整体为砖石结构，内砖外石。为防潮湿，四周墙体底部均用石块砌筑，高约有60厘米。前后檐下为砖雕的檐椽和飞椽，椽下为一斗两升式斗拱。拱间雕饰瑞兽、花草等纹饰。在砖雕的斗拱下还有一圈卷草纹饰。前檐明间开拱券式门，门上方为砖雕门罩，雕刻有宝相花、莲花等。门洞两侧各有一悬空的垂花柱。两次间正中靠底部位置各开一圆窗。屋檐正脊做成盘龙样，两侧有龙吻，垂脊上雕刻花草纹样，上置仙人。

观内保存有石碑两通，一通为明代万历四十二年的《重修重阳观记》，一通为清代乾隆四十八年道教金辉派传人李时成一支世系表。关于创建年代，观内有一块圆形石件上有庆元三年岁次字样，可知在南宋庆元三年（1197）观已存在。

2009年6月被市政府公布为市级文物保护单位。

商贸服务业

商业贸易

【概况】 全年引进市外资金35.7亿元，引进省外资金27.8亿元，实际使用外资6130万美元，合同利用外资6900万美元，均超额完成市定目标任务，增速均创历史新高；外贸出口总额完成23612万美元，占目标任务的100.1%，同比增长13.4%；对外经济技术合作合同额完成2250万美元，占目标任务的125%；营业额完成2200万美元，占目标任务的122.2%；外派人数完成120人，占目标任务的120%；境外投资额完成550万美元，占目标任务的110%；社会消费品零售额完成29.2亿元，同比增长17.5%。

【招商引资】 全年成功引进项目16个，计划总投资可达81.9亿元。其中引进总投资3亿元的郑州铁路技师学院、总投资6亿元的北市场升级改造项目、总投资10亿元的郑州职业技术学院、总投资10亿元的中国中部产业基地（863）等超亿元项目13个，计划总投资可达80.7亿元。超5亿元项目8个，计划总投资可达71.6亿元。实现了项目引进总量与质量双突破。

【经贸洽谈】 围绕产业集聚区，精心策划一批技术水平高、带动效应大、符合外商投资趋势和具有实际操作性的重大招商项目；积极开展小分队外出招商活动，赴北京、上海、山东、成都、许昌等地外出招商40余次，洽谈直升机城市综合体、污水处理厂、职业学院、南储物流、旧城改造等项目100余个，搜集投资信息100余条，洽谈招商项目22个，项目总金额达272.5亿元人民币；组织参加省市组织的各类经贸活动，搜集客商信息600多条，取得了良好的宣传效果。

【外贸出口】 外贸出口总额完成23612万美元，占目标任务的100.1%，同比增长13.4%。对外贸易备案登记企业205家，获权企业48家，出口业绩企业16家。主要出口产品为碳阳极、金属镓系列产品、石油焦、铝电解设备、阀门、白刚玉等，远销美国、中东、欧盟、日本等地。

【对外合作】 对外经济技术合作合同额完成2250万美元，占目标任务的125%；营业额完成2200万美元，占目标任务的122.2%；外派人数完成120人，占目标任务的120%；境外投资额完成550万美元，占目标任务的110%。对外经济技术合作远至秘鲁、沙特、印度等国家和地区。对外经济技术合作合同额、营业额、外派人数三项外经指标均提前两个月完成目标任务。市委、市政府授予上街区对外经济技术合作工作先进单位称号。

【商贸流通】 社会消费品零售额完成29.2亿元，同比增长17.5%。一是重大建设项目进展顺利。二是消费市场进一步活跃。三是科学编制服务业发展规划。四是市场秩序进一步规范。认真做好重点流通企业的市场运行监测，密切关注市场动态，做好商品储备，确保市场供应。

【市场运行】 及时做好重点流通企业、生活必需品系统、重要生产资料三大系统、6家企业数据日报、月报，密切关注市场动态，加强节假日期间重点行业、重点商品的市场监控，将市场总体运行情况、特点、销售热点、库存、价格和客流情况，进行全面对比分析，及时引导市民消费。积极做好商品储备，确保市场供应。重点流通企业、生活必需品系统、重要生产资料三大系统报送率100%。

【定点屠宰管理】 加强定点屠宰场目标管理，规范屠宰程序，完善检验检疫制度；加强屠宰环节监管，做好无害化处理；加强市场监测，每周每月按时上报屠宰量和毛猪价格、批发价等信息，上报率100%；日常巡查与专项整治相结合，以村庄、屠宰场为主要检查范围，开展检查执法活动，打击私屠滥宰、注水肉、劣质肉等违法行为。定点屠宰场屠宰生猪16955头，无害化处理87头，出场生猪肉品合格率100%，进点屠宰率100%，定点屠宰检疫检验率100%，病死猪和病害猪无害化处理率100%，确保人民群众食肉安全。

【酒类流通管理】 做好酒类流通备案登记，及时将酒类流通备案登记和“随附单”上传商务部酒类管理信息系统，上传率100%。重点加强酒类经营者“随附单”跟踪管理，完善酒类经营者购销台账，严格落实酒类商品溯源制度，全区登记备案660家酒类流通商户，备案率达到100%。对辖区酒类市场进行多次专项整治，出动检查人员130余人次，车辆35台次，检查商户800余家次，有效地规范了上街区酒类市场经营秩序。

【惠民工程】 开展家电下乡销售网点清理整顿，规范家电下乡流通秩序，销售家电15330台，销售额达5306.6万元。开展家电以旧换新活动，制定家电以旧换新工作实施方案，成立家电以旧换新领导小组，做好宣传发动、网点审批、财政补贴等工作。家电以旧换新备案网点7家，已累计销售家电15353台，销售额达5314.5万元；回收15347台，发放回收款21.2万元；财政补贴家电11370台，发放补贴款320.5万元。

【成品油市场监管】 做好成品油零售体系“十二五”发展规划编制、成品油批准证书年检、市场运行监测以及储备、调度工作，协同安监、公安消防等部门开展安全检查，及时排除安全隐患，打击小流动车辆加油和无证经营行为，确保成品油市场秩序稳定。全区销售成品油24383吨，销售金额20702万元。

【再生资源整顿】 实行再生资源经营者备案登记制度，为43家企业和经营户办理从业资格备案登记手续；配合工业办、公安局、工商局等部门依法开展再生资源回收清理整顿工作。

（张建伟）

粮油贸易

【概况】 粮食收购量800万公斤，其中订单收购量300万公斤。建立地方储备粮1200万公斤。“四无”粮仓和“四无”粮油率保持98%以上，仓库完好率保持95%以上，“一符三专四落实”达100%，科学储粮率85%以上。粮食管理中心设办公室、业务科、财务科、执法科、综合科。职工36人，其中，机关14人，下属企业0113库11人、0135库11人。

【粮食购销】 发挥国有粮食购销企业收购主渠道作用，服务社会主义新农村建设，落实夏粮托市收购惠农政策，委托收购网点1个、收购库点2个，收购粮食800万公斤。国有粮食企业粮油销售收入1000万元，其中，国有及国有控股粮食经营企业郑州0113河南省粮食储备库500万元、郑州0135河南省粮食储备库500万元。

【粮库建设与管理】 8座仓容

全部实行温控自动化机械通风，国有收储企业现有库容总量4000万公斤。仓储管理队伍实现专业化持证规范化管理，达到“四无粮仓”和“一符三专四落实”粮食储备目标。

【粮油市场管理】 加强机构和队伍建设，设立执法机构，对粮食经营者从事粮食收购、储存、运输活动和政策性用粮购销活动，以及执行国家粮食统计制度情况进行监督检查。行政执法体系检查实现历史性突破。

（杨子安）

农副产品贸易

【概况】 2011年，上街区建成并投入使用的各类商品批发、零售市场5个，由政府投资兴建的农改超市场也开始破土动工。

上街农贸市场（北市场）：该市场1994年由上街工商局与二十里铺村联合兴建而成。2002年1月移交上街市场管理处。该市场占地面积41672平方米，投资金额818万元。年交易量高达300万吨，交易额约3亿元，上缴税金10万余元。该市场经营品种有蔬菜、水果、肉类、禽蛋、水产品、干菜、调料、服装、百货、花卉等。该市场是荥阳到巩义之间最大的农副产品批零市场。

铝都电器电子市场：该市场1999年1月由郑州市亚星房地产开发有限公司兴建而成。市场营业面积4313.47平方米，投资金额348万元，年交易额200余万元。经营品种主要有家用电器、电子产品、通信器材、电子耗材、五金灯具等。

铝城工业品市场：该市场于1994年12月由聂寨村兴建而成。投资金额500万元，占地面积21978平方米，市场商户近800家。年交易额4000余万元，上缴税收10余万元。经营品种主要有服装、鞋袜、箱包、洗化等。

旧货市场：该市场1998年11月由二十里铺村兴建而成。投资金额50万元，建筑面积7000平方米，年交易额约800万元。经营品种主要有旧家电、家具、门窗等。

聂寨建材市场：该市场于2007年9月由聂寨村兴建而成。投资金额200万元，建筑面积6500平方米，年交易额1800万元。经营品种主要有建筑装饰材料。

2011年底，上街区政府要对市场进行升级改造，选址位于汝南路和新安路交会处。该项目“上街农超”已开工建设。该项目被列为河南省2012年度政府重点民生工程，建成后市场将升级为综合性新型农贸市场。

（林福军）

检查超市

烟草专卖

【概况】 2011年，区烟草局（分公司）紧紧围绕“卷烟上水平”的主要任务，按照“严格规范、富有效率、充满活力”的总要求，深入解放思想，加快结构转型，持续推进跨越，打造幸福企业。把“上水平，保增长，促跨越”作为主要任务，按照“高水平、创新型、节约式发展”的要求，突出发展主题，坚持和谐共进。咬定发展目标，以品牌培育为重点，以精细化管理为手段，以稳增销量为基础，加强销量考核，深入市场挖潜，认真做好需求预测，把握市场真实需求。2011年全年累计销售卷烟4587.8254箱，同比增幅达2.4%。全年累计单箱销售收入（不含税）20873.5元，同比增幅达17.87%。一、二类卷烟全年累计销售961.3974箱，同比增长47.41%，同比提高6.4个百分点。重点考核品牌一、二、三类卷烟全年累计销售2345.64箱，同比增长34.36%，同比提高12.16个百分点。

为新办证零售商户颁发经营许可证

【加快销售结构转型】 区烟草局以结构转型为攻坚点，持续做好“四转三”“三进二”工作，加快品牌整合，促进销售结构向“橄榄型”快速转变，努力提前实现“2332”目标。以品牌培育为重点，突出抓好重点价区、重点品牌尤其是全国知名品牌的销售。大力扩销一、二类烟，着力抓好中华、黄鹤楼、黄金叶等品牌精准营销方案的落实。下大力气、下真功夫抓好黄金叶“10万箱标杆市场”建设，拉动结构快速提升。

【全面推行“135”工作法】 区烟草局把“135”工作法作为营销工作的主要内容，围绕“一条主线”，抓住“三个要素”，做好“五个步骤”，全面抓好“135”工作法的推广和落实。扎实开展“建功立业”活动，把“建功立业”活动与“532”“461”品牌培育，与结构转型和提升终端营销能力紧密结合起来。2011年“建功立业”活动品牌红塔山共销售1.008箱，比上年同期0.128箱增加0.88箱，增长了687.5%。

【深入开展“打假破网”工作】 坚持烟草、公安、交通联合打假机制，以“端窝点、断源头、破网络、抓主犯”为重点，深入开展打假破网斗争。畅通举报网络，设立举报电话号码，积极发展线人，全方位、多层次开展打击贩私售假活动。2011年，共查获各类违法卷烟14807.1条，案值788825.2元；查处违法案件31起，其中1万元以上案件4起，10万元以上案件2起；办理符合省局要求网络案件1起（“7•26”案件），刑拘8人，逮捕3人。

【加大法律法规宣传力度】 利用“3•15”消费者权益日、“五一”“十一”等节假日，组织专卖全体人员广泛开展烟草专卖法律、法规宣传活动。把宣传烟草法律法规与专卖人员的日常走访、稽查管理、商户培训和发放烟草许可证相结合，把烟草专卖法律法规的宣传融汇贯穿到查处案件的全过程。

【加强安全生产管理】 区烟草局按照“安全第一，预防为主”的方针，完善规章制度，整改事故隐患，加大安防投入，全年组织全局安全大检查12次，整改安全隐患1处。安全培训12次，学习内容30项，参训人员达230余人次。悬挂安全横幅6幅，开展了6月安全生产月、“11•9”安全宣传周活动和安全专项整治活动，向零售客户发放《星天使客户服务手册》。认真落实了突发应急预案和应急管理制度，加强了预案演练，深入开展了职业健康安全管理体系建设，规范了干部职工安全管理行为，确保了全年无事故发生。

（秦丽华）

石油贸易

【概况】 上街石油公司隶属中国石油化工股份有限公司河南郑州石油分公司，位于上街区中心路东段，下辖6座加油站。2011年创三星级加油站2座、达标加油站4座、管理示范站3座，其中发卡网点2座、自助加油站1座。主要经营：汽油、柴油、润滑油和烟酒百货等。2011年，公司通过开展“比学赶帮超”、推进标准化管理、“创群众满意加油站”等各种活动去推进基础管理水平。为了让客户100%满意，在做好本职服务的同时，增加了小药箱、工具箱、针线包、天气预报、免费供应开水等各项增值服务。建立了完善流畅的顾客投诉渠道，积极听取顾客对于加油站的意见与建议，利用电话、座谈等方式定期调查客户满意度。先后获得政府颁发的“管理示范站”、集团公司授予的“三星级加油站”、郑州市公司授予的“青年文明号”等荣誉和奖励。

【服务“三夏”“三秋”】 在做好各项服务工作的同时，公司还肩负着“三夏”“三秋”以及抗旱等农业用油供应义不容辞的政治责任和社会义务。加油站认真履行向社会和广大农机手作出的服务承诺：设立农机专用机位，打造畅通的农机加油绿色通道。设立“服务咨询台”，免费为农机手提供开水、绿豆水、急救药品、防暑降温物品。为了让农民放心加油，满意消费，在严把质量关的同时每日展示当日供应柴油的油样，接受消费者的监督。对农机手实行优惠价格，对每位进站农机手赠送T恤、毛巾、手套、肥皂等。还组建了一支送油志愿小分队，开展送油到田间地头，切实做到了为收割机手排忧解难。

【保证油品油质】 油品消费者最关注的就是油品的数量和质量。2011年上街石油公司提出“每一滴油都是承诺”的口号。为了实现承诺，“3•15”消费者权益日当天，上街石油公司在加油站设置宣传服务台，向顾客推介中石化诚信经营理念，让顾客放心消费。质量方面：一是严把“出库关”。按制度办事，落实公司配送制，严禁私购乱进油品。二是严把“运输关”。对运输罐车落实铅封制度，完善传递手续，堵塞漏洞。三是严把“入库关”。调入的油品到站后，严格按照制定好的卸油检查程序进行

向消费者讲解油品油质

接卸，每一车油都取样观察并留存油样。每个班组交接班的时候都要对油品数质量进行交接，确认油品无问题后，再进行加油作业。通过对每一个环节层层把关，保证加出的每一滴油都是绝对合格的。数量方面：技术监督局每季度都要对加油站的每一条油枪进行强验，强检后打上专用的铅封并备案，任何人不得以任何理由改动铅封。加油站还会再施打二次铅封，保证了计量器的准确性。同时为了防止加油机长期使用及其他方面出现异常造成加油机计量不准，上街石油公司每月都会用经过技术监督局鉴定过的20升计量壶再对每台加油机进行自检，杜绝各种原因造成数量问题对消费者利益产生侵害。

【全面展开QHSE管理】 按照QHSE管理体系的要求，严格执行作业指导书和管理分手册的内容，将质量、安全、健康、环保、节能节水等方面的情况纳入到班组建设目标考核，力求在实际工作中抓出成效。秉承“诚信、创新、业绩、和谐、安全”的核心经营管理理念，积极推行管理体系落实，加强质量责任制、岗位操作技能、计量培训教育等基础工作，实现质量目标管理，实施名牌战略和用户满意工程。定期培训，提高员工的安全防范意识，使员工在思想上与行动上都注重安全对一个加油站的重要性，坚决杜绝“三违”行为。每月开展并及时修订完善“事故应急预案演练”，实现了科学、持续、有效的管理目的。

（牛丽霞）

个体工商业

【概况】 上街区个体私营经济协会以“优化环境，引导发展”为主线，在“调查研究，发展个体私营经济，强化会员思想工作，拓宽服务领域”等方面取得一定成绩。个体私营经济呈现出高速发展势头，项目数量、质量和成效均比往年有大幅度提升。区工商分局积极创建低槛宽进、高效便捷的服务体系，实行“一审一核制”和直接核准制，实行“一个窗口”对外、“一站式”办公、“一条龙”服务，做到答复问题“一口清”、承办材料“一手清”。将办照时间由7个工作日改为3个工作日内限时办结。把个体工商户的登记权全部下放到工商所，由工商所负责注册登记。年检采取联合年检、预约年检、上门年检、诚信年检等措施，服务效能明显提高。2011年全区新发展个体工商户1202户、私营企业134户。至年底，全区个体工商户累计有4311户，同比增长5.61%，从业人员6513人；私营企业累计有1116户，同比增长18.32%，投资人数3267人，雇工人数12937人。2011年个体私营经济协会成员285户。

【优化投资环境】 2011年，一是进一步改善投资环境，营造发展氛围，促进个体私营经济发展。实行直接登记制度、首问首办负责制度、限时办结制度、服务承诺制度、前置审批互联审核制度、一审一核制度、独立核准制度、企业免检制度、政务公开制度和工作督办、岗位责任追究制度，确保发展个体私营经济工作落到实处。依“法无禁止即可行”原则，放开市场准入领域，对个体私营经济实行“五不限制”（投资领域不限制、企业规模不限制、经营方式不限制、资本数额不限制、企业类型不限制），积极办理登记注册，放宽资本限制，万元可办企业。允许贫困山区农民备案经营等，促进个体私营经济迅速发展。二是加大宣传教育力度，教育会员在遵纪守法的同时，勇于抵制“四乱”（乱收费、乱罚款、乱摊派、乱检查）行为，维护自身的合法权益不受侵害。做好对个体私营企业的法律法规宣传和新观念、新知识的培训工作，使广大会员转变观念，提高认识，进一步提高企业的素质和竞争力。开展自查自纠，清理协会自身的收费款项，发现问题及时纠正。搞好维权服务。协助政府做好下岗失业人员再就业工作，提供工作岗位136个。

【“五项工程”促发展】 实施“五项工程”，全力促进区域经济发展。实施“民营强区”工程。

支持个体工商户、私营企业参与国有、集体中小企业改制、改组、改造；对国有、集体企业改制为有限公司的，可保留其原有字号，按变更登记程序办理；对招商引资企业实行提前介入制度，积极参与前期论证，实行跟踪服务，重点扶持。实施“中小企业帮扶”工程。在注册资本100万元以上的企业设立工商行政管理联络员，宣传国家有关政策和工商管理法律法规，准确掌握企业情况，帮助企业制定商标、广告发展战略，指导企业签订、履行合同，及时协调解决企业生产经营中存在的困难和问题。实施“合同解忧”工程。帮助骨干企业、招商引资企业建立健全合同管理制度，做到机构、制度、人员“三落实”。实施“精品名牌”工程。大力推荐商标持有企业参加“河南省著名商标”“中国驰名商标”评选活动，指导和引导有一定规模的私营企业和个体工商户申报商标注册。实施“帮扶下岗失业人员再就业”工程。设立再就业政策咨询窗口，把党和政府的再就业优惠政策宣传到位，落实到位。市工商局规定：凡持有“再就业优惠证”的下岗职工从事个体经营的，除国家限制的行业（建筑业、娱乐业、广告业以及桑拿、按摩、网吧、氧吧）外，免收个体户开业登记费、变更登记费、补换营业执照及营业执照副本费，3年内免收个体工商户管理费和集贸市场管理费。

（王运涛）

物　流

【概况】　2011年，上街区率先在郑州市区以外的县市区中建立了集仓储、物流、信息、餐饮、住宿为一体的综合性物流园区——郑州昆仑物流园区。该园区位于上街区新乡路西段，占地360亩，工程分为三期。一期为园区主体功能区，包括交易区、仓储区、物流区，分布在新乡路西段北侧，洛宁路与汝南路之间，占地40亩。二期为园区服务区，包括酒店、住宿等服务，分布在新乡路西段南侧，汝南路与孟津路之间，占地150亩。三期为功能延伸区，包括仓储包装、信息、会计、金融、法律、服务等设施，分布在孟津路与洛宁路之间，占地170亩。2011年已实现投资850万元，建成了信息交易区、物流区、仓储区。各区配套设施已全部到位，优惠的政策及优质的经营环境已吸引了区内外40余家物流业户入园经营。园区已拥有省内外物流专线22家，年货物运量近200万吨，从业人员400余人，手机物流通等信息平台正在积极推进中。预计到2015年，昆仑物流园将成为郑州物流企业的西门户，辐射中原西部广大区域，成为带动上街区经济发展的又一个增长点。

（姚建华）

郑州昆仑物流园区

交通·邮政

铁路运输

【概况】 2011年，上街火车站全体干部职工牢固树立"安全大如天，万事排最先"理念，把确保旅客列车安全正点作为重中之重，全面落实"负责、认真、主动"的要求，进一步夯实安全基础，扎实开展各类安全专项整治活动，不断强化现场安全控制，提升班组安全管理水平，提高职工业务素质，确保车站运输安全持续稳定。2011年年初，上街火车站新开通了集装箱运输业务。从4月起，停止办理旅客乘降业务。截至12月31日，车站已实现连续安全生产10547天无一切事故。车站实现运输收入突破2.28亿元。

【完善安全卡控措施】 针对2011年新的安全形势，车站迅速化压力为动力。尤其是车站领导调整后，新一届领导班子成员高度重视安全管理工作，及时完善安全卡控措施，进一步明确了车站外出作业人员的行走线路、各岗位作业标准、现场作业关键点等有关事项，对各种违反安全规定和惯性"两违"的人和事，发现一个严肃处理一个，让广大干部职工在思想上牢固树立起安全责任大如天的理念。同时，车站严格干部盯岗制度，对干部上岗、盯控重点、现场检查关键进行细化，对干部不作为、不在状态等现象，一经发现一律提级严肃处理。

【全力打造技能型人才队伍建设】 车站高度重视人才队伍建设，充分利用职工业务学习、班组点名会、职工大会等有利时机，向广大职工宣传提升业务技能的重要性，在车站形成了一股浓厚的学习氛围。同时，车站为职工提供比武平台，认真组织职工开展模拟演练，对新转岗、入路人员举行了师徒合同签订仪式，挑选了一批业务素质高、经验丰富的职工担当师傅。车站一系列举措让人才培养驶入了快车道。在2011年车务段技术大比武活动中，车站取得了行车组第二、货运值班员个人第二、进款员个人第三、货运核算员个人第三的好成绩。在铁道特有工种技师职业资格考试中，行车工种中有2名职工取得技师资格。

【开展各项安全活动】 车站深入开展了安全大检查，劳动安全大反思、大检查、大整顿，提意识、抓两纪、灭两违，调车"整纪、达标"，安全生产月，货装安全大检查等安全系列活动。在活动开展期间，车站认真组织职工学习相关文件精神，做到活动不走样。同时车站利用活动的开展，彻查了安全生产中存在的薄弱环节，建立了问题整改库，对影响安全生产的隐患及时扼杀在萌芽状态，其他问题落实到责任人，限期整改。

【落实安全生产责任制】 上街火车站重点在综合管理措施上狠下功夫，进一步提高干部职工的安全责任意识。采取"兼职并岗、一岗多能"措施，实施运转、货运、客运工种内部岗位安全互补，运转与货运、客运的岗位安全互补，建立起了各司其职、各负其责、交叉堵漏、岗位互补的安全屏障。如运转内部车号忙时，线路值班员顶替车号员上岗；运转与货运之间，运转在检查车辆同时检查货物的装载加固、篷布苫盖情况；运转与客运之间，遇大客流运转上站台帮助组织旅客乘降。大力提高了劳动生产效率，增强了安全保障。

【切实抓好货装安全管理工作】 在货运装卸方面，认真吸取各类货装安全事故教训，健全制度，严格管理，狠抓落实，扎实做好货运安全基础工作，强化了货运安全管理工作。车站为弥补货运人员不足，制定了发车前运转配合货运检查货装安全的把关制度。车站规定开车前，除货运人员对货物装载加固情况进行检查外，调车组人员在检查车辆时，也必须负责对货物装载加固、篷布苫盖绳网捆绑、车门关闭等情况进行检查，确保车站开出的作业车辆辆辆安全。对企业人员进行培训，凡参加培训的人员经培训合格后，车站发放合格证上岗作业。对铝厂建档培训4批，共计28人；现场培训30次，共计124人。针对铝厂出台了一系列措施，如《站车交接办法》《路企双方联合检查办法》《路企双方安全卡控措施》，细化了具体作业标准，确保了货运的安全稳定。

（邢星志）

开展运营车辆检查活动

交通运输

【概况】 2011年，全区完成客运量177.39万人，较上年增长42%；客运周转量5558.46万人公里，较上年增长41 %。货运量168.37万吨，较上年增长28%；货运周转量26714.22万吨公里，较上年增长29%。共办理运输许可证2067个，办理营运证2126个。新增维修企业19家，其中二类4家、三类15家；开展维修企业“质量信誉考核”活动，评出AAA级维修企业1家、AA级维修企业28家；对全区二类及二类以上维修企业钣金、机修、电气、喷涂、装潢等5个工种289名工作人员培训，发放道路运输从业人员从业资格证；打击无证经营及超范围经营维修业户10家，其中7家已办理经营许可证、3家正在办理当中。全年累计完成新车入户1730台，技术等级评定1471台次，二级维护检测2065台次。对全区检测营运车辆进行二级维护、技术评定工作，全年累计完成车辆5092台次。全年共办理和审验老年人公交卡1.1万张。公交公司在创建省级文明城区的活动中制作宣传物品、条幅、公益广告200余件。全区现有物流企业23家、货运信息部5家，其中在上街区取得经营许可的物流企业9家，其余为总公司在上街区设立的配送网点。

【全力推进郑上快速通道建设】 郑上快速通道是郑洛工业走廊的重要组成部分，是连接郑州中心城区与郑州宜居职教园区的高度便捷通道，是开发五云山旅游资源的重要支撑点，对提升郑州市中心城区辐射能力，构建郑洛工业走廊，加快推进跨越式发展和城乡一体化进程，具有重要意义。区交通局将前期准备和加快推进作为全年工作的重中之重，选派一名副局长专门负责与省市相关部门联系，及时反馈项目推进中遇到的问题。由于省发改委与省住建厅在规划选址批复上存在互为前置问题，协调难度较大，导致该项目建设停留在省住建厅批复中。区交通局将这一情况上报区委区政府，10月8日由上街区委向市委打一报告说明该项目至今未开工的原因。同日在市重大项目推进会上市委书记连维良对该项目作了重要批示，要求由市发改委近期完成项目的审批手续。国土资源厅已完成郑上快速通道的土地预审工作。郑州市交委已做完郑上快速通道的环评工作。郑州市财政局已解决资金问题，并在《资金承诺书》上盖章。省国土资源厅已完成郑上快速通道的土地预审工作。省住建厅批复了选址意见书。省发改委已同意郑上快速通道修改后的工程可行性报告和工程开展的前期工作。

【Y002线朱寨——王村道路改造工程】 Y002线王村界至上街公路（即汝南路北段），是上街区通往荥阳市王村镇的重要通道，全长1100米。因年久失修道路状况较差，周边群众出行不便反映强烈。就此段公路改造问题，区交通局向区政府打报告，得到了区领导的批准。区交通局及时组织力量完成对该路段的勘探设计，拿出修建方案。该项目已于2011年12月底完工。

【干线公路建设】 G310线上街段自金华路口至西街道路两侧实施绿化工程，已完成乔木7452株、灌木9150株栽植工作，路肩人行道砖已铺设，照明路灯已安装。昆仑路绿化共种植乔木3750株、灌木2300株，种植马尼拉草坪3.9万平方米。

【跨陇海铁路桥建设】 昆仑路建设工程是上街区23项重点工程之一，是上街区的西环路。北起连霍高速上街出口，向南沿中铝铁路专用线西侧并行，跨越陇海铁路在竹川桥下与G310径向连接。跨陇海铁路立交桥，由于设计变更而追加预算及涉及荥阳部分土地等多方面的问题未确定，曾一直没有完工。经区交通局多次与荥阳汜水镇协商，最终达成协议。2011年5月复工，6月底已全部完工。现已具备通车条件，交付使用。

【完成G310线积水点处理和水毁修复工程】 9月，连续降雨，导致G310线K649+800——K649+900段右半幅路面基础发生沉降，路面塌陷。为了确保国道通行安全，区交通局一方面积极采取措施对损毁路段进行必要的防护和补救，另一方面立即将相关情况上报郑州市公路管理局，申请计划进行修复。全部工程2011年11月底完工。区交通局管养路段与荥阳市交界处地势较低，导致汛期雨水集聚于此，无法排出，存在一定的安

上街区机动车修配行业协会第一次会议

全隐患。为彻底解决此处积水问题，区交通局10月份开始了K645+500——K645+700段的积水处置工程。年底此路段横穿公路的顶管工程已经完工，配套的排水管也埋设完毕，积水问题已得到彻底根治。

【农村公路建设】 按照区发改委下达的《关于下达2011年度上街区重点工程建设项目的通知》要求，2011年需完成的农村公路改建工程项目有2个，分别是Y144武西线上街村——东溽沱段和Y148沙石线新安西路——沙固村段，累计需改建1.28公里。对X011二十峡线柏庙至魏岗段道路损坏较为严重的路段实施了中修挖补，安装标志标牌192块，施划标线13.4公里。公路养护累计完成清扫路面879公里，清运垃圾274立方米，挖补坑槽263平方米，整修路肩3.17万平方米，整修边坡30420平方米，疏通边沟17050米，路沿石刷白6000米，路况量验352公里。

【加大运输市场整治力度】 2011年累计路检客货车辆980余辆，暂扣违规车辆142辆。开展超限超载联合执法，路检车辆100余台次，警告批评车辆60余台次，查扣非法改装车辆30余台次，并按要求对非法改装车辆改装部分给予了强制拆除。开展旅游客运市场专项整治工作。加大了对无证经营、超范围经营旅游客运及从事非法旅游客运车辆的打击力度，查处违规旅游客车3辆。

"百全"连锁超市上街店开业

【开通上街区运政网】 上街区运管所经过精心策划、设计，1月份正式开通上街区运政执法网站，在信息化建设方面又迈出了坚实的一步。

【上街区成立机动车修配行业协会】 2011年11月成立上街机动车修配行业协会。成员单位64家。机动车修配行业协会召开第一次会议，市维修协会会长魏治国参加会议。

【加大超限超载的治理力度】 区政府召开治理超限超载专题会议，成立了以副区长为组长，各镇（街道）、各相关单位负责人组成的超限超载治理工作领导小组。积极协调资金购买治超车辆、选定卸货场站、上报流动治超计划和方案、购买执法服装和治超装备等。11月初，顺利通过了市治超办和地管处验收组的检查验收。先后查处超限超载车辆38台，卸载货物608吨，严厉地打击了在公路上擅自超限运输的车辆。

【安全监管工作】 组织常规性检查、专项检查35次，汽车站查处"三品"45件，对全区公路、桥梁进行例检和专项检查16次，完成X042线道路中央输电线路铁塔迁移，消除了重大事故隐患。

（姚建华）

邮　政

【概况】 上街区邮政局位于上街区中心路99号，内设2部1室、7个专业公司、1个内部邮件处理部门。全区共有邮政局所

6处，其中邮政储蓄网点4处。全区ATM自动柜员机5台，信箱信筒14个。趟班车邮路长度9公里；农村投递段道3条，投递路线总长度179公里；城区投递段道14条，投递路线总长度435公里。服务总面积64.7平方公里，服务人口13.3万人。局所平均服务面积10.78平方公里，平均服务人口2.2万人。2011年年末全局在岗职工48人，其他用工65人。有专科及专科以上学历的46人，占41%；有初级职称的10人、中级职称的2人。2011年完成邮政业务总量1866.88万元，实现业务收入2083.05万元，同比增长19.17%。全员劳动生产率18.4万元。2011年被郑州市邮政局、郑州市邮政局工委授予先进企业光荣称号，被郑州市邮政局工委授予2011年度先进基层工会称号，并获得国家邮政工会授予的“模范职工之家”光荣称号，以及上街区防火委员会授予的“2011年度消防工作先进单位”光荣称号。

【基础设施建设】 5月18日，上街区邮政局新综合楼揭牌仪式隆重举行。新综合楼建筑主体地上六层，建筑面积6459平方米；配楼建筑主体地上两层，建筑面积640平方米。汝南路邮政储蓄所、新安东路邮政所装修改造工程先后竣工，建设成为符合企业形象管理规范要求的标准化网点，全面提升服务能力和整体形象。

【综合服务平台建设】 信报箱建设工作稳步推进，新建3136户信报箱竣工并通过验收，提前实现计划目标。累计建设邮政服务村邮站20个、连锁超市14家，为村民提供报纸杂志订阅，邮票预订，代缴电费、手机费、固定电话费，彩票销售，代订机票，小额质押贷款申请等服务，极大地方便了村民的生产生活。村邮站成为了报刊信件投递、代收费、金融服务、文化服务于一体的综合性社会公共服务平台，满足了农村社会公共服务均等化需求。

【推进便民服务】 1月22日，中国邮政·美国地平线“百全”连锁超市上街店开业。上街店营业面积2000平方米，经营产品2000余种。“百全”上街店开业拓展了邮政为农服务领域，提升了邮政服务“三农”工作广度和深度，是探索服务新模式的重要举措。

【突出精细化管理】 全年检查部门共开展专项检查17次，编发业务检查通报12期、各种检查记录表192份、检查报告书192份，走访用邮单位和居民130户。开箱试片140次，寄发用户意见函500封，跟班普查邮路17条，开展储汇资金专项检查和邮政业务专项检查19次，全力提升邮政服务水平。

【争创和谐企业】 坚持对在岗职工以及离退休职工生日慰问制度；组织全局在岗职工以及离退休职工共计135人进行健康体检；“六一”儿童节为全局职工子女发放儿童精品图书45套共计5670元。

（安丽娟）

信息化建设

电子政务建设

【政府门户网站建设】 2011年策划、设计、开发区两会专题、实事项目建议征集、我为“十二五”规划建言献策、“五一”劳动奖章评选、区绩效考核网、幸福指数调查问卷等专题网站。完成“中国·上街”门户网站信息公开版块改版升级工作，并通过信息公开系统主动公开各类信息8529条。《信息公开》栏目在《电子政务》杂志社、全国电子政务理事会主办的“全国政府网站精品栏目”评选中获得“2011年度全国政府网站信息公开类精品栏目”称号。积极筹划“中国·上街”门户网站改版升级工作，2011年新版网站栏目规划、主要页面风格效果均已确定，后台程序框架也已基本搭建完成。

【政府网络和信息安全管理】 根据各单位办公地点变动的需要，及时调整各相关单位的网络接入，新增车管所、农经委峡窝镇农业推广站、中心办江南小镇社区网络接入点4个；调整单位计算机内外网管理注册600余台，完成区文广新局、区档案局内网调整工作，完成中心办江南小镇政府网络接入审核；完成区监察局“电子监察”工程的对接。协助区行政执法局、民政局、残联完成办公地点网络搬迁工作。全年共主动查杀病毒300余次，成功隔离受感染客户端计算机400台次，网络计算机系统主动防御29731次，系统脆弱预警2236次，有效预防外来攻击80次，网络维护人员对外电话服务670余次，到现场服务200余次。对全区网络设备进行普查，检查出来各单位存在的安全隐患40余宗、损坏需维修的网络设备40余台，并对机房陈旧老化设备进行了相应线路安全整改，保证了全网安全运行。

（禹　昕）

中国网通上街分公司

【概况】 2011年，上街区分公司按照年初召开的公司年会制定的“抓机遇，保增长，调结构，上水平”营销策略，全力打好三大战役，重点抓好融合业务、3G业务的营销，不断提升自有渠道和社会渠道的营销能力，加大集团客户的开发力度和深度，深入调整收入结构、成本结构、人员结构，提升服务能力、网络能力、营销能力、创新能力和管理能力。全年业务收入4003.96万元，比上年增长12.87%。收入市场份额达到36%，其中：固网收入完成2592.84万元，较上年增长0.33%；移网收入完成1411.4万元，较上年增长46.54%。2G收入完成775.03万元，较上年增长11.62%；3G收入完成636.36万元，较上年增长136.74%。全年新增3G客户2649户，3G合约手机491部；宽带新增客户3309户，新增B10卡1350户；全年融合业务发展6709户；拉动移网新增4536户。

至年底，电话交换总容量43696门。固定电话用户3.7万户，比上年增加1400户。固定电话用户普及率达到84%，比上年提高4个百分点。移动电话用户2.6万户，比上年增加2000户。移动电话普及率为16%，比上年提高1个百分点。光缆线路总长达291.05公里，主杆电缆达86110对公里。互联网端口总数3.4万个，其中已占用端口总数2.4万个，宽带接入用户2.4万户。全年电信业务收入4003.96万元。

2011年，全年受理投诉咨询1282件，其中：宽带投诉614件，投诉量占比为47.89%；故障类投诉661件，投诉量占比为51.56%。受理3G类53件，咨询1541件。安婉璐获得上街分公司"2011年营业员技能大赛"组织奖、个人一等奖。

【重点做好节假日营销工作】 2011年，充分利用春节、"五一"、电信日、"十一"双节等节假日，开展节日促销活动6次。针对3G业务、融合业务、宽带、2G业务等制定出多项优惠方案，以满足不同客户群体的需求。采用多种形式，刺激市场消费，拉动新增与老客户。"五一"营销活动期间新装宽带77部，老客户包年预存251户，融合业务宽带手机1+1共96户，拉动移网新增88户。世界电信日期间，共新装固话56部，新装宽带98部，新装宽带包年预存64户，计28880元；老客户包年预存369户，计24.2万元；亲情1＋存年费134户，计7.87万元；新开亲情号56部，共享时长133户；新开2G手机62部，新开3G用户3户，苹果机合约计划3部。

【加强设备和线路建设维护工作】 2011年，在领导和装维人员及相关部门的共同努力下，通过分析，找原因，上街分公司采取了对问题工单进行集中处理、加强工单预约、加大24小时装移机考核力度、集中工单跟踪等一系列有力措施，使装移机及时率有了明显的提高，城区已达到90%以上，用户满意度也得到了提升。一是固网业务。全年完成东郊段高层、二十铺安置楼东、轻研家属院等新建、改造FTTH工程9处。新建德宝二期、邮政银行、汇泽国际二期等处EPON设备28台。全年共新建、扩容EPON3812线。二是移网。新建防疫站、房管局、济源路街道办等5处宏站，初步完成了2G、3G基站优化工作。2011年上街分公司基站断站率10%以下、断站平均历时260分以下。三是线路建设。完成14街坊、上尚品、邢村、火车站等处的电缆改造和完成德宝二期、邮政银行、汇泽国际二期等处线缆的布放。全年共完成布放光缆66皮长公里、电缆34皮长公里。四是安装维护。安装：固话5020部、宽带6024部。移机：固话2622部、宽带2414部。宽带故障率控制在2%，固话故障率控制在0.5%。预约固话、宽带装移机及时率98%以上，非预约固话、宽带装移机及时率平均80%以上。

（谢超领）

中国移动上街分公司

【概况】 中国移动通信集团河南有限公司郑州市上街分公司（以下简称"上街移动"）组建于1999年。主要经营移动话音、数据、IP电话、多媒体和互联网等业务，拥有"全球通""神州行""动感地带"等知名品牌。上街移动以客户为中心，不断开展服务与业务领先创新，形成了以业务支撑系统为保障，以自建营业厅和10086客服中心为核心，以专营店、代办点为主体，以掌上营业厅、网上营业厅、短信营业厅等为补充的覆盖城乡的营销服务网络。

上街移动公司各项业务得到了突飞猛进的发展，成功实现了从"移动通信专家"到"移动信息专家"的转变。上街区移动计费用户数已经达到12万户，占全区总人口的93%。建设GSM基站和TD——SCDMA基站71座，在郑州市最早实现了全区网络无盲区覆盖。

【业务发展】 作为上街区最大的移动通信运营企业，上街移动不断拓展业务领域，从集团市场和大众市场入手，运用科学的经营分析系统，加强市场细分，抓牢两个市场，即以稳定存量市场为重点，加大对高价值客户的签约和保有的工作力度，提高营销政策的针对性和有效性，夯实存量市场。另外不断发掘潜在的新增市场，重点是峡窝镇、学校、工地市场，充分利用村级V网、发展村级业务宣传员、开展工地市场营销推广等方式，积极培育促进新增市场份额的增加。在此基础上，从渠道建设和梳理入手，在维系好、服务好现有专营店、代办商的基础上进一步发展末梢渠道，理顺渠道业务拓展通道，在工作广度和深度上下功夫，稳定优质渠道商，培育新增渠道，牢牢把控市场全局。

【网络建设】 年初，上街移动分公司共有GSM宏蜂窝基站71个（其中TD——SCDMA基站19个）。为优化网络覆盖，在行政服务中心、高档酒店、超市建设室内覆盖直放站30多个，完成WLAN无线宽带建设多个热点。至年底，GSM信号已经覆盖全区，并以网络信号覆盖广、信号质量高成为全区居民移动电话的首选。

【客户服务】 上街移动通过完善服务机制，梳理服务流程，改善服务环节，推进服务工作的精细化、集中化、标准化和便捷化。同时创新窗口服务模式，进一步实施差异化和个性化服务手段，提升客户满意度，建立科学的窗口管理体系，强化一线沟通管理，实现渠道、客户和服务的高度匹配。同时充分发挥自建营业厅的示范带头作用，加大专营店、代办点的服务技能培训，不断提升全区整体服务质量。在内部管理上，积极挖掘营业厅的创造性，鼓励各营业厅开展班组文化竞赛活动，开展“服务与业务技能比赛”“星级营业员”和“服务明星”评选等形式多样的服务提升竞赛活动，提升服务品质和服务水平。

【信息化应用】 移动信息化建设是中小企业提高管理水平、技术水平、决策能力和竞争力的有效途径。信息化正在改变国内广大中小企业的生存之道和运营模式。信息技术的运用能有效帮助企业拓宽交流范围，缩短交流时间，丰富交流时间，丰富交流方式。移动信息化可为企业节省成本，提高工作效率，开阔视野，拓广销售渠道，规范管理，提高创新能力，正日益成为企业提高经济效益和提升核心竞争力的重要手段。

作为上街区最大的移动通信运营企业，上街移动公司与集团客户开展了广泛深入的合作，积极推进区企事业单位的信息化建设进程。已在政府、金融、税务、工商、公安、教育、农业等行业和部门推广了“政务通”“警务通”“校信通”“农信通”等移动信息化解决方案，以移动信息化助力各行各业的快速发展。移动有线及无线固话达到100多家3000多部，发展移动宽带50多家，在助力各单位信息化建设方面构建了一条合作共赢的产业价值链，为上街区信息化建设和经济发展作出了积极的贡献。

【新农村建设】 上街移动采取多种举措加强农村通信网络建设和农村信息化应用，并取得了一定的成效。以“行政村村村通电话工程”重点解决了南部山区丘陵地带弱信号和无信号覆盖问题，先后建设开通了新基站11座，实现了全区移动网络全覆盖。

【社会责任】 上街移动积极履行社会责任，圆满完成会议服务、大型活动的应急通信保障任务，树立了良好的企业形象。上街移动先后为河南省“体彩杯”首届动力伞精英邀请赛提供完善的通信保障服务，举办了“盛世行、梨园曲、老交情”神州行名家戏曲专场晚会和“欢乐中原·幸福上街”大型户外广场文化演出活动等，满足市民的文化生活需要，回报客户和各界的关爱，体现了企业应有的社会价值。

（张心涛）

中国电信上街区分公司

【概况】 上街区电信分公司在发展过程中，始终坚持“用户至上，用心服务”的服务理念和“追求企业价值与客户价值共同成长”的经营理念。上街分公司积极实施信息化创新战略，努力实现全业务又好又快发展，做优秀企业公民，为上街区的经济发展和社会信息化建设作出更大贡献。2011 年，全区拥有电信固定电话用户 1000 户左右、移动电话用户近 4100 户、互联网用户 4000 户、3G 无线宽带用户 300 余户、商务 E 通 160 余户。在网运营机房 8 个，固网线路已经实现部分小区全覆盖。至年底 CDMA2000 在网运营基站 21 座，已全部升级为 CDMA20003G 网络。

【优化内部组织架构】 公司内部优化调整组织架构，明确员工工作职责和目标，结合员工各自不同的工作特点，从前端营销、后台支撑，到各个班组长及班组成员的编排，将在职工作人员合理定岗，充分调动员工工作积极性，促使每位员工最大限度地发挥个人所长。同时要求员工不但要各司其职，各负其责，而且必须做到工作来了不逃避，不推诿，大家相互配合，协作共进。

【完善内部管理办法】 公司人员较多，涉及的工作岗位包括营销、维护、营业。一方面，公司根据对各岗位工作的不同要求，规范不同的工作条例；另一方面，为了公司综合内务管理，还制定了员工必须共同遵守的各项日常行为管理办法。各项规章制度在实际工作的操作过程中不断完善。大家在落实各自工作要求中均有章可循，有据可依。公司内部上下一盘棋，全员一条心，全力推进部门各项工作正常有序地运行。

【量化内部工作指标】 分公司下达的各项服务和业务指标，从中心各台席支撑人员到各班组长，再到每位员工，营销中心均量化到人，要求各人明确各自工作目标，做到心中有计划，行动有步骤，在工作中发扬吃苦耐劳、迎难而上的作风，按质按量完成公司下达的工作，确保部门工作指标的全面完成。

（丁延军）

财政 · 税务

财 政

【概况】 上街区财政局是上街区人民政府综合管理全区财政收支、主管财政税收政策和财务会计制度、实施财政监督、参与对国民经济进行宏观调控的职能部门。现设7个职能科室，即办公室、预算科、行财社保科、农业管理科、财政事务科、政府采购监督管理办公室、财税监督管理办公室；7个局属事业单位，即区国有资产管理办公室、区非税收入管理局、区镇（办）财政管理办公室、区国库集中收付中心、区政府投资评审中心、区经济发展投资公司、区财务开发公司；6个财政所，即区峡窝镇财政所、区中心路街道办事处财政所、区工业路街道办事处财政所、区济源路街道办事处财政所、区新安路街道办事处财政所、区矿山街道办事处财政所。

2011年，区财政部门紧紧围绕“两加快一维护”战略和财政中心工作，抢抓建设中原经济区机遇，与时俱进，开拓创新，着力税源建设，强化收入征管，优化支出结构，深化财政改革，使财政收入实现持续快速增长，为上街区深入推进“两加快一维护”战略，全面打造中原经济区科学发展示范区，提供了坚强的财力保障。

【机构改革】 2011年7月29日，区编委批复（上编〔2011〕20号文件）区财政局下属事业单位机构编制调整如下：（1）将上街区会计核算中心更名为上街区镇（街道）财政管理办公室，重新核定事业编制8名。（2）在区国库集中收付中心增挂区财政信息中心牌子，增加事业编制6名。

2011年11月25日，区编委通知（上编〔2011〕28号文件）将区金融工作办公室下设事业单位区经济发展投资公司调整为由区财政局领导。原由区金融工作办公室主管的以企业名义注册的郑州市上街中小企业担保有限公司调整为由区工信局主管，同时由区财政局监管。

【财政收支情况】 2011年，全区财政一般预算收入75585万元，上级补助一般预算收入19170万元，财政一般预算支出88602万元，一般预算上解支出4651万元，增设周转金654万元。收支相抵后，当年一般预算结余848万元，加上往年一般预算结余822万元，一般预算滚存结余1670万元。

全区财政基金预算收入42005万元，上级补助基金预算收入1746万元，财政基金预算支出42753万元。收支相抵后，当年基金预算结余998万元，加上往年基金预算结余563万元，基金预算滚存结余1561万元。

【预算管理】 强化收入征管。2011年，财税部门提前谋划，坚定信心，迎难而上，同心协力，千方百计组织收入，地方财政一般预算收入突破7.5亿元，增长达29.1%，增幅在郑州6区排名第一。一是镇（街道）的收入规模继续扩大。通过加强收入督查和招商引资，财政收入快速增长。全年完成16314万元，同比增长

37.89%，增速超区级 8.7 个百分点，占全区收入的比重比上年提高 1.3 个百分点。二是依法治税成效明显。通过加强税源信息监控和开展税源清查、所得税汇算清缴等活动，企业所得税、营业税、车船税、契税和耕地占用税等均比上年同期大幅增长。三是进一步规范非税收入管理。定期开展票据稽查，加强行政事业性收费和罚没收入征收管理，确保各项收入及时、足额入库。全年非税收入入库 10626 万元，增长 34.61%。

加强支出管理。按照保工资、保运转、保稳定的原则，按时拨付机关事业单位正常运转经费，落实义务教育和医疗卫生部门绩效工资，保证公共支出需要；继续执行定额公用经费压缩 10% 政策，严格控制招待费、会议费等一般性支出，有效控制公用支出过快增长的趋势。

【税源建设】 综合运用财政贴息、奖补、优惠政策等多种形式，加快产业结构调整升级，全力支持工业经济、三产服务业和产业园区的发展。一是促进产业聚集区建设。充分发挥政策导向作用，投入支持企业发展资金 7500 多万元，积极落实各项奖励、招商引资、扶持中小企业发展等政策，支持产业集聚区加快发展。二是加大科技投入力度。筹措科技资金 1625 万元，支持企业科技创新和技术研发的建设，推动高科技产业的快速发展。三是不断拓宽融资渠道和领域，为中小企业发展提供资金支持。全年为中小企业提供融资服务 99 笔，担保金额达 30416 亿元，有效缓解了中小企业融资难问题。

【落实支农惠民政策】 坚持以人为本，优化支出结构，不断加大投入，着力解决群众最关心最直接最现实的问题。2011 年，全区用于教育、社保、就业、医疗卫生、文化体育等改善民生的总投入资金 3.2 亿元，较上年增长 23.1%，占一般预算支出的 36.12%。一是加大支农惠农政策的落实力度。投入农田水利、扶贫开发等项目建设资金 5803 万元，发放粮食直补、综合直补、农机补贴和扶贫生活补贴等各类农业补贴资金 785 万元，拨付家电、汽车摩托车下乡和家电以旧换新补贴资金 966 万元，拨付村级“一事一议”奖补资金 131 万元，有力地促进农业生产、农民增收和农村各项事业的全面发展。二是大力支持医疗卫生改革。拨付基本药物制度改革补助经费和基本卫生公共服务经费 386 万元，确保改革顺利实施；筹集新农合资金 1434 万元，全区 42783 人参保，参保率达 98.15%，有效缓解低收入家庭看病难问题。三是支持教育事业发展。拨付“两免一补”资金 610 万元，投入学校基础设施建设、校舍安全改造和改善教学条件等资金 1963 万元；安排 4300 多万元用于宜居职教城建设，为职教城快速起步提供有力保障。四是加大社会保障资金投入力度。拨付居家养老助残工程、最低生活保障、敬老院经费、拥军拥属等资金 433 万元，解决困难低收入人群生活问题；安排再就业专项资金 123 万元，为失业人员再就业提供保障；提供 2420 万元小额担保贷款，为 200 多名下岗失业人员、返乡农民、待业大学生和转业军人提供再就业资金支持。五是支持城区改造和新型农村社区建设。拨付资金 4900 万元，用于支持铝厂棚户区改造工程；投入资金 4800 万元，用于新型农村社区建设，加快城乡一体化建设步伐。

【国有资产管理】 全面实施国有资产管理信息系统，进一步强化国有资产出租、购买、处置、转移监管力度，提高国有资产收益水平。全年共办理国有资产处置等业务 21 批次，涉及资产 1095 件。按照市委市政府的统一部署，积极与中铝公司协调，认真开展 10 所学校的所有权移交变更工作。此项工作受到市委、市政府的通报表彰。

【政府采购】 加强监管力度，拓宽采购范围，扩大采购规模，规范采购行为，强化采购预算编制与执行，积极推进电子化政府采购系统。全年共有 106 家预算单位进行了注册，累计发起 1304

条采购记录，共完成政府采购项目843个。预算资金10153万元，实际采购资金9214万元，节约资金939万元，资金节约率9.25%。政府采购资金占全区一般预算支出的10.4%，比上年提高0.35个百分点。政府采购规模比2010年同期增加1759万元，增长23.59%，为近年来最大增幅。

【投资评审】 全年共评审基建项目140个，送审金额总计22694.26万元，审减资金2679.26万元，审减率达到11.81%。有效防止了财政性投资项目高估冒算和片面压价，切实提高了财政资金使用效益。

【“一事一议”财政奖补】 为进一步规范、完善区村级“一事一议”筹资筹劳管理工作，鼓励、引导广大村民筹资筹劳建设农村公益事业，促进农村社会事业全面、协调发展，上街区财政部门积极会同区农委、区交通局、区发改委、区城建局等部门组成验收组，对全区村级公益事业建设一事一议财政奖补资金项目进行严格审批验收。通过采取查阅档案资料、听取村干部和农民群众意见相结合的方式，完成了20个项目的审批工作，总投资额达433.84万元。其中：村民筹资262.76万元，占总投资额的60.57%；财政奖补131.38万元，占总投资额的30.28%；村集体投入39.7万元，占总投资额的9.15%。项目涉及峡窝镇、工业路办事处、新安路办事处等1镇4办，主要用于硬化人行便道、修建排水渠道、村容村貌整治、安全饮水、小型农田水利等建设。

【区财政筹资500余万元打造上街“万亩花海”】 近两年，为推动“两加快一维护”战略深入实施，促进城乡一体化建设，提升农村土地规模经营水平，区财政已筹资528万元投建了紧临汜水河沿岸，以上街区北峡窝村、观沟村、石咀村和大坡顶村为开发重点的“万亩花海”花卉示范基地。

【新农合补贴标准再提高】 为了充分完善社会保障制度，深入推进医改工作，2011年，区新型农村合作医疗个人筹资标准再次提高，从2010年的210元/人提高到了274元/人。其中：个人缴费30元/人标准未变，中央、省级补贴标准分别由上年的60元/人、30元/人提高到108元/人、46元/人。从2007年起，连续5年提高新农合筹资标准，由最初的110元/人提高到2011年的274元/人，筹资标准提高了164元/人。其中财政补贴标准提高了144元/人。2011年全区新农合参合人数为42783人，参合率达98.15%，财政拨付新农合资金1055万元。

【支持全区开展优生优育“三免检查”】 2011年，区财政部门积极支持全区优生优育“三免检查”（婚前检查、孕产妇围产期保健检查、0～3岁儿童保健检查）工作，截至5月份已拨付免检专项费用13万元。

1. 免费婚前检查规定。凡一方是上街区户口的夫妻婚前3个月婚后1个月，均可以在区妇幼保健所做免费婚前体检。检查标准为366元/对。男方9项检查内容，女方11项检查内容。2011年共检查88对夫妇。

2. 免费孕产妇围产期保健检查规定。凡夫妻一方户口是上街区的适龄孕产妇均可以在区长铝职工医院和区人民医院做围产期保健检查。检查标准为301元/人。共有18项检查内容。2011年共检查224人。

3. 免费0～3岁儿童保健检查规定。凡父母一方户口在上街区均可在区长铝职工医院和区人民医院做免费保健检查。检查标准为50元/人。包括建档及9次身高、体重、体长等体格检查。2011年共检查232人。

【首次设立高中助学金】 从2010年秋季学期起，设立普通高中国家助学金，用于资助普通高中在校生中的家庭经济困难学生。资助对象主要针对享受最低生活保障和低收入政策家庭的学生、因天灾人祸造成重大经济损失家庭的学生、父母因重大疾病丧失劳动能力的学生、父母离异或丧父丧母等原因造成经济困难的学生、南水北调移民家庭经济困难的学生以及其他特殊原因造成经济困难的学生。以上家庭经济困难学生需按要求向所在学校提交《普通高中国家助学金申请表》及相关材料，由校领导、班主任和学生代表组成的评审小组按照公开、公平、公正的原则，对学生提交的申请进行评审认定并公示，然后报教育局备案。2010～2011学年，全区共有530名贫困学生符合条件，每生每期将分别拿到1500元、750元、500元的资金补助，总额为79.5万元。区财政部门已将全部资金拨付到位。助学金将通过银行直接发放到学生持有的银行卡中，用于支付学生在校期间发生的费用。

【加大资金投入改善中小学办学条件】 为进一步改善全区中小学办学条件，为广大师生营造一个良好的教学、学习环境，2011年，上街区共安排教育费附加资金462万元用于安阳路小学建设、夏侯小学重建、二外初中空调购置、新建小学和中心路小学校舍安全工程等31个项目的建设与购置，比上年同期相比增长了191万元。

【发放农村义务兵家属优待金落实拥军优属政策】 区财政部门为更好地体现拥军优属政策，共拨付资金32万元对上街区服现役的35名农村军人发放农村义务兵家属优待金，帮助农村现役军人解除了家庭生活的后顾之忧。

【积极落实进藏兵优抚政策】 为了更好地落实对义务兵的优抚安置政策，区财政部门2011年对批准入伍的10名进藏兵按2万元/人的标准发放奖励金20万元。

【城市低保人群最低生活保障标准提高】 为保障城市低保人群生活水平不降低，从2011年开始，区城市居民最低生活保障标准每人每月提高了15元，即从原来的300元提高到315元，全年共拨付城市低保资金321万元（750个家庭1412人受益）。

【全力支持劳动力市场建设和再就业培训】 安排再就业专项资金50万元促进再就业工作的开展。全区全年共组织农村劳动力转移培训15期、下岗再就业人员技能培训5期、创业培训8期，已审核拨付再就业资金123万元，向富士康公司输送技术工人427人。

（宋　洋）

国家税务

【概况】 2011年，上街区国税局紧紧围绕组织收入为原则，按照“干活、干净，戒庸、戒懒”的总体要求，坚定信心，开拓创新，进一步推进依法治税，优化税收发展环境，不断创新组织收入和税收服务，大力提升队伍素质，全力以赴做好组织收入各项工作，保持了全局各项工作的平

开展防范打击增值税专用发票虚开专项行动

稳、持续发展，为地方经济较快增长和社会和谐稳定作出了应有的贡献。全区有3664户纳税人，其中一般纳税人679户、小规模141户、个体2844户。2011年，全年实现税收任务76933万元，占年计划67410万元的114.1%，同比增收9038万元。累计完成区级税收1.6亿元，占年计划1.6亿元的100%，在税收任务追加的情况下，还能按时完成税收任务，较上年1.37亿元增长16.8%，增收2300万元。

上街区空中税收宣传教育基地揭牌

【所得税汇算清缴工作】 区国税局发挥人才治税的理念，将“蓝鹰突击队”成员充实到所得税汇算队伍里，提高汇算清缴质量和实效。全年累计汇算清缴所得税款2570多万元，同比增长392%，同比净增2049万元。

【防范、打击增值税专用发票虚开专项行动】 2011年区国税局充分利用税收分析监控系统、CTAIS系统、增值税专用发票比对分析系统，分析筛选出企业税负异常，发票领购量、开具量变动异常等信息，采用排除法，确定了110户一般纳税人为重点核查分析企业，并抽调出8名业务骨干对其进行分析核查。全年，共查补税款58万余元。

【纳税评估工作】 2011年，区国税局定期组织业务培训，强化执法风险教育，提高评估人员的行政意识。同时结合所辖纳税人生产经营状况，进行数据比对，提高判断纳税人申报的真实性、准确率。对重大及典型纳税评估案例进行集体审议，联合点评，汇总整合评估中发现的问题，及时向纳税评估序列反馈，督促整改。全年累计评估税款2300万元，调增所得税额120万元。

【税务宣传】 2011年区国税局新闻信息宣传工作在2010年基础上又有新突破。全年共在省、市、区信息网站发表各类信息70条。在《中国税务报》、《河南日报》、《河南法制报》、《郑州日报》《上街时讯》、上街广播电台、上街电视台等新闻媒体发表各类新闻稿件68篇。其中《中国税务报》上发表4篇，《河南日报》上发表6篇，《河南法制报》上发表5篇，《郑州日报》上发表9篇，《上街时讯》上发表20篇，上街广播电台发表24篇。《上街区围绕产业集聚区建设培植税源促发展》荣获全市国税系统好信息二等奖，《机关一线工作法为基层减负》荣获全市国税系统好新闻二等奖。

（任仕君）

地方税务

【概况】 2011年，上街区地税局求真务实，开拓进取，干部队伍素质得到进一步提高，基层所建设和办税服务厅建设提升了地税形象，精神文明建设和廉政文化建设促进了反腐倡廉建设深入开展，各项工作均取得新成效。2011年区地税局再次被省委、省政府命名为河南省省级文明单位。2011年，区地税局共组织各项收入59351万元，较上年增收14079万元，增长31.10%。其中：工商税收收入45916万元（不含契税和耕地占用税），较上年增收7685万元，增长20.10%；“契税、耕地占用税”收入10009万元，较上年增长115.71%，增收5369万元。

【税源税种管理】 2011年1月1日，契税、耕地占用税由财政部门征管转入地税征管。区地税局加强重点税源监控，稳步扩大重点税源监控范围，建立健全省、市、区三级监控体系，省级以上监控企业25户、市级2户、区级95户，重点税源户占全区税收收入的56%。认真落实好各项税收优惠政策。全区备案小型微利企业19户，高新技术企业2户，残疾人工资所得税前加计扣除9户，下岗再就业14户，残疾人税收优惠11户，分别享受税收优惠政策，累计减免营业税、房产税、企业所得税128.7万元。全区共受理年所得12万元以上自行申报264人，申报所得5694.95万元，扣缴税款770.98万元，补缴税款4.83万元。

【税收征管】 区地税局落实税收管理员制度，对税收管理员的工作目标、工作职责、工作规范及工作绩效考核进行了明确；深化纳税评估，印制了《行业纳税评估指南》，详细讲解餐饮服务、建筑安装等10个行业的涉税风险和行业评估方法，使评估分析更具针对性、实用性、可操作性，提升了行业管理水平。2011年共评估300户，有问题82户，评估税款343.02万元，滞纳金36.68万元。

【发票管理】 2011年10月17日建立了打击发票违法违章24小时快速反应机制，成立了快速反应行动小组，向社会公布了发票违法违章举报电话。2011年10月28日顺利举办了由郑州市地方税务局主办、上街区地税局承办的“发票二次摇奖”活动。此项活动共产生214名幸运者，兑付奖金23万元。旧版发票于2011年1月1日全部停止使用。

【税务稽查】 上街区地税局认真落实省政府《关于严格依法治税规范税收秩序的意见》，加强与司法机关、政府部门、新闻媒体、社会组织的协作配合，不断优化依法治税环境。在全区范围内深入开展了房地产及建筑安装业、药品经销行业、交通运输业的税收专项检查。2011年共检查21户，查补入库税收597万元。

【税收宣传】 创新宣传形式，开展丰富多彩的税收宣传活动。在第20个税收宣传月期间，召开2010年度上街区“纳税（扣缴）大户表彰暨‘共建和谐税收’恳谈会”。凭借本地独特的航空体育运动资源，率先组建了“地税之声”号税法宣传飞行队，并以此为依托，不断巩固和拓宽税收宣传教育功能，最终发展成为空中税收宣教基地，取得了较好的宣传效果和社会反响。

举行了《税收宣传战略合作伙伴协议》签字仪式和“空中税收宣传教育基地”揭牌仪式，并为一架运五型飞机命名为“地税之声”号,共同配备机组及飞行人员7名，同时参照地税系统标志进行了包装，举办了第一期“地税之声”号飞行队税法知识培训班。

2011年度，区地税局共编发地税信息419期，被市局《动态信息》采用152篇、市局《经济税收调研》采用3篇、省局《地税动态》采用30篇、省局《经济税收调研》采用2篇、省局《基层税收工作专栏》（专期）采用7篇。被新闻单位采稿：国家级13篇，省、市级21篇。达到了良好的宣传效果。

（赵会丽）

金 融

金融监管

区政府金融工作办公室

【概况】 2011年，区金融办全面落实区委、区政府的各项决策部署，紧紧围绕全区“两加快一维护战略”，着力提升金融服务水平，努力改善金融发展环境，不断增强金融市场活力。深化政治理论学习，全面提升综合素质。坚持集中学习与个人自学相结合，深入学习领会胡锦涛总书记在中央经济工作会议上的讲话精神，以及《关于贯彻落实〈国务院关于支持河南省加快建设中原经济区的指导意见〉实施意见》《中原经济区郑州都市区建设纲要》等一系列重要文件。认真贯彻落实省委书记卢展工提出的“四个重在”“三具两基一抓手”和市委书记连维良提出的“十个不允许”等重要内容。通过政策、理论学习，极大提升了办公室全体人员对落实科学发展观、服务全区中心工作和打造中原经济区科学发展示范区的认识。同时，结合自身工作，把理论学习、业务学习与探索解决区域经济发展中的资金瓶颈问题和促进全区经济社会发展紧密结合，不断加强业务研讨和培训。通过一系列政策学习、专题研讨和调研活动，全体同志进一步认识到转变金融服务方式的重要性。

【优化金融生态环境】 一是加强领导，精心安排。从分析自身存在的问题和不足出发，按照省、市相关要求和评价标准，成立了上街区金融生态环境评价工作领导小组。按照条块结合的原则，就做好全区金融生态环境建设评价工作作了精心安排部署。二是科学分析，综合评价。采取定性和定量相结合、自我测评与现场考察相结合、权威数据与综合评价相结合的方法开展金融生态环境评价。深入走访调研，通过发放问卷调查从50家代表性企业和12家金融机构获得数据，了解政府在维护金融债权和帮助企业解决贷款难、提供金融服务方面的满意度。结合法院、信访、公安、发改、人民银行等相关部门的权威数据，对上街区金融生态环境进行了自我测评。三是转变理念，强化服务。以政府为主导，区金融办成为推进金融生态环境建设的强大内生力量，进而转化为推动地方经济持续发展与结构转型的强劲动力。强力打造“诚信上街”，为解决企业融资难题创造良好的金融生态环境。

【搭建银企合作桥梁】 一是建立银行信贷产品库。深入查找银企合作中存在的突出问题，如金融机构信贷资金沉淀、信贷结构不合理，企业家缺乏对银行放贷要求及信贷产品的认知。为解决这一信息不对称难题，区金融办在区内各金融机构的支持下，编印了数百本《上街区中小企业融资指南》，分发给区属重点企业及相关经济部门，便于企业进一步了解银行信贷产品和信贷业务，有针对性地进行选择合作。二是建立企业融资项目库。区金融办加大对中小企业走访调研，将收集到的企业融资需求进行分类整理，建立企业融资项目库。通过这种途径已为全区中小企业实现贷款发放近2亿元。三是认真做好银行与企业之间的协调服务工作。将银行信贷产品信息提供给企业，协助企业向银行申请贷款。对未达到银行信贷条件的企业，帮助企业按照贷款规定，完善相关手续，以期未来银企合作。四是高度重视中小企业融资难题，认真落实政协提案的办理工作。在收到政协委员《关于解决中小企业融资难问题的建议》的提案后，立即召开会议进行认真分析，多次深入企业走访调研，与领衔委员企业进行有效沟通，有针对性地提出破解上街区中小企业融资难的对策措施，得到区政协领导及提案政协委员的充分肯定。

为中小企业融资已超额完成全年目标3亿元。积极配合财政做好对公融资工作，在信贷收缩的大环境下实现农发行发放贷款1亿元，浦发银行发放贷款2430万元，中信银行发放贷款3000万元。同时，与浦发银行的贷款合作正在积极推进中，预计不久可实现发放。

【拓宽融资渠道】 为抓住国家"十二五"期间构建多层次资本市场和资本市场加速扩容的战略机遇，区金融办加大企业上市培育力度，积极做好资本市场融资和企业上市工作，拓宽直接融资渠道。一是加强企业上市培育工作。修订出台《郑州市上街区人民政府关于推进企业上市工作的意见》，加强了对企业上市工作的组织领导，加快培育上市后备企业，加大扶持力度，对企业进行上市宣传，提高企业家上市积极性。二是梯次选拔，推动企业加快上市步伐。按照境内外资本市场对企业上市的不同要求，有针对性地动态筛选一批科技含量高、成长性好的企业充实到区、市上市后备资源库，截至2011年年底，已向市金融办申报15家上市后备企业。三是构建资本市场融资的长效推进机制。建立资本市场信息收集和统计人员网络，形成良好的资本市场信息收集报送工作机制，广开途径搜集辖区企业资本市场融资情况。做好上报数据的认定工作，进行定期发布，并按照相关时间要求，做好向上级报送资本市场融资情况工作，争取融资项目被省、市认定。四是加大培训和宣传力度。举办培训会议，讲解资本市场融资渠道、统计口径和上街区资本市场融资关注点，从发行条件、发行主体等方面对债务融资工具进行对比分析，大力宣传通过资本市场进行融资的优势和可能性，帮助企业拓宽融资渠道，实现融资项目突破。

全区全年融资项目包括华泰发行中小企业集合票据融资4500万元、部分道路改造采用BT模式融资1.2亿元、亚星建筑安装公司信托融资1亿元等。

【加大金融监管力度】 2011年，经过积极协调和推动，工行新设二级支行开业在即，农行获批升格为一级支行，邮储银行许昌路支行顺利开业，平安保险支公司落户上街，另外两家小额贷款公司也在积极地引进中。金融机构的丰富激发了市场活力，也为金融经济开辟了新的发展空间。

为加强对全区担保机构的风险评估，切实防范和化解中小企业信用担保机构的风险，一方面，根据省、市关于中小企业信用担保机构业务监管和行业发展的各项政策规定，建立了上街区中小企业担保体系建设联席会议制度，并协调工信、工商、人行、公安等部门，对全区内所有从事担保及含担保字样的投资理财及咨询机构进行规范整顿，内容涵盖其市场准入、业务范围、经营行为、高管和从业人员等；另一方面，为配合规范整顿工作的开展，从11月起，在全区范围内开展为期近两个月的鼓励和引导民间投资健康发展宣传活动，通过上街电视台、长铝电视台、《上街时讯》、广场电子屏、宣传彩页、海报、手机短信等途径全面开展，鼓励和引导居民健康投资、理性理财，切实做到支持经营规范的担保机构继续壮大发展业务，对违法违规的经营行为依法处置，保护群众切身利益，维护社会和谐稳定。

（杨　琦）

银 行

中国人民银行郑州市上街区支行

【概况】　2011年，人行上街支行积极正确引导辖区金融机构贯彻实施稳健的货币政策，切实维护辖区金融体系稳定，稳步提升基层央行金融服务水平，确保辖区经济金融平稳健康运行。进一步优化信贷结构，加大信贷投放力度，支持地方经济发展。本着“总体稳健、调节有度、结构优化”的原则，按照稳健货币政策和宏观审慎管理的要求，年初，人行上街支行制定了《2011年上街区金融支持地方经济发展指导意见》。2011年11月末，辖区各项存款余额为74.67亿元，较年初增加4.25亿元，增长6.11%；各项贷款余额为14.05亿元，较年初增加0.78亿元。2011年辖区各银行机构利用承兑、保函、信用证、保理、定单质押等形式为企业融资25.2亿元，重点支持了中铝河南分公司、中铝国际贸易、长铝建设公司、上街区产业集聚区建设、上街城乡一体化建设等。农业银行、邮储银行、农村信用社等机构及时调整工作重心，增加小微企业信贷投入，累计发放贷款1.5元，同比增长超过30%。郑州银行等机构积极支持下岗失业人员自主创业，发放小额担保贷款。2011年，共发放小额担保贷款213户，金额2835万元，超额实现郑州市下达的目标任务。全年核准新发放贷款卡43份，年审150份，核准新开立银行账户573份。

2011年年末辖区有工商银行、农业银行、中国银行、建设银行、交通银行、邮储银行、郑州银行、农村信用社等8家银行分支机构，中国人民保险公司、中国人寿保险公司、平安保险公司等3家保险分支机构，民生证券1家证券分支机构。各类存款余额73.48亿元，比上年增加5.82%。其中：储蓄存款余额50.3亿元，人均储蓄41201元；各项贷款余额14.14亿元，比上年下降4.61%。证券公司营业部1家，新开户股民（含基金）总数19227个，比上年减少14907户；A股和基金交易额106亿元，比上年减少96亿元，下降47.5%。保险业实现保费收入1.21亿元，比上年下降4.88%。其中：财产险保费收入0.24亿元，比上年增加0.03亿元，增长14.7%；人身险保费收入0.97亿元，比上年减少0.09亿元，下降8.68%。

（李富军）

【加强对辖区经济金融监测分析】　积极搭建政银企沟通平台，支持上街经济发展。一是加强对辖区经济金融运行情况监测、分析，定期召开金融运行分析会议，对上街区经济金融运行中存在的热点、难点问题保持高度关注，全面分析辖区经济金融运行情况和金融稳定情况，针对存在的问题，研究拟定应对措施。二是联合区委、区政府有关职能部门，多次召开辖区银企洽谈会、对接会，加强银行与企业之间及政府部门之间的沟通，为中小企业融资牵线搭桥。

【开展调查研究和分析工作】　积极围绕不同时期的社会热点问题进行调研。如围绕粮食安全生产问题对农业生产情况进行了调查。对辖区民间融资情况进行了调查，对辖区担保、理财、咨询机构进行了摸底调查。2011年上报的《河南省金融部门全力支持“三夏”生产顺利开展》《国开行小额贷款公司融资河南模式：“融宝通”转贷款业务推进多方共赢》《调查显示：河南省夏粮收购进程缓慢，农户惜售心理强烈》《河南省村镇银行业务开展过程中好的做法及初步成效调查》等被上级信息刊物采用。2011年撰写上报各种调研报告、业务分析报告20余篇，部分调研文章被中支有关处室采用或评奖。

【保障国库资金安全】　至年底，国库共办理各级预算收入104155笔，金额18.26亿元；办理财政拨款376笔，金额11.16亿元；办理财政调拨收入16笔，金额4.4亿元。在办理国库业务工作中，一是依法行政，加强监管，确保国库资金安全。退回不合规拨款15笔，金额7263.04万元；不合规退库22笔，金额596.89万元。二是加强内控管理，实行国库会计主管、部门负责人、分管行长定期对内控制度执行情况进行检查，共检查12次。三是辖区国库财政集中支付业务上线运行顺利。共授权支付3199笔，累计金额1.76亿元；直接支付2312笔，累计金额1.35亿元。提高了资金利用效率。

【支付结算工作】　一是加强同城清算工作，防范资金风险。要求各单位清算交换人员持证上岗，凭证传递严密，交接手续符合规定。全年共组织同城清算198场，累计提出提入票据4474笔，累计金额15.08亿元。二是组织辖区各银行业分支机构开展了新版票据的宣传工作，确保新版票据正确推广使用。对老版转账支票与中心支行进行了移交处理。

【人民币管理工作】　进一步加大反假人民币工作力度，组织辖区17个银行业分支机构开展了反假币“春风行动”主题宣传活动。

【征信工作】　组织辖区银行业金融机构开展了以“我与我的信用记录”为主题的“信用记录关爱日”活动，提高社会对个人信用报告的关注度，全年为辖区居民、企业办理查询业务285次、征信5份。

【正式启用反洗钱监管交互平台】　2011年，正式启用反洗钱监管交互平台，确立非现场监管报送主体，进一步细化了对客户身份识别、大额交易和可疑交易报告、交易记录保存等反洗钱体系的监管工作。每季度搜集汇总本辖区各银行业非现场监管报表，按时审核、制作、上报上街区银行业非现场监管报表。

（李富军）

工行上街支行

【概况】　2011年，工行上街支行紧紧围绕省行“实施提升工程，构建优秀分行”发展战略和“五争三保”工作要求，明确目标，完善措施，强化管理，各项工作取得较好成绩。截至2011年年末，上街支行各项存款余额20亿元，各项贷款余额3亿元，实现利润2400万元；服务个人客户近11万户、各类企事业单位近600家。其中，各项贷款余额和增量、储蓄存款增量、对公存款余额、客户数量等指标均居同业第一，进一步巩固了上街区域内第一大金融机构的地位。

发展融资业务，支持地方经济。工行上街支行在自身业务取得较大发展的同时，始终把支持地方经济发展和服务区域内的企业个人客户作已任。为响应区政府优化区域金融环境，回应上街区居民不断增长的金融需求，投入大额资金筹建并开业了上街中心路支行；全年为辖区内企业办理融资业务5亿元、个人贷款投放2亿元，累计融资金额7亿元。

狠抓内部管理，树立良好形象。工行上街支行在省行营业部党委的正确领导下，以“改革流程，改进服务年”活动为抓手，内抓管理，外塑形象，得到了政府和上级行的认可。2011年度，支行负责人荣获区委、区政府授予的“优秀企业家”荣誉称号。支行获得省分行“先进集体”和省行营业部“先进集体”“内控管理先进支行”“党风廉政建设先进单位”等荣誉称号，支行工会获得“郑州市工会先进集体”荣誉称号，支行营业大厅获得省行营业部“十佳服务机构”“巾帼文明示范岗”等荣誉称号。

（刘爱武）

农行上街支行

【概况】　2011年，农行上街支行（简称）牢固树立“支持地方经济，服务上街”的经营理念，紧紧围绕上街区发展目标，努力开展工作。全行上下进一步转换观念，坚定信心，坚持“以人为本，和谐发展”思路，加快推进渠道建设和体制机制创新，强化“服务能力，市场形象”提升，实现了业务发展与内控管理的协调推进。

上街支行始终坚持“环境最佳，功能最全，服务最优，效率最快”的办行宗旨，致力于服务能力、服务品质的全面提升。为达到网点形象与员工形象同步提升的目标要求，上街支行多次组织开展“服务礼仪规范”培训，开办服务模拟课堂，强化员工“以客户为中心”的理念，推行“微笑服务”“三声服务”“站立服务”，员工形象、气质得到整体提升。在外塑形象的同时，支行更注重员工内在素质的培养，及时跟进各种新产品、新业务的培训，通过技能比武、现场指导等方式使员工熟练掌握操作技能、技巧，对人员进行优化整合，提高了服务客户的能力和效率，客户满意度得到大幅提高。2011年服务工作获得省行营业部“先进单位”称号。

【负债业务管理】 2011年，各项存款余额50355万元。其中，对公存款余额12643万元，储蓄存款余额37712万元。上街支行始终将储蓄存款业务作为业务发展的基础放在核心位置来抓，树立“客户分层、产品分包、服务分级”的营销理念，以高端、高价值客户群的培育和维护为抓手，优化营销体系，加速柜面分流，深化网点转型，努力实现储蓄存款、个贷两大核心业务升级进位，取得了突破性进展，个人客户总量和中高端数量显著增加，客户结构得到了进一步改善。同时，高度重视对公业务的市场拓展，优化业务流程，深化跟踪服务，多措并举挖掘资源，保证了客户规模、质量双提升，进一步巩固、拓宽了发展根基，实现了各项存款稳定增长。

【资产业务管理】 2011年，各项贷款余额9987万元。上街支行认真贯彻执行党和国家的金融方针、政策，主动把握市场动态，积极向上级行争取信贷优惠政策，取得了优异成绩。2011年加大对中小企业发展的支持力度，为中小企业发放贷款8345万元。个人贷款余额3287万元，其中农户贷款2185万元。在资产规模进一步扩大的同时，强化贷后管理工作，动态掌握客户生产经营情况、信贷资金使用情况以及还款情况，资产质量得到了有效保证，无不良贷款情况。

【中间业务】 2011年度实现中间业务收入257万元。为满足上街区居民对金融服务和资产增值的需求，上街支行围绕本外币理财、基金、保险、贵金属等各类理财产品，采用不同形式，加大宣传引导力度。丰富的产品和诚信的服务吸引了越来越多客户的参与，实现了银客共赢。

【内控管理】 增强防控风险意识，构筑安全屏障。上街支行将内控案防管理工作作为支行经营发展的基础和保障，定期召开员工行为动态和内控形势分析会，通过案例警示教育、模拟评判和交流心得体会等方式开展学习教育，定期进行风险自查自纠，严格落实违规积分和通报处罚，在全行形成了人人讲合规、人人防风险的浓厚内控文化氛围。针对ATM诈骗多发、频发现状，支行加大了自助银行的检查、巡查力度，多次清除违法分子粘贴在ATM机出钞口的非法张贴物，避免了客户的资金损失，受到客户好评和上级行的通报表彰。定期组织开展各种预案演练，提高全员应对突发事件的能力，为客户营造了安全服务环境，也为支行健康、快速、持续发展夯实了根基。

（刘立新）

中行上街支行

【概况】 2011年，在省行、市行党委的正确领导下，全行各级干部员工积极面对挑战，战胜克服业务发展中遇到的困难和问题，发扬连续作战的工作作风，奋力拼搏、努力工作：认真贯彻执行党和国家各项金融政策，紧紧围绕总行“以效益为中心，综合平衡，持续发展”的战略部署和省分行“目标、信心、实干、创新、绩效”的十字方针及中心任务开展工作；牢固树立科学的发展观和追求卓越的核心价值观，提高认识，认清形势，转变观念，坚持持续发展、实施创新发展、落实转型发展；加强内控合规文化与制度建设，坚持依法合规经营，强化主动风险意识和思想道德教育；以目标任务和提高市场竞争力为标杆，实施走出去营销战略，开拓市场，强化上下联动、公个联动营销和渠道建设，夯实发展基础；围绕发展与管理两大主线，推进民主管理，落实各级干部员工的知情权、参与权，积极参政议政；客观辩证看待业务发展过程中遇到的矛盾与问题，在发展中及时解决遇到的矛盾与问题，促进持续、健康发展和全员绩效进步。

【业务发展持续增长】 2011年支行各项存款9.3亿元，各项贷款1.5亿元，实现利润突破1000万元，外汇存款稳居辖内金融机构第一位，新设自助银行1个，票据融资1亿元，个人贷款1亿元。

【合规稳健经营】 加大依法合规经营工作力度，坚持业务发展与合规内控两手都要抓两手都要硬的经营指导思想，进一步建立健全内控合规三道防线机制，及时开展合规建设年活动，抓好整治不规范经营、员工行为排查等活动，内抓服务，外树形象，得到政府和上级行的认可。2011年支行一把手获得市级优秀共产党员称号，4名干部员工获得市级先进个人、优秀柜员称号，5人被评为一级技术能手。支行获得郑州市公安局安防达标优秀单位、市行安保工作先进单位、内控管理先进单位、文明优质服务先进单位荣誉称号。

（阮红祥）

建设银行上街区支行

【概况】 建设银行上街区支行认真落实上级行“一条主线、两个带动、三个提升”的工作思路，树立“以客户为中心”的经营理念，深入贯彻“一心一意谋发展，聚精会神抓业务”的工作主线，服务经济发展和公众生活，不断强化市场客户营销，转变业务发展方式，调整工作思路，大胆探索新的营销模式，坚持从严治行，强化基础管理，着力提升优质服务能力，建立起了满足不同客户需求的多层次服务体系，形成了“言善信、行善规”和“立言立行、善作善成”为写照的合规价值观。管理水平稳步提高，经营效益持续提升，各项业务呈健康发展态势。荣获建行郑州金水支行2011年度先进党支部、2011年度单位内部治安保卫工作先进集体称号。

【存贷款业务稳步增长】 2011年，建行上街支行全口径存款余额16.97亿元。支持上街区中小企业发展，发放区属企业助业贷款500万元，发放中小企业贷款2020万元，累计办理保理业务7.4亿元；办理国际业务结算量11252万美元，结售汇4715万美元，国际结算量、结售汇均创历史新高；理财产品累计销售实现5.6亿元，实现中间业务收入1580万元，理财产品销售量居上街区同业前列，为上街区地方经济发展和客户服务作出了贡献。在业务发展的同时，不放松风险防范、综合治理、消防安全、案件防控和平安建设等方面的工作，实现了全年零案件、零事故的安全工作目标。

（杨久玲）

交行郑州上街区支行

【负债业务管理】 2011年，各项存款余额为75882万元，其中储蓄存款余额为52541万元，对公存款余额为23341万元。上街交行始终将客户的利益作为业务发展的核心来抓，以高端、高价值客户群的培育和维护为抓手，实现财富升值；加强电子银行建设，对外有4家自助银行，功能完善，在当地首屈一指，为柜面客户分流，深化网点转型，全方位提供方便，创造了良好的条件。2011年，交行上街支行在内控业务管理中夺得全行82家的第七名，被郑州市公安局评为2011年度内部治安保卫工作先进集体。

【资产业务管理】 2011年年底贷款余额为10276万元。发放贷款148笔，累计金额38568万元。上街交行认真贯彻执行党和国家的金融方针、政策，主动把握市场动态，积极向上级行争取信贷优惠政策，取得了优异成绩。10年来，不断加大对中小企业发展的支持力度，哪里有需求，哪里就有交通银行。为中小企业发放贷款96872万元，个人贷款余额10215万元。高度重视对公业务的市场拓展，优化业务流程，深化跟踪服务，多措并举挖掘资源，保证了客户规模、质量双提升，进一步巩固、拓宽了发展根基，实现了各项存款稳定增长。

在业务拓展的经营过程中，实现了合规合法、稳健经营，支行信贷资产质量状况良好，无一笔欠息、逾期、呆滞，收息率均达100%。业务发展、业务操作合规合法，没有受到上级行的处分和当地人民银行及银监局的处罚，在职责范围内没有发生重大经济、刑事案件。

【中间业务】 全年实现中间业务利润及其他营业收入348万元，贷款利息总收入3256万元。收支轧差实现经济利润盈利1825万元，完成目标任务的128%。

（李文军）

郑州银行上街支行

【概况】 2011年郑州银行上街支行认真贯彻落实总行的各项工作部署，群策群力。紧紧围绕总部既定的“植根郑州、鼎立中原、辐射全国”的总体工作思路，全行员工一起奋力拼搏，从创新机制、强化营销、完善内控等方面入手，加快业务发展步伐，实现了人民币存款、贷款、中间业务等主要业务的持续、稳定、健康发展。全年业务运行安全无事故，各项工作稳步推进，取得了丰硕的成果。2011年被评为郑州市下岗失业人员小额担保贷款工作先进集体。

【经营效益】 2011年，郑州银行上街支行各项存款余额90990万元，各项贷款余额47225万元，均实现10%的增速。全年实现存款模拟利润1518万元，贷款模拟利润1861万元，中间业务利润及其他营业收入54万元。在存贷款利率持续上调、成本持续增加、货币政策持续缩紧的情况下，实现贷款利息总收入2557万元。收支轧差实现经济利润盈利1578万元，完成目标任务的140%。

【信贷管理】 2011年，各项贷款余额已达47225万元，比年初增长4257万元，增幅达10%。全年累计发放贷款989笔，金额为26133.5万元。其中，发放企业贷款7户7笔5385万元，发放个人住房按揭贷款763笔18515.5万元，发放个人下岗失业贷款213笔2020万元，发放个人生产经营性贷款6笔213万元。全年累计收回贷款144笔21877.15万元。至年末无1笔逾期，无1笔欠息，已经连续4年实现“双无”，资产质量持续优化。

【结算业务】 2011年，柜面业务差错率为0.05‰，较上年下降了3个千分点。全年共办理结算业务405338笔，累计收付现金643368万元，实现了“业务量不断增长，结算质量不断提高”的双赢局面，有力地推动了全行业务的发展。在提高结算质量的同时，也注意做好风险防范工作，实现全年无结算差错。

【内控管理】 2011年，郑州银行上街支行风险防范能力显著增强。一是继续推行ISO9001质量管理体系，在全行大力培训和宣传质量管理的重要性和管理过程的精细原则，把“细节决定成败、服务创造效益”作为全行的管理口号。二是在管理上强化执行力，做好案件防范、安全保卫等工作，也多次组织全体员工开展内控制度学习和廉洁自律教育，以观看警示片、召开座谈会、参加总部培训等多种形式，对员工在思想上给予教育，有效地控制了经营安全事故的发生。三是将所有业务纳入到内控管理中，切实发挥内控监督的职能作用，为业务事前、事中、事后的操作流程及关键环节把关守口，为业务健康快速发展保驾护航。四是继续坚持领导督查制度，通过现场检查、监控抽查和客户反映等方式，加大对网点安全的管理力度，确保全年各项业务安全无事故。五是强化规章制度的教育学习。对新进员工做好岗前的职业道德和行规行纪的培训，对全体员工进行持续的业务制度培训。此举收到明显的效果，临柜人员差错率明显减少。2011年在员工星级考核评定中，五星级员工4名，人员素质大幅提升。

【市场开拓】 2011年，郑州银行上街支行市场开拓取得了明显的成效。一是大力开展全员营销活动，有效地促进了商鼎卡业务的全面发展，全年新开卡6000余张，卡内余额3000万元。在复杂而艰难的情况下争得了上街区拆迁补偿资金发放工作，资金留存率达到80%以上，取得了良好的综合效益。二是针对对公存款稳定性差的情况，采取措施稳步推进对公存款工作。首先，在全行强力推进争户揽存工作，将“争户揽存”工作日常化、全行化，对上街区规模以上企业进行走访，积极营销，促进了对公存款的增长。至年底，全员共揽新户200户。其次，全力推动全员及客户经理努力攻占新市场，稳固已有的市场，多方突破，积极挖掘和培植新的存款源。另外，对重点客户实施精细化营销，做好稳存增存工作，加强对系统大户及优质客户的公关，加强对上街区财政局、中铝公司以及各大房地产开发商等单位的公关营销工作，加大对上街区经委招商引资项目的联系和公关力度。三是全力打造中间业务特色品牌，使其成为郑州银行上街支行名符其实的又一品牌业务。首先在全行大力倡导和落实“抓中间业务不怕小，不怕少，就怕不能突破”的经营理念并达成共识，从而形成了“市场有需求、营销有潜力、全员有任务、激励有保证”的工作机制。切实做到中间业务工作纵横协调、整体配合、营销有术、扎实有效。其次通过实施多管齐下、实行各个击破、引导客户投资、借助发卡工程、强化全员营销等行之有效的方法，拓展代扣电费、代收地税、代发工资、代理还款等代理业务，扩大了收费成果，抢占了潜在市场。四是抢占市场份额，加大信贷营销力度，推进个人按揭合作业务进展步伐。2011年郑州市上街支行密切关注区房地产市场，从抢占市场份额、积极开拓业务、开展信贷营销、调整信贷结构、分散信贷风险、积极组织存款等方面做文章，不断挖掘客户，维持持续发展的重要战略措施，信贷结构得到进一步优化。为增加个人按揭业务的市场占有率，郑州银行上街支行主动与上街区各大房地产开发商联系，不断做好信贷服务，不计较个人得失，以最快最优的服务取得了客户和开发商的认可，吸引了更多的房地产公司上门要求合作。2011年，在防范风险的基础上，做精做强个人消费贷款业务，新增个人住房按揭贷款763笔18515.5万元，达到上街区房地产合作项目的70%以上，占据上街区住房贷款业务的半壁江山，并且没有形成一笔不良贷款。同时通过优化信贷结构，正确投放信贷资金，使优质客户不断增加，既降低了经营风险，也培植出一批优质忠诚的客户群，同时又取得了良好的长期效益，打造了郑州银行上街支行独特的营销品牌。

（王　沛）

郑州市市区农村信用合作联社上街信用社

【概况】 上街农信社崇尚“勤奋尚德，务实怀远”的企业精神，秉持“用心服务、成就客户”的服务理念，始终坚持“根系‘三农’，相融共生；相知相伴，根系百年”，去创造现代化的金融品牌，不断获得丰厚效益。上街农信社始终以振兴上街区的经济为己任，对上街区的中小企业给予了大力的支持和扶持，积极配合上街区政府做好粮食直补、家电下乡、综合直补的发放工作，为上街区的居民提供了最优质的服务，确保了中央惠民政策快、准、稳地送达到人民群众中去。2011年，上街农信社被评为市区联社先进集体。

2011年是全省农信社第三个三年发展规划开局之年，是市区联社加快改革步伐，实行扁平化管理的关键年。2011年，上街农信社在市区联社党委的正确领导下，认真贯彻落实国家金融方针政策，以科学发展观统揽全局，结合实际，加大组织资金力度，规范信贷管理，优化信贷结构，强化内部管理，增强服务功能，各项业务发展取得了显著成绩。

【经营效益】 2011年，上街农信社各项存款余额39143万元，各项贷款余额28624万元，各项贷款利息收入2099万元，中间及其他业务收入27万元。全年实现收入2154万元，支出847万元，盈余1255万元。

【信贷管理】 上街农信社2011年底各项贷款余额28624万元，全年累计发放各项贷款24129万元，全年累计收回各项贷款14522万元。其中为巾帼再创业就业妇女发放创业贷款26笔，金额580万元。在资产规模不断扩大的情况下，上街农信社新增贷款全部为正常贷款，无不良贷款增加，保证了资产的质量，全年收息率达100%，做到应收尽收。

【结算业务】 2011年，通过业务培训，狠抓内控制度的落实，上街农信社内部结算工作顺利开展。2011年第四季度上街农信社3个网点达到无差错，柜面差错率为零；全年柜面差错率为0.02‰。在2011年全市农信社综合业务评比中，上街农信社名列前茅。据不完全统计，上街农信社全年办理各类转账结算业务225906笔，金额304581万元；累计收付现金164190笔，金额204832万元。上街农信社在不断提高结算质量的同时，也注意加强内控管理，树立风险意识，克服了“重业务，轻风险”“重事后追究，轻事前防范”的思想，不断开展规范操作行为，保障经营合规，强化员工培训，提高防控能力，强化考核机制，落实责任追究，实现了全年无结算差错。

【内控管理】 2011年，上街农信社强化内控制度，狠抓内部整改，充分发挥稽核、监察、保卫、人事组织等管理监督职能作用，上下联系，齐抓共管，防范并举，清查结合，从严治理，标本兼治，确保了农信社的稳健运行。一是查防结合，扼制经济案件。运用稽核检查和定期不定期的现场抽查手段，对内部各项业务进行排查、稽查，检查面达100%。二是加强党风廉政建设，开展全方位监察监督，对全社中层以上干部建立了廉政档案，狠抓来信来访工作，强化了日常工作和行为的监督，真正体现了“勤廉立身、正气兴业”的廉洁理念。2月份，全体员工分别与农信社签订了“合规责任承诺书”，把合规风险管理与实际工作相结合，强化了日常工作和行为的监督。6月份参加了市区联社举办的合规执行年知识考试，全体员工均取得了优异的成绩。8月组织全体员工进行了“清风浩然正气根”及“何平九论”的学习。10月组织员工分部门根据合规执行年的相关活动内容，写出了学习体会。通过一系列的学习，干部职工增强了拒腐防变的能力，做到了“自重、自省、自警、自励”，真正从思想上筑起一道永不倒塌的拒腐防变的坚固防线。三是构筑“三防一保”屏障，防范刑事案件。上街农信社坚持以“社会治安综合治理”和“三防一保”工作为主，本着“谁主管，谁负责”的原则，围绕“防范为主、突出重点、保障安全”的方针，推行安全工作责任制，做到分级管理，分级负责、群防群治、综合治理，强化了组织建设、制度建设、设施建设、安全教育、考核检查等一系列的防范能力。四是加强案件排查力度，重点对联行清算、票据业务、授权授信业务、财务会计业务、信贷业务、计算机业务、银行卡业务、安全保卫、“九种人”、人力资源管理等进行排查。通过案件风险隐患排查，上街农信社员工的风险防范意识得到了很大的提高。

【业务拓展】 2011年，上街农信社在业务拓展方面取得了明显的成就。一是大力开展金燕卡、POS机、金燕自助通的营销活动。采用上街电视台、滚动屏、召开客户座谈会等多种多样的宣传方法，有效地促进了金燕卡等新业务市场的占有率。全年新发金燕卡达3600张，新增POS机商户32户，布放金燕自助通3台，活卡率达80%以上。这些成绩的取得体现了上街农信员工的顽强拼搏精神。二是强化信贷管理，有效防范风险。在信贷管理方面，认真研究国家产业政策，把握国家宏观经济走向，牢固树立风险至上的理念。高度重视业务风险管理，认真学习领会政府融资平台、房地产、产业调整等有关文件精神，把思想统一到国家对当前银行业重点风险的判断上来。保持对当前风险的清醒认识，密切关注政策动向，主动做好重点领域贷款风险管控关注。严格控制贷款行业集中风险和客户集中风险，坚持授信标准，严格贷款条件，严禁降低标准发放大额贷款。严控票据业务风险，办理票据业务必须符合相关制度规定，合法合规操作，确保了信贷业务的健康发展。全年累计投放贷款24129万元，累计收回贷款14522万元。上街农信社通过信贷结构的优化，信贷资金的正确投放，使优质客户不断增加，降低了经营风险，同时取得了良好的经济效益。

（张淑霞）

邮政银行许昌路支行开业仪式

中国邮政储蓄银行郑州市上街区支行

【各项业务稳步发展】 2011年，各项业务稳步增长，至年底总体储蓄余额为14750万元，全年实现净增1165万元；对公存款余额达到7100万元；累计销售基金理财产品1056万元。2011年整体放款8487.3万元（不含小企业），贷款结余5882.09万元。其中：小额贷款累计放款1323万元，贷款结余813.59万元；个人商务贷款累计放款6676.2万元，贷款结余3955.6万元；二手房累计放款492.1万元，贷款结余1112.9万元。小企业贷款新增授信5714万元，累计放款5618万元，贷款结余5445万元。

【风险把控切实执行】 为建设更加合规的内部环境，不断增强职工业务操作的规范性，尽力为上街区金融行业的安全平稳运营作出最大的贡献，上街支行认真贯彻落实银监局、上级行相关要求，认真开展了“合规执行年”活动，实现了全年安全生产零案件。

（刘利芳）

保　险

人保财险上街分公司

【概况】 2011年，人保财险上街分公司全员众志成城，紧紧围绕“转方式促发展，强合规增效益”的工作主基调，认真贯彻落实省、市公司各项工作会议精神，求真务实，真抓实干，艰苦奋斗，开拓进取，顶住市场压力，克服种种困难，进一步强化效益意识，加大市场开拓力度，优化险种结构，狠抓基础管理，使公司的经营呈现出持续健康发展的良好态势。

【业务发展成绩斐然】 2011年，公司共实现保费收入2405.8万元，比上年度同期增长13 %，增加保费收入275.8万元，完成年度目标任务的93.8 %。车险保费收入2260.9万元，占比94%；非车险保费收入145万元，占比6 %，比上年度增加0.5个百分点，保费增加了29万元。车险、非车险占比愈来愈趋向合理，险种结构得到进一步优化，车险电销、网销实现保费收入480万元。

【营销工作锦上添花】 一是公司以“强化营销队伍建设，提升销售能力”为核心，以团队化管理为主要手段，不断促进营销业务高速发展。创收营销保费1850万元，占整体业务规模的76%，成为公司业务持续增长的重要途径。二是营销代理队伍不断壮大。公司依然在2011年增员形势严峻的情况下实现了有效增员3名，为营销团队的发展注入了新的活力。三是百万展业能手不断涌现。全年共有4名伙伴保费收入超过了100万元，成为公司业务发展的中坚力量。

【风险控制效果显著】 2011年，公司共支付各类赔款908万元，简单赔付率39.5%，远低于市公司平均水平。实现表结利润总额260万元。

【基础管理稳步扎实】 2011年，公司把基础管理工作列入了重要工作日程，加强了对日常考勤制度、晨会执行制度、营业厅管理制度和内外勤考核制度的管理，严格了各项奖惩制度，有效地改善了全员的工作作风。尤其是在2011年创建服务年活动中，公司以总、省公司的神秘人暗访为契机，以《客户基本服务规范》为标准，从着装礼仪、职场环境、专业技能等一些软硬件方面进行了全面规范，达到了专业化、标准化的服务要求，有效地提高了服务水平，改善了公司对外服务形象。

【依法合规诚信经营】 2011年，公司利用全方位、多渠道的培训教育，不断强化全员依法合规、诚信经营的意识，处处严格按照授权经营的原则，认真执行各项实务操作规程，从未有违规违纪和越权超权事件发生，连续多年保持总、省公司“精英标杆团队”称号。

（王为民）

中国人寿上街支公司

【概况】 2011年，中国人寿上街支公司紧紧围绕省公司提出的“严管控，防风险；调结构，增效益;夯基础，促发展”的工作思路，解放思想，转变作风，在激烈的市场竞争中，保持了业务平稳发展。全年实现总体保费收入9750万元，处理理赔案件610起，累计理赔款470万元。承保了上街区参加职工医保的1万余名城镇职工的大额补充医疗保险以及上街区1万多名在校中小学生投保的意外伤害及医疗保险，为构建和谐上街作出了自己的努力。

【诚信合规经营】 2011年上街支公司诚信合规经营以及反洗钱工作成效显著。按照市公司的要求，坚持每季度对全员进行一次诚信合规经营培训、每季度对全体销售人员作一次全面的信用评级评定并在公共场合进行公布、每月对业务处理中心人员举办一次服务评价、利用一年一度的“9月16日国寿诚信合规日”进行广泛的保险诚信宣传等等。通过一系列活动，上街支公司全员诚信经营、守法经营意识不断提高，客户的利益得到了更好的保障，收到了良好的社会效果。2011年上街支公司获得郑州市公司“先进集体”荣誉称号，全年有30余人次获评郑州市“AA”以上信用等级。同时按照人民银行关于反洗钱的要求，严格坚持对新契约、保全、理赔等各个环节进行可疑交易识别，从而杜绝了通过保险进行金融违法犯罪行为的发生。

【客户服务】 为了加强公司与客户的沟通，充分维护客户合法权益，上街支公司在“3•15”期间组织了“公司·客户面对面”的访谈活动。此举开通了客户与公司零距离接触的渠道，为公司广泛征集客户的建议和意见，从而更好地为客户服务搭建起平台。“6月16日国寿客户节”，上街支公司组织了专门针对上街区广大小朋友参加的“福禄宝宝杯少儿绘画大赛”，并对获奖选手的作品向全国性的“牵手国寿，绿动中国”大型绘画比赛推荐，受到广大家长的认可。上街支公司还在郑州市第五人民医院组织了由钻石VIP客户参加的健康体检活动。特别是7月份公司新的领导班子成立以来，为了给广大客户提供更加温馨的服务，公司建立起《理赔案件流转登记制度》和《客服人员月评价制度》。这些制度的建立，更进一步强化了工作人员的贴心服务意识，确保所有内勤人员的服务水平有了一个很大的提高。

【服务社会】 在原来承保上街区城镇职工补充医疗的基础上，按照2011年7月郑州市公司和郑州市卫生局签署的全市《新型农村合作医疗托管协议》，公司接管了上街区新农合业务。此举既体现了政府"关心农村、心系农村，把农民事情办好"的信心和决心，也为作为民族保险业领军企业的中国人寿搭建起了"服务农民，回馈社会"广阔的历史舞台。

（白学东）

证　券

民生证券郑州济源路营业部

【概况】 至年末，上街区内有证券公司1家（民生证券郑州济源路营业部）。这家合法证券营业部秉承"以诚信求生存、以创新谋发展"的经营理念，贯彻落实国家宏观经济政策，始终坚持"诚信、规范、创新、和谐"的服务宗旨，依托公司强大的研发力量和咨询产品，通过电话、电子邮箱、短信、QQ等方式，为投资者提供专业化、个性化的投资咨询和理财服务。营业部多家商业银行开通第三方存管业务，提供柜台委托、自助委托、电话委托、手机炒股、网上交易和自助交割系统等多种服务手段，可满足不同投资者的需求。营业部总资产14.85亿元。2011年，全年新开1406户，累计29117户。全年成交额106亿元，较上年增长-52%，营业利润819.97万元，较上年增-36%。上缴利税255.91万元。

（时红勋）

其他金融机构

【铭泰小额贷款公司】 2011年，上街区铭泰小额贷款有限公司严格按照国家政策、法规，合规经营，确保所有手续合法、齐全、有效。加强贷后管理，防范贷款风险，根据贷款的有关规定，认真按照贷后检查和监督措施确保资金的收回。认真审查贷款的发放对象，对照贷款的基本条件，确保贷款投放效果。严格按照放贷程序，执行贷款"三查"制度，提高放款质量，实行"三岗"分离，制度健全，相互制约，保证了资金的良好循环。累计发放贷款73笔，计5455万元。到期按时收回贷款35笔，计3720万元。现尚有贷款38笔，金额为2735万元。贷款单笔最大为100万元。其中：个人贷款67笔，共计4915万元；企业贷款6笔，共计540万元；农业类用途3笔，共计210万元；工业类用途42笔，共计3352万元；服务业类用途28笔，共计1893万元。贷款项目多为个体经营，其中包括原料引进、服务业、加工制造业、养殖业、购进设备等。

【瑞鑫小额贷款公司】 2011年瑞鑫小额贷款有限公司以业务开展为中心，采取切实有效的工作方法，全面推进各项业务的稳步进展。在坚持业务创新和服务创新的同时，公司的对外宣传工作也有所创新。本年度内，公司利用临街地理优势，进行多方位策划，利用图片、宣传页、LED显示屏等不间断地传导小额贷款公司的政策信息，有力宣传了公司科学的经营理念和良好的品牌形象。公司于8月份建立了自己的网站，及时传达各项国家政策信号，宣传小额贷款公司的经营动向。对前来公司咨询的市民、商户、企业，均进行详细的解答和回复，让民众对小额贷款公司有更准确、深入的了解和认识。共计发放贷款3926万元，合计53笔，贷款余额645万元，贷款平均月利率为13.015‰。

（朱士刚）

综合经济管理

发展计划管理

【概况】 上街区发展和改革委员会坚定不移地实施“两加快一维护”战略，主动融入郑州都市区建设，以打造中原经济区科学发展示范区为奋斗目标，紧紧围绕年初制定的各项目标任务，进一步统一思想，坚定信心，在宏观经济研究、规划编制、人口普查、节能减排、项目建设、统计工作参谋服务、引导规范市场价格等方面取得了显著的成绩。

区发改委内设办公室、项目管理科、综合改革科、资源节约和综合利用科4个科室。辖挂牌机构两个：上街区统计局和上街区物价所。

【规划编制和监测】 编制《关于郑州市上街区2010年国民经济和社会发展计划执行情况与2011年国民经济和社会发展计划（草案）的报告》，在区第十一届人民代表大会第五次会议上审议通过。

推动上街区发展战略规划制定和形象视觉识别系统设计工作。委托知名的专业策划咨询公司——世联地产顾问股份有限公司和尚美佳·中国为上街区制定发展战略和设计形象视觉识别系统。7月7日成功召开了上街区发展战略项目评审会，邀请10位国内知名专家对战略规划进行了评审，提出意见建议30余条；经修改完善，8月3日向区四大班子领导进行了汇报。其中《郑州市上街区发展战略规划》的终稿汇报稿已报送给领导审阅。

【“十二五”规划】 完成“十二五”规划汇编工作。收集省、市“十二五”规划纲要及重要文件，进一步完善《区“十二五”规划纲要》和20多个专项规划，系统地汇编成书，对上街区未来5年科学发展起着重要的指导作用。

【改制工作】 按照区政府要求，作为区深化医药卫生体制改革领导小组牵头单位，区发改委积极组织并配合区卫生局做好上街区医药卫生体制改革工作；研究下发《上街区医药卫生体制五项重点改革2011年度实施方案》，并制作责任书，对2011年全区医改工作进行全面部署；督导并会同区卫生局等单位研究下发《峡窝镇卫生院人员分流方案》《上街区基层医疗卫生机构综合改革实施方案》及相关配套文件，于8月底全面完成峡窝镇卫生院人员分流工作，并按照要求实施绩效工资。

（郭玉侠　刘　丽）

调查工作

【概况】 上街区社会经济调查队是上街区统计局内设的事业单位，办公地址位于统计局。主要职能是为政府决策及社会需求提供农村社会、城市社会、企业经济信息，开展农村社会经济调查、城市经济调查、企业经济调查。2011年，社调队在农调、城调、企调三个方面开展了多项调查，为区委、区政府提供各类调查统计资料，按月（季）提供农村居民收支、城镇居民收支等调查统计进度数据，第一时间反映社会经济发展动态。围绕上街区社会经济运行中的热点问题，撰写调查统计报告、各类信息分析80余篇，为领导决策提供第一手的参考资料。提供统计数据服务50余次，涉及指标500余项。

【农村社会经济调查】 2011年，社调队在农业、农村方面，完成畜禽监测季报工作、畜牧季报工作、畜禽规模养殖户摸底工作、农村固定资产投资季报工作、农林牧渔业的季报工作、农作物春播和全年播产量工作、夏收农作物面积和产量（预产、实产）工作、秋收农作物面积和产量（预产、实产）工作、产量抽样调查工作、社会主义新农村建设综合监测指标体系及县卡、乡卡。在农村居民调查方面，完成农村住户月报工作（每月50户）、农村住户劳动力调查月报和季报工作。

【城镇居民调查】 2011年，社调队在城镇居民调查方面完成城镇住户月报工作（每月90户），推进电子记账30户、城乡一体化试点运行10户。

【企业调查】 2011年，社调队针对企业共开展了4项专项调查：工业品出厂价格调查（报告月调查日的工业品出厂价格和原材料、燃料、动力购进价格及相应的基期单价）、物流业企业调查、服务业企业调查、规模以下工业企业调查。涉及调查企业80余家。

（李　淼）

价格管理

【价格监督检查】 围绕促民生改善，2011年，区物价所组织开展了对上街区2家医改医疗机构基本药物价格执行情况督察，开展了全区医疗服务价格收费以及药店药品零售价格专项检查；春季开学前对全区12家民办幼儿园收费情况进行了重点规范。10月～11月份，再次组织人员对全区59家民办非学历教育机构及16家中小学收费进行了专项检查。5月份起，组织全部力量持续不断地开展了商品房明码标价专项检查，规范全区房屋明码标价。

3月中旬，面对市场突发“抢盐”风潮，反应迅速，第一时间组织全部力量，采取分片包干、重点盯防、不间断巡查、制止疏导、紧情上报等措施及时平息市场风波。3月底，又及时组织人员对全区日化洗涤用品市场进行了检查规范，防止价格违规行为发生。同时，针对节假日消费高峰敏感时期，组织人力物力着力开展了贯穿全年的元旦、春节、“五一”“十一”等市场价格检查，确保节假日市场价格稳定。2011年，共检查各类经营商户企业1500多家，有效维护了市场价格秩序。

组织精干力量对工商、质检、环保等在内的近10家涉企收费单位近两年的收费执行情况进行重点检查，进一步优化发展环境。2011年，共受理各类价格举报、投诉、咨询20多起，已全部答复。查处，答复率与群众满意度达到了100%。

【价格监管监测】 加强对物价总体形势研判，强化监测分析，全面准确把握上街区市场价格总水平动态变化趋势，全年深入市场采价130余次，上报价格监测报表40余份、监审报表50余份、市场巡查检查汇报材料10份、价格信息与分析18篇，在《上街时讯·一周物价动态》栏目发表价格监测信息35期，及时为宏观决策和群众提供服务。

加强价调基金政策研究，拟定了《关于对困难群众基本生活实行价格上涨动态补贴联动机制实施意见》。克服不利因素，采取有力措施实现应征尽征，2011年，实现征收价调基金近200万元，在2010年征收额基础上翻了一倍，实现突破，成效明显。

（樊　克）

工商行政管理

【概况】 2011年，区工商局紧紧围绕区委中心工作，以建设“法治工商、服务工商、责任工商、现代工商、和谐工商”为抓手，

区工商分局服务经济发展大提速暨廉政建设座谈会

履职尽责，强化服务，扎实工作，在服务经济发展中创先争优。

【加强分局队伍建设】 区工商局严肃抓纪律，严格带队伍，树立新时期上街工商形象。区工商局从严字带头、领导带头、干部带头抓好制度建设。年初开始，区工商局重新制定绩效考核目标准则等各项工作制度。以制度管事，以制度管人，把全局各项工作和干部行为都纳入规范，要求全局每位干部严格按照绩效考核目标准则要求，思想上、行动上不能有丝毫松懈，形成全局每位干部都用制度自律的习惯。定期开展思想政治学习，组织干部学习讨论党的十七大精神、胡锦涛主席“七一”讲话、“何平九论”等材料。采用集中培训与个人自学相结合、领导带头学习与全员自觉学习相结合、阅读培训学习科目原文与做好读书笔记相结合、定期考试与开放式讨论相结合等形式，使机关上下形成良好的学习氛围。全年，区工商局组织集中学习70余次，全局职工撰写心得体会和读书笔记200余篇。这些学习，强化了所有干部的纪律和组织观念，培养了干部全心全意为人民服务的奉献精神，达到思想上行动上的统一。

【企业注册登记】 2011年，区工商局着力加强效能建设，提升服务质量，全力服务上街经济社会发展。全年共发展各类市场主体1514户，其中：内资企业3户，包括 国有企业1户、集体企业1户、公司制企业1户；私营企业153户，投资人数285人，注册资本41103万元；个体工商户1355户，资金数额5046.5万元；农民专业合作社3户，农民成员总数15人，出资总额82万元。至2010年11月底，上街区现有内资企业374户，其中国有企业65户、集体企业110户、股份合作制企业17户、公司制企业179户、其他企业3户，注册资本182058.73万元；私营企业1282户，注册资金297234.93万元；个体工商户5992户，资金数额16396.68万元；农民专业合作社19户，出资总额2673.8万元。

【市场监管】 创新监管机制，转变监管方式，丰富监管手段，拓展监管领域，恪尽职守实现高效市场监管执法。2011年，区工商局主动靠前，积极行动，开展了节日市场集中整治、食品安全专项整顿、无照清理整顿、生猪肉市场整顿、黑心棉市场整顿、校园周边治理、黑网吧整顿、麻辣小食品清剿、地沟油专项治理、金融市场整顿等一系列专项整治行动。在节日市场整治行动中，重点检查与人民群众身体健康和生命安全密切相关的各类食品，尤其是肉类食品、粮油、奶粉、豆制品、活禽类、水产品等重要商品；加大对索证、索票和进货台账的检查力度，严格检查各类食品的有效期，确保老百姓节日期间的消费安全。

【食品安全监管】 食品专项整治中，建立了责任明确、上下联系畅通、工作衔接紧密的机制。充分利用“四位一体”检测体系，加强对重点食品的检测监测。根据季节特点和群众反映热点等因

【表彰奖励】 2011年，区工商局先后被省委、省政府评为“省级文明单位”“郑州市工商系统2011年度为民服务创先争优活动先进单位”“2011年度全市工商系统依法行政先进单位”“2011年度全市工商系统食品安全监管先进单位”“2011年度全市工商系统政风行风建设先进单位”“2011年度全市工商系统精神文明建设先进单位”“2011年度全市工商系统创先争优文明服务窗口先进单位”，并被区委、区政府评为“2006年～2010年上街区法制宣传教育和依法治理工作依法行政示范单位”。中心路工商所被河南省工商局评为“河南省人民满意工商所”，区工商局注册科被郑州市总工会评为“五一文明号”先进集体。

（刘琨琳）

质量技术监督

【概况】 上街区质监局认真执行省局“抓质量,促发展,保安全,强质监”的“十二字”工作方针，按照市局建设“规范、科学、理性”新型质监队伍的要求，大力推进和谐质监建设，以首善之举建设首善之局、精品之局，使区质监局实现了综合管理水平、行政执法水平和服务水平的全面提升，在服务地方经济建设和推动社会和谐发展方面发挥了重要作用，各项工作都有了新的突破和提高。区质监局被河南省委评为“2011年度省级文明单位”。

【特种设备安全监管】 将特种设备监察工作纳入全局工作重中之重，积极履行职能，全面开展特种设备隐患排查治理工作，实施多项措施，确保设备运行安全。制定了特种设备普查登记表，对在用特种设备登记造册，登记表上详细记录使用单位的基本资料、设备检测、人员持证等情况。为了更加准确翔实，不仅记录了设备状况，还详细登记了相关安全附件的检测情况，确保全面准确掌握在用设备状况。在此基础上，按照市局以及区委区政府的工作要求，全面开展监察工作。一是在全区开展锅炉、压力容器专项整治和气站整治工作。检查锅炉使用单位33家41台，检查压力容器使用单位11家85台，检查气站5家，严格治理“螺丝瓶”。共下达监察指令34份，监督整改到位34家,立案查处7家。二是加强“五一”“十一”期间特种设备安全监察工作，共检查特种设备使用单位53家，下发监察指令书7份，监督整改到位7家。三是在全区积极开展自动扶梯和自动人行道专项整治工作，重点检查了设备的检验报告、人员持证、维保记录、警示标志张贴、应急救援预案等情况，未发现问题。全年共检查特种设备生产使用单位357家，发现隐患57家，监督整改到位57家，立案查处7家。

【质量管理】 一是根据上街区政府下达的上政文〔2010〕4、5号文件，制定了上街区区长质量奖评审和奖励规定，鼓励企业加强质量管理，提高管理水平，加快从粗放式管理向精细质量管理模式的转变。二是加强宣传，深入企业宣传申报名牌产品的好处，鼓励有条件的企业积极申报省级名牌和优质产品。2011年全区共有郑州市郑蝶阀门有限公司、河南上碟阀门有限公司、河南华泰阀门有限公司3家企业获得了“河南省名牌产品”称号。积极组织辖区企业申报2011年质量信用A等工业企业评价工作，指导帮助郑州郑蝶阀门有限公司、郑州华中建机有限公司等5家企业参加质量信用A等工业企业申报工作。最终帮助郑州郑蝶阀门有限公司获得了AAA级企业称号。

【质量监督】 紧紧围绕区政府开展的质量放心工程开展产品抽检工作，抽检范围覆盖了食品、建筑机械、建筑材料等企业，没有不合格现象发生。全面完成了市局安排的巡查和回访任务，建立了行政首长负责的证后监管联动机制。圆满完成省市局及区委区政府交办、安排的各项工作任务。

【计量工作】 一是加强集贸市场和医疗机构及生产企业的计量监督管理。集贸市场在用计量器具检定率达97%，对区内医疗机构在用医用卫生计量器具进行检定，合格率95%。开展了超市、生产企业定量包装监督检查，合格率98%。二是协调配合郑州市质量技术监督检验测试中心对纯净水、饮料、挂面等定量包装商品的净含量进行了监督检查。共检查生产企业6家，抽查商品9个批次，结果合格6个批次、不合格3个批次（经整改后已经全部合格）。三是开展宣传工作。在“5•20”世界计量日期间，向企业、群众宣传《定量包装商品计量监督管理办法》《零售商品计量监督管理办法》，发放相关计量宣传资料800余份。

【标准化工作】 积极在全区开展标准化工作。全年通过“标准化良好行为”企业认定1家，采标5项；受理企业标准查询33家，帮助企业制修订企业标准3家。一是帮助和指导企业建立健全企业标准体系。积极向企业宣传企业标准体系，讲述标准化工作的重要性，以及开展标准体系的必要性，促使企业按照《企业标准体系》系列国家标准，结合自身实际，建立健全本企业标准体系。郑州华力电缆有限公司制定完善了企业标准体系，顺利通过“AAAA标准化良好行为”评审。二是帮助企业制定标准。中国铝业股份有限公司郑州研究院参与起草的国家标准《铝土矿 批中不均匀性的实验测定》（GB/T25944—2010）、河南力威管道设备有限公司参与起草的国家标准《可曲挠橡胶接头》（GB/T26121—2010）通过了国家标准化管理委员会批准发布实施。三是加强标准实施的监督管理。在开展企业巡查工作的同时，加强了对企业执行标准的监督检查，及时清理过期、作废标准，加强了对强制性标准的宣传贯彻力度，查处部分无标准生产企业，要求企业严格按标准组织生产，使企业产品标准覆盖率、标准有效率达95%以上。

【食品质量安全管理】 一是高度重视食品生产企业的监管，按照监管责任制的要求，企业明确到人，签订食品安全监管责任目标，确保食品安全工作落实到位。年初上街区共有获证食品生产企业17家，产品主要有酱卤肉制品、糕点、饮用纯净水、蜜饯、淀粉制品、食用油等。所有食品生产企业全部获得了生产许可证。2011年，由于部分企业生产许可证到期未及时提出换证申请，注销了3家，现有食品生产企业14家，没有新增企业。二是为依法严厉打击违法添加非食用物质和滥用食品添加剂的违法犯罪行为，深入开展全区违法添加非食用物质和滥用食品添加剂整顿工作。根据国务院的要求，对全区所有食品生产企业使用的食品添加剂进行了检查摸底，并与14家食品生产企业全部签订了合法使用食品添加剂承诺书。

【产品和食品安全专项整治】 一是区质监局大力实施名牌战略和质量兴区战略，广泛开展质量振兴活动和质量提升服务进万企活动，不断加大产品质量监督力度。全区共有72家企业通过ISO9001质量管理体系认证，3家企业获得CCC认证，14家企业获得食品生产许可证，18家企业获得工业产品生产许可证。二是积极向区政府汇报食品安全工作，获得了领导的高度重视，每年拨出1万元的专项经费用于食品生产领域的产品质量检验。2011年抽样送检了11个批次，产品质量全部合格。根据市局关于加强调味面制品、萨琪玛监管的工作要求，区质监局按照监管责任制的规定，组织全局工作人员对各个办事处进行了拉网式检查，没有发现调味面制品、萨其马的食品生产加工企业，没有发现生产加工窝点。

【法规宣传】 组织本单位干部职工和大型企业相关人员进行法律培训，培训486人次；对企业员工进行法律培训，培训540人次。在“3•15”宣传日发放质量技术监督法律法规宣传单1900多份。全年办结案件24起，结案案件文书齐全，案卷做到事实清楚，证据充分，适用的法律正确，且处罚适度。全年无行政复议和诉讼案件，无误办、迟办、错办案件。

【行政执法】 2011年组织开展了打击侵犯知识产权和制售假冒伪劣商品专项行动、电线电缆专项整治、农资专项整治、食品与产品质量专项整治等活动，制定了《上街区质量技术监督投诉举报制度》《开展法制宣传教育和依法治理违法行为方案》等。大力开展了无证生产加工查处活动，严把企业的产品质量关，维护人民群众的人身财产安全，全年办结案件24起，查处制假窝点2家。接上级机关移交案件2起，巡查企业280厂次。

【全省质监系统工作观摩会在区召开】 2011年7月7日，全省质监系统半年工作观摩会在上街区召开。区质监局积极和阀门检测中心沟通，开展多方面合作，互联共创，用一个有效融合的“大质监”形象迎接上级部门的检阅。河南省质量技术监督局副局长冯长宇、副局长尚云秀带领全省质监系统观摩团莅临上街，对区质监局的基层队伍建设进行了指导和视察。省、市局领导表示，区质监局单位虽小但本职工作非常扎实，人员虽少但干劲十足，起步虽晚但基础设施每年都在不断完善。特别是上街区质监局能够创新思路，充分依托阀门检测中心落户上街区的各种优势，实现两个单位的无缝对接难能可贵。这种胸襟与战略必定为一个仅仅13人的小局的各项工作实绩绘上最点睛的一笔。

（白　亮）

国土资源管理

【概况】 2011年区国土资源局以“保发展,保红线”为工作重心，克难攻坚、勤奋工作为“两加快一维护”战略实施提供可持续资源保障，先后荣获全省国土系统节约集约用地、推进依法行政、“两整治一改革”及廉政文化建设先进单位称号，全市国土系统平安建设、责任目标管理、政风行风建设、“两整治一改革”工作先进单位称号，全区责任目标管理、实施“两加快一维护”战略、争取上级经济发展资金、法制宣传教育、依法治理工作先进单位称号。

【基本农田保护】 严格执行耕地和基本农田保护“五不准”政策，全面落实耕地保护责任目标，建立健全了镇（街道）、村、组耕地和基本农田保护三级联防机制，层层签订了耕地和基本农田保护责任目标，保证了耕地和基本农田面积不减少，质量不降低。经过不懈努力分别与信阳新县、信阳固始、洛阳嵩县、驻马店泌阳县等资源大县建立了长期合作机制，签订异地占补平衡指标4份，共3666亩。购买占补平衡指标2566亩，连年实现耕地占补平衡。争取到上级新增费项目资金79.47万元，打成机井两眼，并完成配套交付使用。完成了耕地后备资源大调查涉及的耕地后备资源图件及数据收集、数据库建设和文字报告等成果。

【加强地籍管理】 办理城镇住房分割登记发证1428本，完成抵押国有土地确权发证49宗，面积112.49公顷；完成土地使用权抵押34宗，抵押面积88.9496公顷，抵押担保余额50276.26万元，贷款金额29951.65万元。

【国土资源市场建设】 坚持公平、公开、公正原则，完成土地供应45宗,面积140.8833公顷(其中划拨2宗、4.7987公顷)，完成土地出让收益65136.73万元。征收土地收益租金162万元。

【土地储备】 全年共完成土地储备27宗、202.1333公顷；储备地块中完成出让40宗、129.882公顷。至年底，土地储备库现存土地26宗、133.544公顷。

【保障重点项目用地】 在土地供需矛盾日益突出的情况下，克难攻坚，积极向上级争取用地指标，在顺利完成2010年度8个批次总面积422.8708公顷建设用地省政府报批工作的前提下，又圆满完成了2011年度7个批次总面积331.4353公顷建设用地的卷宗组织及上报市局的工作。

【盘活存量建设用地】 深化“节地挖潜”工程，开展土地整合工作，拆除各类建筑物27万平方米，整合土地2722.75亩。

积极开展新农村建设，顺利完成了郊段、寨沟、左照3村拆迁工作，共拆除各类建筑物约31万平方米，腾出土地928亩，除去安置区360亩，节约土地568亩。大力开展标准化厂房建设，共完成标准化厂房13.5万平方米。其中，政府投资建成3～5层标准化厂房2.5万平方米，企业自建11万平方米。由于成绩突出，区国土局获得省国土资源厅和省财政厅2011年全省节约集约用地奖励资金83.3万元。

【地质灾害防治】 为根除峡窝镇沙固村山体滑坡、地面塌陷等地质灾害频发给人民群众生命财产造成的威胁，经不懈努力，沙固村整体搬迁避让治理项目顺利完成省政府批准，并获省财政拨付地质灾害防治专项资金480万元。顺利完成了地质灾害群测群防“十有县”省国土资源厅检查验收和国土资源部批准公示。

【土地执法监察】 坚持“预防为主，查防并举”方针，充分发挥村级土地协管员和多部门联动机制，对违法用地现象做到早发现早制止。建立完善“提前介入、关口前移、查防结合、依法行政”执法监察模式，有效净化土地市场秩序，实现了土地违法案件立案查处率达100%，年度违法占用耕地面积仅占新增建设用地占用耕地总面积的0.5%，圆满完成了第十一次卫片执法检查，对4起违法用地均已经过立案查处、移交法院执行、移交财政没收等程序结案。

（刘元生）

审计监督

【概况】 2011年，审计工作坚持“依法审计、服务大局、围绕中心、突出重点、求真务实”的工作方针，认真学习贯彻新《审计法实施条例》，加强“人、法、技”建设，强化审计监督和服务职责，充分发挥审计免疫系统功能，进一步加大对重点领域、重点资金的审计监督力度。2011年，全年计划完成审计项目25项，实际完成审计(调查)项目31项，为计划的124%。其中：本级财政预算执行情况审计2项，专项资金审计及审计调查10项，经济责任审计15项，省市临时交办审计事项2项，区政府临时交办审计事项2项。审计查出违规资金712万元，管理不规范资金4270万元。

【预算执行情况审计】 在总结历年审计工作经验的基础上，2011年，区审计局注重对全区2010年财政预算的批准和在执行中调整变动情况的合法性及预算收入的组织完成情况作了全面审计。同时延伸审计了区卫生局、区房产管理中心、区计生委、工业路街道办事处4家预算单位。税收计划完成情况审计的同时延伸审计了郑州铝都阀门有限公司、河南黑马实业有限公司、郑州市豫立实业有限公司、郑州中意装饰家具有限公司、郑州天源橡胶有限公司等5家企业的纳税

全省质监系统工作观摩会在上街召开

开展中秋节、国庆节双节食品安全专项检查

情况。审计过程中，着重围绕预算执行的真实性、完整性和科学性，以预算管理和资金分配为重点，监督检查财政政策的贯彻情况和效果，重点关注税收政策执行情况和征收管理情况，注重揭露税收征管中存在的突出问题，促进提高征管质量，推动税收体制改革。通过审计，提出了进一步增强预算编制的科学性、合理性，加强预算内外资金的管理，加大对专项资金的管理力度，加强税源管理，严格履行税收征管职责等多条审计建议。在区人大常委会上，区审计局提交的财政预算执行审计工作报告，领导和代表们给予了高度赞扬，并获得全票通过。

【经济责任审计】 受区委组织部委托，2011年区审计局共完成经济责任审计项目15项，其中：任中审计13项，离任审计2项。审计查出管理不规范资金447.83万元。在审计过程中，以领导干部所在单位的财政财务收支为基础，以全部政府性资金收支为主线，重点检查领导干部按照法定职责和程序行使经济决策权、经济管理权、经济政策执行和监督权以及遵守廉政规定的情况。通过经济责任审计明确了领导干部在经济活动中的责任，强化了单位财务规范管理，客观公正地评价干部，为干部考核、使用提供参考。

【行业审计和专项资金审计】 2011年，共完成行业审计和专项资金审计项目10项，审计查出违规资金10.23万元，管理不规范资金3800.78万元。主要完成区工伤保险基金市级统筹前结余情况审计、区2010年度耕地占用税和契税征管审计和基层卫生机构债务清理审计3项专项资金审计；对区中小学校舍安全工程资金和区2011年抗旱应急灌溉工程资金2项专项资金进行了跟踪审计；对2010年度区部分房地产开发企业税费征管情况、区养老保险基金管理使用情况、区中等专业学校“助学金”和“免学费补助资金”管理使用情况、区峡窝镇生活垃圾处理设施项目建设及效益情况、区农家书屋工程建设资金等5个项目进行了专项审计调查。通过审计，揭露和纠正了专项资金管理使用中存在的问题，确保了专项资金能够及时到位和安全使用，促进专项资金管理部门加强资金管理，做到专款专用。

【其他临时交办的审计事项】 按照市审计局的统一安排，完成了管城区政府债务情况审计。根据区委、区政府的安排，完成中水回用专项资金审计调查和郑州利兴阀门有限公司资产清查和企业运营情况的审计调查。同时，完成了国家审计署对郑州市土地出让金使用情况（上街区）审计调查和审计署对区政府债务情况审计的协调服务接待工作。

2011年3月抽调5名业务人员参与郊段、寨沟、左照3村新型社区建设搬迁安置工作，至年底，仍有1人在搬迁一线工作。

（曹小丽）

食品安全监管

【概况】 2011年6月，上街区食品安全监督管理办公室更名为郑州市上街区人民政府食品安全委员会办公室。隶属关系由区卫生局领导调整为区政府办公室领导。重新核定事业编制8名。领导职数一正一副。

2011年，上街区食品安全工作深入贯彻落实《2011年食品安全重点工作实施方案》等国家、省、市相关文件精神，紧紧围绕“标本兼治，综合治理”的工作主线，牢牢把握食品安全工作的重点，结合各项专项整治行动，采取强有力的措施，强化食品安全监管。积极探索食品安全监管新思路、新方法，努力构筑政府依法管理、企业诚信自律、社会共同监督“三位一体”的长效监管机制，深入开展食品安全宣传周、“3•15”食品安全宣传和“12•4”食品安全法宣传等活动。通过利用社区宣传板报、设立咨询台讲解宣传、发放食品安全知识传单等多种宣传形式，切实抓好了本行政区域的食品安全工作，使全区的食品安全得到了明显的改善。2011年全年辖区内无食品安全事故发生。

【开展专项整治】 一是对全区农贸市场和大型超市的蔬菜进行检测，严把上市农产品质量安全关，累计抽样27650个，蔬菜总体合格率达到99%以上。认真开展“五个一”落实工作，落实“三级分包”责任制，全面开展“瘦肉精”监管排查工作。成立了上街区“瘦肉精”专项整治工作领导小组，签订了目标责任书和畜产品质量安全承诺书95份。与养殖户签订防疫目标责任书52份，发放了畜产品安全承诺书95份，下发各类宣传资料400份。共发放清缴公告1200份，签收回执145份，其中向养殖场发放清缴公告95份，养殖场户经纪人生猪经营户送达签收率达100%。共屠宰检疫生猪1.84万头，“瘦肉精”尿检2469头份，结果全部阴性；产地检疫生猪8780头，“瘦肉精”尿检1345头份，结果全部阴性；产地检疫出栏禽类6.08万只，检疫动物产品6254吨。检疫外埠肉3868吨，无害化处理不合格畜产品2162公斤。共累计出动执法人员1462人次，集中开展检查活动51次，集中开展大型宣传活动4次。年内上街区没有发生瘦肉精违法事件。二是对定点屠宰场采取日常巡查与专项整治相结合的办法。签订生产经营承诺书，每日派专人到屠宰场值班，严格落实生猪进场检验检疫制度、宰前静养制度，加强屠宰环节监管，做好无害化处理工作。加强企业人员培训，督促定点屠宰场升级改造。组织屠宰场人员参加省商务厅举办的肉品品质检验人员培训班，提升肉品品质检验员的检验水平。2011年，区定点屠宰场共屠宰生猪16955头，无害化处理87头，出场的生猪肉品合格率达到100%，进点屠宰率实现100%，定点屠宰检验检疫率达到100%，病死猪和病害肉无害化处理率达到100%。开展执法检查活动47次，出动执法人员200余人次，共捣毁私屠滥宰窝点5个，没收违法生猪5头。三是以提高质量安全水平为目标，全力抓好“四查、四建、四落实”工作，与14家食品生产企业全部签订了合法使用食品添加剂承诺书，对5家使用食品添加剂的食品生产企业要求写出自查自纠报告。针对企业的原辅料库、配料车间等存放和使用添加剂的重点场所，是否存在添加非食用物质，是否滥用添加剂等违法行为进行了重点检查。实地查看了企业的食品添加物质管理制度、进货验收和使用台账，并重新核实了食品添加物质备案情况，在所有食品生产企业张贴了国务院关于合理使用食品添加剂和严厉打击滥用食品添加剂的管理公告。共出动执法人员158人次，监督检查食品生产企业48家次，没有发现严重质量违法行为。抽样11批次，质量全部合格。

【集中开展针对重点食品市场的专项执法检查】 开展季节性节日性食品专项执法检查和农村食品市场专项执法检查，严厉打击销售不合格食品和扰乱食品市场秩序的违法行为。加大流通环节食品质量监管和日常巡查力度，监督食品经营者建立并执行进货查验和进货查验记录制度，严格规范食品销售行为。建立健全流通环节食品安全监管制度，进一步完善食品安全监管长效机制。依法核发流通环节食品经营企业及个体工商户流通领域食品许可证，对食品经营者的注册事项进行监督检查；对食品经营者进行经济户口管理和信用分类监管；依法查处取缔无照经营食品违法行为。全年累计出动执法人员1697人次、执法车辆659台次，检查经营户12933户次，共查处食品案件81起，案值20.1万元，罚没款18.23万元。其中：万元以上食品案件6起，没收的物资主要有侵权白酒10870瓶、小食品58袋、泡椒100件、红枣44袋。对全区有固定店面的542家餐饮单位进行摸底排查，坚持许可标准和程序，严格许可行为，规范许可档案，共核发餐饮服务许可证129个，全区无证餐饮单位基本消除。重点加强对餐饮服务单位的日常监管，检查餐饮单位原料采购、食品添加剂添加、餐饮具消毒、健康证办理等制度落实情况，下发监督意见书202份，立案9起，办结7起，罚款12620元。办理上级交办件8件。受理群众举报1件。启动了大中型餐饮单位及学校、幼儿园食堂等级评定工作，制定评分标准，分别召开现场会，已评定26家。

没收的假劣药品、器械

【重点品种综合治理】 一是协调联动，齐抓共管，食品市场整顿取得实效。2011年共开展了“瘦肉精”、打击食品非法添加和滥用食品添加剂、乳制品、调味面制品、萨其马、塑化剂、“地沟油”整治和餐厨废弃物、酒类等9项综合整治工作。在“地沟油”整治工作中，出动执法车辆58台次、执法人员132人次，共检查商户433家次。在调味面制品、“打击食品非法添加和滥用食品添加剂”、“瘦肉精”等专项整治过程中，共检查经营户2250户次，签订责任书526份，收缴涉嫌不合格食品1553袋。萨其马、塑化剂、乳制品、餐厨废弃物、酒类等综合整治正在有序开展，在各项检查中尚未发现不合格产品和违法行为。二是开展重大活动、重要节日食品安全集中整治。在加强食品生产经营单位日常监管的同时，突出重点活动、重点节日实施重点监督整治。2011年开展各项重大活动11次，集中开展了2次食品安全联合执法检查，及时排查食品卫生安全隐患。上街区联合大检查共出动人员1916人次，检查商户7506户次，在各项检查中尚未发现不合格产品和违法行为。三是开展食品抽验工作。区食安办在工商局、药监局、质监局的配合下完成了两个季度食品抽验工作，共计抽验食用油、白酒、葡萄酒、生鲜肉、酱卤肉、食醋、酱油、面粉、速冻面米制品、纯牛奶等11大类食品290批次，已送正规检测机构检测。其中，评价性抽验247批次，合格率为96.8%。区食安办已经协调相关单位，对不合格食品进行处理，并对处理情况进行监督。针对性抽验43批次，葡萄酒19批次，酱卤肉24批次，检验亚硝酸盐含量。其中：葡萄酒6批次不合格，酱卤肉6批次不合格。区食安办已经协调相关单位，对不合格食品进行处理，并对处理情况进行监督。质监部门第三季度共抽取了8大类11批次的食品，其中食用油1批次、酱卤肉1批次、酱油2批次、醋2批次、糖果1批次、饮料1批次、小麦粉1批次、挂面2批次，经郑州市质量技术监督检验测试中心检验全部合格。

（杨双成　曹海玉）

食品药品监督管理

【概况】　上街区共有涉药涉械单位62家，其中生产企业1家（医疗器械），经营企业61家（1家药品批发，45家药品零售，15家医疗器械兼营零售），各级医疗机构80家。共有餐饮服务单位542家，其中大中型41家，学校（幼儿园）食堂32家。

【药品、医疗器械质量安全监管】　2011年，检查涉药涉械单位204家次，每家企业平均检查1.6次，监督检查覆盖率100%；下发责令改正通知书21份，立案12起，收缴罚没款58149元；抽验22批次，其中针对性抽验12批次，未发现有不合格药品；按要求办理市局交办的行政许可事项3起；完成药品不良反应病例163例，其中新的不良反应94例、严重的不良反应5例；上报医疗器械不良事件30例；监测违法药品广告27例。继续开展药品零售企业等级评定工作，对辖区内45家零售药店进行现场检查并打分，根据得分情况确定甲、乙、丙、丁4个不同等级，将评定结果以多种形式向社会公布。突出基本药物质量监管，确保民生工程深入民心。举报投诉渠道每天24小时畅通，并指定专人负责举报投诉，认真登记，按时回复。开展终止妊娠药品、含麻黄碱类复方制剂、抗菌药物、植入介入类医疗器械等专项整治，解决了阶段性突出问题。

【食品安全综合协调】　2011年1月～5月，在职能未交接期间，继续履行食品安全综合协调职能，分解任务，签订目标，落实部门责任；牵头开展严厉打击食品非法添加和使用添加剂专项行动。6月起不再承担此项职能。

【餐饮服务食品安全监管】　2011年5月27日，正式接管餐饮服务食品安全监管职能。对全区餐饮单位开展调查摸底，掌握了翔实的第一手资料，初步建立起了监管档案。以打击无证经营、使用不合格食品原料为重点，加强对餐饮服务单位的日常监管，检查餐饮单位原料采购、食品添加剂、餐饮具消毒、健康证等制度落实情况，对餐饮单位检查1遍以上，下发监督意见书202份，立案9起，办结7起，罚款12620元。办理上级交办件8件。受理群众举报1件。

【餐饮服务食品安全监管创新做法】　一是启动大中型餐饮单位、学校（幼儿园）等级评定工作。分别制定现场检查评分标准，并将评定结果向社会公布，发挥餐饮服务食品安全示范单位的引领带动辐射作用，以点带面，促

到区属企业宇超机械厂检查安全生产工作

进全区餐饮单位规范程度的全面提高。二是在餐饮企业筹建期间提前介入，帮助企业进行硬件布局和建立各项食品安全制度，提升管理水平，改变餐饮企业先开业后办证的传统，规范从业行为。三是建立餐饮单位负责人联系外网，加强与企业的联系和沟通，宣传相关法律法规和上级的工作部署，提高监管效率，降低监管成本。四是推行餐饮单位负责人约谈制度，对存在安全隐患的餐饮单位负责人进行约谈。

【机关建设和执法队伍建设】 开展“一月一活动”活动，提高了职工的团队意识。开展争创“节约科室、节约标兵”活动，提高节能减排的意识。开展学习型机关建设，从提高队伍的整体素质入手，培养和提高全局人员“张口能说”“提笔会写”“谋事善思”“行事快速”的能力。加强单位形象宣传工作。2011年，完成政务信息11篇，其中市局10篇、省局1篇。外发新闻宣传稿件25篇，其中《医药卫生报》2篇、《青年导报》23篇。

（李晓鑫）

安全生产监管

【概况】 2011年度，全区共发生事故18起，其中：道路交通事故10起，死亡2人；火灾事故8起，无人员死亡。工矿商贸企业实现了零事故、零死亡。

【安全责任落实】 与32个政府职能部门签订了安全生产目标承诺书，将目标任务细化分解，责任到人。形成了“横向到边、纵向到底”的安全目标监管网络。全面落实安全生产责任制，着力推进落实“一把手负责制”和“一岗双责制”，建立党政主要负责人考核问责机制，将安全生产责任落实情况纳入年终综合考评，进一步强化了各部门主要负责人、分管领导和其他分管领导抓安全生产工作的意识。

【综合协调监管】 根据季节特点和安全状况，先后组织开展了5次全区安全生产大检查和9次专项检查。共检查各类生产经营场所1679家，发现各类事故隐患1520项，已全部整改到位，整改率达100%。

【宣传】 组织开展“安全生产月”活动，围绕“安全责任，重在落实”，组织开展安全警示教育、宣传、摄影和全民教育日、应急救援演练、安全生产万里行宣传报道、集中教育培训、“安康杯”竞赛、“青年安全生产示范岗”以及第三届“安全河南杯”安全生产知识竞赛等10项活动，采取张贴标语、悬挂横幅、展览挂图、书写板报、设咨询台等形式宣传。共参加行政事业单位32家、企业150家，共制作宣传展板223块，悬挂横幅328条，参演文艺宣传队4支，出动宣传车辆3辆，设咨询台12个，参加宣传人员860余人，发放宣传资料1万余份，接受咨询1000余人次。

【培训】 采取多种形式组织科级领导干部开展安全培训。“以会代训”形式培训：利用每月安全生产例会，组织大家对有关安全生产法律、法规和政策以及主要领导的重要讲话精神进行学习，让大家对有关安全生产方面新出台的法律、法规、政策进行熟悉了解。“收看警示片”形式培训：利用每月例会前10分钟，组织与会人员观看安全生产事故警示教育片，让大家从思想上时刻紧绷安全弦，警钟长鸣。对各行业安全员及特种作业人员进行培训。举办培训班23期，参加培训1465人。

【监管队伍建设】 继续强化对政府、安全生产综合监管部门、负有安全生产监督管理职责部门责任的落实，严格实行安全生产“一把手负责制”“一岗双责制”，着力推进各行业主管部门承担和履行好安全管理职责。进一步完善安委会工作运行机制、综合协调机制和安委办联络员会议制度，及时协调解决安全生产工作中的突出问题。推行分级负责、逐级监管、班子决策、群众参与的工作机制，营造人人肩上有担子、个个身上有责任的齐抓共管的工作格局。加强政风行风建设，全心全意为人民服务。

（赵萌斌）

住房公积金

【概况】 2011年，上街住房公积金管理分中心归集住房公积金2.01亿元。全区共有478个单位的31799名职工建立了住房公积金制度，公积金覆盖面及汇缴率现已达95%以上，累计归集住房公积金17.09亿元。住房公积金个贷发放6759.9万元、364户。办理支取2.03亿元，共5557笔。2011年新开住房公积金缴存户10个单位，共计221人，月缴额79311元。

【归集住房公积金】 上街分中心一如继往地关注公积金缴存大户中铝郑州企业和财政供给单位的住房公积金缴存工作。2011年中铝郑州企业在亏损3个多亿元的情况下，住房公积金已全部按时缴纳，没有存在拖欠的现象。

【支取公积金】 秉承支取制度严格化、支取条件统一化、办理业务人性化的工作方针，有效遏制了利用假合同、假发票套取公积金的现象。

1月份中铝郑州企业的棚户区改造工程正式启动，计划建设高层住宅63栋、5900多套房子。为便于中铝郑州企业职（员）工提取公积金，通过和中铝郑州企业相关部门的沟通协调，为拆迁户开辟了一条绿色通道，集中为参加棚户区改造的职（员）工办理支取6100万元，惠及职（员）工1200名。业务量大时，一天就办理个人支取800多万元，业务量为上街分中心历年之最。

【个贷管理】 严格按照贷款有关规定办理每一笔业务，确保办理的每一笔贷款手续齐备，资料完整，符合要求。强化贷后监督，将逾期率控制在最低限度。另外，为符合条件的长铝建设公司两名职工办理了贴息。

【内部管理】 一是推行轮岗制度，对不同业务岗位的工作人员进行轮岗，本年度参加轮岗的有4人。轮岗对于提高员工素质，培养复合型人才起到了重要作用。二是文明服务，做行业的标兵。聘请中国银行专家对全体员工进行了一次服务礼仪培训，成效非常明显。三是将团结、严谨、服务、进取的工作理念，贯穿到整个工作中去。全体人员精诚团结，干劲十足，工作热情高涨。上街分中心内部，形成了团结向上和谐的良好氛围，形成了传帮带的良好风气，形成了责任心强、凝聚力强、执行力强的良好局面。

【精神文明建设】 在上年申报区级文明单位成功的基础上，2011年顺利通过了上街区精神文明工作的验收。上街分中心积极参加上街区精神文明办组织的“小红帽在行动”文明交通志愿服务活动，出动人员150多人次。因表现优秀，被上街区政府通报表扬。

（刘丽勤）

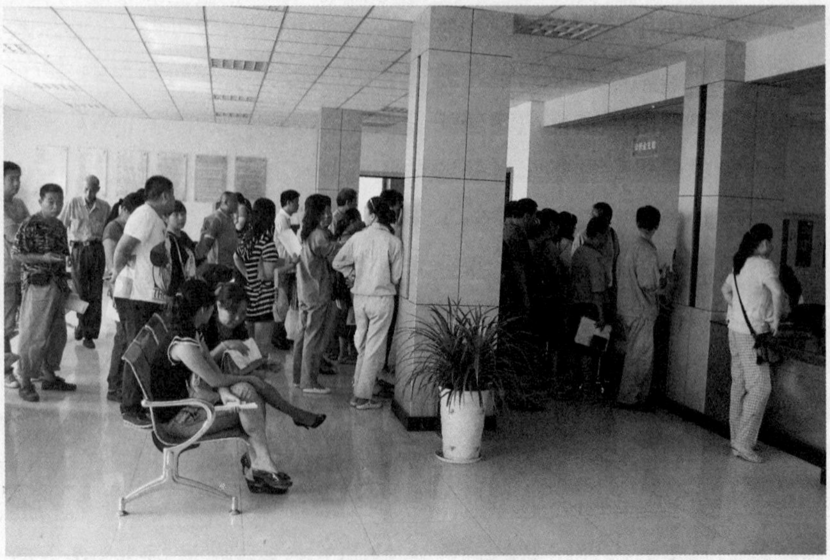

支取公积金

城乡建设与环境保护

城市建设

【概况】 区住房和城乡规划建设局（以下简称“区住建局”）紧紧围绕“两加快一维护”战略，以创先争优活动为动力，以绩效目标为重点，以提升城市品位为中心，高起点编制规划，高标准建设工程，高效能创新管理，全力推进城市化进程。

【规划修编】 2011年4月初，市委、市政府决定在上街区规划建设郑州宜居职教城，并确定了园区范围。郑州宜居职教城位于上街区南部的浅山丘陵地带，北起丹江南路，南至郑上快速通道，西至汜水河花卉产业集聚区，东到上街区界附近。总规划面积30.42平方公里，其中上街区界内22.78平方公里。

【规划审批】 2011年，上街区住建局共审批各类用地项目44项，面积2923.529亩；审批各类建筑项目26项，面积48.03万平方米；审批各类工程管线项目12项，长度18.23公里。规划审批把关率达100%。

工业路升级改造

【城区建设】 2011年，完成工业路（淮阳路至昆仑路段）改造工程，全长5116米，道路红线宽40米，投资约5657万元。截至2011年12月底，上街区城镇化率达到76.29%。

【建筑工程管理】 2011年，上街区住建局全年共完成工程招标17项，建筑面积34.6万平方米，工程造价3.7亿元，应招投标工程招投标率、应公开招标工程公开招标率均为100%。所有工程均在郑州市建设工程信息网上进行公示，接受社会监督。

【工程质量监管】 2011年，区住建局对45项工程进行了竣工验收，总面积197445平方米，总造价19159万元。新建工程97项，总面积625061平方米，总造价86699万元，创郑州市“优质结构”工程3项。

【建筑业资质管理】 截至2011

年底，上街区共有各类建筑业企业资质企业32家，其中房屋建筑工程施工总承包企业7家，冶炼工程施工总承包1家，矿山工程施工总承包1家，市政工程总承包3家，专业承包企业15家，劳务分包3家，混凝土预制构件企业1家，混凝土预拌企业1家。

【建筑市场管理】 2011年度，共办理工程报建32项，报建率达100%，建筑面积64.12万平方米，工程造价5.19亿元。招标工程21项（其中工程招标14项，服务招标3项，工程和监理服务招标4项），公开招标11项，邀请招标10项，中标造价4.25亿元（未包含部分费率招标项目），造价下降7%，工期提前2.3%，工程招标率达100%，公开招标率100%。21项招标工程全部进场交易。

【建筑选介】 中国长城铝业公司棚户区改造项目，2011年新开工建设的有14街坊公园街18号楼，建筑面积3.61万平方米、30层楼，住户216户；14街坊三湾街4～7号楼，建筑面积6.6万平方米（含0.8万平方米人防工程）、27层楼，总户数432户。

亚星江南小镇住宅小区，由河南亚星置业集团有限公司开发建设，位于丹江路以北，淮阳路以东，一期开发建设完成的高层住宅楼有15栋，建筑面积约19.5万平方米。

【房屋征收】 2011年，全区共拆迁房屋建筑面积472177.93平方米，腾出土地面积1172.69亩，拆迁户数2201户。

【建筑节能管理】 2011年上街区有新型墙材生产企业2家，年产量达0.9亿标块。2家企业均已取得河南省建设厅颁发的“新型墙材认证书”。在区机关事务管理局、峡窝镇政府、济办、中心办、新安办、工业办、矿山办等单位的配合下，区住建局完成了上街区范围内29个国家政府机关办公建筑和大型公共建筑分项用电量报送工作。按时完成了区7栋大型公共建筑和国家机关办公建筑节能信息的统计工作。2011年共征收新型墙材专项基金298.72万元，返退28.39万元。

【推广散装水泥和预拌混凝土】 2011年在建工程18项，建筑面积33余万平方米，使用商品混凝土14.17万立方米，散装水泥3.81万吨，全区散装水泥使用率达95%，散装水泥供应量同比增长5.9%；加快预拌混凝土的使用步伐，全区建筑工地预拌混凝土使用率达97%以上。全区共建有商品混凝土搅拌站2座，年生产能力约50万立方米，建有农村推散销售网点2个，供应散装水泥覆盖面通达全区所有范围，覆盖面达100%。2011年共征收散装水泥专项资金46万余元，返退15万余元，被河南省商务厅授予“第三批河南省农村发展散装水泥示范县（市、区）”称号，荣获了“2011年度推广散装水泥先进单位”称号。

（梁　凯）

爱国卫生运动

【概况】 2011年，爱国卫生工作坚持以人为本，紧紧围绕全区“两加快一维护”战略，以“改善人居环境，促进经济发展，构建和谐社会”为目标，以2010～2012年城乡环境卫生整洁行动为契机，通过大力开展城乡环境卫生集中整治、爱国卫生宣传及健康教育、病媒生物防制、垃圾集中清运等各项爱国卫生工作和巩固国家卫生城市创建成果工作，在改善城乡环境卫生、增强城乡居民文明卫生习惯、提高人民健康生活水平等方面周密部署，广泛发动，科学安排，扎实推进。

【城乡环境卫生整洁行动】 大力开展城乡环境卫生整洁行动，巩固国家卫生城市创建成果。成立了以主管区长任组长的上街区城乡环境卫生整洁行动领导小组。出台方案，大力宣传，努力增强全区居民的卫生意识。建立严格的督办制度，领导小组随时随机抽查成员单位环境整治成果，了解工作进展、存在问题、下步措施等详细情况。通过这项行动，清除卫生垃圾800余立方米，并逐步完善和健全了农村环卫设施及清洁队伍建设，有效地改变了长期以来上街区农村乱堆乱放、乱贴乱画、积存垃圾的状况。

【市容环境卫生整治】 2011年，区爱卫办继续强化城区环境卫生检查评比。为搞好市容环境卫生监督管理工作，采取循环督导模式，共下发整改通知书166份，涉及整改问题471条，抑制了环境卫生工作容易反弹这一现象，并带动上街区城市卫生管理工作进一步提高。在郑州市爱国卫生杯评比活动中连续第4年获得铜杯，并在7月、12月份6县市及上街区市容环境卫生评比中获得第一名；荣获2011年第三季度县（市）城区红旗单位称号；全年新创省级卫生先进单位3个、市级卫生先进单位3个、市级卫生居民小区1个。

【农村环境卫生综合整治】 2011年，通过“典型引路,分类指导,排序督促”的办法，积极开展村容评差排序。一方面以全区现有各省（市）卫生村为标杆，加强其他村（组）创建的力度，并采取多种措施调动各村参与此项活动的积极性，形成争创卫生先进的浓厚氛围。同时，对本年度参与创建省（市）级卫生村的村庄加强跟踪指导，不断提高完善。另一方面以城乡环境卫生整洁行动细则为基准，继续督促各村及时对村内卫生“脏、乱、差”现象进行整治。三是严格按照市爱卫办的要求和标准，进一步加强对现有省(市)级卫生村的管理，确保已达标单位环境卫生的长期保持。2011年，新创省级卫生村1个。

【爱国卫生宣传及健康教育】 积极组织开展一系列以“控制抗菌素的耐药性”为主题的第23个爱国卫生月活动。积极组织各镇（街道）、有关委局开展世界卫生日集中宣传工作。向市民发放了《郑州市民健康读本（二）》《郑州市民手册》《控制抗生素耐药性》宣传彩页等各类材料3000余份。大力开展无烟医院、学校等无烟单位创建活动。2011年，新创市级无烟学校15个、市级无烟医院1个。

【病媒生物防制】 2011年，开展春、冬季灭鼠，夏、秋季灭蚊蝇、蟑螂等病媒生物防制活动，免费发放灭蚊蝇药物13箱、灭蟑自动喷雾器8台、灭蟑胶饵10箱、灭蟑宣传资料450份。组织各镇（街道）和有关单位在建成区以及主次干道、背街小巷、新村楼院、公共场所、垃圾转运站、公厕、饮食食品行业周边的外环境开展消杀活动。同时，加强监督检查，严禁使用违禁药物，确保“四害”密度控制在国家规定的允许范围之内。

（朱雪童）

市容环境卫生集中整治清理卫生死角

城市管理

【概况】 2011年，按照区委确定的“两加快一维护”战略部署，区城管局积极推行“三四三四”工作理念，即“深入于民、服务于民、全民参与”的“三民”城市管理理念，“市政设施规范化、

市政养护

环境卫生洁净化、园林管理园艺化、行政执法人性化”的“四化”城市精细化管理标准，“宣传到位、服务到位、管理到位”的“三到位”城市管理措施，“特别能吃苦、特别能战斗、特别能奉献、特别能忍耐”的“四特别”城管精神，努力打造“净、绿、亮、美”的城市环境，使城市管理工作在稳步推进中提高。在全市组织的“环卫双竞赛”活动中上街区荣获道路清扫保洁先进单位称号，4人次荣获市级“环卫工作先进个人”和“优秀城市美容师”称号。在区组织开展的“环卫双竞赛”竞赛活动中，济源路街道办事处获得先进单位称号，61名环卫工人荣获“优秀城市美容师”称号，24人荣获“环卫工作先进个人”称号。同时相关镇办为环卫工人发放米面油等慰问品及新工作服和反光安全马甲。

【市政建设管理】 登封路（丹江北路至许昌路段）750米改造任务。该道路规划红线分别为20米、35米，设计投资概算1500万元（不含各种架空线路入地改造费用）。工程于2011年6月7日开工，12月底竣工。区城管局做好城区排水管网养护，道路养护，路灯设施养护，确保明灯率98%以上。维修方砖1843平方米，沥青灌入1066平方米，垒砌侧石900米；疏挖进水井5105座，疏挖管道1860米，更换井盖80个；维修路灯1201盏，维修箱变68台次，维修数码灯72盏。

2011年，区城管局出台了《上街区2011年城市防汛抗洪应急预案》，在组织、网络、队伍建设、物资筹备和突发事件的应急处理上，作了严格规定。各有关单位都对城市防汛工作进行了再动员，再部署，并严格执行每天24小时值班制度，保证通信畅通和责任落实。区城管局不定时对城区防汛工作进行督促检查。

【市容环境卫生】 根据全区统一安排，区城管局对安阳路垃圾中转站进行了异地重建，选址位于安阳路与兴旺街交叉口西北角。工程于2011年5月份开工建设，9月份完工，共投资50万元。中心路街道两侧果皮箱存在年久、陈旧、失修、缺失的现象，区城管局5月份组织人员在中心路（金华路至厂南门）3200米道路重新安装果皮箱100个。

【环境卫生管理】 区城管局对全区254万平方米道路实行一日两扫全天保洁，坚持每天检查，每周小结，每月评比。31座公厕定人定岗免费开放，10座中转站专人管理，果皮箱完好率100%。针对2011年风沙大、气候干燥的特点，区城管局从3月初至11月底，开始对全区主次干道进行洒水降尘，每天早晚各1次，有效地改善了空气质量和市民的出行环境。区城管局积极做好积存垃圾有偿清运工作，先后出动大型车辆35辆次，清理积存垃圾400余吨，建围墙1700多米，市容环境卫生有了很大的改善。年内，共清运垃圾2.28万吨，全部运至荥锦垃圾电厂焚烧处理，处理率100%。

（杨伟波）

城乡绿化

【公共绿地建设】 1.安阳路隔离带：东起区界，西至高速引线，全长6000米，绿化宽度11米，绿化面积6.6万平方米。工程3月15日完成招标，4月1日开工建设，5月底全部完工。共栽植乔木965株、灌木4200余株、模纹植物4.13万平方米、草坪1.4万平方米。

2.昆仑路绿化建设：昆仑路绿化建设从丹江路至工业路，全长3000米，绿化宽度10米，绿化面积6万平方米，工程3月15日完成招标，4月1日开工建设，5月底全部完工。共栽植乔木7755株、花灌木12435株、模纹植物6540平方米。

3.五云山绿化建设：五云山路绿化建设从310国道至居易国际，全长7000米，绿化宽度3～5米，绿化面积3.3万平方米。3月15日完成招标，4月9日施工单位开始进行土地平整，5月底已基本完工。共栽植乔木1786株、花灌木3480株、地被植物2560株。

【道路绿化建设】 1.济源路东段绿化带：3月初开工，3月底全部完工，共栽植碧桃914棵、小叶女贞绿篱800平方米。

2.淮阳路立交桥游园、淮阳路北段、淮阳路小游园、区政府西墙外黄土裸露整治：3月底开工，4月中旬全部完工。共栽植红叶小檗、珍珠梅1200平方米、草坪500平方米。

3.金华路、淮阳路南段绿化带：3月5日开工，3月18日全部完工，共栽植乔木604株、花灌木6574株、草坪500平方米。

【单位及居住区绿化】 庭院绿化按照"属地管理、部门联动、镇办主导、全民参与"的总体思路开展工作。各镇办以辖区为单位，以居住区、单位庭院为基础栽植乔木、月季等花灌木；每个办事处新建1个1000平方米以上社区公园游园。各镇办积极行动，2011年新建绿地1万余平方米，栽植乔木2.6万余株，每个镇办新建一处约2000平方米社区绿地，同时5个庭院小区和单位参与花园式单位验收。

居住区绿化

【园林绿化管理】 对全区134万平方米的公共绿地进行养护管理，清理绿地杂物9500多立方米，修剪16万平方米绿篱、草坪15次，修剪行道树2.8万余株，管理苗圃地40亩；对全区行道树、公共绿地、公园、游园、广场喷洒农药18遍，出动车辆36台次；节假日期间在政府门前、广场等处摆放草花20万余盆。完成济源路东段补栽桃树1011株、小叶女贞绿篱800平方米；移栽安阳苗木18种44223株到淮阳路、金华路南段、丹江路等12路段；对淮阳路立交桥游园、淮阳路北段、淮阳路小游园、区政府西墙外黄土裸露进行整治，共栽植红叶小檗、珍珠梅1200平方米和草坪500平方米。金华路、淮阳路南段绿化带共栽植乔木604株、花灌木6574株、草坪500平方米。

（杨伟波）

综合管理

【概况】 通过实行领导带班制和每天24小时工作制，不断加强对市容环境、户外广告、违章建筑等的整治力度。全年累计查处流动占道经营5700余起、突出店堂经营5900余起，暂扣违章物品1000余件；清理户外广告3万余处；清除软体广告条幅700余条；没收小广告牌及灯箱300余件；查处损坏市政设施违章行为13起;抓逮无证犬260条，督促办证18起，纠正处罚不文明养犬行为280余起；查处遗撒遗漏违章车辆500余辆；加强施工工地出入口污染路面行为的监管和查处，处理50起；接受群众投诉举报300余起，办结率达100%。

【污水处理】 上街区污水处理厂为上街区政府与中铝河南分公司共同建设工程，占地面积65亩，收水面积约800公顷，设计处理能力为3.5万立方米/日，现实际处理能力约3.4万立方米/日，生活污水集中处理率达到85%。2011年共计处理污水1143万立方米，共计削减COD（化学需氧量）2894吨，耗电量2963062千瓦时，湿污泥产生量4148吨，为区环境效果的改善发挥了巨大的作用，创造了极大的环境效益。

【异地重建第二污水处理厂】 上街区第二污水处理厂工程的实施，将从源头上改变道北没有污水处理厂的现状，彻底解决区部分过境污水影响下游生产、生活的问题。枯河上街段水质污染的状况将得到根本性改善。

近期建设规模3万吨/日，选址位于安阳路与汝南路交叉口西北侧（朱寨村与荥阳市交界处），占地面积约51亩，概算投资7221万元。项目建设地点距下游控制（区界处）端面约600米，生活污水服务人口约6万人，服务范围约10.96平方公里。计划建设时间：2011年8月～2012年12月。

（杨伟波）

供　水

【概况】 2011年全年完成供水量327万吨,抄见表量236.5万吨。水费收入580万元，征收污水处理费62万元，征收南水北调基金35万元，上缴税金40万元。新增注册水表2437块。处理跑、冒、滴、漏47起。道北标准化厂房建设项目是上街区重点工程，供水管网配套工作任务重，资金缺口大，管网所在地的土地协调问题复杂。公司首先解决了标准化厂房建设临时用水问题。同时安排技术人员对工业路西段的自来水管网进行了现场勘测，制定出供水方案。公司克服困难，积极筹措资金，已完成配套管网1750米。为保障区重点项目向日葵锂电项目的建设用水，在阀门园区供水管网配套工程建设中，公司投资26万元，在金屏路、锦江北路铺设供水管网850米。

【抢修输水管道】 “五一”节前，移动公司上街分公司在新建街东段路北施工时，顶破公司输水管道，移动公司的通信光缆和施工的泥沙进入输水管道，造成水厂和供水管网污染，浊度超标。为防止供水管网的进一步污染，公司上报政府后采取了紧急停水措施，在上街电视台进行公告。同时对新建街金屏路以东的输入管网进行开挖处理，冲洗输水管道；对水厂的蓄水池进行清洗消毒；在汝南路南段同长铝公司供水管线连接，进行冲洗供水管网。经过28小时紧张工作，全区供水恢复正常。

（杨伟波）

供　电

【概况】 2011年,面对“十二五”开局之年的繁重任务，上街供电局以“专项行动、同业对标、劳动竞赛”为抓手,从严管控,创先争优,力破难题，全年完成售电量154.87

亿千瓦时，较上年增加37.34亿千瓦时，增幅31.77%。完成售电均价466.06元/千瓦时，较上年增长12.4元/千瓦时，高于公司指标价格26.24元/千瓦时。应收电费46.44亿元，营销账面月末余额为—2900万元；小户电费在市公司率先实现双结零。配网综合线损率7.08%，较上年降低0.01个百分点。全年新增业扩报装4483户，营业户数6.212万户，其中：居民生活用电户数5.52万户，高压户数716户，低压动力等其他户数6204户。全年共履行变电一种工作票209份、二种工作票325份、变电抢修单17份、操作票2358份、线路一种票94份、电缆一种票60份、线路抢修单39份，两票合格率100%。全年执行变电操作71515项、调度操作44700项、配电操作47133项无差错。至2011年年底实现连续安全生产2630天。

2011年，峡窝集控中心QC小组在第三届“海洋王杯”全国QC发表赛上获得一等奖，同时，荣获“国家优秀QC小组”称号。继电班荣获2011年度“全国质量信得过班组”称号。

2011年，积极安排职工参加专利申报培训，引导职工进行专利申报。全年成功受理专利申报15件，有7项已经授权。完成中文期刊发表论文2篇，其他刊物媒体发表论文9篇。

【调度工作】 2011年，在工作中严格执行操作五制，对“工作票”“命令票”进行规范管理。全年共制定各种调度措施、预案42份。配合电网、设备改造，停电或不停电设备检修、预试，制定日调计划305份，执行调度命令票156份，调度操作33452次。办理各类工作票234份。两票合格率达到100%。执行设备变更单108份，整定计算6～110千伏保护定值256份，完成城市配电供电可靠率RS1-99.9929%。

上街供电局职工进行高考保电应急演练

【开展电网综合治理】 全年共排查6～10千伏公用架空配电线路39条共196.5公里，消除线树矛盾、鸟窝、施工、采矿开挖等各类安全隐患250余项。全年消除线路I类缺陷56处、II类缺陷121处、III类缺陷243处，配网故障较上年下降37.5%。

全年主网共处理缺陷155个，其中：一类缺陷18个，消除率100%；二类缺陷36个，消除31个，消除率86%。

【加快电网发展步伐】 7月初，在公司迎峰度夏重点工程海悦变电站一期配电出线工程中，完成了开挖电缆沟400米、敷设电缆排管1268米、敷设电缆顶管1540米、敷设电缆3600米等工作。提前1个月完成了两个月才能完成的工作，110千伏海悦变电站成功投运。试点建设标准化台区1处，顺利通过省公司验收，已投入运行。完成玉柏线、卫仑线全线改造及峡矿线、崔长线等线路单改双工作。全年配电系统办理设备变更单91份。新增架空线路4条，改造1条，总长13.4公里。新增电缆线路7回，总长9.9公里。新增配变2台，改造35台（其中非晶合金变压器18台）。新增10千伏断路器6台，改造8台。配网系统安全运行达到历史最高水平。

【坚持“四个服务”宗旨】 树立“你用电、我用心”的服务意识，重点抓好“精益化管理，标准化建设”，并将这一思路贯穿到行风建设和优质服务的各个环节，以“多样化、个性化、亲情化、信息化”四大亮点为突破，形成一体化高效服务响应体系。以“挂牌服务”悬挂光明提示卡为载体，建立起了上街供电区内6万电力客户与营销服务职工的直接对应关系。以应急响应“六个五分钟”为切入点，规范故障应急处理流程，最大限度地提高了故障反应速度和抢修速度。积极推广“免费短信，明白用电”及“卡折代扣缴电费”业务，让客户享受到更加方便、快捷、安全、亲切、环保的电力服务。2011年，免费短信的覆盖率达到了75%以上。结合当前缺电缺容的实际情况，编排修订和完善了科学合理的有序用电轮休表，并加大宣传力度，解释到位，通知到位，服务到位，确保特殊形势下和谐有序地供电。

全年共收到锦旗、感谢信42面（封）接到感谢电话100余次，并连续5年荣获上街区公共服务行业民主评议行风政风评比第一名。

【抗旱浇麦】 2011年年初，面对出现的严重旱情，党总支共派出7支党员、青年志愿者服务队到广大农村客户家中、田间地头进行抗旱保苗。采取9条措施为辖区内抗旱浇麦提供电力保证，先后解决村民抗旱浇麦用电困难、处理用电故障15起，敷设抗旱专用线路1000多米。事迹被《国家电网报》《河南电力报》、河南卫视、《河南商报》《郑州日报》等8家媒体报道。

（张 瑜）

供 气

【概况】 燃气公用设施经营收入2988万元，其中销气收入2533万元，安装收入455万元。实现销气量2046万立方米，其中民用506万立方米、工业827万立方米、商业263万立方米、公共福利450万立方米。管网铺设2.3543公里，其中城区管网铺设1.068公里，庭院管网铺设1.2863公里。

（杨伟波）

房产管理

【概况】 2011年，区房产管理中心紧紧围绕区委、区政府“两加快一维护”战略要求及各项目标任务，进一步加强行业管理，转变机关作风，提高服务水平，依法行政，扎实开展各项工作，积极推动了全区房地产业的持续健康稳定发展。区房管中心档案管理工作达到“机关档案规范化管理省一级标准”，获得2011年市级文明单位、郑州市住房保障管理工作先进单位称号。

【房地产开发】 2011年全区房地产企业开发建设65.69万平方米，较上年同期增长94%；投资额6.31亿元。

【房地产交易】 2011年，全区各类房地产交易6029件，其中商品房买卖合同登记备案2624件，面积30.59万平方米，金额9.11亿元；新建商品房交易2677件，面积30.19万平方米，金额6.78亿元；二手房交易728件，面积8.19万平方米，金额1.18亿元。商品房销售均价3243元/平方米。

【房产管理】 2011年，区房管中心围绕“简化办事程序、缩短办事时间、提高办事效率、推行政务公开、履行服务承诺”等重点工作，不断完善省级优质服务窗口各项制度建设，切实抓好各项制度的贯彻执行，继续开展“便民服务进社区”“企业服务年”活动，扎实有效地推行“四项服务”具体措施，整体服务水平和窗口形象得到进一步提升。全年共完成初始登记109件，面积34.09万平方米，其中住宅21.86万平方米、非住宅12.23万平方米；转移登记3621件，面积39.5万平方米，金额7.96亿元；变更登记319件，面积2.04万平方米；其他项权登记2360件，面积49.31万平方米，贷款金额8.23亿元；商品房预售许可66件，面积35.77万平方米，其中住宅

33.69 万平方米、非住宅 2.08 万平方米。

【住房保障】 廉租住房工作严格审核把关，确保“应保尽保”。进一步加强对五办一镇的联系，加大政策宣传力度，严格动态管理。全区共纳入廉租住房保障家庭 328 户，其中享受廉租住房补贴 314 户、享受廉租住房实物配租 14 户。廉租补贴按照标准及时发放到位，全年累计发放补贴 322858 元。实现了对申请并符合廉租住房保障条件的低收入家庭“应保尽保”。中国长城铝业公司棚户区改造项目是上街区 2011 年 24 项重点推进的重大工程项目之一。至年底，已完成拆迁 715 户、4.5 万平方米，其中：14 街坊新建工程已开工建设，32 街坊已拆迁完毕。已开工建设 12.57 万平方米、858 套，其中：孟津路 11 号楼 102 套、1.4 万平方米，已竣工；公园街新 18 号楼 216 套，主体已施工至 30 层；三湾街 4 ~ 7 号楼 432 套，主体已施工至 13 层；三湾街 9 号楼 108 套，0.9 万平方米，正在进行桩基施工。拆迁及开工面积均已超额完成全年目标任务，在全市棚户区改造项目中排第一位。

【住房制度改革】 有序推进农民安置楼建设审批工作。2011 年共对 3 个村组进行批复，批复建设住宅面积 12.7 万平方米，并对已建成符合分户的农民安置楼进行分户，共审核 22 户、65 套住房，面积 6362 平方米。进一步加快了城中村和中心村的改造步伐。共办理公房出售（遗留问题）产权登记 118 件，建筑面积 9968.33 平方米；办结率达 100%。

【物业管理】 进一步建立完善区、镇（街道）、社区三级物业管理联动机制，对 16 家物业公司 2010 年度物业企业资质及服务质量进行了综合考核。指导新成立小区业委会 4 个，原业委会运行良好，业主自治能力增强。对 3 家新开盘小区完成了前期物业管理招投标工作。进一步加大房屋租赁管理力度，共办结备案 240 户，管理面积 21835 平方米。

【房屋维修资金管理】 全区共归集房屋维修资金 3953 起，归集金额 1662 万元。进一步强化房屋共用部位、共用设施设备维修保障机制，对申报维修房屋进行现场勘测 80 人次，共使用维修资金 22 起，支付 46 万余元，业主自筹资金 5 起。同时，加强政策宣传力度，逐步建立了房屋专项维修资金查询制度，接受业主和有关单位业务咨询、解释 220 余次。

【住房信息化建设】 围绕市政府责任目标，科学制定全区系统改造和平台统一工作时间表，成立专门机构，申请落实信息化建设资金 40 万元，并招聘 20 人专门整理补录房产权属档案历史数据，先后组织人员开展新系统业务操作培训 8 次。按照《房地产市场信息系统规范》和《房屋登记办法》的要求，完成原住房信息办公系统的更换，实现了与市局统一系统、统一平台、统一数

上街区召开 2011 年度住房保障工作及目标签订大会

据、统一流程的工作模式。历史数据的补录工作于10月底开始，预计2012年年底全部结束。

【房地产市场监管】 2011年，国家进一步加大对房地产市场宏观调控，区房管中心按照市局要求，积极安排部署相关工作，采取有效措施，不断加强行业监管力度，有针对地解决房地产市场中的突出问题，坚决以稳定（住房价格、投资、消费心理）为前提，以促进房地产业持续稳定健康发展为目标，把各项宏观调控政策落到实处。一是加强对商品房预（销）售活动的动态监管，按照法定程序和许可条件，严格把好商品房预售许可关。建立商品房买卖合同网上备案系统和房地产交易信息公示制度。对商品房基本情况、销售进度、权利状态等预（销）售信息及时、全面、准确地在网上备案系统和销售现场进行公示。坚决遏制了房地产开发企业发布虚伪信息、炒卖房屋、捂盘惜售等扰乱市场秩序行为。二是加强商品房预售资金监管，结合实际出台了上街区商品房预售资金监管的相关规定。于2011年5月起在全区全面开展了商品房预售资金监管工作，有5家开发企业的7个项目纳入监管，共审批拨付资金15次，4家商业银行参与商品房预售资金的三方监管工作。预售款做到专款专用，切实做到资金使用统一标准，完全公开透明，约束和规范了各开发企业的资金使用行为。三是加强房地产市场监管，开展专项检查。2011年对全区房地产开发企业在房价公示、商品房预售等方面的经营行为进行了专项检查，共检查了批准预售的商品住房项目7个，有效规范了全区房地产市场的经营秩序。四是加强房地产企业资质动态考核和房地产中介机构管理，严格市场准入和退出条件，积极受理、及时上报房地产开发企业资质动态考核资料，上街区所属房地产开发企业已全部通过资质考核认定。另外，加强房地产中介行为管理和中介机构的诚信建设，建立并实施了房地产中介机构注册登记备案制度、执业资格注册制度，促使房地产中介市场更趋规范、健康。

（郑艳红）

城乡环境保护

【概况】 2011年，区环保局围绕“12345”的工作思路，以强化环境执法为保障，加强领导，落实责任，强化督导，认真落实各级工作部署要求，全力推进各项重点工作，圆满实现了年度目标，完成了上级交办的各项工作任务。其中，饮用水质达标率稳定保持在100%；城区空气质量优良率达85.7%；环评“三同时”执行率100%；废旧放射源收储率100%、闲置放射源集中暂存率100%；信访件查处办结率100%；枯河流域综合治理取得突出成绩，生态水系截污工作取得重大成效；开工建设了第二污水处理厂；秸秆禁烧和综合利用工作受到市政府表彰。在全市目标考核中，被评为2011年度全市环境保护系统先进单位、2011年度全市环保系统纪检监察工作先进单位、秸秆禁烧工作先进单位、污染减排和环境综合整治工作先进单位等。2011年上街区监测站全员通过了资格认证考试。监测站获得2011年郑州市环境保护系统先进单位称号。

【环境监测】 上街区环境监测站2011年12月通过省技术质量监督局组织的计量认证评审工作。2011年全年，上街区环境空气有效监测天数为365天，其中二级以上天数为311天，优良率达到85.2%。23家重点污染源进行现场核查及监测，引入了监测监察联合行动突击抽查的模式，保证了监测数据的真实性、准确性，更好地掌握了辖区重点污染源企业的排污情况。污水处理厂进出口定期进行取样分析，对其在线监测数据进行对比，全年监测51次，上报监测数据204个。建立完善的排污口信息档案，对枯河进行持续监测，总共监测了239天，其间更是创新了枯河信息短信日报和枯河水质趋势图等数据解读模式。编写上街区枯河水质污染调查报告、枯河水质监测报告、枯河监测通报等多种通报。对枯河流域12家停产治理的工业企业进行验收监测。完成上街区区域环境噪声监测和上街区交通干线噪声监测工作。区域环境噪声按网格布点法布设了55个监测点位，交通干线噪声涉及干线6条，监测点位16个，监测道路总长为12888米。2011年度全区区域环境噪声为53.2分贝（A），交通干线噪声为67.4分贝（A）。

【生态环境保护】 圆满完成2011年夏秋两季农作物秸秆禁烧工作。被市禁烧办评为2011年度秸秆禁烧工作先进单位。

【城区扬尘治理】 认真组织开展建筑工地扬尘治理工作，对检查中出现问题的工地及时下发整改通知，限期整改到位，整改率达100%。开展建筑扬尘排污收费工作，全年征收扬尘排污费9.21万元。

【城区噪声污染治理】 对建城区内的各类建筑施工噪声和工业企业的机械加工、生产设备噪声等进行了全面检查整治，共出动432人次、109车次，检查建筑施工单位、工业企业166家次。全年，共接噪声污染举报件68件，全部办结，噪声污染查处率100%。

【枯河流域综合治理】 对沿河涉及污水排放的12家企业实施了限期治理，共计投入了1200余万元对污水处理设施进行升级改造，其中5家安装了排水自动在线监控系统，并与区监控中心联网。

【“12369”环保热线】 对群众来电认真登记，限时办理。全年，共接到“12369”举报214件，其中，区本级受理209件，省、市转办5件。所有举报全部认真进行了办理，做到了受理、查处、回访率100%。全年没有因执法不当引起的行政诉讼和行政复议。

【危险废弃物和辐射环境管理】 2011年，区环保局被郑州市环保局评为固体废物管理和辐射管理工作先进单位、机动车管理工作先进单位，同时还被郑州市机动车污染监察支队评为机动车管理工作先进单位。7家核技术利用单位和电磁辐射污染源单位已全部通过验收，为全市辐射验收工作起到了积极推动作用。建立放射源动态数据库，将全区3家涉源单位619枚在用放射源输入数据库，建立每个源的档案，并对每个源进行危险度分类和身份认证。开展了“一源一档”挂牌工作，对全区619枚放射源逐一进行核实，现场监督，确保每个源都处于动态管理之下。91家医院、民办医疗机构、私人诊所产生的医疗废物和31家废矿物油产生单位所产生的废矿物油已全部纳入集中处置。上街区是郑州地区最早也是唯一的将废矿物油纳入集中处置的地区。

【建设项目环境管理】 2011年共审批建设项目73个，其中市局审批项目5个；共竣工验收项目28个，其中市局验收项目6个。建设项目环保“三同时”执行率100%。

【清洁生产审核工作】 郑州市山川科技实业有限公司2011年12月份通过清洁生产审核评估验收。郑州好上好氟硅涂料有限公司正在开展。

【区域规划环评工作】 省级产业园区——郑州上街装备产业集聚区规划环评于2011年1月顺利通过省环保厅审查。

【环境综合整治】 6家碳素加工企业煅烧炉脱硫改造，4家成型企业粉尘限期治理，均已竣工。全年检测办理机动车黄绿标志4649辆，尾气排放超标不合格治理601辆，机动车尾气合格达标率为87%以上。对12家涉水企业下达了限期整改通知书，共计投入了1700余万元对污水处理设施进行升级改造，这些设施全部通过郑州市环保局验收。其中5家安装了排水自动在线监控系统，并与区监控中心联网。上街第二污水处理厂总投资7200万元，初步建设规模3万吨/日，工程进展顺利。

【污染物总量减排】 制定了《上街区2011年度主要污染物总量减排实施方案》，建立了污染物总量减排信息报送制度和污染物总量减排预警制度。坚持对污染物减排企业进行周检查、月报表等，保证设施正常运转，完成了污染物减排任务。全年化学需氧量排放1090吨、氨氮排放量191吨和二氧化硫排放量1.66万吨、氮氧化物排放量9800吨。区环保局荣获2011年郑州市综合整治暨污染物减排先进集体称号。

上街区地震台

【饮用水源保护】 设置大型标示牌10个，明确保护区范围、界限和保护内容。对饮用水源地每周至少现场检查1次，经水质化验分析，饮用水水质达标率为100%。

【统计工作】 按照全区污染物排放量85%原则，重点筛选出24家调查对象，其中工业源23家、集中处理设施1家，共计调查指标3108个。生活及工业污水实际排放量约为2102万吨，其中1124万吨经污水处理厂处理后排放。工业废气排放量306亿标立方米，工业烟粉尘3475吨，工业固体废物产生量333万吨。其中赤泥产生量309万吨，赤泥综合利用量8.5万吨，处置量300.5万吨。其他固体废物24万吨全部综合利用。

【污染源普查动态更新】 根据工业普查动态更新原则，重点更新工业源数据17家、农业源4家，集中处理设施1家。

【绿色创建工作】 2011年，济源路街道办事处东方社区被命名为“省级绿色社区”，济源路街道办事处金华社区被命名为“市级绿色社区”，长铝水泥厂被命名为“市级绿色企业”。

【环保宣传教育】 强化日常环保宣教工作。全年共进行6次环境大接访活动，累计发放各类环保宣传册和宣传资料3.6万余份，接受环保咨询200余人次；共悬挂横幅、展板150余块，墙体喷绘标语40余条，宣传展板300余块，接受群众环保建议和意见90余条，辖区内环保及创模知晓率达到85%。2011年区环保局获得环保信访和平安创建工作先进单位、环境宣教工作先进单位、全市生态示范创建工作先进单位、郑州市环境保护系统纪检监察工作先进单位、郑州市环境法制工作先进单位等5项荣誉称号。

（张 静）

防震减灾

【概况】 防震减灾工作紧紧围绕监测预报、震害预防、应急救援三大工作体系，深入贯彻执行《中华人民共和国防震减灾法》，区地震局荣获2011年度河南省地震局防震减灾优秀成果三等奖，荣获2011年度全省县（区）级防震减灾工作先进单位称号。

【召开了上街区防震减灾工作会议】 2011年3月16日上午，上街区召开防震减灾工作会议，会议主题为：“贯彻落实《郑州市上街区人民政府关于贯彻郑政文〔2010〕246号文件的意见》，安排部署防震减灾工作。”区委常委、副区长王素梅和区人大副主任陈炜、区政协副主席梁红松、区政府党组成员张富永参加会议。会议对2010年度防震减灾工作先进集体和先进个人进行了表彰，对今后的防震减灾工作进行了安排和部署。

【将防震减灾工作列入区政府目标绩效考评】 为确保将防震减灾工作落到实处，从2011年起，上街区将防震减灾工作列入区政府对镇（街道）绩效考评，区地震局制定了详细的考评细则。2011年7月和12月，按照区委、区政府的安排，区地震局分别对各镇街道防震减灾工作进行了考核。

【成立区地震执法分队（区地震台）】 根据《郑州市人民政府关于贯彻国发〔2010〕18号文件的意见》要求，2011年1月，区地震局提出了成立区地震执法分队和区地震台的请示。2011年3月29日，区编委批准同意成立区地震执法分队（区地震台），编制6人。11月份，人员已全部到位。

【震情跟踪】 年初制定下发《郑州市上街区2011年震情短临跟踪工作方案》，调整震情跟踪领导小组，制定震情短临跟踪工作措施，并组织实施。

【加强抗震设防监管工程】 区地震局加强对建设工程抗震设防监管，确定、审批抗震设防要求项目28项。对建设工程抗震设防情况进行定时、不定时监督检查，全年开展执法检查24次。2月25日，新乡市地震局局长郝建平一行在郑州市地震局副局长侯清卫、震害防御处处长王建平等领导的陪同下，到上街区考察建设工程抗震设防管理情况。

【对宏观测报站监管】 区地震局实行日报告、零报告和重大异常及时报告制度，定期或不定期到测报站进行检查，核查登记，确保不出现漏登漏报。

【建设上街地震台】 根据《郑州市人民政府关于贯彻国发〔2010〕18号文件的意见》文件精神，区委、区政府把建设上街地震台列入2011年度政府投资项目。在各级领导的关心支持下，区地震局完成了上街地震台前期选址、可研报告、地质勘探、施工图纸设计等工作，完成了地震台监测室、信息节点设备的采购工作等，2011年9月3日正式开工建设。

【宣传防震减灾科普知识】 2011年5月12日是全国第三个“防灾减灾日”，在亚星盛世广场开展了以“防灾减灾从我做起”为主题的集中宣传活动。峡窝镇、各街道办事处、行政事业单位及大中型企业50余家参加了活动，共展出展板100块，悬挂横幅120余条，设咨询台15个，发放宣传单8000余份，参观群众达1万余人次。区领导还到亚星盛世广场进行了视察指导。区卫生局组织医护人员进行

科技活动周集中宣传

了现场自救、互救示范演练及便民医疗服务。峡窝镇、各街道办事处也结合实际开展了地震应急演练，并组织社区、村组巡回播放防灾减灾科普宣教影片。7月28日和12月9日，还分别组织开展了“7•28”唐山地震纪念日和全国法制宣传日集中宣传活动。

【防震减灾科普知识进农村、进社区】 2011年5月11日上午，区地震局到中心路街道办事处江南小镇社区，给社区居民讲授了地震科普知识。通过大量的事例和图片向居民介绍国内外地震灾害情况、防震减灾科技成果、防震减灾知识和减轻地震灾害的重要方法，从预防地震的必要准备、震时避震应注意的事项、震后如何进行自救互救等几个方面介绍了防震避震常识，使社区居民在掌握防震减灾基本知识的同时，充分认识到防震减灾的重要性，提高了防震减灾的科学意识和抗御灾害的能力。

【组织开展防震减灾演练】 5月12日上午，组织全区各中小学校分别开展了地震应急疏散演练，区外国语小学在演练结束后，还进行了“防震减灾从我做起”签名活动。区委常委、副区长王素梅、区政协副主席卢裕华等领导观摩了区外国语小学举行的地震应急疏散演练，并参加了“防震减灾从我做起”签名活动。新安路街道办事处于5月13日下午，组织各社区安全员和居民在娱乐场所开展了地震消防演练活动。

【应急避难场所建设】 根据郑州市政府要求，区政府印发了《关于印发上街区应急避难场所建设实施方案的通知》（上政文〔2011〕115号）和《关于调整上街区应急避难场所建设工作领导小组的通知》（上政文〔2011〕114号）文件，再次对区应急避难场所建设工作进行了安排和布置。进一步明确了上街区应急避难场所建设的指导思想、建设原则、建设任务、标准及管理要求、各建设单位职责等，提出了实现目标的具体措施和方法、步骤，明确了应急避难场所的管理等职责。力争到2015年，区应急避难场所能满足全区居民需要。

【配备了地震现场工作队个人装备】 为加强区地震应急救援队伍的建设，提高地震应急救援能力，根据省、市要求，在2009年和2010年度分别配备地震现场工作队部分装备的基础上，2011年，又购置了应急救援包、睡袋、帐篷等个人工作装备。区地震现场工作队的装备已基本配齐。

【创建防震减灾科普示范学校】 年初，在区教体局召开了防震减灾科普示范学校工作会议，对创建防震减灾科普示范学校进行了再安排、再部署。11月15日，区地震局、区教体局、区科技局联合下发了《关于申报区级防震减灾科普示范学校的通知》，对2011年度区级防震减灾科普示范学校验收工作进行了安排。12月8日，经过验收，区地震局、区教体局、区科技局命名郑州市第二外国语中学、上街区夏侯小学为区级防震减灾科普示范学校。11月17日，市地震、教育、科技部门对上街区申报的市级防震减灾科普示范学校进行了验收，命名上街区铝城小学为市级防震减灾科普示范学校。

（张海平）

科学技术

科技工作

【概况】 2011年，上街区科技工作以建设创新型中心城区为主线，以提高自主创新能力和区域综合科技实力为目标，不断加强政策引导，优化科技创新环境，加速科技成果转化，全面推动科技进步，为产业集聚区建设提供了强有力的科技支撑。共获得省市科技资金支持308万元；采集、完善市级高技术人才数据库，上街区入库569人；策划、包装高新技术工业重大项目5项；组织3家企业按照新的认定办法申报高新技术企业，华力电缆、华泰特种电缆两家企业按照新的标准被认定为高新技术企业。郑蝶组建了省级工程技术研究中心“河南省阀门工程技术研究中心”，欧亚空气炮组建了市级工程技术研究中心“郑州市空气炮清堵器工程技术研究中心”。全区专利申请量达156项。郊段村被郑州市科技局评为第一批农村科技示范村。5月，河南省中国科学院科技成果转移转化中心批复同意在上街区成立郑州绿色化工材料分中心。

【科技成果】 2011年，组织郑州雪山实业有限公司的13X分子筛生产装置和工艺研究项目申报省级科技成果鉴定，一次性通过省级专家评定。

【科技宣传】 4月，区科技局联合各镇办、区直各单位、各大超市连锁店、各大医药超市，在亚星盛世广场开展了保护知识产权宣传周活动，悬挂条幅40多条，展出图片展板30多块，设立服务咨询台20余个，发放宣传材料1000余份。组织北辰康特大药房、康达尔大药房和幸福人大药房在药房门口设立咨询台，进行义诊。宣传商标法、专利法等法律法规，指导企业“懂商标”“创商标”“用商标”“护商标”。邀请专利事务所专家深入企业宣传知识产权相关法律、政策，并与企业管理和技术人员进行交流互动，解疑答惑，指导企业实施知识产权发展战略，增强企业家对专利保护的认识。引导培育豫中轻金属机械有限公司完成专利申请13项。组织峡窝镇和各街道办事处分管领导、企业界70多人参加专利知识培训。

5月，联合区各职能部门、镇（街道）及驻上单位40多家单位开展主题为“加快郑州都市区建设，携手建设创新型郑州”2011年科技活动周集中宣传活动。科技活动周期间，分别在昌盛社区、江南小镇社区等，以悬挂宣传标语、设置宣传展板、设立咨询台、义诊等方式，宣传科普知识。本次宣传活动吸引了1.1万名群众参加，各单位共展出展板120余块，悬挂宣传横幅200余条，设立服务咨询台25个，接受群众咨询600余人次，发放各类宣传资料1.3万余份。

【科技下乡】 统战部组织科学技术局、科协、司法局、农村工作委员会等单位到峡窝镇冯沟村开展“科技、法律、医疗三下乡”活动，发放科技技术资料500余册，印发科技资料宣传单800余

科技下乡

份，现场咨询群众近100人。组织省林业科学院专家对该村300亩薄皮核桃树进行夏季修剪，对250余专业户进行栽培管理技术培训。

【科技计划管理】 5家企业的5个项目列入市级科技计划，获得科技资金支持108万元。3个科技型中小企业项目获得国家中小企业技术创新基金扶持，扶持资金200万元。策划华中建机的HZZ900运梁机项目（与燕山大学合作成果转化）、郑州盛源粉体有限公司的环氧浇注专用填料氧化铝项目（自主开发成果转化）、郑州欧亚空气炮的二位二通电磁阀控制型空气炮项目（与工程热物理所合作成果转化）、玉发陶瓷公司的新项目（与上海硅酸盐所成果转化）、天马微粉的光电应用材料生产项目（与过程所合作的成果转化）等5个项目。

【知识产权工作】 充分发挥《专利法》《河南省专利保护条例》赋予管理知识产权工作部门的行政管理执法职能，提高知识产权保护意识，维护广大消费者和专利权人的合法利益，全面提高科技自主创新能力，树立尊重和保护知识产权的良好形象。2009年邀请专利事务所资深专家多次深入企业宣传知识产权的相关法律、政策，并与企业管理和技术人员进行交流互动，解疑答惑，指导企业实施知识产权发展战略。组织一期针对企业经理、厂长及技术人员的专利知识培训班，通过培训提高了企业申请专利的数量和质量。2011年度全区共计申请专利156项，实现了同比增长10%的目标。郑州市郑蝶阀门有限公司被郑州市知识产权局评为郑州市知识产权优势企业。

【农村信息化建设】 为峡窝镇冯沟村、老寨河村送科技书籍3000余册；协助郊段村成功申报市“科技示范村”，获得市级启动资金10万元。峡窝镇郊段村被郑州市科技局评为农村科技示范村。

【科技服务体系建设】 邀请中科院等科研院所、高等院校专家来进行实地考察，组织相关企业赴中科院上海硅酸盐研究所、苏州大学、苏州吴中区科技园、无锡科技园等科研院校、园区开展产学研对接活动。玉发集团、天马微粉、欧亚空气炮建成研发中心和区属20多家企业与中科院等科研院所、高等院校建立了长期合作关系；欧亚空气炮的“郑州市空气炮清堵器工程技术研究中心”已被认定为市级工程技术研究中心（重点实验室）；郑蝶阀门的“河南省阀门工程技术研究中心”被认定为省级工程技术研究中心；河南省中国科学院科技成果转移转化中心批复同意成立郑州绿色化工材料分中心。

科学普及

【概况】 2011年，上街区科协坚持以科普工作为主线，充分发挥自身优势，解放思想，开拓创新，求真务实，拼搏进取，积极促进《全民科学素质行动计划纲要》的贯彻落实，努力开创科协工作新局面，为上街区“两加快一维护”战略的实施作出了应有的贡献。

【社区科普大学工作】 2011年社区科普大学按计划圆满完成了15所社区科普大学2010～2011年度第二学期的教学任务，结业学员726名。新创办社区科普大学2所，全区科普大学总数达到17所，占主城区社区总数的80%以上。在全市社区科普大学综合评比中，上街区一类分校达标率均达100%。面向全区社会各界开展社区科普大学教师招聘活动，经评审，共有76名试讲合格，被录用为区社区科普大学教师。至年底上街区社区科普大学讲师团成员增加至103名。

【青少年科技教育】 2011年组织上街区中小学生参加郑州市第十七届青少年科技创新大赛，取得了市级二等奖3名、三等奖19名的好成绩。区科协被评为郑州市青少年科技创新大赛优秀组织单位。组织中小学生参加第十六届全国“华罗庚金杯”少年数学邀请赛郑州赛区的比赛。上街区共有53名选手获奖，其中一等奖11名、二等奖15名、三等奖27名；张延秀等13位教师被评为优秀辅导员，区科协被评为优秀组织单位。

【农村科普工作】 以开展“三创一带”活动、“一站一栏一员”建设和实施“科普惠农兴村计划”为载体积极开展工作，柏庙黄梨基地负责人许爱梅被评为省先进农村科普带头人，上街区养猪协会会员李保平被评为郑州市先进农村科普带头人，分别获得奖补资金2万元。新建农村科普宣传栏6个，至此区农村科普宣传栏达到24个，普及率达到80%以上。同时通过调查摸底对部分破损宣传栏进行整修完善，足量发放科普宣传挂图，充分发挥了宣传栏在农村科普宣传中的作用。

【组织开展大型科普活动】 5月14日~20日组织参与“全国科技活动周”活动。一是区科协、区科技局联合组织全区40多家单位在亚星盛世广场开展科技活动周和防灾减灾集中宣传活动，参加群众近2万人次。共发放各类资料近3万份，展出展板200多块，悬挂横幅80余条，设立服务咨询台20余个。接受咨询人数达3000多人次。二是在江南小镇社区举办科普知识讲座，邀请科普大学教师为社区居民讲授法律常识和环保知识。三是联合区食用菌协会举办香菇栽培和管理技术培训班，发放实用技术书籍以及学习资料。会员100余人参加了培训并实地参观了食用菌种植大棚。

9月17日～23日组织开展全国科普日活动。一是围绕活动主题制作科普展板30块，在全区各社区开展了科普知识巡展。二是邀请郑州市耳鼻喉科专家到上街区开展专科义诊活动，对社区居民进行义诊和健康检查。三是联合教体局开展反邪教警示教育进校园活动，在全区12所中小学校进行反邪教知识宣传。四是开展科教进社区宣传活动，在各社区发放科普知识、反邪教知识等宣传资料1000余份。五是在社区开展反邪教知识宣传，举办反邪教知识讲座和播放反邪教宣传光盘，发放宣传资料500余份、宣传册100本。六是与九三学社郑州市委联合到上街区鲜切花科普示范基地开展送科技下乡活动，聘请花卉专家现场指导鲜切花种植技术，指导基地建立农村专业技术协会，并发放科普图书200余本。七是与区民族宗教局联合开展科普知识进教堂活动。邀请市中心医院主任医师在上街区基督教堂举办了《健康长寿》科普知识讲座，为信教群众义诊，传授科学的保健方式，提高了信教群众的科学意识。八是举办“院士专家企业行”活动。联合区工商联深入区工业企业调查研究，广泛征集技术难题。积极牵线搭桥促进院企合作，为2家企业解决技术难题，帮助企业建立合作渠道。九是与区食用菌协会联合举办冬季食用菌栽培与管理技术培训班，70多人参加了培训。十是开展到社区科普大学听课活动，了解新聘用老师的讲课水平，及时发现存在问题，及时反馈，及时解决，有效促进了社区科普大学的教学管理。

【反邪教宣传工作】 一是组织召开区反邪教协会常务理事会，对当前国家、省、市、区反邪教斗争形势进行了通报，安排部署了新一年的反邪教工作。二是建立反邪教协会基层组织网络。上街区一镇五办全部成立了反邪教协会，24个社区、30个行政村全部建立了反邪教工作小组。三是组织召开了反邪教示范社区创建工作推进会，对区反邪教示范社区创建工作进行了安排部署。四是指导区各街道积极开展无邪教示范社区创建工作。盛世等12个社区被评为上街区无邪教示范社区。推荐盛世、桃源、新华街、中安街、昌盛5个社区参加郑州市无邪教示范社区的评选。五是开展反邪教赠书活动。向参与无邪教科普示范社区创建活动的12个社区赠送反邪教科普宣传图书共计300本，向社区居民发放反邪教宣传手提袋700余个。

【科技培训】 针对农业生产中急需解决的问题、农民脱贫致富需要的生产技术适时开展送科技下乡活动。聘请有关方面专家帮助农民解决生产上的疑难问题。先后共聘请专家6人次，开展农村实用技术培训3场（次），培训人员200人以上，解决技术难题10多个，发放科普图书、资料1500多份。

举办春季、冬季食用菌栽培与管理技术培训班。食用菌协会会员50多人参加了培训。培训结束后，授课教师到食用菌大棚里实地解答了会员提出的食用菌生产过程中出现的问题，食用菌协会理事长白峰奇同时向会员赠送了自己编印的《平菇优质高产栽培新技术》实用手册。

（戚　澍）

中国铝业股份有限公司郑州研究院

【概况】 中国铝业股份有限公司郑州研究院（以下简称郑州研究院）是中国轻金属专业领域唯一的大型科研机构，为中国铝业股份有限公司研发中心，位于郑州市上街区济源路82号。至年底，郑州研究院共有员工663人，其中专业技术及管理人员337人，具有高级工程师以上职称的97人、博士30人、硕士研究生93人；设有7个专业研究所，4个工业试验厂；总资产5.51亿元，全年实现销售收入1.49亿元。

【组织机构】 下设7个职能部室，13个二级单位。国家轻金属质量监督检验中心挂靠在该院，设有国家铝冶炼工程技术研究中心、中国铝业博士后科研工作站。

职能部室：办公室、人力资源部、财务部、科技管理部、产业管理部（安全环保部）、党群工作部、营销部。

二级单位：氧化铝研究所、铝电解碳素研究所、资源综合利用研究所、绿色冶金与材料研究所、设备与自动化研究所、技术工程化所、质检中心、科技信息研究所、研发条件中心、科技成果转化中心、沁阳铝电解试验厂、氧化铝试验厂、特种氧化铝试验厂（特种氧化铝研究所）。

注：郑州海赛高技术陶瓷有限责任公司是中国铝业控股子公司，由研究院代为管理。

【科技创新】 紧紧围绕铝工业科技进步和节能减排，全年共承担国家和中铝公司项目19项，申报15项国家、省、市项目；发布实施10项国家标准，制定发布1项国际标准；申请了51项专利，获得专利授权30项，其中发明专利16项；鉴定成果4项，非效应PFC减排技术成果和新型结构铝电解用阴极材料技术成果分获中国有色金属工业科技进步一等奖；国家铝冶炼工程技术研究中心第二次通过验收，蝉联“优秀国家工程中心”称号。

基础性和战略性技术研究取得重大突破。绿色冶金技术形成了20kA级绿色冶金成套的工艺与装备技术原型，为产业化奠定了基础。基于该技术的“高效绿色铝生产技术产业化示范工程”项目入选河南省2012年第一批重点项目建设名单。成功开发的粉煤灰生产氧化铝技术在基础理论上和技术上都有重大创新，为我国粉煤灰资源综合利用和铝工业的可持续发展提供了新的技术支撑。新兴高技术领域取得了初步进展。完成了国家“863”计划项目“基于惰性电极的铝电解技术研究”工业试验，达到了考核指标，完成了现场验收。国家“十一五”科技支撑计划——高效低耗氧化铝选冶技术研究顺利通过国家验收。

传统领域技术创新取得了新成果。高硫铝土矿资源综合利用技术开发，为我国解决铝土矿资源日益贫乏的困境提供了技术支撑。郑州市已把煤下高硫铝土矿开发利用作为重大项目予以推进。一水硬铝石高浓度、高固含拜耳法溶出料浆高温脱硅和赤泥分离工艺技术，郑州研究院完成了20立方米/时规模的工业试验，且技术指标良好，节能效果明显。铝电解非阳极效应PFC排放检测和抑制技术开发，使郑州研究院成为世界上第一个全面掌握非效应全氟化碳减排技术的单位，得到了国际铝协的高度评价，并资助5万美元用于技术的开发。阴极钢棒磁屏蔽节能技术，郑州研究院已开展工业试验，电解槽稳定性得到了提高，槽电压可以降低到3.7伏，节能效果显著。

科技成果转化取得良好经济效益。无效应低电压技术和新型结构电解槽技术在中铝公司得到进一步推广，与2009年同期比，吨铝综合交流电耗降低163千瓦时；“新型结构槽节能技术”已在中铝公司1000余台电解槽上得到了推广应用，平均吨铝节电约1000千瓦时。由于节能效果显著，“无效应低电压和新型结构铝电解节能减排技术”双双入选国家重大科技成果产业化项目，得到了国家财政1亿元的补贴支持。“优质阳极生产关键技术”“低品质石油焦生产阳极技术”的推广应用，显著提升了我国碳阳极生产质量，降低成本550 ~ 700元/吨，使我国铝用碳素技术水平和产品质量处于世界前列，大大提升了我国铝用碳素工业的核心竞争力。

【生产经营】 做强研发的同时，在保留试验基地功能基础上，积极调整现有产业和产品结构，增强生存发展能力，增强造血机能，促进产业做优。郑州研究院氧化铝试验厂摒弃以铝土矿生产氧化铝的传统工艺，开发出市场前景看好的一水软铝石为主的系列产品，结构调整很有起色，基本盘活了存量资产，其开发的产品正在向化工、催化剂和高档陶瓷原料方向发展。特种氧化铝厂注重新产品开发、市场开发和产业化并重，液晶电视玻璃基板用氧化铝、高导热氧化铝、薄膜电子基板用氧化铝、真空管壳用氧化铝销量同比有较大幅度增长。依靠技术实力和产品信誉打开了国际市场，实现了高技术产品的出口，产品的销售首破万吨大关，赢利能力在不断提高。通过产业结构调整，基本形成了以一水软铝石深度开发为基础的、上下游紧密结合的特种氧化铝产业链，产业上下联动、协同发展的格局已现雏形。

高度重视安全生产工作，层层强化安全生产责任制，明确责任，狠抓落实，安全生产保持了较好的局面。郑州研究院被郑州市授予“安全生产诚信企业”称号。

【管理改革】 考虑地区、院所的因素，确定了新进本科、硕士和博士的待遇，明确了博士的安家费，专门出台了《中国铝业郑州研究院博士津贴发放考核办法》等相关管理制度。按市场机制引进的特殊人才，通过协议工资的方式，以市场同类职位的薪酬水平确定薪酬，使优秀的人才进得来。完成了五级工程师序列的选拔聘任工作，根据水平和贡献，宁缺毋滥，动态管理，一级两个层次，二级三个层级，实行津贴制，使其努力有方向，进步有通道。鼓励申报国家项目，所得奖励全部用于项目团队；鼓励原始创新，重专利的实际应用价值，对专利设有专项奖励；对作出特别贡献的单位和个人授予院长特别奖励。以贡献和业绩为主要考核点，通过考核，该降就降，该升就升，以岗位选人，以岗位淘汰人，岗变薪变。按照公司的要求，对绿色冶金团队进行了股权和期权激励方案的初步设计，逐步实现员工收入多元化。

【建设与发展】 研究院坚持“自主创新、重点跨越、支撑发展、引领未来”的方针，在平台建设中注重世界眼光和战略性思维，注重增强自身发展能力，在中铝公司的大力支持下，研发平台建设和产业发展都迈上了新台阶。投资1200万元用于绿色冶金研发中心的中试线建设、厂房和配套设施建设，保证了在该技术领域始终居于世界领先水平。在产业发展上，以工业试验、安全生产、效益最大化为中心，深入开展了控亏增盈、开源节流、产品结构调整等工作，投资500余万元用于特种氧化铝高导热氧化铝生产线建设，投资600余万元用于高技术陶瓷制品产业化厂房工程建设。同时，加大了新产品开发和产业化力度，产品结构进一步优化，分别实现了高导热氧化铝、玻璃基板用氧化铝及低钠薄水铝石规模化生产，扩展了化学品氧化铝应用领域，延长了产品产业链，实现了多品种氧化铝产业结构的深度调整，基本形成了高附加值产品集群，促进了产业健康发展。

【队伍建设】 从清华大学、中南大学等高校，优选出专业基础知识扎实、学风严谨、创新能力强的8名博士硕士，从华中科大招收了1名博士后进站工作。用市场手段为研发和产业化团队优化配置资源，共组织4次招聘，先后有22人通过竞争进入了相应的团队。1名研发人员作为访问学者被送往挪威科技大学学习。通过公开选拔，55名研发人员将被聘为1～2级工程师。坚持人才全面发展理念，坚持人才在一线历练、在基层成长培养方式，鼓励和引导高学历向高实践能力、高创新能力转化，提高人才综合素质和水平。目前在基层和研发一线工作的博士和硕士占研发人员总数的90%，1名博士常年在河南分公司挂职，6～8名硕士在成果产业化和节能测试一线工作。扩展人才培养新的平台，探索政府支持企业发展新途径。经与上街区委商议，郑州研究院与上街区各1人相互挂职，为人才历练、成长提供新舞台。

绿色冶金研发中心等两项工程开工建设

【党的建设】 按照党中央和中铝公司党组的部署，突出科技特色、实践特色，创先争优活动在郑州研究院蓬勃开展。在创先争优中，院主要领导率先垂范，谋划发展殚精竭虑，深入基层调查研究，深入企业促进合作，主持项目日夜攻关，坐镇产业化第一线，形成了“一级做给一级看、党员带着群众干，全院员工齐争先”的生动局面。

不断加强党风廉政建设，层层落实廉洁从业责任制，充分发挥效能监察的作用，廉洁从业在研究院蔚然成风。2011年未发生违纪违法现象。高度重视维稳信访工作，围绕管理改革创新，坚持有情操作，强化政治思想工作，努力为员工办实事办好事，保持了研究院和谐稳定的良好局面。

创先争优活动促进了各项工作再上新台阶，涌现出了一批先进典型。先后荣获市级以上先进集体称号的8个、市级以上先进个人称号的22人次。

【企业文化建设】 大力加强宣传工作，树立正确的舆论导向。通过宣传院标兵等先进典型，展示了一线员工爱院、拼搏、创新、奉献的精神风貌，使各级党组织和全体党员学有榜样，赶有目标，营造了创先争优、团结奋进的良好氛围，研究院“创新、求实、卓越、和谐”的理念进一步深入人心。研究院对员工非常关心，为每一位员工购买了郑州市职工互助保障意外伤害保险，节假日共慰问伤病职(员)工110多人次，为150余名儿童送上了节日礼品。广泛开展了唱歌、足球、排球、篮球、羽毛球、乒乓球、徒步健身走等多种多样的文化娱乐活动，丰富了职（员）工的业余文化生活。积极开展“畅通郑州，文明出行”志愿者服务活动。全院各级工会干部、工会积极分子和在职的劳动模范、省市“五一”劳动奖章获得者等共80人报名参加了志愿者服务队伍，受到了市总工会的表扬。

（涂　键）

汜水河

沙固村西部有一条奔腾的河流，名叫汜河，亦叫汜水，通称汜水河。汜河是一条历史河。《通志气》云，汜河原出方山。《水经注》记载，汜者取水决而复入之意，北经虎牢城，东又北由孤柏嘴以下入于河。《山海经》曰，浮戏之山，汜水出焉。

汜河的源头浮戏山，古称阳城山，又称方山，上古时期为炎帝祝融氏所居。尧时，射日的后羿曾居此山中。夏时大禹治水，导伊、洛、济水入黄河，济水溢出为泽，“荥陂既渚”，始有荥泽。夏灭商兴，商汤王在汜水河边“剪发断爪（指甲），乞雨于桑林，故附近有“桑园村”及“汤王庙”。西周，周穆王在汜水狩猎获虎，设牢养之，始有“虎牢”。虎牢关乃一山隘，北临黄河，南为群山，东西控汴、洛两都，古称“两京襟带，三秦咽喉”，历来为兵家必争之地。春秋时期郑桓公受封建郑国，设汜水。后郑为韩所灭，汜水遂属韩。秦庄襄王统一天下，巩、汜水、荥阳归秦，属三川郡。秦灭，楚汉交兵，刘、项屯兵汜水，对垒数月不下，后议和，以汜河、“鸿沟”为“楚河汉界”，中分天下。次年，刘邦在汜水建玄武灵台，登极称帝，并在汜水纳薄姬，生汉文帝刘桓。汉末，黄巾起义，在虎牢设旋门关。三国，曹操在汜水遇老友吕伯奢，疑心杀之，王允献貂蝉计杀董卓，刘、关、张三英战吕布，关云长温酒斩华雄，均发生于汜水。隋唐以降，汜水流域更是战事频繁。隋末瓦岗军先居荥阳，后袭洛口。李世民在虎牢关大败窦建德，建立唐朝。天宝年间“安史之乱”，安禄山屯兵虎牢关，攻下洛阳，迫使玄宗、贵妃西逃。宋朝，金兵南侵，岳飞在汜水大败金兀术（汜水城西今有兀术沟）。明，朱元璋起事，徐达、常遇春在浮戏山招抚反元义军。明末李自成等各路起义大军会师荥阳，迎战洪承畴，兵败后经汜水转战于商洛山中。抗日战争、解放战争中，这里是中原战场的一部分，南部山区因此成为革命老区。

出沙固村沿汜河行走，两岸村庄错落有致，依山而建。向南有西邢村、冯沟村、石嘴村、胡寨、北头村、竹川镇，直至发源地浮戏山；向北有东河南村、陇海铁路、汜水镇、口子村，直至汜河进入黄河。汜河流域有数十个自然村庄，构成了黄河南岸的人居景观。在这里，先民们很早即知乘河泽之便，开沟渠，兴水利，通漕运，灌农田，发展生产，造福子孙。

汜水河以倒流四十五里著称（即从东南流向西北），终日不息地奔腾，浇灌着万顷良田，投入滔滔黄河的怀抱。

教育·体育

教　育

【概况】　上街区2011年共有各级各类学校34所，其中普通高中2所、职业（技工）学校2所、初中3所、小学13所、公办（含公办性质）幼儿园12所、中小学生劳动实践教育基地1个、乡镇成人学校1所。现有教职工1991人(其中公办教师1453人)，中小学在校生16956人，在园幼儿4498人。

2011年区教体局荣获省级文明单位、河南省教育督导先进集体、郑州市中小学校舍安全工程先进集体、郑州市学习型党组织建设工作先进集体、郑州市学习型组织先进班组、六好基层工会、郑州市“三八”红旗集体、2011郑州市第十五届多媒体软件大赛评审活动先进组织单位、郑州市群众体育先进集体、郑州市普通高中教育教学先进单位、郑州市青少年爱国主义读书教育活动优秀组织单位等称号，并获得了郑州市“学三平精神、做三平教师”师德主题教育活动优秀组织奖。连续3年被评为郑州市普通高中教育教学先进单位，连续6年被评为郑州市“教育督县”优秀单位。

上街区教育系统校级领导暨校级后备干部培训班结业

【经费投入】　上街区认真落实“两个比例”。2011年国家财政性教育经费占国内生产总值的比例为2.14%，比2010年的1.79%增长了0.35%。2011年预算内教育经费占财政支出的比例为23.19%，对教育拨款的增长比例高于财政经常性收入增长比例，增长0.55个百分点。

切实执行“三个增长”。2011年全区财政经常性收入为62151万元，比上年增长28.41%。财政对教育拨款18218万元，比上年增长28.72%。2011年对教育拨款的增长比例高于财政经常性收入增长比例，增长0.31个百分点。2011年生均教育事业费，小学为5040.07元，比上年增加722.43元；初中为7195.82元，比上年增加1593.03元。全区小学和初中的生均预算内教育事业费做到了逐年增长。2011 年生均公用经费，小学为 449.1 元，比上年增加 47.17 元；初中为 596.53 元，比上年增加 78.26 元。全区小学和初中的生均公用经费均达到省定标准，并实现了逐年增长。

按时足额征收教育费附加。2011 年城市教育费附加为 2333 万元，土地出让收益提取金为 54 万元，全都做到了足额征收，并按计划全部拨付教育部门使用。

统一标准足额发放教师工资。近年来，区政府认真落实"以县为主"的农村义务教育管理体制，农村中小学教师工资与区直学校统一标准、统一发放，无拖欠教师工资现象。2011 年，人月均教师工资，小学为 3125.8 元，比上年增长 404.69 元；初中为 3197.07 元，比上年增长 312.77 元；高中（含中职）为 2993.34 元，比上年增长 256.91 元。人月均农村学校教师补贴，小学 108 元，初中 120 元。义务教育阶段绩效工资，小学人月均 2554 元，初中 2665 元。已全部落实到位。

【办学条件】 全区小学、初中、高中、中职生均建筑面积分别为 9.4 平方米、15.2 平方米、21.9 平方米、22.3 平方米；生均图书分别为 35 册、47 册、64 册、41 册；全区中小学教学仪器、体、音、美、电教、劳动器材配备和实验室建设均已达标。全区中小学有微机 1818 台，人机比为 12.6 ∶ 1。100% 的学校安装了"班班通"，

上街区名师工作室挂牌仪式

实现了网络的互联互通。

【惠民政策】 区政府全面落实惠民政策，保障各类群体享受公平教育。一是继续推行区属职业教育免费工程。为区属职业学校 206 人次郑州户籍学生免除学费 12.3 万元，完成了区属职业教育免费工作。二是落实各项助学政策。拨付"两免一补"资金 610 万元，受益学生 26546 人；将农村中、小学义务教育学校生均公用经费标准，分别由 530 元和 330 元提高到 730 元和 530 元；补助 509 名贫困寄宿生生活费 224625 元；补助考取大学低保家庭子女 12 人，补助金额 9.2 万元。建立了普通高中家庭经济困难学生国家资助制度，完成 518 名普通高中低保、低收入家庭及其他困难家庭子女的就学资助（平均每生每年补助 1500 元），资助面占普通高中在校生总数的 19.88%。制定《上街区学前教育券发放管理暂行办法》，指导对符合条件的适龄幼儿发放学前教育券工作。三是借助社会力量扶困助学。充分运用薛景霞、殷玉芳、华泰等教育基金，奖励突出贡献学校 2 所、校长 2 名、教师 25 人，发放奖励资金 25.5 万元。为 258 名贫困儿童发放各类奖、助金达 11.01 万元。四是坚持实施全民健身工程。全年全区维护、更新健身器材 98 件，为东林子和营坡顶安置小区新配置健身器材各 20 件。五是提高中小学教育现代化水平。两年来，区政府不断加大教育投入力度：投资 2300 万元建成新搬迁后的原夏侯小学和安阳路小学一期工程；投入 1400 万元，率先在全市完成校舍安全工程，争取市奖励资金 280.8 万元；投资近 3000 万元，

改建上街实验幼儿园、建设安阳路小学一期工程、建设上街实验初中运动操场、建设中心路小学校安工程等项目，有力促进了区域教育均衡发展。2011年，上街区20%的中小学校达到教育基本现代化水平。

（贯福林）

学前教育

【概况】 上街区经教育部门批准注册的幼儿园26所。其中，公办幼儿园2所（含峡窝镇中心幼儿园），小学附属园（学前班）7所，企业办园2所，民办园15所。省级示范园1所，市级示范园2所，市一级园4所，市二级园6所，合格园4所，准办园9所。分布在城区内的有20所，分布在峡窝镇的有6所。全区在园幼儿4498人，教职工538人，专任教师364人，有园长资格证的24人。幼儿园专任教师学历合格率100%，有专科以上学历的达到84.61%。2011年上街区学前教育财政投入金额345.29万元，占全区财政投入比例的1.74%，比2010年的212.8万元增加102.49万元，比2010年的1.55%增长了19个百分点。

【扩容升级】 根据未来3年适龄人口发展变化趋势，上街区在加快学前教育事业发展上狠下功夫。2011年完成了公办幼儿园扩8个教学班的任务。利用实验小学富余校舍，投资180多万元改造完成1所幼儿园，新增学位240个，初步扩大了公办园规模。提前超额完成民办幼儿园达标升级任务。完成了8所幼儿园（任务为5所）达标升级，进一步完善了公办民办并举的办园体制。在积极推进公办幼儿园建设的同时，积极扶持、引导民办幼儿园健康快速发展。

深入开展创先争优活动

【主要工作】 一是深入开展了"细化解读目标"和"课堂观察"工作。扩展目标细化和活动观察的内涵，由教学活动的目标细化和观察逐步向游戏活动、生活常规等活动深化。对全区幼儿园园长及教师进行了"解读纲要目标，分解细化，成就有效教学"的学习培训。采取理论联系实际的操作和听课调研的指导、研讨等方式，让目标细化解读更加贴近幼儿教师的工作实际，并在目标细化试点园抓出特色。召开了试点园会议，确定各个试点园目标细化工作的重点。做好师资培训工作，结合目标细化和活动观察，开展不同层次的参与式培训活动。二是进行优质课评比活动。两年一度的优质课评比活动是"检验幼教改革成果，发现优秀教育人才，推广先进的教育理念，促进教师提高教育技能"的有效途径。2011年4月，进行了区、市优质课评选活动。三是发挥了骨干教师作用，提升了学科中心组骨干教师水平。在各园推荐的基础上，确定学科中心组教师。召开学科中心组教师会议，对他们进行相关理论培训。结合实际进行指导，重点对音乐、数学、科学三学科的骨干教师进行听课指导，使他们在幼教理论和实践中逐步成为本学科的领路人。四是继续开展游戏活动研讨，提高教师对游戏的指导能力。2011年

学生家长参加道德课堂开放活动

继续开展游戏活动研讨，积极参加全市范围内的游戏活动，交流、研讨有效的组织游戏方式，进一步改变重教育教学活动研讨、轻日常游戏活动组织的现象。五是加强了对民办幼儿园的指导。通过专业培训、听课调研、实际指导等途径，提高了民办幼儿园的办园水平。

【具体活动】 2011年3月4日在一〇〇中学阶梯教室召开了全区各级各类幼儿园幼教工作会议，布置了本期幼教的重点工作，对幼儿园园长进行了“道德课堂”培训。3月14日上街区召开了“目标细化”解读试点园会议，确定各个试点园目标细化工作的重点；组建了幼教学科中心组（语言、社会、数学、科学、美术、音乐、体育每个学科4人），召开了学科中心组教师会议。3月中下旬，组织各园开展园内优质课评比活动。28日各园上报评比结果，幼教组组织验收，确定了区级优质课参赛教师。

4月3日在长铝中心幼儿园集中教研时，对幼儿园园长及教师近200人进行了“解读纲要目标，分解细化，成就有效教学”的互动式培训。4月8日上午，在长铝中心幼儿园举行了区幼教优质课评比活动，参赛课9节，长铝中心幼儿园的郑军老师总分第一，获得了市幼教优质课的参赛资格。4月15日，长铝中心幼儿园的郑军老师代表上街区到新郑参加了郑州市县区幼教优质课评比。在课后专家点评中，郑军老师的语言课《土狼坏坏的恶作剧》获得了省教研室老师的高度评价。4月19日、20日、21日，上街区组织区各级各类幼儿园的业务园长和教师20余人，分别到郑煤机幼儿园、省实验幼儿园和管城回族幼儿园参加了郑州市幼教优质课评比活动。4月27日、28日，组织区内9名优秀的幼儿园园长，参加了由全国妇联组织的百场幼儿园园长培训。

5月10日，各园集中教研，开展了区级游戏活动经验交流会，其中区幼儿园、长铝大地幼儿园、江南小镇幼儿园的游戏活动交流材料在会上进行了交流。5月16日，上街区组织了各级各类幼儿园幼教论文评选。全区共上交论文25篇，经过评审，有6篇论文被推荐到省教研室参加省级幼教论文评选，有6篇论文获得区级一等奖。5月18日，组织区各幼儿园的业务园长和骨干教师10余人，到北大附幼参加了市中心组组织的“游戏园本教研交流会”。

6月3日下午，组织各级各类幼儿园园长或业务主任集中连片教研，并进行了幼儿园年审工作培训。6月15日，上街区郑军老师的语言课《土狼坏坏的恶作剧》获得了郑州市幼教优质课一等奖，同时还被推荐到省教研室参加省幼教优质课的评比，同日上报省级优质课材料。

9月9日区教体局召开了全区各级各类幼儿园幼教工作会议，对园长进行了道德课程、对教师进行了道德行为的培训。9月13日～27日各园组织开展了园内优质课评比活动。区教体局组织有关人员到民办幼儿园听课调研，选拔优质课评比活动的参赛教师。9月20日区教体局组织各幼儿园园长到郑州市新建幼儿园参加市“目标细化”试点园研讨会。

10月10日组织各幼儿园业

务园长开展集中教研。10月18日，组织区各级各类幼儿园的业务园长和教师20余人，到省实验幼儿园参加了郑州市“语言”领域的优质课评比活动。

11月1日，区教体局组织各级各类幼儿园园长或业务主任集中连片教研，各幼儿园园长或业务主任汇报了各园优质课评比的主要情况，同时，区教体局对11月18日的区民办幼儿园优质课工作进行了安排和部署。11月7日~11日，区教体局组织区内9名优秀的园长和骨干教师，参加了市学科骨干教师研讨课。11月18日在长铝大地幼儿园举行了上街区民办幼教优质课评比活动，参赛课7节，长铝大地幼儿园的杨水育老师和金阳光幼儿园的马伟丽老师分别以总分第一、第二的成绩获得区级一等奖。

12月1日，组织各级各类幼儿园园长或业务主任集中连片教研，各园汇报了当时幼儿园的主要工作。12月20日，区教体局组织各级各类幼儿园园长或业务主任参加市“目标细化”经验交流会。

（贾福林）

基础教育

【具体活动】 举行道德课堂有形成果展示。展示会200余人参与，分设4个小学学区，5所中学共9个展示台，展现了各校道德课堂建设阶段性研究成果。召开构建学科知识体系研讨会。会上宣布了构建学科知识体系项目组的成员和职责分工，并提出了具体要求，研究确定了数学、物理、化学等学科知识体系的子课题，制定了详细的工作标准和进度。2011年在省市教科研部门立项共81项，结题并获省级奖119篇，市级奖143篇。组织教师申报小课题，全区912人参与，申报项目912项。教体局在全区发出“人人有小课题、个个会做研究”号召，要求课题研究小型化、具体化、实效化，在实践研究中不断完善研究成果。组织参加郑州市首届校园电视主持人大赛活动，二外初中两个节目获奖。组织参加两所高中举行听评课活动。做好中小学生的学籍管理和学生转出、转入手续的办理工作。实施教育“双百”工程。在全区百分之百的学校、百分之百的学科开展了新课标解读工作；在中学数理化学科尝试构建了各学科知识体系；在实验初中召开了校本教研有形成果展示会，展出有形成果50余种，效果明显；建立了区教师成长记录袋。着力加强质量监控工作。4月份，进行全区小学四年级语文、数学、英语抽测，期末进行各学段学业水平测试，将二者有机结合进行质量监控。11月份，调考全区小学四年级的语文、数学、英语。完成初中三年级1213名学生的理化生实验操作考试。完成初中三年级891名高中考生和111名中专考生的报名、考试、评卷工作。组织联大杯第六届青少年外语大赛。举行中小学珠心算比赛。10月份，组织各中小学、幼儿园的数学教师珠心算培训。

郑州师范附属小学和上街区新建小学成立“互助共同体”签字仪式

【小学教育】 将全区13所小

学划分为4个学区，即新建学区（新建小学+夏侯小学、二十里铺小学）、中心学区（中心路小学+任庄小学、马固小学）、铝城学区（铝城小学+安阳路小学、朱寨小学、武庄小学）和外国语学区（外国语小学+实验小学、矿山小学），扩大优质教育资源覆盖面。促进新建小学与郑师附小建立结对关系，已完成名师送课、支教4次。各校结合《三年行动规划》，深入实施"一校一规划、一校一特色"工程，航模和艺术教育、"诵国学经典，做美德少年"教育、"红色基因"传承教育、"书香校园"教育、心理健康教育、写字教育、文明礼仪教育、美术艺术教育、戏剧艺术教育等均取得了较好的成效，基本实现了一校一特色、一校一亮点、一校一品牌。

【中小学招生】 2011年，小学一年级实际招收1601人，实行划片安置，就近入学。初中一年级区内新生摸底1096人，外来务工子女摸底371人，3所初中实际招生1358人。全区共有初中3所：二外初中、实验初中和一〇〇中学。两所高中共计录取新生788人，其中，录取区内3所中学的初中毕业生552人。

【高招录取】 全区共有高中两所：二外高中和实验高中。2011年全区共有1014人报考普通高校，其中文科658人、理科356人，全区设了郑州二外和上街实验高中两个考点36个考场。2011年在高考人数下降的情况下（2010年高考人数1480人，其中文科841人、理科638人），上街区本科上线考生337人，比2010年提升两个百分点，本科考生上线率稳步提升。名师、骨干教师的引领作用得到进一步加强。成立名师工作室（高中、初中、小学3个名师工作室），组织名教师授课近100节，并通过"名师大讲堂""名师论坛""名师工作室网站"等形式，使上街区名师的引领、辐射和带动作用得到进一步发挥。启动了学前教育三年行动计划。一是2011年完成公办幼儿园扩8个教学班的任务。利用实验小学富余校舍，已改造完成1所幼儿园，新增学位240个。二是民办幼儿园达标升级5所。对7所民办幼儿园进行了等级初评，完成了6所幼儿园的达标升级。三是培训幼儿园园长、骨干教师。组织8名幼儿园园长参加市级培训，15名市级骨干教师参加培训。

（贾福林）

成人教育

【概况】 积极开展示范性办事处社区学校的推荐参评工作。2011年年初，工业路办事处社区学校通过市局验收，获得郑州市示范性办事处社区学校称号，并获5万元奖励。11月份，向郑州市教育局申报推荐的中心路和新安路办事处社区学校被评为市示范性办事处社区学校，并获5万元奖励。截至2011年年底，上街区5个办事处社区学校已有4个(济源路、工业路、新安路、中心路)成为市级示范性办事处社区学校，社区教育工作走在了全市前列。上街区教体局成人教育职业教育科积极督促镇、村各成人学校和社区学校深入开展相关培训。积极开展成人教育，区属峡窝镇成人学校和各村成人学校积极开展相关培训。如为配合新型社区改造的搬迁，开展搬迁人员创业培训，适时开展农民的种植养殖培训。积极开展社区居民教育，区属5个办事处设有27所社区学校。各社区学校能够围绕区重点工作，并结合居民的特点和需求，举办饮食健康教育、运动健康教育、家庭教育、法制教育、心理健康教育等多种培训。2011年共培训14886人次。

【成人高招报名】 2011年，上街区成人高招报名人数为560人，其中高中起点升专科461人，高中起点升本科3人，专升本96人。

【自学考试】 全年组织了两次自学考试报名、毕业证办理申请工作，2011年新报名27人。

（贾福林）

职业教育

【中等职业教育】 借中原经济区和郑州都市区建设的强劲东风，积极落实《上街职业教育攻坚计划》。2010年、2011年区政府投资150余万元，加大对科技工贸学校的支持力度。两年中，该校与郑州市有害生物防治（PCO）协会合作，举办有害生物防治员职业资格培训班3期，学员获得了劳动部门考核颁发的国家职业资格证书。这样的专业资格考核鉴定，在郑州市乃至全省尚属首次。2011年，区属科工贸学校有150名郑州户籍学生免除了学费，完成了区属职业教育免费工作。2011年年底，科技工贸学校与北大青鸟集团协商联合办学，首期招生80余名新生进行计算机高端培训。

【职教城】 郑州宜居职教城建设的各项工作有序推进。郑州铁路技师学院、郑州职业技术学院相继开工建设。两校占地1600多亩，总建筑面积70余万平方米，总投资14.5亿元，办学规模达4万余人。区政府还与河南正道商学院、郑州黄河护理职业学院签订了协议。同时，职教城配套的道路、游园、绿地、水厂等基础建设有序推进。

（贾福林）

民办教育

【概况】 上街区2011年有民办学校59所，学生5826人。其中民办幼儿园15所，在校幼儿2335人；民办培训机构44家，学生3491人。2011年共计接收、整理11家民办学校的申办资料，完成4家民办学校的变更工作，完成17家民办学校的招生广告审批备案工作。6次召开民办教育专题会议，安排部署2011年民办教育工作。制定《上街区教育体育局关于促进民办教育发展的若干规定》，规范民办教育招生、考试市场。纠正8家民办学校的办学行为。工作中，民办教育管理机构坚持“四上墙”：在招生办公室醒目的位置，将教师管理方面的各项规章制度装框，上墙；《中华人民共和国民办学校办学许可证》正证装框，上墙；物价局审核、监制的收费公示栏上墙；所聘全部教师公示栏（每人1张近期5寸彩色照片，下面注明姓名、年龄、学历、任教学段、学科、曾经取得的荣誉等）装框，上墙。广告正常备案、播发。每年的12月1日～10日，上交《中华人民共和国民办学校办学许可证》副证，参加年审。

（贾福林）

队伍建设

【人事管理】 制定上街区《关于进一步加强教师队伍管理的实施意见》，并征求了区法制局、人社局及局领导和内部各科室的意见。对全区18所中小学校的机构编制情况进行了摸底、调研，对现有中小学教职工的年龄结构、学历结构、学科结构、师生比例等编制的结构调整和动态管理提出了意见和建议。做好2010～2011学年度评先表优工作，共评选市级优秀教师4人、优秀班主任4人、师德先进个人5人、城乡教师交流3人，区级优秀教师35人、优秀班主任36人、师德先进个人40人、城乡教师交流4人。进行了教育系统后备干部的民主推荐工作。全系统共选拔后备干部34人，于8月17日～21日在上街实验小学进行了全封闭培训。聘请荥阳驻军进行队列训练，特邀郑州大学、市委党校、上街区委党校的教授专家及郑州市十一中校长、二七区汝河路小学校长进行专题培训，结束时进行了汇报，并建立了后备干部档案。组织教育系统事业单位岗位设置培训工作，直接参与了教科研中心的岗位设置工作，各单位的岗位设置方案、岗位设置审核表、设置方案核准通知书、事业单位首次岗位设置工作已基本完成。严格执行政策规定，认真做好毕业生提档、咨询等就业服务工作，2011年共接收高校毕业生档案45份，办理提档手续28人。暑期完成34名教师的调动手续，并对2009年、2010年、2011年未理顺工资关系的教师办理相关手续。做好教师资格认证的政策咨询、网上报名、理论测试、体检、教育教学技能测试等工作。2011年完成对18名符合要求的教师材料整理、录入信息材料工作。2011年职称评审共推荐了高级9人、中级23人参加。对2010年局机关人员及二级单位科级以上领导干部的政治思想表现、工作情况等进行实事求是的考核，对考核优秀的人员进行严格审查，考核结果作为教职工评优选模、工资晋升的依据。对全区教师职业道德考核结果进行统计，参与考评教师1351人，其中：优秀618人，占45%；良好719人，占53%；合格14人，占1%。根据郑州市妥善解决国有企业职幼教退休教师待遇问题实施方案的通知要求，审验长铝工学院离休档案7份、退休档案125份和幼儿园退休档案121份，计253人。

【领导培训】 2011年3月5日、6日组织17名小学校长到郑州参加中国卓越校长（小学）成功办学思想研讨会。2011年3月份组织中小学校长任职资格培训4人。组织参加中国卓越校长（中学）成功办学思想研讨会14人。2011年3月31日～4月1日组织有关教师参加郑州市举办的“高中综合信息管理人员培训”，建立网上完善、审批高中各年级学生信息系统，并指导学校熟练操作各项相关业务。2011年7月，上街区教体局利用暑假在上街实验小学举办教育系统校级领导暨校级后备干部培训班，参训学员58名，特邀解放军驻荥阳某部教官对学员封闭培训4天。学员们参加了军训，聆听了专家的辅导报告，撰写了学习心得，举办了主题论坛，并举行了汇报展示和结业典礼。组织参加“领导与沟通，全国口才高级研修班”14人。10月20日，举办中小学校长“我的理念、我的学校”交流展示活动。全区15位中小学校长围绕近年来的新课程实践，结合自身治校经验，以“我的理念、我的学校”为主线畅谈了自己的理念、收获和感悟。举办中小学业务副校长《课程纲要》交流活动，提高其业务能力和水平。10月23日、24日组织23人赴郑州参加第九届全省校长高级论坛。11月19日、20日组织35人到郑州参加全省第六届教导主任高峰论坛。2011年11月组织各中学校长、业务副校长、骨干教师先后到郑州四十七中、山东昌乐二中培训学习。

【教师培训】 2011年3月12日、13日组织参加第六届中国小学数学风云人物优质课展示暨小学数学人精英论坛。组织参加小学第二届全国名师作文研讨会。3月26日、27日组织参加全国优秀班主任2011年商都论剑46人。组织“国培计划”培训6人及征文活动。4月，上街区参加郑州市教育局组织的首席教师第三期“tfu”（英语“为了理解的教学”的缩写）课程培训班学习2人。实施学前教育3年行动计划：组织8名幼儿园园长参加市级培训，15名市级骨干教师参加培训。5月份组织初中教师第三周期第一期岗位培训报名学习83人。6月份和12月份组织小学教师213人参加继续教育培训及考试，同时组织安排了两所高中高二、高三年级206名教师参加学习、培训、考试。首席教师已参加市级培训2人、区级143人。参加“班班通”市级培训56人，暑期计划对全区专任教师进行班班通培训。

【城乡教师交流】 创新城乡教师交流形式，落实城乡学校结对培训实施方案。支教工作实行包班、包级、包学科制。按照市教育局有关文件精神，做好2010年城乡交流的总结，上报支教教师论文。2011年共安排9名教师到实验初中、实验小学、峡窝镇幼儿园支教。

（贯福林）

教学教研

【教育科研】 强化对常规工作的管理与指导。每学期每位教研员听课节数都在80节以上，每人撰写2篇调研报告和近百篇的评课稿。小学组利用市教研员调研机会，组织全体教师开展《自主学习模式》研究；中学组围绕构建高效课堂，开展教学模式研究活动。在活动中，教师们在教研员的引领下，在研究中提高实践效果，在实践中反思总结理论成果，形成了大量先进的课例、导学案、作业库、论文等有形成果。中心小学王小翠关于作业建设经验汇报在郑州市作了大会发言，得到市教研室领导的肯定和倡导。2011年教科研中心分别组织了幼儿园、中小学11学科的优质课比赛；组织了语文、历史等6门学科达标评优笔试，近200名教师踊跃参加区级选拔。区教科研中心从中选拔推荐参加市级比赛的教师中，获得省级二等奖2人、市级一等奖8人、市级二等奖16人的好成绩。

以“课题带动，努力提升教师的科研能力”为教科研工作思路，全面实施行动教育行动研究。在“道德课堂”学校课题研究的基础上，全面开展教师个人的小课题研究。至2011年年底小课题立项共923项，参与课题研究的教师为923人。在行动研究中涌现出很多先进事例和先进个人。其中在郑州市教科研先进集体、先进个人评比中，郑州市第二外国语中学、铝城小学荣获郑州市先进集体称号，陈建文、李江帆、刘明辉、田洁、杨辉辉荣获郑州市先进个人称号。2011年教体局在省市立项合计81项，荣获省市优秀论文成果高达262篇。

【“道德课堂”建设】 “道德课堂”就是要用道德的方式去从事教育教学和学习生活，并让师生从课堂中“得到愉快、幸福与满足，得到自我的充分发展与自由，得到唯独人才有的一种最高享受”，最终实现“教师小课堂，校园中课堂，社会大课堂”。“道德课堂”呈现的是一种人性化、生命化的高品质课堂形式，旨在改变教师教学生态、学生学习生态，充分实现课堂中学生主体地位、教师主导地位，两者形成良好的互动，让师生在课堂生活中享受到快乐和幸福，提升师生的生命质量和生命境界。

为扎实高效开展道德课堂建设工作，在市教育局开学初对上街区进行道德课堂诊断交流活动的基础上，9月份区教科研中心以课程规划的制定、导学案的编制和使用、作业系统的建设为重点对全区15所中小学进行听课、座谈、查档案等形式的检查活动。为促进道德课堂建设成果有形成果汇集、交流，8月，在实验初中举行了道德课堂建设有形成果展示示范性交流活动，让各校明确展示什么，如何展示；11月，在总结的基础上，二外高中又组织了全区道德课堂有形成果展。12月份，在区教体局二楼会议室，教研室牵头组织从校长、业务副校长、教导主任、教研组四个层面分别举行了“我与道德课堂”交流展示会，针对道德课堂十大行动策略研究和实践，又分别举行了课程纲要、作业建设展示交流活动。

【教学模式研究】 积极实施课堂观察活动，开展多种课型教学模式研究和实践活动。小学部，围绕道德课堂“先学—展示—反馈”的教学基本模式，建构并实施符合以学生的学习为中心的“222导学型”课堂教学模式。在四、五、六3个年级的语文、数学、英语3个学科尝试开展“222导学型”课堂教学模式研究。语文学科选取的课型为阅读课，数学学科选取的课型为练习课、复习课，英语学科选取的课型为对话课、阅读课进行尝试。每位教师每学期至少上了两节“222导学型”课堂教学模式课。每节课都编制配套实施两案（导学案、教案）。中学部积极引导各校努力探索多种课型课堂教学模式，全区5所中学复习课和讲练课教学模式基本成型。同时各校还以课堂观察活动为载体，推进多种课型教学模式的构建工作。12月份组织全区语、数、外教师进行了课型模式展示交流活动。

【编制《课程纲要》】 为进一步加强中小学学科课程建设，提高教师对学科教学整体规划的实施和评价能力，确保课程目标的有效落实，教科研中心分三步扎实编制各学科、各年级《课程纲要》。第一步，开展业务培训。学期初，依据《郑州市中小学教师学科课程纲要编制指导意见》的通知要求，教科研中心分别针对业务校长、教导主任、教研组长、一线教师，开展分层次、有针对性的培训和辅导活动，使编写者了解编写意图，明晰编写程序，明确编写要求。第二步，检查指导编写。教研员深入教研组，深入课堂，调查、收集、整理编写过程中共同困惑的问题。以教研员为引领，组织多种形式的教研活动，发挥集体的智慧，分享编写经验，共同探究解决问题的方法和途径。第三步，合订成册，总结反思。通过大家的共同努力，到学期末，各校、各年级、各学科编写出了一套体现本学科、本校学生特点的《课程纲要》《导学案》和《作业库》初稿。11月份，教科研中心组织各校教研组长，回顾编写历程，比对先进案例，盘查差距原因，思考改进措施，为提高编写质量打下了坚实的基础。

【创新教学模式】 一是以课堂教学为抓手，坚持实施教育教学“百千万”工程。为学校与家长、学校与社会架起了沟通的桥梁，赢得了家长的理解和支持，提高了教育满意度，取得了很好的社会效果。二是以深化课程改革为核心，积极打造高效课堂。通过到全国教育前沿地区考察学习，在全区大力开展“深化课程改革，打造高效课堂”的教研活动，“学案式+探究式”“三三四四”自主课堂、“导学法”等课堂教学模式取得了显著成效。三是以特色教育为统领，促进校（园）各显其长。启动上街区教育质量提升三年行动规划，各校（园）结合“三年行动规划”，深入实施“一校一规划,一校一特色”工程，航模和艺术教育、“诵国学经典、做美德少年”教育、红色基因传承教育、书香校园”教育、文明礼仪教育等均取得了较好的成效，基本实现了一校一特色、一校一亮点、一校一品牌。四是以区劳动实践基地为依托，大力提升学生的综合素质。在区劳动实践基地开设社区服务、科普教育等20多项实践课程，积极鼓励学生参与课堂研讨和动手实践，坚持每年组织义务教育阶段3000多名学生参加每期一周的综合实践活动，使学生的创新精神和实践能力得到进一步提高。

【上街教研】 《上街教研》杂志是上街区教科研中心主办的综合性教育月刊，分为方略、时讯、视野、探索、典范、驿站、动态等栏目。2011年主编李国钦、杨扬，编辑部继续改进《上街教研》，使其更具时效性、可读性、实践性、参考性和典范性。确定清晰的办刊指导思想，进行方略引领，实践探索，成果分享，动态交流。具体体现在：《方略引领》——国家、省、市、区方针、政策的引领，教科研最新成果、技术方法的引领，先进人物、事迹的引领。《实践探索》——介绍上街区在进行教改过程中的探索和实践历程及成果。《成果分享》——区内外的教育教学成果经验、成果的分享。《动态交流》——记录本区各校课改的足迹，以供相互借鉴和交流。下半年推出每月一主题活动，8月围绕道德课堂八大素养和十大行动策略、9月围绕导学案的编制和使用、10月围绕课程纲要编制、11月围绕作业建设、12月围绕打造高效课堂，进一步提升了杂志的时效性、可读性和实践性，拉近了与一线教学管理者和一线教师的距离，体现了服务教学、研究教学、指导教学的办刊宗旨。从2007年10月创刊到2011年底，共连续编辑并在本区教育系统内部发行46期。

【提升教育质量】 实施课堂教学“百千万”工程：全区中小学已完成75名优秀教师讲授的647节优质课，共计邀请近7000名家长参与听评课活动，扩大了教育影响，提高了教育满意度。大力推进校本教研工作：7月5日在实验初中召开的校本教研有形成果展示会上，实验初中共计展出50余种有形成果，效果明显。教育“双百”工程：在全区百分之百的学校、百分之百的学科开展新课标解读工作。在中学数理化学科尝试构建各学科知识体系。已在全区建立学生成长记录袋。成功构建道德课堂。组织各中小学开展白板技术录像课教学活动，并做好报送工作。

【青少年科技创新大赛】 着力培养自主创新型人才。全面实施新课程改革，大力提倡教学过程中师生互动，重视学生创新思维和能力培养，鼓励学生进行小创作、小发明。2011年全区19所中小学和幼儿园参加了第十届上街区青少年科技创新大赛，共收到作品151件。各参赛项目经区级组织机构进行资格审查、评审，共评出50件作品代表上街区参加郑州市第十七届青少年科技创新大赛，其中22件作品分获郑州市一、二、三等奖。

【文艺活动】 加强学生艺术社团（合唱团、舞蹈团、乐团）建设。2011年，多个学校成立了拥有自己特色的文艺活动小组，并经常开展活动。其中，朱寨小学主动自编剧本，利用业余时间，组织学生到社区演出戏曲，自编自演了不少豫剧节目，2011年获郑州市中小学生戏曲二等奖。5月13日，上街区“童心向党”庆祝建党90周年文艺会演在上街区体育场广场举行，100余名小演员表演了16个精彩的文艺节目，赢得了600多名观众的阵阵掌声。5月27日晚8点，“红色旋律——庆祝中国共产党建党90周年”上街区教体局2011年广场文化文艺晚会在上街区亚星盛世广场隆重举行，孩子们用歌声、用舞蹈表达了对党的无限热爱。9月8日，上街区2011年庆祝教师节暨先进集体和个人颁奖典礼在上街区政府会议中心隆重举行，“大爱如歌”文艺演出受到区领导和全区教师的高度评价。

【特色教育】 教体局以创建“六大校园”为抓手，着力构建和谐教育。加强对学生艺术、体育技能、养成习惯、写字及其他特长等方面的教育和培养，进一步加大了“书香校园”的创建力度，在规模上、形式上、内涵上上档次，涌现出富有特色的书香校园示范校。区中小学劳动实践基地被市教育局命名为“郑州市市级中小学生产实践教育基地”，铝城小学获得“河南省德育实验学校”的称号，郑州二外、中心路小学的航模名扬全省，中心路小学的舞蹈在全国青少年艺术节表演赛中获得第一名，特色学校建设彰显魅力。2011年，有5所中、小学办有校报，办班级手抄报的有50多个，组织读书知识竞赛、演讲比赛等86次，学校收到读后感征文3000多篇。

（贾福林）

教育管理

【党组织建设】 教体局党委2011年有23个基层党组织（其中1个总支、22个支部）——机关支部1个、教研室1个、高中2个、科技工贸学校1个、实践基地1个、初中3个、小学13个、幼儿园1个，共有党员529人。在2011年“提档升级”活动中，对各支部等级评定，确定一类党组织6个、二类党组织15个、三类党组织2个。党委以“创先争优”活动为主题，以办人民

郑州市教育局局长翟幸福和上街区委书记黄卿共同为“郑州外国语学校教育集团二外校区”揭牌

满意教育为己任，全面加强基层党组织的思想、组织和作风建设，努力发挥基层党组织的战斗堡垒作用和党员的先锋模范作用。

加强干部理论学习和理论研究，不断提升领导干部的政治素养和业务水平。以开展“五强化四争创”读书竞赛活动为契机，以组织开展“加强党性修养，提高执行能力，推进科学发展”主题党课活动为手段，在干部理论学习与研究方面强化措施、强化落实，通过“干部导学”、基层调研、笔记批阅、主题党课等有效措施推进学习型机关建设，促进了群众反映的热点、难点问题的解决，形成了自觉学习的理念。

2011年，教体局荣获河南省教育督导先进集体称号，连续3年获得郑州市普通高中教育教学先进单位荣誉称号，先后获得郑州市2010年度学习型党组织建设工作先进集体称号、郑州市青少年爱国主义读书教育活动优秀组织单位称号、2011年“童心向党”歌咏活动优秀组织奖等。

【创先争优】 在深入开展创先争优活动中，推动承诺践诺工作，敦促党员鲜明自身形象。通过“三亮三赛”（“三亮”：亮党徽——党员亮明自己的党员身份，作为创先争优的自我提示；亮承诺——全体党员向党组织和广大群众公开承诺事项；亮职务——党员领导干部亮明自己的职务，利于干群的监督。“三赛”：赛师德——鲜明党员的师德形象；赛技能——通过公开课等方式，展示党员的岗位技能、专业基本功和教学风采；赛业绩——展示党员的岗位工作业绩），让群众看得到党员形象，听得到党员声音，感受到活动的效果。

实行局党委成员基层学校联系点制度和局领导分包联系民办幼儿园工作机制，明确党委成员促进党建指导教学、强化管理、规范办学、排查矛盾、维护稳定等工作责任，促进班子成员深入基层，调查研究，发现问题、解决问题，带动基层党务干部深入一线、深入群众，增强了他们的干事能力，提升了他们的领导能力。

以纪念建党90周年为主题，采取多种形式引导广大党员干部“读党史、学党章、讲党性、遵党纪、创业绩”，组织师生“读红书，走红路，唱红歌”，传承红色经典。通过集中学习、演讲比赛、歌舞表演等形式，认真开展革命传统教育实践活动，全面提升了基层党建工作整体水平。

采取有效措施，重点从基层一线教育教学岗位中发现新的先进典型，倡树优秀党员的先进事迹，通过“七一”、教师节等重大节日进行表彰，让广大党员干部和群众学有榜样，赶有目标，为教育系统持续推进创先争优活动提供了动力。

结合教育实际，构建常抓不懈的长效机制，先后出台了《局党委成员基层联系点制度》《局领导干部分包联系民办幼儿园机制》《中小学师德师风先进校创建活动方案》《中小学、幼儿园教师职业道德考核办法》等，采取切实有力的措施建立健全了公开透明、上评下议、便于考核监督和评价的工作机制。

【教育督导】 根据《郑州市教育督导条例》有关规定和区教育督导工作的需要，连续聘任了5届教育督学，每届督学聘期为3年。2011年有专职督学5人，兼职督学24人。既有来自人大、政协、劳动人事、财政、教育等部门长期从事领导工作的同志，又有在教研室、学校从事教学管理的校长、教导主任，还有从事教科研工作的教研员等。他们理论造诣较高，教育工作管理经验丰富。

在教育系统开展“提升教育教学质量，办人民满意的教育”大讨论活动。区督导室积极组织督学召开座谈会，分析上街区教育教学质量整体情况和制约教育质量提升的原因；督学从教育管理、队伍建设、师德建设等方面，总结了上街区教育值得推广的做法和经验，挖掘出制约上街区教育教学质量提升的因素，为促进上街区教育教学水平的整体提升，办人民满意的教育，提供有力的智力支撑。

在督学责任区工作中，紧紧围绕学校规范办学行为、推进素质教育、新课改实施和“一校制”“学区制”等开展工作，为确保督导责任区工作的常态化、规范化，区督导室编印了“责任区督学一日督导记录簿”，切实落实责任区督学“一日督导”制度，要求督学每学年对责任区学校进行随访督导两次以上，逐步形成“督学—学校”互动模式，积极探索实施“三进、三联、二化解”工作模式，推动上街区学校深化教育教学改革。

认真学习研究郑州市2011年“督县”评估指标并细化分解到相关科室，实行责任分包制，层层落实。组织召开各科室、学校协调会，充分作好迎检准备。组织召开区政府“督县”协调会，制定2011年政府教育工作目标责任书，对各镇办、局委教育工作进行督导评估，指导其建立完善教育工作档案。加强“督县”档案建设和培训。认真做好“督县”迎检汇报材料、各类报表、迎检方案等资料的收集、汇总、印制、装订等工作。圆满完成2011年“督县”各项指标任务，再次达到了督县“优秀”标准，实现了“督县”“六连冠”的目标。

【学校、幼儿园等级评估】为促进区学前教育事业发展，办人民满意的幼儿教育，根据区政府制定的《上街区学前教育三年行动计划》要求，2011年督导室加大了扶持民办幼儿园达标升级的力度，依照《郑州市幼儿园督导评估方案实施细则》，对申报达标升级的8所民办幼儿园进行培训、审核材料、过程督导。10月11日~21日，区督导室对8所幼儿园的升级达标进行综合评估。通过评估，民办幼儿园的办园条件得到改善，领导与管理趋于规范，教职工职业素养得到提高，学前教育的整体水平有了长足发展，因此获郑州市政府奖励资金共38万元。

【教育现代化评估】　为适应郑州市中小学教育现代化发展的需要，上街区2011年有3所学校(郑州市上街实验初中、郑州市上街实验小学、上街区铝城小学）申报郑州市普通中小学教育现代化督导评估。区督导室按照制定方案、强化培训、学校自评、督导评估的步骤，从素质教育、学生发展、学校发展、队伍建设、教学设施五个方面对申报教育现代化学校进行评估验收。在学校自评申报的基础上，2011年9月区督导室对3所学校的申报材料进行了审核，并组织督学依据《郑州市普通中学教育现代化督导评估方案实施细则》指标，以档案建设、各功能室设立及教学设施管理使用、校园环境为督导重点，通过现场查看、实地反馈等程序，进行过程督导，督促迎评学校加强整改，确保评估质量和2011年预期目标的实现。2011年10月18日~26日在市政府督学都铭非亲自指导下，督导评估组一行10人先后对上街区3所中小学进行综合评估。督导评估组按照听取校长自评情况汇报和答辩，查看校容校貌、教育教学设备设施，查阅相关档案资料，随堂推门听课，召开部分教职工座谈会，进行家长、教师、学生问卷调查的方式，逐条严格审核评估申报教育现代化学校的各项指标的达标度。通过综合评议，郑州市上街实验小学综合得分839.76分、郑州市上街实验初中综合得分873.33分、上街区铝城小学综合得分889.82分，达到了郑州市普通中小学教育现代化标准。

【平安建设】　制定并与各基层单位签订了平安校园建设责任目标书，形成了“一级抓一级、层层抓落实”的工作机制。修订完善了教体局2011年突发事件应急预案、防震减灾、防汛等应急预案。制定了“六好平安校园创建活动”实施方案。进一步完善了门卫制度、校园巡查制度、寝室管理制度等各项制度，并确保各项制度在操作中落实到位。加大门卫制度、安全巡防制度和校园一组三队等工作制度，按时、按要求对各单位的保安进行月考核工作。先后召开了10余次校园安全工作会、安全例会，安排部署校园安全保卫和周边环境整治工作，成立检查组进行校园安全及周边环境专项整治活动。集中开展防震减灾、消防安全应急演练、防暴演练和特种设备进校园等活动。

【安全工作】 制定了教育系统2011年安全工作要点，并和各个学校签订了2011年安全责任目标书。成立教体局安全生产月活动领导小组，制定教育系统安全生产月活动方案，组织开展了基层单位主管安全的副校长、安全员参加2011年教育系统安全培训，增强了安全意识，提高了业务水平。组织有关学校领导参加市教育系统安全及周边隐患专项整治检查工作。开展了“119”消防周及演练活动。

【纪检监察】 制定2011年上街区教体局纪委《关于2011年教育系统反腐倡廉工作要点》。建立了各学校党政领导党风廉政建设目标承诺书制度，把自身和全局的廉洁自律、党风廉政建设工作推向制度化、经常化和规范化。制定教体局规范治理教育收费预案，实行治理教育乱收费周报。每周向政府督查室上报规范治理教育收费情况。制定春季收费专项检查方案，并对全区学校的春季收费情况进行专项检查，没有发现违规收费的行为。全年调查回复督查件8起，调查取证劳务纠纷案件1起。

【信访稳定】 严格执行、强化责任，规范信访登记、接待、呈批、转办交办、督查督办、信访办理时限、回告、回访、审查结案和归档制度。每月按时参加区信访局组织的信访例会，掌握本系统的信访情况，做到上情下达，及时上报。完成了教体局系统九代会期间的信访稳定工作。

【重点工程】 2011年教育系统主要开展了五大工程：

1. 中小学校舍安全工程。2011年在建的重建工程包括实验初中教学楼工程、新建小学教学楼工程和中心路小学综合教学楼工程。实验初中和新建小学两栋教学楼工程于2011年9月份全部竣工，并通过质监站验收投入使用。中心路小学教学楼工程前期工作包括可行性研究报告、地质勘探和地震安全评估、设计、评审、招标等已经完成。施工场地已经清理完毕，施工队已经入驻工地准备施工。加固改造工程的图纸已全部设计完成，除矿山小学两栋教学楼工程图纸存在问题正在解决外，其余工程已全部完工。

2. 青少年学生校外活动中心工程。河南省体育彩票公益金支持建设的项目上街区青少年学生校外活动中心工程年底全面竣工，并通过质监站验收。

3. 夏侯小学异地重建二期工程。夏侯小学二期工程，综合办公楼已全部完工，并通过质监站验收。大门建设、室外管网、路面硬化、操场厕所、绿化文化已全部完工，运动场建设年底基本完工。

4. 安阳路小学异地重建工程一期工程。安阳路小学新址选在区安阳路与秀山路交叉口，东西长140米，南北长140米，占地面积为1.96万平方米（29.43亩），规划建设各类建筑物共3栋，建成后达到24班规模、1080人左右的半寄宿制学校。主要建设内容包括：教学楼1栋、教学综合楼1栋、食堂1个、锅炉房1个、标准化小学运动场1个、篮球乒乓球小活动场1个及大门、门卫房、围墙、室外工程等。其中2011年度完成一期工程：教学楼1栋和大门、门卫房及一期围墙、道路、广场、室外管网等配套设施。2011年10月教学楼工程主体完成，11月墙体内外粉刷，12月安装门窗、大门，12月进行外网建设。

5. 实验幼儿园改造工程。实验幼儿园改造工程，除部分上水尚未安装完毕外，其他已经全部完工。

【学校卫生】 认真抓好学校传染病、常见病、地方病和多发病的防治工作，完成了迎接市政府对上街区防控地方病、手足口病的督查工作。经过努力，2011年全区的防控手足口病工作取得了良好成效。继续加大创建绿色学校的力度，向郑州市环保局新报朱寨小学为2011年度郑州市绿色学校。

4月22日，在郑州市教育电视台举行了“郑州市第三届中学生健康知识竞赛”的决赛。来自郑州市的8个代表队参加了决赛。

经过6个环节的激烈角逐，由实验初级中学七年级的孙柳桢、付钰楚、何润华组成的上街区代表队荣获三等奖。

【惠民工程】 加大教育惠民力度，切实保障每位适龄儿童少年都能接受并完成义务教育，确保每个符合减免政策的学生都能享受到国家的惠民政策。完成2011年春、秋两季义务教育阶段农村学校两免一补工作。按进度拨付农村义务教育阶段学校公用经费1503600元，免教科书费531288元，免作业本费169685元，补助贫困寄宿生生活费224625元。其中：补助小学公用经费607000元，免教科书费158498元，免作业本费31260元，补助贫困寄宿生生活费85125元；补助初中公用经费896600元，免教科书费372790元，免作业本费50835元，补助贫困寄宿生生活费139500元。完成2011年春、秋两季城市义务教育阶段免除学杂费工作，共拨付免杂费资金补助208.6万元。建立普通高中家庭经济困难学生国家资助制度，资助面占普通高中在校生总数的17%～20%，平均每生每年补助1500元。

【农村义务教育经费】 落实义务教育经费保障机制，加大对农村义务教育学校的投入，贯彻《国务院关于深化农村义务教育经费保障机制改革的通知》精神，按“保工资、保运转、保安全”的要求，将农村义务教育经费全额纳入预算，并按时按进度足额拨付。农村义务教育阶段学校的生均公用经费标准小学530元/年•人(含暖气费30元)、初中730元/年•人（含暖气费30元）。2011年，拨付农村义务教育阶段学校公用经费1907900元、教科书费411288.03元、作业本费82095元，补助贫困寄宿生生活费225750元。其中：小学公用经费756220元，补助贫困寄宿生生活费86250元；初中公用经费1151680元，补助贫困寄宿生生活费139500元。拨付城市义务教育阶段免杂费补助230.1万元。

【开展三大主题教育系列活动】 主要是以庆祝建党90周年为契机，开展三大主题教育活动，全面落实德育提升工程。一是开展“光辉旗帜永飘扬，中小学生心向党”庆祝建党90周年系列教育活动。区属中小学开展了“党的历史我知道”“红色故事我来讲”“载歌载舞庆祝党”和“党在我心中，党团员话成长”等活动。在“光辉旗帜永飘扬，中小学生心向党”读书演讲征文活动中，共有40余名学生参加演讲选拔赛，3000余名学生撰写读书心得，145名学生获得市级奖励。在“党在我心中，党团员话成长”教育活动中，区属中小学纷纷成立青少年国旗护卫队，创新升旗仪式新形式，强化升旗仪式教育功能。在国庆节期间，开展党团员座谈会，举行新队员入队仪式、国旗下的誓言等活动，丰富了教育内涵。二是开展“我们的节日”民族精神和优良传统传承教育活动。教体局制定并印发相关工作文件，部署各基层学校在学雷锋纪念日、清明节、端午节开展体验活动，传承中华民族精神和优良传统。区属新建小学、实验小学、朱寨小学等学校纷纷组织学生祭扫烈士墓，深切缅怀革命先烈，引导少先队员铭记历史，报效祖国，激发爱国热情；区实验小学组织学生传唱红色歌曲，阅读相关文学作品，举行红色经典诵读和讲红色故事比赛，使广大少年儿童牢记历史，感恩幸福生活，进一步激发广大队员爱党爱国的情感；区二十里铺小学以诵读中华经典古诗文的形式，开展“爱我中华•清明诗会”爱国主义教育活动，热情讴歌共产党员为追求真理矢志不渝、舍生取义的革命精神，激发师生爱党情怀。清明节期间，上街实验初级中学、郑州市第一〇〇中学、上街区夏侯小学还举行了演讲、经典诵读、唱红歌等形式多样的纪念活动。三是开展“小手拉大手，共育文明美德”主题教育活动。区属各校狠抓文明行为养成教育，开展了“文明礼仪进校园”“小手拉大手，红领巾参与文明交通”活动，培养青少年良好的文明习惯。如外国语小学开展“尚雅”

教育、实验小学举行文明礼仪情景剧表演、二十里铺小学设立“校园文明礼仪监督岗”等。在“小手拉大手，红领巾参与文明交通”活动中，全区共成立红领巾小分队40个、家长志愿者队伍16个，共同维护校门口交通秩序，以实际行动践行文明交通。另外，还以“三礼教育”进校园为载体,以争当“新三好”为手段,开展了系列活动。组织推荐并评选市级和区级三好学生、优秀干部共计328名。组织评选市级两争两创先进集体和个人。

【老干部工作】 坚持“双节”慰问工作，每次都有局主要领导带队，备好慰问金和慰问品，挨家挨户、逐人走访慰问，并在适当时间邀请教育系统老干部回局座谈。认真做好老干部杂志征订工作，年初按照政策规定给772名退休干部每人征订《老人春秋》杂志1份。每季度最后1月的20日开好老干部工作例会，及时向他们汇报教育重要决定和可喜变化，虚心征求老干部意见和建议。系统工会工作人员坚持为老干部提供优质服务，热情、耐心接访老干部，确保老干部沟通渠道畅通。按照《教体局老干部管理条例》，于4月~5月组织老干部省内游，约500名老干部参加了活动，反响良好。

（贾福林）

机关建设

【工会工作】 2011年5月10日指导二外初中召开工会会员大会，顺利建会，实现教育系统建会率100%。开展会员信息录入工作，区属1449名会员基本信息全部录入软件系统。成功召开系统工会全委会扩大会议，表彰系统8个工会工作先进集体和160名工会先进个人。全面开展基层工会调研工作，制定调研方案，22家基层工会共确定调研题目14个，形成调研报告17个，教体系统年底进行了评比表彰。积极动员并组织教职工参保、续保职工团体意外险、女工安康保险，职工参保率达85%以上。2011年9月教体系统工会会同教育科、教研室共同举行教职工教学技能竞赛。共涉及高中音乐、地理，初中语文、化学，电教系统（信息技术与学科教学整合课）小学语文、数学、英语，幼儿教育8个科目。45人参赛，共选拔出24节优质课报郑州市竞赛领导小组进行评审。9月30日，上街区总工会作出“表彰2011年上街区第四届职工技术竞赛活动先进个人”的决定，新建小学邢建敏、实验小学吴慧娟、实验初中王茜、实验初中高丽、郑州市一〇〇中学李永慧被评为“上街区2011年职工技术状元”，获得郑州市上街区“五一”劳动奖章。广泛开展职工文体活动。2011年教体系统工会开展了职工乒乓球选拔赛、职工长跑比赛、征文比赛、教职工劳动法律法规知识竞赛、自行车比赛、羽毛球比赛，吸引近300人参加活动，并在区上取得多项一、二等奖的好成绩。3月10日成功举行“关注生命质量，彰显巾帼风采”“三八”节庆祝表彰大会，对65名优秀女职工进行表彰。针对教育系统女性的职业压力感普遍较大的状况，聘请西安善静堂养生文化传播中心首席养生顾问刘瑾作女性身心健康养生讲座，受到女教师的欢迎。认真开展“送温暖活动”。2011年元旦、春节、教师节及国庆节期间慰问教职工95人次，发放慰问金3万余元。

（贾福林）

体　育

学校体育

【概况】 大力开展全民健身活动，认真落实“学生阳光体育运动”。2011年5月教育系统组织4支足球队参加了郑州市校园足球联赛，均获得优异成绩。继续推进“少林操（拳）”进课堂活动，积极参加争创“少林操（拳）进课堂楷模学校”。2011年上街区确定并向郑州市体育局推荐了中心路小学、安阳路小学为2011年郑州市少林拳进课堂楷模学校。4月圆满完成了上街区中招体育升学考试。努力争创郑州市体育传统学校，4月向郑州市体育局、郑州市教育局推荐新建小学、铝城小学参评2011年郑州市体育传统学校（足球），5月份在郑州市体育局、郑州市教育局的验收中已经顺利过关。广泛开展职工文体活动。2011年教体系统工会开展了职工乒乓球选拔赛、职工长跑比赛、征文比赛、教职工劳动法律法规知识竞赛、自行车比赛、羽毛球比赛，吸引近300人参加活动。

（贾福林）

社会体育

【概况】 4月24日~29日第二十二届“黄河杯”全国门球邀请赛在河南省新郑市隆重举行，全国各省、市及港澳地区的89个队1000余名门球队员参加角逐。上街区教体局门球队参赛队员平均年龄70岁，他们团体协作，顽强拼搏。经过激烈角逐，取得了第八名的好成绩。2011年，教体局获得郑州市群众体育工作先进单位荣誉称号。

积极推进“铝城体育场”升级改造。2011年初，项目牵头人区政协主席邓书安与长铝公司高层领导进行了沟通协商，作出两套方案：一是长铝工学院、长铝技校、长铝党校三校整合，向河南省教育厅申办“有色”职业技术学院。二是若该学院申办不成功，长铝公司将把铝城体育场移交给上街区政府，具体移交事宜，由长铝公司高层与区政府进行协商。2011年11月，长铝公司开始筹备申办资料，等待河南省教育厅反馈申办结果。若申办成功，铝城体育场将作为该学院的配套硬件设施进行升级改造。

不断改善群众体育设施，完成2011年全区健身器材维修工作，共维修健身器材97件；为东林子和营坡顶安置小区新配置健身器材各20件。充分利用现有健身器材和场所开展健身活动，在广大居民及职工中开展利于全民参与的体育赛事，落实了全民健身计划。

（贾福林）

河南省航空运动管理中心

【概况】 2011年，在局党组的坚强领导下，在民航各级监管部门的关心支持下，航管中心以科学发展观为统领，认真贯彻落实局“6•2”会议和“7•25”会议精神，坚持“以体为主，均衡发展”的工作思路，坚守“安全第一、预防为主”的运营宗旨。狠抓队伍作风建设，加强后备人才培养，促进竞赛成绩提高。通过全体干部、职工和运动员、教练员的共同努力，跳伞、航模队全年参加国内、外大赛共获得17个冠军、19个亚军和10个第三名的好成绩；飞行、机务队全年安全飞行604小时、422架次，连续15年实现安全无事故。截至12月20日，经营创收415万元。

【政治思想工作】 2011年，航管中心领导班子注重党的理论知识学习，始终贯彻“十七大”精神和“三个代表”重要思想，坚决拥护党的路线、方针、政策，以先进的理论知识武装头脑，指导工作。按照局党组的工作部署，积极开展了“创先争优”“四查四纠”和“领导干部自主选学”等专项工作，较好地完成了体育局领导布置的各项政治学习任务。通过学习，中心领导班子统一了思想，提高了认识，明确了方向，强化了自身素质，为顺利完成全年工作任务奠定了良好的思想理论基础。

2011年，河南体育世纪十佳评选活动成功举行。河南省航空模型队及1名队员分别被评选为世纪十佳团队和世纪十佳男运动员。在颁奖大会上，航管中心运动员被获奖人员的事迹和取得的成绩感动和震撼。

【训练竞赛】 2010年第四届全国体育大会结束后，新一轮的备战已经开始。2011年，航管中心以“打基础、求长远、上水平”为目标，着眼2014年第五届全国体育大会，努力做到准备早、定位准、着手快、成效好。优化项目布局，狠抓队伍管理，着力抓好跳伞、航模后备人才培养。以改革创新为动力，以提升竞技水平为前提，以优化项目结构为核心，以打造“全国第五届体育大会”夺金队伍为目的。

2011年的训练工作特点是：以老带新，以新促老。在培养新队员的基础上，重点巩固老队员的夺金实力，按计划、按步骤完成全年跳伞、航模训练竞赛任务。

跳伞队2011年共完成各类跳伞3212人次，人均跳伞247次。参加了5月23日~6月1日在河南安阳举行的全国跳伞冠军赛、9月1日~9日在河北平泉举行的全国跳伞锦标赛、10月15日~22日在安徽阜阳举行的第十四届亚洲跳伞锦标赛，共获金牌8枚、银牌8枚、铜牌5枚。其中：亚洲锦标赛获2金1银。

跳伞队结合现代科技手段，训练方法独具、创新。外训效果明显，运动成绩稳中有升。年轻队员崭露头角，在2011年全国锦标赛青年组比赛中获6金7银4铜。

航模队2011年年初制定了完整的训练计划。主要进行了模型设计、制作、试飞、改进和确定方案、重点突破等工作，使模型飞机性能时刻处在技术革新的前沿。切实做到了在训练中创新，在实践中提高。同时，加强队员的体能训练，提高综合竞技能力。截至11月20日，各类模型项目累计飞行800多小时。

航模队参加了8月4日~10日在山东莱芜举行的全国航空航天模型锦标赛、10月27日~11月1日在江西吉安举行的全国航空航天模型锦标赛自由飞项目的比赛，共获9枚金牌、11枚银牌和5枚铜牌。年轻队员中，2名达到国家级健将标准，1名达到国家一级运动员标准。7名队员入选2012年F2B项目和航天项目国家队。河南省是全国航模项目入选国家队队员最多的省份。

为了保持河南省航空体育事业的持续发展和后备人才的培养，2011年航模队继续对年轻队员进行集训。在培训过程中采取了严格的管理方法、科学的训练手段，利用现有的条件，在较短的时间内让学员更多地掌握专业技术知识和技能。新队员在教练们的精心培养下，不怕苦，不怕累，展现出新一代航空体育人的精神风貌。2011年，所有集训队员在国内、国际大赛中都取得了优异的成绩，受到同行的赞许。

运动队在抓好训练竞赛工作的同时，积极配合国家体育总局参加全国大型航空表演。先后完成了21场各项表演任务（跳伞表演8场，航模表演13场）。

【航协、航空俱乐部工作】 2011年，经过多方协调，成功举办了“2011年首届河南省‘体彩杯’动力伞精英赛”“2011年河南省青少年航空航天模型锦标赛”“2011年河南省体育传统学校航空航天模型锦标赛”；参加了“2011年全国青少年航空航天模型锦标赛”“2011年全国模拟飞行锦标赛”和“2011年全国青少年模拟遥控飞行网络精英赛”。共获得8个冠军、4个亚军、3个第三名。

在抓好专业训练比赛的同时，积极开展学校业余航模培训，2011年共向北京航空航天大学、南京航空航天大学、郑州航院等航空院校输送10名航空模型特长生。

【经营创收工作】 2011年，经营创收工作主要是飞播造林、农林业飞防、工业航测飞行等业务，业务量较往年有所上升。全年共出动“运五”飞机4架，分别作业在陕西省、山东省和河南济源、洛阳、安阳、南阳及本场等基地。保障航测飞行223:03小时，64架次；保障林播飞行120:33小时，111架次；本场林化飞行46:45小时，47架次；山东农林业飞防飞行176小时，133架次；其他飞行9:45小时，6架次。

飞行安全始终是各项工作的重点。在民航中南管理局和民航河南监管局的指导下，飞行队严格遵守飞行细则，加强飞行人员的技能培训和素质培训。针对通用航空作业机动性大、作业区域分散、机场坐标生疏、航线不固定等特点，对每次作业任务精心准备，合理安排，制定预案，严格遵守“八该一反对”的原则。以过硬的飞行技术，获得客户的信任，确保飞行安全。

机务队全体人员严格遵守民航航空法规规程和各项规章制度，全面贯彻落实“安全第一、预防为主、综合治理”的方针，团结合作，密切配合，克服困难，较好地完成了跳伞训练、林播、林化、航测等飞行任务。全年保障安全飞行603.50小时、422架次。对所执行保障的飞机进行各种定检14次，其中，飞机发动机200小时定检2次，飞机发动机100小时定检4次，飞机发动机50小时定检5次，航空器年度检查3次。发现和排除飞机发动机故障隐患5起，清刮、打磨排气门导套15个，修理恢复了3套农林喷洒设备。全年机务队未发生责任事故和人为安全事故。

航管办公室充分发扬主人翁精神，牢固树立服务意识、协作意识，尽职尽责、兢兢业业、默默无闻地配合各部门做好各项工作。全年起草、报送文件200多份，完成了安全月报、安全总结、信息反馈等工作。

航管后勤科坚守岗位，合理调配车辆，严格按照规定使用公务车。车辆、场道的情况均处在良好状态。全年安全行驶10万多公里。为单位车辆的使用提供了安全、迅捷的保障。

财务室在全年的经营运作过程中，财务账目清晰明了，管理科学规范，缴纳税款及时，配合局结算中心完成了各项工作。此外，在做好本职工作的基础上，积极配合单位搞好食堂管理的工作，在采购、记账、伙食改善等工作方面有条不紊，任劳任怨。

人事部门全年任劳任怨，完成了法人年审、老运动员留用、专业职称申报、人事定岗定编等工作。为职工最大化地谋取利益，受到全体干部职工的肯定。

（丁　然）

河南省重竞技运动管理中心

【概况】2011年，中心共获得世界比赛冠军4个，全国比赛冠军8个、亚军13个、季军11个，前8名81个。

2011年省重竞技运动管理中心国际比赛成绩

序号	比赛项目	姓名	性别	比赛级别（公斤）	比赛名称	比赛时间	比赛地点	比赛成绩	名次	备注
1	女子跆拳道	郭耘菲	女	67	世界大学生运动会	8月21日	深圳		1	北体
2	女子跆拳道	郭耘菲	女	67	世界锦标赛	5月1日～6日	韩国		2	北体
3	男子拳击	张志磊	男	+91	亚洲拳击锦标赛	8月12日	韩国仁川		3	
4	男子跆拳道	尹智猛	男	87	世界大学生运动会	8月23日	深圳		5	北体
5	女子举重	李雪英	女	58	亚洲锦标赛	4月13日	铜陵	128公斤	挺举2	
6	女子举重	李雪英	女	58	世界锦标赛	11月7日	法国	133公斤	挺举2	
7	女子举重	李雪英	女	58	亚洲锦标赛	4月13日	铜陵	107公斤	抓举1	
8	女子举重	李雪英	女	58	世界锦标赛	11月7日	法国	103公斤	抓举1	
9	女子举重	李雪英	女	58	亚洲锦标赛	4月13日	铜陵	235公斤	总1	
10	女子举重	李雪英	女	58	世界锦标赛	11月7日	法国	236公斤	总2	

2011年省重竞技运动管理中心全国锦标赛成绩

序号	比赛项目	姓　名	性别	比赛级别（公斤）	比赛名称	比赛时间	比赛地点	比赛成绩	名次	备注
1	女子跆拳道	郭耘菲	女	67	全国锦标赛	3月12日～15日	厦门		1	北体
2	男子拳击	张志磊	男	+91	全国锦标赛	4月17日～23日	大连		1	
3	女子跆拳道	王　玮	女	62	全国锦标赛	3月12日～15日	厦门		2	
4	女子跆拳道	张　强	女	49	全国锦标赛	3月12日～15日	厦门		2	
5	男子跆拳道	尹智猛	男	87	全国锦标赛	3月12日～15日	厦门		2	北体
6	女子拳击	杨勤勤	女	64	全国锦标赛	4月9日～12日	佛山		2	引进前卫
7	古典跤	佘向奎	男	96	全国锦标赛	4月27日～30日	北京		2	
8	女子跆拳道	牛露露	女	73	全国锦标赛	3月12日～15日	厦门		5	代表云南
9	男子跆拳道	潘冬冬	男	+87	全国锦标赛	3月12日～15日	厦门		5	
10	女子拳击	刘海鹏	女	81	全国锦标赛	4月9日～12日	佛山		5	
11	女子拳击	唐李金展	女	64	全国锦标赛	4月9日～12日	佛山		5	双计分
12	女子拳击	张　悦	女	+81	全国锦标赛	4月9日～12日	佛山		5	
13	古典跤	雪恒瑞	男	96	全国锦标赛	4月27日～30日	北京		5	
14	男子柔道	李　超	男	81	全国锦标赛	3月10日～12日	潍坊		5	
15	古典跤	赵海军	男	84	全国锦标赛	4月27日～30日	北京		7	
16	男子举重	刘伟煌	男	69	全国锦标赛	5月16日～20日	苏州	188公斤	挺举1	
17	女子举重	李雪英	女	58	全国锦标赛	5月21日～25日	海口	128公斤	挺举1	
18	男子举重	常学闯	男	77	全国锦标赛	5月16日～20日	苏州	191公斤	挺举5	
19	男子举重	张　珂	男	85	全国锦标赛	5月16日～20日	苏州	195公斤	挺举7	
20	女子举重	李雪英	女	58	全国锦标赛	5月21日～25日	海口	107公斤	抓举1	
21	男子举重	张　珂	男	85	全国锦标赛	5月16日～20日	苏州	160公斤	抓举5	
22	女子举重	刘　琴	女	48	全国锦标赛	5月21日～25日	海口	86公斤	抓举5	
23	男子举重	钟启航	男	62	全国锦标赛	5月16日～20日	苏州	132公斤	抓举8	
24	女子举重	李雪英	女	58	全国锦标赛	5月21日～25日	海口	235公斤	总1	
25	男子举重	张　珂	男	85	全国锦标赛	5月16日～20日	苏州	355公斤	总4	
26	男子举重	常学闯	男	77	全国锦标赛	5月16日～20日	苏州	341公斤	总6	
27	男子举重	钟启航	男	62	全国锦标赛	5月16日～20日	苏州	295公斤	总7	

2011年省重竞技运动管理中心全国冠军赛成绩

序号	比赛项目	姓名	性别	比赛级别（公斤）	比赛名称	比赛时间	比赛地点	比赛成绩	名次	备注
1	女子跆拳道	牛露露	女	+73	全国冠军赛	11月15日～17日	苏州		2	代表云南
2	男子跆拳道	张贺	男	68	全国冠军赛	11月15日～17日	苏州		2	
3	男子跆拳道	卢二举	男	87	全国冠军赛	11月15日～17日	苏州		2	代表天津
4	女子跆拳道	王玮	女	62	全国冠军赛	11月15日～17日	苏州		3	
5	男子跆拳道	尹智猛	男	87	全国冠军赛	11月15日～17日	苏州		3	
6	男子跆拳道	孟松杰	男	54	全国冠军赛	11月15日～17日	苏州		3	
7	女子拳击	张悦	女	+81	全国冠军赛	11月4日～7日	宁波		3	
8	女子跆拳道	张强	女	49	全国冠军赛	11月15日～17日	苏州		5	
9	女子跆拳道	陈洁	女	67	全国冠军赛	11月15日～17日	苏州		5	
10	男子跆拳道	潘冬冬	男	+87	全国冠军赛	11月15日～17日	苏州		5	
11	女子拳击	杨勤勤	女	64	全国冠军赛	11月4日～7日	宁波		5	

续表

序号	比赛项目	姓名	性别	比赛级别（公斤）	比赛名称	比赛时间	比赛地点	比赛成绩	名次	备注
12	古典跤	余向奎	男	96	全国冠军赛	11月16日～19日	淄博		5	
13	男子自由跤	乌云毕力格	男	84	全国冠军赛	11月9日～12日	新疆		5	引进内蒙
14	男子自由跤	那庆	男	84	全国冠军赛	11月9日～12日	新疆		5	引进内蒙
15	男子举重	刘伟煌	男	69	全国冠军赛	9月16日～19日	石河子	185公斤	挺举2	
16	男子举重	黄喜龙	男	+105	全国冠军赛	9月16日～19日	石河子	216公斤	挺举3	
17	男子举重	常学闯	男	85	全国冠军赛	9月16日～19日	石河子	197公斤	挺举4	
18	女子举重	贺云华	女	48	全国冠军赛	9月23日～26日	临沂	110公斤	挺举4	
19	男子举重	钟启航	男	62	全国冠军赛	9月16日～19日	石河子	167公斤	挺举5	
20	女子举重	李海鸥	女	75	全国冠军赛	9月23日～26日	临沂	128公斤	挺举8	
21	男子举重	钟启航	男	62	全国冠军赛	9月16日～19日	石河子	136公斤	抓举6	
22	男子举重	刘伟煌	男	69	全国冠军赛	9月16日～19日	石河子	150公斤	抓举6	
23	女子举重	刘琴	女	48	全国冠军赛	9月23日～26日	临沂	84公斤	抓举6	
24	男子举重	常学闯	男	85	全国冠军赛	9月16日～19日	石河子	155公斤	抓举7	
25	女子举重	贺云华	女	48	全国冠军赛	9月23日～26日	临沂	83公斤	抓举7	
26	男子举重	刘伟煌	男	69	全国冠军赛	9月16日～19日	石河子	335公斤	总3	
27	男子举重	钟启航	男	62	全国冠军赛	9月16日～19日	石河子	303公斤	总4	
28	男子举重	常学闯	男	85	全国冠军赛	9月16日～19日	石河子	352公斤	总5	
29	女子举重	贺云华	女	48	全国冠军赛	9月23日～26日	临沂	193公斤	总5	
30	男子举重	黄喜龙	男	+105	全国冠军赛	9月16日～19日	石河子	376公斤	总7	

2011年省重竞技中心全国第七届城运会成绩

序号	比赛项目	姓名	性别	比赛级别（公斤）	比赛名称	比赛时间	比赛地点	比赛成绩	名次	备注
1	古典跤	余向奎	男	96	七城会决赛	10月17日～22日	南昌		1	
2	古典跤	赵海军	男	84	七城会决赛	10月17日～22日	南昌		1	
3	男子跆拳道	时光明	男	+80	七城会决赛	10月17日～22日	景德镇		3	
4	女子拳击	邢亚培	女	51	七城会决赛	10月17日～20日	南昌		3	
5	古典跤	时文豪	男	84	七城会决赛	10月17日～22日	南昌		3	
6	男子举重	常学闯	男	77	七城会决赛	10月17日～20日	抚州	337公斤	3	
7	男子举重	黄喜龙	男	+105	七城会决赛	10月17日～20日	抚州		3	
8	男子自由跤	晏子陵	男	77	七城会决赛	10月17日～22日	南昌		4	
9	男子跆拳道	刘瑞	男	68	七城会决赛	10月17日～22日	景德镇		5	
10	女子柔道	孟艳芳	女	—57	七城会决赛	10月17日～22日	南昌		5	双计分
11	女子举重	龙丁玲	女	63	七城会决赛	10月17日～20日	抚州	230公斤	5	

续表

序号	比赛项目	姓名	性别	比赛级别（公斤）	比赛名称	比赛时间	比赛地点	比赛成绩	名次	备注
12	男子自由跤	买买提卡热	男	55	七城会决赛	10月17日～22日	南昌		7	
13	女子举重	安云默	女	+75	七城会决赛	10月17日～20日	抚州	251公斤	7	
14	女子举重	李海鸥	女	75	七城会决赛	10月17日～20日	抚州	222公斤	8	

【竞技水平提升】 通过集约团队，抢占制高点，有平台、有先机、有人才、有信息，才能取得并且具备成功的最基本条件。在具体实施过程中，尖子队员和重点队员在国家队得到锻炼，竞赛能力得到进一步提高，增强在国际赛场上的竞争实力，加大在国内赛场上的竞争优势。中心优势项目(跆拳道、拳击、女子举重）地位得到进一步巩固,男子自由式摔跤进一步突出，弱势项目（部分项目的年轻队员）异军突起，有了长足进步。

【“科、训、医”一体化】 在坚持“科、训、医”一体化的工作中，实行科医联动、功能交叉的理念，使科研工作更加结合运动员实际，又提高了医务人员的科研水平，相互补充,相互促进,进一步推动“科、训、医”一体化的深层次结合，不断提高科研工作的实效性。

【着力增强训练实效】 一是以狠抓“设计能力、执行能力、控制能力”三大能力为主导，以狠抓训练计划、训练理论、业务学习为突破口，大兴学习之风。认真学习先进的训练理论、训练方法和手段，努力提高教练员的训练水平。二是紧紧围绕训练效果这个训练工作的核心,认真抓好训练计划的执行。为了保证训练计划的执行和训练目标的实现，中心领导采取分队包干的办法,深入各队开展调研工作，联系实际，解决瓶颈问题，把主要精力用到抓训练上。三是找准项目的制胜规律，倡导创新训练手段。为在训练上有所创新和突破，不断深化对项目特点、发展趋势和训练规律的认识，细化相关指标的设计与评估，从中找出技能、体能主导类项目的特点和规律，从而提高训练的针对性和实效性。四是注重训练管理手段的程序化、规范化、科学化。经过长期的开发研制，率先在全国使用了训练管理软件，这也是全国首个训练管理软件。它的使用，大大提高了中心教练员的训练控制和管理水平。该软件已推荐到国家拳击队使用，得到了高度评价。

【医务体制改革】 为了调动运动队医生工作的积极性，充分提高有限的优质医务资源效率，提升医务保障工作水平,更好地为备战“两运”工作服务，重竞技中心着手对现行的医务体制进行改革。新的医务改革方案从打破分配机制入手，取消队医跟队服务制，实行中心医生挂牌服务制，引入竞争机制，建立医生工作流程和标准，量化医生接诊量和效果。运动队(员)可以根据自己需要挑选技术好、服务好的医生为自己服务，医生也会根据自己的接诊量和效果获得相应的报酬。

【全力以赴做好保障】 保障工作越来越趋于专业化、精细化。在让运动员吃好，满足大运动量能量消耗方面，坚持由科研人员与膳食部门共同制定配餐食谱，增加主副食品种，并经常进行调剂。一类灶正餐的主副品种都在10个以上，二类灶的主副食品种保持在6个以上。在让运动员吃好的同时，重点放在营养的均衡摄入上，做到科学膳食，既要保持体能，控制体重，又能减轻疲劳。

【基础建设】 先后修建训练馆、康复中心、运动员宿舍、运动员餐厅，使运动员教练员的训练生活条件大为改善，整个运动中心的硬件设施发生了质的变化。又相继开工建设了400米标准塑胶田径场、篮球场围网灯光、锅炉房、中心大门及围墙、院内道路、发电机房、生活用水井等工程项目。

（刘　锐）

文　化

群众文化

【概况】　群众文化紧紧围绕区委、区政府“两加快一维护”战略，坚持政府主导、群众参与两条主线，充分发挥文化馆在群众文化方面的管理职能。坚持文化、艺术门类学（协）会等群众性文化团体、艺术骨干的龙头作用，坚持“艺术协（学）会引领，发挥骨干队伍作用，横到边纵到底”的全方位覆盖模式，做好服务基层，服务群众。将广场文化活动和社区（村）文化活动结合起来，重点做好“协会和艺术人才网络化”“特色文化社区（村）网络化”两个网络化文化建设。将打造“精品文化”与建设“幸福上街”系统工程结合起来，不断推动文化艺术事业健康发展和文化惠民工程的实施，构筑具有先进文化特色的社区（村）文化，让内涵丰富的文化艺术活动遍布社区，惠及广大群众。先后组织开展了“颂歌献给党，红歌大家唱”夏季广场文化活动23场和“深入基层，服务农村”送文化下乡等活动50场次。

承办“郑州市老年巡回展——上街站展览”。拍摄整理非物质文化遗产有关专题录像、图片资料和文字上报材料。组织参加郑州市“双节群众文化千人巡演”文艺活动。元宵节在亚星盛世广场组织的“迎新春闹元宵”民间文艺会演活动，峡窝镇、济办、中心办等35个代表队参加表演。组织的郑州市文化馆系统参加的郑州市文化广电新闻出版局主办、市群艺馆承办的“欢乐中原，魅力郑州”系列教学成果展演活动，观众达两万多人。

成立上街区“常青藤舞蹈艺术团”和“电声乐团”。策划组织“马固书画村第一届书画艺术节”活动。

【基层文化建设】　按照省、市、区基层文化设施建设要求，高标

戏曲下乡

准制定出区基层文化基础设施建设方案。同时多次同峡窝镇、各办事处及各行政村相关建设单位沟通联系，督促15个农家书屋的建设进度，并多次深入各建设单位进行指导检查，确保高标准完成建设任务。按照上级主管部门要求，同各家中标供货商签订了2011年农家书屋配送合同，完成了对15个农家书屋的配送工作。在为每个农家书屋配送1500册（1267种）图书、529张（100种）音像制品、20余种期刊，并配送书柜5个、阅览桌1张、椅子6把、报架1个及“农家书屋管理制度”牌、“读书名言”牌及其他标牌等价值2万余元物资外，还对每个农家书屋的书屋管理人员进行培训，完成所配发图书的整理上架及网络上报工作，从而提前实现村村建有农家书屋的建设任务。不仅在9月份郑州市各县区互查中得到肯定与好评，年底还顺利通过省市农家书屋检查验收组的验收。

【文艺团队】 全区有业余文艺团队（主要指5人以上）33个。其活动方式主要以自娱自乐、强身健体为主，平时活动自由，每逢重大节日、重要活动按照安排统一表演或参加上级表演比赛。成立了星海民乐团，乐团现有演奏人员34名，乐团下设4个队、两个组，即民乐队、舞蹈队、合唱队、戏剧队、创作组和灯光音响效果组。成立了常青藤舞蹈团，舞蹈团现有人员70余名。舞蹈团下设3个队，即：舞蹈队，主要负责专项的舞蹈节目，并担任歌曲的伴舞、音乐的配舞等；军乐队及盘鼓队主要参加民间、社区等地方的演奏。成立了禁止燃烧乐团，乐团现有演奏和演唱人员12名，主要负责现代流行乐和摇滚乐的演艺，以及歌曲伴奏和教学普及等，并且可以担任电视台现场配音和音乐特效编辑等任务。

【开展基层文艺骨干培训活动】 2011年3月28日组建的常青藤舞蹈艺术团和“禁止燃烧乐团”正式入驻文化馆。组织现有的8个民间文艺团体有计划开展各类社会公益文艺演出。扎实有效开展文化艺术人才库及优秀文艺节目建档工作。2011年区文化馆建立了相对完善的上街区文化艺术人才及优秀文艺节目电子档案库，入库各类文艺人才800多名，文艺精品节目200余个。

【文艺活动】 2月16日，组织文艺队伍参加郑州市“舞龙曲艺大赛”民间文艺万人大巡游活动。获单位组织奖1个、节目一等奖1个、个人奖2个。

2月17日在亚星盛世广场举办“迎新春，闹元宵”民间文艺表演活动，各镇办社区的35支队伍进行了秧歌、盘鼓、旱船、军乐队等精彩表演，吸引各界群众1万余人观看了演出。

9月30日，文化广电新闻出版局与省京剧院在峡窝镇郊段村举行“舞台艺术送农民”专场演出活动。

全年共在亚星盛世广场开展“欢乐中原·魅力上街”演出20场，在体育场激情文化广场演出

重阳观维修工程开工仪式

15 场，累计演出节目 400 余个，观众人数近 10 万人次。

【图书阅览】 图书馆共有图书 6 部类 22 大类 2 万余种近 6 万册、报纸 69 种 72 份、期刊 259 种，开设少儿图书阅览室、自然科学图书阅览室、社会科学图书阅览室、报纸阅览室、期刊阅览室和电子阅览室 6 个读者阅览室，阅览席位 300 个。全年接待读者 12 万余人次。

图书馆积极开展各类读者活动：1 月 1 日在儿童阅览室举办“新年快乐读书日”活动；5 月 12 日参加上街区的科技宣传周活动；“六一”儿童节开展“儿童动漫展播”活动；纪念建党 90 周年，于 7 月 1 日推出“红色经典”阅读活动；为丰富学生的暑假生活，开办为期两个月的“经典动漫展播”。

图书馆结合上街区实际和馆舍自身条件，努力完善各项社会服务功能。9 月 8 日，省文化厅图书馆专家考核组经过全面测评，一致认定上街区图书馆符合县区二级公共图书馆定级标准，并将其评为国家二级图书馆。

【电影放映工作】 在农村数字公益电影放映工作中加大对放映单位的督导力度，确保放映场次与实际场次符合，严格按照“每村每月 1 场电影”要求全年 30 个行政村放映农村数字化电影 360 场。

（冯新超　李　印）

文物工作

【文物保护】 经省、市、区公布的各级文物保护单位 13 处。其中省级文物保护单位 1 处：西柏社遗址；市级文物保护单位 11 处：沙固遗址、南峡窝遗址、寨沟遗址、观沟遗址、魏岗遗址、石咀遗址、沙固曹彬墓、北峡窝四所楼村王博文墓、观沟重阳观、马固王氏宗祠、老上街村卢医庙；县级文物保护单位 1 处：老上街村汉寿亭侯画像碑。

全年进行文物勘探 33 家，钻探面积 61 万平方米。文物保护部门严格执行文物钻探管理办法，资料齐全一次性办完钻探手续，钻探结束后及时向建设单位提供钻探图纸。

在各建设工地发掘古墓葬 20 座、灰坑 42 处，出土文物数十件。

2011 年积极争取文物维修专项资金，对重阳观三清殿、道士房本体进行修缮。5 月份完成了重阳观三清殿及道士房的前期测绘工作，制定了详细的维修方案并最终通过了市文物局审核。2011 年 10 月 25 日，重阳观维修工程开工典礼隆重举行，维修工程全面展开。整体维修保护方案由郑州鼎立文物保护设计有限公司设计，施工单位为郑州华源文物保护工程有限公司，施工监理单位为河南东方文物建筑监理有限公司。

2011 年，根据全区城乡一体化建设的需要，积极向上级文物部门争取，在《文物保护法》及文物保护政策允许范围内对区文物保护单位保护范围和建设控制地带进行了调整，共调整出 57.8 万平方米可用于基本城市建设的土地资源，很好地配合了区委、区政府的中心工作。

【非物质文化遗产保护】 在普查基础上，对非物质文化遗产进行保护，对濒临灭绝的非物质文化遗产进行抢救。建立县级非物质文化遗产代表作名录体系。对列入非物质文化遗产名录的项目，制定科学保护计划；对列入非物质文化遗产名录的代表性传人，有计划地提供资助，鼓励和支持其开展传习活动。《泗河的传说》在市级项目基础上补充丰富资料，正在申报省级非遗项目。2011 年，文广新局被评为河南省非物质文化遗产普查工作先进单位、郑州市非物质文化遗产普查工作先进单位。

（冯新超　李　印）

文化市场

【概况】 全区有文化经营单位 86 家。其中歌舞娱乐场所 14 家、游戏厅 5 家、网吧 23 家、音像制品零售单位 4 家、印刷企业 9 家、复印打字店铺 16 家、图书发行经营单位 14 家。

【文化市场管理】 全年开展文化市场集中行动和各类专项治理

及节假日集中行动21次，出动400余人次，检查经营单位400余家次。

【新闻出版（版权）市场管理】 新闻出版市场包括印刷、复印打字、图书发行市场及电子出版物市场。其中，印刷企业9家、复印打字店铺16家、图书发行经营单位14家，从事出租经营活动的2家。多次对辖区内的图书报刊市场、电子出版物市场、文化夜市、印刷复制业等尤其是中小学校周边环境进行专项检查治理，重点查处政治类、宣扬淫秽色情、凶杀暴力、低俗庸俗、封建迷信及伪科学内容的口袋书、卡通画、游戏软件等危害未成年人身心健康的有害出版物。加大对印刷复制行业的监管力度，深挖地下印刷复制窝点，严厉查处违法违规印制活动，严肃查处订购、使用盗版教材、教辅读物的行为。共检查印刷复制业经营单位98家(次)，查处各类违规经营案件4起，其中无证经营2起，对专项治理中查出的违规经营行为视情节轻重分别依法给予警告、罚款和责令停业的行政处罚。检查图书报刊、音像制品出租零售店90余家（次），查收各类盗版音像制品、电子出版物,收缴违法书籍1283盘(册)，并对发现经营非法盗版、淫秽、色情等出版物的游商小贩进行不断清理。

【“扫黄打非”集中行动及专项治理】 调整“扫黄打非”工作领导小组，制定“扫黄打非”行动方案，抓住重点，标本兼治，坚持不懈地开展“扫黄打非”工作，在“双节”“两会”“五一”“十一”期间开展“扫黄打非”集中行动，确保在各项重大政治活动和节假日期间文化新闻出版市场的健康稳定。

（冯新超　李　印）

图书管理

【概况】 上街区图书馆2008年9月18日正式向公众开放，面积3000平方米，开设有少儿图书阅览室、自然科学图书阅览室、社会科学图书阅览室（两个）、报纸阅览室、期刊阅览室、工具书阅览室、电子阅览室8个功能室。为方便弱势人群到馆内阅读，特设了残疾人专用通道、卫生间、洗手池等，真正做到服务无盲群。图书馆全年无节假日，正常向民众免费开放阅览，周六、日延长半小时闭馆。馆内现拥有电脑45台，供读者查阅使用25台。区图书馆先期上架图书125架，6部类22大类图书2万余种，至2011年年底馆藏78677册，其中图书6.1万册、盲文图书100册、报刊1.6万册、视听文献1577张。共设置阅览席位300张，年接待12万余人次，外借16万册。购置的图书全部根据《中图法》相关规定，进行了分类标引，并且全部由出版商通过加工整理到位直接上架；各个阅览室的图书都配备了书标、登录号、馆藏章，便于统一管理。

【积极开展各类活动】 （1）为丰富少年儿童读者的节日生活，2011年1月1日在二楼儿童阅览室举办了“新年快乐读书日”活动，向广大小读者推荐了500余册精心挑选的儿童读物。（2）2011年5月12日，积极参加了上街区的科技宣传周活动，提供了100余本与群众生活密切相关的百科类图书和杂志供市民阅读。（3）为丰富孩子们的节日文化生活，“六一”儿童节前夕，举办了以“突破自我，建立自信”为主题的“儿童动漫展播”活动，有200多名孩子和家长参加。活动的举办使孩子们以一种轻松活泼的方式受到教育，为孩子们度过一个快乐祥和的节日营造了浓厚的氛围。（4）为纪念建党90周年，7月1日推出“红色经典”阅读活动，准备了近100本经典的图书文献供读者阅读学习，弘扬了民族精神，丰富了民众的文化生活。

【创建文明城区工作】 2011年创建省级文明城区是上街区的一项重点工作，图书馆全体职工高度重视，先后召开多次会议安排部署创文工作，细分责任，明确到人。首先是搞好馆内自身建设，在各个阅览室、走廊悬挂文明标语，全体职工带头使用文明用语，为读者营造一个文明的读书环境。其次是结合自身实际，积极组织开展各类读书交流活动，方便与读者的沟通，提升群众满意度。最后是指定专人负责资料收集整理工作，确保资料整齐有序。

（陈　玮）

史志工作

【概况】 2011年，区地方史志工作以深入学习贯彻和宣传《条例》和《规定》为契机，重点做好《上街年鉴（2011）》编纂出版工作，做到早安排、早部署。按照省市要求，在保证质量的前提下，经过全体史志工作人员的共同努力，年鉴共收集文字资料70余万字、图片300余幅。经过编辑部工作人员3个多月的编辑，后经印刷厂排版和校对、中州古籍出版社审定，于2011年底出版发行。同时收集整理并完成《河南年鉴》和《郑州年鉴》上街篇的文字与图片组稿任务。《河南年鉴》分词条纂写2000多字，上报图片12幅；《郑州年鉴》分词条纂写1万多字，上报图片15幅。完成区委、区政府关于创建文明城区资料的上报工作，收集整理2009年、2010年和2011年3年档案资料50余万字、网络截图20余幅。全面启动乡（镇、街道）村志的续编工作，《上街区档案志》已出版，《房产志》《军事志》已定稿，《魏岗村志》已完成样稿。2011年，积极开展地情信息服务，先后为幸福上街提供图片100余幅，为郑州宜居职教城前期规划建设和多家企事业单位提供咨询服务。

【参与《郑州名典》丛书编纂工作】 10月，根据市地方志要求，编纂《郑州名典》系列丛书，包括名山、名水、名胜、名寺、名庙、名城、名镇、名村、名产、名馆共10册。成立《郑州名典》编撰委员会。地方志工作人员经过近两个月的收集整理，已上报关于名典文字资料约3万字。上街区承担《郑州名典·郑州名馆》篇，已收集各类名馆文字资料约5万字、照片40余幅。

（周昱宏）

档案工作

【概况】 2011年，按照全市档案工作的具体部署，区档案局紧紧围绕区委、区政府“两加快一维护”战略的实施，不断推进档案法制建设、档案业务建设、档案信息化建设、档案资源建设、档案干部队伍建设，不断提升档案服务社会的功能。

【年度立卷归档工作】 作为年度重要工作，区档案局紧抓落实。在实际业务指导中，区档案局将年度立卷归档单位分为4个组，每组指定1人具体负责，采取集中培训和上门指导的办法，逐一解决问题。在全局（馆）人员的共同努力下，全区立卷归档单位全部完成档案整理任务，并全部发放合格证，接收档案562卷2645件。

【新农村建设档案工作】 向辖区各行政村下发了《档案归档范围和保管期限表》，峡窝镇、各办事处和村级档案员人手1份，对照整理本村档案。在各村档案员整理档案的基础上，区档案局派出业务骨干，对各村档案进行一对一的培训、指导。培训的内容主要有农村建档工作的标准、农村档案的整理方法、“4+2”工作法档案的整理方法等，以整理村级财务档案和文书档案为主，创建新农村示范档案室，实现以点带面，带动全区的新农村建档工作。8月，峡窝镇沙固村通过市新农村建设档案工作示范村验收。11月9日，区济源路街道办事处通过河南省新农村建设档案工作示范办事处验收。

【机关、企事业单位、社区档案规范化认证工作】 2011年，开展机关档案工作规范化认证5家（区房产管理中心、区农业农村工作委员会、区社会保险事业管理局、区环境保护局、区检察院）、企业档案规范化认证1家（郑州裕丰耐火材料有限公司）、社区档案规范化认证6个（中心路街道办事处江南小镇社区和盛世社区、济源路街道办事处东方社区和金华社区、工业路街道办事处工业路社区、矿山办事处工人村社区），上述单位全部通过了规范化管理认证。

【档案执法检查】 8月1日～8月4日，区档案局开展了年度集中档案执法检查，检查采取自查与抽查、检查与整改相结合的方式进行。在各单位自查的基础上，区档案局组织执法检查组，采取“一听、二看、三评议、四反馈”（一是听取单位情况汇报，二是实地查看档案室，三是检查组进行综合评议，四是将检查结果当场向被检查单位反馈）的方式，重点抽查了区公安局、检察院、联通公司、中心路街道办事处、国土资源局、安监局6家单位的档案法律、法规贯彻落实情况，对查出的问题，限期进行了整改。

【档案事业发展“十二五”规划的制定】 为推动区档案事业可持续发展，按上级要求，在认真调研的基础上，制定区“十二五”档案事业发展规划。6月23日印发了《郑州市上街区档案事业发展“十二五”规划》。

【馆藏重要档案异地备份工作】 根据上街区档案馆和登封市档案馆双方共同签订的重要馆藏档案异地备份协议，10月9日，区档案馆向登封市档案馆移交文书档案电子目录11328条、图片档案26张、资料42条、声像档案55篇。

【档案利用】 2011年，区档案局充分挖掘档案信息资源，充分发挥档案馆的保管和利用两种职能，全年共接待查阅利用档案资料461人次1197卷次。

【档案宣传和学会工作】 2011年，区档案局在各级各类报纸、杂志、网站上发表信息文章共39篇，其中国家级6篇、省级3篇、市级26篇、区级4篇。完成了《各级综合档案馆库建设功能需求研究——浅谈加强综合档案馆功能建设》课题申报。

（樊 立）

上街时讯

【概况】 《上街时讯》创刊于2007年6月15日，是一份政府出资、区委宣传部主办的都市社区报，一份对开全彩印刷的地域周报。2008年，《上街时讯》电子版落户《中国·上街》政府网站。上街时讯总编辑张东奇，为郑州市作家协会会员，曾任上街电视台台长，多篇新闻作品在中央电视台、中央人民广播电台、河南电视台播发。2011年，《上街时讯》取得河南省连续性刊号，2012年《上街时讯》被郑州市版权协会接纳为会员单位，标志着出版已进入正规化规范化阶段。

《上街时讯》立足于上街经济发展，打造强势地方媒体，设置了时政要闻、基层传真、社会经济、文化艺术4个版面，报道面广，有数万读者，已经成为铝都上街新闻文化传播的主力媒体。至年底，《上街时讯》发行总数已达140万份，覆盖全区行政单位、社区、农村、学校、医院、大型商超等场所。在区教体局、环保局、人事劳动和社会保障局、中心办如意社区、中心办鸿元社区设立通联站，让200余名通讯员有了新闻信息沟通的联络

上街时讯编辑部2010年通联工作总结表彰会

点，形成了新闻信息网格化传送。作为新闻信息交换和业务交流载体，《上街时讯》的交流除大郑州所辖县市区外，已扩展至河北、山西、广西、天津等地同级报刊，网络信息交流已达河北、辽宁、江苏、广东、四川等省。

【突出主题性和系列性宣传】 围绕区委、区政府中心工作，《上街时讯》全年着重报道了全区道路生态廊道建设、驻村（社区）工作开展情况、网格化管理、新型农村社区建设等重点工作。开设《坚持依靠群众，推进工作落实》《基层传真》《经济播报》等栏目，为经济社会发展擂鼓助威。

【成功举办创办5周年表彰大会】 2012年6月15日，是《上街时讯》创办5周年纪念日。当日，《时讯》编辑部邀请和《时讯》同日生的市民、保留《时讯》创刊号的市民、优秀通讯员、优秀发行员一道，畅谈《时讯》5周年的光辉历程，共话《时讯》发展大计，共构《时讯》美好蓝图。

（刘丽君）

广播电视

【新闻宣传】 广播电视台在新闻宣传工作中围绕中心，服务大局，全年在《上街新闻》开辟《两加快一维护》专栏，对区委实施的两加快一维护战略及目标实现情况进行全方位报道，并以重点项目建设、新型社区建设、平安建设、建党90周年、区九次党代会、创建文明城区等宣传重点，开辟了《两会特别报道》《督查之声》《我区重点企业发展情况》《区工业集聚区成效系列报道》《平安建设访谈》《纪念建党90周年》《创建文明城区》等专栏。同时，重点报道郑州宜居职教城建设工作及郑州宜居职教城“五会”活动情况。结合时间节点，适时报道春运、“三夏”、“三秋”以及高招、征兵等工作。

围绕春节、重阳节、教师节、建军节、劳动节等重要节日展开宣传报道，“五一”期间开辟专栏《劳动者风采》，达到宣传先进、树立典型、营造氛围的目的。

2011年，上街电视台共播出《上街新闻》260多组，播出《学知坊》等专题39期；上街人民广播电台共播出《上街新闻和报刊文摘》250组，播出各类文艺节目、专题200多期。

广播电视台还利用自身优势，以新闻、专题报道、播出流动字幕、播放公益宣传片等形式积极宣传“平安上街”建设、安全生产、教育、卫生、未成年人思想道德教育等重点工作。

【外宣工作】 广播电视台把外宣任务进行分解量化，实行目标管理，把郑州电视台、《郑州日报》、省电视台和中央电视台作为外宣重点，全年在省市媒体播发稿件64篇。其中，《上街区20万枝“神马白菊”出口日本》《河南首届动力伞精英邀请赛花落上街》《上街受助大学生成立爱心传递志愿者》等7条新闻分别被河南电视台和《河南日报》等省级新闻媒体刊播，另有50多篇消息、通讯分别被《郑州日报》、郑州电视台等市级媒体刊播。

【节目创优】 2011年，上街广播电视系统共有7篇作品获市级好新闻奖。广播电台有3篇作品获奖，其中《我国首套履带式移动破碎站在上街区问世》获得一等奖，《上街农电工赵金岭用生命诠释“三平”精神》《党员魏其水巨资建沼气供村民免费使用》分别获得二、三等奖；电视台有4篇作品获奖，其中《我国首套履带式移动破碎站在上街区问世》和《河南自产鲜切菊花首次实现对外出口》获得一等奖，《党员争星，群众得实惠》《用生命书写光明人生—追忆上街农电工赵金岭》分别获得二、三等奖。电视台创优工作受到郑州市文广新局表彰。

【有线网络建设】 有线电视机房设备不断增加，新购置1510光发射机1台、掺铒光纤放大器3台，网络光线覆盖能力得到增强；有线电视形成以机房为中心，以金屏路、淮阳路、登封路、汝南路、许昌路等5条144芯光缆为主干的多级星形光缆网络构架。随着城市建设面积的不断增加，光缆长度不断增加，光缆向南延伸至310国道，向西延伸到老上街村，覆盖全区行政区域。所有新建小区实现光缆到楼的先进模式，新增架设光缆工作站、光机40多台。

【广电事业管理】 抓好日常监管和重要时期的安全播出工作。加强地面卫星接收设施的日常监管，开展专项整治行动和打击盗窃、破坏广电设施行为，与公安、工商、610办等部门联合执法，加大依法行政力度，确保在元旦、春节、"两会"、中秋、国庆等重要时期的广播电视"零插播""零中断"的安全播出。认真履行监测职能，每天24小时不间断监控发射机的运行状态，保障全天候值班，实现了广播电视无差错安全播出。

（冯新超　李　印）

旅游工作

【概况】 2011年全区旅游收入累计2355万元，同比增长16.2%；接待海内外游客人数累计115250人次，同比增长13.4%;实现游客零投诉，并无重大旅游安全事故发生。在国家旅游研究院2月份发布的游客满意度调查结果报告中，上街区在全市15个县市区中排名第一位。

【提升旅游形象活动】 根据上级部门对提升旅游形象工作的重要指示，在全区范围组织并开展了提升旅游形象活动。一是成立了由区长为组长的活动领导小组，多次召集全区各相关部门举行活动推进会，要求针对旅游景区、城市形象、交通、餐饮、卫生等环节开展一系列整顿治理行动，取得了显著成效。二是开通了上街旅游信息网，网站内容包含上街区的"食、住、行、游、购、娱"等多个与游客紧密相关的内容，同时还设置了《上街概况》《旅游动态》《旅游贴士》等多个栏目，方便游客查询。三是依照相关条例完善区旅游投诉制度，在上街区政府网站设立旅游投诉专栏，公示投诉电话、投诉流程、受理范围、投诉案例、投诉结果等信息，提升旅客投诉便捷程度。

【旅游宣传工作】 （1）大力推介旅游资源。一是研究并制定上街区"一线一节"旅游方案，即上街区精品旅游线路及上街区马固书画艺术节，并上报郑州市旅游局作统一宣传。二是印制上街旅游宣传册，其中包含了旅游资源的"食""住""行""游""购""娱"六个方面。并积极参加了市旅游局主办的旅游宣传推介活动，向广大市民发放上街区旅游宣传册。（2）开展大型宣传咨询活动。为迎接首个"中国旅游日"的设立，按照市旅游局的统一部署，于5月下旬开展了上街区庆祝首个"中国旅游日"宣传活动。在5月19日当天举办的活动启动仪式上总结了2011年前4个月提升旅游形象工作，并对在提升旅游形象工作中表现突出的单位和个人进行表彰。旅游企业代表和群众代表还分别宣读了《诚信服务倡议书》和《文明旅游倡议书》，倡导旅游行业从业人员率先垂范，文明待客，倡导市民积极响应，文明旅游从我做起。活动中，各旅游企业向广大市民推出了景区门票赠送、旅游线路优惠等优惠活动。（3）开展"诚信兴商"宣传活动。按照市旅游局的统一部署，9月在全区旅游行业组织开展了"诚信兴商"集中宣传活动，积极引导旅游企业诚信经营，优质服务。活动中，通过设置"诚信兴商"宣传展区、摆放宣传展板、张贴诚信经营宣传画、发放资料等形式向市民讲解了旅游法律法规常识、保护自身旅游合法权益等，受到了广大群众的一致好评。（4）强化媒体宣传。一是充分利用媒体的宣传辐射作用。《郑州日报》于2011年4月19日、5月20日和6月1日先后3次报道区旅游工作。此外，另有多篇旅游信息被郑州旅游资讯网登载。二是利用上街区旅游信息网进行宣传。在网络上对区概况、最新资讯、旅游线路、景区景点、餐饮住宿、娱乐购物、旅行社等旅游资源作了有力宣传。

【旅游行业管理】 一是年初按照市局要求完成了导游员证件年审有关工作。二是加强对全区各旅行社、旅游酒店及五云山景区的日常监管。全年累计出动检查人员72人次，检查旅游企业43家次。主要对企业的安全生产、诚信经营进行监督和检查。同时在清明、“五一”、中秋、“十一”等节假日前对各旅游企业进行重点检查，就查出的各项隐患及问题下达整改通知书，并跟踪整改进度直至其整改到位。三是定期开展全区旅游市场联合执法行动，重点查处旅行社非法营运车辆，确保旅客人身安全。

【旅游重点项目建设】 2011年共确定五云山中国山地生态公园升级改造、江南水乡组团项目、重阳观景区等“十二五”重点项目3个。对五云山景区内道路拓宽等基础设施建设工作全面跟进，多次进行实地查看，督促施工进度。五云山景区新建一座旅游星级公厕，景区道路拓宽及周边绿化工程完工。两座新建停车场已完工并投入使用，可容纳120个车位。意大利风情街项目亦于年底前正式开工。重阳观保护性修缮工程已于2011年10月份开工。

（冯新超　李　印）

由古龙泉到马固村

西马固村古代叫做龙泉，因村北面有半亩大的泉源而得名（《水经》云：平地出水渭之龙泉）。据传，该村很早以前就有人居住，村子也一直以龙泉为名。龙泉后来逐渐干涸，人们便称这里为古龙泉了。随着时间的推移，又有一些人家来此定居，并给村子起了新名，名曰“马固”。为什么起马固这个名字？这与这里的战略位置不无关联。此处北临官道，西北距著名军事关隘虎牢关仅有六七公里，东驰宋都汴梁（后周先宋为都）不过百余公里，西至宋陵也只有三十多公里，朝廷祭祖必经此地，因此战略位置十分重要。据传，后周宋初时，这里都有重兵驻扎，圈养很多军马，圈养有“禁固”之意，因此，古龙泉即被马固替代。

另据传，在该村西南有一座山叫马头山，山上住着一个仙，叫马头仙；村西南有四道岭，岭下是几条沟，其中一条沟上面是一条大道，大道邻沟的一面地势低，行人骑马打此路过，稍不小心就连人带马跌入沟中，人们称这条沟为跌马沟。后来，骑马者路过，都要带上香火，快到这里时就将其点燃，祭拜马头仙，嘴里还不停地祷告：马固，马固。祈求马稳固平安通过这里，马固即因此而得名。

金马驹之说在村中流传也很广。先前，一匹神马由东而西，至村西南，欲饮龙泉之水。但见旭日东升，云蒸霞蔚，朝露晶莹，神马留恋忘行，化作一山。远眺此山，貌似马头，故名马头山。后来，有个精通堪舆之术的南蛮子北上寻宝，路过此地，远远望去，马头山金光闪闪，于是攀山而行。将近山顶，见一匹金马驹正低头觅食。忽觉有人到此，金马驹顿时不见踪迹。当夜，月明星稀，马头山上人影幢幢，金马驹又露身影。盗宝蛮子欣喜若狂，即生盗心，被人发现。眼见严守多年的秘密外泄，为使宝物永驻，村人便在马头山山脚下挖沟，以阻龙（神马谓之龙）脉。但盗宝蛮子贼心不死，几年后再次到马头山盗宝。恰逢金马驹站立而眠，正欲盗拿时，金马驹忽然间变成了列姜（即砂礓，因形色似姜而得名）。自此，金马驹永固马头山，村名马固即由此而出。后来，在马固东边约一公里的地方也渐渐形成一个小村落，也随该村叫马固。为了便于区分，久之人们便将原来的马固叫西马固，东边的马固便是东马固了。

相传，西马固村的形成已经很久，一说是最早的马固人住在村西的窑洞中，一说是住在村东南的野沟荒洞中。但据西马固王氏族谱记载，北宋初期的王姓人、西京作坊副使王谏之子王士安开始在马固村定居。从王氏祖谱还知，当时和王姓人家一起居住的还有高、胡、周、韩等姓人家，但他们是前人的后代还是后来迁入的，尚无法考证。这些姓氏的人家，经过几个朝代的更替，有的消失了，有的生存下来并发展壮大，从而形成今天以王姓人家占90%以上的马固村。

卫 生

卫生事业

【概况】 2011年，上街区共有卫生机构总数105个：医疗机构101个、疾病预防控制机构1个、执法监督机构1个、妇幼保健机构1个、健康教育所1个。床位总数732张、每千人拥有床位数5.95张；卫生技术人员885人，其中执业医师和执业助理医师372人，注册护士281人。平均每千人口拥有卫生技术人员7.2人，每千人口拥有执业（助理）医师3.0人，每千人口拥有注册护士2.3人。婴幼儿死亡率0‰，5岁以下儿童死亡率3‰，孕产妇死亡率为99.9/10万。

【医疗卫生机构】 中国长城铝业公司总医院始建于1958年，是一所集医疗、教学、科研、预防、社区医疗服务为一体的大型企业综合性二级甲等医院，占地6.45万平方米，建筑面积2.7万平方米。医院现有职工435人，其中主任医师9人，副主任医师42人，有中级职称的170人。开设病床400余张。年门诊量20万人次，收住院病人6000人次，各类手术1500例。医院专业设置齐全，设有内科、外科等临床、医技科技科室19个，并拥有一支基础扎实、素质良好、技术过硬的医务工作者队伍，在烧伤外科、泌尿外科、微创外科和骨科等方面具有较高水准。医院医疗设备先进，功能齐全，拥有西门子0.35T磁共振，美国ATL5000彩超，德国欧林帕斯、德蛇牌脑镜，英国牛津胎儿中央监护系统等大型先进设备180余台（套）。

上街区人民医院拥有固定资产4800万元，开放床位230余张，总建筑面积2万平方米。现有职工283人，其中在编职工176人，有高级职称的15人、中级职称的71人，卫生技术人员占82%。被郑州市职工医保、居民医保、上街区医保、新型农村合作医疗、郑州市低保及各类保险机构定为医疗定点医院。年接纳门、急诊病人16万人次，收治住院病人6000人次。开设有临床科室16个、医技科室12个。科室设置齐全，设备完善，人员资质层次较合理。有核磁共振、螺旋CT、彩超、大型C型臂等现代化医疗设备。

郑州市上街区中医院属非营利性医疗机构，是郑州市及上街区各类医保、新农村合作医疗、低保及各类保险机构的定点医疗机构。上街区中医院现有专业技术人员65人，其中有高级职称的4人、有中级职称的18人、著名老中医2人，设置床位90张。有由多名临床经验丰富的具有中、高级职称的中医师、西医师组成的团队。针灸理疗康复科是上街区中医院的特色专科，门诊科室开展以中西医结合的方法治疗内科、妇科、儿科、眼科、耳鼻咽喉科、外科、皮肤科等疾病。

峡窝镇卫生院是上街区新型农村合作医疗、区城镇职工基本医疗保险定点医疗机构，是一所集基本医疗、疾病预防控制、卫生监督、妇幼保健、健康教育、医学康复为一体的综合性一级甲等医院，是上街区实施基本药物制度和农村片医负责制工作的医疗单位之一，是郑州市首批示范卫生院之一。占地 30 亩，总建筑面积 5471 平方米，开设 20 多个临床医技科室。医疗设备齐全，拥有的中级专业技术人员占 30% 左右，能够熟练开展脑卒中、高血压、冠心病、慢阻肺、肛肠病、急腹症、常见骨折、软组织损伤的中西医结合诊疗和手术等。

【公共卫生机构】　上街区疾病预防控制中心是政府举办的承担疾病预防控制和处理公共卫生事件的社会公益性事业单位。占地 6000 平方米，建筑面积 2500 平方米左右。现有正式职工 21 人，其中，有中级职称的 8 人、初级职称的 11 人，有本科学历的 6 人、大专学历的 7 人。设有 4 个科室：办公室、疾控科、检验科、计免门诊部。上街区疾病预防控制中心检验科已通过河南省计量认证，并有郑州市卫生局专家组评审验收的艾滋病抗体初筛中心实验室，拥有原子吸收仪、气象色谱仪、液相色谱仪、500 毫安 X 光机等仪器设备。上街区疾病预防控制中心的主要职责是：全区适龄儿童计划免疫工作的计划落实指导，辖区传染病的监测及防治、结核病防治、艾滋病防治，突发公共卫生事件的应急处置，健康危害因素监测与控制，实验室检验，健康教育与健康促进等。

上街区妇幼保健所于 2008 年 6 月成立，编制 12 人，是隶属上街区卫生局管理的股级全额拨款卫生事业单位。本着“以保健为中心，面向群体、面向基层和预防为主”的妇幼卫生工作方针，主要负责承担全区妇女、儿童的保健服务业务指导、技术培训和健康教育与健康促进，负责全区妇幼卫生信息统计分析及全区婚前医学检查、出生医学证明发放管理等工作。

（张元龙）

公共卫生

【计划免疫】　上街区 2011 年全年 9 类免费疫苗接种率均在 98% 以上。其中接种一类疫苗 26404（剂）次、二类疫苗 6352（剂）次、乙肝疫苗 2745 人、卡介苗 585 人、脊灰疫苗 3787 人、百白破 3466 人、麻风（麻疹）疫苗 927 人、乙脑疫苗 1950 人、A 群流脑疫苗 1932 人、A+C 群流脑疫苗 1795 人、甲肝疫苗 1039 人。

【结核病防治】　2011 年全年共发现结核病病人 60 例，其中肺结核阳性病人 12 例，菌阴病人 14 例，结核性胸膜炎 3 例；以 3.24 结核病防治日为契机，开展结核病防治“四进活动”（进学校、进社区、进农村、进工地），发放各类宣传资料 6000 余份，并开展健康咨询活动，为群众解疑答惑；免费为学校建立结核病防治数据库，建立并逐步完善疾控中心—学校—家庭三位一体的宣传模式，提高学生及学生家长的结核病防治知识知晓率。

【艾滋病防治】　继续落实“四免一关怀”政策，开展艾滋病宣传日活动。利用广播、电视、板报、横幅、传单等形式宣传普及艾滋病防治知识，针对重点人群和流动人口采取“面对面”等方式开展宣传工作。艾滋病高危行为干预队成员深入到公共娱乐场所、社区、建筑工地，积极有效地开展艾滋病防治的宣传，发放《艾滋病防治条例》30 余本、宣传单和册子计 3000 余份、宣传画 1000 多张。全年共进行 HIV 检测 6049 例，发现 HIV 初筛阳性 3 例（均为流动人口），已返回原户籍所在地；协助民政部门完成 2 名 HIV 感染者的低保申报工作。

【卫生应急】　按照上街区 2011 年各类传染病和突发公共卫生事件防控预案和实施方案的要求，配合参加省、市、所在辖区的应急演练 3 次，出动车辆 6 台次，出动医护人员 81 人，其中卫生部门组织应急演练 2 辆。开展卫生应急宣传 1 次，组织 16 人参加宣传，出动车辆 2 次，发放宣传页（册）600 本，制作展板（黑板报）3 张、横幅 3 条，在卫生应急宣传中为 160 余人提供知识咨询，教育（影响）群众 500 余人。全年共开展讲座 12 期，发放宣传资料 1000 余份，接受培训人员 800 人，受到群众的广泛好评；全年共参与 8 次大型群体性活动的紧急医疗保障工作，出动救护车13车次、医护人员39人次，现场救治2人。

【健康教育】 2011年，上街区继续开展“卫生健康大讲堂”和卫生日健康教育宣传活动，完善卫生系统禁烟工作，巩固各镇（街道）和学校健康教育等各项工作。在郑州市卫生局举办的“好想你杯”郑州居民健康素养传播知识竞赛中，取得了第三名的好成绩。

世界卫生日宣传当天开展义诊活动

【地方病防治】 2011年，共监测300份居民户碘盐，其中合格293份、1份非碘盐、不合格碘盐6份。碘盐合格率97.99%，碘盐覆盖率100%，非碘盐率为0.33%，合格碘盐使用率97.67%。完成重点人群尿碘检测634人份，对尿碘值低于100微克/升的孕妇进行电话联系。完成哺乳期妇女及2岁以下儿童各30份尿样采集及监测工作。开展碘缺乏日宣传活动、碘缺乏病病情调查，完成鼠疫检测和布病监测等各项工作任务。

【“三免”保健工作】 上街区2011年“三免”检查工作即：免费婚检、免费围产期保健、免费0～6岁儿童保健。全年免费婚检669人（本年度办理结婚证人数为1084对），占全区办证人数的30.86%。免费围产期保健569人，占全区实际办理人数的96.6%。免费0～6岁儿童保健中，3岁以下儿童保健手册办理750人，“六一”儿童体检6905人，分别占全区实际办理、体检人数的98.06%和95.2%。

【降低孕产妇死亡率与消除初生儿破伤风】 2011年上街区开展“降低孕产妇死亡率、消除新生儿破伤风”项目，实行农村孕产妇住院分娩补助政策。全年享受“降消”项目补助的农村孕产妇共计304人，补助金额共计9.12万元。

【孕产妇与3岁以下儿童系统管理工作】 在辖区范围内进行高危孕产妇的筛查工作，使高危孕产妇住院监护率达到100%，孕产妇系统管理率为96.6%，住院分娩率为100%，孕产妇死亡率为99.9/10万；7岁以下儿童保健覆盖率为100%，3岁以下儿童系统管理率为99.38%，5岁以下儿童死亡率为3‰，婴幼儿死亡率为零。

【重大公共卫生服务项目妇幼保健工作】 2011年，全区补服叶酸人数累计133人，发放叶酸片416瓶。根据国家、省、市《增补叶酸预防神经管缺陷项目实施方案》有关要求，为全区所有农村待孕妇女免费提供小剂量叶酸。2011年，在全区35～59周岁农村妇女中免费开展“两癌”筛查。完成宫颈癌筛查5012人、乳腺癌筛查5024人。共查出宫颈癌可疑8人、乳腺癌可疑16人，均已做了手术治疗。

（张元龙）

医政管理

【概况】 2011年上街区在各公立医院继续开展“三好一满意”“医疗质量万里行”“以病人为中心，提高医疗服务质量”等活动；在辖区社会办医和个体行医医疗机构继续执行“八统一”要求（即统一诊所标牌、统一诊疗场所布局、统一医疗文书、统一收费票据、统一工作制度、统一常用诊疗技术操作规程、统一工作服装和胸卡、统一销毁一次性医疗用品等工作要求）。截至2011年12月底，全年共依法核发新的医疗机构执业许可证5家，为35名护士办理了首次注册和变更注册。辖区所有医疗机构与郑州市医废处理中心签订医废处置合同，完成辖区医疗垃圾安全处置率达100%；全年辖区内各医疗机构未发生医疗纠纷与医疗事故。

【城市社区卫生服务体系建设】 2011年上街区社区卫生服务工作以“创建全国示范社区卫生服务中心”为契机，突出中医特色，落实专科专病建设，将中医药科普教育宣传工作与社区卫生服务工作相结合，高标准、严要求、持续做。2011年10月郑州市济源路社区卫生服务中心顺利通过全国示范社区卫生服务中心国家复核组复核，12月通过国家复核组公示，被授予“全国示范社区卫生服务中心”荣誉称号。

【农村卫生服务体系建设】 根据《中共郑州市委、郑州市人民政府关于推进社会主义新农村建设的实施意见》（郑发〔2006〕14号）文件精神，上街区率先在郑州市开展村卫生所建设，先后投入168万元建成标准化村卫生所24个，实现了辖区每个行政村有1个标准化村卫生所的目标。实行以乡镇卫生院一村卫生所一体化管理模式，并投入52万元为各村卫生所配置基础医疗设备。

【中医药事业】 2011年上街区卫生局积极筹资26万元，为社区卫生服务机构配备常用的中医药诊疗设备，举办“卫生健康大讲堂”36次，举行“健康宣传、义诊、讲座进社区”活动13次，发放中医药知识宣传彩页3万余份。5月底，上街区创建全国社区中医药工作先进单位项目顺利通过国家评估组的验收。9月份，区荣获“全国基层中医药工作先进单位”称号（国中医药医政发〔2011〕45号）。中医药适宜技术推广：2011年上街区积极争取国家中医药管理局中医药适宜技术专科建设经费50万元用于上街区中医院适宜技术推广，在配备相关设备基础上积极开展“中医药适宜技术”培训，各卫生服务站、乡医接受培训共100人次。同时上街区财政也拨付19万元用于基层中医药适宜技术推广，为基层医疗单位配备相应医疗设备。

【重点（特色）专科建设】 针灸理疗：2011年，上街区积极争取国家中医药管理局康复理疗专科建设经费30万元，对上街区中医院康复理疗科进行升级改造，使其艾灸、针灸、熏蒸、康复理疗等设施设备全面更新，提升其中医特色服务硬件水平。其中康复理疗科李慧君主任为针灸推拿副主任医师，带领科室中医医师坚持开展中医中药特色疗法，结合现代科技引进多种理疗设备，在治疗颈肩腰腿痛、亚健康、肠胃病、偏瘫、面瘫等方面都有自己独特的治疗方案，疗效显著。“未病防治”（亚健康状态防治）：2011年，上街区开展“治未病”健康工程，以社区卫生服务中心为依托制定中医特色保健方案，开展养生保健、食疗药膳、传统体育等服务。在健康教育大讲堂、传染病防治、慢性病健康管理、孕产妇、老年人、儿童、重点人群保健服务等工作中向辖区居民宣传中医药养生保健、防病治病知识，为亚健康人群提供健康服务。中药房建设：上街区积极争取国家中医药管理局50万元中药房专项建设项目，对济源路社区卫生服务中心中药房进行改造升级，积极组织实施场地改造，设备安装，人员培训和科室制度建设，使济源路社区卫生服务中心的中药采购、储存、调剂、煎煮、炮制上了新台阶，科室管理更加规范。临床技术新突破：中国长城铝业公司总医院2011年开展了多例椎间盘多发骨折内固定术、经皮气管切开术、无痛胃镜等新项目、新技术。

（张元龙）

卫生监督

【概况】 2011年全年办理各类卫生许可证225户次。对公共场所经营单位进行全面监管，监督检查覆盖率100%。对96户医疗机构进行全面检查并进行量化分级管理，同时开展医疗废物处置和学校传染病、手足口病等专项检查，检查各类医疗单位278户次，各类学校（含幼儿园）34户，检查覆盖率100%。

【打击无证行医】 继续落实“无证行医查处区域责任制”和“无证行医查处日常巡查制”。采取部门联动、日常查处、集中查处等办法，及时查处和严厉打击无证行医行为。2011年结合日常监管对现场检查中存在的问题下达卫生监督意见书212份，责令并督导其限期整改。

【开展职业健康监护专项整治行动】 2011年对8户医疗单位的放射工作人员职业防护情况进行全面检查；开展职业病宣传活动，采取悬挂宣传横幅、设立咨询台、发放宣传资料等形式进行宣传。同时在中铝河南分公司防保科的配合下，卫生监督员分两组及时深入河南分公司车间，向广大工人同志宣传职业病防治知识，接受宣传教育197人次。检查企业17家，培训3800人次。17家企业接触有毒有害物质的8721人全部建立健康监护档案。

根据《郑州市职业健康状况调查工作实施方案》工作要求，联合相关部门对全区职业健康状况进行调查，顺利按时完成区职业健康状况调查工作。现场调查区常住人口13.3万人（其中男6.6万、女6.7万，城镇11.8万、乡村1.5万），劳动力人口8.8万人（常住7.7万、流动人口1.1万）。辖区内共有各类企业1096户（大型3户、中型48户、小型1045户），主导工业为涉铝工业、装备制造及新材料。

【全面推行公共场所卫生监督量化分级管理制度】 2011年对浴池、理发店、旅馆等各类公共场所经营单位检查600余户次，对225家公共场所中的浴池、美容美发、住宿业、游泳场所共164户经营单位进行量化分级评分，量化分级率达100%。

（张元龙）

新型农村合作医疗

【概况】 2011年全年共补偿176964人次，补偿金额3318.41万元。2011年，上街区参合农民个人缴费标准为30元/人·年，镇（办）资助20元/人·年，区财政资助50元/人·年，市财政资助20元/人·年，省财政资助46元/人·年，中央财政资助108元/人·年，共计274元/人·年。2011年参合农民共计42783人，参合率达到98.16%。同时将16种慢性病纳入报销补助范围，全面开展了省市级医院的直补工作。全面提高农村儿童重大疾病医疗保障水平，救助儿童1人，补偿金额0.9万元。优化服务，促进新农合工作健康发展。一是将河南省基本药物增补目录（2010年版）和河南省二级以上医疗机构基本药物目录（试行）纳入新农合报销范围。二是将部分医疗康复如偏瘫肢体综合训练、脑瘫肢体综合训练等纳入新农合报销范围。

（张元龙）

社会民生

人民生活

【物质生活建设】 城镇居民人均可支配收入25460元，同比增长14.6%；人均消费性支出15718元，同比增长14.9%。农民人均纯收入达到12464元，同比增长22.7%；人均消费性支出7159元，同比增长18.5%。城镇居民家庭、农村居民家庭恩格尔系数分别为31.7%、26.6 %。城市居民人均住房建筑面积35.2平方米，农村居民人均住房面积41平方米。

（冯　静　王建营）

精神文明建设

【概况】 2011年，区精神文明建设工作以“讲文明、促和谐”为主题，以创建文明城区为契机，以“千百十”文明和谐家庭、文明和谐社区、文明和谐村、文明和谐楼院、文明和谐单位及文明和谐镇办创评活动为载体，不断拓展群众性精神文明创建工作新领域，突出和谐理念，培育和谐精神，倡导和谐风尚，确保各项工作任务落到实处，有力推动了“两加快一维护”战略的实施 。

【开展省级文明城区创建活动】 2011年，精神文明工作紧紧围绕河南省文明城区创建要求，依据《全国文明城区测评体系》将9个测评项目、36项测评指标、111条测评内容和特色指标分解落实到每个单位，以周督查、月点评、季评比等措施开展评优评差活动。下发创建文明城区交办单190份、整改通知书80份，开展评优评差活动30次。区委、区政府、区人大、区政协等四大班子领导对创建省级文明城区工作高度重视，放在战略高度周密安排部署，列入重要日程，紧锣密鼓听取汇报，具体督查指导，深入现场一线作组织宣传动员，率先垂范，以身作则，狠抓任务落实。区人大、政协主要领导还组织带领人大代表、政协委员走上街头，劝阻交通不文明行为。

上街区创建省级文明城区动员大会

【全民参与文明城区创建】　全区共设置制作大型喷绘265块、宣传栏560块、宣传标语980条、宣传条幅860条、展板680多块、道路铭牌300个、车站宣传席206个，免费发放《致辖区居民的一封信》5万余份、《致辖区企业的一封信》1500份、创建文明城区倡议书10万余份，组织创建文明城区文艺会演60余场次，参与群众达9万多人次。与此同时，各级文明单位均制作了创建文明城区宣传台卡，各责任单位还结合自身实际，先后组织开展了多项社会志愿者活动。并且充分利用区电视台，《上街时讯》设置创建省级文明城区专栏，将宣传内容列入常设版块。

【整理文明城区创建档案】　2011年年初区委宣传部认真学习全国、郑州市创建省级文明城区工作测评项目责任分工、未成年人思想道德建设工作测评项目责任分工，按分工要求结合上街区实际进行全区近80家相关单位的责任分工，按细则要求收集各单位的创文材料和未成年人资料，计收集资料110大项300余小项。每项准备3份，其中2份作为郑州市创建国家文明城市用，1份作为上街区创建省级文明城区用。资料收集中，认真学习细则要求，到各责任单位辅导帮助。加班加点，按市文明办要求提前完成了资料收集整理近500册上交工作，受到市文明办领导的表扬。

【积极筹备省级文明城区迎检】　一是领导重视，部门联动。把创文迎检工作作为“一把手工程”“民心工程”和“实事工程”来抓，成立创建省级文明城区工作领导小组，强化对创建工作的统筹、协调和指导，形成了各部门齐抓共管的局面。二是周密部署，落实责任。建立了区创文联席会议、工作会议和联络员会议制度，及时研究解决创文迎检工作中出现的问题，集中全力打好不达标项目突击整改、实地考察项目迎检、舆论宣传思想发动三大攻坚战，确保在总测评到来之前全面完成各项责任指标，力争在总测评中高分达标。三是查漏补缺，攻坚克难。在全区范围内开展自查整改活动，逐条认真梳理各项指标，对尚未达标的项目，建立整改工作台账，指定整改责任人，规定整改达标时限。如针对创文材料报送和建档这个重点、难点和薄弱环节，通过举办材料报送工作培训班、设立创文测评材料建档工作示范点等方式，指导、督促全区街道、社区建立规范、完整的创文档案。四是督导检查，落实整改。不断加大督导检查力度，及时了解、掌握各责任单位的工作进展情况，督促抓好薄弱环节的整改落实。五是宣传发动，提高“两率”。千方百计通过宣传发动，努力提高市民对创文的知晓率和支持率，成功完成省文明办对上街区的检查工作。

【全面打造立体型文明和谐上街】　2011年，上街区以全面打造立体型文明和谐上街为目标，以“千百十”文明和谐家庭、文明和谐社区、文明和谐村、文明和谐楼院、文明和谐单位、文明和谐镇办“六项文明和谐”创评活动全方位构筑立体型文明和谐上街框架结构，加快推进文明城区建设。

1.“千百十”文明和谐家庭评选活动。一是进行了广泛深入的宣传发动。年初，制定下发了活动方案，召开了活动动员会，对评选工作进行了全面安排和部署。二是认真组织开展了评选活动。动员会召开后，峡窝镇、各街道以社区、村为单位，纷纷召开了“海选进千”的评选大会。8月份进行了“千进百”“百进二十”“二十进十”的评选活动。

2. 文明和谐社区、文明和谐村、文明和谐楼院、文明和谐单位、文明和谐镇办创评活动。在“千百十”文明和谐家庭评选活动的基础上，继续延伸开展了文明和谐社区、文明和谐村、文明和谐楼院、文明和谐单位、文明和谐镇办创评活动。一是制定下发了活动方案和创建标准任务，对创评活动进行了全面安排部署。二是建立健全了周例会制度、督查评比制度等工作制度，严格了回访复查制、监督机制、退出机制等管理制度，确保活动取得实实在在的效果。三是开展了形式多样的创建活动。一方面要求各镇(街道)按照“自查定级，整改提高，晋级达标”的办法对社区、村、楼院外部环境面貌进行集中整治；另一方面创新活动载体，创新内容形式，深入开展了特色楼栋、特色楼院、邻居节等创建活动，对市民进行公民道德和文明礼仪教育。

【开展精神文明细胞工程】 2011年，区委宣传部坚持做好了各级文明单位、文明社区、文明村的评比推荐工作。对2011年申报的省级文明单位、省级文明社区、市级文明单位、市级文明社区、市级文明村、区级文明单位、区级文明社区、区级文明村的创建工作进行了指导，实地走访查看了这些单位工作开展情况，对各单位申报材料、创建规划方案以及档案资料的整理、硬件设施建设、宣传氛围的营造等方面给予了指导和督查，提出了相关要求。继续组织各级文明单位与农村（社区）开展了共创联建活动及军警民共建活动，注重从思想上引导和教育，从精神上鼓励和鞭策，从素质上增强和提高，从能力上培养和强化，让广大农民群众真正得到实惠。认真做好郑州市文明市民的评选推荐工作，上街区有2人荣登中国好人榜，1人获河南省首届十大道德模范奖，1人获河南省首届十大道德模范提名奖，6人获文明市民荣誉。

【开展“做一个有道德的人”为主题活动】 1.2011年，上街区从未成年人思想道德建设的实际出发，以“做一个有道德的人”为主题，在家庭、学校、社会广泛开展了“三做、三爱、三争”活动，并确定了新建小学、铝城小学、第二外国语学校初中部、第二外国语学校高中部、区中小学生劳动实践基地5个“做一个有道德的人”活动示范点。活动启动后，全区各单位、各中小学校围绕主题开展了形式多样的活动，取得了一定成效。中心路小学在实施素质教育过程中，注重学生综合能力的培养和提高，加强了学生的养成教育。区中小学劳动实践基地开设了室内外实践活动课程20多项，创建了生活天地、安全与防护、小小巧厨房、三理教育室等活动板块，组织学生开展了实践活动。第二外国语学校初中部注重对学生的“感恩教育”，坚持每天集体收看《新闻联播》。为进一步促进郑州市青少年爱国主义读书教育活动的开展，根据市里边的通知，在上街区青少年中开展了“优秀童谣征集”“童心向党歌咏比赛”“演讲比赛”“中华经典诵读”等活动。异彩纷呈的活动为未成年人思想道德教育注入了鲜活的能量，为全区未成年人的健康成长打造了广阔的天地。

2.建设未成年人心理健康辅导站，开展以对全区未成年人提供心理健康指导、合法权益保护、“一助一”结对帮扶、志愿服务为主要内容的关爱活动，让广大留守学生弥补亲情缺失，感受社会温暖。在文明办的综合协调下，

创文督查组检查网吧

创文小红帽在行动

采用创新资源整合方式，建设乡村学校少年宫，增强城市对农村的辐射效应。充分发挥农村文化阵地的作用，使农村未成年人也拥有一片快乐的天地。积极关爱城乡外出务工者子女教育，关注农村留守儿童，使他们感受到全社会的关注。

3. 认真做好了净化社会文化环境工作。及时召开了由区委宣传部、文明办、教体局、文化局、公安局、工商局、广电局等相关部门主要领导参加的全区净化社会文化环境工作会议，制定下发了工作方案，成立了工作领导小组，明确了每一项工作的牵头单位和责任单位，提出了具体工作要求。区委宣传部、区文明办组织文化、教育、工商、公安、广电等部门相继开展了8次集中督查，对全区网吧、荧屏声频、出版物市场及校园周边环境进行了重点排查，把工作任务落到了实处，为广大未成年人健康成长营造了良好环境。

【开展社区人居环境改善工作】 结合文明城区创建，将家庭、楼院、社区相连接，以点带面，实现社区、楼院、家庭三级联动，为改善人居环境工作注入了新的活力。继续采取“抓两头、促中间”的工作方法，把破产企业楼院、无主管单位大杂院以及由城中村改造和城乡接合部新组建的社区作为工作重点，纳入台账管理，进行挂牌整治，确保了政府人力、物力、财力投资对上述部位的重点倾斜，让群众真正得到实惠。对于已实现上档升级的社区、小区、庭院，抓好巩固提高，注重休闲健身设施和文化活动场所建设，进一步完善各种服务设施。2011年，上街区进一步打造工作品牌，明确提出要创建一批管理有序、服务完善、治安良好、环境优美、文明祥和的新型文明和谐社区，为文明城区建设打下坚实基础。

【开展社会文明志愿者服务活动】 2011年全面启动“争创社会文明志愿者”活动。以“国际志愿者日”和大型节会为契机，开展文明礼仪知识宣传普及等系列志愿服务活动，以服务创建省级文明城区为重点，组织开展关爱空巢老人、小红帽在行动、文明交通创建、公共场所不文明行为劝阻等一系列志愿服务活动。完善志愿服务的激励机制，把志愿服务工作纳入文明城区、文明单位考核内容，不断提高志愿者组织的影响力，扩大社会参与面。通过有关方面的共同努力，实现志愿服务队伍以青年为主向全体社会成员共同参与转变，志愿服务活动由阶段性向经常性转变，志愿服务管理由松散型向规范化转变。

（房婉春）

社会保障

【概况】 区社保局认真贯彻落实省、市劳动保障工作会议精神，紧扣年初制定的工作目标，以“服务全区经济健康发展，维护社会稳定大局”为宗旨，以群众满意为目标，坚持“广覆盖、保基本、多层次、可持续”的方针，进一步扩大社会保险覆盖面，继续巩固“两个确保”的成果，坚持以人为本，强化便民意识，不断提高社会保险经办机构能力，突出重点，狠抓落实，统筹兼顾，协调推动各项工作取得突破，圆满实现了市局制定的各项目标。

至年底全区共有参保企业307家，参保职工11335人，完成市定目标（11320人）的100%；全年共征收养老保险费6534万元，完成市定目标（4455万元）的147%，其中清理欠费1258万元。全区机关事业单位社会保险参保130家2392人，其中财政全供单位101家1897人，自筹自支事业单位27家278人，差供事业单位2家217人。全年征收基金2501.7万元，完成市定目标（2000万元）的125%，其中清理欠费255万元。离退休人员793人，养老金支出1738元，离退休金按时足额发放率和社会化发放率均达100%。全区参加失业保险的单位共有416家，缴费人数8051人，完成市定目标（7990人）的101%，其中企业286家5524人，机关事业130家2527人。其中征缴收入641.66万元（含清理往年欠费23万元），完成市定目标（243万元）的264.19%。全区工伤保险共参保7369人，其中新增机关事业单位参保1544人，完成全年市定目标的127％。其中农民工参保935人，完成全年区定目标935人的100％。征缴基金130万余元，完成市定目标85万元的153%。其中机关事业单位人员新参保征缴基金18余万元。全区新增参保缴费3072人，完成市定目标的103%，全区累计在保人数达15575人。全年共办理养老保险跨省转出72人，养老保险跨省转入28人，共为94名待转人员开具了养老保险缴费凭证。全年为966名企业离退休人员、企业军转干部发放各项补贴近70万元。

【做好上年度缴费基数申报和年检工作】 2011年，按照市局的统一部署，认真开展区2010年度企业职工工资基数申报和《社会保险登记证》年检工作。采用电话通知和上门服务相结合的方法，尽量告知每一个参保企业。共对373家企业的9155人进行了年检，审核年工资16310万元，完成全部任务。共有396家企业为6908名职工申报了缴费工资10930万元。

【补缴养老保费审核申报工作】 根据豫人社养老〔2011〕4号文件，为有效解决部分未参保和漏保的城镇企业职工、“五七工”“家属工”等人员的参保问题，组织人员按要求认真审核申报档案400余人次，实现新增参保职工213人，补缴养老保险费本金和利息共计100余万元。

【企业退休人员待遇审核发放率达到100%】 至年底，共审核参加企业职工养老保险人员申报退休档案103份，审批办理退休手续89人。全年共为2158名离退休职工、161名遗属发放基本养老金3000多万元。2011年1月起共为全区2080名企业退休职工增加养老金42万元/月，人均增加养老待遇194.22元/月，增资后养老待遇人均水平达到1492.62元/月；同时为企业退休职工增加冬季取暖费近100万元，人均增加480元。

【事业单位工伤保险工作】 至年底，上街区域内的48家事业单位的2000余名职工，按要求参加了工伤保险。全区事业单位等组织的全部职工已纳入工伤保险统筹范围，并按规定申请工伤认定、劳动能力鉴定。

【失业金发放】 2011年为95名参加失业保险的失业职工，发放失业保险待遇90多万元，失业保险按时足额社会化发放率为100%。2011年7月起，每月为95名失业人员缴纳城镇职工医疗补助金163.90元/人，全年共缴纳近10万元。2011年8月起，按月为失业人员提高临时物价补贴86.4元/人，全年共发放8万多元。2011年全年共为40人办理了失业保险转移，其中市外转移1人，市内转移39人。全年共组织17名失业人员参加培训，其中4名人员参加家政服务培训，13名人员参加计算机培训，圆满完成全年培训任务。

【档案管理和归档工作】　根据市社保局会议及文件规定，及时组织人员认真学习，并安排专人到档案局进行实地学习，提高档案管理水平。经过多方努力，在区领导的大力支持下，先后投入资金约 17 万余元对档案室内部进行装修，并通过政府采购购置了档案柜、档案盒、档案封面、凭证盒等档案管理用品，为档案管理工作的开展提供了物质保障，同时购置了计算机、复印机、扫描仪等档案达标所需设备，组织全体工作人员加班加点对整理档案的目录进行输入及扫描归档。2011 年 12 月份，经市档案局及市社保局现场考评验证，顺利实现争创省一级档案管理单位目标。

【企业职工养老保险】　全区共有参保企业 297 家，参保职工 11331 人，完成市定目标 11320 人的 100.1%；共征收养老保险费 6534 万元，完成市定目标 4454 万元的 122%，其中清理欠费 1019 万元。

【居民养老保险】　全区新增参保 3021 人，完成市定目标全年参保缴费 3000 人的 100.2%，全区累计在保人数达 15575 人。

【机关事业单位养老保险参保】　全区机关事业单位社会保险参保 130 家 2390 人，其中财政全供单位 95 家 1813 人，自

就业招聘会

筹自支事业单位 27 家 278 人，差供事业单位 2 家 217 人。计划应征 1823 万元，实际基金征收 1573 万元，清理欠费 148 万元。离退休人员 788 人，养老金支出 1445 万元，离退休金按时足额发放率和社会化发放率均达 100%。年末累计结余 5137 万元。

【医疗保险】　全面落实《郑州市解决国有集体破产困难企业退休人员医疗保险问题的补充规定》《关于调整我市城镇居民医疗保险财政补助标准的通知》等政策，社会保险体系建设更加完善。深入基层，以未参保农民工、灵活就业人员为重点，开展多种形式的政策宣传，引导和鼓励劳动者参加社会保险，进一步扩大社会保险覆盖面。先后深入工矿企业、三产服务业及社区 480 余家，接待来访群众 5100 人，接受咨询多达 5000 余次，圆满完成市局下达的社保扩面任务。进一步提高社会保障水平。年初，对全区 2080 名企业退休人员基本养老金待遇调整，人均增资 194.22 元 / 月，平均增幅 12% 以上。提高全区城镇居民基本医保人员财政补助标准，医保统筹基金最高支付限额由原来的 6 万元 / 年・人提高到 10.3 万元 / 年・人。对全区 2011 年集体破产（困难）企业进行了摸底排查，上门为符合条件的 951 水泥厂 49 名内退人员办理了医保参保手续。2011 年，共为 12 家破产（困难）企业 274 名退休人员解决了医疗保障问题。做好健康体检、疾病预防工作。2011 年 4 月 ~ 6 月，组织全区 139 家单位 3400 余名 35 岁以上公务人员进行了全面系统的健康体检，使参保人员有病早治疗，无病早预防。

【工伤保险】　工伤保险共参

保5885人，完成全年区定目标5825人的100.5%。农民工参保960人，完成全年区定目标935人的102.6%。征缴基金94万余元，顺利实现了市定85万元工伤保险基金的征缴目标。继续坚持农民工工伤认定“绿色通道”，建立健全典型案例研讨和行政调解机制，推动工伤认定工作创新发展。全区提起工伤申请35起，受理22起，认定19起，按期结案率达100%。

【失业保险】 2011年，全区有410家单位参加失业保险，缴费8010人，完成市定目标的100%，其中企业280家5495人、机关事业单位130家2515人。失业保险基金收入总额为462.91万元，其中征缴收入441.91万元(含清理往年欠费21万元)，完成市定目标的197.82%。利息收入近17万元，上缴调剂金21万多元。

（任 炜 王二奎）

劳动和就业

【概况】 认真组织开展用人单位专场招聘活动，大力开展职业介绍服务工作。先后举办小型及专场招聘会25场，组织大型用人招聘会2场，免费为用人单位和求职人员提供供需见面机会。招聘会共发放优惠政策、用工信息、维权服务等各类宣传资料7500余份，提供就业岗位1万余个，现场达成用工需求3200余人。“招聘超市”全年共发布招聘信息1100余条、求职信息310条，促进就业276人。

【城镇就业再就业】 积极开展就业失业登记工作，设立专门服务窗口，指定专人负责，对就业登记和失业登记人员认真进行审核，信息及时录入，建立台账，并做好对持证人员的跟踪服务，进行动态管理。至年底共办理就业登记156人、失业登记65人，办理《就失业登记证》73本。大力开展春季就业援助行动、就业援助月、民营企业招聘周等服务活动，走访就业困难人员220余户，帮助268名就业困难人员实现就业，全区“零就业家庭”保持动态为零，城镇登记失业率2.41%。实施更加积极的就业政策，采取专人负责、定期上报进度、不定期督导等有效措施，实现全区新增城镇就业2709人，完成目标的104.2%。其中下岗失业人员582人，就业困难人员268人，公益岗位就业238人，分别完成市定目标的105.8%、178.7%和119%。全年发放小额担保贷款2420万元，完成目标任务的100.8%。城乡就业工作再次获得郑州市政府表彰。

【农村劳动力转移就业】 继续深入推进“三定两建一扶持”农村劳动力就业长效服务机制，组织开展“春风行动”“农村劳动力专场招聘会”“送岗位进农家”等就业服务活动13次，提供空岗信息2200余个，对未就业人员实行“一对一”就业服务，多渠道帮扶就业。同时，在南部山区搬迁安置区建立了上街区新型农村社区劳动保障服务站，配备专职工作人员，为搬迁农民提供贴身服务，搬迁村劳动力中有就业愿望未就业的人员仅余4人。全年实现农村劳动力转移就业521人，完成市定目标的104.2%；农村劳动力就业前技能培训714人，完成目标任务的102%。

【职业技能开发】 大力实施全民技能振兴工程。年初，通过摸底调查，结合未就业人员的创业和技能培训意愿，开展了针对性强的计算机、车工、电工、钳工、机械加工等技能培训班，培训学员1600余人次，提高了其就业竞争力和技能水平。同时，加强与企业的沟通协调，积极开展企业在职人员的技能提升性培训，提高劳动者技能水平，实现由低就业岗位向技能、专业技术岗位转变，由临时性短期工向固定工转变。全年共完成各类职业培训2742人。其中，创业培训240人，再就业培训356人，在职职工技能提升培训1127名，高技能人才培养305名，分别完成目标任务的109.1%、118.7%、102%和254%。开展职业技能鉴定人数1014人，完成目标任务的101%。

【劳动保障监察】 完善劳动保

障监察工作制度。全面建立劳动用工备案制度，大力推广劳动用工管理系统。全区劳动用工管理系统共注册用人单位245家，录入在职职工信息4.6416万人。充分发挥集体协商对协调劳动关系的促进作用，会同工会组织指导企业建立健全平等协商制度，积极推进工资集体协商和女职工劳动保护专项集体合同，目前已与386家规模以上企业签订了专项集体合同，建立工资集体协商制度的企业达到90%以上。加大劳动保障监察执法力度。继续完善“两网化”管理工作的各项管理职能，加大劳动保障监察执法力度，认真做好日常巡视检查、举报专查和专项检查活动。全年共检查用人单位392余家，接待群众举报来访220起，符合条件立案50起，结案48起，法定时效结案率100%。协调处理工资纠纷事件13起，为劳动者追缴工资207.5万余元，其中农民工工资190万余元。深入开展打击非法职业介绍和非法用工(简称“双打”)专项行动，共检查企业427家（其中建筑类企业15家）、职业介绍机构1家、中介机构13家、砖瓦窑场2家、各类商户2581户。

【劳动争议仲裁】 充分发挥职能作用，加大工作力度，积极稳妥、从速从快处理劳动人事争议案件，及时化解矛盾。全年共处理劳动争议案件878起，其中立案处理25起，调解结案10起，裁决结案13起，法定时效结案率100%，为职工和企业挽回各项经济损失150多万元。

（王二奎）

人口和计划生育

【概况】 2011年，全区纳入计生管理的总人口为145881人，已婚育龄妇女32901人，全区出生1029人，出生率为7.1‰，政策生育率为99.4%，出生统计准确率为99%，避孕措施落实率为98.5%，避孕及时率为97%，独生子女领证率为60.39%，社会抚养费征收到位率为75%；流动人口管理率为98%；出生人口性别比趋于平衡。

【构建领导保障体系】 2011年，区政府与一镇五办及28个成员单位签订了《2011年度人口和计划生育工作目标管理责任书》，一镇五办按照计划生育属地化管理的要求，与居委会、村委会、行政事业单位以及辖区驻上企事业单位签订了人口与计划生育目标管理责任书，做到了目标明确、层层分解、责任到人。我区共表彰了39个先进集体和70名先进个人，制定下发了《关于调整上街区人口和计划生育领导小组成员单位完善部门人口计生工作职责及考评办法的通知》，联合11个部门印发了《上街区“十二五”期间(2011年—2015年)婚育新风进万家活动实施意见》。9月14日，召开了人口计划生育工作形势分析会，传达了省、市形势分析会主要精神，分析了区计划生育工作面临的主要问题。

【稳定低生育水平】 2011年，加强了人口信息化建设。坚持以需求为导向，以应用促发展，以完善软、硬件设施为基础，以信息交流、资源共享为手段，着力构建了已婚育龄妇女信息管理系统、优质服务信息系统和机关办公自动化的计划生育管理服务体系。进一步规范了信息交流、信息核查、信息上报、信息服务、信息监控、信息反馈和人口分析、人口预警等工作制度，实行了人口全员管理、属地管理和规范管理，全区数据库人口覆盖率达到94.8%，身份证信息准确率达到99.9%；建立了数据质量评估长效机制，提高了区人口数据库信息质量，建立了计划生育信息共享平台。采取月通报制度，通过公安、卫生、民政等部门每月提供的新生儿入户、住院分娩、出生医学证明、新婚等信息数据的比对和反馈，实现了信息互通，资源共享，优势互补，有效预防了人口漏报、漏统等问题的发生。全年各相关部门共交流核查出生人口信息2195条，清查进档已婚育龄妇女30人。通过悬挂条幅，设置喷绘广告，发放宣传折页，举办培训班，为农村计划生育家庭免费摄制“全家福”、制作发放“计划生育”购物袋、围裙等多种形式，开展宣传教育，推进“双提高”工作进程。全年共举办新婚夫妇免费培训班12期，发表新闻稿187篇，其中国家级新闻媒体采用19篇，省、市级新闻媒体采用104篇。

【健全利益导向机制】 2011年，共为21710人发放各类奖励金390万余元。其中为10250人发放独生子女奖励费2388793元，为936人发放“节育奖”112320元，为853人发放生活补贴409440元，为53人发放最低生活保障补贴19080元，为285人发放计划生育奖励扶助金28.5万元，为32人发放计划生育特别扶助金39960元，为12名主动退二胎指标人员实行了每户2000元的奖励，为64人发放高考奖励金2.36万元，共投入277330元分别用于5项惠及农村计划生育家庭的系列保险，免费为72名计生干部办理了计划生育干部人员保险，免费为404人办理了农村计划生育家庭四项手术保险，为446名农村计划生育独女家庭父母办理了农村计生家庭养老保险，为315户农村独生子女家庭办理了计划生育家庭意外伤害保险，为1486人办理了城乡养老保险，为6563人减免新农合参合费328150元。“双节”期间，全区共有43个单位的150名公务人员与计生困难户结成“一对一”帮扶对子，共投入资金10万元，用于对全区220户计划生育困难家庭的帮扶；“三夏”及双节期间，区、镇（街道）两级投入资金12万元，用于对全区200多户农村计划生育家庭和计划生育困难家庭的资金帮扶和米、油、棉被等物质帮扶。对计生家庭的奖励和救助使计生家庭优先分享到了改革发展成果，促进了群众自觉实行计划生育。

【出生缺陷干预工程】 2011年，上街区每季度集中对新婚、待孕夫妇免费进行优生优育知识培训、优生五项病毒筛查、微量元素测定、孕前风险评估及免费发放叶酸复合营养素等服务。至年底全区投入经费52.1万元，为2192名育龄群众作了免费优生筛查，孕前优生康检率达到70%以上；为4400名新婚夫妇进行了免费孕前优生培训，为1594名育龄群众进行了优生咨询，为2217名目标人群免费发放了福格森叶酸营养素软胶囊，为2907名育龄群众作了孕前风险评估，发放出生缺陷干预宣传资料共2.26万份，出生缺陷知识培训覆盖率、普及率均达90%以上。

【人口计划生育服务管理】 2011年，不断加强城区及流动人口计划生育服务“一盘棋”建设。全面推进“46865”工作模式落实，实现城区和流动人口规范化服务管理，打造基层优质服务平台。集中进行了以流动人口信息系统质量核查和网络化协作为重点内容的区域“一盘棋”建设。运用联动机制，坚持开展清理清查，综合公安、教育等部门流动人口数据，实时掌握流动人口总量。全年流入12885人，其中已婚育龄妇女2462人；流出433人，其中已婚育龄妇女260人。流动人口管理率为98%。

【治理出生人口性别比】 2011年，开展了综合治理出生人口性别比偏高联合执法行动。积极开展“关爱女孩”行动，全面推行二胎孕情跟踪服务监管责任制，对全区109名持农业和41名持非农业二胎生育证的育龄妇女实行“三包一”制度。抽调卫生、药监、公安、人口计生等部门共开展了12次性别比综合治理联合执法行动，对全区100余家医疗单位、个体诊所、批零药店和保健品店进行了拉网式清理清查，没有发现非法进行胎儿性别鉴定的黑诊所、黑B超。

（雷　萌）

民族宗教工作

【概况】 全区有回族、满族、壮族、蒙古族、锡伯族、土家族、维吾尔族、彝族、白族、俄罗斯族、苗族、侗族、黎族、傣族、瑶族、朝鲜族、鄂温克族17个少数民族。少数民族人口3000多人，其中常住少数民族人口2375人，回族最多，1640人。全区有少数民族聚居村1个，为峡窝镇沙固村。该村六、七组为滹沱回族村，人

穆斯林小朋友欢度开斋节

口 610 人。

经批准开放的宗教活动场所有 12 个，其中基督教活动场所 9 个、天主教活动场所 1 个、伊斯兰教清真寺 2 坊。全区共有信教群众 5960 人，其中基督教 3000 人、伊斯兰教 2200 人、天主教 120 人、佛教 310 人、道教 330 人。

【宣传教育培训工作】 认真学习贯彻民族宗教政策法规和中央领导关于民族宗教工作的重要指示批示，全面把握民族宗教工作的形势任务和大政方针。以“三进六争创”活动为载体，深入开展民族团结宣传教育活动，成立组织，完善制度，排查化解矛盾。与辖区实际情况相结合，与帮助解决存在问题相结合，与凝聚人心确保稳定相结合，与经常性的工作相结合，开展扎实有效的活动。在全面铺开的基础上，重点抓好三个部位，即回族群众聚居的村（街道办事处）、清真寺、清真食品集中生产经营的北市场等部位的集中宣传和重点教育，营造民族团结进步的良好氛围。

组织开展了“法律法规、健康教育知识进教堂”活动，分别与区科协、司法局联系，邀请健康保健专家和知名律师到宗教活动场所开展健康知识讲座和法律法规讲座，受到了广大信教群众的好评。同时，在上半年召开的全市民族团结进步表彰大会上，被评为先进集体，各方面工作受到了上级领导的肯定和好评。

【民族工作】 以一个街道办事处、一个社区、一个学校作为“三进六争创”活动试点，开展丰富多彩的活动。认真做好清真食品的监督检查工作，在清真食品的管理上有了新突破。在坚持日常检查的基础上，进一步加大了对夜市和流动摊位的管理，尤其是 6 月 ~ 8 月份，多次组织人员晚上深入全区各夜市进行检查，发现问题及时解决，维护了少数民族群众的合法利益，避免了矛盾纠纷的发生。

【创建“和谐寺观教堂”活动】 继续加大力度，以创建活动为抓手，促进宗教场所规范化管理上台阶。紧密结合区情，从解决宗教场所的突出问题出发，积极指导和帮助各场所解决面临的各类实际问题，真正将创建活动的各项措施落到实处，使宗教活动场所和信教群众受益。以已达标的场所为标杆，组织剩余宗教场所进行学习交流，认真对照“和谐寺观教堂 48 条标准”，逐一进行落实。同时，与宗教活动场所所在镇（街道）、村（社区）积极联系，派出民族宗教干部一对一帮扶指导，在人力和财力上对辖区宗教场所予以支持。

【开展宗教场所走访调研活动】 “五一”“十一”前组织相关人员深入各宗教场所开展检查和调研工作。一是对场所的各项安全消防设施进行检查，确保广大信教群众正常的宗教生活；二是对创建“和谐寺观教堂”活动进行督查，确保年底顺利达标；三是对涉及民族宗教领域的问题和矛盾纠纷进行排查，防患于未然。

9 月份，圆满完成了国宗局、省民委、市民委三套系统的宗教场所、教职人员的信息登记备案工作。工作思路清晰，档案资料完善，受到了市民委的好评。

（虎　君）

民政工作

【概况】 2011年，民政工作坚持为民解困、为民服务的宗旨，以保障低收入群众基本生活，落实优抚对象待遇，切实改善民生。开展“社区建设年”活动，以构建民政服务体系五个方面为着力点，进一步完善社会救助体系，扎实推进基层民主政治建设，切实提高双拥优抚工作水平，不断强化社会事务管理，推动社会福利事业健康发展，为“两加快一维护”的发展战略发挥了积极作用。

第七届村级组织换届选举动员会

【城市居民最低生活保障标准提高】 2011年1月1日和7月1日两次提高最低生活保障标准，达到每人每月340元。全年累计保障810户17078人次，共发放保障金380.02248万元，人均补差标准达到168元。

【城市低收入家庭保障】 2011年，全年确认109户295人，其中申请廉租住房的有72户192人。对符合条件的1户低收入家庭进行了大病临时救助，发放救助金727元。

【五保供养】 五保老人60户60人，其中集中供养28人，分散供养32人，全年累计支出五保供养资金27.4268万元。

【大病救助】 2011年，共救助122人次，发放救助金29.6196万元。按照民政部门医疗救助补偿比例，对1名符合重大疾病救助条件的农村儿童，救助金额2000元。

【救灾与储备】 发放冬令救济棉衣281套、棉被198条，完善救灾物资储备保障投入资金近4万元，强化了对突发灾害性事件的应急处置措施。

【临时救济】 为750户低保家庭发放猪肉和水价补贴13.23万元。为低保对象发放临时补贴5.4458万元，为五保对象发放临时补贴0.1218万元。为1名艾滋病致孤儿童发放救助金3600元。救济精减退职职工准确率100%。

【社区分类认证管理与帮扶】 为进一步推动社区管理再上新台阶，出台了《郑州市上街区城区社区分类管理创建规划（试行）》，将城市社区分为一、二、三类进行管理，接受了13个社区的申报材料。在开展的区直部门与社区结对帮扶中，累计投入资金6.17万元，24个社区的30个问题已全部解决。确定南峡窝村、西涧沟村、二十里铺村为农村社区建设示范点。

【村改居与村级组织换届】 10月，聂寨村和夏侯村改称聂寨社区居委会和夏侯社区居委会，其管理区域及人数不变。其余28

个村级组织进行了换届选举，选出新一届党支部书记28人，村委会主任28人、副主任27人，村务监督委员会主任27人。村委会主任连选连任的村18个，其中，支部书记与村委主任一肩挑且连选连任的村5个，非中共党员但连选连任的村委会主任2个，非中共党员新当选的村委会主任2个。

【各项优抚】 2011年，发放各类抚恤补助金138.3392万元。为优抚对象医疗补助32人次，共26.7742万元。为35名农村义务兵发放优待金32.7914万元。为落实部分农村籍退役士兵发放老年生活补助的规定，认定60岁以上134名、59岁29名。涉军稳定工作实现了总体目标。

【退伍军人档案接收】 全年共接收退伍军人档案53名，其中：城市退伍兵39名，档案经整理移送市退办；农村退役兵14名，保管档案。

【社会事务管理】 民间组织管理，对社会团体和民办非企业单位年检各5家，新登记社会团体3家、民办非企业单位6家。

婚姻登记，办理结婚1104对，离婚342对，补领证件231对，出具无婚姻登记记录证明1074份。救助流浪乞讨人员108人次。

【殡葬改革】 1月1日起免除了城乡居民的基本殡葬服务费。成立了上街区殡仪服务中心，增加了殡仪服务设施和服务项目。全年死亡人数623人，火化率100%。

【社会福利】 2011年，免费为60岁以上者办理优待证777本，为6名百岁老人发放补助金1.02万元。居家养老助残服务，共有300户老年人和残疾人享受到了服务。

【慈善事业】 2011年，全年爱心超市接受社会各界捐物2921件、捐款1957元，义卖款1236元，为7265户次困难家庭发放物品68744件。实施爱心助学资助83名中小学生3.2万元。与市慈善总会联合，为区内7名当年考上大学的贫困生发放助学金4.2万元，对4名低保对象的癌症患者救助4.4万元，为28名（非低保、五保对象）因病、灾等原因造成家庭经济困难者救助8.95万元。慈善日募集善款38.9941万元。

【百岁老人】

2011年百岁老人情况

姓 名	性别	年龄	出生年月	所在地
贾女扎	女	103	1907年1月21日	中心路街道如意街社区
陈素华	女	100	1910年5月3日	中心路街道如意街社区
曹庆军	女	100	1910年2月13日	曙光街社区
魏二妮	女	100	1911年3月15日	峡窝镇老寨河村

（张永礼　贾冰）

残疾人联合会

【概况】 上街区残疾人联合会是国家法律确定的将残疾人自身代表组织、社会福利团体和事业管理机构融为一体的残疾人事业团体。区残联现有机关工作人员6人，设有综合办公室、残疾人综合服务中心和残疾人就业服务所，镇（街道）、村（社区）都设有残联组织。区残联办公室同时负责残工委日常工作。2011年在区残联全体工作人员的共同努力和社会各界的关爱下，区残疾人工作又取得较好成绩。2011年河南省人民政府残疾人工作委员会授予上街区2010年度残疾人工作先进区称号，同时区残联被授予2010年河南省残疾人就业培训工程先进集体、“十一五”河南省残疾人康复工作先进集体和“十一五”郑州市残疾人工作先进单位称号。

【两个体系建设工作】 残疾人社会保障体系和服务体系建设，简称“两个体系”建设。“两个体系”建设是2011年残联工作的重中之重，为全面掌握全区残疾人社会保障和服务状况，进一步提高和完善残疾人社会保障和公共服务水平，区残联在全区开展了一次大范围普查。本次普查投入大量专项经费，统一制作了400多份工作证，印制发放普查公告2000份、普查表8000余份，为顺利普查打好了良好物质基础。全年，全区共普查出残疾人8963人，输入普查系统8963人，上传普查数据8963人。

【康复工作】 为扎实推进2015年初步实现残疾人“人人享有康复服务”的目标，做好“十二五”期间残疾人康复各项工作，2011年，在全区开展了残疾人康复需求大普查，确保每一位有康复需求的残疾人不漏查、不漏填。全年共普查出有康复需求的残疾人2693人，录入系统2693人。做好上街区孤独症儿童的关爱救助工作。全年共统计出疑似孤独症儿童6名，初筛分析报告已呈交市残联，后期还需等待市里专业诊断机构作专业的医学鉴定。

【技能培训工作】 2011年，区残联共组织200多名残疾人开展了4期技能培训。7月12日～15日，组织全区49名社区康复协调员和20名就业指导员在庙子进行了为期4天的业务培训；9月13日～16日，组织全区80名残疾人在区委党校进行了为期4天的农村实用技术培训；10月10日～11月10日，组织30名残疾人进行了家政服务培训；11月14日～18日，组织30名盲人及其家属进行了盲人定向行走及电脑操作培训。通过培训，学员们提高了自身素质，学到了一技之长，提高了就业能力。

慈善日捐赠仪式

【就业工作】 2011年，在全区企事业单位的支持配合和残联系统工作人员的积极努力下，共审核160家单位，共计征缴残疾人就业保障金2174288元。全年开展了4期残疾人技能培训，共计培训209人，实现了就业80人的良好局面。

【维权信访工作】 开展残疾人机动轮椅车燃油补贴工作。2011年全区共统计出并录入符合残疾人机动轮椅车燃油补贴条件的残疾人42人次，发放补贴资金24120元。全年没有出现一起残疾人上访现象，为维护全区大局的稳定作出了积极的努力。

【扶残助残工作】 2011年，利用助残日免费为贫困残疾人发放轮椅、腋杖、四角架、盲杖等辅助器具150件。2011年，共救助“三无”残疾人8名，给予每人每月300元的生活补助，全年共发放救助资金1.44万元。经过调查摸底，上半年统计出26名低保精神病人，下半年统计出23名低保精神病人，全年共发放补助金 2.94 万元。

【教育扶贫工作】 为贫困残疾学生提供资助，全年共资助残疾学生 22 名，发放救助资金 5800 元。2011 年对享受低保且无业的智力、精神残障人和其他重度残疾人进行家庭托养，全年共托养贫困残疾人 30 名。

【宣传工作】 在"全国助残日""爱耳日"等重大节日中，组织各镇、办联合开展宣传活动。2011 年活动中共悬挂条幅 56 条，出动宣传展板 36 块，发放宣传资料 600 多份。

【文体工作】 2011 年，全区共建立 4 个残疾人爱心书屋示范点，其中省级示范点 1 个——三湾街爱心书屋，市级示范点 3 个——昌盛街社区爱心书屋、淮北社区爱心书屋、江南小镇爱心书屋。这些书屋的建立，改善了残疾人文化条件，传播了先进文化，服务了残疾人的特殊文化需求，激励他们自强不息。

（房囡囡）

庆祝第二十一次全国助残日暨残疾人辅助器具发放仪式

镇·街道

峡窝镇

【概况】　峡窝镇位于上街区西南部，东与荥阳市城关乡相邻，南与荥阳市刘河镇搭界，西与巩义市米河镇、荥阳市高山镇相接，北与荥阳市汜水镇、王村镇毗连，陇海铁路、连霍高速、310国道穿境而过，总面积46.85平方公里，辖西林子、营坡顶、东林子、老寨河、杨家沟、冯沟、方顶、柏庙、魏岗、东街、西街、观沟、大坡顶、西涧沟、北峡窝、寨沟、郊段、左照、马固、石咀、沙固、上街、武庄23个行政村和晨光、振兴2个社区，共72个自然村。其中沙固村为汉族、回族混居村。全镇人口37980人，耕地面积26634亩，人均耕地0.71亩。

【表彰奖励】　先后获得“河南省绿化模范乡镇”“河南省优秀人民调解委员会”“河南省‘六好’乡镇街道工会”“河南省经济社会发展百强乡镇”“郑州市精神文明建设先进单位”“郑州市先进基层党组织”“郑州市示范化计划生育服务中心”“郑州市优秀政协委员之家”“郑州市人口和计划生育工作先进镇”“郑州市水利工作先进集体”“郑州市五一劳动奖状”等省、市、区荣誉称号。

【经济概述】　2011年完成镇级财政收入6816.39万元；完成规模以上工业增加值25.65亿元，同比增长30.5%；完成规模以上工业总产值90.97亿元，同比增长30.5%；完成规模以上工业销售收入91.35亿元，同比增长59.2%；完成全社会固定资产投资15.01亿元，同比增长100%；完成招商引资2859万元，同比增长17.6%；农民人均纯收入11790元，同比增长16%。

【重点项目】　郑州玉发特种陶瓷材料有限公司多品种氧化铝粉体及制品生产线项目（计划总投资1亿元）已完成投资2700万元，主体厂房已完工，特大设备基本安装完毕；郑州宇超机械制造有限公司办公楼厂房扩建项目（占地90亩，计划总投资1亿元）已完成土地储备，正在完善各类手续；郑州恒亿电气有限公司年产30万千瓦电动机制造和配套电器控制柜项目（计划总投资1亿元）已开工建设；河南志强置业理想名城三期建设地产项目（计划总投资2亿元）已完成2栋楼主体建设；河南泰瑞置业房地产项目（占地195.7亩，建筑面积约42万平方米，计划总投资8.6亿元）正在办理相关手续；郑州亿顺物流铁路接卸项目（计划总投资2640万元）主体建设已完工，正在进行试运行。

【合村并城】　老寨河、杨家沟村安置楼主体工程建设已经五大主体验收；全面启动上街、武庄、郊段、寨沟、左照新型社区建设；围绕职教城规划和重点工程建设推进柏庙、魏岗、东街相关村组的搬迁；沙固村地质灾害区域搬迁安置工作已对现有宅基地、建筑面积等基础数据进行了摸底统计，完成搬迁安置资金的初步估算，制定出搬迁工作实施方案和补偿安置方案，申报列入了区2012年十大为民办实事项目；首批入驻的郑州铁路技师学院和郑州职业技术学院已于12月相继开工。

【农业】　种植业总面积43305亩，总产量14369吨。其中，夏粮总产6934吨；秋粮总产7435吨；油料2925亩，总产198吨；蔬菜1125亩，总产4126吨。全年兑付粮食直补和综合直补资金226.21万元，兑付家电、摩托车下乡财政补贴资金80.64万元。

【土地流转】　坚持试点先行，龙头带动，整合土地资源，着力打造北峡窝、石咀、观沟、大坡顶、沙固等村为中心的花卉苗木基地；采取市场化运作模式，引导成立各类产业发展组织，积极引进农业企业；进一步调优农业经济，全年新建大棚100座，培育苗木500亩。特别是郑州顺达高科技农业有限公司已与河南省农业职业学院签订技术合作协议，成为教学实习实训基地，实现了资源共享。河南双羽实业有限公司作为河南省鲜切花企业中第一个出口创汇企业，全年实现出口创汇300余万元。

【村镇建设与管理】　开展城乡整洁整治工作，对脏乱差进行深度治理；加大违法用地的集中整治，对25宗违法用地进行了整治；加强生态环境保护，加大对“三高一低”企业治理淘汰力度。

【社会事业】　积极开展“‘千百十’文明和谐模范家庭”“整洁卫生模范家庭”“五好十大新型农民标兵”“争创社会文明志愿者”等各类文明创建评选活动；投入资金约280万元做好低保、五保资金发放和医疗求助、救灾救济等工作；深化社区联系帮扶工作，开展社区志愿互助服务，解决物业纠纷，走访慰问辖区困难户，整治环境卫生，为老年人办理乘车卡等，共提供互助服务42次；完成农村劳动力转移就业302人，新增城镇就业120人，新增下岗失业人员就业32人，公益性岗位就业15人，城镇再就业培训15人，创业培训42人，完成小额担保贷款365万元，城乡居民养老保险参保登记2422人，城镇居民医疗保险办理120人；积极实施“双提高”工程，启动免费孕前优生健康检查项目，全年投入人口和计划生育事业经费95万元，辖区人口出生率达到8‰，出生二孩率达到6.4%，符合政策生育率达到98%；企业签订集体合同和工资集体协商专项协议率达到100%，新建基层工会组织51个，新增会员660人。

【文教卫生】　小学3所、初级中学1所、高级中学1所、镇中心幼儿园1所、民办幼儿院4所、镇成人学校1所、村级成人学校23所；卫生院1所，病床30张，专业卫生人员30人，其中执业医师5人，执业助理医师6人，注册护士14人，全年（门诊部以上）完成诊疗3.4万人次，住院手术18台次，出院病人655人次。

【平安建设】　规范了基层综治服务站建设，完善了人防网络、技防网络，构建了严密的治安信息网络。积极探索农村社会管理创新，有效发挥了南部山区新型社区警务室、各村平安建设服务站参与社会管理与服务的作用。化解各类矛盾纠纷，全年共排查矛盾纠纷84起，成功调解74起，稳控10起。信访案件与上年同期相比下降25%，刑事治安案件与上年同期相比下降34.5%。民调工作调处各类纠纷376起，调成率达到99.8%。法律援助非诉讼案件40起、诉讼案件15起。公众安全感指数达到95%以上，群众对政法机关执法满意率达到92%以上。严格落实安全生产责任制，完善了应急机制，提高了应急能力，确保了辖区无一起重特大事故。

【党建工作】　严格按照程序、条件、比例等要求完成党委换届工作，换届后班子成员平均年龄38岁；扎实推进支部书记星级化管理，落实党建工作“双述双评”；坚持“抓重点项目，选干事人”原则，搞好村级组织换届，顺利选出党组织书记23人，党员参选率达到了92.17%；对辖区党组织分类管理，提档升级，观沟村党支部、冯沟村党支部、石咀村党总支达到基层党建示范点标准；抓好党员队伍建设，从农村一线、企业生产一线和中青年中新发展党员73名，转正预备党员93名；33个党（总）支部进行了党员民主评议，产生优秀党员109名，全年共收集党员提案56份，评比出优秀提案10份；33个党（总）支部累计作出公开承诺330项，1717名党员结合岗位特点作出公开承诺8000余项，累计开展领导点评活动4次；结合开展“党建示范点”和“双百夺旗争星”活动，积极争创群众满意窗口、便民窗口和形象窗口；为全镇30名离职支部书记发放生活补贴，免费为全镇435名66岁以上老党员进行体检，开展老党员、困难党员慰问、帮扶活动100余人次；推进远程教育“五抓一创”活动，使农民长期得实惠；建立健全党代表重要情况通报制度、提议制度等7项制度，配备“党代表民情信息工作包”，印制党代表联系卡；推广运用“四议两公开一监督”工作法，创办村情民意小报72期；实行村级述职与乡镇考核相结合、组织考察和群众评议相结合的方式，加强对大学生村干部的日常管理；深入推进机关加农村（社区）党建工作新机制，实行上下联动、有效指导和相互监督，构建城乡一体化基层党建新格局；努力推动“五联三创”活动的开展，河南黑马集团有限公司党支部投资1500万元流转石咀村近200亩土地建设花卉生产基地，使村民每人每月获益近1000元；区文化广电新闻出版局深入观沟村，结合重阳观的实际情况，协调重阳观保护维修工程开工建设；区政府办出资1万元帮助魏岗村修复坍塌路段。强化机关党员干部管理，规范机关党建工作；扎实开展社区党建和非公党建工作。辖区王满仓、赵双喜、赵金安3人被评为郑州市创先争优“党员之星”优秀共产党员，镇党委被评为全区创先争优活动唯一的优秀单位。

村（社区）书记、主任名录

村（社区）	书　记	主　任
西林子村	沙　伟	吴盘勤
营坡顶村	许定玺	许定玺
东林子村	何建华	何建华
老寨河村	任麦囤	魏福莲
杨家沟村	魏俊良	魏林坡
冯沟村	孙世宇	王占军
方顶村	焦仁宝	方联奎
柏庙村	孙毅波	张绿安
魏岗村	魏遂生	何承强
东街村	何利召	卢永定
西街村	周文林（副书记）	周二孟
观沟村	赵金安	李保章
大坡顶村	时永槐	王福昌
西涧沟村	王冠群	王建立
北峡窝村	赵双喜	吴松杰
寨沟村	刘　一	陈江舟
郊段村	王满仓	王满仓
左照村	陈二泮	杨长伟
马固村	王春旺	王春旺
石咀村	赵树森	赵满场
沙固村	陈保增	虎青安
上街村	邢金聚	王世建

续表

村（社区）	书　记	主　任
武庄村	岳三才	武怀增
晨光社区	赵春花	陈洋池
振兴社区		王福全

（陈春子）

济源路街道

【概况】　1962年3月，济源路街道成立，辖区总面积4.435平方公里，东接上街区东入区口世纪广场，西到汝南路，北临陇海铁路，南至中心路。济源路、新安路、中心路等主要干道贯穿辖区东西，金屏路、金华路、淮阳路、登封路和汝南路连通辖区南北。下辖夏侯村1个村和新华街、新兴街、中安街、淮北、商业街、三湾街、东方、金华8个社区。

【街道经济】　全年规模以上工业总产值完成20.64亿元，同比增长41.4%；工业增加值完成6.22亿元，同比增长39.3%；工业销售收入实现21.91亿元，同比增长57.1%；全社会固定资产投资完成8.77亿元；全社会消费品零售额完成9.76亿元，同比增长17.7%；城镇居民人均可支配收入完成27038元，同比增长14.7%；财政收入完成2711万元，占全年目标任务的103.87%。

【项目建设】　原郑州电机厂拆迁改造项目，作为全区国有资产拆除第一例，由正兴置业投资3亿元；总投资6亿元的德宝城墅项目建设进展顺利；明珠公馆东区、税苑小区和康晖新天地三期等房地产项目均实现和完成全年目标任务；总投资12亿元的欧凯龙城市广场项目商业部分已全面开工；总投资10亿元的中国中部机电总部基地项目已经正式落地；总投资20亿元的夏侯旧村（金华路西）拆迁项目，已经和和昌置业达成了协议。

【平安建设】　创新实施平安建设“136”网格化社会管理模式，大力整合人防、技防资源，在重点地段建立高标准巡防室，招聘5名大学生到街道监控中心工作，充分发挥社会治安志愿者的力量，与巡防队、派出所有机结合，全面提升社会治安防范水平。

【城市管理】　深入开展城乡环境综合治理活动，重点加强主次干道、背街小巷、无主管楼院的日常保洁，进一步实施“绿化、亮化、美化、净化”工程，升级改造环境卫生基础设施，加强市容市貌整治；采取联合执法的形式，集中开展劝阻违法行为活动，共抽调各部门人员133人次，劝阻各类违法行为77起，全面取缔辖区内占道、违法、违章经营行为。

【计划生育】　联合区人民医院、防疫站对已婚育龄妇女进行妇科病普查和“两癌”筛查，确保计生服务惠及每一个家庭。

【民生事业】　全年实现就业再就业900人，农村劳动力转移52人，为70名下岗失业人员办理小额担保贷款660万元；深入开展社会救济和帮扶工作，全年累计发放救助金6.5万元，最低生活保障金33余万元，办理廉租房71户。

【安全生产】　完善队伍建设，在各社区（村）成立消防志愿者队伍，配合社区安全员，严格执行定点、定人、定岗、定责的安全管理“四定”制度。

【创新工作】　通过实行竞聘上岗，形成干部队伍新老交替的良好用人机制；创新成立督查办公室，建立督查台账，推动各项工作落到实处。

【精神文明】先后举办了多项文明和谐主题评选和各种文体活动，并与河南电视台八套联合举办“走进中安街社区”大型文化广场活动。

村（社区）书记、主任名录

村（社区）	书 记	主 任
夏侯村	时显平	时鸿斌
三湾街社区	耿秋菊	吉玉琴
新兴街社区	张凤莲	张凤莲
淮北社区	吴 云	吴 云
中安街社区	张新瑞	张新瑞
新华街社区	张英红	张英红
商业街社区	吴勤勤	吴勤勤
东方社区	陈珂瑛	陈珂瑛
金华社区	鄢志杰	鄢志杰

（申晓鑫）

新安路街道

【概况】 新安路街道成立于20世纪70年代，位于上街区中心城区的西部，属老工业区。南至中心路与中心路街道相邻，北至陇海铁路与工业路街道相望，西部与峡窝镇接壤，东至登封路与济源路街道相连。总面积4.723平方公里，人口1.3万余人，外来流动人口2500余人，有汉族、满族、回族、壮族、白族、锡伯族等6个民族。辖朝阳街、昌盛街、香园街、新安西路4个社区和二十里铺村1个行政村。

2011年各项主要经济指标任务圆满完成；完成地方财政收入1524.99万元，完成规模以上工业增加值49603万元，完成规模以上工业总产值194624万元，完成规模以上工业销售收入194542万元，完成社会消费品零售额106318万元，完成城镇居民可支配收入26489元，完成全社会固定资产投资67705万元。

【市场群建设初见成效】 上街区农贸市场建于1994年，曾经是郑州市以西、洛阳市以东最大的农贸市场。后来，市场设施已不能满足日益繁荣的市场要求，市场升级改造已成为上街区人民生活的重要事项。2011年4月22日项目签约，总投资6亿元，由浙江中厦集团承建，将异地建设一个约70亩的纯农贸批发市场，同时在老农贸市场位置上建设商住和商业混合的开发项目。10月18日进行了新市场奠基，全部工程将于2013年底竣工。届时，农贸市场经营面积将实现“一变三”，为市场群建设奠定坚实的基础。

【物流园区建设蓬勃发展】 昆仑物流园是由郑州长达运输有限公司于2010年11月份投资兴建，位于上街区新乡路西段路北，规划占地360亩，工程分为三期。一期为园区主体功能区，包括信息交易区、物流区、仓库区、车辆维修区（二类维修资质）、停车区，分布在新乡路西段北侧、洛宁路与汝南路之间，占地40亩。二期为园区服务区，包括酒店、住宿等服务，分布在新乡路南、汝南路和孟津路之间，占地150亩。三期为功能延伸区，包括仓储包装、信息、会计、金融、法律、服务等设施，分布在孟津路西、洛宁路东，占地170亩。2011年一期工程完工。物流区可以容纳30多家物流企业，已进驻15家。

【铝工业园区集聚效应凸显】 辖区中国铝业河南分公司主要产品有氧化铝及其多品种、铝锭及铝合金产品、碳阳极、金属镓及其深加工产品，具备年供矿石能力400万吨和年产氧化铝200万吨、铝锭5.8万吨、碳素制品12万吨、金属镓20吨及年铁路运输量1000万吨、自发电13亿千瓦时的规模，产品远销五大洲20余个国家和地区。

【项目建设进展喜人】 中国长城铝业公司集装箱项目，由国家铁道部批准，总投资1亿元，2011年完成投资5000万元，实现了正式运营。长城特水的阿尔法氧化铝技改项目和纯铝酸盐水泥技改项目，2011年完成投资3000万元，完成了阿尔法氧化铝论证，完善了系统工艺，安装了总控室、磨机系统，并组织专业技术人员赴法国进行培训。苏豫川年产2万吨光辅材料再生利用项目，完成投资3000万元，完成生产车间、厂区地面硬化和办公楼建设、污水处理工程等，并投入生产。昆仑物流园煤炭集散地投资480万元，已进驻6家煤炭企业。

【积极开展招商引资工作】 2011年实行全员抓项目全员抓经济，规定每位班子成员、每个科室、每个社区（村）引进注册1家新企业；采取团队式有计划地进行项目招商和项目推进，全年共引进各类公司企业36家。

【完成村级组织换届工作】 10月23日，辖区二十里铺村党支部换届，选举产生了支部委员3名，书记杨庆国、副书记安凯、组织委员韦子彦。11月19日，二十里铺村第七届村民委员会换届。选举出村委主任：安凯；村委委员：程新平、安新建、安天佑、张福。11月21日，选举出村务监督委员会。主任：安文斌；委员：范玉娥、周雪英。11月21日～12月4日进行了村民组长、会计的换届选举。至此，村级组织换届选举工作圆满完成。

【创新平安建设工作】 一是创新实施了平安建设“十户联防、百户联网、千户筑墙”的“千百十”联防模式，全面打造“一社区一品牌一特色”。举办了一次1000多人参加的平安建设知识竞赛暨“平安伴我行”签名活动，得到了辖区群众的一致好评。同时“千百十”平安建设联防机制被列为郑州市第一批创新社会管理试点。二是创办了《平安之窗》季报，建立了“社情民意快递站”，同时积极开展了社情民意调查，全面了解辖区社会治安的总体状况，有效地提升了辖区公众的安全感。全年共印发了《平安之窗》3期5000余份，制作了平安建设宣传购物袋5000余个，发放了宣传资料2万余份。三是严厉打击各类刑事犯罪，大力开展各类社会矛盾纠纷排查和调处。全年共调解矛盾纠纷94起，调处成功率达100%。四是健全“三分六定”安全生产网络体系，完善了规章制度，制定了应急预案。每月召开辖区安全生产工作例会，及时发现并处理了安全生产中存在的薄弱环节和问题。同时加大了对食品安全、消防安全等方面的专项整治行动，以“安全生产月”为活动载体，通过应急演练、张贴宣传标语、安全检查等措施，在辖区形成了“人人关注安全、人人参与安全”的良好氛围。

【城市管理工作卓有成效】 一是打造新安西路样板示范街，投资5万余元建成了1000多平方米的新安西路铁路小游园，对主干道两侧围墙统一刷白并种植松柏1400棵。辖区共种植各类树木7465棵。二是对流经二十里铺村枯河内的建筑垃圾、生活垃圾进行了清理，设立垃圾容器和警示牌，并把枯河南侧人行道纳入清扫保洁范围，加强监督管理。三是认真做好秸秆禁烧工作。对清扫人员加强教育，严禁焚烧树叶、枯草等易燃物品。辖区内无焚烧农作物秸秆、树叶和枯草现象，无破坏生态环境事件发生。四是创新开展爱国卫生工作。建立了城市管理办公室网站，推行网络化管理，实现了城市管理信息公开化、工作明细化、档案明了化的目标。2011年荣获省级卫生先进单位称号。五是认真做好汛期的防汛工作，强化了对重要区域的检查指导工作，充实了防汛物资，实行专库、专人管理，确保了汛期辖区的安全稳定。

【人口与计划生育工作管理有序】 开展了各类计划生育服务活动，印发并实施了《流动人口基本公共服务均等化实施方案》，实现了流动人口同常住人口同管理、同服务、同宣传、同考核。全年辖区新出生婴儿60人，政策符合率100%，出生统计准确率100%，性别比趋于平衡。

【民政工作落实到位】 全年为58户低保户共103人发放城市居民最低生活保障金16余万元、低保提高标准发放金0.798万元、猪肉及水费价格补贴0.9526万元，完成优扶证审核29个，完成新增城镇就业再就业总人数512人，完成农村劳动力转移70人。完成小额贷款申请45人，贷款总额为415万元。完成创业培训60人，完成新增城乡居民基本养老保险163人，完成医疗保险参保人数206人。完成走访慰问130户，发放慰问品、慰问金共计4.3万多元。

【党建工作亮点纷呈】 一是创新载体，坚持分类指导。在机关扎实开展“与项目同行，为党旗增辉”活动，在农村坚持“三定三创”活动和“4+2”工作法，在社区开展“卡式管理星级评定”活动，在非公企业中开展“亮党员身份、亮党员职责、亮党员承诺,公开党员示范岗（店）”的“三亮一公开”活动。二是健全机制，坚持整体推进。严格执行“一周一汇报、一月一点评、一季度一排名”的党建管理考核机制，实施“动态化台账式”考核。坚持党建工作与经济工作及其他工作同安排、同考核，与经济奖惩、政治进步挂钩。三是积极开展创先争优活动，提高了广大党员的自身修养，发挥了党员的先锋模范作用，夯实了基层组织基础，有效发挥了党组织的战斗堡垒作用，树立了基层党组织在群众中的威信，进一步密切了党群干群关系，推动了社区各项工作的发展。2011年10月24日，新安路街道的特色党建工作作为向省九次党代会献礼的专题片被河南电视台新闻频道专题报道。

【精神文明建设成效显著】 认真组织开展了省级文明城区创建活动。一是按照省级文明城区创建的要求，成立了创建全国文明城市工作领导小组，制定了切实可行的工作方案，明确了机关干部工作职责，确保任务到人、责任到人。二是结合横幅、广播、宣传车等多种宣传方式，对创建省级文明城区工作进行了全面宣传，引导辖区群众全员参与“创建”活动，形成了共创共建的浓厚氛围。

村（社区）书记、主任名录

村（社区）	书记	主任
二十里铺村	杨庆国	安春营（11月免） 安　凯（11月任）
朝阳街社区	王瑞玲	王瑞玲
昌盛街社区	张福东	张福东
香园街社区	马花荣	马花荣
新安西路社区	朱玉辉	朱玉辉（代）

（周月萍）

中心路街道

【概况】 中心路街道位于中心路以南，金华路以西，马固自然村以东，面积约3.57平方公里，辖聂寨、任庄2个行政村和吉祥、如意、汇才、康乐、鸿元、盛世、桃源、江南小镇8个社区。辖区常住人口31918人，其中流动人口4499人。党工委下属19个支部，党员643名。

【经济工作】 辖区财政收入完成3530.4万元，招商引资实际到位资金完成72500万元，规模以上工业企业销售收入完成64832万元，规模以上工业企业增加值完成17038万元，规模以上工业企业总产值完成63414万元，固定资产投资完成13.3亿元，城镇居民可支配收入人均累计完成23983元，社会消费品零售总额完成84826万元。

【项目建设】 牢固树立"项目是经济工作的生命"的理念，提出了领导干部"一岗三责"工作责任制（发展经济的责任、维护稳定的责任、履行本职的责任），尤其强调发展经济特别是项目建设的责任；建立了重大项目资源库，坚持领导分包项目日责任制、项目推进周例会制度和问题专项解决机制，确保重点项目每周都有新进展。承担"两加快一维护"战略重点项目9个，均取得实质性进展。嘉盛·溪畔美域项目，总投资约1.6亿元，完成投资6000万；森林半岛二期项目，计划投资8000万元，完成投资5000万元，11栋楼主体全部完工；乐福国际项目，完成投资9600万，六栋楼主体全部完工，预售情况良好；西花园项目，总投资1.6亿元，完成投资4000万元，土地已摘牌54.11亩，正兴公司意向开发；百硕时代广场项目，占地约13亩，河南上拓置业有限公司签订意向投资开发协议，拆迁补偿协议基本签订完毕，完成投资3000万元；上街商务中心项目，占地5500平方米，主体工程完工，完成投资5000万元，河南泓嘉投资有限公司取得全部经营权；亚星盛世新城二期项目，占地80亩，完成投资5000万，22幢楼主体全部完工；任庄村新型农村工业园区项目，已做好前期规划设计方案；华中路桥扩建项目，完成投资1亿元，公司人才办公楼主体已经建成，架桥机与塔式起重机产能已达到预期目标。

【社会保障】 为92户低保户160人累计发放保障资金31.737万元，发放肉食补贴7650元、水费补贴7344元。为75户家庭办理了廉租住房，为4户困难家庭支付救助资金16629.7元，为1名困难学生发放救助金1万元。开展"帮困送温暖"活动，走访困难群众134户、特困户11户，送去米、面、油等慰问品，发放慰问金2万元。举行"慈善日"捐助活动，共捐款10749.3元。

【计划生育】 强化优质服务，开展"新春送温暖"活动，为60户生活困难的计生家庭送去两万元的现金和生活必需品；开展为期两个月的常住人口妇科病普查工作，为1200人免费普查妇科病；举办大型"出生缺陷一级干预"集中服务活动，免费为70对育龄夫妇检查；开展春秋季生殖健康进家庭活动，为常住人口5207人次、流动人口1582人次提供生殖健康服务；为1920人发放独生子女费共计45.57万元，为14名奖励扶助对象、14名特别扶助对象、1名生育关怀抚慰金发放对象发放辅助费、抚慰金3.08万元。

【信访稳定】 实行领导包案合同制，签订领导包案合同书，推行矛盾化解保证金制度，每位分包案件领导及社区（村）负责人缴纳2000元信访保证金，加大矛盾化解力度。建立"三会一查究"制度，每周召开一次领导班子会议研究综治信访工作，每半月召开一次综治联席会议，每月召开一次信访工作专题会，每季度召开一次重大事件查究会议，对重大、疑难、影响大局的事件统筹解决。排查矛盾纠纷119件，化解115件，化解率达到96%以上，妥善解决了重点项目拆迁中出现的信访问题，有效地控制了因拆迁引起的上访事件。

【社会治安】 在完善社区（村）警务室、司法调解室等配套设施的基础上，进一步加强巡消一体化建设，投资2万元购置了消防服、干粉灭火器、高压水枪等消防器材，投资5万元购置了消防巡逻车，投资20万元购买了4辆电动巡逻车；投资62.4万元对辖区技防盲点、背街小巷、无主管楼院、居民楼院加装技防设施，新增摄像头89个、平台7个。开展整治治安环境活动4次，对85家出租房屋、66家沿街门店、800余名暂住人口进行了清查。向辖区居民印发《致辖区居民的一封信》，发放便民联系电话指南和印有平安建设标语的购物袋，营造浓厚的社会氛围。

【安全生产】 与社区、村签订了安全生产目标责任书，层层落实安全责任。定期到辖区企业、门店进行安全生产检查，汛期密切关注建筑工地等重点区域的安全，集中对辖区高层建筑火灾隐患进行排查，将安全隐患消除在萌芽状态。坚决遏制了较大生产安全事故的发生，杜绝了重大以上生产安全事故。

【城市管理】 建立卫生环境管理长效机制，与清运公司签订合同，明确工作标准，建立奖惩机制，派专人每周对辖区内主次干道、背街小巷卫生进行检查监督，发现问题及时下发整改通知书，并按整改通知书的时限督促整改到位。组织社区人员、党员代表及志愿者开展“环境卫生集中整治活动”，清除杂物36处，清理积存垃圾300余立方米，清除小广告200余处，并为居民小区配备分类垃圾箱100个，确保条条道路清扫保洁、垃圾收集不停止，确保辖区卫生清洁。投入40余万元绿化辖区环境，栽植乔木4000棵、月季5000株、黄杨5000株。

【党建工作】 以建党90周年为契机，扎实开展创先争优活动。领导干部带头积极开展公开承诺，与领导点评、群众评议机制衔接，并督促检查落实，做到“拟诺、定诺、承诺、示诺、践诺、督诺、评诺”环环相扣，扎实有序地推进了各项活动的开展。为党员建立个人信息档案，组织17名入党积极分子参加培训，发展党员对象15人，预备党员转正24人。康乐社区和江南小镇社区联合举办了庆祝建党90周年主题晚会，办事处在盛世广场举办了“颂歌献给党、红歌大家唱”主题晚会。

【精神文明】 在许昌路全段设立创建文明城区公益宣传牌300多块，在汝南路、淮阳路等主干道制作悬挂大型公益广告牌并进行了墙体喷绘，维护修复60多处精神文明宣传栏。以鸿园社区为试点打造文明和谐社区标杆，制作发放手提袋、水杯、彩页等宣传品近5万份，营造了浓厚的创建氛围。发挥社区市民文明学校作用，积极开展“邻里节”“元宵节”“夏日文化广场”“我们的节日”“诗书画展”等群众性文体活动，组织“文明星期天”活动、“千百十”家庭义务清理垃圾活动，提高了居民文明素质。

【换届工作】 率先在全区完成了村民委员会换届选举及村务监督委员会换届选举工作。11月中旬，圆满完成了工商联中心路街道分会的选举工作。

【干部队伍建设】 按照“建一流班子、带一流队伍、创一流业绩”的要求，强化责任意识，在领导班子成员中实行“一岗三责”工作责任制，形成了人人肩上有项目、人人心中思发展的工作局面；强化效率意识，每周一早上7点50分全体街道干部统一着装升国旗、唱国歌，8点召开书记办公会研究部署一周重点工作，8点30分召开领导班子扩大会听取上周工作汇报并点评，安排本周工作，全身心抓工作落实，真正体现“落实就是水平，实干就是能力”；强化目标意识，编制绩效目标工作手册，将全年目标任务细化分解到社区、村、科室，建立周工作通报制度，定期督查并通报责任目标实现情况，年中、年末进行考核，以考核定奖惩，以考核促落实；强化学习意识，开展领导授课集中学习活动，领导班子成员、科室长结合业务工作，精心准备教案，经书记签字后面向街道干部授课，提升干部业务能力、服务水平和大局观念。

村（社区）书记、主任名录

村（社区）	书 记	主 任
聂寨村	杨福奇	赵海潮
任庄村	任全中	白志健
吉祥街社区	白长友	马少华
如意街社区	张慧敏	张慧敏
汇才街社区	刘银霞	刘银霞
康乐社区	张富城	张富城
鸿元社区	刘建波	刘建波
盛世社区	司彤联	司彤联
桃源社区	白 晶	白 晶
江南小镇社区	冯瑞萍	鲁畅舒

（王 雪）

工业路街道

【概况】 工业路街道成立于2002年4月，位于上街区工业路中段119号，辖区总面积4.52平方公里，北邻荥阳王村镇，东邻荥阳城关乡，西邻峡窝镇武庄村，辖朱寨、肖洼、东柏社3个行政村和工业路社区1个社区居委会，常住人口6000余人，流动人口4000余人。辖区现有工业企业76家，其中规模以上工业企业20家，是上街区重要的工业聚集区域。

2011年，工业路街道先后荣获省级卫生先进单位、市先进基层党组织、郑州科普先进集体等荣誉称号。同时，顺利通过省级文明单位复审。

【街道经济】 2011年，工业路街道财政收入完成1266.68万元，同比增长24.8%；规模以上工业增加值完成9.51亿元，同比增长32.3%；规模以上工业总产值完成36.23亿元，同比增长32.3%；规模以上工业销售收入完成36.26亿元，同比增长58.9%；全社会固定资产投资完成7.48亿元；城镇居民人均可支配收入完成22435万元，同比增长14.6%；社会消费品零售额完成3159万元，同比增长17.6%。完成或超额完成区委、区政府下达的各项任务。

【党建亮点】 2011年，街道党工委以创先争优为主导，以干部素质能力提升活动为载体，始终坚持“齐心协力抓党建，与时俱进抓党建，围绕发展抓党建”的工作方针，切实加强党的思想、组织、作风和制度建设，不断推进基层党建工作创新，为辖区经济社会的平稳快速发展提供了强有力的组织保障。

一是狠抓创先争优活动开展，不断增强基层党建工作活力。坚持服务大局，扎实开展公开承诺、领导点评活动。鼓励各支部从抓学习提高、抓工作落实、抓服务于民等方面作出公开承诺，做到承诺细化、定量、定时、定质，并召开述诺、评诺大会，确保承诺结合实际，符合群众意愿，有利于改善民生和社会发展。同时设置承诺公示栏，接受群众监督，督促承诺落实。坚持实施领导点评制度，注重在“严、活、准、实”上下功夫，严格按照“评前汇报、征求意见、切实点评、存档公开、整改落实”的程序规范实施，点评形式灵活，问题查找准确，整改科学到位，务求实效。围绕推进工作，开展“比学赶帮，创先争优”活动，全力提升区域党建合力。在村党支部，围绕“强党性明法纪，互助共富，争做文明农民”，开展“党性星、带富星、互助星、法纪星、文明星”评星定格活动。围绕非公企业党建工作，在“五争”活动推动下，各非公工作党支部积极创新载体，开展了“亮党员身份、为党员增辉、为企业增效”主题实践活动、“质量先锋组”评选活动等，特色鲜明，效果显著，切实在辖区企业中形成了“立足岗位作奉献，创先争优当标兵”的浓厚氛围，促进了企业发展。

二是狠抓党组织分类升级工作，加强和改进基层党组织建设。街道党工委把分类升级活动作为推动基层党组织和党员创先争优的着力点，大力弘扬改革创新精神，坚持“分类指导，典型带动，规范提高，整体推进”的思路，全面推进基层党组织升级晋档工作，努力以示范化建设促进基层党建水平提升。从加强基础性建设着手，督促各支部硬件达标，做到有配套办公设备、有活动室、有电教设备、有供党员学习的教材、有党建宣传栏等。同时配强班子，保证党建工作正常有序开展，不断完善党支部制度建设。以强化载体创新为重点，把分类升级活动落实到每个基层党组织、每名党员，紧紧抓住“七一”、“十一”、重阳等节日，根据各支部的实际，精心设计活动载体，使每个节日前后都有主题实践活动，不断掀起活动高潮。发挥工青妇等群团组织优势，继续开展多种形式的“争先锋、作表率，创佳绩”活动，努力在本职岗位上争创一流业绩。结合建党90周年活动，积极开展以“读书、爱党、敬业”为主题的职工阅读活动，促进职工素质和企业文明程度的提高。

三是狠抓党员志愿者服务活动，深化服务，提升服务水平。在党工委统一协调下，在机关和基层社区组建了两支党员志愿服务队伍，并成立了科普知识宣传、妇女维权、就业辅导、法律服务、助残康复训练、文明卫士劝阻、治安志愿者等若干服务小组，有针对性开展服务。动员人大代表、党员等开展了一次集中文明交通劝阻活动，有效劝阻辖区不文明交通行为，畅通交通。按照“亮明身份、服务群众”的要求，志愿队积极吸收普通党员群众参加，亮诺践诺，为群众办实事，解难题。利用自身社会关系和平时所掌握的就业信息，已为社区3名无业人员解决工作问题；为辖区3名大病患者、5名困难学生、8户困难家庭积极协调救济款2.2万元，解决了他们的实际困难。同时，开展窗口单位“三亮三创三评”活动，亮党员身份，创优质服务品牌，确保群众满意。目前辖区机关党支部、派出所党支部、工业路社区党支部已有7名党员正式亮牌上岗，且群众打分满意度均达95%以上。

2011年6月，街道党工委、工业路社区党支部、东柏社村党支部被郑州市委授予“先进基层党组织”称号；12月，党总支被郑州市创先争优活动领导小组授予“创先争优流动红旗先进基层党组织”称号。

【项目建设】 为全面推进重点项目建设工作，年初和11月份，街道党工委组织开展了大规模的企业大走访活动，对辖区企业进行了彻底的摸排，对企业存在的问题和困难进行了逐一掌握，提出了有针对性的对策，并撰写了一篇高质量调研报告在《上街政研》刊发。通过实施领导分包重点项目制度、对企业跟踪服务等举措，着重解决企业发展和项目建设中遇到的土地、资金等各种困难和问题，集聚区重点项目建设进展明显。天一光电应用材料项目，占地65亩，投资1.8亿元，一期投资9000万元。该项目一期1条氧化铝生产线已投产。石英粉生产线已完成设备购置。裕丰冶金炉料建设项目，总投资8000万元，二期工程已投产，运行良好，三期建设工程进展顺利，一号车间已经投产，二号仓库已经启用。华祥耐材10万吨再生耐火材料项目，计划投资1.68亿元，占地102亩，于2011年11月份开工建设。第二污水处理厂项目，克服重重困难完成了土地征用、地面附属物清偿等工作之后，于2011年8月31日正式开工奠基。全面启动道北新型社区建设工作，完成了入户丈量、实地拍照等基础性工作，初步掌握了村民的宅基地及建筑物的基本情况，基本做好了新型社区建设的前期准备工作。

【城市管理】 一是狠抓市容市

貌管理。加大对辖区主次干道、垃圾中转站、公厕卫生管理，并做到发现问题及时整改，清理城乡结合部建筑垃圾9000立方米。二是狠抓枯河污染治理。先后出动大小车辆185台次，清理垃圾杂物3000吨，并在沿线设立警示标牌15个。三是狠抓城市绿化工作。投资20万元，高标准对淮阳路北段进行绿化，种植雪松173株、黄杨800株、百日红400株、麦冬3000株，道路环境焕然一新。四是对违章建筑进行集中清理。工业路街道克服困难，先后组织对汝南路北段7家近6100平方米的违章建筑进行了拆除，进一步规范土地使用秩序，确保了土地的高效使用。五是按照绿色新材料园区起步区的要求，统一企业标志，对道路进行绿化、亮化，全力打造企业外部形象。

【平安建设】　一是创新思路抓宣传。结合辖区实际，扎实开展了以“优化发展环境，构筑幸福上街”为主题的平安建设宣传活动。先后投入近50万元，在辖区安阳路、秀山路、汝南路、淮阳路4条主干道制作灯杆标语500多条，初步形成了纵横交错的“平安建设、法制宣传、廉政教育”三位一体宣传新模式，为打造平安和谐街道奠定了坚实基础。二是强化法制打基础。建立层层深入的普法网络，采用板报、标语、发放宣传页、法治报告会等形式对公民普法。构建了大调解格局，在派出所、法院分别设立调解室，实现了人民调解、司法调解、行政调解的有效统一，努力把大量矛盾纠纷解决在基层，化解在萌芽状态。三是突出平安创和谐。狠抓平安建设的基础性工作，实现了窗口服务。全面完善社会治安防控机制、预警工作机制和突发事件应急机制，努力做到提升信访案件化解水平，提升治安防范能力，提升人民群众公众安全感，确保辖区的稳定，不断增加群众满意度。

【民生事业】　全年共组织22人免费参加创业培训；完成10户低收入家庭住房救助，已发放低保补助10.8008万元；城乡居民基本养老保险已参保250人，占应参保人数的100%。完成粮食直补1292户，发放补助金额260968.66元；兑付家电补贴927笔467967.58元。出生人口40人，出生统计准确率、符合政策生育率、已婚育龄妇女进档管理率、微机信息录入准确率、避孕措施落实率均达到了100%，流动人口计划生育管理率为99%。全年健康检查3062人次，当日康检率均达98%以上，为辖区1214位奖励优惠对象发放奖励金302208元。2011年8月，辖区朱寨村、东柏社村分别被中共郑州市委计生委授予市级计生创建示范化社区称号。

【村级换届】　2011年是村级换届年，为做好换届工作，街道专门成立了村级党组织换届选举工作领导小组，分为3个协调组对3村进行指导。根据村级换届选举的工作要求，通过前期摸底，认真组织实施，严格执行程序，依据公开、公平、公正、民主、择优的原则，于10月23日3村顺利完成支部换届选举工作，选出支委9人，调整支部委员1人，进一步调整和优化党组织设置，为推动农村科学发展，促进农村社会和谐，提供了坚强的组织保证。在街道党工委的统一领导下，经过街道办事处上下的共同努力，村委换届选举工作于11月23日圆满结束。

村（社区）书记、主任名录

村（社区）	书　记	主　任
东柏社村	袁朝辉	袁　珂
肖 洼 村	周仲峰	周仲峰
朱 寨 村	马国强	张连智
工业路社区	安秋慧	安秋慧

（王爱国　武雯静　王晓琳）

矿山街道

【概况】 矿山街道距上街主城区西22公里，在上街区5街道1镇中，是上街区最远最小的街道，在巩义市小关镇境内，紧邻310国道，位于巩义市小关镇镇政府南边，四周分别与小关镇小关村、楼子沟村、郑沟村相邻，辖区面积2.2平方公里。矿山街道辖1个社区居委会（工人村社区居委会），面积0.5平方公里，有居民楼20幢，20个居民小组，居民794户，总人口2294人。辖区单位主要有小关矿（职工571人）和上街区矿山小学，另有小型商业企业20多家。社区居民组成单一，95%以上是小关矿的职工和家属。2011年街道财政收入450万元。

【招商引资工作】 2010年矿山街道办事处招商引资项目：一是投资100万元的河南圣浩实业有限公司（商贸公司），现已落实到位；二是投资200万元的热塑料性聚醚酯弹性体项目，已入驻阀门装备制造业集聚区；三是投资300万元的盛世矿产品有限公司；四是郑州华兴煤矿机械有限公司，追加投资1亿元，占地50亩，项目建成后总投资达1.5亿元，利税1500万元以上。

【平安建设工作】 一是在小区大门设立门岗，分别有矿保卫科、社区巡防队，坚持每天24小时值班，坚持长年不间断巡逻。在春节、“两会”、“五一”特殊时期，扩大巡逻范围，加大巡逻密度，维护节日和重点时期的治安秩序。二是发挥技防设施作用，街道投资近20万元，在社区、学校、矿办公楼、居民饮用水源地等重点部位安装监控探头和监控平台，实现辖区技防设施建设一、二、三级平台联网，实现技防设施全覆盖。三是从源头上预防矛盾纠纷的发生，采取定期和不定期方式深入社区，深入居民，认真倾听居民心声，及时掌握社情民意。四是加强“三调联动”作用，坚持人民调解、行政调解、司法调解相结合，建立适应社会稳定新形势的矛盾纠纷“大调解”工作格局。综合运用行政、法律、经济、亲情等手段和教育、协调、调解等方式，理顺群众情绪，化解矛盾纠纷，做到矛盾纠纷和不安定因素早知道，工作早到位，问题早解决。至年末共发生民事纠纷33起，调解33起，调解率达100%。

【人口与计划生育工作】 矿山街道办事处紧紧围绕“稳定低生育水平，提高出生人口素质，提高家庭发展能力”这个中心任务，鼓励全社会参与，齐抓共管抓好人口计生工作。扎实做好计生基础工作，服务水平进一步提高。2011年出生人口1人，死亡14人，人口自然增长率为负增长。为辖区已婚育龄妇女96人进行了健康检查，康检率达到100%，完善了育龄妇女健康档案。足额发放独生子女父母奖励22520元。

【民生工作】 在辖区内广泛宣传居民养老和全民医保的各项优惠政策，全年共办理居民养老保险10人，办理全民医保35人，为下岗、无业、失业、零就业家庭提供各类技能培训及招聘信息，全年完成50万元的小额担保贷款任务，完成新增城镇就业再就业人数62人，困难就业6人，富士康招工12人，廉租住房30户，圆满完成各项工作任务。关注弱势群体，做好辖区低保户的申报工作，做到资金到位，应保尽保，为辖区15户30人发放了最低生活保障金53520元。春节期间，走访慰问了困难退离休职工、困难户、残疾人、优扶对象、低保户、低收入户、计生困难户、统战对象、困难女职工、特困户，为他们送去了食用油、面粉、大米、慰问金等慰问品。

【党建工作】 认真贯彻党的十七大和十七届五中全会的精神，以科学发展观为统领，按照加强党的执政能力建设和先进性建设的要求，以健全各项制度为保障，以开展有效活动为载体，以党员干部受教育、群众得实惠为切入点，以加强干部队伍建设和巩固发展先进性教育活动成果为重点，以构建和谐社会为奋斗目标，攻坚克难，创先争优。一是建立双向反馈督查机制，要求社区支部书记列席街道每周一工作例会，汇报日常党建工作情况和下步打算，以促进辖区党建稳步推进。二是为切实落实党建工作责任目标，与基层各党支部签订了目标责任书，并做到每月有督察，每季度有通报，半年有检查，奖惩有兑现，真正形成了“街道、支部、社区三级联动，齐抓共管，争创党建先进街道”的工作格局。三是以创建省级文明城区活动为契机，增强广大党员的使命感和责任感，加强党员志愿者队伍建设，积极开展形式多样、内容丰富的志愿服务活动。省级文明城区创建活动开展以来，矿山街道先后组织了3次共计200人次的环境卫生整治及其他行动。如组织清理草坪及楼院死角的垃圾、清理墙体小广告、铲菜专项整治等行动。四是大力开展党员志愿者和结对帮扶活动。党员志愿者主动与社区孤、老、残、弱人员结对，不定期开展帮扶活动。端午节前夕，街道组织开展了“唱红歌，包粽子，献爱心”比赛活动，党员志愿者和社区工作人员把活动中包出的800多个粽子送给辖区20多家孤寡老人和残疾户家庭，让那些子女不在身边、身体不便的群众切实感受到“大家庭”的温暖。“七一”节，街道又组织党员志愿者对辖区20余名老党员进行了慰问，为老党员发放了价值近3000元的慰问品。同时组织党员免费为辖区居民理发、体检、维修家电。通过一系列的主题活动，切实增强党的号召力及党组织的凝聚力和向心力。

【精神文明建设】 矿山街道紧紧围绕“两加快一维护”战略，积极开展精神文明创建工作。一是以家庭美德、邻里和睦、人际和谐为内容，进一步开展文明和谐社区、文明和谐楼院、文明和谐单位创建活动。二是以召开座谈会、组织理论宣讲等形式，使十七大和十七届五中全会提出的重要理论观点、重大战略思想、重大工作部署，深入到居民当中。三是在元旦、春节期间，组织开展羽毛球、扑克、象棋、舞蹈等文艺活动，丰富辖区居民的节日文化生活。通过开展多种形式的活动，为居民营造情趣高尚、健康活泼、乐观向上的文化生活。

社区书记、主任名录

社　区	书　记	主　任
工人村社区	刘秋东	刘秋東

（张书梅）

组织机构

【中共上街区委员会】

书　记　　黄　卿
副书记　　戴春枝（女，12月免）
　　　　　宋　洁（女，12月任）
　　　　　李建伟
常　委　　黄　卿
　　　　　戴春枝（女，12月免）
　　　　　宋　洁（女，12月任）
　　　　　李建伟
　　　　　黄　钫（12月免）
　　　　　钱世哲　魏建民
　　　　　周为国（5月免）
　　　　　王素梅（女，5月免）
　　　　　崔世英（5月任）
　　　　　宋双兴　乔德宁
　　　　　杨金军（5月任）
　　　　　徐　勇（2月任）
　　　　　翟国防（5月免）
　　　　　马少军（5月任）

【中共上街区纪律检查委员会】

书　　记　　钱世哲（2月任）
副 书 记　　马垣威
　　　　　　陈　铠
纪委常委　　丁志强　马秋霞（女）
　　　　　　童小鹏　朱　笛（女）
办公室主任　　童小鹏
信访室（政府举报中心）主任
　　　　　　丁志强
农村党风室主任　　王金星
案件审理室主任　　安琳琳（女）
效能办主任　　王志君（女）
农村党风室副主任
　　　　　　赵　辉（女）
监察综合室主任　　闫灵洁（女）
效能办副主任　　张　品

【中共上街区委工作部门及直属单位】

区委办公室

主　　任　　钱世哲（2月免）
　　　　　　徐　勇（2月任）
常务副主任　　马松宝
副 主 任　　张元恒　冯惠强
　　　　　　马风威　田军宝
　　　　　　王文豪　王　宁

区委机要局（区国家密码管理局）

局　长　　马风威
副局长　　张伟锋

工程师　　孙毅国

区委保密委员会办公室（区保密局）

局　长　　田军宝

副局长　　柴慧平（女）

区委督促检查室

主　任　　冯惠强

副主任　　吴永杰

区委政策研究室

主　任　　王文豪

副主任　　焦　阳

区档案局（档案馆）

局（馆）长　　时永莲（女）

副局（馆）长　　夏朝娟（女）

　　时文贤

区委组织部

部　长　　魏建民

常务副部长　　郝　斌

副部长　　李显发

　　李广久

　　张富强

区直属机关工作委员会

书　记　　李广久

副书记、纪工委书记

　　路继峰

工会主席、党工委委员

　　克东海

区委党史办公室

主　任　　樊向阳

区人才工作办公室（区委知识分子工作办公室）

主　任　　李显发

区委组织部干部监督室

主　任　　曹家旋

区委党员电化教育中心

（区党员干部现代化远程教育办公室）

主　任　　吴向锋

区委宣传部

部　长　　宋双兴

常务副部长　　张光斌

副部长　　郜　锋

　　杨晓东

区精神文明建设指导委员会办公室

主　任　　杨晓东

副主任　　房婉春（女）

　　周子夏

区对外宣传工作领导小组办公室

主　任　　郜　锋

副主任　　刘新华

　　唐宁（女）

上街时讯编辑部

主　任　　张东奇

副主任　　李晓港

区委统战部

部　长　　周为国（5月免）

　　崔世英（5月任）

常务副部长　　薛振杰

副部长　　胡爱敏（女）

　　虎新伟（回族）

区委台湾工作办公室（区政府台湾事务办公室）

主　任　　胡爱敏（女）

区民族宗教局

局　长　　虎新伟（回族）

副局长　　虎　君（女，回族）

区委政法委

书　记　　翟国防（5月免）

　　马少军（5月任）

常务副书记　　楚玉钦

副书记　　李怀超

　　张保成（4月免）

纪工委书记　　陈智永

区委政法纪律检查工作委员会

书　记　　于海燕（女，4月任）

区社会治安综合治理委员会办公室

主　任　　　张保成（4月免）
　　　　　　张　霞（女，4月任）
副主任　　　李永红

区委处理法轮功问题领导小组办公室（区政府防范和处理邪教问题办公室）

主　任　　　陈　榕（女）
副主任　　　张建辉（4月任）

区委维护稳定领导小组办公室

主　任　　　李怀超
副主任　　　王松波　杨文学
　　　　　　樊宝菊（女）

区社区巡防管理办公室

主　任　　　李　孟

区委群众工作部

部　长　　　王继正（5月免）
副部长　　　张俊超

区信访局

局　长　　　张俊超
副局长　　　陈　勇　吴亚伟（女）
　　　　　　杨　霞（女）

区机构编制委员会办公室

主　任　　　张富强
副主任　　　蔡文勇

区事业单位登记管理局

局　长　　　蔡文勇
副局长　　　雪　洁（女）

区委老干部局

局　长　　　张魁伟
书　记　　　杨月凤（女）
副局长　　　冯丽萍（女）　徐进伟
　　　　　　郭晓娜（女）

区关心下一代工作委员会办公室

主　任　　　张新红（女）

区委党校

校　　长　　　李建伟
常务副校长　　李　杰（5月任）
副　校　长　　李培荣（女）

【上街区第十一届人大常委会】

主　　任　　　巨宝志
党组副书记　　巨宝志（6月任）
党 组 书 记　　周为国（6月任）
党组副书记　　张振威　张旭华　高自廷
副　主　任　　张振威　张旭华　钟　明
　　　　　　　邢艳丽（女）
　　　　　　　李华道　陈　炜　王家伦
委　员（按姓氏笔划为序）
　　　　　　　马丽平（女）
　　　　　　　马淑云（女）
　　　　　　　王振宇　冯文生
　　　　　　　边金銮（女）
　　　　　　　苏建华（女）　孟若志
　　　　　　　赵文瑛（女）　赵紫光　郝　斌
　　　　　　　殷玉芳（女）　袁家伟
　　　　　　　郭秀萍（女）　魏志强

【区人大常委会工作部门】

区人大办公室

主　任　　　王振宇
副主任　　　曹　锐　张玉敏（女）

区人大法制工作委员会

主　任　　　魏志强

区人大财经工作委员会

主　任　　　郭秀萍（女）

区人大城建工作委员会

主　任　　　安　璩

区人大教科文卫工作委员会

主　任　　　马丽平（女）
副主任　　　任伯森

区人大代表信访联络工作委员会

主　任　　张松茂

区人大人事任免科

科　长　　张玉红（女）

副科长　　戚润朝（女）

【区人民政府】

区　长　　戴春枝(女，12月辞)

　　　　　宋　洁（女，12月代理）

常务副区长　　黄　钫（5月辞）

　　　　　杨金军（5月任）

副 区 长　　王素梅（女，5月辞）

　　　　　崔世英（5月任）

　　　　　赵风军（5月辞）

　　　　　赵　敏

　　　　　朱选伟（5月辞）

　　　　　徐　勇（2月辞）

　　　　　袁春明　杜惠斌（2月任）

　　　　　王继正（5月任）

　　　　　弓永超（5月任）

区 长 助 理　　赵全来　张富永

【区人民政府工作部门及直属单位】

区政府办公室

主　任　　刘　敏(女)

副主任　　秦永娜(女)　张海涛

　　　　　陈亚萌　刘一江

　　　　　胡小珂　郑焱飚

　　　　　杨汶勇　陈玉法　杨坤铁

区政府法制办公室

主　任　　张海涛

副主任　　张红烈

区外事侨务办公室

主　任　　安宏学

书　记　　张华雯（女）

副主任　　裴云丽（女）

区地方史志办公室

主　任　　朱昌伟

区政府招待所

所　长　　陈亚萌

副所长　　雷利芳（女）

区目标管理考评委员会办公室

主　任　　马玉兰（女，回族）

区人民政府督促检查室

主　任　　秦永娜（女）

副主任　　肖朝霞（女）

　　　　　王　义

区人民防空办公室

主　任　　曹铁信

书　记　　罗保聚

副主任　　马垣恒

　　　　　马淑芳（女）　巨　明

区金融工作办公室

主　任　　刘一江

副主任　　王中旗

区经济发展投资公司

经　理　　冯　涛

副经理　　卞　欢(女)

　　　　　王文霞（女）　陈英涛

区机关事务管理局

局　长　　刘　毅

书　记　　程建新

副局长　　赵万青　赵亚非　张海平

　　　　　程莉莉（女）　黄文跃

区接待办公室

主　任　　祁　亚

区行政服务中心

主　任　　许发成

书　记　　王豫新（回族）

副主任　　张跃武　钟　倩（女）

区爱卫办

主　任　　安建华

书　记　　　南海翔
副主任　　　白　珂　李继勇

区发改委

主　任　　　林　虎
书记、副主任　王玉洁（女）
副主任　　　王桂兰（女）张劼（女）
　　　　　　赵向阳
纪检组长、监察室主任
　　　　　　张会有

区物价检查所

所　长　　　樊克

区统计局

局　长　　　王玉洁
副局长　　　张劼（女）朱冬红（女）
　　　　　　侯建功（女）
总统计师　　侯建功（女）

区社会经济调查队

队　长　　　李　淼

区教育体育局

局长、副书记　刘玉贞（女）
书　记　　　张彦君
副局长　　　刘贺荣　王富贵　郭保军
纪委书记、监察室主任
　　　　　　徐飞

区人民政府教育督导室

主　任　　　刘贺荣
副主任　　　郑梅青（女）

第二外国语学校

校　长　　　田星灿（10月免）
　　　　　　谢同华（10月任）
书记、副校长　边太蕊（女）
副校长　　　马瑞甫　张花英（女）郑长青

区招生考试办公室

主　任　　　蒋志斌

区科学技术局

局长、书记　韩中秋
副局长　　　赵志强　李军锋　苏　筠（女）

区地震局

局　长　　　赵志强

河南省生产力促进中心上街区分中心

主　任　　　李军锋
副主任　　　郭志民

区工业和信息化局

局长、副书记　张华君
书　记　　　张秋菊（女，回族）
副书记、纪工委书记、监察室主任
　　　　　　李长伟
副局长　　　宋珂彩（女）王　治
　　　　　　李建波　杨永超
　　　　　　侯平送（4月任）
总经济师　　韦　萍（女）
工会主席　　毕元春（4月任）

区公安局

局长、书记　杜惠斌
政委、副书记　成　建
副书记、副局长　牛林科
副局长　　　魏景峰　蒋俊峰（4月免）
　　　　　　周阁明　杨国强
　　　　　　刘品（4月免）王新献（4月任）
　　　　　　王黎彩（女，4月任）
　　　　　　马原鋆（4月任）
　　　　　　张兰（女，4月任）
纪委书记、监察室主任
　　　　　　王黎彩（女，4月免）
　　　　　　房　岷（4月任）
党委委员　　戚宏贤
局长助理、城市管理执法局副局长
　　　　　　戴民强（4月免）
工会主席　　杜新奇

区公安局办公室

主　任　　　时　峥（4月任）

区公安局政治处

主　任　　　戚宏贤

区公安局法制室

主　任　　曹　泰（4月任）
指导员　　曹　泰（4月免）
　　　　　孙　凌（4月任）

区公安局交巡警大队

大 队 长　　刘　品（4月免）
　　　　　许延鹏（4月任）
指 教 员　　许延鹏（4月免）
　　　　　王海水（4月任）
副大队长　　王海水（4月免）
　　　　　杨卫平　吴意桥（4月免）
　　　　　王玉宝　杜　勇
　　　　　王炤宇（4月任）

区公安局刑侦大队

大 队 长　　王新献（4月任）
教 导 员　　马胜利
副大队长　　刘　钢　王　戈（4月免）
　　　　　牛洪超

区公安局经侦大队

大队长　　张中林
指导员　　王新宝

区公安局治安管理科

科　长　　张　兰（女，4月免）
　　　　　郑力军（4月任）
指导员　　林红永

区公安局济源路派出所

所　长　　徐建伟
指导员　　李永锋

区公安局中心路派出所

所　长　　马原鋆（4月免）
　　　　　王　戈（4月任）
指导员　　贾　浩

区公安局新安路派出所

所　长　　耿　嘉
指导员　　王鹏杰（4月任）

区公安局工业路派出所

所　长　　陈亚平（4月免）
　　　　　吴意桥（4月任）
指导员　　王鹏杰（4月免）
　　　　　张保仓（4月任）

区公安局矿山派出所

所　长　　陈　涛
指导员　　杨歧岭（4月免）
　　　　　冯　洁（女，4月任）

区公安局机场派出所

所　长　　付　刚（4月任）

区公安局铝城派出所

所　长　　席中学（4月免）
　　　　　任建乐（4月任）
指导员　　张中林
副所长　　王晓晖（4月免）
　　　　　牛改峰（4月免）
　　　　　高京京（4月免）
　　　　　赵雪艳（女，4月任）
　　　　　王玲娜（女，4月任）
　　　　　马　磊（女，4月任）

区公安局森林公安派出所

所　长　　马伟民（4月免）

区公安局峡窝镇派出所

所　长　　房　岷（4月免）
　　　　　郭永政（4月任）
指导员　　郭永政（4月免）
　　　　　余灏升（4月任）

行政执法警察大队

大队长　　戴民强（4月免）

区监察局

局　长　　马垣威
副局长　　朱　迪（女）冯书娟（女）

区民政局

局长、副书记　　姚德欣
书　记　　邢永桥
副局长　　王敬群（女）　和向东　王龙新
纪检组长、监察室主任
　　　　　杨　睿（女）

区民间组织管理局

局　长　　刘晓宁（女）

区司法局

局长、书记　张富贵

副局长　于海燕（女，4月免）

蒋俊峰　巨　亮

买　红（女，回族，4月任）

纪检组长、监察室主任

买　红（女，回族，4月免）

朱珂青（4月任）

区司法局政治处

主　任　蔡　婧（女）

区依法治区领导小组办公室

副主任　孟莉红（女）

区峡窝镇司法所

所　长　王建峰

区济源路街道办事处司法所

所　长　朱珂青（4月免）

程钰栋（4月任）

区新安路街道办事处司法所

所　长　周立新（女）

区中心路街道办事处司法所

所　长　罗权坤

区工业路街道办事处司法所

所　长　王凤莲（女）

区矿山街道办事处司法所

所　长　刘　训

区财政局

局长、副书记　牛志甫

书　记　史瑞娟（女）

副局长　冯　娜（女）朱登峰

核算中心主任　冯　娜（女）

纪检组长、监察室主任

何国亮

总会计师　安　斌（女）

工会主席　连中午

区人民政府预算外资金管理办公室

主　任　鲁　宁

区核算中心

主　任　冯　娜（女）

副主任　李松强　潘　登

区国库集中收付中心

副主任　周　婕（女）

杜建鹏　张延辉

区国有资产管理办公室

主　任　陈丽敏（女）

区政府投资评审中心

副主任　张怀彪　王志涛

杨秀峰（女）

区人力资源和社会保障局

局长、书记　宋继兵

副局长　郑育民　马　丽（女）

刘仲凯

纪检组长、监察室主任

陈全胜

工会主席　陈　霞（女）

区自主择业军转干部管理中心

主　任　郑育民

区人才交流服务中心

主　任　王　瑞（女）

区劳动争议仲裁委员会办公室

主　任　张建军

区劳动监察中队

队　长　王立中

区外来劳动力管理办公室

主　任　王国民

区劳动就业服务管理中心

主　任　白小杰

区医疗保险中心

主　任　马　丽（女）

区社会保险事业管理局

局长、副书记　杨建华

书　记　尹秀平（女）

副局长、副书记　陈　昕

副局长　赵　斌　王艳丽（女）

纪检组长、监察室主任

许琪新

区国土资源局

局长、副书记 禹秉臻（4月免）

刘铁强（4月任，回族）

书 记 王琳宝

副局长 王清波 贾广奇 杨向东

纪检组长、监察室主任

王建设

区国土资源监察大队

大队长 王海军

区土地储备中心

主 任 刘铁强（回族，4月任）

书 记 王立民

副主任 王利霞（女）

马红雨（4月免）郑金文

王海兵 屈 峰 孙素霞（女）

区地产公司

经 理 王利霞（女，4月免）

刘铁强（回族，4月任）

副经理 孙素霞（女）

区安全生产监督管理局

局长、书记 赵振乾

书 记 李 浩

副局长 王 哲 王 培 刘副营

纪检组长、监察室主任 张 晖（女）

区住房和城乡规划建设局

局 长、副书记 张 振

书 记 何爱琴（女）

副局长 吕保良 杨文斌

杨红宝 许爱君

纪委书记、监察室主任

郭花梅（女）

党委委员 陈广宇

工会主席 高京京（4月任）

区人民政府拆迁办公室

主 任 安洪涛

区自来水公司

经 理 陈广宇

书 记 王纯锋

副经理 曹 炜（女） 鲁西祥

区房产管理中心

主 任 吕保良

书 记 张志贤

常务副主任 许春鹏

副主任 马建玲（女）

张 惠（女） 焦东坡

区交通运输局

局 长 王胜利

书 记 王辉仁

副局长 贾 利（女）

王 峥（女，4月免）

王晓慧（4月免） 鲁治国

纪检组长、监察室主任

何玉宾

区公路管理局

局 长 王晓慧（4月免）

书 记 田淑丽（女）

区公路运输管理所

所 长 吴建伟

副所长 冯向朝

区交通路政管理大队

大队长 王 峥（女，4月免）

书 记 袁忠政

区汽车站

站 长 何玉宾

区城市管理执法局

局 长、副书记 王 兢

书 记 任 鹰

副局长 陈文斌 程广义

戴民强（4月免）

耿远强 韩保安

纪委书记、监察室主任

王洪伟

总工程师　　　李书强
工会主席　　　杨新菊（女）
党委委员　　　王桂芬（女）李　军

区市政工程管理所

所　长　　　王桂芬（女）
书　记　　　李　军

区行政执法监察大队

大队长　　　程广义
副大队长　　董金录　冯保永　高　锋
　　　　　　付建民　任巧云（女）

区环境保护局

局长、副书记　张海涛
书　记　　　何玉亭
常务副局长　　程建辉
副局长　　　付覃诚（满族）
　　　　　　郭　磊　秦晓吾
纪检组长、监察室主任
　　　　　　牛玉凤（女）

区国家生态工业示范园区办公室

主　任　　　程建辉
副主任　　　刘红昭　郑惠英（女）
　　　　　　陈纪晓（女）

区环境监察大队

大队长　　　秦晓吾

区农业农村工作委员会

书　记　　　张元立
副主任　　　马书海　赵　阳
　　　　　　贾双智　杨延宾
　　　　　　付海舰　方　巧（女）
纪检组长、监察室主任
　　　　　　孙　雷
总农艺师　　侯志祥
工会主席　　王文军（4月任）

区农业综合开发（扶贫开发）领导小组办公室

主　任　　　赵　阳
书　记　　　杜仕杰
副主任　　　陈　丽（女）
　　　　　　毛建国　张　辉

区南水北调工程建设管理领导小组办公室

主　任　　　马书海

区商务局

局　长　　　周伟杰
书　记　　　刘　郁（女）
常务副局长　　朱志刚
副局长　　　房俭新　李桂琴（女）
　　　　　　罗志红（女）乔　飞
纪检组长、监察室主任
　　　　　　李道战
总经济师　　张新培（女）

区粮食管理中心

主　任　　　张永志
副主任　　　陈　阳

区投资促进服务中心

主　任　　　朱志刚
书　记　　　韦启中
副主任　　　张　正　陈　鹏

区文化广电新闻出版局

局长、书记　　冯立新
书　　　　　张三成
副局长、副书记　张丰奎
副局长　　　付天才　蔡旭晓（女）
　　　　　　姚　民（女）景梅荣（女）
纪检组长、监察室主任
　　　　　　郭　峰（女）

区文化馆

馆　长　　　刘国华
书　记　　　罗国庆

区影剧院

经　理　　　邵彦斌

区有线电视台

台　长　　　姚　民（女）

区文化市场综合执法大队

大队长　　　张丰奎
书　记　　　冯红军

副大队长　　　吴春生

区卫生局

局长、书记　　石卫军

书　记　　　　周斌

副局长　　　　李浩

　　　　　　　时新君（女）　王文英（女）

纪委书记、监察室主任

　　　　　　　靳喜爱（女）

区卫生监督局

局　长　　　　王　阳（9月免）

区红十字会

秘书长　　　　王文英（女）

区疾病预防控制中心

主　任　　　　马景芳（女）

书　记　　　　刘志立

副主任　　　　张玉红（女）张煜豪

区人民医院

院　长　　　　窦志兴

书　记　　　　李玉普

副院长　　　　苌　海　吉　喆

　　　　　　　吴玉章　安奕青（女）

区人口和计划生育委员会

主任、书记　　何乃玲（女）

副主任　　　　马琳亚（女）

　　　　　　　白　琚（女，4月免）

纪检组长、监察室主任

　　　　　　　朱广慧（女）

区计划生育监察队

队　长　　　　卢　伟

区审计局

局长、副书记　杜爱功

书　记　　　　丁志杰

副局长　　　　张莉娟（女）

　　　　　　　楚郑雷　杜爱芳（女）

【政协上街区第七届委员会】

主席、党组书记　邓书安

党组副书记　　　武家寅　郭志昭

　　　　　　　　徐凤言　黄国民

副 主 席　　　　武家寅　卢裕华（女）

　　　　　　　　薛景霞（女）李新廷

　　　　　　　　梁红松　吕现州　岳　斌

党组成员、正县级干部

　　　　　　　　王金河

副县级干部　　　奚　亮（女）

秘　书　长　　　闫光甫

常务委员（按姓氏笔画为序）

　　　　　　　　马　丽（女）王淑勤（女）

　　　　　　　　朱志刚　刘雷音

　　　　　　　　杨保军　李长新（俄罗斯族）

　　　　　　　　李凯洲　李俊卿

　　　　　　　　杜　凯　时跃华

　　　　　　　　张迎春（女）侯国良

　　　　　　　　梁端平　蔡　军　薛振杰

【区政协工作部门】

区政协办公室

主　任　　　　闫光甫

副主任　　　　路坦坦（女）

区政协专门委员会办公室

主　任　　　　杨保军

区政协提案委员会

主　任　　　　何奇志（女）

区政协经济委员会

主　任　　　　闫荡西

区政协教科文卫体委员会

主　任　　　　张保荣（女）

区政协社会和法制委员会

主　任　　　　陈俊杰

区政协学习文史委员会

主　任　　　代振岭

区政协港澳台侨和民族宗教委员会

主　任　　　张松国

【镇（街道）】

峡窝镇

书　记　　　张立宏

副书记　　　赵永军

副书记、人大主席团主席

马保龙（4月免）

马利伟（回族，4月任）

纪委书记、监察室主任、综治中心主任

马利伟（回族，4月免）

党委委员、政协工委主任

安青霞（女）

党委委员、人武部部长

薛耀伟（4月免）

孙卫恒（4月任）

纪委书记、监察室主任

李志锋（4月任）

工会主席　　张元星（4月免）

张辉（4月任）

综治中心副主任　袁志刚（4月免）

李延西（4月任）

纪委副书记　许东明

镇　长　　　赵永军

副镇长　　　薛耀伟（4月免）

王文军（4月免）

王俊杰

邢金聚（4月任）

杨永超（4月任）

镇长助理　　侯平松（4月免）

济源路街道

书　记　　　李　立

副书记　　　房玉雯（女）

副书记、人大工委主任

张　伟

副书记、纪工委书记、监察室主任、综治中心主任

张金山

党工委委员、政协工委主任

杨振国

党工委委员　周志新（女）　禹　涛

郭　瑞（女）

陈瑞霞（女）

付建立　黄　毅（女）

薛耀伟（4月任）

党工委委员、人武部部长

陶　宏

工会主席　　郝菊兰（女）

综治中心副主任　樊　静（女）

纪工委副书记　逯宜淑（女）

主　任　　　房玉雯（女）

副主任　　　周志新（女）

郭　瑞（女）

陈瑞霞（女）

薛耀伟（4月任）

新安路街道

书　记　　　乔文轩

副书记　　　李　超

副书记、人大工委主任

安红伟

副书记、纪工委书记、监察室主任、综治中心主任

马　蕾（女）

党工委委员　刘秋利（女）张洪波

朱建学　付　强

耿永胜　苗春雨

党工委委员、人武部部长

孙卫恒（4月免）

王国军（4月任）

综治中心副主任　邢文静（女）

纪工委副书记　周志立

主　任　　　李　超

副主任　　　付　强　张洪波

朱建学　李　滔

中心路街道

书　记　　李金保
副书记　　秦清宇
副书记、人大工委主任
　　李军志
副书记、纪工委书记、监察室主任、综治中心主任
　　李智俊
党工委委员、政协工委主任
　　高天宝
党工委委员　　杨　勇　吴金伟（女）
　　邢金聚　李艳萍（女）
　　王志华（女）
党工委委员、人武部部长
　　黄玉鹏
工会主席　　杨福录
综治中心副主任　　时　洋
纪工委副书记　　高君锋
主　任　　秦清宇
副主任　　杨　勇　吴金伟（女）
　　邢金聚（4月免）
　　张元星（4月任）

工业路街道

书　记　　张广舟
副书记　　王百峰（女）
副书记、人大工委主任
　　张丽娟（女）
副书记、纪工委书记、监察室主任、综治中心主任
　　丁振江
党工委委员、政协工委主任
　　张广申
党工委委员　　张建伟　胡延军
　　王金霞（女）
　　卢开颜（女）　顾　杰
党工委委员、人武部部长
　　雷建军
党工委委员、工会主席
　　满　燕（女）
综治中心副主任　　张　峰
纪工委副书记　　王爱国
主　任　　王百峰（女）
副主任　　王金霞（女）　董　方　顾　杰

矿山街道

书　记　　杨满坡
副书记　　张东辉
副书记、人大工委主任、政协工委主任
　　张金红
党工委委员　　王冬梅（女）　赵建明　张　鑫
党工委委员、人武部部长
　　时俊锋
党工委委员、工会主席
　　崔向辉
综治中心副主任　　田喜华
纪工委副书记　　张红英
主　任　　张东辉
副主任　　王冬梅（女）　赵建明

【园区管委会】

工业集聚区管理委员会

主　任　　李春发
书　记　　王　晓
常务副主任　　张元恒
副书记　　平彩霞（女）
副主任　　何乾坤
　　禹秉臻（兼任，4月免）
　　杨向东（10月任）
纪委书记、监察室主任
　　王梦梅（女）
工会主席　　宋朝阳

综合协调部

部　长　　韩文军
副部长　　焦建国　张　琳

发展战略部

部　长　　郭继丰
副部长　　马剑锋
规划建设部
部　长　　杨文斌（兼职）
副部长　　马保营　石贤福
投融资服务部
部　长　　张　威
服务业集聚区管理委员会
主　任　　孙喜忠
书　记　　吕喜朝
副主任　　王秀莉（女）罗敏慧
综合协调部
部　长　　冯迎周
副部长　　杨沛娟（女）
规划建设部
部　长　　柴海林
副部长　　贾　峰（4月免）
项目推进部
部　长　　吴瑞玲（女）
副部长　　郝思远　安东华
城乡一体化办公室
主　任　　朱书民
书　记　　吴新勇
常务副主任　　平相乾
副主任　　罗志刚
综合协调部
部　长　　臧　彬
副部长　　牛大林
农村体制改革部
部　长　　冯学选
城乡统筹部
部　长　　邢　蕊（女）
产业发展部
部　长　　韩洪涛

【区人民武装部】

部　长　　王振慧
政　委　　乔德宁
副部长　　邢彦军　徐道利
后勤科长　　赵海平

【区人民法院】

院长、书记　　彭连城
副院长、副书记　　罗保善（4月免）吴　波
副院长　　杜利军　杨建民
韩　锋　王天超（女，4月任）
纪检组长、监察室主任
杨　建
工会主席　　王天超（女，4月免）
闫振东（4月任）
政治处
主　任　　李良科
执行局
局　长　　王驰峰
政　委　　马占文（4月免）
江发兵（4月任）
法警大队
大队长　　张海林
政　委　　禹红岩
专职审委会委员
委　员　　周锐锋　朱艺枝（女）

【区人民检察院】

检察长、书记　　程振胜
常务副检察长、副书记
柴俊钊（4月任）
副检察长、副书记
牛步云
副检察长　　刘亚明　张秋红（女）

王水军（4月免）

纪检组长、监察室主任

桑一帆（4月任）

工会主席

陈永智（4月任）

区检察院政治处

主　任　王培军

区检察院反贪污贿赂局

局　长　王　武

政　委　王宇辉（女）

检察检委会

委　员　桑一帆（4月免）

区检察院反渎职侵权局

局　长　杨建杰

政　委　范红丽（女）

区检察院司法警察大队

大队长　张智宏

【区群团工作部门】

区总工会

主　席　袁家伟

常务副主席　贾建国

副主席　罗辛乾

马保龙（4月任）

困难职工帮扶中心

主　任　王贤明

共青团上街区委员会

书　记　赵　鹏

副书记　黄一坤(女)

刘大闯（6月任）

区妇女联合会

主　任　苏建华(女)

副主席　王　岩（女）

韦　伟(女)　张建莉(女)

区科协

主　席　王淑勤(女)

书　记　刘雷音

副主席　马　宏(女)

袁志刚（4月任）

区工商联

会　长　薛景霞(女)

副会长、书记　马合祥

副会长　赵鲜平(女)

秘书长　高慧英（女）

区归国华侨联合会

主　席　李长新（俄罗斯族）

副主席　杨悦丹(女)

区残疾人联合会

理 事 长　王敬群(女)

副理事长　侯爱琴(女)

【郑州市直属部门及主要驻上街单位】

工商局

局　长　成江北

副局长　周朝阳

李　冰（兼任纪检组长）

国税局

局　长　焦豫安

党组书记　何　伟

副 局 长　赵书岭　张建峰

纪检组长　付瑞林

工会主席　李增平

地税局

党组书记、局长　王建忠

副局长　秦晓峰　杜　岩

纪检组长　王鹤建

供电局

局　长　李群才

书　记　朱卫东

副局长　王　涛　王建新

工会主席　张新渝

总工程师　孙明浩

质监局

局　　长　　杨　泽（12月免）

　　　　　　陈红伟（12月任）

副 局 长　　李　锋　陈雅丽（女）

纪检书记　　杨　涛

药监局

党组书记、局 长

　　　　　　曹冠伟（11月免）

副局长　　刘红兵　陈世宏

纪检组长　　白　琚（10月任）

食品药品监督所所长

　　　　　　王　阳（10月任）

烟草局

党组书记、局长　　邓子阳

党组副书记、经理

　　　　　　齐向华

副局长　　王志和

纪检组长　　张　勃

邮政局

局　长　　冯　珂

副局长　　刘海洋

郑州住房公积金管理中心上街分中心

主　任　　王文峰

书　记　　吴建业

火车站

站　长　　李晓光

书　记　　辛鸿斌

副站长　　张　弛

　　　　　王振华　高新峰

中国移动上街公司

总经理　　原永彬

副经理　　徐贵全

联通

经　理　　申建军

副经理　　程　冰（女）　梁　晗

中国电信上街公司

总经理　　吴文豪

中国人民银行上街支行

行　　长　　李　潮

副 行 长　　刘　沛　张应召

纪检组长　　付建新

工商银行上街支行

行　长　　翟兴光

副行长　　张鸣林　靳国峰

农业银行上街支行

行　长　　刘立新

副行长　　吴东升

中国银行上街支行

行　长　　张　航

副行长　　张　骁　段国锋

建设银行上街支行

行　长　　吕志峰

副行长　　杨建先　方志东　陈　扬

交通银行上街支行

行　长　　李文军

邮政储蓄银行上街支行

行　长　　张西森

副行长　　王百森

郑州银行上街支行

行　长　　张海琴（女）

郑州市市区农村信用合作联社上街信用社

主　任　　杨子华

副主任　　谷红霞（女）

　　　　　杨少英（女，11月免）

中国人民财产保险公司上街分公司

经　理　　王为民

中国人寿保险公司上街分公司

经　理　　白学东

民生证券

经　理　　王占喜

中国铝业河南分公司

总 经 理　　乔桂玲（女）

党委书记　　王立建

副总经理　　吕子剑　江新民

张际强　董光辉（12月任）
芦　东（12月任）
财务总监　徐子彪
党委副书记、纪委书记、工会主席
纪　行
巡视员　崔　平（12月任）

轻金属研究院

院长、党委副书记
李旺兴
党委书记、副院长
陈建华
副院长　赵庆云　刘凤琴（女）
周绍峰　杨建红

河南省航空运动管理中心

主　任　牛安林
书　记　宋保民
副主任　郭鲁予　彭　刚　张树森
纪检组长　张树森（兼）

重竞技管理中心

主　任　李　岩
书　记　李祖平（6月免）
戴云鹏（6月任）
副主任　宋保民　宋振启
张　元（6月任）
张培杰（9月任）

中国石油上街分公司

经　理　杜九红（1月免）
轩　峰（1月任）

（李　洋、地志办）

夏侯村中无夏侯

今天的夏侯村没有一个姓夏侯的，而时姓村民约占总人口的近六成，那么，该村为什么叫夏侯村？历来众说不一。有夏侯惇（或夏侯婴）说，有夏姓之说。究竟哪一种说法正确？我们知道，汜水曾是重要的古战场，上街则是汜水古战场的一部分，夏侯惇、夏侯渊兄弟等曾随曹操在这一带征战。据传，大将夏侯惇兄弟等在此和敌方交战，交战中出现不少伤兵，就把他们安置在村东南的一条沟中。当时，这条沟中住着几户人家，有几孔窑洞，并有一户的主人略懂医术，能为伤兵治疗。后来，轻伤员养好病走了，几名重伤员留下来继续养伤，夏侯惇率兵长期在祁山与蜀国交战，路途遥远，音讯不通，伤员们痊愈后无法归队，长期辗转作战的几名将士也厌倦了战争，遂在这里娶妻生子并定居下来。由于他们是夏侯惇的部下或后裔，于是便以其姓氏为村名，将这里叫夏侯村了（也有一说为秦朝末年跟随刘邦起义的夏侯婴族人在此与敌方交战，其伤病员痊愈后在此定居而形成夏侯村的）。唐代一位姓夏侯的名人的出生地也为此说提供了支持。据《汜水县志》的记载，夏侯嵩，字子高，季和之孙、士安之子，洛州汜水人。上元（唐肃宗年号）二年（公元761年）进士，官至朝散大夫、上轻车都尉、行饶州（今江西上饶市一带）司马。

今天夏侯村的形成，可以追溯到明永乐到宣德年间（公元1403—1435）。据时氏家谱记载，当时时氏始迁祖庸三兄弟从直隶凤阳（即南直隶凤阳，今安徽凤阳）迁来，在现夏侯村西头沟内定居下来，取名时家窑，他们以窑洞为屋，靠农耕为生，开始繁衍生息。但由于生产力低下，收成欠佳，度日艰难，后来时氏兄弟中的老二、老三分别带着家眷到别处谋生，只有老大时庸一家在此定居，发展成现在的时姓家族。明末清初，又有苏姓（迁自荥阳广武镇苏寨）、申姓（清顺治三年迁自荥阳金砦）、安姓（清顺治年间迁自聂寨）等人家陆续迁入，申姓、苏姓定居在夏侯村东部，安氏定居在时家窑东邻沟顶，名叫安家台。这样便形成了东夏侯和西时窑的村落。后来，随着时间的推移，人口不断增多，东夏侯和西时窑连为一体，统称夏侯村。建国初，全村人口近600人，时姓为村内最大姓氏，约占全村人口的三分之二，申姓、安姓、苏姓次之。目前，全村有农业人口1500多人，总姓氏已达90多个，但时姓仍占全村人口的一半以上。该村也是郑州、开封、平顶山、新乡等地区时姓的发源地。

人物·荣誉

人 物

新任区领导

宋 洁

女,1967年11月出生,汉族,河南沁阳人,1987年8月参加工作,1992年11月加入中国共产党,在职本科。

1985年9月至1987年7月在郑州教育学院英语专业学习；1987年8月至1989年10月在郑州市中原区文教生产公司工作；1989年10月至1993年5月任共青团郑州市委组织部干事；1993年5月至1994年12月任共青团郑州市委组织部副科级协理员；1994年12月至1996年8月任共青团郑州市委统战部副部长；1996年8月至1997年6月任共青团郑州市委统战部部长、市青联秘书长（其间：1995年8月至1997年12月在中央党校经济管理专业学习）；1997年6月至1998年10月任共青团郑州市委权益部部长、市希望工程办公室主任；1998年10月至1999年1月任共青团郑州市委办公室主任；1999年1月至2000年3月任中共郑州市委办公厅第一秘书处主任科员；2000年3月至2002年2月任中共郑州市委办公厅第一秘书处副处长（其间：2001年9月至2001年12月在郑州市委党校第25期中青班学习）；2002年2月至2003年4月任中共郑州市委办公厅第三秘书处副处长；2003年4月至2003年12月任中共郑州市委办公厅人事处处长（其间：2001年9月至2003年6月在郑州大学商学院区域经济学专业学习）；2003年12月至2006年5月任中共郑州市管城回族区委常委、宣传部长；2006年5月至2009年3月任中共郑州市管城回族区委常委、区人民政府副区长；2009年3月至2011年5月任中共郑州市惠济区委常委、组织部长；2011年5月至2011年12月任京沙快速通道陇海路北至康复前街南标段拆迁施工督导责任人,中共惠济区委副书记(挂职),郑州市城乡建设委员会党委副书记、副主任；2011年12月任中共郑州市上街区委副书记，区人民政府代区长、党组书记。

崔世英

男,1963年8月出生,汉族,河南新密人，1985年8月参加工作,1991年6月加入中国共产党,在职本科。

1983年9月至1985年8月在河南省政法管理干部学校法律专业学习；1985年8月至1989年1月任郑州市政法管理干部学校教师兼职律师；1989年1月至1995年12月任郑州市委宣传部理论处干事（其间：1991年9月至1993年9月在河南省委党校政治管理专业学习）;1995年12月至1996年9月任郑州市委宣传部干部处干事；1996年9月至1998年12月任郑州市委宣传部党员教育处副处长；1998年12月至2002年8月任郑州市委宣传部党员教育处处长（其间：2001年3月至2001年6月在郑州市委党校第24期中青班学习）；2002年8月至2004年6月任郑州市委宣传部副县级宣教员（其间：2000年9月至2002年9月在首都经贸大学经济法专业学习，硕士研究生）；2004年6月至2011年5

月任登封市委常委、宣传部长（其间：2008年至2010年在华中师大学习，硕士研究生）；2011年5月至2012年3月任中共郑州市上街区委常委、统战部长，区政府党组成员、副区长；2012年3月任中共郑州市上街区委常委、统战部长，区政府党组成员、副区长、区政协党组副书记。

杨金军

男，1973年4月出生，汉族，河南开封人，1992年11月加入中国共产党，1994年8月参加工作，在职研究生。

1990年9月至1994年8月在河南大学管理科学系政治专业学习；1994年8月至1997年12月任河南医科大学社会科学部教帅；1997年12月全1998年4月任河南医科大学社会科学部教研室党支部副书记；1998年4月至2001年3月任河南医科大学社会科学部教研室代主任；2001年3月至2002年6月任郑州大学党委组织部副科级干部；2002年6月至2008年11月任共青团郑州市委副书记、党组成员（其间：2000年7月至2003年1月在中国人民大学法学专业学习，获硕士学位）；2008年11月至2010年1月任中牟县委常委、统战部长；2010年1月至2011年5月任中共中牟县委常委、县人民政府副县长；2011年5月任中共上街区委常委，区政府党组成员、常务副区长。

马少军

男，1963年10月出生，汉族，河南巩义人，1985年5月加入中国共产党，1985年7月参加工作，在职本科。

1982年9月至1985年7月任中牟农业学校学习；1985年7月至1993年8月任巩义市劳动人事局科员（其间：1987年9月至1990年6月在郑州大学政治专业学习）；1993年8月至1995年3月任巩义市委办公室科员；1995年3月至1996年1月任巩义市鲁庄镇人民政府副镇长（其间：1993年9月至1995年12月在河南省委党校经济专业学习）；1996年1月至1997年7月任巩义市鲁庄镇党委副书记；1997年7月至2001年8月仕巩义市涉村镇党委副书记、镇长（其间：1998年9月至2000年6月在郑州大学行政管理专业学习）；2001年8月至2002年1月任巩义市涉村镇党委书记、镇长；2002年1月至2004年6月任巩义市涉村镇党委书记(其间：2002年9月至2002年12月在郑州市委党校第27期中青班学习)；2004年6月至2007年1月任中牟县总工会主席；2007年1月至2010年1月任中牟县人民政府副县长；2010年1月至2011年5月任新郑市人民政府党组成员、副市长；2011年5月任中共郑州市上街区委常委、政法委书记。

弓永超

男，1971年5月出生，汉族，河南郑州人，1990年10月参加工作，1995年6月加入中国共产党，在职研究生。

1987年9月至1990年10月在郑州卫生学校医士专业学习；1990年10月至1999年2月任郑州市邙山区委办公室机要干事（其间：1994年8月至1996年12月在中央党校函授学院经济管理专业本科班学习）；1999年2月至2000年11月任郑州市邙山区委办公室副主任科员；2000年11月至2003年1月任郑州市邙山区老鸦陈镇副镇长；2003年1月至2003年5月任郑州市邙山区花园口镇党委副书记、纪委书记；2003年5月至2004年5月任郑州市邙山区花园口镇党委副书记；2004年5月至2006年3月任郑州市惠济区创建办主任、爱卫办主任（2002年9月至2005年6月在河南省委党校法律专业研究生班学习）；2006年3月至2007年2月任郑州市惠济区迎宾路街道办事处主任、郑州桥南新区管委会主任；2007年2月至2008年9月任郑州市惠济区迎宾路街道党工委书记、郑州桥南新区管委会主任；2008年9月至2011年5月任郑州师范高等专科学校副县级调研员、惠济区迎宾路街道党工委书记；2011年5月任郑州市上街区人民政府副区长、党组成员。

上街区专业技术人员

姓 名	性别	出生年月	籍贯	单位	岗位类型	职称	职称级别
刘春源	女	1965 年 3 月	河南博爱	上街区人民医院	卫生	主任医师	正高级
柴有成	男	1963 年 3 月	河南荥阳	上街实验小学	中小学教师	中学高级教师	副高级
李玲花	女	1967 年 4 月	河南新郑	上街实验小学	中小学教师	中学高级教师	副高级
张秀兰	女	1955 年 8 月	河南荥阳	上街区新建小学	中小学教师	中学高级教师	副高级
程学军	男	1957 年 6 月	山东泰安	上街中心路小学	中小学教师	中学高级教师	副高级
徐俊华	男	1955 年 5 月	上海南汇	上街中心路小学	中小学教师	中学高级教师	副高级
马红霞	女	1965 年 7 月	河南巩义	郑州第二外国语学校	中小学教师	中学高级教师	副高级
边太蕊	女	1972 年 9 月	河南方城	郑州第二外国语学校	中小学教师	中学高级教师	副高级
何淑仙	女	1965 年 10 月	河南荥阳	郑州第二外国语学校	中小学教师	中学高级教师	副高级
刘翠凌	女	1965 年 4 月	河南荥阳	郑州第二外国语学校	中小学教师	中学高级教师	副高级
孙广兴	男	1965 年 10 月	河南荥阳	郑州第二外国语学校	中小学教师	中学高级教师	副高级
张选民	男	1962 年 11 月	河南扶沟	郑州第二外国语学校	中小学教师	中学高级教师	副高级
杨天和	男	1963 年 8 月	河南驻马店	郑州第二外国语学校	中小学教师	中学高级教师	副高级
曹祥兴	男	1968 年 10 月	河南南阳	郑州第二外国语学校	中小学教师	中学高级教师	副高级
张 欣	女	1966 年 10 月	河南方城	郑州第二外国语学校	中小学教师	中学高级教师	副高级
田中禾	男	1968 年 6 月	河南方城	郑州第二外国语学校	中小学教师	中学高级教师	副高级
王国法	男	1966 年 11 月	河南扶沟	郑州第二外国语学校	中小学教师	中学高级教师	副高级
禹云亭	男	1970 年 4 月	河南荥阳	郑州第二外国语学校	中小学教师	中学高级教师	副高级
李谦信	男	1968 年 1 月	河南滑县	郑州第二外国语学校	中小学教师	中学高级教师	副高级
王树强	男	1969 年 10 月	河南扶沟	郑州第二外国语学校	中小学教师	中学高级教师	副高级
戎法堂	男	1967 年 9 月	河南尉氏	郑州第二外国语学校	中小学教师	中学高级教师	副高级
乔天喜	男	1964 年 12 月	河南巩义	郑州第二外国语学校	中小学教师	中学高级教师	副高级
于永建	男	1965 年 10 月	河南滑县	郑州第二外国语学校	中小学教师	中学高级教师	副高级
田庆梅	女	1967 年 12 月	河南滑县	郑州第二外国语学校	中小学教师	中学高级教师	副高级
王 博	男	1966 年 1 月	河南沈丘	郑州第二外国语学校	中小学教师	中学高级教师	副高级
焦建群	男	1969 年 11 月	河南荥阳	郑州第二外国语学校	中小学教师	中学高级教师	副高级
李 莉	女	1973 年 3 月	河南荥阳	郑州第二外国语学校	中小学教师	中学高级教师	副高级
曹红卫	男	1967 年 11 月	河南巩义	郑州第二外国语学校	中小学教师	中学高级教师	副高级
李喜学	男	1952 年 10 月	河南荥阳	郑州第二外国语学校	中小学教师	中学高级教师	副高级
史继贤	男	1960 年 8 月	河南荥阳	郑州第二外国语学校	中小学教师	中学高级教师	副高级
岳卫东	男	1969 年 7 月	山东单县	郑州第二外国语学校	中小学教师	中学高级教师	副高级

续表 1

姓 名	性别	出生年月	籍贯	单位	岗位类型	职称	职称级别
孙树立	男	1968 年 7 月	河南巩义	郑州第二外国语学校	中小学教师	中学高级教师	副高级
李冬玲	女	1963 年 10 月	河南郑州	郑州第二外国语学校	中小学教师	中学高级教师	副高级
徐占峰	男	1967 年 3 月	河南杞县	郑州第二外国语学校	中小学教师	中学高级教师	副高级
郑长青	男	1970 年 3 月	河南荥阳	郑州第二外国语学校	中小学教师	中学高级教师	副高级
张花英	女	1968 年 12 月	河南巩义	郑州第二外国语学校	中小学教师	中学高级教师	副高级
宋 玮	女	1970 年 6 月	河北冀县	郑州第二外国语学校	中小学教师	中学高级教师	副高级
史高峰	女	1971 年 10 月	河南南阳	郑州第二外国语学校	中小学教师	中学高级教师	副高级
崔 屹	男	1964 年 10 月	河南辉县	郑州第二外国语学校	中小学教师	中学高级教师	副高级
王克昌	男	1967 年 10 月	山东淄博	郑州第二外国语学校	中小学教师	中学高级教师	副高级
贾均成	男	1955 年 10 月	北京通州区	郑州第二外国语学校	中小学教师	中学高级教师	副高级
施海英	女	1966 年 2 月	河北枣强	郑州第二外国语学校	中小学教师	中学高级教师	副高级
殷玉杰	女	1956 年 12 月	山东荣城	郑州第二外国语学校	中小学教师	中学高级教师	副高级
王金安	男	1956 年 11 月	河南荥阳	郑州第二外国语学校	中小学教师	中学高级教师	副高级
张继州	男	1959 年 1 月	河南郑州	郑州第二外国语学校	中小学教师	中学高级教师	副高级
魏虎林	男	1968 年 4 月	河南荥阳	郑州第二外国语学校	中小学教师	中学高级教师	副高级
杨岐超	男	1952 年 6 月	河南内乡	郑州第二外国语学校	中小学教师	中学高级教师	副高级
吴 丽	女	1961 年 8 月	河南西平	郑州第二外国语学校	中小学教师	中学高级教师	副高级
陆瑞麟	男	1962 年 8 月	广西桂林	郑州第二外国语学校	中小学教师	中学高级教师	副高级
王洪典	男	1963 年 12 月	河南兰考	郑州第二外国语学校	中小学教师	中学高级教师	副高级
苌志红	女	1969 年 2 月	河南荥阳	郑州第二外国语学校	中小学教师	中学高级教师	副高级
席风华	女	1967 年 3 月	河南荥阳	郑州第二外国语学校	中小学教师	中学高级教师	副高级
贾延洲	男	1968 年 9 月	河南荥阳	郑州第二外国语学校	中小学教师	中学高级教师	副高级
朱 峰	女	1968 年 7 月	山东淄博	郑州第二外国语学校	中小学教师	中学高级教师	副高级
季陈光	男	1957 年 11 月	江苏镇江	郑州第二外国语学校	中小学教师	中学高级教师	副高级
张银玲	女	1966 年 3 月	河南巩义	郑州第二外国语学校	中小学教师	中学高级教师	副高级
常国江	男	1967 年 3 月	河南荥阳	郑州第二外国语学校	中小学教师	中学高级教师	副高级
施翠凤	女	1968 年 2 月	安徽天长	郑州第二外国语学校	中小学教师	中学高级教师	副高级
刘培伟	男	1968 年 11 月	山东烟台	郑州第二外国语学校	中小学教师	中学高级教师	副高级
曹宁宇	男	1962 年 12 月	河南新郑	郑州第二外国语学校	中小学教师	中学高级教师	副高级
贾韶文	男	1968 年 7 月	河南荥阳	郑州第二外国语学校	中小学教师	中学高级教师	副高级
马红武	男	1957 年 10 月	河南巩义	郑州第二外国语学校	中小学教师	中学高级教师	副高级
许乃迎	男	1966 年 11 月	河南荥阳	上街区武庄小学	中小学教师	中学高级教师	副高级
田建军	男	1966 年 10 月	河南荥阳	上街实验高中	中小学教师	中学高级教师	副高级
李振生	男	1952 年 5 月	河南郑州	上街实验高中	中小学教师	中学高级教师	副高级
宋长栓	男	1967 年 11 月	河南荥阳	上街实验高中	中小学教师	中学高级教师	副高级
陈宝红	男	1969 年 1 月	河南荥阳	上街实验高中	中小学教师	中学高级教师	副高级
王慧敏	女	1965 年 10 月	河南荥阳	上街实验高中	中小学教师	中学高级教师	副高级
王铁柱	男	1965 年 1 月	河南郑州	上街实验高中	中小学教师	中学高级教师	副高级
刘松枝	女	1969 年 6 月	河南新密	上街实验高中	中小学教师	中学高级教师	副高级
周天才	男	1969 年 7 月	河南郑州	上街实验高中	中小学教师	中学高级教师	副高级
代向阳	女	1967 年 2 月	河南荥阳	上街实验高中	中小学教师	中学高级教师	副高级

续表 2

姓 名	性别	出生年月	籍贯	单位	岗位类型	职称	职称级别
杨秋芬	女	1968 年 10 月	河南荥阳	上街实验高中	中小学教师	中学高级教师	副高级
张爱华	女	1965 年 8 月	河南荥阳	上街实验高中	中小学教师	中学高级教师	副高级
杨保亮	男	1966 年 2 月	河南荥阳	上街实验高中	中小学教师	中学高级教师	副高级
张朝臣	男	1965 年 7 月	河南荥阳	上街实验高中	中小学教师	中学高级教师	副高级
王留兴	男	1964 年 12 月	河南驻马店	上街实验高中	中小学教师	中学高级教师	副高级
张永庆	男	1970 年 11 月	河南荥阳	上街实验高中	中小学教师	中学高级教师	副高级
张绪佳	男	1964 年 12 月	湖南浏阳	上街实验高中	中小学教师	中学高级教师	副高级
王淑霞	女	1969 年 6 月	河南巩义	上街实验高中	中专教师	高级讲师	副高级
魏德标	男	1960 年 2 月	河南荥阳	上街实验初中	中小学教师	中学高级教师	副高级
程艳平	女	1968 年 6 月	河南荥阳	上街实验初中	中小学教师	中学高级教师	副高级
周自变	女	1961 年 11 月	河南荥阳	上街实验初中	中小学教师	中学高级教师	副高级
方好国	男	1962 年 6 月	河南荥阳	上街实验初中	中小学教师	中学高级教师	副高级
马春红	女	1966 年 8 月	河南荥阳	上街实验初中	中小学教师	中学高级教师	副高级
王春娥	女	1963 年 3 月	河南荥阳	上街实验初中	中小学教师	中学高级教师	副高级
方雪琴	女	1970 年 2 月	河南荥阳	上街实验初中	中小学教师	中学高级教师	副高级
苏银萍	女	1966 年 2 月	河南荥阳	上街实验初中	中小学教师	中学高级教师	副高级
方丽娜	女	1968 年 1 月	河南荥阳	上街实验初中	中小学教师	中学高级教师	副高级
陈智华	女	1966 年 12 月	河南荥阳	上街实验初中	中小学教师	中学高级教师	副高级
沈培元	男	1971 年 2 月	河南开封	上街实验初中	中小学教师	中学高级教师	副高级
何艳丽	女	1970 年 10 月	河南荥阳	上街实验初中	中小学教师	中学高级教师	副高级
蔡宏伟	女	1966 年 9 月	河南荥阳	上街实验初中	中小学教师	中学高级教师	副高级
赵桂珍	女	1959 年 5 月	河南荥阳	上街实验初中	中小学教师	中学高级教师	副高级
马文进	男	1969 年 3 月	河南荥阳	上街实验初中	中小学教师	中学高级教师	副高级
冯长玉	男	1968 年 12 月	河南荥阳	上街实验初中	中小学教师	中学高级教师	副高级
吴秋红	女	1968 年 9 月	河南荥阳	上街实验初中	中小学教师	中学高级教师	副高级
徐东莉	女	1969 年 8 月	河南荥阳	上街实验初中	中小学教师	中学高级教师	副高级
杨 霞	女	1971 年 9 月	河南荥阳	上街实验初中	中小学教师	中学高级教师	副高级
时银福	男	1972 年 2 月	河南荥阳	上街实验初中	中小学教师	中学高级教师	副高级
张国营	男	1964 年 2 月	河南荥阳	上街实验初中	中小学教师	中学高级教师	副高级
张建庄	男	1955 年 12 月	河南荥阳	上街区中小学劳动实践基地	中专、技校教师	高级讲师	副高级
王英才	男	1957 年 10 月	河南荥阳	上街区中小学劳动实践基地	中专、技校教师	高级讲师	副高级
马建平	女	1969 年 8 月	河南荥阳	上街区中小学劳动实践基地	中小学教师	中学高级教师	副高级
李 芳	女	1970 年 6 月	江苏南京	上街区中小学劳动实践基地	中小学教师	中学高级教师	副高级
林全乡	男	1963 年 1 月	河南新安	上街区中小学劳动实践基地	中小学教师	中学高级教师	副高级
贾福林	男	1960 年 3 月	河南荥阳	上街区教科研中心	中小学教师	中学高级教师	副高级
吴金焕	女	1967 年 2 月	河南荥阳	上街区教科研中心	中小学教师	中学高级教师	副高级
胡晓东	男	1965 年 8 月	河南信阳	上街区教科研中心	中小学教师	中学高级教师	副高级
周东升	男	1969 年 6 月	河南荥阳	上街区教科研中心	中小学教师	中学高级教师	副高级
谢昌如	女	1956 年 8 月	上 海	上街区教科研中心	中小学教师	中学高级教师	副高级
魏荣慧	女	1967 年 6 月	河南荥阳	上街区教科研中心	中小学教师	中学高级教师	副高级
许松坡	男	1966 年 11 月	河南荥阳	上街区教科研中心	中小学教师	中学高级教师	副高级
李松英	女	1961 年 11 月	河南荥阳	上街区教科研中心	中小学教师	中学高级教师	副高级

续表 3

姓 名	性别	出生年月	籍贯	单位	岗位类型	职称	职称级别
李国钦	男	1967 年 10 月	河南荥阳	上街区教科研中心	中小学教师	中学高级教师	副高级
王新华	女	1968 年 10 月	河南荥阳	上街区教科研中心	中小学教师	中学高级教师	副高级
吴月平	男	1958 年 2 月	河南荥阳	上街区教科研中心	中小学教师	中学高级教师	副高级
刘兴洲	男	1959 年 5 月	河南巩义	上街区教科研中心	中小学教师	中学高级教师	副高级
刘光明	男	1963 年 7 月	河南南阳	上街区教科研中心	技校教师	高级讲师	副高级
杨 扬	女	1968 年 5 月	山东烟台	上街区教科研中心	技校教师	高级讲师	副高级
张玉玺	男	1951 年 8 月	山西交口	上街区文化馆	群众文化	副研究官员	副高级
赵天保	男	1956 年 8 月	吉林省吉林市	郑州市第一〇〇中学	中小学教师	中学高级教师	副高级
喻有仁	男	1960 年 3 月	湖北武汉	郑州市第一〇〇中学	中小学教师	中学高级教师	副高级
冯名勤	男	1966 年 1 月	河南获嘉	郑州市第一〇〇中学	中小学教师	中学高级教师	副高级
孙红波	女	1961 年 5 月	河南郑州	郑州市第一〇〇中学	中小学教师	中学高级教师	副高级
田启明	男	1958 年 5 月	河南荥阳	郑州市第一〇〇中学	中小学教师	中学高级教师	副高级
吴丽君	女	1970 年 3 月	河南荥阳	郑州市第一〇〇中学	中小学教师	中学高级教师	副高级
冷 慧	女	1968 年 2 月	河南杞县	郑州市第一〇〇中学	中小学教师	中学高级教师	副高级
安建敏	女	1966 年 10 月	河南郑州	郑州市第一〇〇中学	技校教师	高级讲师	副高级
胡晓红	女	1963 年 5 月	河南洛阳	郑州市第一〇〇中学	中小学教师	中学高级教师	副高级
时海军	男	1954 年 6 月	河南郑州	郑州市第一〇〇中学	中小学教师	中学高级教师	副高级
边慧萍	女	1966 年 9 月	河南漯河	郑州市第一〇〇中学	中小学教师	中学高级教师	副高级
李培兰	女	1959 年 10 月	河南荥阳	郑州市第一〇〇中学	中小学教师	中学高级教师	副高级
袁蔚茵	女	1966 年 7 月	河南荥阳	郑州市第一〇〇中学	中小学教师	中学高级教师	副高级
王连福	男	1961 年 2 月	辽宁铁岭	郑州市第一〇〇中学	中小学教师	中学高级教师	副高级
仇卫民	男	1970 年 4 月	河南开封	郑州市第一〇〇中学	中小学教师	中学高级教师	副高级
张丽萍	女	1967 年 6 月	河北景县	郑州市第一〇〇中学	技校教师	高级讲师	副高级
张 玲	女	1963 年 11 月	广东省阳江市	郑州市第一〇〇中学	中小学教师	中学高级教师	副高级
陈丹萍	女	1965 年 10 月	河南郑州	郑州市第一〇〇中学	中小学教师	中学高级教师	副高级
申义德	男	1960 年 3 月	河南郑州	郑州市第一〇〇中学	中小学教师	中学高级教师	副高级
禹璐霞	女	1968 年 5 月	河南荥阳	郑州市第一〇〇中学	中小学教师	中学高级教师	副高级
赵莉敏	女	1969 年 5 月	河南荥阳	郑州市第一〇〇中学	中小学教师	中学高级教师	副高级
戚润华	女	1969 年 12 月	河南荥阳	郑州市第一〇〇中学	中小学教师	中学高级教师	副高级
郭玉兰	女	1963 年 11 月	山东省东明县	郑州市第一〇〇中学	技校教师	高级讲师	副高级
张自强	男	1958 年 5 月	山东平度	郑州市第一〇〇中学	中小学教师	中学高级教师	副高级
刘超峰	男	1966 年 7 月	河南尉氏	郑州市第一〇〇中学	中小学教师	中学高级教师	副高级
许培玲	女	1969 年 10 月	河南荥阳	郑州市第一〇〇中学	中小学教师	中学高级教师	副高级
赵丽英	女	1970 年 3 月	山东肥城	郑州市第一〇〇中学	中小学教师	中学高级教师	副高级
海 洋	女	1970 年 8 月	河南沈丘	郑州市第一〇〇中学	中小学教师	中学高级教师	副高级
陈咏华	女	1971 年 8 月	河南南阳	郑州市第一〇〇中学	中小学教师	中学高级教师	副高级
吴清臣	男	1971 年 2 月	河南巩义	郑州市第一〇〇中学	中小学教师	中学高级教师	副高级
张荣璞	男	1966 年 7 月	河南荥阳	郑州市第一〇〇中学	中小学教师	中学高级教师	副高级
杨易木	女	1961 年 9 月	黑龙江汤原县	上街区外国语小学	中小学教师	中学高级教师	副高级
张伟红	女	1966 年 8 月	河南荥阳	上街区外国语小学	中专教师	高级讲师	副高级
韩增敏	男	1958 年 3 月	河南郑州	郑州第二外国语初级中学	中小学教师	中学高级教师	副高级
李梅荣	女	1971 年 9 月	河南荥阳	郑州第二外国语初级中学	中小学教师	中学高级教师	副高级

续表4

姓 名	性别	出生年月	籍贯	单位	岗位类型	职称	职称级别
董凤梅	女	1964年3月	河南浚县	郑州第二外国语初级中学	中小学教师	中学高级教师	副高级
侯明勤	男	1964年3月	河南荥阳	郑州第二外国语初级中学	中小学教师	中学高级教师	副高级
李恩良	男	1965年11月	河南浚县	郑州第二外国语初级中学	中小学教师	中学高级教师	副高级
王保庄	男	1953年12月	河南郑州	郑州第二外国语初级中学	中小学教师	中学高级教师	副高级
陈莲珍	女	1964年5月	河南荥阳	郑州第二外国语初级中学	中小学教师	中学高级教师	副高级
张遂霞	女	1965年8月	河南郑州	郑州第二外国语初级中学	中小学教师	中学高级教师	副高级
张爱琴	女	1963年4月	河南荥阳	郑州第二外国语初级中学	中小学教师	中学高级教师	副高级
安松森	男	1968年6月	河南郑州	郑州第二外国语初级中学	中小学教师	中学高级教师	副高级
刘朝阳	男	1967年3月	河南巩义	郑州第二外国语初级中学	中小学教师	中学高级教师	副高级
吴文俊	女	1971年6月	河南巩义	郑州第二外国语初级中学	中小学教师	中学高级教师	副高级
王 兰	女	1961年8月	河南巩义	郑州第二外国语初级中学	中小学教师	中学高级教师	副高级
王 莉	女	1969年6月	河南荥阳	郑州第二外国语初级中学	中小学教师	中学高级教师	副高级
赵衍庆	男	1970年7月	山东肥城	郑州第二外国语初级中学	中小学教师	中学高级教师	副高级
王丽燕	女	1967年10月	河南巩义	郑州第二外国语初级中学	中小学教师	中学高级教师	副高级
王瑞玲	女	1968年3月	河南荥阳	郑州第二外国语初级中学	中小学教师	中学高级教师	副高级
乔松莉	女	1971年9月	河南荥阳	郑州第二外国语初级中学	中小学教师	中学高级教师	副高级
赖家华	女	1955年8月	江西赣县	郑州第二外国语初级中学	中小学教师	中学高级教师	副高级
刘志成	男	1953年4月	河南郑州	郑州第二外国语初级中学	中小学教师	中学高级教师	副高级
史信功	男	1965年6月	河南宜阳	郑州第二外国语初级中学	中小学教师	中学高级教师	副高级
王海中	男	1966年11月	河南沈丘	郑州第二外国语初级中学	中小学教师	中学高级教师	副高级
赵秋香	女	1966年9月	河南荥阳	郑州第二外国语初级中学	中小学教师	中学高级教师	副高级
韦向阳	男	1968年6月	河南荥阳	郑州第二外国语初级中学	中小学教师	中学高级教师	副高级
吴进兴	男	1970年9月	河南荥阳	郑州第二外国语初级中学	中小学教师	中学高级教师	副高级
和艳玲	女	1973年7月	河南荥阳	郑州第二外国语初级中学	中小学教师	中学高级教师	副高级
卢义德	男	1967年11月	河南郾城	郑州市科技工贸学校	中小学教师	中学高级教师	副高级
朱遂宪	男	1963年1月	河南新密	郑州市科技工贸学校	中小学教师	中学高级教师	副高级
王建国	男	1957年6月	河北邢台	郑州市科技工贸学校	中小学教师	中学高级教师	副高级
尹俊岭	男	1964年2月	河南郑州	郑州市科技工贸学校	中小学教师	中学高级教师	副高级
朱培华	女	1957年2月	河南南召	郑州市科技工贸学校	中小学教师	中学高级教师	副高级
李 靖	女	1962年3月	黑龙江巴颜	郑州市科技工贸学校	中小学教师	中学高级教师	副高级
时秋珍	女	1957年3月	河南郑州	郑州市科技工贸学校	中小学教师	中学高级教师	副高级
兰银花	女	1968年10月	河南荥阳	上街区人民医院	卫生	副主任医师	副高级
刘春源	女	1965年3月	河南博爱	上街区人民医院	卫生	副主任医师	副高级
何延兴	男	1960年8月	河南荥阳	上街区人民医院	卫生	副主任医师	副高级
窦志兴	男	1965年11月	河南巩义	上街区人民医院	卫生	副主任医师	副高级
杨赞英	女	1955年5月	河南灵宝	上街区人民医院	卫生	副主任医师	副高级
雒荣昌	男	1963年3月	河南巩义	上街区人民医院	卫生	副主任医师	副高级
秦季平	女	1968年10月	河南巩义	上街区人民医院	卫生	副主任中医师	副高级
赵芬荣	女	1956年9月	河南荥阳	上街区人民医院	卫生	副主任护师	副高级
李惠君	女	1967年2月	河南郑州	上街区中医院	卫生	副主任医师	副高级
张文辉	男	1971年2月	河南巩义	上街区朱寨小学	中小学教师	中学高级教师	副高级
耿国莹	女	1968年8月	河南荥阳	上街区新建小学	中小学教师	中学高级教师	副高级

续表 5

姓 名	性别	出生年月	籍贯	单位	岗位类型	职称	职称级别
张文周	男	1973 年 7 月	河南巩义	郑州第二外国语学校	工程技术人员	中学高级教师	副高级
龙梅玲	女	1969 年 11 月	河南新密	郑州第二外国语学校	中小学教师	中学高级教师	副高级
马伟民	男	1971 年 3 月	河南荥阳	郑州第二外国语学校	中小学教师	中学高级教师	副高级
邢 伟	男	1975 年 5 月	甘肃省平凉市	郑州第二外国语学校	中小学教师	中学高级教师	副高级
潘喜定	男	1956 年 4 月	河南郑州	郑州第二外国语学校	中小学教师	中学高级教师	副高级
高 超	男	1972 年 9 月	开封市开封县	上街实验高中	中小学教师	中学高级教师	副高级
贾红丽	女	1972 年 2 月	河南荥阳	上街实验高中	中小学教师	中学高级教师	副高级
李 永	男	1973 年 2 月	河南省开封县	上街实验高中	中小学教师	中学高级教师	副高级
张兰凤	女	1956 年 10 月	河南荥阳	上街实验初中	中小学教师	中学高级教师	副高级
时海萍	女	1968 年 9 月	河南郑州	上街实验初中	中小学教师	中学高级教师	副高级
戚志红	女	1968 年 1 月	河南郑州	上街实验初中	中小学教师	中学高级教师	副高级
吴淑君	女	1969 年 4 月	河南荥阳	上街实验初中	中小学教师	中学高级教师	副高级
王福来	男	1963 年 1 月	河南郑州	上街实验初中	中小学教师	中学高级教师	副高级
季喜山	男	1967 年 7 月	河南郑州	上街实验初中	中小学教师	中学高级教师	副高级
李松林	男	1956 年 11 月	河南郑州	上街实验初中	中小学教师	中学高级教师	副高级
白敏霞	女	1966 年 5 月	河南巩义	上街实验初中	中小学教师	中学高级教师	副高级
戚秋芬	女	1962 年 11 月	河南郑州	上街区幼儿园	中小学教师	中学高级教师	副高级
张雪峰	男	1974 年 10 月	河南信阳	郑州市第一〇〇中学	中小学教师	中学高级教师	副高级
陈智霞	女	1969 年 10 月	河南荥阳	郑州市第一〇〇中学	中小学教师	中学高级教师	副高级
付花萍	女	1972 年 8 月	河南荥阳	郑州市第一〇〇中学	中小学教师	中学高级教师	副高级
禹永丽	女	1972 年 12 月	河南荥阳	郑州第二外国语初级中学	中小学教师	中学高级教师	副高级
张 穷	男	1972 年 5 月	河南信阳	郑州第二外国语初级中学	中小学教师	中学高级教师	副高级
付艳丽	女	1975 年 5 月	河南荥阳	郑州第二外国语初级中学	中小学教师	中学高级教师	副高级
刘煜华	女	1975 年 2 月	河南荥阳	郑州第二外国语初级中学	中小学教师	中学高级教师	副高级
陈莲珍	女	1964 年 5 月	河南荥阳	郑州第二外国语初级中学	中小学教师	中学高级教师	副高级
孙月巧	女	1970 年 3 月	河南巩义	郑州第二外国语初级中学	中小学教师	中学高级教师	副高级
刘春晓	女	1975 年 4 月	河南洛阳	郑州第二外国语初级中学	中小学教师	中学高级教师	副高级
张松山	男	1956 年 3 月	河南巩义	上街区人民医院	卫生	副主任医师	副高级
温 勇	女	1972 年 5 月	河南南阳	上街区人民医院	卫生	副主任医师	副高级
李新宇	女	1971 年 10 月	河南荥阳	郑州第二外国语初级中学	中小学教师	中学高级教师	副高级
张全中	男	195404	河南郑州	郑州市上街实验高中	专业技术人员	中学教师	副高级
张静	女	197410	河南郑州	郑州市上街实验初级中学	专业技术人员	中学教师	副高级
张晨莉	女	196611	河南郑州	郑州市上街实验初级中学	专业技术人员	中学教师	副高级
张粉桃	女	197011	河南郑州	郑州市第二外国语中学	专业技术人员	中学教师	副高级
许素丽	女	197203	河南郑州	郑州市第二外国语中学	专业技术人员	中学教师	副高级
陈平安	男	195804	河南荥阳	郑州市上街实验高级中学	专业技术人员	中学教师	副高级
谷曼丽	女	197111	河南郑州	郑州市第二外国语中学	专业技术人员	中学教师	副高级
郭艳红	女	196710	河南郑州	郑州第二外国语初级中学	专业技术人员	中学教师	副高级
何慧珍	女	196302	河南郑州	郑州市上街区外国语小学	专业技术人员	中学教师	副高级
李亚丽	女	197308	河南郑州	郑州市第二外国语学校	专业技术人员	中学教师	副高级
王慧琴	女	197011	河南郑州	郑州市上街实验初级中学	专业技术人员	中学教师	副高级
张 巧	女	196912	河南郑州	上街实验高中	专业技术人员	中学教师	副高级

（王二奎）

荣 誉

上街区市级及市级以上先进集体

被授予单位	被授予称号	授予单位
郑州市济源路卫生服务中心（上街区中医院）	2011 年度全国示范社区服务中心	卫生部
上街区	2011 年度全国基层中医药工作先进单位	国家中医药管理局
邮政局	模范职工之家	国家邮政工会
人口和计划生育委员会	全国阳光计生行动示范单位	国家人口和计划生育委员会
统计局	2011 年郑州市工业生产者价格调查工作二等奖	国家统计局郑州调查队
统计局	2011 年度城镇住户专项调查工作三等奖	国家统计局郑州调查队
供电局峡窝集控中心	全国优秀质量管理小组	中华全国总工会、中国质量协会、中华全国妇女联合会、中国科学技术协会
供电局继电班	全国质量信得过班组	中华全国总工会、中国质量协会、中华全国妇女联合会、中国科学技术协会
济源路街道办事处	全省先进基层党组织	省委
峡窝镇观沟村党支部	全省先进基层党组织	省委
工业路街道	省级卫生先进单位	省委、省政府
地税局	省级文明单位	省政府
济源路街道	先进基层人民武装部	省政府、省军区
地方史志办公室	2011 年度全省修志工作先进单位	省地方史志办公室
区委宣传部	河南省“学习贯彻党的十七届五全会和省委八届十一次全会精神”集中宣讲组织工作先进集体	省委宣传部
区委宣传部	省级文明城区	省文明委
济源路街道	河南省“六好”乡镇（街道）工会	省总工会
济源路街道	河南省社会主义新农村建设档案工作示范乡（镇）	省档案局
地震局	2011 年度河南省地震局防震减灾优秀成果三等奖	省地震局
地震局	2011 年度河南省地震局县（区）级防震减灾工作先进单位	省地震局
济源路街道	河南省社会主义新农村建设档案工作示范办事处	省档案局、省民政厅、省农业厅
党校	河南省委党校系统第八届科研成果二等奖	省委党校
妇联	河南省妇女读书活动优秀组织奖	省妇女联合会
国土局	全省国土资源系统推进依法行政先进单位	省国土资源厅
国土局	2011 年全省节约集约用地奖励资金	省财政厅、省国土厅
住建局	2011 年度新型墙材专项基金征收先进单位	省住房和城乡建设厅
农委	河南省档案工作规划化管理省一级	省档案局
住建局	2011 年度全省发展散装水泥先进单位	省散装水泥办公室

续表

被授予单位	被授予称号	授予单位
峡窝镇	河南省绿化模范乡镇	省绿化委员会
峡窝镇	河南省优秀人民调解委员会	省司法厅
峡窝镇工会委员会	河南省“六好”乡镇街道工会	省总工会
峡窝镇	河南省经济社会发展百强乡镇	省统计局
科协	2011年度河南省农村科普宣传工作先进单位	省科协
房产管理中心	2011年河南省档案工作规范化管理省一级标准	省档案局
人口和计划生育委员会	2011年度全省人口计划生育系统政风行风先进单位	省人口和计划生育委员会
人口和计划生育委员会	2011年度全省阳光计生行动示范单位	省人口和计划生育委员会
电子政务办公室	2011年度信息工作先进单位	省信息协会
供电局鲁庄变电站	国家电网公司达标班组	省电力公司
供电局远动班	国家电网公司达标班组	省电力公司
供电局调度班	国家电网公司达标班组	省电力公司
供电局常庄变电站	国家电网公司达标班组	省电力公司
供电局高压班	国家电网公司达标班组	省电力公司
供电局慈云变电站	国家电网公司达标班组	省电力公司
老干部局	市级文明单位	市委、市政府
济源路街道办事处	2006~2011年法制宣传教育和依法治理先进单位	市委、市政府
纪委	全市优化工作先进集体	市委、市政府
峡窝镇人民政府	市精神文明建设先进单位	市委、市政府
峡窝镇人民政府	郑州市平安建设先进镇	市委、市政府
峡窝镇人民政府	人口和计划生育工作先进镇	市委、市政府
峡窝镇人民政府	郑州市水利工作先进集体	市委、市政府
峡窝镇委员会	郑州市先进基层党组织	市委
工业路街道	郑州市乡级政府统计基础建设示范单位	市委
工业路街道办事处	先进基层党组织	市委
工业路街道工业路社区	先进基层党组织	市委
工业路街道东柏社村	市级五好基层党组织	市委
峡窝镇委员会	郑州市先进基层党组织	市委
人社局	先进基层党组织	市委
济源路街道办事处	先进基层党组织	市委
工业路街道	郑州科普先进集体	市委
上街区	夏季秸秆禁烧暨综合利用工作先进单位	市政府
上街区	2011年度完成政府环保目标优秀单位	市政府
上街区	2011年度“爱国卫生杯”铜杯	市政府
环保局	郑州市“十一五”期间污染减排工作先进集体	市政府
新安路街道	2011年度郑州市计划生育服务管理工作示范化社区	市政府

上街区市级及市级以上先进个人

姓名	被授予称号	授予单位
何同玉	全省优秀社会法官	省高院

续表

姓名	被授予称号	授予单位
王 磊	个人二等功	省公安厅
陈高炯	个人二等功	省公安厅
兰青山	全省公安监管工作先进个人。	省公安厅
时永莲	档案工作先进工作者	省档案局
李云鹏	全省信息工作先进个人	省信息协会
葛红建	2011 年度迎峰度夏先进个人	省电力公司
张保岭	2011 年度迎峰度夏先进个人	省电力公司
何乃玲	郑州市人口计生工作先进个人	市委、市政府
冯书娟	纠风工作先进个人	市委、市政府
马垣威	纠风工作先进个人	市委、市政府
马垣威	记二等功	市委、市政府

2011年度郑州市“五一”劳动奖状、奖章获得者

郑州市“五一”劳动奖状获得者

河南华泰电缆有限公司
河南志强实业有限公司
上街区中医院内科病房
上街区工业聚集区管理委员会
郑州市上街区峡窝镇人民政府
上街区工业路街道办事处

郑州市“五一”劳动奖章获得者

李 莉　河南宏丽来超市有限公司总经理
狄永昌　郑州市上街区行政管理执法局职工
张广舟　上街区工业路街道党工委书记
宋朝阳　上街区工业集聚区管委会工会主席
乔文轩　上街区新安路街道党工委书记
贾 琦　上街区公安局刑侦大队民警
张立宏　上街区峡窝镇党委书记

附 录

工作报告

郑州市上街区人大常委会工作报告

——2012年4月18日在上街区第十二届人民代表大会第一次会议上

区人大常委会主任 巨宝志

各位代表：

我受区第十一届人大常委会的委托，向大会作工作报告，请予审议。

五年来的主要工作

2007年以来，区第十一届人大常委会在区委的领导下，高举中国特色社会主义伟大旗帜，以邓小平理论和“三个代表”重要思想为指导，贯彻党的十七大精神，深入落实科学发展观，认真履行宪法和法律赋予的各项职责，坚持“围绕中心，突出重点，讲求实效”的原则，围绕区委工作的重点、政府工作的难点和群众关注的热点，充分发挥地方国家权力机关的职能作用，为促进我区的民主法制建设，推进经济和社会各项事业的全面发展作出了积极的贡献。5年来，共听取和审议“一府两院”专项工作报告61项，开展执法检查12次，实施集中视察和调研82次，任免国家机关工作人员171名。

一、积极开展监督工作，推动经济社会平稳健康发展

常委会牢牢把握发展主题，围绕区委的决策部署，采取听取和审议专项工作报告、执法检查和集中视察等形式，监督和支持“一府两院”依法行政、公正司法，有力促进了“一府两院”工作的开展，推动了经济社会的发展。

（一）突出重点，强化对经济发展的监督

坚持把推动经济发展作为监督的重点，在计划与财政预算执行、产业集聚区建设、招商引资等方面加大监督力度。每年听取和审议半年计划执行情况报告，支持和督促区政府加大招商引资力度，加快产业升级步伐，实施科技创新工程，不断壮大区域经济。抓好财政预算执行情况的监督，每年听取和审议半年财政预算执行情况报告和财政决算报告。5年来审议批准了区政府《关于提请批准上街区道路改建工程项目回收资金列入区本级财政预算的议案》《关于提请批准区人民政府财政支出预算的议案》《关于于上街区地方财政收入预计超收情况及安排意见的报告》《上街区政府投资项目管理办法》及各年度投资项目计划，确保了财政预算的有效执行和财政资金的规范运行。加强审计工作监督，听取和审议了审计工作报告及审计查出问题整改落实情况报告，较好地促进了相关问题的解决，规范了预算执行和财经秩序。坚持把促进工业经济发展作为推动上街经济发展的重要抓手，全力以赴开展工作。听取区政府关于工业经济发展、工业经济结构调整、工业集聚区建设等专项工作报告，深入经济部门、工业集聚区、镇办和企业生产经营一线进行调研，帮助解决实际问题。建议区政府进一步树立为企业服务的意识，强化服务措施，解决实际问题，帮助企业做大做强。常委会充分发挥人大工作特点，和区政府携起手来大力优化经济发展环境，打击破坏经济发展环境的行为，真正为经济发展保驾护航。努力把上街打造成为郑州西部最适宜投资兴业的地区。加强对三产服务业发展情况的监督，听取了区政府服务业集聚区建设情况报告，并进行了集中调研。建议区政府吸引外来投资，填补空白项目，优化产业结构，加快传统服务业提档升级，重塑我区服务业的区域中心地位，大力发展科研、信息、金融等生产性服务业，促进产业融合发展。

（二）关注社会，强化对民生事业的监督

高度重视民生问题，重点抓好人民群众普遍关注的教育、食品药品安全、交通安全、消防等工作。听取区政府关于义务教育发展五年规划暨高校引进情况的报告，对全区教育工作进行视察，全面了解教育事业发展情况。建议区政府进一步加大教育投入，严格抓好教育规划落实，不断提高我区教育质量。督促区政府加大郑州市职教园区建设力度，积极承接郑州市的教育产业转移，吸引高等教育来上街安家落户。同时，对校园安全保卫工作进行了视察，督促区政府尽快完成校园技防设施建设，配备安保人员，确保学校和学生安全。

开展食品药品安全情况集中视察，听取区政府专项工作报告，督促区政府进一步加强食品生产、流通、经营等各个环节的执法力度，鼓励群众发现并举报危害食品药品安全的行为，确保食品药品安全。听取和审议区政府关于新型农村合作医疗和城市社区卫生服务工作情况专项报告，进一步促进了新农合与社区卫生服务工作的开展。听取消防工作专项报告，实地视察我区消防设施建设和重点单位的消防安全工作，指出了区政府在消防队伍建设和消防安全工作等方面存在的问题，督促有关部门进行了较为彻底的整改。听取和审议了区政府关于公安交通管理工作的报告，并进行了实地视察，充分肯定了公安交通管理部门的工作，建议区政府进一步加强管理，确保道路通畅。

（三）做好统筹，强化对城乡一元化建设的监督

坚持城市与农村建设的统筹安排，对新农村建设中7个试点村改造工作进行了实地视察。听取区政府新农村建设专项报告，深入乡村开展集中视察和调研活动，帮助区政府和有关部门更好地促进了新农村建设。充分肯定了区政府的工作和农民在集约用地、土地流转方面的有益探索。鼓励并支持区政府进一步解放思想，加快步伐，针对各村的不同情况，采取有针对性的措施，切实推进新农村建设。对五云山综合开发工作进行了集中视察，建议区政府帮助搬迁农民改善生活，增加收入，进一步加快搬迁与开发进度，优化生态环境，加快旅游项目的开发。听取和审议了区政府关于精品城区建设情况的报告，建议区政府强化管理，扩大城管覆盖面，提高工作标准，努力把我区打造成全省乃至全国的精品宜居城区。对城市重点工程建设进行集中视察，听取区政府专项工作报告，督促区政府加强了城市的建设与管理。作出了《关于批准孟津路防护绿地规划调整议案的决定》。听取区政府关于城市重点工程建设情况报告，建议区政府维护好规划的刚性，严格依法办事，提高工程品位，确保工程质量。

（四）维护公正，强化对法制建设的监督

不断促进全区的民主法制建设，常委会作出了《关于加强法制宣传教育和依法治区工作的决议》，决定从2011年至2015年在全区继续组织实施法制宣传教育和依法治区工作的第六个五年规划，有力促进了我区的法制宣传教育和民主法制建设。指导全区各部门、各单位开展法制宣传教育活动，提高全民法制观念和法律意识。对《食品卫生法》《规划法》《建筑法》《安全生产法》《环境保护法》《劳动合同法》等26部法律法规的贯彻实施情况进行执法检查，有力保障了法律法规在我区的贯彻实施，促进了相关工作的开展。听取和审议了区人民法院行政审判工作情况的报告，深刻分析了我区在行政审判工作中存在的问题，对如何做好我区行政审判工作提出了建议。听取了区人民检察院预防职务犯罪工作情况报告，改进了全区预防职务犯罪工作。

另外，常委会依法行使人事任免权，加强对被任命国家机关工作人员的监督。严格任前法律知识培训和拟任干部的任前法律知识考试制度，实行拟提请任命人员与常委会组成人员见面制度和任前就职宣誓制度，保证了人事任免的严肃性。使用电子表决系统，充分尊重常委会组成人员的民主权利。5年来依法任免国家机关工作人员171名，有力保障了地方国家机关的组织建设。常委会还通过执法检查、听取和审议专项工作报告等多种形式，加强对被任命人员的工作监督和支持。

二、高度重视代表工作，代表作用得到有效发挥

常委会高度重视代表工作，积极为代表活动搭建平台，依法保障代表权利的执行，确保代表作用得到充分发挥。

（一）完善组织，搭建代表活动平台

常委会根据选举单位和代表职业情况，依托各镇、办和中铝郑州地区企业、区直机关将区人大代表划分为7个代表联络组，每年定期召开代表工作会议，通报区人大常委会工作情况，了解代表闭会期间的活动，拨付代表活动经费。各代表联络组在闭会期间开展了丰富多彩的活动，组织代表集中学习讨论，进行持证视察和相约视察，并将视察过程中提出的意见和建议交常委会机关和相关单位研究处理，收到了较好的效果。

（二）抓好培训，提高代表履职能力

采取集中培训、以会代训、寄送人大工作刊物和法律资料、举办培训班等形式，丰富代表学习内容，5年来共组织代表集中培训4次，各代表联络组开展集中学习200余次。通过学习法律和人大业务知识，提高了代表行权履职的能力。

（三）加强督办，确保代表建议落实

5年来，常委会共收到代表提出的议案、建议、批评和意见394件。常委会对此高度重视，在交办会上提出了建议，组织承办单位与代表面对面答复办理情况，征求代表意见。常委会机关与政府督查室对办理工作进行全过程督查，定期了解办理进度。常委会会议听取和审议区政府关于代表建议办理情况的专项报告，有效促进了代表建议的办理工作，代表建议得到了较好的落实。

（四）提供载体，丰富代表活动内容

进一步加强闭会期间的代表活动，落实常委会领导联系代表联络组制度，按照分工定期联系代表联络组，认真听取代表意见。邀请代表列席常委会会议，参加视察、执法检查和调研，共有152人次参与常委会各项工作和活动，提出了许多高质量的意见和建议，为常委会履职增添了亮点和活力。

三、切实加强自身建设，履职能力不断增强

常委会切实加强自身建设，不断夯实履职基础，在推进全区民主法制建设中发挥了越来越重要的作用，

树立了区人大及其常委会作为地方国家权力机关应有的形象。

（一）重视学习调研，工作能力有了新提高

常委会机关把加强学习调研作为提高能力，深化工作的前提，坚持学习制度，多次开展法律知识和人大工作业务知识培训，树立学习型机关的形象。坚持经常性调研活动，5年来组织集中调研76次，形成调研报告52篇。

（二）重视转变作风，机关建设有了新进展

常委会认真贯彻民主集中制原则，依法集体行使职权，严明会纪，改进会风。机关干部职工的大局意识、责任意识、服务意识、效率意识进一步增强，求真务实、开拓进取的工作作风得到发扬。

（三）重视制度建设，工作程序进一步规范

继续把制度建设摆在重要位置，不断完善制度和工作程序，提高常委会和机关规范化建设水平。监督法颁布实施以来，常委会在认真学习和借鉴外地先进经验的基础上，对原有的16项工作制度进行了修订和完善，共废止1项，合并4项，修订9项，对与监督法不一致的条文及时作出了调整，认真加以规范，有效加强了常委会的制度建设。

（四）重视信访工作，做好群众利益的代言人

认真做好人大信访工作，坚持做群众利益的代言者。高度重视群众来信来访，亲切接待上访群众，坚持定期进行下访。把办理群众信访作为执政为民、服务大局的实事，加强综合协调和跟踪督办，切实维护群众的合法权益。通过督促办理和反馈，一些群众反映的实际问题得到解决。

（五）重视宣传报道和理论探索工作，树立开拓创新的形象

按照监督法的要求，常委会通过新闻媒体向全社会公布工作开展情况。积极向省、市人大机关和新闻媒体报送工作动态，宣传我区人大工作。参加全国部分县市区人大工作研讨会和郑州市人大工作研讨会，围绕人大各项工作议题与兄弟县（市）区进行了交流。

各位代表，常委会过去五年取得的成绩，是区委正确领导和“一府两院”积极工作、密切配合的结果，是全体组成人员共同努力的结果，更是全体人大代表积极发挥作用、人民群众大力支持的结果。在此，我代表区人大常委会向全体人大代表、全区人民和社会各界表示衷心感谢和崇高敬意！

对照宪法和法律赋予的职责、经济社会发展的要求以及广大人民群众的期望，常委会的工作还需要进一步加强和改进：要在突出重点、提高监督工作实效、促进经济社会发展上进一步努力；要在推进代表闭会期间活动和议案、建议办理上加大力度；要适应形势发展需要，进一步推动工作创新。

2012年的主要任务

2012年是中原经济区、郑州都市区建设的起步之年，也是我区实施“两加快一维护”战略，全力融入郑州都市区的重要一年。认真做好今年的工作，影响重大，意义深远。区人大常委会将按照“四个重在”的发展要求，多措并举，锐意进取，积极工作，切实促进经济社会的全面发展，努力把我区打造成为中原经济区科学发展示范区。新的一年里，区人大常委会工作的指导思想是：**全面贯彻党的十七大、十七届六中全会和区委九届二次全会精神，以邓小平理论和“三个代表”重要思想为指导，深入落实科学发展观，把党的领导、人民当家做主和依法治国有机地统一起来，紧紧围绕区委“两加快一维护”战略，切实履行宪法和法律赋予的职责，把推进我区经济社会发展、建设和谐社会作为工作的重点，努力开创**

人大工作的新局面，为推动我区经济社会又好又快地发展作出新的贡献。根据这一指导思想，今年要着重做好以下五个方面的工作：

一、不断加强监督工作，努力增强监督实效

坚持突出重点，讲求实效，寓支持于各项监督工作之中，在监督中参与，在参与中监督，扎实有效开展监督。充分发挥人大职能作用，积极克难攻坚，全力推动经济社会发展，把我区打造成为建设大郑州中的支撑点。今年将重点从三个方面做好监督工作：一是做好对经济发展的监督。加强对产业集聚区建设、工业经济运行、经济结构调整和转型升级、优化经济发展环境、招商引资等专项工作的监督，着力促进产业集聚区建设，进一步壮大区域经济。人民代表大会和常委会要成为经济发展的坚强后盾，真正为经济发展“保驾护航”，要强力优化经济发展和投资创业环境，树立“企业至上、纳税人至上”的理念，尊重关心爱护企业家和经营者，吸引各方客商到这里投资创业，把上街打造成为郑汴洛产业走廊上的重要产业基地和新型产业发展示范区。二是做好对城乡建设的监督。围绕精品城区建设，加强对城市规划、建设与管理等专项工作的监督，切实提高城市建设与管理水平。加强对城乡建设的监督，强力推进合村并城和新型社区建设，努力使我区率先实现城乡一元化。三是做好对和谐社会建设的监督。围绕民生问题，加强对教育、文化、医疗卫生、社会保障工作等专项工作的监督，不断改善民生，维护好社会大局的和谐稳定，努力把我区打造成为平安和谐模范区。

二、着眼于全区工作大局，依法行使决定权

从我区经济社会的跨越式发展、构建社会主义和谐社会、建设民主法治国家的大局出发，认真行使重大事项决定权，对涉及本行政区域内带有根本性、全局性、长远性的重大事项，及时审议并适时作出决议、决定。坚持党的领导、充分发扬民主和严格依法办事的有机统一，进一步完善干部任前考法、任中见面和就职宣誓等制度，提高被任命干部的法治观念、法律水平和依法行政、公正司法能力。加强对被任命干部的监督，把对人的监督与对事的监督有机地结合起来，常委会对“一府两院”专项工作报告的审议意见和执法检查结果将作为评议干部的重要依据。

三、丰富代表工作内涵，充分发挥代表作用

常委会要紧紧围绕充分发挥代表作用这一主题，进一步加强代表工作，密切联系代表，尊重和体现代表作为国家权力机关主体的地位，发挥其主体作用，促进人大工作不断创新发展。要积极开拓思路，创新方式，努力使代表学习培训、代表塔式网络建设、代表闭会期间活动更加规范有序、富有成效。拓宽代表知情知政渠道，落实好保障代表依法执行职务的各项措施。引导代表密切联系选民，广泛开展调研，及时发现问题，提出高质量的建议。认真做好代表议案及建议、批评和意见的办理工作，落实责任，提高办理质量，使人大代表在经济社会发展中的重要作用得到更有效的发挥。

四、密切联系人民群众，切实保护群众利益

要进一步转变工作作风，密切与人民群众的联系，通过多种方式和渠道，广泛听取群众意见，了解把握社情民意。集中群众智慧，使联系群众过程成为动员群众、依靠群众、凝聚力量、促进发展的过程，推动人民群众最关心最直接最现实利益问题的解决，推动经济社会健康发展，使人大工作更好地体现为人民服务的根本宗旨，体现广大人民群众的根本要求。

五、加强常委会自身建设，不断提高履职能力

要着力提高把握全局的能力。深入学习中国特色社会主义理论，学习党和国家的方针政策，不断提高推动科学发展、促进社会和谐的认识水平，牢牢把握人大工作的正确方向，自觉服从和服务于全区工作大局。要着力提高依法办事的能力。坚持学法、守法、用法，忠实履行宪法法律赋予的职责，依法行使职权，运用法律手段推进各项事业的发展。要着力提高服务保障能力。不断完善工作制度和机制，增强工作的计划性和协调性，提高工作效率和质量。进一步密切与郑州市人大和兄弟县（市）区人大的联系，加强工作交流，总结推广经验，共同推动人大工作再上新水平。

责任重于泰山，使命催人奋进。促进我区经济社会又好又快跨越发展，需要人大代表同舟共济；推动我区各项社会事业进步，需要全区人民的共同努力。让我们在中共上街区委的领导下，以科学发展观为指导，振奋精神，同心同德，克难奋进，扎实工作，为争当全省区域经济排头兵，打造中原经济区科学发展示范区而努力奋斗！

中国人民政治协商会议
郑州市上街区第七届委员会常务委员会
工作报告
（草案）

——2012年4月16日在政协郑州市上街区第八届委员会第一次会议上

区政协主席　邓书安

各位委员，各位同志：

我受政协郑州市上街区第七届委员会常务委员会的委托，就区七届政协常委会5年来的工作向大会作报告，请予审议，并请列席会议的同志提出意见。

五年来的工作回顾

上街区政协第七届委员会任期的5年，是极不平凡的5年！5年来，全区上下和全国人民一起经受了“5·12”大地震、第二十九届奥运会和全球金融危机等多次严峻的挑战和考验，保持了我区经济社会平稳、较快发展。区政协七届委员会面对复杂、严峻的形势，在中共郑州市上街区委的领导下，带领全体委员，坚持以中国特色社会主义理论为指导，深入贯彻落实科学发展观，高举爱国主义和社会主义两面旗帜，牢牢把握团结和民主两大主题，围绕中心，服务大局，认真履行政治协商、民主监督、参政议政职能，为促进我区经济和社会各项事业的发展作出了积极贡献。

一、立足发展，着眼全局，认真协商议政

凝心聚力服务大局。五年来，我们紧紧围绕“十一五”规划的实施和“十二五”规划的编制等我区经济社会发展的全局性工作，认真进行协商议政。每年都认真组织委员对《政府工作报告》等事关经济社会发展的工作部署进行广泛的协商讨论；年中适时召开常委会议听取经济发展、社会稳定、城市建设等重点工作开展的情况通报，对工作中存在的问题及时提出意见和建议。对“两加快一维护”战略和“十二五”规划的编制，我们高度重视，积极通过协商沟通、座谈讨论等多种形式帮助相关部门修订。如在“十二五”规划编制中我们提出的“规划要突出刚性，为发展留足空间”“目标制定要有压力，必须体现高速发展”“规划编制要广泛听取各阶层的意见”,以及“建设金融平台,发展金融市场”“加强文化建设”和“信息化建设”等都得到了相关部门和领导的高度重视，对规划编制的完善起到了积极的促进作用。

凝心聚力促进转变。5年来,我们紧紧围绕生产方式转变、经济结构调整等重大课题组织委员深入调研,积极为我区经济发展出主意、想办法。先后就科技创新、打造精品园区、促进三产服务业发展等形成了10余篇调研报告，都受到了区委、区政府领导的高度重视。其中,《着力打造精品园区，促进我区经济又好又快发展——关于对我区装备制造业基地的视察报告》还被区委常委会作为专题进行讨论研究,为区委、区政府科学决策提供了可靠依据。

凝心聚力克难攻坚。配合区委、区政府积极应对金融危机冲击。多次召开座谈会,与财政、税务、招商、产业集聚区等重点部门共同分析问题，出主意，想办法，帮助其顺利完成目标任务；政协的各位领导都能够充分发挥自身所长，为南部山区扶贫搬迁、铁路技师学院建设等全区重点工程和项目积极做好服务。坚持政协领导联系企业，深入企业进行调研，听取企业意见，及时反映企业的困难和诉求，帮助企业解决实际问题；牵头召开银企座谈会，搭建银企合作平台，协助企业解决融资难问题。

二、关注民生，反映民意，促进社会和谐

倾心关注民生。5年来，我们不断完善和丰富社情民意反映渠道。充分发挥政协联系面广、位置超脱的优势，加强政协与委员、委员与群众之间的联系，经常走访委员和社会各界人士，倾听群众呼声，广泛听取各方面的意见和建议；进一步完善了政协网站，设立了“社情民意”专栏；依托“委员之家”建设，在部分社区建立政协委员社区联络点，进一步密切了政协委员同群众的联系。

倾情反映民意。对群众关心、关注的重点、热点问题，我们采取多种形式进行反映。将加强食品药品安全监管的意见和建议形成视察报告转呈相关部门。根据委员对“安阳路小学规划面积过小，不能满足学校教育教学需要”等问题的批评建议，区政协教科文卫体委员会提出了《关于扩大安阳路小学规划用地的建议》，提交区政府落实。针对全区人民反响强烈的几次区划调整问题，我们按照区委的指示广泛收集群众意见，积极组织委员协商，把全区人民的诉求以各种形式向区委和上级部门反映，收到了良好的效果。

倾力促进社会和谐。一是将民生问题作为提案工作的重点。5年来，关于建立和完善社区医疗机构、加大对“4050”人员就业帮扶、关爱弱势群体、规范学前幼儿园教育、促进我区义务教育均衡发展、学校周边食品安全问题、新安西路改造、汝南路北段改造等一大批直接关系民生的提案，对改善民生起到了有力的促进作用。二是将关系群众切身利益的治安、司法、教育、卫生、社保等部门作为监督重点，每年以委员视察、常委会议听取汇报等形式督促其改进工作。三是通过组织委员参与行风评议、委员担任司法和政府职能部门特邀监督员和廉政监督员等形式进行民主监督，有效地督促相关部门转变作风，正确、公正、公平地行使职权。四是积极倡导委员关心公益事业，回馈社会，奉献爱心。通过捐资、捐助、义务服务等形式为和谐社会建设起到了积极的促进作用。据不完全统计，七届政协全体委员五年来各类捐款累计达800多万元。

三、把握主题，多方联谊，广泛凝聚力量

夯实合作平台。坚持政协领导与民主党派、工商联的联系制度,主动维护民主党派、工商联的民主权益。

积极为民主党派履行职能创造条件，在全体会议、常委会议、主席会议及其他各项活动中，邀请民主党派人士参加，努力营造民主、和谐、合作共事的政治氛围，认真倾听他们的意见和建议，为民主党派和无党派人士表达主张和意见、发挥作用创造条件。积极组织委员中的民主党派成员和无党派人士参加政协的视察、专题调研等活动，把合作共事的精神贯彻到政协工作的各个领域各个环节。

促进团结和睦。积极宣传贯彻国家的民族政策和宗教政策，定期走访民族宗教界的知名人士，认真听取和反映他们的意见和建议，积极做好少数民族和宗教界代表人士的思想工作，发挥他们的特殊影响和作用。组织少数民族和宗教界委员到我区少数民族村开展调查研究和科技下乡活动，了解当地的经济社会发展状况与民族、宗教工作，并送医送药上门，帮助少数民族群众解决了部分工作、生活上的问题。

广泛开展联谊。一是充分发挥“大团结”“大联合”的独特优势，着眼于凝心聚力，认真组织召开侨台界委员及社会各界人士座谈会，虚心听取他们的意见和建议。二是在与市政协和各县区政协保持联系的基础上，与山东龙口市政协、福建光泽县政协、平顶山新华区政协等建立了友好关系，与他们互赠会刊，互通信息，相互借鉴，友好往来。三是继续开展海外联谊“六个一”活动，加强与港、澳、台同胞和海外侨胞的联系，宣传贯彻“和平统一,一国两制”方针，推介上街，宣传上街的投资环境和政策，为“三胞”及海外侨胞来我区投资、探亲、旅游提供力所能及的服务。四是认真组织“唯美上街·唯美五云山”油画展，邀请知名画家来我区采风、写生，并展示了相关作品，受到了各界的关注。新华网还进行了专题报道，有力地宣传了上街。

认真做好文史工作。文史资料工作作为政协工作的重要组成部分，具有鲜明的政协特色和统战特色，在“存史、资政、团结、育人”等方面发挥着独特的作用。为了促进我区文化事业与经济社会的协调发展，展示文化特色，启迪教育后人，使广大群众知上街、爱上街，我们把挖掘、传承传统文化作为一项重要工作来抓。先后历经四年收集资料，编辑出版了第一辑《上街文史资料》。该书一经出版立即引起社会各界的强烈反响，包括台湾在内的全国各地的上街人都对该书给予了高度评价，激发了广大上街人民强烈的爱区之情。在此基础上我们又历经两年的努力，编辑出版了第二辑《上街文史资料》。

四、加强学习，勇于开拓，提高自身素质

加强理论学习。5年来，我们坚持把学习放在首位，以建设学习型政协组织为目标，建立健全经常性的学习制度，开展培训，加强交流，组织考察，认真学习邓小平理论、“三个代表”重要思想和科学发展观，学习中共十七大及每年的全会精神，学习《中共中央关于加强人民政协工作的意见》和胡锦涛总书记在人民政协成立六十周年大会上的重要讲话精神，提高了委员的理论素养和参政议政能力。

加强制度建设。一方面按照“工作制度化、规范化和办公自动化”的要求，修订完善了《政协郑州市上街区委员会提案工作条例》《关于区政协常委、委员参加组织活动的若干规定》《主席会议和常委会议议事规则》等，形成了适合政协工作特点的运行机制。另一方面积极探索更加有效的工作方式。试行政协各专委会联合督办提案的工作方法，开展多种形式的相关调研，“举一反三”，深化提案办理内容；建立了对委员的表彰激励制度，坚持每年对优秀提案和提案办理先进单位进行表彰。

加强组织建设。政协基层组织是常委会与委员、群众沟通的桥梁，对落实政协工作具有重要作用。在区委的领导和区政府的支持下，2010年7月成立了各镇（街道）政协工作委员会。各工委积极组织委员了解民情，倾听民意，主动为民办实事，并主动发挥自身优势，为辖区的发展献计出力。随着各工委工作的迅速开展，进一步增强了人民政协的影响力。同时积极响应郑州市政协的号召，坚持因地制宜和“有组织、有场所、有设施、有制度、有活动”的原则，认真开展“创建委员之家，树立委员形象”活动，为政协委员更好地“履行职能，增长知识，加强联谊，共同进步，促进发展”搭建了平台，使得委员主体作用更加突出，和群众的联系更加紧密，为民办事更具实效。我区的“创建委员之家，树立委员形象”活动受到了市政协的高度肯定，峡窝镇工委还被邀请在全市经验交流会上作了典型发言。

加强机关建设。我们坚持以提高服务水平为目标，以开展“讲正气，树新风”“创先争优”及“领导干部读书竞赛”等活动为抓手，坚持以思想作风建设为主线，以工作制度建设为保障，以干部队伍建设为重点，努力造就一支政治坚定、作风优良、学识丰富、业务熟练的高素质机关干部队伍;致力于学习型、服务型、创新型、务实型和廉洁型机关建设，使政协工作的制度化、规范化、程序化建设得到进一步落实，工作质量和服务水平进一步提高。

各位委员，各位同志，5年来的政协工作之所以成效显著，是中共上街区委坚强领导的结果，是区人大、区政府大力支持，各部门各单位密切配合的结果，是各民主党派、工商联、政协各参加单位和广大政协委员团结努力的结果。在此，我代表政协郑州市上街区第七届委员会常务委员会，向长期以来关心、重视、支持政协工作的各位领导、各位同志、各位同仁表示衷心的感谢！向第七届区政协全体委员表示崇高的敬意！

五年来的主要工作经验与体会

总结七届政协5年来的工作，主要有以下几点经验和体会：

一、必须坚持围绕中心，服务大局

政协工作必须始终坚持党的领导，切实做到党的工作中心就是政协的工作中心，党委一个时期的工作重点就是政协工作必须突出的重点。因此，我们坚持紧紧围绕区委中心工作，牢牢把握全区发展大局，抓住“实践科学发展观，建设幸福上街”中的综合性、全局性、前瞻性课题，深入调查研究，专题参政议政，为区委、区政府科学决策当参谋、出主意，提供信息和智力支持。实践证明，坚持围绕中心，服务大局，与区委、区政府思想同心、目标同向、工作同力，区政协工作才能参政参到点子上，议政议到关键处，才能更有作为、更有成效、更有活力。

二、必须坚持以人为本，履职为民

坚持以人为本，履职为民，是人民政协固有属性的体现，是人民政协履行职能的应有之义。政协委员人才济济，联系面广，位置超脱，贴近社会和群众，在反映民意、集中民智方面具有独特优势。因此，我们坚持把履行职能的实践和人民的根本利益紧密联系起来，常怀爱民之心、常谋富民之策、常为利民之举、主动协助区委、区政府解决好教育、就业、扶贫、医疗、住房、社会保障和环境保护等事关民生的突出问题，努力为群众解难事、办实事、做好事。实践证明，坚持以人为本，政协工作才能赢得人民群众的支持。

三、必须坚持与时俱进，不断创新

创新是时代的要求，也是推动人民政协事业发展的不竭动力。我们主动适应形势发展，把创新理念贯穿于履行职能的各项工作中，把优良传统与时代精神结合起来，把继承发扬与改革创新结合起来，不断创新履行职能的工作内容和工作方法。实践证明，坚持在创新中完善，在创新中提高，在创新中发展，人民政协事业才能欣欣向荣、蒸蒸日上。

四、必须坚持加强自身建设，发挥委员主体作用

政协委员是人民政协履行职能的主体，政协的优势在委员，活力在委员，潜力也在委员。政协机关干部肩负着为委员履行职能服务的重要职责。因此，我们始终注重抓好政协委员和政协机关干部两支队伍建设。通过加强学习、完善制度、搭建平台、创造条件，激发政协委员和政协机关干部做好政协工作的主动性和积极性，使政协工作迈上了新的台阶。实践证明，坚持加强政协队伍建设，充分发挥委员的主体作用，才能更好地推动政协事业发展。

今后五年的工作建议

各位委员，各位同志，未来5年，是我国全面建设小康社会，加快推进现代化的关键时期，也是人民政协事业实现新发展的重要时期。我们要继续坚持以邓小平理论和“三个代表”重要思想为指导，深入贯彻落实科学发展观，在中共上街区委的领导下，进一步落实中共中央“关于加强政协工作的意见”精神，认真履行政协职能，切实做好协调关系、汇聚力量、建言献策、服务大局的工作，为推动我区经济、政治、文化、社会和生态文明建设协调发展作出新贡献。

一、坚持用中国特色社会主义理论武装头脑，进一步巩固思想政治基础

坚持以理论上的清醒保持政治上的坚定。自觉用中国特色社会主义理论统一思想，凝聚人心，巩固全区人民团结奋斗的共同思想政治基础，确保政协工作正确的政治方向，切实把人民政协事业统一于发展中国特色社会主义的伟大实践。今年下半年将召开中共十八大，认真学习贯彻十八大精神，对于动员全区人民奋力开创各项事业新局面，具有重要意义。全区政协组织和全体政协委员，要把深入学习贯彻中共十八大精神作为首要的政治任务，通过对中央和省、市、区委会议精神的学习，更加自觉地把促进科学发展作为政协履行职能的第一要务，更加自觉地把团结民主作为政协工作的永恒主题，更加自觉地为实现好、维护好、发展好最广大人民的根本利益献计出力，使人民政协事业始终适应时代发展的需要，符合人民群众的根本要求，永葆生机和活力。

二、以促进全区人民幸福生活为目标，为推动上街科学发展竭诚履职

政协要把推动实现全区人民幸福生活作为履职的重要方向，以新型城镇化和城乡一元化建设为核心，以建设“产业高地、职教新城、运动之都、幸福上街”、全面打造中原经济区科学发展示范区为目标，按照在郑州都市区建设中“挑大梁，走前头”的要求，围绕全区“十二五”规划实施、经济结构调整、城市化水平提高和民生改善、生态文化建设、加强和创新社会管理等精心组织协商议政活动，努力为我区破解发展难题和实现人民幸福生活谋长远之计、建有据之言、献务实之策。坚持履职为民，组织政协委员深入实际、深入基层、深入群众，倾听群众呼声，真实反映群众愿望，加强对关系民生的大事要事的民主监督，促进发展为了人民，发展依靠人民，发展成果由人民共享。

三、着眼新形势新任务的要求，不断创新履行职能的方式和方法

按照“三在先、三在前”的原则，进一步规范政治协商的内容和程序，丰富政治协商的形式，使之成为党委、政府问政于民、问需于民、问计于民的重要渠道；切实发挥民主监督职能，完善民主监督机制，提高民主监督实效；积极拓展参政议政领域，打造舆情汇集和分析平台，充分发挥政协在扩大公民有序政治参与中的作用，推动政协履行职能的制度化、规范化和程序化，使我区政协工作更好地体现时代性，把握规律性，富于创造性。

四、注重发挥政协独特优势，为我区构建和谐社会凝心聚力

将团结和民主两大主题贯穿于政协工作的各个方面和履行职能的全过程，更加注重调动各方面的积极性和主动性，广泛凝聚各方面的智慧和力量，促进我区“十二五”发展目标的实现。更加注重发挥人民政协联系面广、包容性强的优势，进一步壮大爱国统一战线，加强同港澳台同胞、海外侨胞以及一切关心支持上街改革开放和现代化建设的国内外人士的大团结，为实现上街经济社会又好又快发展凝聚力量。更加注重发挥人民政协在构建和谐社会中的作用，认真分析影响我区和谐稳定的矛盾和问题，推动利益协调机制、诉求表达机制、矛盾调处机制、权益保障机制的健全和完善，主动协助党委、政府宣传政策、理顺情绪、化解矛盾，全力促进社会的和谐稳定。

五、继续抓好自身建设，进一步提高政协工作的科学化水平

加强政协自身建设，是政协各项工作顺利开展的重要保证。充分发挥政协党组在政协组织中的核心领导作用，全面加强政协常委会建设，坚定不移地贯彻中央和省、市委的重大决策和部署，牢牢把握工作大局。认真贯彻“长期共存，互相监督，肝胆相照，荣辱与共”的方针，密切多党合作，更好地支持民主党派、工商联和无党派人士在政协平台履行职能、发挥作用。重视发挥专委会的基础作用，认真探索发挥界别作用的方法和途径，健全专委会联系委员、组织委员、服务委员的工作机制。切实增强委员的责任意识，加强委员培训和管理，提高委员履职能力，尊重和依法保护委员的各项民主权利，充分发挥委员的主体作用。按照创建“四型”政协机关的要求，进一步加强政协机关干部的思想作风建设，不断提高机关的服务水平和质量，为政协履行职能提供有力保障。

各位委员，各位同志，建设全面小康的美好前景鼓舞人心，“十二五”规划的宏伟蓝图催人奋进。依托历届政协工作奠定的坚实基础，承载着广大政协委员和各界人士的殷切期待，我们对新一届政协工作充满信心。让我们高举中国特色社会主义伟大旗帜，在中共上街区委的领导下，同心协力，开拓进取，立足新起点，展现新作为，再谱新篇章，为我区实现科学发展和全区人民幸福美好的明天作出新的更大的贡献！

郑州市上街区人民检察院工作报告

——2012 年 4 月 18 日在上街区第十二届人民代表大会第一次会议上

区人民检察院检察长　程振胜

各位代表：

现在，我代表区人民检察院向大会作工作报告，请予审议。同时，请各位政协委员和其他列席会议的人士提出意见。

五年来检察工作回顾

上街区第十一届人民代表大会第一次会议以来，我院在区委和市检察院的领导下，在区人大及其常委会的监督、区政府和区政协的大力支持下，以党的十七大和十七届五中全会精神为指导，以深入推进“三项重点工作”为载体，坚持党的事业至上、人民利益至上、宪法法律至上，紧紧围绕区委“两加快一维护”战略，立足于“强化法律监督，维护公平正义”检察工作主题，忠实履行宪法和法律赋予的职责，为推进我区经济社会又好又快发展发挥了积极作用。

一、认真履行法律监督职能，为我区营造和谐稳定的社会环境

（一）依法严厉打击严重刑事犯罪，全力维护社会秩序和人民群众的切身利益。5年来共依法批准逮捕犯罪嫌疑人1032人，依法提起公诉809件1393人。与公安、法院等部门密切配合，对黑恶势力犯罪、严重暴力犯罪和盗窃、抢夺等多发性侵财犯罪，坚持依法“从重从快”方针，始终保持对严重刑事犯罪的高压态势。通过及时批捕起诉上街铝厂原副厂长崔城富伙同李树林、孙治安重大诈骗，袁首龙等11人组织、领导、参加黑社会，张伟、魏琪等4人入室抢劫，王剑、高艳君等5人非法拘禁等重特大案件，有力地震慑了犯罪，增强了人民群众的安全感，有效地维护了社会稳定。

（二）贯彻宽严相济刑事司法政策，严把审查批捕和审查起诉关。对未成年犯、初犯、偶犯、从犯、过失犯等主观恶性较小的案件以及由家庭、邻里矛盾和经济纠纷引发的轻微刑事案件，慎重逮捕和起诉，大胆使用无羁押诉讼。坚持“教育、感化、挽救”方针，化消极因素为积极因素，最大限度减少社会对抗。通过依法对涉嫌犯罪但无逮捕必要的决定不批准逮捕218人，对涉嫌犯罪但情节轻微、社会危害较小的决定不起诉76人，取得了良好的社会效果。

（三）创新化解社会矛盾工作，切实解决群众诉求。推行点名接访、预约下访工作机制和“首办责任制”、领导包案责任制。实行全天候检察长接待制。开展了“涉检赴省进京零上访年”和“五进千家行”大走访活动。开通了控申举报“绿色通道”，五年共接待群众来信来访430人次，受理各类控告申诉110余件。实现涉法上访案件审查处理率、息诉率100%，实现了连续10年涉检赴省进京零上访。

二、依法查办和预防职务犯罪案件，促进反腐倡廉建设

5年来共立案查处职务犯罪案件38件43人。其中贪污贿赂案件31件32人，渎职侵权案件7件11人。通过办案，为国家挽回重大经济损失。立案准确率、有罪判决率均为100%。另外，对安全监察、工商税务、金融证券等系统多条举报线索进行了初查，发出《检察建议》，督促整改。

（一）依法查办贪污贿赂案件，促进反腐倡廉建设

不断加大查办贪污贿赂工作力度，把群众最关心、最现实的利益问题放在首位，集中精力查办损害国家、集体和人民群众切身利益的案件。

先后查办了中国长城铝业公司总医院药械科科长王某、药械采购员徐某、药房工作人员马某利用职务之便，多次收受药品供应商贿赂案；郑州市华力电缆有限公司总经理王某某受贿案；市检察院指定管辖的河南省出版集团主任管某某、副主任陈某某受贿窝案；中国铝业河南分公司氧化铝厂副厂长黄某、车间主任周某受贿案。通过办案，有效地维护了生产经营秩序和群众的切身利益，促进了反腐倡廉建设。

（二）依法查办国家机关工作人员渎职侵权案件，着力维护国家利益和法律尊严。国家机关工作人员玩忽职守、滥用职权等渎职侵权犯罪，严重侵害党和国家政治肌体，损害国家和人民群众利益，扰乱市场经济秩序。惩治和预防渎职侵权犯罪是党风廉政建设和反腐败斗争的重要组成部分，是维护和谐稳定、促进经济社会又好又快发展的一项重要工作。5年来，共立案查处渎职侵权犯罪11人，对促进国家机关工作人员依法履职发挥了积极作用。

（三）实施“侦防”对接工作机制，着力提高职务犯罪预防效果。为了从源头上遏制职务犯罪发生，设置了预防职务犯罪专门机构，为职务犯罪预防工作提供了组织保障。工作中坚持“党委领导，部门参与，各司其职，齐抓共管”的职务犯罪预防工作机制，把查处和预防工作同部署、同安排、同落实、同考核。推行“侦防二位一体”工作机制，侦查部门初查结束后，预防部门跟踪做好预防工作。对构成犯罪的立案侦查后进行警示教育，对不构成犯罪的督促其建章立制，防患于未然。帮助相关单位建立了职务犯罪预防领导组织，会签了相关文件，制定了规章制度；建成了区属及驻上各单位预防职务犯罪数据库；与重点企业建立了预防职务犯罪网络和案件移送制度；成立了监外执行法律监督矫正办公室。通过开展预防建议、预防咨询、预防警示教育、招投标活动现场监督、联建廉政文化教育基地等工作，使职务犯罪预防取得了实实在在的效果。

三、依法履行诉讼监督职责，促进公正廉洁执法

坚持把人民群众的关注点作为诉讼监督工作的着力点，依法维护公民的合法权益。充分发挥审查批捕和审查起诉职能，突出对有案不立、违法不究、以罚代刑等司法不公问题进行监督。对认为确有错误的刑事判决、裁定依法提起抗诉。

5年来，共受理公民、法人和其他组织不服民事、行政判决、裁定的申诉案件14件，经审查向市检察院提请抗诉6件，被市检察院采纳6件。对判决正确、当事人不理解而提出申诉的当事人，耐心做好息诉工作，切实维护了审判权威。

四、坚持从严治检、科技强检方针，不断加强高素质队伍建设和规范化机关建设

强化刚性管理理念，用制度约束干警言行，规范办案活动。做到严格落实制度，严格督查通报，严格奖惩兑现，用严明的纪律和过硬的手段打造过硬的检察队伍。

（一）坚持把思想政治建设、党风廉政建设放在首位。组织学习了《中国共产党领导干部廉洁从政若干准则》，开展了“恪守检察职业道德，促进公正廉洁执法”为主题的实践活动，开展了“反特权思想、反霸道作风”主题教育和“创先争优”“五联三创”等专项活动。按照“严格要求，严格教育，严格管理，严格监督”的方针，大力加强检察职业道德建设和自身反腐倡廉建设。

（二）主动接受人大监督，健全自身监督机制。一是主动接受人大监督。完善与人大代表、政协委员联系制度，坚持重大事项向人大报告。认真做好走访人大代表、政协委员工作，区人大及其常委会对检察工作的各项决议和要求均得到落实。二是深化人民监督员工作制度，主动接受社会监督。将符合“三类案件”“五种情形”的案件组织人民监督员进行听证表决。三是深化检务督查机制，不断强化内部监督。向全区公开每天二十四小时监督举报电话，接受群众网上举报。

（三）加强检察信息化建设，提高机关工作效能。对所办案件全部实行办案网上流转；实现了职务犯罪侦查指挥系统科技化，受理群众举报自动化；建成了全程监控办案工作区，检察工作科技手段明显提升。

我院通过深入贯彻科学发展观，法律监督能力不断增强，多项工作实现创新发展，蝉联“省级文明单位”，连年进入全省检察系统规范化建设优秀等次，被授予“郑州市五一劳动奖状”，被评为“河南省法制教育先进单位”“郑州市治理商业贿赂先进单位”，被团市委授予“青少年维权岗”和“青年文明号”。我院政治处、反贪局、反渎局连续多年被市检察院评为先进科室，多名干警被命名为郑州市“技术标兵”。在市检察系统公众满意度测评中我院位居榜首。我院开展检察工作的做法、经验和成效分别被《法制日报》《检察日报》《河南日报》等媒体报道。

各位代表，过去的5年，我院检察工作所取得的成绩，是区委和上级检察院正确领导的结果，是区人大监督和区政府、区政协大力支持的结果，是全区人民群众积极参与、关心和帮助的结果。在此，我代表区检察院表示衷心的感谢！

回顾5年来的工作，我们清醒地看到在执法水平、办案能力、诉讼监督和服务发展等方面还存在与形势和任务不相适应的地方。对此我们将高度重视，认真研究解决。

2012年检察工作意见

2012年，我院检察工作的指导思想是：全面贯彻党的十七大和十七届五中、六中全会及全国政法工作、全国检察长会议精神，以邓小平理论和“三个代表”重要思想为指导，学习实践科学发展观，以深入推进“社会矛盾化解、社会管理创新、公正廉洁执法”三项重点工作为载体，以加强机关党的建设和队伍建设为保证，全面履行法律监督职责，不断提高检察工作科学发展水平，更好地维护社会和谐稳定，维护人民群众权益，维护社会公平正义，为进一步推进我区“两加快一维护”战略的全面实施提供强有力的司法保障。围绕这一指导思想，主要做好以下工作：

一、充分发挥检察职能，更加注重维护社会和谐稳定

充分发挥侦查监督、审判监督和执行监督职能，严厉打击主观恶性大、社会危害严重、影响群众安全感的刑事犯罪。始终把扰乱市场秩序、侵犯公民人身权利和民主权利、侵犯财产、妨害社会管理秩序等犯罪作为打击的重点，切实维护公民的人身权和财产权。

继续贯彻宽严相济刑事司法政策。强化理性、平和、文明、规范执法理念，对轻微刑事犯罪、未成年人犯罪、过失类犯罪、弱势群体犯罪要区别对待。慎重适用强制措施，最大限度地推行无羁押诉讼。

不断创新化解社会矛盾的方法和措施。加大化解社会矛盾工作力度，把化解社会矛盾贯穿于执法办案始终，进一步强化检察工作在社会矛盾化解、社会管理创新中的职能作用。

二、加大查办和预防职务犯罪工作力度，更加注重促进反腐倡廉建设

坚持标本兼治、惩防并举，充分发挥检察机关在建立健全惩治和预防腐败体系中的职能作用。

一要突出重点，依法查处贪污贿赂案件。严肃查办发生在党政机关和领导干部中的职务犯罪案件，严肃查办国家机关工作人员利用人事权、司法权、行政审批权、行政执法权进行权钱交易的犯罪案件，严肃查办工程建设、土地出让、资源开发等重点领域和关键环节中的职务犯罪案件，严肃查办重大责任事故和群体性事件涉及的职务犯罪案件。加大对行贿犯罪的打击力度。

二要加强和改进渎职侵权检察工作。全面落实《关于加强和改进新形势下惩治和预防渎职侵权犯罪工作若干问题的决定》，加强与纪检监察、行政执法和其他司法机关的协作配合，加大办案力度，加强工作协调，完善办案机制，狠抓队伍建设。

三要进一步加强职务犯罪预防工作。不断完善侦查和预防工作的衔接机制。加强预防宣传、警示教育和行贿犯罪档案查询工作，从源头上遏制和减少职务犯罪的发生。

三、进一步强化对诉讼活动的法律监督，更加注重维护司法的公正廉洁

贯彻落实郑州市人大常委会《关于加强检察机关法律监督工作的决议》，加大诉讼监督力度，增强诉讼监督实效。不断创新、完善侦查监督、审判监督和执行监督工作机制，探索行政执法与刑事司法的衔接机制。既着力纠正裁判不公案件，又注重做好正确裁判的服判息诉工作。努力实现案结事了，息诉罢访，群众满意，社会和谐。

四、不断加强和改进检察队伍建设，更加注重提高公正廉洁执法水平

要坚持把机关党的建设和队伍建设结合起来，从抓教育、抓管理、抓监督、抓奖惩四个方面入手，努力建设公正廉洁的高素质检察队伍。一要以机关党的建设促进队伍建设。深入开展创先争优活动和“建设学习型党组织，创建学习型检察院”活动。二要突出抓好领导班子建设。坚持社会主义法制理念，保证党的路线方针政策得到不折不扣的贯彻落实。三要认真抓好自身反腐倡廉建设。认真落实《廉政准则》和检察干部廉洁从检若干规定，促进自身公正廉洁执法。四要牢固树立群众观点。深入开展群众观点再教育，使干警真正明确“为谁掌权、为谁执法、为谁服务”的根本问题。认真对待人民群众的建议、批评和意见，努力实现检察机关与人民群众的良性互动。

五、坚持党的领导，自觉接受人大监督，更加注重依法正确行使检察权

认真贯彻党的路线方针政策，自觉执行区委的决策部署，做到一切检察工作服从服务于党委的中心工作，实现办案的政治效果、法律效果和社会效果的有机统一。进一步增强接受人大监督的自觉性和主动性，探索接受监督的有效途径和方法，提升接受监督的效果。认真落实人大的决议和要求，虚心听取、认真对待人大代表、政协委员和社会各界的批评、意见和建议，不断加强和改进检察工作。

各位代表，2012 年，是实施“十二五”规划承上启下的重要一年，我们要深刻把握检察工作面临的新形势、新任务、新要求，以党的十七大和十七届五中、六中全会精神为指导，以科学发展观为统领，以深入推进社会矛盾化解、社会管理创新、公正廉洁执法三项重点工作为载体，不断强化法律监督和自身监督，充分发挥检察职能，为全面贯彻落实区委九届二次全会精神和本次会议决议，全力推进中原经济区科学发展示范区建设作出积极的贡献！

郑州市上街区人民法院工作报告

——2012 年 4 月 18 日在上街区第十二届人民代表大会第一次会议上

区人民法院院长　彭连城

各位代表：

现在，我代表上街区人民法院向大会报告工作，请予审议，并请各位政协委员和列席人员提出意见。五年来，上街法院在区委的领导、区人大的监督、区政府的支持、区政协的民主监督和上级法院的监督指导下，认真贯彻党的十七大和十七届三中、四中、五中、六中全会精神，以邓小平理论和“三个代表”重要思想为指导，全面落实科学发展观及“三个至上”的理念，积极推进三项重点工作，不断加强思想政治建设，改进司法作风，提升司法能力，充分发挥审判职能，全力维护社会公平正义，为上街区经济平稳较快发展提供了有力的司法保障。五年来，区法院共受理各类诉讼案件 7380 件，审执结 7087 件，结案率 96%。

一、加强刑事审判工作，宽严相济保稳定

充分认识刑事审判惩罚犯罪、维护稳定的职能，依法惩处刑事犯罪，不断增强人民群众的社会安全感，共受理各类刑事案件 800 件，审结 795 件，结案率 99.37%。

一是严厉打击盗窃、抢夺等严重危害社会治安的多发性犯罪，开展打击“两抢一盗“、“打黑除恶”和“铁拳”行动，共判处五年以上有期徒刑犯罪分子 131 人，有力地震慑了犯罪，维护了社会稳定。坚决打击贪污、贿赂和渎职犯罪，依法惩处贿赂行为，推动反腐败斗争，共判处渎职贿赂犯罪 47 件 51 人。

二是深化宽严相济的刑事政策，对犯罪情节轻微、社会危害不大的案件，被告人主动认罪且有法定从减处罚情节的案件，未成年人初次犯罪情节轻微的案件，依法从轻或减轻处罚。对未成年人犯罪坚持教育为主、惩罚为辅的方针，加强对未成年人的社会帮教工作。

三是认真贯彻执行最高法院量刑规范化指导意见，对明确的15种多发性犯罪和14种常见情节，严格适用量刑规范化，将量刑规范化工作纳入庭审程序，单独就量刑意见组织控辩双方进行辩论，依法保障对犯罪嫌疑人量刑幅度的统一，保证严肃执法。2011年，我院“发挥刑事审判职能，严厉打击危害食品安全犯罪”以及“人大代表政协委员监督刑事审判工作”的情况被《法制日报》报道后，省高院张立勇院长作出重要批示。

二、加强民事审判工作，定纷止争促和谐

大力加强民事审判工作，为“维护公民、企业合法权益，实现经济社会持续快速健康发展”提供司法保障，共受理各类民事案件4255件，审结4081件，结案率95.91%。

一是创新审判工作方法，根据民事案多、人少的情况，将传统民事和商事统一立案分配，院领导带头参与民商事案件审理，既调动了干警工作积极性，又充实了一线审判力量，减轻了一线审判员的工作压力。

二是认真贯彻“调解优先，调判结合”的原则，积极开展“调解年”活动，坚持以调解为主，把调解贯穿于案件审理的全过程，力争案结事了。经过审判人员的积极努力，民商事案件共调解、撤诉2906件，调撤率71.2%，最大限度化解了社会矛盾。

三是依法保护农民工的合法权益，在办理拖欠农民工工资案件中坚持优先立案，快速审理，立即执行。截至目前已开展三次集中清理活动，共办结案件52起，清理拖欠工资43万元，依法及时保护农民工合法权益，收到良好社会效果。

三、加强行政审判工作，探索协调新途径

依法保护当事人合法权益，探索行政案件协调新途径，坚持维权与监督并重，有效化解行政纠纷、共受理各类行政纠纷65件，其中诉前协调化解12件、立案受理诉讼案件53件，审结53件，结案率100%。

一是高度重视行政审判工作，充分认识行政审判维护社会管理秩序、推进国家法治进程的重要作用，增强做好行政审判工作的责任感和使命感，积极主动开展工作，加强法律监督，促进依法行政。

二是着眼社会和谐，积极探索化解行政争议的有效机制，经过协调和解，促进行政相对人与行政机关相互理解，彼此沟通，妥善化解行政争议。通过积极努力，共协调化解行政纠纷50件，协调化解率76.9%，有力地促进了官民和谐，维护了社会稳定。

三是积极能动司法，对在审判工作中发现行政执法存在的共性问题，积极向行政机关提出司法建议，建议规范执法行为，预防违法行为发生。共向行政机关提出司法建议42次，有力地促进了行政行为的规范化建设。

四、加强执行工作，保障权益树权威

依法加大执行工作力度，创新执行方法，注重制度建设，有效破解执行难题，共受理各类执行案件1770件，执结1725件（含终结本次执行程序案件），结案率97.45%。

一是深刻认识解决“执行难”问题，对维护司法权威、切实保护当事人合法权益的重要意义，始终坚持把执行工作作为一项重要工作来抓，党组专题研究执行工作，认真解决执行工作遇到的困难和问题，为做好执行工作提供保障。

二是进一步加强执行制度建设，规范执行行为，提高执行效率，建立执行联动机制。积极开展“执行攻坚”活动，加大执行力度，建立统一的财产查询制度，及时发现并控制被执行人财产，努力提高有效执行率。

三是积极推行执行和解，把“和谐司法”理念引入执行工作，增强执行和解意识，提高执行和解率。共执行和解案件865件，执行和解率50.14%。

四是按照上级法院部署和要求，积极开展反规避执行专项活动，加大对规避执行行为的打击力度。共清理出规避执行案件28件，执结28件，有力地打击了反规避执行行为，维护了司法权威。

五、加强立案信访工作，司法为民保平安

一是积极推行诉讼引导，印发诉讼指南、风险提示和诉讼须知等指导资料，不断提高服务水平。加大司法救助力度，对符合条件的当事人减、免、缓交诉讼费，为生活困难的当事人申请司法救助，专门设立残疾人立案信访窗口，体现人文关怀，设立信息查询系统，为当事人提供便捷服务。

二是党组高度重视，院长承担第一责任，切实把信访稳定作为大事来抓，经常研究信访工作和信访问题，增强稳定意识和责任意识，把矛盾和问题化解在基层，确保社会稳定，坚持“院长接待日”制度，变被动应访为主动接访，发现信访苗头，及时进行化解，共接待来访群众2658人次。

三是认真贯彻上级法院关于“信访风险评估”“信访情况通报”“来访接访”“信访责任查究”和“信访案件终结”等五项工作制度，加强涉诉信访的源头治理。在“两会”和重大节庆活动等敏感时期，全方位大排查，早发现早化解。按要求对各类案件进行信访风险评估共1876件，接受上级法院、政法委、人大等相关部门交办转办各类信访案件，全部按期办理终结。

四是深入开展“全市集中处理进京访重复访”和“清理信访积案”活动，加强组织领导，责任落实到人。认真办理市委交办信访案件，通过同志们辛勤努力，6件案件全部在规定期限内办结，办结率100%，并接受政法委督查组的督查和回访，保证省九次和市十次党代会的顺利召开。

五是主动向党委政法委汇报信访工作，积极取得政府财政部门支持，争取对信访当事人进行司法救助，妥善解决涉诉信访问题，维护和谐稳定。共使用司法救助资金90余万元，经过深入细致的开展工作，成功化解水泵阀门厂等一批群访案件，化解2起近10年的信访案件。涉诉信访工作在党委的领导下，成效明显，呈现出积访化解好、新访发生少的良好局面。

六、加强社会管理创新工作，提升管理新水平

一是开展“除骄横除冷漠除懈怠除私情除贪腐”（“五除”）专项活动，重点清除个别法官官僚主义的作风，使广大干警切实受到教育。成立审判管理办公室，对各项审判、执行数据实行跟踪管理、综合评估。实行督促催办和警示制度，对临近审限案件重点督办，确保按期结案。

二是严格工作纪律，制定《关于进一步加强工作人员纪律作风管理的规定》，从着装纪律、考勤纪律、庭审纪律、会议纪律等四个方面分别细化了相关内容。实行院领导带班值周制度，每周由一位院领导带领检查组进行明察暗访，周一例会将明察暗访情况进行通报。该规定实行后，上街法院的领导班子成员责任意识大为提高，广大干警的工作行为更加规范。

三是扩大司法公开，全面推行裁判文书上网，自觉接受社会各界的监督。自2009年实行裁判文书上网制度以来，上网文书目前已达594份。积极推行庭审网络视频直播，大力推进审判过程公开，共对59起案件实行网络直播，扩大办案的法律和社会效果，受到网友一致好评。

四是全面提升安全保卫工作水平，进一步加强制度建设，研究制定《审判办公区域分离进一步加强安全保卫工作的意见》，明确制度要求，落实安全责任。建设人防和技防相结合的安全防范体系，积极开展“司法警察岗位大练兵”活动，锻炼队伍素质，增强业务能力。司法警察共庭审押解犯罪嫌疑人746人，出动警力 1700 余人次，无一安全事故发生，有力地保证了审判工作顺利进行。

七、大力加强队伍建设，提升素质树形象

一是加强队伍建设，优化内部结构，积极开展“群众观点大讨论”活动，深化全体法官对群众观点的认识，提高做群众工作的能力和水平。为优化内部结构，选拔优秀人才，召开中层干部竞争上岗演讲会。竞争上岗不仅优化内部结构，而且合理分配了工作岗位，创造出一个公平公正的竞争环境。

二是扎实开展“发扬传统，坚定信念，执法为民”主题教育实践活动，以“三个至上”指导思想教育广大干警，自觉做到紧紧依靠区委的领导，依靠人大、政协的监督和帮助。在“七一”前夕向全体干警上主题党课，加强党的优良传统教育，不断改善司法形象和作风，进一步树立和培养司法为民意识。

三是始终把党风廉政建设作为法院生命线工程来抓，切实落实党风廉政建设规定的领导应承担的各项责任。向区委政法委、区纪委递交廉洁承诺书，强化廉政监督，投入资金建设“廉政文化长廊”，营造风清气正的工作氛围。推广廉政亲情寄语，每一名法院工作人员均由家属书写亲情寄语，悬挂在办公室显著位置，提醒干警恪尽职守、遵纪守法。设立“清风茶社”，借助茶社平台，通过廉政谈话的方式，对有信访反映和轻微违纪问题的同志进行沟通交流，积极采取措施加以解决。

四是加大宣传、调研、信息工作力度，借助新闻载体，大力宣传我院的工作开展情况，树立法院的良好形象。共通过各级媒体发表文章 2907 篇，参加法官说法栏目 10 次，信息被河南省委政法委采用 7 篇。我院法官所撰写的文章，参加全国“调解司法与调解技能”征文大赛，被最高人民法院评为三等奖。

八、自觉接受党委领导，寻求监督谋发展

一是按照区委政法委部署，为庆祝建党 90 周年，积极组织开展“三红二树一促进”活动，以“增强感情，改进作风，提高能力”为重点，以争当“人民满意的好法官”为载体，认真组织学习讨论。在全区政法队伍红歌比赛中，经过全体干警的辛勤努力，获得第一名好成绩。组织干警利用双休日时间到革命圣地延安接受红色教育，面对党旗庄严宣誓。

二是加强与人大代表、政协委员的联系和沟通，发挥人大代表、政协委员“联络之家”的作用。认真听取代表、委员的意见，建立通过短信联络平台，向人大代表、政协委员通报法院工作情况。积极推进人民陪审员工作的发展，提高人民陪审员的参审率。重视代表、委员关注案件的办理，安排专人对案件实行统一登记、催办与报告。每年受理上级法院、政法委、人大、政协各方面督办案件，全部按期办结。

三是积极接受社会监督，每年邀请区直机关、律师和基层群众代表召开座谈会不少于 3 次，向参会人员通报法院工作情况。组织开展人大代表、政协委员旁听庭审活动，对庭审规范和庭审效果进行监督评定。共邀请 220 人次代表、委员旁听庭审，审理案件 44 件，收到良好社会效果。积极开展巡回审判，走进田间地头、街道社区，现场调处纠纷，方便群众诉讼，共巡回审判民商事案件 1754 件，受到群众好评。

四是密切与人民群众的联系，开展“司法便民联系点”活动。以领导班子为主体，在全区 49 个村委会、居委会设立司法便民联系点，为基层群众提供法律咨询服务。收集、整理、分析群众关注的问题和反映的意见，掌握社情民意，增进人民群众与人民法院、人民法官之间的沟通理解，树立人民法院的良好形象。

各位代表，2007 年以来，我院被最高人民法院评为无执行积案先进法院，被河南省高院评为全省法院党建先进工作单位，多次受到郑州市中院集体嘉奖。有 5 个部门荣立集体三等功，全院荣立二等功 5 人、荣立三等功 10 人、受到国家级表彰 2 人、受到省级表彰 37 人。各项工作成绩斐然，实现了新的突破。这是区委正确领导，区人大及常委会有力监督，区政府、区政协及社会各界大力支持的结果。在此，我谨代表区人民法院致以诚挚的谢意！

在肯定成绩的同时，我们也清醒地认识到，面对新形势的变化，法院工作还存在许多问题和不足：一是人员严重不足。上街法院现有审判执行一线办案法官10名，各业务部门均组不成合议庭，影响正常审判工作。综合管理部门人员一人兼做几项工作，工作压力较大。二是队伍素质需要进一步加强。在个别干警思想观念里，司法为民的宗旨意识比较淡泊，工作态度还不够端正，与社会主义法治理念的要求有一定差距。三是涉诉信访案件化解力度需要进一步加大。虽然经过我院工作人员的努力，化解了一批涉诉信访案件，但仍有新的涉诉信访案件发生。四是法院办公经费紧张。一些办公设备和条件有待进一步改善，许多车辆老化需要更新。对以上问题和困难，我们将高度重视，争取各方支持，采取务实有效措施努力加以改进和完善。

在2012年的工作中，我院将以党的十七大及十七届五中、六中全会，河南省第九次党代会精神为指引，认真落实科学发展观，坚持党的事业至上、人民利益至上、宪法法律至上，紧紧围绕我区的工作大局，强化能动司法。坚持司法为民，推进管理创新；深化廉政建设，改进司法作风。切实充分发挥好司法调节、保护、服务功能，为我区改革发展和社会稳定创造良好的法治环境。我们将重点做好以下几项工作：

一、强化大局服务意识。高度重视能动司法的作用，以公正的裁判、和谐的手段，使审判工作始终符合经济发展的需要；牢牢把握经济社会发展的新变化，处理好各种新类型案件，保障区委、区政府经济政策的落实；自觉将法院的各项工作与我区经济发展大局相联系，为实现“融入郑州都市区，建设宜居职教城，全面打造中原经济区科学发展示范区”的发展目标提供法治保障。

二、不断加强审判管理。强化质量效率意识，健全案件质量评查制度，狠抓责任落实和过错追究；建立调解考评机制，将自动履行率纳入考评体系，将案结事了作为重要考核标准；强化执行考评，加大执行标的到位率在考评中的权重；加强对审判、执行工作的动态分析，建立健全收结案动态平衡机制，实现法院工作的科学发展。

三、着力提升执行水平。以完善落实执行长效机制建设为重点，着力加大依法执行力度，提高有效执行率；严厉打击拒不执行法院判决、裁定和其他妨碍公务行为，树立司法权威；加强对执行工作的监督制约，坚决遏制消极执行行为，落实责任追究；健全执行公开，保障群众参与，以公开促公正，以公正赢得信任。

四、切实提高纠纷化解能力。贯彻调解优先、调判结合的原则，将调解工作贯穿于立案、审判、执行、信访等各个环节，拓展调解领域，注重调解质量；加强诉前调解，尽可能地把纠纷解决在初始阶段，避免矛盾升级；完善诉讼与非诉相衔接的多元化纠纷解决机制，形成化解矛盾整体合力，提高调解效率。

五、深入践行“司法为民”理念。落实“法院开放日”制度，保障人民群众的知情权、参与权；完善远程立案、巡回法庭、温情法庭、假日法庭及社会法庭的制度建设，方便群众诉讼；加强诉讼指导，加大对刑事被害人、困难当事人救助力度；倡导法官进企业、进农村、进社区，完善民意沟通机制，树立人民法院的良好形象。

六、认真做好信访稳定工作。始终把解决实际问题、化解社会矛盾放在首位，解决当事人的合法合理诉求；不断增强对敏感问题的预测和处置能力，完善党委领导下信访案件终结机制；以深厚的感情、极大的耐心、严谨的作风，切实改进司法水平，预防和减少信访案件的发生。

七、加强法院队伍廉政建设。强化从严治院的责任感与紧迫感，坚持不懈地深入开展反腐倡廉工作；大力推行廉政监察员制度，对审判权、执行权进行直接、及时的监督，使监督更加扎实有效；坚定不移地落实“五个严禁”，对敢于触动这条高压线的人员严格处理，决不迁就。

各位代表，“十二五”宏伟蓝图的展现，法院将承担更为艰巨的历史使命。我们将在区委的领导和区人大及其常委会的监督下，忠实履行宪法和法律赋予的神圣职责，攻坚克难，锐意进取，为完成本次代表大会提出的各项任务而努力奋斗，为“十八大”的胜利召开作出积极贡献！

关于上街区2011年财政预算执行情况和 2012年财政预算（草案）的报告

——2012年4月17日在郑州市上街区第十二届人民代表大会第一次会议上

区财政局局长　牛志甫

各位代表：

我受区政府委托，向大会报告上街区2011年财政预算执行情况和2012年财政预算（草案），请予审议。并请各位政协委员和列席会议的同志提出宝贵意见。

2011年财政预算执行情况

2011年是实施“十二五”规划的开局之年，在区委的正确领导和区人大的监督指导下，财政部门坚持以科学发展观为统领，紧紧围绕“两加快一维护”战略和区十一届人大五次会议确定的目标任务，强化收入征管，优化支出结构，深化财政改革，加强财政监督，较好地完成了各项目标任务。

2011年，上街区全口径财政收入完成190486万元，增长34.22%。其中：中央级收入62462万元，增长11.42%；省级收入4635万元，增长260.98%；市级收入5799万元，增长16.80%；区级收入117590万元，增长47.70%。地方财政总收入完成143740万元，增长20.10%。

一、财政一般预算收入完成情况

区十一届人大五次会议审议通过的上街区2011年财政一般预算收入为66100万元，全年实际完成75585万元，为预算的114.35%，增长29.2%。

——工商税收完成54950万元，为预算的106.18%，增长19.43%。其中：增值税9785万元，为预算的84.14%，下降6.49%；营业税16537万元，为预算的117.23%，增长37.29%；企业所得税8819万元，为预算的145.58%，增长70.98%；城市维护建设税5316万元，为预算的94.84%，增长12.94%；其他工商税收14493万元，为预算的101%，增长6.28%。

——契税和耕地占用税完成10009万元，为预算的133.45%，增长117.73%。

——罚没和行政性收费收入完成6171万元，为预算的232.87%，增长192.74%。

——专项收入完成3720万元，为预算的107.83%，下降14.85%。其中：排污费收入360万元，为预算的72%，下降41.18%；教育费附加收入2333万元，为预算的93.32%，增长13.2%。

二、一般预算支出完成情况

区十一届人大五次会议审议通过的上街区2011年财政一般预算支出为67080万元，全年实际支出88602万元，为预算的132.08%，增长27.26%。

——一般公共管理与服务支出18377万元，为预算的110.7%，增长19.48%。

——公共安全支出5385万元，为预算的125.82%，增长14.99%。

——教育支出16888万元，为预算的143.12%，增长36.67%。

——科学技术支出1625万元，为预算的154.76%，增长46.26%。

——文化体育与传媒支出575万元，为预算的140.24%，增长9.32%。

——社会保障和就业支出7877万元，为预算的143.22%，增长29.17%。

——医疗卫生支出3746万元，为预算的117.06%，增长24.78%。

——节能环保支出551万元，为预算的54.02%，下降62.05%，主要是排污费收入未完成预算，影响该项支出执行。

——城乡社区事务支出14700万元，为预算的117.6%，增长25.41%。

——农林水事务支出2336万元，为预算的101.57%，下降62.35%。主要是2010年上缴南水北调基金和上级补助扶贫搬迁项目资金等一次性项目支出较多，抬高了2011年增长基数。

——交通运输支出1440万元，为预算的400 %，增长42.29%。主要是增加上级补助石油价格补贴和公路养护经费700多万元。

资源勘探电力信息等事务支出3143万元，为预算的314.3%，增长18.02%。主要是增加上级补助支持中小企业专项资金600多万元。

——商业服务业等事务支出995万元，为预算的497.5%，增长32.49%。主要是增加家电下乡、家电以旧换新和汽车摩托车下乡财政补贴支出900多万元。

——国土资源气象等事务支出524万元，为预算的149.71%，增长42.01%。

——住房保障支出6568万元，为预算的410.5%，增长320.22%。主要是上级补贴长铝公司旧街坊改造建设资金4900万元。

——粮油物资管理事务支出90万元，为预算的150%，增长8.43%。

——储备事务支出220万元，为预算的200%，增长105.61%。主要是增加储备粮食费用及利息补贴支出185万元。

——国债还本付息支出152万元。

——其他支出3410万元，为预算的115.99%，增长531.48%。主要是增加购买郑州银行股份支出2720万元。

三、财政基金预算收支情况

区十一届人大五次会议审议通过的上街区2011年财政基金预算收入为25200万元，全年实际完成收入42005万元，为预算的165.37%，增长98.95%。其中：国有土地使用权出让金收入41216万元，增长104.51%；残疾人就业保障金收入199万元；散装水泥专项资金收入27万元；墙体材料专项基金收入216万元；文化事业建设费收入24万元；地方教育附加收入323万元。

区十一届人大五次会议审议通过的上街区2011年财政基金预算支出为25200万元，全年实际支出42753万元，为预算的169.65%，增长97.9%。其中：社会保障和就业支出16万元；城乡社区事务支出42234万元；地方教育附加支出291万元；其他支出211万元；文化体育与传媒支出1万元。

四、收支平衡情况

2011年，区财政一般预算收入75585万元，上级补助一般预算收入19173万元；财政一般预算支出88602万元，一般预算上解支出4596万元，增设周转金654万元，收支相抵后，当年一般预算结余906万元，加上往年一般预算结余822万元，一般预算滚存结余1728万元。

2011年，区财政基金预算收入42005万元，上级补助基金预算收入1745万元；财政基金预算支出42753万元，收支相抵后，当年基金预算结余997万元，加上往年基金预算结余563万元，基金预算滚存结余1560万元。

当年财政预算实现了收支平衡、略有结余的目标。

五、2011年财政工作特点

——财政促进区域经济发展职能有效发挥

综合运用财政贴息、奖补、优惠政策等多种形式，加快产业结构调整升级，全力支持工业经济、三产服务业和产业园区的发展。一是促进产业聚集区建设，充分发挥政策导向作用，投入支持企业发展资金7500多万元，积极落实各项奖励、招商引资、扶持中小企业发展等政策，支持产业集聚区加快发展。二是加大科技投入力度，筹措科技资金1625万元，支持企业科技创新和技术研发，推动高科技产业的快速发展。三是不断拓宽融资渠道和领域，全年共获得多家银行的授信规模5亿元，为重点工程项目提供资金支持；为中小企业提供融资服务99笔，担保金额达30416万元，有效缓解了中小企业融资难问题。

——财政一般预算收入实现新突破

2011年，财税部门提前谋划，克服中铝郑州企业增效不明显、房地产政策收紧带来的不利因素，坚定信心，迎难而上，同心协力，千方百计组织收入，全区地方财政一般预算收入实现7.6亿元，比上年净增1.7亿元，增长29.2%，增幅在全市六区排名第一。一是镇办财政收入规模继续扩大，全年完成16314万元，同比增长37.89%，占全区财政一般预算收入的比重比上年提高1.3个百分点，为全区收入目标的实现作出了重要贡献。二是依法治税成效明显，通过加强税源信息监控和开展税源清查、所得税汇算清缴等活动，企业所得税、营业税、车船税、契税和耕地占用税等均比上年同期大幅增长。三是进一步规范非税收入管理，定期开展票据稽查，加强行政事业性收费和罚没收入征收管理，确保各项收入及时、足额入库，全年非税收入入库10626万元，增长34.61%。

——财政保障社会事业发展的投入大幅度增加

坚持以人为本，优化支出结构，全区用于教育、社保、就业、医疗卫生、文化体育等改善民生事业的总投入达到 3.2亿元，增长23.1%，占一般预算支出的36.12%。一是落实支农惠农政策。投入农田水利、扶贫开发等项目建设资金5803万元；发放粮食直补、农资综合补贴、农机补贴和扶贫生活补贴等各类农业补贴资金785万元；拨付家电、汽车摩托车下乡和家电以旧换新补贴资金966万元；拨付村级“一事一议”奖补资金131万元，有力地促进了农业生产、农民增收和农村各项事业的全面发展。二是大力支持医疗卫生改革。拨付基本药物制度改革补助经费和基本卫生公共服务经费386万元，确保改革顺利实施；筹集新农合资金1434万元，全区42783人参保，参保率达98.15%。三是支持教育事业发展。全年拨付“两免一补”资金610万元；投入学校基础设施建设、校舍安全改造和改善教学条件等资金1963万元；安排宜居职教城建设资金4300多万元。四是加大社会保障资金投入力度。拨付居家养老助残工程、最低生活保障、敬老院经费等资金433万元；安排失业人员再就业专项资金123万元；提供2420万元小额担保贷款，为下岗失业人员、返乡农民、待业大学生和转业军人提供再就业资金支持。五是支持城区改造和新型农村社区建设。拨付资金4900万元，用于支持长铝公司旧街坊改造工程；投入资金4800万元，用于新型农村社区建设，加快城乡一体化建设步伐。

——财政管理水平稳步提高

一是加强国有资产管理。全面实施国有资产管理信息系统，强化国有资产出租、购买、处置、转移监管力度,全年共办理国有资产业务21批。二是加大政府投资项目资金管理。全年共评审基建项目140个，评审资金22694万元，审减资金2679万元，有效提高了财政资金使用效益。三是加快国库集中支付改革步伐。完成了会计集中核算向国库集中支付转轨工作，进一步完善零余额账户管理，提高国库直接支付比例。四是加快"金财"工程平台建设。依托金财网络，把预算编制、预算执行、工资统发等软件融合在一起，实现省市区三级联网。五是推进电子化政府采购改革。通过实施项目网上申报审批、合同网上备案和信息不可更改等创新举措，增加政府采购工作的透明度，提高政府采购工作效率。全年共完成采购项目843个，涉及预算资金10153万元，节约资金939万元。

各位代表！2011年上街区财政预算执行实现了既定目标，为全区社会各项事业的发展提供了保障，但财政工作中仍存在以下突出问题：一是财政收入增长基础不稳固。传统优势产业，尤其是氧化铝生产经营依然比较困难，对财政的贡献率下降明显；落实节能减排任务和国家税收优惠政策减收因素增多，加上招商引资成果反映到财政收入上还需要一段时间，多重压力制约着财政的增收能力。二是财政支出压力较大。实施"两加快一维护"战略，保稳定、保民生、保重点的增支因素量大面广，收支矛盾仍然十分突出。三是财政管理工作还存在薄弱环节。以理财方式转变带动服务方式转变的作用有待进一步发挥；预算公开力度需进一步加大，内容仍需进一步细化；支出结构尚需优化，资金使用效益有待提高。四是防范化解政府债务潜在风险较大。2011年底,我区直接债务规模达到6亿元,由于本级财政收入规模较小，偿债能力有限，防范和化解任务相当艰巨。

2012年财政预算（草案）

2012年是我区融入郑州都市区，全面打造中原经济区科学发展示范区的关键之年，保持经济社会发展良好势头，意义重大。财政工作的指导思想是：**坚持以科学发展观为指导，紧紧围绕"两加快一维护"战略，落实积极的财政政策，依法组织收入；进一步优化支出结构，以交通道路、生态廊道、四类社区、组团起步区、中心城区功能提升和产业集聚区建设为切入点，切实保障重点项目和民生支出；深化财政改革，加强财政监督，为全面打造中原经济区科学发展示范区提供坚强的保障。**

围绕上述指导思想，财政预算安排如下（需要说明的是，按照财政部规定，从2012年起，原财政一般预算收支改称公共财政预算收支）：

一、公共财政预算收入

2012年，公共财政预算收入安排87700万元，增长16%。

（一）税收收入76800万元，增长18.23%。主要是：

——工商税收64800万元，增长17.93%，其中:增值税11595万元，增长18.08%;营业税20400万元，增长23.36%；企业所得税10390万元，增长17.81%；城市维护建设税6150万元，增长15.71%；其他工商税收16265万元，增长12.23%。

——契税和耕地占用税12000万元，增长19.89%，其中：契税6500万元，增长19.38%，耕地占用税5500万元，增长20.51%。

（二）非税收入10900万元，增长2.57%。主要是：

——罚没收入、行政性收费6500万元，增长5.33%。

——专项收入3670万元，下降1.37%。其中：排污费收入400万元，增长11.11%；教育费附加收入2700万元，增长15.73%；水资源费收入570万元，下降40.13%。

二、公共财政预算支出

按现行财政体制算账，在完成上述收入预算的基础上，全区可支配财力为86914万元，比去年预算增长29%左右。主要支出项目安排是：

——一般公共管理与服务支出20000万元，增长20.48%。

——公共安全支出4600万元，增长7.48%。

——教育支出17000万元，增长44.07%。

——科学技术支出1350万元，增长28.57%。

——文化体育与传媒支出500万元，增长21.95%。

——社会保障和就业支出5700万元，增长3.64%。

——医疗卫生支出3300万元，增长3.13%。

——节能环保支出1200万元，增长17.65%。

——城乡社区事务支出15000万元，增长20%。

——农林水事务支出2600万元，增长13.04%。

——交通运输支出450万元，增长25%。

——资源勘探电力信息等事务支出1200万元，增长20%。

——商业服务业等事务支出240万元，增长20%。

——国土资源气象等事务支出400万元，增长14.29%。

——住房保障支出1700万元，增长6.25%。

——粮油物资储备管理事务支出200万元，增长17.65%。

——国债和融资还本付息支出5533万元。

——其他支出3341万元。

——预备费2600万元。

三、财政基金预算收支

2012年，财政基金预算收入安排82000万元，比上年预算增长225%左右。其中：国有土地使用权出让收入77750万元，国有土地收益基金收入1580万元，城市基础设施配套费收入1500万元，残疾人就业保障金收入200万元，地方教育附加收入700万元，散装水泥专项资金收入30万元，新型墙体材料专项基金收入220万元，文化事业建设费收入20万元。

财政基金预算支出安排82000万元，比上年预算增长225%左右。其中：教育支出700万元，文化与体育传媒支出20万元，社会保障和就业支出200万元，城乡社区事务支出80830万元，资源勘探电力信息等事务支出250万元。

务实创新，奋力实现新跨越

为实现既定目标任务，我们将重点做好以下四个方面的工作。

一、强化财政收入管理，确保完成收入任务

从“生财、聚财、用财”角度出发谋发展，着力加强税源管理，使经济发展成果及时足额反映到财政收入上来。一是强化税源体系建设。用好税源经济信息平台，充分发挥涉税信息在税收征管中的基础性作用，强化协税护税工作；严格税收环节控制，开展税收专项整治，加强对税源基数和税收政策的研究，完善重点税源跟踪服务制度，不断提高征管水平。二是充分发挥财政资金的杠杆作用。加大对重点产业和重点项目的支持力度，促进产业集聚区快速建设，促进产业转型升级，支持中铝挖潜增效和民营经济做大做强，培植新的财源增长点，把潜在的税源转化为现实的收入。三是强化非税收入征管。做好行政事业性收费和国土收入等政府性基金的征收入库，加强票据稽查，确保应收尽收。

二、严格财政支出管理，保障民生和重点项目支出

坚持支出安排与财力相适应，适度从紧的原则，合理安排各项支出，妥善处理保工资、保运转、保民生与求发展的关系。一是不断提高预算支出执行的及时性、均衡性、有效性和安全性，努力提高预算执行的到位率和财政资金的使用效益。二是以新型城镇化为统领，坚持集中财力办大事，支持创新投融资体系建设，运用BT、债券、信托等融资模式，积极整合各种发展引导资金，加大基础设施、产业集聚区和组团建设投入，大力支持四类社区建设，推进城乡一体化协调发展，不断提升中心城区功能，美化人居环境。三是加大民生保障投入，围绕落实教育规划纲要，多渠道筹措教育经费，保证2012年教育支出财政投入占公共财政支出的19%；以落实省、市、区“十大实事”为抓手，加大涉农、文化、医疗卫生、社会保障等资金投入，促进我区社会事业全面、协调、可持续发展。

三、加强财政改革监管，提升管理水平

一是进一步健全完善预算改革。制定包括公共财政预算、基金预算、教育支出、科技支出、涉农支出、“十大实事”在内的财政综合预算编制管理办法，统一财政资金统计口径。规范部门预算编制，细化预算编制内容，全面推行公务卡结算制度，扩大公务卡结算的范围和支付比例。二是推进预决算公开。2012年起，除涉密单位和涉密内容外，区直预算部门要向社会公开“三公经费”预决算支出，进一步提高预算编制和执行的透明度，主动接受社会各界的监督。三是加强政府采购管理和评审力度。完善政府采购制度建设，强化政府采购预算管理，力争政府采购支出占公共财政预算支出达到13%以上。搞好政府投资项目评审，提高资金利用率和评审工作的科学性、合理性。四是加快财政管理信息化建设。完善非税收入管理系统、惠民补贴一卡通系统、财税库银横向联网系统和会计信息管理系统建设，为各预算部门提供更加便捷高效的服务。

四、加强政风行风建设，树立良好形象

坚持以关注民情、改善民生为切入点，扎实开展创先争优活动，进一步转变工作作风，改进服务质量，提升服务效能，提高群众满意度。一是严格执行“首问负责制”“限时办结制”等制度，进一步明确预算执行审核和财政资金拨付的办结时限，简化工作流程，提高工作效率，强化财政部门为民服务意识。二是加强财政惩治和预防腐败体系建设，认真落实党风廉政建设责任制，进一步增强廉洁奉公意识，构筑财政干部抵制腐败的思想防线，确保财政干部安全和财政资金安全。三是加强财政监督管理，积极主动接受人大、审计和社会监督，着力加强财政内部监督，建立健全预算编制、执行、监督紧密衔接、相互制约、相互协调的财政“大监督”运行机制，努力打造“阳光财政”。

各位代表！新的一年，随着我区“两加快一维护”战略的深入推进，对财政工作提出了更高的要求。我们将紧紧围绕区委的中心工作部署，抢抓机遇，持续求进，积极作为，务实创新，奋力拼搏，确保圆满完成各项工作任务，为我区主动融入郑州都市区，全面打造中原经济区科学发展示范区作出新的更大贡献！

文件索引

2011年中共上街区委重要文件索引

文件题名	文件编号	成文日期
关于中国共产党成立90周年纪念活动的通知	上发〔2011〕1号	2011年6月7日
关于印发《区第九次党代会报告》的通知	上发〔2011〕2号	2011年6月28日
关于2011年优化经济发展环境工作的意见	上发〔2011〕3号	2011年7月6日
关于认真学习贯彻省九次党代会精神的通知	上发〔2011〕4号	2011年11月7日
关于转发《区委宣传部 区司法局 区依法治区工作领导小组办公室关于法制宣传教育和依法治区工作第六个五年规划（2011—2015年）》的通知	上发〔2011〕5号	2011年11月21日
关于在全区深化法治镇（办）、民主法治村（社区）创建活动的实施意见	上发〔2011〕6号	2011年11月21日
转发《区人大常委会党组关于区镇两级人民代表大会换届选举工作的意见》的通知	上发〔2011〕7号	2011年12月30日
关于中国人民政治协商会议郑州市上街区第七届委员会第五次会议选举结果的报告	上文〔2011〕6号	2011年1月14日
关于成立上街区重大动物疫情应急指挥部的通知	上文〔2011〕7号	2011年1月24日
关于成立全国“两会”期间信访稳定工作领导小组的通知	上文〔2011〕9号	2011年2月20日
关于表彰2010年度反腐倡廉建设工作先进单位的决定	上文〔2011〕10号	2011年2月21日
关于调整“两加快一维护”战略领导组成员的通知	上文〔2011〕11号	2011年2月22日
关于表彰2010年度先进单位和先进个人的决定	上文〔2011〕12号	2011年2月22日
关于表彰2010年度统战工作单位和先进个人的决定	上文〔2011〕13号	2011年2月22日
关于领导点评工作的自查专题报告	上文〔2011〕14号	2011年3月1日
关于支持郑州市上街区发展低空经济规划建设郑州通用航空产业园的请示	上文〔2011〕15号	2011年3月08日
关于深入推进产业集聚区发展的实施意见	上文〔2011〕16号	2011年3月15日
关于表彰2010年度争取上级经济发展资金工作先进单位的决定	上文〔2011〕17号	2011年3月15日
关于表彰2010年度招商引资工作先进单位、先进个人、服务招商引资工作先进单位和招商引资引荐人的决定	上文〔2011〕18号	2011年3月15日

续表 1

文件题名	文件编号	成文日期
关于表彰奖励上街区 2010 年度优秀企业家的决定	上文〔2011〕19 号	2011 年 3 月 15 日
关于落实 2010 年度人口和计划生育工作“三到位”情况的报告	上文〔2011〕22 号	2011 年 3 月 18 日
关于同意召开中国共产党郑州市上街区峡窝镇第二次代表大会的批复	上文〔2011〕23 号	2011 年 3 月 23 日
关于落实省委巡视组反馈意见的整改方案报告	上文〔2011〕25 号	2011 年 3 月 28 日
关于省委巡视组反馈意见整改落实情况的报告	上文〔2011〕26 号	2011 年 3 月 28 日
关于印发《落实省委巡视组反馈意见的整改方案》的通知	上文〔2011〕27 号	2011 年 3 月 28 日
关于上街区农贸市场升级改造有关问题的报告	上文〔2011〕28 号	2011 年 3 月 25 日
关于表彰 2010 年度信访工作红旗单位、先进单位、“四无”先进单位、治理非正常上访先进单位和先进个人的决定	上文〔2011〕29 号	2011 年 3 月 30 日
关于表彰 2010 年度上街区平安建设工作记功单位、先进镇办、先进单位、先进社区（村）、记功个人和先进个人的决定	上文〔2011〕30 号	2011 年 3 月 30 日
关于印发《2011—2015 年平安上街建设纲要》的通知	上文〔2011〕31 号	2011 年 3 月 30 日
关于同意召开区委青年工作会暨上街区青年联合会第一届一次会议的批复	上文〔2011〕32 号	2011 年 4 月 6 日
关于推荐上街区青年联合会第一届委员会委员候选人的通知	上文〔2011〕33 号	2011 年 4 月 6 日
关于 2010 年度市管干部考核评定等次的报告	上文〔2011〕34 号	2011 年 4 月 7 日
关于表彰 2010 年度人口和计划生育工作先进集体的决定	上文〔2011〕37 号	2011 年 5 月 5 日
关于调整对外宣传工作领导小组的通知	上文〔2011〕38 号	2011 年 4 月 1 日
关于峡窝镇党委、纪委换届候选人预备人选的批复	上文〔2011〕39 号	2011 年 4 月 16 日
关于命名表彰 2010 年度区级文明单位、区级文明社区、区级文明村暨精神文明建设先进单位和先进个人、军（警）民共建活动和六项文明和谐创评活动先进单位的决定	上文〔2011〕40 号	2011 年 5 月 6 日
关于表彰 2010 年度思想政治、新闻外宣工作先进单位和先进个人的决定	上文〔2011〕41 号	2011 年 5 月 6 日
关于转发《中共郑州市委、郑州市人民政府关于印发〈郑州市机关事业单位进人履行编制审核程序的规定〉的通知》的通知	上文〔2011〕53 号	2011 年 4 月 15 日
关于调整上街区集中清理涉法涉诉信访积案活动领导小组和案件评查活动领导小组成员的通知	上文〔2011〕54 号	2011 年 4 月 21 日
关于印发《郑州市上街区绩效考核暂行办法（2011 年）》的通知	上文〔2011〕55 号	2011 年 4 月 29 日
关于成立郑州市上街区绩效考核工作领导小组的通知	上文〔2011〕56 号	2011 年 4 月 29 日
关于调整区委保密委员会和区委密码工作领导小组成员的通知	上文〔2011〕58 号	2011 年 5 月 20 日
关于召开中国共产党郑州市上街区第九次代表大会的请示	上文〔2011〕60 号	2011 年 5 月 23 日
关于调整法制上街创建活动等 8 个领导小组的通知	上文〔2011〕118 号	2011 年 9 月 6 日
印发《关于开展打击非法传销专项治理活动的工作部署》的通知	上文〔2011〕119 号	2011 年 9 月 8 日
关于调整上街区改革工作领导小组成员的通知	上文〔2011〕120 号	2011 年 9 月 14 日
关于省委巡视组反馈意见整改落实情况的报告	上文〔2011〕122 号	2011 年 10 月 11 日
关于成立上街区村级组织换届选举工作领导小组的通知	上文〔2011〕123 号	2011 年 10 月 17 日
关于启动郑州通用航空试验区规划的请示	上文〔2011〕125 号	2011 年 10 月 21 日
关于区委常委专题民主生活会准备情况的报告	上文〔2011〕126 号	2011 年 10 月 21 日
关于中铝郑州企业部分“1998 年退休职工”信访案件的情况报告	上文〔2011〕127 号	2011 年 11 月 3 日

续表 2

文件题名	文件编号	成文日期
关于区委常委专题民主生活会召开情况的报告	上文〔2011〕128 号	2011 年 11 月 10 日
关于调整“两加快一维护”战略指挥部及领导组成员的通知	上文〔2011〕131 号	2011 年 12 月 16 日
关于印发《上街区加快推进新型城镇化重点工作实施方案》的通知	上文〔2011〕132 号	2011 年 12 月 17 日
关于调整区机构编制委员会成员的通知	上文〔2011〕133 号	2011 年 12 月 26 日

2011年中共上街区委办公室重要文件索引

文件题名	文件编号	成文日期
关于调整区“扫黄打非”工作领导小组成员的通知	上办〔2011〕1 号	2011 年 1 月 4 日
关于成立区广化市场管理工作领导小组的通知	上办〔2011〕2 号	2011 年 1 月 05 日
关于印发《中共上街区委常委会 2010 年工作报告》的通知	上办〔2011〕3 号	2011 年 1 月 06 日
关于做好春节期间走访慰问离退休老干部工作的通知	上办〔2011〕4 号	2011 年 1 月 10 日
关于建立网络舆情处置联席会议制度的通知	上办〔2011〕5 号	2011 年 1 月 10 日
关于进一步做好走访慰问帮扶工作的通知	上办〔2011〕6 号	2011 年 1 月 18 日
关于印发《上街区“两加快一维护”战略重点项目和重点工程考核实施方案》的通知	上办〔2011〕7 号	2011 年 1 月 19 日
关于转发《郑州市违反首问负责制和限时办结制的责任追究办法的通知》的通知	上办〔2011〕8 号	2011 年 1 月 24 日
关于转发《市委办公厅　市政府办公厅关于明确 2011 年春节后上班有关要求的通知》的通知	上办〔2011〕9 号	2011 年 1 月 30 日
关于做好《上街年鉴（2011）》编纂工作的通知	上办〔2011〕10 号	2011 年 1 月 24 日
关于成立郑州市上街区党政机关消化超编人员工作领导小组的通知	上办〔2011〕11 号	2011 年 2 月 11 日
关于印发《郑州市上街区党政机关工作人员下基层轮岗锻炼办法（试行）》的通知	上办〔2011〕12 号	2011 年 2 月 14 日
印发《关于加强职权服务岗位干部监督管理提高办事效率的办法（试行）》的通知	上办〔2011〕13 号	2011 年 2 月 14 日
关于对全区近期矛盾纠纷和不稳定因素进行集中交办的通知	上办〔2011〕15 号	2011 年 2 月 20 日
关于“2·19”紧急会议组织不力及个别同志未报告外出的通报	上办〔2011〕16 号	2011 年 2 月 21 日
关于印发《上街区实施“两加快一维护”战略 2011 年重点项目和重点工程》的通知	上办〔2011〕17 号	2011 年 2 月 22 日
关于下达 2011 年度党委系统信息工作目标任务的通知	上办〔2011〕18 号	2011 年 2 月 25 日
关于建立完善六大机制推动具体工作落实的通知	上办〔2011〕19 号	2011 年 3 月 15 日
关于印发《上街区党委（党组）中心组 2011 年度理论学习专题安排》的通知	上办〔2011〕20 号	2011 年 3 月 16 日
关于成立乡镇党委换届选举工作领导小组的通知	上办〔2011〕21 号	2011 年 3 月 16 日
关于印发《上街区关于禁止工作日午餐饮酒的规定》的通知	上办〔2011〕22 号	2011 年 3 月 28 日
关于成立上街区发展通用航空产业领导小组的通知	上办〔2011〕23 号	2011 年 3 月 28 日
关于进一步加快推进 2011 年全区 24 项重大工程项目的通知	上办〔2011〕24 号	2011 年 3 月 30 日
关于印发《2011 年全区宣传思想文化工作要点》的通知	上办〔2011〕25 号	2011 年 4 月 8 日
关于转发《市委办公厅市政府办公厅〈印发郑州市消防安全问责办法〉的通知》的通知	上办〔2011〕26 号	2011 年 4 月 29 日
关于印发《上街区高层建筑消防安全整治工作方案》的通知	上办〔2011〕27 号	2011 年 4 月 29 日

续表 1

文件题名	文件编号	成文日期
关于成立上街区高层建筑消防安全工作领导小组的通知	上办〔2011〕28号	2011年4月29日
关于印发《上街区高层建筑责任分包情况》的通知	上办〔2011〕29号	2011年4月29日
关于在全区开展“发展大提速”活动的通知	上办〔2011〕30号	2011年5月5日
关于印发《郑州市上街区惩治和预防腐败体系建设2011年工作要点》的通知	上办〔2011〕31号	2011年5月5日
关于印发《郑州市上街区干部优先选用条件暂行办法（试行）》的通知	上办〔2011〕32号	2011年4月29日
关于成立区未成年人保护委员会的通知	上办〔2011〕33号	2011年5月10日
关于在全区开展文明执法严格执法专项活动全面提升执法效能的通知	上办〔2011〕34号	2011年5月16日
关于进一步完善县级以上党员领导同志与党外代表人士联系交友制度的通知	上办〔2011〕35号	2011年8月1日
关于对未按要求参加全省三夏生产工作电视电话会议的单位进行批评的通报	上办〔2011〕37号	2011年5月20日
关于印发《2011年度上街区党风廉政建设工作任务分解》和《2011年度上街区区级主要领导干部党风廉政建设职责》的通知	上办〔2011〕38号	2011年5月23日
关于印发《2011年全区党风廉政建设责任制工作意见》的通知	上办〔2011〕39号	2011年5月23日
关于印发《中共郑州市上街区第九次代表大会代表提案工作实施方案》的通知	上办〔2011〕40号	2011年6月9日
关于召开中国共产党郑州市上街区第九次代表大会的通知	上办〔2011〕41号	2011年6月13日
关于成立上街区公务用车问题专项治理工作领导小组的通知	上办〔2011〕42号	2011年6月13日
关于转发《市委办公厅 市政府办公厅关于印发郑州市突发事件应急处置规程的通知》和《市委办公厅 市政府办公厅关于〈郑州市突发事件应急处置规程〉（郑办〔2011〕21号）的补充规定》的通知	上办〔2011〕43号	2011年6月10日
关于印发《上街区招商引资项目推进工作流程》《上街区招商引资考核认定办法》《上街区进一步加强招商引资项目管理办法》的通知	上办〔2011〕44号	2011年6月15日
印发《关于开展党政机关公务用车问题专项治理工作的实施办法》的通知	上办〔2011〕45号	2011年6月13日
关于调整2011年全区24项重点推进的重大工程项目分包领导的通知	上办〔2011〕46号	2011年6月20日
关于印发《上街区进一步深化行政审批制度改革工作实施方案》等5个优化经济发展环境工作实施方案的通知	上办〔2011〕47号	2011年6月20日
转发《市委办公厅、市政府办公厅转发纪委市公安局等部门〈关于严禁公职人员回（到）村享受村民福利待遇的暂行规定〉的通知》的通知	上办〔2011〕48号	2011年6月22日
关于中国中部机电总部基地项目推进会工作安排的通知	上办〔2011〕49号	2011年6月28日
关于印发《上街区创建省级文明城区工作评优评差办法》的通知	上办〔2011〕50号	2011年7月5日
关于调整区普法依法治理工作领导小组的通知	上办〔2011〕51号	2011年7月6日
关于调整上街区人口和计划生育领导小组成员单位完善部门人口计生工作职责及考评办法的通知	上办〔2011〕52号	2011年7月5日
关于调整“两加快一维护”战略2011年度重点项目重点工程及分包领导的通知	上办〔2011〕53号	2011年7月6日
对区政协七届五次会议第71号提案的函	上办〔2011〕55号	2011年7月12日
关于在全区各单位和全区领导干部中提倡建立日（周）询问机制的通知	上办〔2011〕57号	2011年7月21日
关于印发《上街区基层党组织实行党务公开的实施方案》的通知	上办〔2011〕58号	2011年7月26日
关于印发《郑州市上街区各镇（办）和区直单位主要领导信访工作考核办法》的通知	上办〔2011〕59号	2011年7月27日
关于印发《郑州市上街区赴京到省去市来区集体上访处置办法》的通知	上办〔2011〕60号	2011年7月27日
关于进一步完善领导干部接访和下访工作机制的通知	上办〔2011〕61号	2011年7月27日
关于印发上街区信访稳定“日碰头”制度的通知	上办〔2011〕62号	2011年7月27日

续表 2

文件题名	文件编号	成文日期
关于加强机关公文传阅工作的通知	上办〔2011〕63 号	2011 年 8 月 1 日
关于交办矛盾纠纷和不稳定因素的通知	上办〔2011〕64 号	2011 年 8 月 3 日
关于转发《市委办公厅市政府办公厅关于建立项目建设阻工问题快速反应协调机制的通知》的通知	上办〔2011〕65 号	2011 年 8 月 12 日
关于学习宣传贯彻《河南省地方志工作规定》的通知	上办〔2011〕66 号	2011 年 8 月 17 日
关于转发《市委办公厅市政府办公厅关于印发郑州市行政执法机关及其工作人员执法行为责任追究办法的通知》的通知	上办〔2011〕67 号	2011 年 8 月 26 日
关于印发《上街区网络舆情监测和处置暂行办法》的通知	上办〔2011〕68 号	2011 年 8 月 25 日
关于评选推荐郑州市“人民满意的公务员”和“人民满意的公务员集体”的通知	上办〔2011〕69 号	2011 年 9 月 5 日
印发《关于深入开展争创人民满意公务员活动的实施方案》的通知	上办〔2011〕70 号	2011 年 9 月 5 日
关于印发《上街区公务员应知应会知识学习培训方案》的通知	上办〔2011〕71 号	2011 年 9 月 5 日
关于进一步规范网络舆情处置联席会议制度的通知	上办〔2011〕72 号	2011 年 9 月 2 日
关于成立上街区道北新型社区建设指挥部的通知	上办〔2011〕73 号	2011 年 9 月 16 日
关于对区服务业集聚区管委会、区国土资源局、济源路街道办事处在中部机电产业总部基地项目和夏侯新型社区建设项目推进中行动迟缓工作不力的通报	上办〔2011〕74 号	2011 年 9 月 20 日
关于印发《上街区行政执法机构执法绩效考核办法（试行）》的通知	上办〔2011〕75 号	2011 年 9 月 26 日
关于加强对河南光辉伟业房地产开发有限公司违规建设问题巡查监管的通知	上办〔2011〕76 号	2011 年 7 月 15 日
关于印发《上街区深化效能大提升发展大提速大干 100 天全面完成全年目标任务活动实施方案》的通知	上办〔2011〕77 号	2011 年 9 月 30 日
关于落实《郑州市 39 项重大建设布局和重大项目工作计划和方案》的责任分解的通知	上办〔2011〕78 号	2011 年 9 月 26 日
关于切实做好省九次党代会期间安全信访稳定工作的通知	上办〔2011〕79 号	2011 年 10 月 10 日
关于开好 2011 年度县处级党员领导干部民主生活会的安排意见	上办〔2011〕80 号	2011 年 10 月 12 日
关于认真做好全区村级组织换届选举工作的通知	上办〔2011〕81 号	2011 年 10 月 17 日
关于印发《郑州市上街区村级组织换届选举工作实施方案》的通知	上办〔2011〕82 号	2011 年 10 月 17 日
关于对公职人员和公务车辆交通违法行为处理的意见	上办〔2011〕83 号	2011 年 10 月 18 日
关于对未化解及新排查出的矛盾纠纷和不稳定因素集中交办的通知	上办〔2011〕84 号	2011 年 10 月 20 日
关于全区前三季度各项发展指标在全市六区中排名第一和排名倒数第一的情况通报	上办〔2011〕85 号	2011 年 10 月 24 日
关于认真做好上级重大（重要）会议活动组织工作的通知	上办〔2011〕86 号	2011 年 10 月 24 日
关于成立郑州通用航空产业基地建设指挥部的通知	上办〔2011〕87 号	2011 年 10 月 28 日
关于做好 2012 年度《秘书工作》《保密工作》《郑州工作》征订工作的通知	上办〔2011〕88 号	2011 年 11 月 2 日
关于深入开展安全生产大排查活动的通知	上办〔2011〕89 号	2011 年 11 月 9 日
印发《关于在全区集中开展法制宣传教育和依法治理违法行为专项活动工作方案》的通知	上办〔2011〕90 号	2011 年 11 月 15 日
关于印发《加强社区帮扶工作实施意见》的通知	上办〔2011〕91 号	2011 年 11 月 15 日
关于印发《上街区“社区建设年”工作方案》的通知	上办〔2011〕92 号	2011 年 11 月 15 日
关于印发《上街区社区工作站试点建设工作方案》的通知	上办〔2011〕93 号	2011 年 11 月 15 日
关于印发《上街区“十星”社区创建工作实施方案》的通知	上办〔2011〕94 号	2011 年 11 月 15 日

续表 3

文件题名	文件编号	成文日期
关于印发《上街区赴京去省到市来区上访事项交办及办理工作制度》的通知	上办〔2011〕95 号	2011 年 11 月 22 日
关于做好 2012 年度《人民日报》、《求是》杂志、《河南日报》、《党的生活》杂志、《郑州日报》发行工作的通知	上办〔2011〕96 号	2011 年 11 月 23 日
关于成立上街区中原西路西延（郑上快速通道）、科学大道西延建设工程指挥部的通知	上办〔2011〕97 号	2011 年 11 月 24 日
关于建立上街区新型城镇化重点工作推进机制的通知	上办〔2011〕98 号	2011 年 11 月 28 日
关于印发《上街区“郑州都市区专题档案”建设方案》的通知	上办〔2011〕99 号	2011 年 12 月 2 日
关于印发《抽调人员参加区委区政府中心工作激励办法（试行）》的通知	上办〔2011〕100 号	2011 年 12 月 6 日
关于加强全区集中开展法制宣传教育和依法治理违法行为组织领导的通知	上办〔2011〕101 号	2011 年 12 月 7 日
关于进一步加强全区集中开展法制宣传教育和依法治理违法行为工作的通知	上办〔2011〕102 号	2011 年 12 月 7 日
关于调整上街区新型城镇化重点工作推进领导组的通知	上办〔2011〕103 号	2011 年 12 月 19 日
关于严禁党员和公职人员组织、从事、参与非法民间融资、扰乱社会治安秩序等违法活动的通知	上办〔2011〕105 号	2011 年 12 月 21 日
关于成立夏侯村（金华路西）改造工程指挥部的通知	上办〔2011〕104 号	2011 年 12 月 22 日
关于成立解决郑州市上街区特种塑料厂有关问题工作领导小组的通知	上办〔2011〕106 号	2011 年 12 月 22 日
关于对我区在全市第四季度城乡环境卫生整洁行动检查评比工作中出现问题的责任单位进行批评的通报	上办〔2011〕107 号	2011 年 12 月 22 日
关于成立区重大不稳定问题专项工作组的通知	上办〔2011〕108 号	2011 年 12 月 29 日
关于对鸿盛新城项目农民工到市委、市政府门口集体上访的通报	上办〔2011〕109 号	2011 年 12 月 29 日
关于春节期间在全区机关公务人员中开展走访慰问帮扶困难群众活动的通知	上办〔2011〕110 号	2011 年 12 月 29 日
关于做好春节期间走访慰问离退休老干部工作的通知	上办〔2011〕111 号	2011 年 12 月 29 日
关于对未化解及新排查出的不稳定因素集中交办的通知	上办〔2011〕112 号	2011 年 12 月 31 日

2011年上街区人大常委会重要文件索引

文件题名	文件编号	成文日期
关于接受袁春明同志辞去上街区人大常委会副主任职务的决定	上人常〔2011〕1 号	2011 年 1 月 5 日
关于袁春明同志任职的通知	上人常〔2011〕2 号	2011 年 1 月 5 日
关于召开区第十一届人民代表大会第五次会议的决定	上人常〔2011〕3 号	2011 年 1 月 5 日
关于表彰优秀区人大代表建议和承办代表建议先进单位的决定	上人常〔2011〕4 号	2011 年 1 月 6 日
关于表彰优秀区人大代表的决定	上人常〔2011〕5 号	2011 年 1 月 6 日
关于杜惠斌徐勇两位同志职务任免的通知	上人常〔2011〕6 号	2011 年 3 月 22 日
关于范红丽同志任职的通知	上人常〔2011〕8 号	2011 年 5 月 26 日
关于王天超同志任职的通知	上人常〔2011〕9 号	2011 年 5 月 26 日
关于杨金军等同志职务任免的通知	上人常〔2011〕10 号	2011 年 6 月 14 日
关于王继正等同志职务任免的通知	上人常〔2011〕11 号	2011 年 6 月 15 日
关于召开全国部分县（市）区人大工作研讨会第二十一次会议的预告通知	上人常〔2011〕12 号	2011 年 6 月 20 日

续表

文件题名	文件编号	成文日期
关于转发《郑州市人民代表大会常务委员会关于进一步动员全市人民开展创建全国文明城市活动的决议》的通知	上人常〔2011〕13 号	2011 年 7 月 18 日
关于马波等同志职务任免的通知	上人常〔2011〕14 号	2011 年 7 月 26 日
关于批准区人民政府《关于孟津路防护绿地规划调整的议案》的决定	上人常〔2011〕15 号	2011 年 7 月 26 日
关于批准郑州市上街区 2010 年度财政决算的决议	上人常〔2011〕16 号	2011 年 7 月 26
关于召开全国部分县（市）区人大工作研讨会第二十一次会议的通知	上人常〔2011〕17 号	2011 年 9 月 6 日
关于禹春晓等同志任职的通知	上人常〔2011〕18 号	2011 年 10 月 27 日
关于宋洁同志任职的提请报告	上人常〔2011〕19 号	2011 年 12 月 10 日
关于接受戴春枝同志辞去区人民政府区长职务的决定	上人常〔2011〕20 号	2011 年 12 月 日
关于宋洁同志任职的通知	上人常〔2011〕21 号	2011 年 12 月 15 日
关于区、镇两级人民代表大会换届选举的决定	上人常〔2011〕22 号	2011 年 12 月 31 日
关于成立区、镇选举委员会的决定	上人常〔2011〕23 号	2011 年 12 月 31 日
关于确定峡窝镇人民代表大会代表名额的决定	上人常〔2011〕24 号	2011 年 12 月 31 日

2011年上街区人民政府重要文件索引

文件题名	文件编号	成文日期
关于加强学前教育发展的若干意见	上政〔2011〕2 号	2011 年 1 月 5 日
关于印发 2011 年街区环境综合整治实施方案的通知	上政〔2011〕3 号	2011 年 3 月 3 日
关于印发郑州市上街区 2011 年国民经济和社会发展计划的通知	上政〔2011〕4 号	2011 年 3 月 7 日
关于印发郑州市上街区 2011 年依法行政工作要点的通知	上政〔2011〕5 号	2011 年 4 月 11 日
关于同意公布郑州市上街区地质灾害防治规划（2010 年—2020 年）的批复	上政〔2011〕6 号	2011 年 4 月 11 日
关于推进企业上市工作的意见	上政〔2011〕7 号	2011 年 5 月 26 日
关于转发郑州市人民政府关于郑州市物业管理纳入社区建设工作的意见的通知	上政〔2011〕8 号	2011 年 6 月 7 日
关于转发郑州市人民政府关于印发郑州市村民一事一议筹资筹劳工作实施方案的通知的通知	上政〔2011〕9 号	2011 年 6 月 7 日
关于印发上街区耕地和基本农田保护领导干部离任审计制度的通知	上政〔2011〕10 号	2011 年 6 月 16 日
关于印发上街区耕地和基本农田保护领导干部离任审计制度的通知	上政〔2011〕10 号	2011 年 6 月 16 日
关于印发上街区项目建设投资评审管理办法的通知	上政〔2011〕11 号	2011 年 7 月 4 日
关于进一步加强应急管理工作的意见	上政〔2011〕12 号	2011 年 7 月 2 日
关于印发郑州市上街区突发性地质灾害应急预案的通知	上政〔2011〕13 号	2011 年 5 月 26 日
关于公布上街区土地基准地价的通知	上政〔2011〕15 号	2011 年 9 月 1 日
关于进一步加强环境管理的实施意见	上政〔2011〕16 号	2011 年 9 月 9 日
关于加强法治政府建设的实施意见	上政〔2011〕17 号	2011 年 10 月 12 日
关于加快推进全区集体土地确权登记发证工作的通知	上政〔2011〕18 号	2011 年 10 月 27 日

续表 1

文件题名	文件编号	成文日期
关于印发上街区安全生产事故灾难应急预案的通知	上政〔2011〕19 号	2011 年 12 月 19 日
关于转发郑州市人民政府关于印发郑州市城市管理整治提升活动实施方案的通知的通知	上政〔2011〕20 号	2011 年 12 月 16 日
关于印发上街区学前教育三年行动计划的通知	上政文〔2011〕8 号	2011 年 2 月 9 日
关于在区级预算单位试点推行公务卡制度的意见	上政文〔2011〕11 号	2011 年 1 月 29 日
关于为区公安局记集体三等功的决定	上政文〔2011〕19 号	2011 年 2 月 24 日
关于表彰 2010 年度上街区安全生产工作先进单位和先进个人的决定	上政文〔2011〕24 号	2011 年 3 月 14 日
关于印发安全上街创建 2011 年行动计划的通知	上政文〔2011〕25 号	2011 年 3 月 14 日
关于表彰 2010 年度上街区环保工作先进单位和先进个人的决定	上政文〔2011〕27 号	2011 年 3 月 22 日
关于印发上街区 2011 年度国有建设用地供应计划的通知	上政文〔2011〕29 号	2011 年 3 月 29 日
关于对郑州市质量技术监督局上街区分局予以表彰奖励的通报	上政文〔2011〕33 号	2011 年 4 月 22 日
关于建立第五批区级储备粮的批复	上政文〔2011〕40 号	2011 年 5 月 11 日
关于整顿规范物流及货运信息代理市场的通知	上政文〔2011〕41 号	2011 年 5 月 13 日
关于 2010 年度和“十一五”期间耕地保护责任目标履行情况的自查报告	上政文〔2011〕43 号	2011 年 5 月 24 日
关于进一步加强车辆超限超载治理工作的实施意见	上政文〔2011〕45 号	2011 年 6 月 1 日
关于加强耕地保护工作制度建设的通知	上政文〔2011〕48 号	2011 年 6 月 16 日
关于公布实施上街区 2011 年度地质灾害防治方案的批复	上政文〔2011〕49 号	2011 年 6 月 16 日
关于成立上街区创建劳动关系和谐企业活动领导小组的通知	上政文〔2011〕51 号	2011 年 6 月 17 日
关于郑州市上街区天伦燃气有限公司建设第二天然气门站的批复	上政文〔2011〕67 号	2011 年 7 月 29 日
关于成立上街区推进残疾人两个体系建设工作领导小组的通知	上政文〔2011〕74 号	20118 月 16 日
关于明确上街区第二污水处理厂项目国有资本出资人代表的决定	上政文〔2011〕76 号	2011 年 8 月 22 日
关于表彰 2010 年度优秀教师和优秀教育工作的决定	上政文〔2011〕77 号	2011 年 9 月 1 日
关于成立郑州市上街区启德小额贷款有限公司的请示	上政文〔2011〕81 号	2011 年 8 月 31 日
关于调整上街区全民科学素质工作领导小组人员的通知	上政文〔2011〕82 号	2011 年 9 月 6 日
关于调整上街区全民科学素质工作领导小组人员的通知	上政文〔2011〕82 号	2011 年 9 月 6 日
关于成立上街区打击传销工作领导小组的通知	上政文〔2011〕83 号	2011 年 9 月 6 日
关于调整上街区政务公开工作领导小组的通知	上政文〔2011〕84 号	2011 年 9 月 14 日
关于印发上街区协同和联合行政执法试行办法的通知	上政文〔2011〕86 号	2011 年 9 月 26 日
关于废止部分规范性文件和部分规范性文件继续有效的通知	上政文〔2011〕89 号	2011 年 10 月 13 日
关于调整上街区征兵工作领导小组人员的通知	上政文〔2011〕91 号	2011 年 10 月 13 日
关于调整上街区人民政府征兵办公室组成人员的通知	上政文〔2011〕92 号	2011 年 10 月 14 日
关于公布 2011 年行政执法依据梳理结果的通知	上政文〔2011〕94 号	2011 年 10 月 27 日
关于成立上街区应急管理委员会的通知	上政文〔2011〕96 号	2011 年 11 月 4 日
2011 年度依法行政工作报告	上政文〔2011〕109 号	2011 年 11 月 14 日

续表 2

文件题名	文件编号	成文日期
关于调整上街区应急避难场所建设工作领导小组的通知	上政文〔2011〕114 号	2011 年 11 月 28 日
关于调整上街区应急避难场所建设工作领导小组的通知	上政文〔2011〕114 号	2011 年 11 月 28 日
关于印发上街区应急避难场所建设实施方案的通知	上政文〔2011〕115 号	2011 年 11 月 28 日
关于印发上街区城中村改造管理办法的通知	上政文〔2011〕116 号	2011 年 11 月 28 日
关于合村并城工作的指导意见	上政文〔2011〕117 号	2011 年 11 月 28 日
关于成立郑州市上街产业集聚区建设发展有限公司的通知	上政文〔2011〕118 号	2011 年 12 月 15 日
关于济源路街道办事处成立夏侯社区居委会的批复	上政文〔2011〕119 号	2011 年 12 月 7 日
关于中心路街道办事处成立聂寨社区居委会的批复	上政文〔2011〕120 号	2011 年 12 月 7 日
关于上街区 2011 年度第三批乡镇建设征收土地的审查意见	上政文〔2011〕122 号	2011 年 12 月 15 日
关于成立上街区应用房地产估价技术加强存量房交易税收征管工作领导小组的通知	上政文〔2011〕124 号	2011 年 12 月 15 日
关于成立上街区流浪乞讨人员救助管理工作领导小组的通知	上政文〔2011〕125 号	2011 年 12 月 15 日
关于认真做好行政强制法实施工作的意见	上政文〔2011〕130 号	2011 年 12 月 22 日
关于上街区 2011 年住房保障工作的报告	上政文〔2011〕131 号	2011 年 12 月 26 日
关于成立上街区财政惠民资金管理和支付方式改革领导小组的通知	上政文〔2011〕132 号	2011 年 12 月 26 日
关于确定南部山区搬迁安置项目等三个合村并城试点项目的报告	上政文〔2011〕133 号	2011 年 12 月 26 日
关于设立人民调解室的通知	上政办〔2011〕3 号	2011 年 1 月 5 日
关于印发上街区 2011 年春运工作方案的通知	上政办〔2011〕4 号	2011 年 1 月 14 日
关于印发上街区 2011 年春运应急预案的通知	上政办〔2011〕5 号	2011 年 1 月 14 日
关于设置 2011 年春节鞭炮对联字画及干鲜果杂品节日临时市场的通知	上政办〔2011〕6 号	2011 年 1 月 18 日
关于印发上街区依法整治非法营运车辆整顿城区交通秩序综合整治活动方案的通知	上政办〔2011〕7 号	2011 年 1 月 24 日
关于 2010 年度政务信息工作情况的通报	上政办〔2011〕8 号	2011 年 1 月 28 日
关于下达 2011 年度全区政务信息目标任务的通知	上政办〔2011〕9 号	2011 年 1 月 28 日
关于印发郑州市上街区流动人口基本公共服务均等化实施方案的通知 1 月 28 日	上政办〔2011〕10 号	2011 年
关于对 2011 年政府主要工作任务进行细化量化的通知	上政办〔2011〕11 号	2011 年 2 月 9 日
关于对 2011 年区政府为民办理十大实事和区政府部分投资项目实施立项督查的通知	上政办〔2011〕12 号	2011 年 2 月 24 日
关于成立上街区枯河综合治理工作领导小组的通知	上政办〔2011〕13 号	2011 年 2 月 23 日
关于印发上街区枯河污染治理实施方案的通知	上政办〔2011〕14 号	2011 年 2 月 23 日
关于印发上街区枯河流域工业企业综合整治工作方案的通知	上政办〔2011〕15 号	2011 年 2 月 23 日
关于成立上街区原郑州电机厂拆迁改造指挥部的通知	上政办〔2011〕16 号	2011 年 2 月 28 日
关于表彰上街区 2010 年度法律援助工作先进单位和先进个人的决定	上政办〔2011〕18 号	2011 年 3 月 3 日
关于表彰 2010 年度人大代表建议政协委员提案办理工作先进单位和先进个人的通报	上政办〔2011〕19 号	2011 年 3 月 7 日
转发郑州市上街区办公厅关于认真落实市委市政府 2011 年为民办理十大实事各项工作任务的通知	上政办〔2011〕21 号	2011 年 3 月 17 日
关于表彰 2010 年政府决策研究优秀成果先进单位和先进个人的通报	上政办〔2011〕27 号	2011 年 3 月 24 日
关于转发上街区 2010—2012 年城乡环境卫生整洁行动实施方案的通知	上政办〔2011〕28 号	2011 年 3 月 24 日

续表 3

文件题名	文件编号	成文日期
关于成立上街区金融生态环境评价工作领导小组的通知	上政办〔2011〕29 号	2011 年 3 月 3 日
关于明确我区承担 2011 年市十大实事各项工作任务的通知	上政办〔2011〕30 号	2011 年 4 月 8 日
关于调整上街区地方病防治领导小组人员的通知	上政办〔2011〕31 号	2011 年 4 月 14 日
关于印发上街区 2011 年度保护知识产权宣传周活动方案的通知	上政办〔2011〕32 号	2011 年 4 月 21 日
关于印发上街区政府 2011 年度领导干部学法计划的通知	上政办〔2011〕33 号	2011 年 5 月 3 日
关于下达 2011 年政府主要经济目标的通知	上政办〔2011〕34 号	2011 年 5 月 5 日
关于加强和规范政府投资项目 BT 融资建设管理的通知	上政办〔2011〕36 号	2011 年 5 月 16 日
关于印发上街区医药卫生体制五项重点改革 2011 年度实施方案的通知	上政办〔2011〕37 号	2011 年 5 月 18 日
关于调整上街区普通高校招生考试保密工作领导小组人员的通知	上政办〔2011〕38 号	2011 年 5 月 23 日
关于调整上街区招生考试委员会人员的通知	上政办〔2011〕39 号	2011 年 5 月 23 日
关于调整上街区农作物秸秆禁烧和综合利用工作领导小组人员的通知	上政办〔2011〕40 号	2011 年 5 月 26 日

（淡晓蕊、曹 锐、梅 馨）

新闻存目

市级以上党报有关上街文章存目

报刊名称	时间	记者	标题	版面
文汇报	2011 年 3 月 5 日	戚红丽、穆文涛	上街区锁定科学发展示范区	整 版
郑州晚报	2011 年 4 月 26 日	姚辉常、穆文涛	上街区：融入都市区 打造郑上新区	整 版
郑州日报	2011 年 4 月 26 日	刘俊礼、穆文涛	上街区着力打造科学发展试验区	整 版
郑州晚报	2011 年 6 月 3 日	姚辉常、穆文涛	郑州宜居职教城将在上街开建	区街头体
郑州日报	2011 年 7 月 2 日	刘俊礼、穆文涛	郑州宜居职教城规划昨接受评审	头 版
河南经济报	2011 年 7 月 8 日	宋 韬	创业项目推介会架起项目沟通平台	
中国组织人事报	2011 年 8 月 12 日	李 喆	图片新闻（人社局为郑州长城科工贸公司引进德国专家为企业进行技术指导）	
大河报	2011 年 8 月 24 日	郑松波、穆文涛	郑州宜居职教城正式开建	时政整版
郑州日报	2011 年 9 月 30 日	朱华、穆文涛	上街区致力建设计生特色社区	区街头体
河南经济报	2011 年 11 月 18 日	李 林	上街区发放小额担保贷款 2421 万元	
河南经济报	2011 年 11 月 24 日	李 林	郑州市上街区发放小贷 2420 万元	
郑州日报	2011 年 12 月 3 日	朱华、穆文涛	上街区：创建让群众享实惠	头版头题
河南工人日报	2011 年 12 月 5 日	谢 瑞	图片新闻（在施工工地悬挂农民工维权提示牌，告知农民工依法维权的途径，切实维护农民工合法权益）	
河南科技报	2011 年 12 月 6 日	赵 培、李 林	今年新增城镇就业 2709 人	
中国组织人事报	2011 年 12 月 16 日	张晓彬	图片新闻（为建筑工地农民工发放拖欠工资）	

（赵东东 王二奎）

便民信息

【长途客车发车时刻表】

班次	发车时间	途经站点
上街—南阳	5:50	许昌、平顶山、叶县、方城
上街—长垣	5:50	开封、桥北、赵岗
上街—沈丘	6:00	许昌、扶沟、周口、项城
上街—新蔡	6:30	许昌、临颍、漯河、上蔡
上街—宝丰	6:30	新郑、禹县、郏县
上街—鹿邑	6:30	开封、杞县、太康、四通镇
上街—淮阳	6:30	尉氏、扶沟、西华、周口、
上街—中州铝厂	7:00、13:30、15：00	郑州北、桥北、获嘉、生活区
上街—密县	10:50、13:00、15：30	徐庄、下庄河、卢店
上街—柘城	7:00	杞县、睢县
上街—登封	7:30	徐庄、下庄河、卢店
上街—河津铝厂	7:40	洛阳、渑池、三门峡、运城
上街—东明	8:00	开封、兰考、春亭
上街—西安	9:00	渑池、三门峡、渭南
上街—太原	8:00	高平、长治
上街—郑州	首班 6：00，末班 20：00。平均间隔 10 分钟。	荥阳、须水
上街—明月	首班 7：30，末班 18：00。平均间隔 30 分钟往返。	竹川、小李河

（姚建华）

【公交线路走向及站点设置】

公交 401 路

济源路金屏路—济源路金华路—金华路新安路—二外高中部—温馨家园—法院—06 小学—新安路登封路—公园东门—汽车站—邮电局—汝南路新建街—老百货大楼—厂东门口—厂北门口—水泥厂—九冶钢构—长铝中专—运输部—昆仑路沙固坡口（往返）该线路全长 8.3 公里，平均间隔 75 分钟，全天发车 14 次。

首班：夏季 7:20，冬季 8:00；

末班：夏季 17:30，冬季 17:30

公交 402 路

金滩市场—许庄路口—前庄路口—河寺—桑园小村—朱寨—工业路汝南路—工业路中段—工业路派出所—淮阳路新安路—06 小学—新安路登封路—公园东门—汽车站—邮电局—汝南路许昌路—许昌路朝阳

街—职工医院—峡窝北街—峡窝中街—南峡窝—310 国道—观沟村委—竹川—方顶村（往返）。该线路全长 15 公里，平均间隔 12 ~ 14 分钟，全天发车 114 次。

首班：夏季 6:20，冬季 6:30；

末班：夏季 19:00，冬季 18:00

公交 403 路

西林子新村（柏庙）—310 国道—公交公司—实验初中—实验高中—富丽花园—鸿泰花园—登封路许昌路口—交警队—康乐小区南门—淮阳路许昌路—中心路淮阳路—汽车站南门—汽车站西门—登封路济源路—丹尼斯—雕像—北市场—新乡路洛宁路—肖洼—安阳路东柏社—武庄—安阳路石化路口—陈村—韩村—高速路口—前白杨—邢村—薛村（往返）。该线路全长 14.8 公里，平均间隔 12 ~ 14 分钟，全天发车 114 次。

首班：夏季 6:20，冬季 6:30；

末班：夏季 19:00，冬季 18:00

公交 405 西线

公园北门—公园东门—汽车站—邮电局—一〇〇中学—洛宁路中心路—洛宁路白云山庄—西马固—昆仑路丹江路口—石咀—冯沟—邢村—东河南(往返)。该线路全长 13 公里,平均间隔 45 分钟,全天发车 26 次。

首班：夏季 6:20，冬季 6:50；

末班：夏季 19:00，冬季 17:30

公交 405 南线

公园北门—公园东门—汽车站—登封路许昌路—康乐小区南门—老干部局—淮阳路与锦江路—310 国道—柏庙—北周村—雷垌—大庙（往返）。该线路全长 10.7 公里，平均间隔 45 分钟。全天发车 30 次。

首班：夏季 6:20，冬季 7:00；

末班：夏季 19:00，冬季 17:30

公交 406 线路 1

西大村—前新庄—金滩市场—河寺—桑园小村—朱寨—安阳路—工业路淮阳路—淮阳路新乡路—中医院—公园东门—汽车站—汽车站南门（往返）。

406 线路 2

西大村—安庄路口—西史村—东史村—工业路东段—工业路淮阳路—淮阳路新乡路—中医院—公园东门—汽车站—汽车站南门（往返）。该线路全长 8.4 公里，平均间隔 65 分钟，全天发车 16 次。（由于 406 路西史村、东史村道路施工,车辆无法通行。406 路执行线路 1 的方案。待道路施工完毕,恢复线路 2 方案。）

首班：7:30　末班：18:00

公交木楼专线

木楼东—移民村—王村南门—梁庄路口—大菜园—留村—金滩市场—前庄路口—河寺—桑园小村—朱寨—安阳路—淮阳路工业路—新乡路淮阳路—中医院—北市场西口—雕像—丹尼斯—汽车站西口—汽车站南门（往返）。该线路全长12.5公里，平均间隔60分钟，全天发车25次。

首班：夏季6:20. 冬季7:00

末班：夏季19:00，冬季17:30

（姚建华）

【便民电话】

抢险电话

供水抢修　0371–68936958

供电抢修　0371–68936777

供气抢修　0371–68932147

紧急电话

火警电话　119

报警电话　110

　　　　　0371–68932110

急救中心　120

交通事故　122

医院电话

上街人民医院　0371–68923852

中国长城铝业公司总医院

　　　　　0371–68921120

上街区中医院　0371–68922028

峡窝镇卫生院　0371–68133689

妇幼保健所　0371–68111335

疾病预防控制中心

　　　　　0371–68923814

售票电话

上街长途汽车站售票电话　0371–68114600

统计资料

2011 年上街区主要综合指标

指标名称	计量单位	2011 年	2010 年	2009 年	说明	同比增长 ±%
1. 行政区域土地面积	平方公里	61.73	61.73	61.73		—
2. 建成区面积	平方公里	26.66	26.66	26.66		—
3. 村委会个数	个	28	30	30		—
4. 居委会个数	个	26	24	22		—
5. 年末总人口（户籍）	人	116082	115454	115616	公安部门资料	0.5
其中：男性	人	57759	57611	57802	公安部门资料	0.3
女性	人	58323	57843	57814	公安部门资料	0.8
6. 年末总户数（户籍）	户	38735	38463	38184	公安部门资料	0.7
7. 年末总人口（常住）	人	133563	132591	122991	2010 年数据为第六次全国人口普查年末总人口，2009 年为 3% 人口抽样调查数据	0.7
其中：男性	人	66354	65774	69865	2010 年数据为第六次全国人口普查快速汇总数据，2009 年为 3% 人口抽样调查数据	0.9
女性	人	67209	66817	53126		0.6
8. 年末总户数（常住）	户	44562	51580	40466		—
9. 出生率	‰	7.09	7.17	8.2		下降 0.08 个千分点
10. 死亡率	‰	4.88	5.14	3.76		下降 0.26 个千分点
11. 人口自然增长率	‰	2.21	2.03	4.4		提高 0.18 个千分点
12. 城镇化率	%	89.2	89.1	89.1(91.8)	2009 年城镇化率：89.1% 是依据第六次全国人口普查调整数，91.8% 是 2009 年 3% 人口抽样调查数据	提高 0.1 个百分点
13. 地区生产总值	万元	918822	894617	724467	因 2011 年报使用新的增加值率，规模以上工业增加值较快报数减少 70140 万元，GDP 数据随之变动	15.0
其中：第一产业	万元	6098	5361	4670		3.1
第二产业	万元	705203	709576	557336		16.4
工　业	万元	624328	638157	493855		17.9
建筑业	万元	80875	71419	63481		2.9
第三产业	万元	207521	179680	162461		10.0
14. 三产之间比例	%	0.7:76.7:22.6	0.6:79.3:20.1	0.7：76.9：22.4		—
15. 人均国内生产总值	元 / 人	69044	70006	59119		—
16. 人均地方财政收入	元 / 人	8836	6230	5331		41.8
17. 单位 GDP 能耗	吨标准煤 / 万元	1.828	2.015	2.928	按照 2010 年可比价计算	–9.27
18. 单位 GDP 能耗降低率	%	–9.27	–2.73	–10.47		—

续表 1

指标名称	计量单位	2011 年	2010 年	2009 年	说明	同比增长 ±%
19. 年末耕地面积	公顷	1586	2000	2000		—
20. 农林牧渔业总产值	万元	11067	9824	8719		12.7
21. 粮食产量	吨	15403	15500	16064		-0.6
其中：夏粮	吨	7155	7260	7845		-1.4
单产	公斤 / 亩	343	484	327		-29.1
秋粮	吨	8248	8240	8219		0.1
单产	公斤 / 亩	346	549	357		-36.9
22. 畜禽总产量						
猪肉产量	吨	206	393	382		-47.5
羊肉产量	吨	0.7	1	2		-30.0
禽肉产量	吨	127	192	178		-33.9
奶类产量	吨	331	625	592		-47.0
禽蛋产量	吨	2215	4202	4156		-47.3
23. 水果产量	吨	2239	2127	2166		5.3
24. 蔬菜产量	吨	4599	4549	4424		1.1
25. 工业总产值	万元	2527923	1882631	1622390		21.2
其中：规模以上工业	万元	2414871	1825650	1568428		22.0
26. 工业企业增加值	万元	624328	638157	493855		17.8
其中：规模以上工业	万元	596328	624000	477133		18.3
27. 规模以上工业企业营业收入	万元	2442265	1852396	1690911		30.1
28. 规模以上工业企业利润总额	万元	35339	—3739	—75900		减亏 39078
29. 规模以上工业企业综合能源消费量	吨标准煤	1658259	1585794	1412915		4.7
30. 万元工业增加值能耗	吨标准煤 / 万元	2.253	2.547	3.545	按照 2010 年可比价计算	-11.5
31. 万元工业增加值能耗降低率	%	—11.5	—6.83	—16.58		—
32. 全社会固定资产投资	万元	667951	573471	449070		29.4
城镇以上固定资产投资	万元	658467	562799	439020		27.7
33. 社会消费品零售总额	万元	292007	248445	228538		17.5
批发业销售总额	万元	414	81064	98001		-99.5
零售业销售总额	万元	218755	122372	105162		18.8
住宿业营业额	万元	3167	2154	2166		47.1
餐饮业营业额	万元	69671	42855	23208		62.6
34. 全部从业人员数	人	34095	30164	33219		13.0
其中：在岗职工人数	人	33385	30151	32249		10.7
35. 全部从业人员劳动报酬	万元	116854	93401	106632		25.1
其中：职工工资总额	万元	115293	93311	106502		23.6

续表 2

指标名称	计量单位	2011 年	2010 年	2009 年	说明	同比增长 ±%
36. 在岗职工年平均工资	元	34351	30948	33025		11.0
37. 城镇居民人均可支配收入	元	25193	22216	19996		13.4
38. 城市居民人均居住建筑面积	平方米	35.2	29.9	29.8		17.7
39. 农民人均纯收入	元	12464	10157	8826		22.7
40. 农村居民人均居住建筑面积	平方米	41.02	66.84	66.04		-38.6
41. 全口径财政收入	万元	190486	141922	110710	财政局资料	34.2
其中：中央级财政收入	万元	62462	56058	40778		11.4
省级财政收入	万元	4635	1284	1121		261.0
市级财政收入	万元	5799	4965	3487		16.8
地方财政收入	万元	117590	79615	65324		47.7
42. 地方财政支出	万元	131355	91482	80230		43.7
43. 一般预算收入	万元	75585	58502	54036		29.2
44. 全部税收收入	万元	135013	107026	92986	国税、地税资料	24.2
其中：国税	万元	75745	68795	57257		11.0
地税	万元	59268	38231	35729		46.5
45. 金融机构年末各项存款余额	万元	734767	694324	700182	人行资料	5.8
其中：城乡居民储蓄存款余额	万元	503049	480036	459173		4.8
46. 金融机构年末各项贷款余额	万元	141405	148241	96157		-4.6
47. 邮电业务总量（2000 年不变价格）	万元	11934	10579	9878	邮政局、联通、移动资料	14.3
48. 本地固定电话用户	户	37700	49112	48798		—
49. 移动电话用户期末数	万户	10.98	10.66	—		3.0
50. 互联网用户期末数	户	30700	26800	22491		14.6
51. 幼儿园数	所	23	24	24	不包括托儿所	-4.2
52. 学龄儿童入学率	%	100	100	100		0.0
53. 小学专任教师数	人	558	573	572		-2.6
54. 小学学校数	所	13	13	13		0.0
55. 小学在校学生数	人	8913	8915	9008		0.0
56. 普通中学专任教师数	人	513	521	534	包括初中、高中	-1.5
57. 普通中学学校数	所	5	5	5	包括初中、高中	0.0
58. 初中在校学生数	人	3915	2838	3844		37.9
59. 高中在校学生数	人	2435	2619	3214		-7.0
60. 医院、卫生院（室）数	个	101	96	99	全社会、包括私营、个体	5.2
61. 医院、卫生院床位数	张	732	663	668	全社会	10.4
62. 医院、卫生院技术人员	人	885	857	885	全社会	3.3

上街区 2011 年人口及其变动情况

2011 年

	年末总户数（户）	年末总人口（人）								本年度人口变动（人）									
		合计	合计中：	性别		年龄				出生			死亡			迁入		迁出	
			非农业人口	男	女	18 岁以下	18—35 岁	35—60 岁	60 岁以上	合计	男	女	合计	男	女	省内迁入	省外迁入	迁往省内	迁往省外
合计	38735	116082	72484	57759	58323	17940	28429	49914	19799	912	449	463	521	314	207	709	248	86	284
济源路街道办事处	11678	32157	30370	16195	15962	4788	7078	14974	5317	212	105	107	168	111	57	265	111	31	110
中心路街道办事处	9419	25038	22568	12626	12412	4129	5723	11359	3827	163	74	89	104	61	43	185	78	20	77
新安路街道办事处	4579	12300	11343	6337	5963	1625	2386	5567	2722	64	29	35	86	52	34	60	16	13	58
工业路街道办事处	1707	5888	2061	2754	3134	866	1728	2213	1081	67	31	36	24	13	11	55	13	5	9
矿山办事处	987	2300	2300	1216	1084	253	424	1190	433	3	2	1	11	6	5	14	1	3	5
峡窝镇政府	10365	38399	3842	18631	19768	6279	11090	14611	6419	403	208	195	128	71	57	130	29	14	25

上街区 2011 年 12 月财政收支月报表

说明：一般预算收入完成市定新任务 75500 万元的 100.11%

单位：万元

项目	目标任务	年度预算	本月数		累计数					项目	年初预算	本月数		累计数			
			本年	去年	本年	去年	占目标任务 %	占预算 %	同比增减 %			本年	去年	本年	去年	占预算 %	同比增减 %
一般预算收入合计	75500	66100	7210	5989	75585	58502	100.11	114.35	29.20	一般预算支出合计	67080	26482	7525	88602	69808	132.08	26.92
税收收入	65130	59250	5989	5378	64959	50608	99.74	109.64	28.36	一般公共管理与服务	16600	2479	2261	18377	15494	110.70	18.61
1. 工商税收	55130	51750	5155	4678	54950	46011	99.67	106.18	19.43	国防支出							
增值税	9790	11630	918	825	9785	10464	99.95	84.14	-6.49	公共安全	4280	1249	478	5384	4685	125.79	14.92
营业税	15940	14107	1827	1452	16537	12045	103.75	117.23	37.29	教育	11800	7615	1785	16888	12357	143.12	36.67

续表 1

项目	目标任务	年度预算	本月数		累计数					项目	年初预算	本月数		累计数			
			本年	去年	本年	去年	占目标任务%	占预算%	同比增减%			本年	去年	本年	去年	占预算%	同比增减%
城市维护税	5200	5605	506	342	5316	4707	102.23	94.84	12.94	科学技术	1050	657	130	1625	1111	154.76	46.26
其他税收	15245	14350	1118	1670	14493	13637	95.07	101.00	6.28	文化体育与传媒	410	114	99	575	526	140.24	9.32
2. 农业税类	10000	7500	834	700	10009	4597	100.09	133.45	117.73	社会保障和就业	5500	2442	863	7877	6107	143.22	28.98
耕地占用税	4000	2200	307	513	4564	1056	114.10	207.45	332.20	医疗卫生	3200	400	−173	3746	3002	117.06	24.78
契税	6000	5300	527	187	5445	3541	90.75	102.74	53.77	节能环保	1020	−298	566	551	1457	54.02	−62.18
非税收入	10370	6850	1221	611	10626	7894	102.47	155.12	34.61	城乡社区事务	12500	2864	147	14700	11692	117.60	25.73
3. 罚没及行政收费	6025	2650	619	373	6171	2108	102.42	232.87	192.74	农林水事务	2300	319	1292	2336	6204	101.57	−62.35
罚没收入	725	600	72	147	804	684	110.90	134.00	17.54	交通运输	360	386	180	1441	1012	400.28	42.39
行政性收费	5300	2050	547	226	5367	1424	101.26	261.80	276.90	资源勘探电力信息等事务	1000	573	−499	3143	2748	314.30	14.37
排污费收入	500	500	1	78	360	612	72.00	72.00	−41.18	国土资源气象等事务	350	195	—39	524	369	149.71	42.01
教育费附加收入	2500	2500	221	153	2333	2061	93.32	93.32	13.20	住房保障支出	1600	5285	182	6568	1563	410.50	320.22
城市水资源费	900	450	205		951	1696	105.67	211.33	−43.93	粮油物资管理事务	60	25	−37	90	83	150.00	8.43
其他专项收入			10		76					储备事务支出	110	66	−80	220	107	200.00	105.61
5. 国有资本经营收入		737				155				预备费	1800						
6. 国库利息收入	25		18		63	113	252.00		−44.25	其他支出	2940	1545	−549	3410	540	115.99	531.48

续表 2

项目	目标任务	年度预算	本月数		累计数					项目	年初预算	本月数		累计数			
			本年	去年	本年	去年	占目标任务%	占预算%	同比增减%			本年	去年	本年	去年	占预算%	同比增减%
8.其他收入	20	13	33		111	12	555.00	853.85	825.00								
基金预算收入		25400	−3827	6937	42005	21113		165.37	98.95	基金预算支出合计	25200	−2516	7309	42753	21620	169.65	97.75
国有土地使用权出让金收入		25200	−4316	6305	41216	20154		163.56	104.51	基本公共管理与服务			0				
城镇公用事业附加收入										社会保障和就业	200	6	509	16	559		
残疾人就业保障金收入		200	199	99	199	379				其中：残疾人就业保障金	200	6	517	8	545		
墙体材料专项基金收入			216	124	216	152				其中：国有土地使用权出让安排的支出	25000	−2859	7383	41244	20490	164.98	101.29
文化事业建设费收入			2	1	24	13			84.62	农林水事务			2		10		
南水北调工程基金收入										交通运输							
地方教育附加收入			45		323					地方教育附加支出		291		291			
育林基金收入						1				其他支出		45	128	211	147		
城市基础设施配套费收入				394		394				文化体育与传媒		1	1	1	1		
收入合计		91500	3383	12926	117590	79615		128.51	47.70	支出合计	92280	13553	14834	131355	91428	142.34	43.67

2011年上街区地区生产总值计算表

计量单位：万元

	代码	本年现价增加值	以上年为100的缩减指数	本年可比价增加值	上年现价增加值	上年可比价增加值	以上年为100的速度（%）
甲	乙	1	2	3	4	5	6
地区收入总值	01	918822		1029060	894617	894617	115.0
一、地区生产总值	02	918822		1029060	894617	894617	115.0
第一产业	03	6098		5525	5361	5361	103.1
农林牧渔业	04	6098		5525	5361	5361	103.1
农业	05	3236	1.0680	3030	2915	2915	103.9
林业	06	251	0.9901	254	254	254	100.0
畜牧业	07	2611	1.1652	2241	2192	2192	102.2
渔业	08						
农林牧渔服务业	09						
第二产业	10	705203		825912	709576	709576	116.4
工业	11	624328		752455	638157	638157	117.9
采掘业	12	34957	0.5700	61328	82992	82992	73.9
制造业	13	532458	0.8575	620942	492473	492473	126.1
电力、燃气及水的生产和供应业	14	56913	0.8109	70185	62692	62692	112.0
建筑业	15	80875		73457	71419	71419	102.9
房屋和土木工程建筑业	16	68886	1.1010	62567	60832	60832	102.9
建筑安装业	17	7186	1.1010	6527	6346	6346	102.9
建筑装饰业	18	4756	1.1010	4320	4200	4200	102.9
其他建筑业	19	47	1.1010	43	41	41	104.9
交通运输、仓储和邮政业	21	28150		26870	24490	24490	109.7
道路运输业	23	10573	1.0370	10196	8895	8895	114.6
城市公共交通业	24	575	1.0270	560	536	536	104.5
水上运输业	25						
航空运输业	26				150	150	
管道运输业	27						
装卸搬运和其他运输服务业	28	3620	1.0380	3487	2890	2890	120.7
仓储业	29	3	1.2800	2	2	2	100.0
邮政业	30	1094	1.0040	1090	1062	1062	102.6
信息传输、计算机服务和软件业	31	8560		8554	7902	7902	108.3
电信和其他信息传输服务业	32	8455	1.0000	8455	7799	7799	108.4
计算机服务业	33	95	1.0560	90	91	91	98.9

续表 1

	代码	本年现价增加值	以上年为100的缩减指数	本年可比价增加值	上年现价增加值	上年可比价增加值	以上年为100的速度（%）
甲	乙	1	2	3	4	5	6
批发和零售业	35	39294		37210	30323	30323	122.7
批发业	36	28000	1.0560	26515	20056	20056	132.2
零售业	37	11294	1.0560	10695	10267	10267	104.2
住宿和餐饮业	38	27917		26677	25379	25379	105.1
住宿业	39	1134	1.0120	1121	1031	1031	108.7
餐饮业	40	26783	1.0480	25556	24348	24348	105.0
金融业	41	18922		17756	18905	18905	93.9
银行业	42	12228	1.0650	11482	12035	12035	95.4
证券业	43	4296	1.0650	4034	4409	4409	91.5
保险业	44	1430	1.0740	1331	1467	1467	90.7
其他金融活动	45	968	1.0650	909	994	994	91.4
房地产业	46	31000		28751	25338	25338	113.5
房地产开发经营业	47	21686	1.0700	20267	17575	17575	115.3
物业管理业	48	208	1.0030	207	173	173	119.7
房地产中介服务业	49	85	1.0380	82	71	71	115.5
其他房地产活动	50	41	1.0380	39	34	34	114.7
居民自有住房服务业	51	8980	1.1010	8156	7485	7485	109.0
租赁和商务服务业	52	3468		3341	3069	3069	108.9
租赁业	53	71	1.0380	68	63	63	107.9
研究与试验发展	56	3037	1.0560	2876	2893	2893	99.4
专业技术服务	57	1590	1.0560	1506	1514	1514	99.5
科技交流和推广服务业	58	40	1.0560	38	38	38	100.0
地质勘查业	59						
水利、环境和公共设施管理业	60	978		926	873	873	106.1
水利管理业	61						
环境管理业	62	251	1.0560	238	224	224	106.3
公共设施管理业	63	727	1.0560	688	649	649	106.0
居民服务和其他服务业	64	10369		9989	9267	9267	107.8
居民服务业	65	1935	1.0380	1864	1817	1817	102.6
其他服务业	66	8434	1.0380	8125	7450	7450	109.1
教育	67	12530		12418	11458	11458	108.4
教育	68	12530	1.0090	12418	11458	11458	108.4

续表 2

	代码	本年现价增加值	以上年为100的缩减指数	本年可比价增加值	上年现价增加值	上年可比价增加值	以上年为100的速度(%)
甲	乙	1	2	3	4	5	6
卫生	70	2400	1.0190	2355	2266	2266	103.9
社会保障业	71	23	1.0560	22	20	20	110.0
社会福利业	72						
文化、体育和娱乐业	73	1078		1132	980	980	115.5
新闻出版业	74	35	0.9520	37	32	32	115.6
广播、电视、电影和音像业	75	4	0.9520	4	1	1	400.0
文化艺术业	76	100	0.9520	105	88	88	119.3
体育	77						
娱乐业	78	939	0.9520	986	859	859	114.8
公共管理和社会组织	79	18165		17202	14965	14965	114.9
公共管理和社会组织	80	18165	1.0560	17202	14965	14965	114.9

邮电业务量完成情况

指 标 名 称	计量单位	本月止累计	上年本月止累计	累计比上年同期（%）
邮电业务总量(2010 不变价）	万元	11934.45	10440.92	14.3
邮政业务总量	万元	1866.89	1734.37	7.64
电信业务总量	万元	10067.56	8706.55	15.6
函件	万件	51.28	40.82	25.62
包裹	万件	0.72	0.73	–1.37
汇票	万笔	5.05	5.14	–1.75
报纸累计数	万份	280.12	228.03	22.84
杂志累计数	万份	54.47	55.25	–1.41
快递	万件	1.71	1.66	3.01
固定本地电话用户	万户	3.77	3.59	5
移动电话用户	万户	10.98	10.66	3
移动短信业务	亿条	0.277	0.21	31.9
互联网宽带接入用户	万户	3.07	2.68	14.6

2011年上街区批发和零售业、住宿和餐饮业经营情况

指标名称	合计		
	2011年累计	上年同期	增幅%
	473534	345762	37.0
1. 批发业	286378	190796	50.1
其中：大个体			
限额以下企业（单位）	32940	26654	23.6
个体户	13924	13020	6.9
2. 零售业	137735	113802	21.0
限额以上企业（单位）	43842	34631	26.6
其中：大个体	19405	13103	48.1
限额以下企业（单位）	7210	5015	43.8
个体户	86683	74070	17.0
3. 住宿业	5706	4568	24.9
限额以上企业（单位）	2759	1875	47.1
其中：大个体	890	709	25.5
限额以下企业（单位）	170	168	1.2
个体户	2777	2525	10.0
4. 餐饮业	43715	36682	19.2
限额以上企业（单位）	11030	9181	20.1
其中：大个体	7629	6127	24.5
限额以下企业（单位）	3426	2705	26.7
个体户	29259	24796	18.0

2011年上街区社会消费品零售总额

指标名称	合计		
	2010年累计	上年同期	增幅%
	292007	248445	17.5
1. 批发业	414	81064	-99.5
限额以上企业（单位）	0	0	
其中：大个体	0	0	
限额以下企业（单位）	414	79041	-99.5
个体户	0	2023	
2. 零售业	218755	122372	78.8

续表

指标名称	合计		
	2010 年累计	上年同期	增幅 %
其中：大个体	19405	13103	48.1
限额以下企业（单位）	7210	6015	19.9
个体户	207982	101646	104.6
限额以上企业（单位）	1154	1137	1.5
其中：大个体	177	196	-10.7
限额以下企业（单位）	0	0	
个体户	2013	1017	97.9
4. 餐饮业	69671	42855	62.6
限额以上企业（单位）	10767	9006	19.6
其中：大个体	7629	6127	24.5
限额以下企业（单位）	3426	2705	26.7
个体户	55478	31144	78.1

索 引

说 明

一、索引采用主题分析法编制，其中部分选用关键词。

二、索引设有条目索引、随文图片索引2个分目，按标引词首字的汉语拼音音序排列，首字相同按第二字音序排列，以此类推。表格不再索引之列。

三、标引词后的阿拉伯数字表示内容所在的页码，条目索引数字后面的a、b、c分别表示从左至右第一、二、三栏。栏标引词后第二个页码起，表示该索引参见内容所在位置。随文图片索引索引不再分。

条目索引

A

艾滋病防治 256c
爱国卫生宣传及健康教育 205b
爱国卫生运动 204c
安全保卫 83a 118c
安全工作 237a
安全监管工作 165c
安全生产 277c 282a
安全生产监管 201a
安全责任落实 201b
按规定征收人防建设费 115a
案件查办 92c

B

8月 27b
百岁老人 271a
百亿送贷 192a
柏庙黄梨 38a
办学条件 225a
保密法制宣传 66a
保密工作 66a
保密监督检查 66a
保密日常管理 66b
保险 186c
保障国库资金安全 179c
保障重点项目用地 195c
保证油品油质 159c
编制《课程纲要》232c
便民电话 352a
便民信息 350
标准化工作 194a
表彰奖励 193a 274a
殡葬改革 271b
病虫害防治 149c
病媒生物防制 205c
补缴养老保费审核申报工作 264b
不断拓宽参政议政渠道 56c

C

财税金融 40c
财政·税务 171
财政 171a
财政报告 334
财政收支情况 171c
参与《郑州名典》丛书编纂工作 250b
参政议政 88c 97a
参政议政工作 98b
餐饮服务食品安全监管 200b
餐饮服务食品安全监管创新做法 200c
残疾人联合会 271a
查办预防职务犯罪 120c
产城融合不断深化 131a
产品和食品安全专项整治 194b
产业集聚区、招商引资暨重大项目建设动员会 48c
产业集聚区建设 44b
产业现状 137a
成功举办创办5周年表彰大会 252a
成立区地震执法分队（区地震台）215a
成品油市场监管 156b
成人高招报名 229c
成人教育 229b
诚信合规经营 187b

城区建设 203c
城区扬尘治理 213a
城区噪声污染治理 213a
城市低保人群最低生活保障标准提高 174b
城市低收入家庭保障 270b
城市管理 205c 277b 282a 284c
城市管理工作卓有成效 279c
城市建设 203a
城市建设管理 46a
城市建设和环境保护 41b
城市居民最低生活保障标准提高 270b
城市社区卫生服务体系建设 258a
城市组团建设 43c
城乡环境保护 212b
城乡环境卫生整洁行动 204c
城乡建设与环境保护 203
城乡教师交流 231c
城乡绿化 207a
城乡一体化推进指挥部 133a
城镇就业再就业 266b
城镇居民调查 190a
城中村改造 134a
出生缺陷干预工程 268b
传承创新 86b
创建防震减灾科普示范学校 216c
创建“和谐寺观教堂”活动 269c
创建文明城区工作 249c
创特色老干部大学 59b
创先争优 145a 235a
创先争优活动 85a
创新“法律六进”形式 125b
创新工作 277c
创新机制体制，落实信访责任 65c
创新教学模式 233a
创新平安建设工作 279b
创新宣传方式 104c
慈善事业 271c
崔世英 304c
村改居与村级组织换届 270c
村级换届 285c
村容村貌镇容镇貌综合整治 153b
村镇建设与管理 275a
存贷款业务稳步增长 182b

D

搭建银企合作桥梁 177c
打击无证行医 259a
大病救助 270b
大力推进创先争优活动 50c
大力支持老区扶贫搬迁工程 109a
大事记 23
大中专毕业生就业 81a
代表建议办理 73b
单位及居住区绿化 207c
党的建设 222c
党风廉政建设 90a
党风廉政宣传教育工作 92a
党建工作 275c 282b 286c
党建工作亮点纷呈 280b
党建亮点 283b
党务工作 47b
党校工作 60c
党政代表团考察活动 49b
党组织建设 234c
档案工作 250b
档案管理和归档工作 265a
档案利用 251b
档案事业发展“十二五”规划的制定 251a
档案宣传和学会工作 251b
档案执法检查 251a
“道德课堂”建设 232b
道路绿化建设 207b
地方病防治 257b
地方税务 175c
地方特产 38a
地理环境 31a
地理位置 31a
地质地貌 31a
地质灾害防治 196a
第一季度经济运行分析暨发展大提速动员会 49a
典型案例 127c
电线电缆行业 142c
电信分公司 169c
电影放映工作 248a
电子政务建设 167a
调查工作 189c 209b
定点屠宰管理 156a
动物卫生监督 152b
动员工作 113b
动植物资源 32c
督查工作 66b
队伍建设 62a 119c 121a 123b 222b 230b
对宏观测报站监管 215b
对台工作大调研活动 58a
对台事务 57c
对外合作 155c
对外宣传 85c
多举措支持企业发展 83c

E

2 月 23b

F

发放农村义务兵家属优待金落

实拥军优属政策 174a
发挥统战人士民主监督作用 57a
发票管理 176b
发展计划管理 189a
发展战略 43a
阀门行业 142a
法规宣传 194c
法律服务行业管理 126c
法律监督 73a 120c
法律援助工作 127a
法治工商建设 192c
反邪教宣传工作 220a
防范、打击增值税专用发票虚开专项行动 175a
防空警报试鸣 115a
防控能力建设 116c
防汛 150c
防汛工作 115b
防震减灾 214c
防震减灾科普知识进农村、进社区 216a
房产管理 210b 210c
房地产交易 210c
房地产开发 210c
房地产市场监管 212a
房屋维修资金管理 211b
房屋征收 204b
非物质文化遗产保护 248c
风险把控切实执行 186c
风险控制效果显著 187a
扶残助残工作 272c
扶持老区农村产业 109b
扶贫开发 153c
芙路特果肉糕 38c
服务“三夏”“三秋” 159b
服务党政中心工作 103c
服务青少年成长成才 104a
服务社会 188a
服务业集聚区管理委员会 135a
妇联组织建设 106b
负债业务管理 181a 182c
附录 315

G

改革创新 144c
改制工作 189b
干部队伍建设 282c
干部离退休服务 81c
干线公路建设 164b
高招录取 229a
个贷管理 202b
个体工商业 160b
各项业务稳步发展 186b
各项优抚 271a
工程质量监管 203c
工会工作 239b
工会组织建设 99c
工人技术等级考试 81c
工伤保险 265c
工商行政管理 190c
工行上街支行 180b
工业 140
工业发展环境不断优化 141a
工业和建筑业 39b
工业基础雄厚 138c
工业集聚区 129a
工业集聚区建设成效显著 140b
工业路街道 283a
工资福利制度改革 81c
工资集体协商工作 99c
工作报告 315
工作监督 69a
弓永超 305c
公安工作 118a
公共绿地建设 207a
公共卫生 256b
公共卫生机构 256a
公交线路走向及站点设置 350a
公务员管理 80c
公证工作 127b
供电 208c
供气 210b
供水 208b
共青团上街区委员会 102c
构建领导保障体系 267b
固定资产投资 40a
关爱妇女儿童系列活动 105c
关爱归侨侨眷 107a
馆藏重要档案异地备份工作 251a
管理改革 221c
广播电视 252a
广电事业管理 253a
归集住房公积金 202a
规范性文件审核与清理 79b
规范运作 86a
规划编制和监测 189a
规划范围 137a
规划审批 203b
规划修编 203a
国防教育和双拥共建工作 112c
国家级项目 148c
国家税务 174c
国民经济和社会发展 39a
国民经济和社会发展计划的报告 19
国内贸易与对外经济 40b
国土资源管理 195b
国土资源市场建设 195c

国有资产管理 172c

H

函授教育 62a
航协、航空俱乐部工作 241b
合村并城 134a 274c
合规稳健经营 182a
和谐社会建设 46c
河南 863 科技产业园 136a
河南省航空运动管理中心 240b
河南省重竞技运动管理中心 242
红十字会 110b
后勤服务 82c
花卉产业发展 134c
环保热线 213b
环保宣传教育 214b
环境监测 212c
环境卫生管理 206c
环境综合整治 213c
换届工作 282c
惠民工程 156b 238a
惠民政策 225b

J

机场及辅助设施完备 138b
机构编制 66c
机构改革 171b
机构改革评估验收工作 66c
机关、企事业单位、社区档案规范化认证工作 250c
机关建设 239b
机关建设和执法队伍建设 201a
机关事务管理工作 82a
机关事业单位养老保险参保 265a
积极筹备省级文明城区迎检 261b
积极服务非公经济科学发展 57b
积极开展各类活动 249c
积极开展招商引资工作 279a
积极落实各项惠农政策 109c
积极落实进藏兵优抚政策 174b
基本农田保护 195b
基层便民服务建设 84b
基层建设 112c
基层文化建设 246c
基础管理 144b
基础管理稳步扎实 187a
基础建设 119c 245c
基础教育 228b
基础设施不断完善 130c
基础设施建设 166a
集中开展针对重点食品市场的专项执法检查 198c
计划免疫 256b
计划生育 277c 281b
计量工作 193c
纪检监察 90 237a
纪念中国共产党成立 90 周年和辛亥革命 100 周年 55a
技能培训工作 272b
济源路街道 277a
继续开展“六项文明和谐”创评活动 55c
加大超限超载的治理力度 165b
加大法律法规宣传力度 158c
加大金融监管力度 178c
加大运输市场整治力度 165a
加大政府法制信息公开工作力度 80b
加大资金投入改善中小学办学条件 174a
加快电网发展步伐 209c
加快销售结构转型 158a
加快中原经济区建设动员暨第三季度经济形势讲评大会 49a
加强安全生产管理 158c
加强地籍管理 195c
加强对辖区经济金融监测分析 179b
加强分局队伍建设 191a
加强抗震设防监管工程 215b
加强领导干部队伍建设 52a
加强设备和线路建设维护工作 168b
加强刑释解教人员安置帮教工作 126b
加强畜牧业重点项目投资 152c
价格管理 190b
价格监督检查 190b
价格监管监测 190c
坚持四个服务宗旨 210a
坚持信访风险评估 65b
监察综合工作 95a
监督与视察 73a
监管队伍建设 201c
检察工作 119c
检察院工作报告 325
建材行业 142a
建设上街地震台 215b
建设项目环境管理 213c
建设银行上街区支行 182b
建设与发展 221c
建制沿革 34a
建筑工程管理 203c
建筑节能管理 204b
建筑市场管理 204a
建筑选介 204a
建筑业资质管理 203c
健康教育 257a
健全工作机制 133b
健全利益导向机制 268a
将防震减灾工作列入区政府目

标绩效考评 215a
降低孕产妇死亡率与消除初生儿破伤风 257b
交通、邮电和旅游 40c
交通·邮政 162
交通安全管理 118c
交通道路建设 134c
交通运输 163b
交行郑州上街区支行 182c
教师培训 231b
教学教研 231c
教学科研 61c
教学模式研究 232c
教育·体育 224
教育 224a
教育督导 235c
教育扶贫工作 273a
教育管理 234c
教育和科技 41a
教育科研 231c
教育现代化评估 236b
接待工作 86a
接待总量 86c
街道经济 277a 283a
节目创优 252c
节能减排 82a
结构调整 143c
结合实际带案下访 64b
结核病防治 256b
结算业务 183b 185a
巾帼创业行动 105a
“巾帼建功”活动 104c
金融 177
金融监管 177a
经费投入 224c
经济服务工作 98c
经济概述 274b
经济工作 281a
经济环境不断优化 131b
经济责任审计 197a
经济总量与结构 39a
经贸洽谈 155b
经营创收工作 241c
经营效益 183b 185a
精神文明 278a 282b
精神文明建设 202c 260a 287c
精神文明建设成效显著 280c
竞技水平提升 245a
纠正行业不正之风 94a
九三学社上街支部 97c
酒类流通管理 156a
旧城改造 134b
救灾与储备 270c
就业工作 272c
9月 27c
居民养老保险 265a
举办庆祝建党90周年活动 60a
具体活动 227a 228b
军事训练 111b

K

开通上街区运政网 165b
开展“六一”慰问活动 108b
开展爱国主义教育活动 107a
开展参政议政竞赛活动 56c
开展电网综合治理 209c
开展调查研究和分析工作 179c
开展赴台交流工作 58a
开展“感恩活动”，积极回报社会 57b
开展各项安全活动 162c
开展广泛宣传，推动无偿捐献 110b
开展基层文艺骨干培训活动 247b
开展精神文明细胞工程 262a
开展科普图书捐赠活动 110c
开展青年志愿者行动 103c
开展“全国法制宣传日”活动 125a
开展三大主题教育系列活动 238b
开展社会文明志愿者服务活动 263c
开展社区人居环境改善工作 263b
开展省级文明城区创建活动 260b
开展“小手拉大手，同做文明人”活动 108a
开展依法行政考核和行政执法绩效考核 79c
开展依法治理违法行为活动 126a
开展职业健康监护专项整治行动 259a
开展重点信访事项评查 63b
开展“重温历史，同心同行”主题活动 57a
开展专项整治 198a
开展宗教场所走访调研活动 269c
开展“做一个有道德的人”为主题活动 262b
康复工作 272b
抗旱浇麦 210a
“科、训、医”一体化 245a
科技成果 217b
科技创新 220c
科技服务体系建设 218c
科技工作 217a
科技计划管理 218a
科技培训 220a
科技下乡 217c
科技宣传 217b
科学技术 217
科学普及 218c
客户服务 169a 187c

枯河流域综合治理 213a
跨陇海铁路桥建设 164b
矿山工作 144a
矿山街道 286a
昆仑物流园区 135c
困难职工帮扶活动 101c
扩大法律服务深度与广度 126b
扩容升级 226b

L

劳动保障监察 266c
劳动和就业 266a
劳动就业状况 41c
劳动争议仲裁 267a
老干部工作 58a 239a
老干部“两项建设”水平进一步提升 58b
老干部文体活动 59c
理论武装工作进一步深化 53a
理论宣讲 61b
历史名人 35b
历史文化 34a
立案信访工作 122c
粮库建设与管理 156c
粮食购销 156c
粮食生产 146b
粮油贸易 156c
粮油市场管理 157a
“两个体系”建设工作 272a
“两加快一维护”战略 2010 年度工作总结表彰暨 2011 年动员大会 48c
量化内部工作指标 170c
林业 148b
林业执法 149c
林政管理 149c
临时救济 270c
领导调研活动 49c
领导干部学法 80a
领导培训 231a
领导视察 145c
6 月 26a
旅游工作 253a
旅游行业管理 253c
旅游宣传工作 253b
旅游重点项目建设 254b
铝工业园区 136c
铝工业园区集聚效应凸显 278c
铝及铝相关产业 141b
铝及相关新材料产业 141b
绿色创建工作 214b
落实安全生产责任制 162c
落实党风廉政建设责任制 90a
落实老干部两个待遇 58c
落实支农惠民政策 172b

M

马少军 305b
民办教育 230b
民兵思想政治教育 111c
民兵整组工作 112a
民法院工作报告 329
民革上街支部 97b
民盟上街总支部 97b
民生工作 286c
民生事业 277c 285b
民生证券郑州济源路营业部 188a
民事审判工作 121c
民政工作 270a
民政工作落实到位 280a
民主党派·群众团体 97
民主党派 97a
民主和团结 89a
民主监督 88b
民族 37a
民族工作 269b
民族宗教工作 268c
铭泰小额贷款公司 188b

N

内部管理 202b
内控管理 181b 183c 185b
纳税评估工作 175a
耐材行业 141c
南部山区开发 154c
南水北调工程 150a
年度立卷归档工作 250b
农产品市场体系建设 147c
农村安全饮水 151a
农村财务管理 147c
农村公路建设 165a
农村环境卫生综合整治 205b
农村基层党风廉政建设 91a
农村科普工作 219a
农村劳动力转移就业 266b
农村社会经济调查 190a
农村卫生服务体系建设 258a
农村信息化建设 218b
农村义务教育经费 238a
农副产品贸易 157a
农工上街支部 97b
农民科技培训 151c
农田水利基本建设 150c
农行上街支行 180c
农林·水利 146
农业 146s
农业产业化经营 147a
农业机械 151b
农业与农村经济 39b
农业专业合作社建设 147b

P

盘活存量建设用地 195c
培训 201c
配备了地震现场工作队个人装备 216b
平安建设 236c 275c 277b 285a
平安建设工作 286a
平安农机建设 151c
平安上街建设 115c
平台建设实现突破 130b
破获 2005 年“1·15”交通肇事致人死亡后逃逸案 127c

Q

7 月 27a
其他金融机构 188b
其他临时交办的审计事项 197c
其他重点项目 135a
企业调查 190a
企业实力不断增强 140c
企业退休人员待遇审核发放率达到 100%264b
企业文化建设 222c
企业职工养老保险 265a
企业注册登记 191b
气候气象 32c
气候特征 32c
强力推进人才强区战略实施 52c
抢修输水管道 208c
侨眷证办理 86a
切实推进和谐社会建设 74a
切实抓好货装安全管理工作 163a
青少年科技创新大赛 234a
青少年科技教育 219a
青少年思想政治教育 103a
清洁生产审核工作 213c
清香米醋 38b
区财政筹资 500 余万元打造上街“万亩花海”173b
区长办公会议 77a
区第十一届人大常委会会议 70c
区第十一届人大常委会主任会议 72c
区关心下一代工作委员会 107b
区划人口 36c
区级项目 149b
区老区开发建设促进会 109a
区名由来 34a
区情概览 31
区群团工作部门 301a
区人大常委会工作部门 290b
区人民法院 300b
区人民检察院 300b
区人民武装部 300b
区人民政府 291a
区人民政府工作部门及直属单位 291a
区十一届人大五次会议 70a
区委八届十三次全体会议 48a
区委八届十四次全体会议 48a
区位优势凸显 138c
区行政效能电子监察指挥平台投入使用 84b
区域规划环评工作 213c
区政府常务会议 76b
区政府金融工作办公室 177a
区政协工作部门 297b
区属工业经济发展迅速 140a
全力打造技能型人才队伍建设 162b
全力推进郑上快速通道建设 163c
全力以赴做好保障 245c
全力支持劳动力市场建设和再就业培训 174b
全面打造立体型文明和谐上街 261c
全面开展劝阻违法行为活动 125c
全面启动“法治上街”创建活动 125b
全面启动普法第六个五年规划 124c
全面推行“135”工作法 158a
全面推行公共场所卫生监督量化分级管理制度 259b
全面展开 QHSE 管理 160a
全民参与文明城区创建 261a
全省质监系统工作观摩会在区召开 195a
群众团体 97c
群众文化 246a

R

人保财险上街分公司 186c
人才交流服务 81b
人大常委会工作报告 315
人大代表集中视察活动 73b
人防工程建设 113c
人防工程利用 113c
人防工程维护管理任务 114a
人口 37a
人口和计划生育 267b
人口计划生育服务管理 268b
人口与计划生育工作 286b
人口与计划生育工作管理有序 280a
人民币管理工作 180a
人民防空 113c
人民防空宣传教育 114b
人民生活 260a
人民生活和社会保障 41c
人民武装 111a
人事工作 80b

人事管理 230b
人物·荣誉 304
认真开展群众性精神文明建设活动 56a
认真开展人民调解工作 126a
荣誉 312
瑞鑫小额贷款公司 188c

S

三产服务业调研 136b
“三免”保健工作 257a
3月 24a
“扫黄打非”集中行动及专项治理 249b
森林防火 149b
商标监管 192a
商贸服务业 155
商贸流通 155c
商业贸易 155a
上半年经济工作会 49a
上街·欧凯龙国际家居中心 136a
上街教研 233b
上街区成立机动车修配行业协会 165b
上街区第十一届人大常委会 290b
上街区妇女联合会 104c
上街区工商业联合会 97c
上街区归国华侨联合会 106c
上街区人民代表大会及常务委员会 69
上街区人民政府 74
上街区总工会 99b
上街时讯 251b
上街信用社 184c
社会保障 263c 281b
社会福利 271c
社会公益工作 98c
社会管理创新 117b
社会管理创新 127b
社会矛盾化解工作 116a
社会民生 260
社会事务管理 271b
社会事业 275b
社会事业发展 46b
社会体育 240a
社会责任 169c
社会治安 281c
社区帮扶活动 85a
社区分类认证管理与帮扶 270c
社区科普大学工作 219a
深化干部人事制度改革 52b
深化矛盾纠纷排查 63a
深入开展“打假破网”工作 158b
深入开展法制宣传教育 125a
深入开展“法治上街”创建工作 125c
深入开展非公经济组织党组织创先争优活动 57a
深入开展建党 90 周年教育实践活动 107c
深入开展社会文化环境净化工作 108c
深入推进社会主义核心价值体系建设 55a
审计监督 196b
审判工作 121a
生产经营 143c 221b
生活困难归侨侨眷救助 86a
生态环境保护 213a
生态林业建设 134c
生态水系建设 134c
省级工程 148c
失业保险 266a
失业金发放 264c
石油贸易 159a
时而月 29c
食品安全 152c
食品安全监管 191c 198a
食品安全综合协调 200b
食品监管机构人员和资产划转工作 68a
食品药品监督管理 200a
食品质量安全管理 194b
史志工作 250a
市场监管 191c
市场开拓 184a
市场群建设初见成效 278b
市场运行 156a
市级工程 149a
市容环境卫生 206c
市容环境卫生整治 205a
市政建设管理 206b
10件实事工程完成 75a
事业单位登记各项管理制度 67c
事业单位工伤保险工作 264c
事业单位网上年检工作 67c
“11·13”命案 128b
11月 29a
10月 28b
“十二五”规划 189b
首次设立高中助学金 173c
兽药市场整治 152b
暑期教育活动 104b
水利 149c
水土保持工作 151a
水资源 32a
水资源管理 151b
税收宣传 176c
税收征管 176a

税务稽查 176b
税务宣传 175b
税源建设 172a
税源税种管理 176a
司法行政 124b
思想政治建设 111a
4月 24c
汜水河综合治理 150c
宋洁 304a
所得税汇算清缴工作 175a
索引

T

台商台企普查 57c
特色教育 234b
特色农产品规模化种植 146c
特色文明家庭创建活动 105a
特载 1
特种设备安全监管 193b
提升教育质量 233c
提升旅游形象活动 253a
体育 239c
铁路运输 162a
统计工作 214a
统计资料 353
统战工作 56b
投资评审 173a
突出精细化管理 166c
突出问题提前约访 64c
突出主题性和系列性宣传 252a
图书管理 249b
图书阅览 248a
土地储备 195c
土地流转 275a
土地执法监察 196a
土地资源 31c
团组织建设 102c
推广散装水泥和预拌混凝土 204b
推进便民服务 166b
推进司法所建设工作 127a
推行结案回访制度 65a
退伍军人档案接收 271b
拓宽融资渠道 178a
拓展基层党建工作 51a

W

外贸出口 155b
外事 侨务 85a
外事出访 85b
外宣工作 252b
外引水资源 149c
完成G310线积水点处理和水毁修复工程 164c
完成村级组织换届工作 279a
完成区工商联换届工作 57a
完成综合信息网络建设 115b
完善安全卡控措施 162a
完善工资逐月联审制度 67b
完善工作制度 57c
完善内部管理办法 170b
完善政策支撑 133c
网络建设 169a
危险废弃物和辐射环境管理 213b
为郑州宜居职教园区建设提供机构编制保障 68b
维护妇女儿童合法权益 105b
维权信访工作 272c
卫生 255
卫生监督 259a
卫生事业 255a
卫生应急 256c
位置和面积 31a
文化 246
文化建设 82b
文化市场 248c
文化市场管理 248c
文化事业发展新优势逐步展现 54b
文化卫生和体育 41b
文件索引 340
文教卫生 275b
文明创建活动 103b
文史资料工作 89c
文体工作 273a
文物保护 248b
文物工作 248b
文物古迹 35b
文艺活动 234a
文艺活动 247c
文艺团队 247a
稳定低生育水平 267c
污染物总量减排 214a
污染源普查动态更新 214a
污水处理 208a
“五项工程”促发展 160c
“五一”劳动奖状、奖章获得者 314
5月 25c
五保供养 270b
五云山花椒 38b
五云山中国山地生态公园 135b
武装·政法 111
物流 161b
物流园区建设蓬勃发展 278b
物业管理 211b
物质生活建设 260a

X

峡窝镇 274a
掀起创建省级文明城区工作新高潮 55b
项目建设 277a 281a 284c
项目建设进展喜人 279a

项目建设快速推进 129b
项目引进成果显著 138c
消防管理 119b
消费者权益保护 192b
消化机关超编 67c
小学教育 228c
新安路街道 278a
新农村建设 153a 169c
新农村建设档案工作 250c
新农合补贴标准再提高 173b
新任区领导 304
新闻出版（版权）市场管理 249a
新闻存目 349
新闻宣传 252a
新型城镇化建设 45b
新型城镇化建设加快推进 74c
新型城镇化重点工作推进会 49b
新型农村合作医疗 259c
信贷管理 183b 185a
信访工作 62b
信访稳定 237a 281c
信息化建设 167
信息化应用 169b
兴农富民 192a
刑事检察 120a
刑事审判工作 121b
刑事侦查 118c
行业审计和专项资金审计 197b
行政服务中心 b83
行政复议和诉讼 79c
行政监察 93b
行政区划 36c
行政审判工作 122a
行政执法 195a
行政执法队伍管理与建设 80a
行政执法举报投诉处理 80b
畜牧管理 152a
宣传 201b
宣传防震减灾科普知识 215c
宣传工作 53a 273a
宣传教育培训工作 269a
学前教育 226a
学校、幼儿园等级评估 236a
学校体育 239c
学校卫生 237c
训练竞赛 240c

Y

Y002 朱寨—王村道路改造工程 164a
烟草专卖 157c
严格机构编制审批和进人用编审批 67a
严格农村土地承包政策 146b
严格信访案件督查 63b
杨金军 305a
药品、医疗器械质量安全监管 200a
业务发展 168c
业务发展成绩斐然 186c
业务发展持续增长 182a
业务拓展 185c
医疗保险 265b
医疗卫生机构 255a
医务体制改革 245b
医药卫生体制改革工作 68b
医政管理 257c
依法合规诚信经营 187b
“一事一议”财政奖补 173a
1 月 23a
异地重建第二污水处理厂 208b
因公出国（境）管理 85c
银行 179a
饮用水源保护 214a
应急避难场所建设 216b
应邀参加河南省第九次归侨侨眷代表大会 107a
营销工作锦上添花 187a
营销增利 14c4
优化全融生态环境 177b
优化经济发展环境 95b
优化内部组织架构 170a
优化审批流程 84a
优化投资环境 160c
邮政 165c
友好接待 85c
有线网络建设 252c
舆论导向正确有效 53c
舆论掌控力不断提升 54a
预算管理 171c
预算执行情况审计 196c
园林绿化管理 207c
园区管委会 299b
园区建设 129
孕产妇与 3 岁以下儿童系统管理工作 257b

Z

再生资源整顿 156c
扎实推进老干部思想政治教育工作 60b
战备工作 112b
招商引资 155a
招商引资成效明显 74b
招商引资工作 286a
招商引资亮点纷呈 130a
召开了上街区防震减灾工作会议 214c
召开侨联工作会暨迎春茶话会 106c
侦破特大盗销电动车案 128a
镇（街道）298a

镇·街道 274
震情跟踪 215a
争创和谐企业 166c
争创优质服务窗口 84c
征信工作 180a
整理文明城区创建档案 261a
正式启用反洗钱监管交互平台 180b
证券 188a
郑州都市区建设的排头兵 1
郑州市市区农村信用合作联社 184c
郑州市直属部门及主要驻上街单位 301b
郑州通用航空试验区 138b
郑州西部农产品交易中心 136a
郑州宜居职教城首批院校奠基 138a
郑州宜居职教园区管委会 137c
郑州银行上街支行 183a
政法队伍建设 117c
政法综治工作 115c
政府采购 172c
政府法制工作 79b
政府工作报告 10
政府合同管理 80a
政府门户网站建设 167a
政府网络和信息安全管理 167a
政协常委会议 87b
政协工作报告 320
政协上街区第七届委员会 297b
政协上街区委员会 87
政协提案督办 89b
政协郑州市上街区七届五次会议 87a
政研工作 66c
政治思想工作 98a 240c
政治协商 87c 97a
支持企业发展 136b
支持全区开展优生优育“三免检查” 173b
支付结算工作 180a
支取公积金 202a
知识产权工作 218b
执法监察 93b
执行工作 122b
职称评定 81b
职工文体活动 101a
职教城 230a
职业技能开发 266c
职业教育 230a
指导镇、街道人大工作 73c
治安管理 118b
治理出生人口性别比 268c
治理商业贿赂 95b
质量管理 193c
质量技术监督 193a
质量监督 193c
中等职业教育 230a
中低产田改造 151a
中共上街区纪律检查委员会 288a
中共上街区委工作部门及直属单位 288b
中共上街区委员会 288a
中共郑州市上街区第九次代表大会 48b
中共郑州市上街区委员会 43
中国电信上街区分公司 169c
中国铝业股份有限公司河南分公司 143a
中国铝业股份有限公司郑州研究院 220b
中国人民银行郑州市上街区支行 179a
中国人寿上街支公司 187b
中国网通上街分公司 167b
中国移动上街分公司 168c
中国邮政储蓄银行郑州市上街区支行 186b
中间业务 181b 183a
中小学招生 229a
中心城区服务业核心区 135a
中心路街道 280a
中行上街支行 181c
中医药事业 258b
重大动物疫病防治 152a
重大公共卫生服务项目妇幼保健工作 257c
重大项目带动新的经济增长点 140b
重大项目建设 137b
重点（特色）专科建设 258b
重点工程 237b
重点品种综合治理 199a
重点项目 274b
重点项目建设 45a
重点项目稳步推进 76b
重点做好节假日营销工作 168a
重要会议 48a 70a 76b 87a
重要活动 49b
重要决策 43a
重要施政 74a
主体班次培训 61a
主要工作 226c
住房保障 211a
住房公积金 202a
住房信息化建设 211c
住房制度改革 211a
注重服务 86b
专业技术人员管理 81a
专用设备制造行业 142b
装备制造产业 142a

着力增强训练实效 245a
资产业务管理 181b 182c
自觉接受党委领导及人大监督 123c
自然资源 31c
自身建设 96a
自学考试 229c
宗教 38a
综合服务平台建设 166b
综合管理 208a
综合管理工作 123a
综合经济管理 189a
综合协调监管 201b
综述 69a 140a
总体规划 138a
组团起步区建设开局良好 75a
组织部门自身建设 52c
组织工作 50b
组织好县处级领导接访 64a
组织机构 220b 288
组织开展大型科普活动 219b
组织开展防震减灾演练 216a
组织召开郑州市侨联系统干部培训班 107b
做好区、镇党委换届工作 50c
做好上年度缴费基数申报和年检工作 264b

随文图片索引

A

安全饮水工程 150

B

“百全”连锁超市上街店开业 165

C

创文督察组检查网吧 262
创文小红帽在行动 263
慈善日捐赠仪式 272

D

党员志愿者服务 82
到区属企业宇超机械厂检查安全生产工作 200
第 21 个全国土地日文化广场活动 54
第九届老年门球邀请赛 58
第七届村级组织换届选举动员会 270
端午节上街区女企业家慰问区敬老院老人 98

F

法制宣传活动送法进工地 124

G

高考保电应急演练 209
工业路升级改造 203
工资集体协商现场观摩会暨要约集中行动月启动仪式 99

H

河南省上蝶阀门有限公司 130
华泰特种电缆有限公司生产车间 142

J

机动车修配行业协会第一次会议 164
检查超市 157
郏段、寨沟、左照村新型社区建设指挥部工作人员动员培训会 45
教育系统校级领导暨校级后备干部培训班结业 224
就业招聘会 265
居住区绿化 207
举办“在灿烂阳光下”大型文艺晚会 102
举办家政服务技能培训班 105
举行警营开放日活动 119

K

开展防范打击增值税专用发票虚开专项行动 174
开展运营车辆检查活动 163
开展中秋节、国庆节双节食品安全专项检查 197
科技活动周集中宣传 215
科技下乡 218
空中税收宣传教育基地揭牌 175

L

老干部大学成果展暨 59
林肯电气合力（焊材）有限公司 131
绿色冶金研发中心 222

M

没收的假劣药品、器械 199
名师工作室挂牌仪式 225
穆斯林小朋友欢度开斋节 269

O

欧凯龙国际城市广场奠基典礼 136

P

平安建设暨信访稳定工作会议 62
普法讲师团进社区 126
普法宣传 122

Q

庆祝第二十一次全国助残日暨残疾人辅助器具发放仪式 273
庆祝建党 90 周年暨庆“六一”活动 51
区地震台 214
区第八届纪律检查委员会第六次全体会议 91
区工商分局服务经济发展大提速暨廉政建设座谈会 191
区领导陪同市政法委领导参加清查活动 116
全国检察机关惩治和预防渎职侵权犯罪河南巡展 120
全省质监系统工作观摩会在上街召开 196

R

人大领导视察三产服务业经营情况 72

S

上街区创建省级文明城区动员大会 260
上街时讯编辑部 2010 年通联工作总结表彰会 251
深入开展创先争优活动 226
世界卫生日宣传当天开展义诊活动 257
市场检疫 151
市农技站专家到上街区开展麦田管理培训活动 147
市人防办领导检查上街区防汛工作 114
市容环境卫生集中整治清理卫生死角 205
市政养护 206
受助学生代表向企业负责人献花 101
蔬菜抽样 148

T

统一战线工作例会 56

W

为全区入党积极分子授课 60
为新办证零售商户颁发经营许可证 158
慰问侨眷家属 85
“我运动，我健康”活动启动仪式 100

X

戏曲下乡 246
向消费者讲解油品油质 159
“小手拉大手，同做文明人”活动总结暨表彰大会 107
效能电子监察指挥平台投入使用 83
新兵输送 112
新建氧化铝厂四沉降三叶滤项目 143
新农贸市场奠基仪式 135
新型城镇化建设宜居职教城合村并城项目举行开工仪式 134
新型城镇化重点工作推进会 75
宣传思想文化工作暨创文工作推进会 53
学生家长参加道德课堂开放活动 227

Y

亚星·江南小镇新型社区 153
氧化铝工艺技术优化改造项目 144
邮政银行许昌路支行开业仪式 186

Z

召开上街区青年工作会暨青年联合会一届一次会议 103
郑州昆仑物流园区 161
郑州师范附属小学和上街区新建小学成立“互助共同体”签字仪式 228
郑州外国语学校教育集团二外校区揭牌 234
郑州向日葵新能源科技有限公司 141
郑州职业技术学院新校区开工奠基仪式 137
政法系统建党 90 周年红歌大赛 117
支取公积金 202
重阳观维修工程开工仪式 247
住房保障工作及目标签订大会 211
走访慰问侨眷侨属 106
组织工作暨人才工作推进会 50